抚州纪检监察志

（1950—2015）

抚州纪检监察志编纂委员会 编

方志出版社
Publishing House of Local Records

图书在版编目(CIP)数据

抚州纪检监察志 / 抚州纪检监察志编纂委员会编.
- -北京:方志出版社,2016.10
ISBN 978-7-5144-2152-1

Ⅰ.①抚… Ⅱ.①抚… Ⅲ.①中国共产党—纪律检查—工作概况—抚州—1950-2015②行政—监察—工作概况—抚州—1950-2015 Ⅳ.①D262.6②D630.9

中国版本图书馆 CIP 数据核字(2016)第 259641 号

抚州纪检监察志

编　　者:抚州纪检监察志编纂委员会
责任编辑:章　瑾

出 版 人:冀祥德
出 版 者:方 志 出 版 社
地址　北京市朝阳区潘家园东里 9 号(国家方志馆 4 层)
邮编　100021
网址　http://www.fzph.org
发　　行:方志出版社发行中心
电话(010)67110500
经　　销:各地新华书店
印　　刷:江西龙莹印务有限公司

开　　本:889×1194　1/16
印　　张:32.5
字　　数:762 千字
版　　次:2016 年 10 月第 1 版　2016 年 10 月第 1 次印刷
印　　数:0001~1000 册

ISBN 978-7-5144-2152-1　定价:358.00 元

江西省地图发行站　　审图号：赣S（2014）01号

1990年2月14日，中央纪委副书记陈作霖（前排中）到抚州调研

2007年6月27日，中央纪委副书记刘峰岩（中）到抚州调研

2007年8月8日，中央纪委副书记、监察部部长马馼（中）到抚州调研

2005年8月9日，省委常委、省纪委书记傅克诚（中）到抚州调研

2008年5月7日，省委常委、省纪委书记董君舒（中）到抚州调研

2010年5月13日，省委常委、省纪委书记尚勇（中）到抚州调研

2015年7月7日，省委常委、省纪委书记周泽民（中）到抚州调研

2015年9月17日，中央纪委驻中国社科院纪检组长张英伟（中）到抚州调研

宋　诚　任职时间：1950.7–1951.5

李毅章　任职时间：1952.10–1954.9

王敬民　任职时间：1954.10–1958.8

韩增田　任职时间：1959.6–1963.2

严　东　任职时间：1963.3–1964.1
1979.7–1980.8

张金阁　任职时间：1964.1–1966.5

缪　兵　任职时间：1991.3–1992.11

白纯义
任职时间：1985.6–1987.3

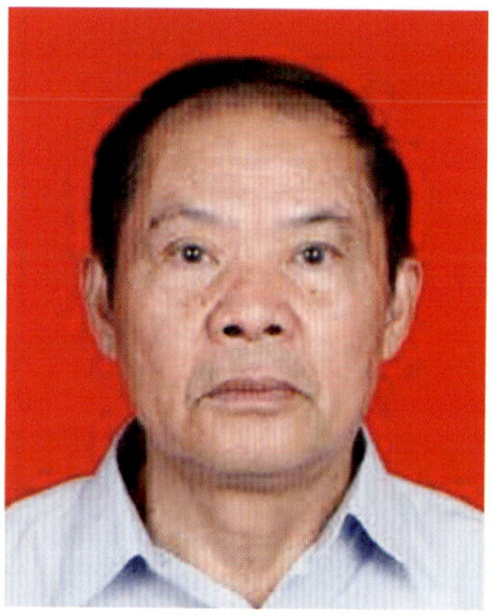
徐　力
任职时间：1987.3–1990.11

李品行
任职时间：1993.5–2000.9

罗建华
任职时间：2000.9–2006.10

陈小平
任职时间：2006.10–2009.11

吴伟柱
任职时间：2010.1–2015.12

中国共产党抚州市第二届纪律检查委员会委员合影

中国共产党抚州市第三届纪律检查委员会委员合影

2012年8月24日，市委书记龚建华（左五）出席抚州市纪委监察分局揭牌仪式

2007年7月6日，市招投标中心揭牌仪式

2010年9月29日，抚州市县两级网上审批和电子监察上线运行启动仪式

2011年12月22日，抚州市“清风苑”党风廉政教育中心竣工仪式

2012年4月9日，全市纪检监察系统“信念忠诚”活动启动仪式

2015年9月1日，抚州市“作风监督一键通”正式上线运行

2011年5月20日，“防范风险 保廉提能”党风廉政主题教育活动启动仪式

2012年4月10日，市委书记龚建华（左）和市委常委、市纪委书记吴伟柱(右)为抚州市廉政党校揭牌

2012年4月2日，全市领导干部廉政党课活动

2012年5月23日，全市首期家庭助廉专修班

2012年10月30日，全市工程建设领域预防腐败专修班

2012年11月5日，全市村官论廉活动

2015年2月3日，全市党委（党组）书记落实党风廉政建设主体责任专修班

2015年7月18日，市委书记肖毅(左)参观全市“把纪律挺在前面”专题教育展并出席开展仪式

2015年8月20日，受市委书记肖毅委托，市委副书记、市长张鸿星（前右四）带领市四套班子领导参观全市“把纪律挺在前面”专题教育展

2015年9月18日，全市乡镇党委书记纪律讲堂

2015年10月20日，全市公立医院院长纪律讲堂

2015年10月26日，市纪委机关纪律讲堂

2015年11月5日，市建设局纪律讲堂

2012年6月6日，全市“规范三公消费”专项行动推进会

2012年3月21日，全市“三公”消费一体化监管工作现场推进会

2012年9月4日，全市“三公”消费一体化监管平台上线运行调度会

2011年11月10日，全市农村集体“三资”监管工作推进会

2012年4月12日，全省纪检监察系统党风室工作座谈会（全省“三资”监管工作现场会）在抚州召开

2012年11月5日，全市农村集体“三资”监管工作总结表彰会

抚州市廉文化促进会
抚州市廉文化促进会

抚州市"劳动美·廉洁行"电视演讲比赛

抚州市首届"青春倡廉·建功抚州"原创歌曲决赛

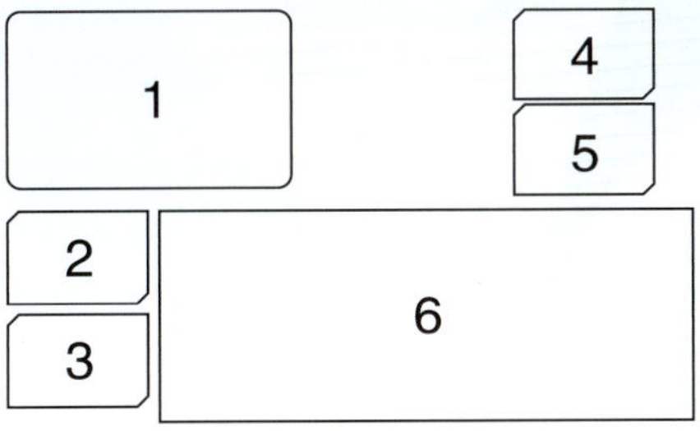

1. 2013年4月3日，抚州市廉文化促进会成立
2. 2013年8月14日，全市“劳动美·廉洁行”电视演讲比赛决赛
3. 2013年9月13日，全市首届“青春倡廉·建功抚州”原创歌曲决赛
4. 2014年11月11日，全市党风党纪警示教育大会
5. 2014年11月12日，全市廉文化·微电影招待会
6. 2013年5月7日，全市党纪教育廉政剧目演出晚会

2014年11月13日，抚州市廉文化研究院成立，清华大学廉政与治理研究中心主任程文浩博士（右）与市委常委、市纪委书记吴伟柱（左）为研究院揭牌

1

2

3

1. 2014年11月13日，程文浩博士作“廉政建设与预防腐败”专题报告
2. 2015年12月17日，全市第三届廉文化节“清风苑”杯廉政诗歌散文电视朗诵大赛决赛
3. 2015年12月18日，全市第三届廉文化节临川文化廉洁思想研究交流会

2011年12月22日，全市中小学校《廉洁修身教育》读书活动征文演讲比赛

2012年1月8日，市直属学校“廉洁文化进校园”文艺演出

2014年9月17日，《廉洁修身教育》教材再版发行仪式

2011年5月27日，全市青少年学生“廉洁教育”读书活动启动仪式

2012年4月9日，全市纪检监察系统“信念忠诚”训练签名活动

2011年5月20日，全市“防范风险 保廉提能”党风廉政主题教育签名承诺

2015年3月20日，全市纪检监察系统“警示教育月”主题签名活动

2010年5月7日，市纪委监察局“作表率、创一流”暨“四实四创”主题实践活动

2010年10月15日，市纪委机关干部赴井冈山缅怀革命先烈重温入党誓词活动

2010年12月21日，全市纪检监察机关干部下基层“三包为民”党日活动

2013年5月24日，全市百企倡廉承诺活动

2014年3月24日，市纪委监察局在黎川县潭溪乡开展“四访送清风”活动

2014年12月28日-30日，全市纪检监察系统第二届办案大比武活动模拟办案现场

2013年12月26日，全市纪检监察系统第一届办案技能大比武基本知识技能、办案基本技能笔试现场

2014年12月28日，全市纪检监察系统第二届办案技能大比武“眼明手快”知识竞赛现场

2015年12月21日-23日，全市纪检监察系统第三届纪律审查技能大比武及主业培训活动

2008年5月30日，市纪委监察局举办全市“联通杯”党的十七大知识竞赛

2008年7月3日，全市廉政歌曲演唱赛

2009年9月18日，音乐情景剧《春风杨柳》在北京中国大剧院演出

2011年12月21日，全市廉政故事演讲大赛

2012年4月23日，全市“唱响正气之歌 建设幸福抚州”群众歌咏大赛

2010年11月4日，全市廉政书画暨创业服务年成果展开幕式

2013年11月20日，“清风苑”杯全市纪检监察系统第一届运动会颁奖总结会

第二届运动会开赛式

篮球赛场

2015年11月17日，“清风苑”杯全市纪检监察系统第三届运动会颁奖总结会

2014年12月5日，“清风苑杯”全市纪检监察系统第二届运动会颁奖总结会

2010年6月24日，市纪委领导干部奔赴唱凯第一线抢险

2010年7月3日，市纪委机关干部在灾区开展灾后重建工作

2010年7月14日，抗洪救灾捐赠仪式现场

2010年12月31日，市纪委机关与灾区重建罗针镇张家小学师生共同举办迎新活动

2010年7月3日，市纪委、临川区纪委机关干部共同为灾区捐款

2010年9月30日，成立市纪委机关党委

2012年10月23日，市纪委机关副主任岗位竞争上岗面试

2012年10月25日，市纪委音乐欣赏讲座

2014年9月1日，市纪委书法艺术欣赏讲座

2010年12月21日，抚州市纪检监察干部“唱红歌迎新春”晚会

2014年12月30日，市纪委廉政书法创作培训第一课

2014年10月16日，市纪委机关教育实践活动总结会

2015年5月29日，市纪委监察局“三严三实”专题教育动员部署会暨专题党课

2010年8月6日，全市纪委书记座谈会

2010年4月1日，全市党务公开工作座谈会

2010年8月17日，新任县级领导干部廉政谈话会

2011年1月20日，全市创业服务年活动总结暨发展提升年活动动员电视电话会

2011年5月20日，市直机关风险岗位廉能管理培训班

2011年9月25日，全市工程建设领域突出问题专项治理工作电视电话会

2012年8月23日，全市市直单位内设机构效能作风测评大会

2012年10月24日，抚州市维护群众利益工作汇报会

2012年11月13日，全市效能作风整治专项行动工作会

2013年3月7日，省纪委查办案件工作调研座谈会在抚州召开

2013年7月16日，全市纪检监察机关办案安全工作会议

2013年9月5日，全市“红包”问题专项治理工作会

2014年4月20日，中央纪委党风廉政监督室在抚州召开调研座谈会

2014年5月27日，市直单位党风廉政建设工作推进会

2015年8月
前面”工作调度

2014年2月17日，全市党风廉政建设和反腐败工作情况通报会

“把纪律挺在

2015年9月24日，全市开展领导干部违规插手干预工程项目问题专项治理工作推进会

2015年12月18日，市直单位党风廉政建设满意度测评大会

抚州市“清风苑”党风廉政教育中心

FUZHOU CITY "WIND GARDEN" AS A CENTER OF EDUCATION

- 清风苑
  - 苑外
    - 清风广场 —— 市民廉文化活动广场
  - 苑内
    - 抚州市廉政党校（教育中心）
      - 清源楼 倡廉教育馆
      - 清华楼 忠诚训练营
      - 清正楼、清心楼 是非明鉴台
    - 清远楼 动感传真带（教育中心）
    - 清香楼 温馨服务区

抚州市"清风苑"党风廉政教育中心

FUZHOU CITY "WIND GARDEN" AS A CENTER OF EDUCATION

倡廉教育馆

忠诚训练营

抚州市廉政党校

是非明鉴台

纪律讲堂

《抚州纪检监察志》编纂委员会成员

主　任：吴伟柱

副主任：李茂荣　黄发高　赵荣贵

成　员：罗少韬　华　民　尧宇斌　李　凌　艾　华
　　　　钱　平　汪月清

《抚州纪检监察志》编辑部成员

主　　编：赵荣贵

副 主 编：尧宇斌

执行编辑：杨忠民　赵水泉　汪月清　周文龙

序

治天下者以史为镜，以志为鉴。史作镜，照风骨；志为鉴，励后人。这也许正是具有悠悠五千载文明史的中华民族编史修志传统得以传承的道理所在。时值建党九十五周年、抚州纪检监察机构成立六十六周年之际，《抚州纪检监察志》在经过十个月紧张艰苦的编纂工作后，即将付梓出版。这既是抚州纪检监察史上继往开来的一件大事，又是传承发展临川文化的一项丰硕成果，值得庆贺！

抚州自古就是“文化之邦”、“才子之乡”，临川文化是江西赣文化两大支柱之一，底蕴厚重，博大精深，蕴含着丰富的廉洁思想。自新中国建立初期纪检监察机构成立以来，抚州历届纪委、监察领导班子团结带领全市纪检监察干部，革旧鼎新，正风除弊，肃纪扬清，积极探索具有抚州特色的反腐倡廉之路，推进了抚州政治经济社会发展，也丰富了临川文化廉洁思想。但是，一直以来，我们对抚州纪检监察事业在各个历史时期的发展状况知之不多。大多数人包括我们纪检监察干部也只能通过历版《抚州年鉴》及有关档案资料加以了解，难以把握抚州纪检监察事业发展的全貌、脉络和规律。因此，对抚州纪检监察机关厚重的历史和多彩的业绩，就很有必要加以客观、全面、系统地记载，编写一部承先启后、裨益当代、惠及后人的纪检监察专业志。

盛世修志，志载盛世。2015年11月，我提出编纂《抚州纪检监察志》构想后，经过市纪委常委会的讨论，得到了大家的一致认同，并迅速组织编纂人员开展工作。《抚州纪检监察志》完全按照当代志书编纂的规范编修。修志人员本着对历史高度负责的态度，通过翻阅档案资料、走访老同志，充分利用现代网络、通信手段，最大限度地搜集抚州纪检监察工作相关资料。对汇集的大量历史文献和档案资料，经过校核考证、去粗存精和系统整理，全面、系统、客观、真实地再现了抚州纪检监察工作从新中国诞生，特别是改革开放、纪检监察机关恢复重建以来的辉煌历程，深入探讨了纪检监察工作的规律，全面总结了反腐倡廉的实践经验，充分展示了纪检监察干部的精神风貌，客观、立体式呈现出机构沿革、人员更迭情况，真实准确地记载“大事记”等等。这是一部严谨的资料性著述，不仅填补了抚州系统地记载纪检监察工作的空白，更为今后的纪检监察工作提供了珍贵的历史资料。在此，我谨向全体编纂人员以及对《抚州纪检监察志》编纂工作予以关心、支持、指导、帮助的各界人士表示诚挚的敬意和衷心的感谢！

修志明志贵在用。《抚州纪检监察志》有着“存史、资治、教化”的功能作用，能让我们回顾和总结历史，展望未来，坚定信念，激发斗志。全市纪检监察干部要以志为鉴，以更加强烈的责任感和使命感，忠诚履行党章赋予的职责，坚定担当反腐倡廉重任，不断加大监督执纪问责力度，持续深入地开展党风廉政建设和反腐败斗争，为加快推进“绿色崛起、跨越发展，建设幸福抚州”进程营造风清气正的政治生态环境。

2016年8月

凡　例

一、宗旨：以马克思主义为指导，坚持辩证唯物主义和历史唯物主义观点，实事求是地记述抚州纪检监察工作发展的历史与现状，力求思想性、科学性、资料性相统一。

二、时限：上限始于1950年7月，下限迄于2015年12月。

三、体裁：述、记、志、图、表、录等体裁并用，以文字记述为主，辅以照片、图表，依篇、章、节、目层次展开，横排门类，纵述史实。志首冠概述、大事记，章前设小序。大事记采用编年体和记事本末体相结合的记法，依年月日排列。附录文件为原文照录。

四、行文：用语体文、记述体和第三人称记叙，遵守现代汉语规范，文字表述力求朴实、简洁、流畅。

五、纪年：采用公元纪年。

六、称谓：机构、职务、地名等均按当时称谓记述，机构第一次出现时用全称，再次出现用简称。人物直呼其名或职务。

七、简称：中华人民共和国简称“新中国”，江西省委、江西省政府简称“省委、省政府”，抚州地区或抚州市简称“全区、全市”；中国共产党抚州地区（市）委员会简称“地委、市委”；抚州地区行政专员公署简称“专署、行署”；抚州市政府简称“市政府”；中国共产党抚州地区委员会纪律检查委员会简称“地委纪委”；中国共产党抚州地区（市）纪律检查委员会简称“地区纪委、市纪委”。中国共产党××（县、市、区）委员会纪律检查委员会简称“××（县、市、区）委纪委”；中国共产党××（县、市、区）纪律检查委员会简称“××（县、市、区）纪委”。

八、数字：以国标《出版物上数字用法（GB/T 15835—2011）》为准。

九、文字、标点：按国家公布的《简化字总表》和《标点符号用法》书写、标点。

十、表格：说明文字列于表体之下，表中“—”表示缺项或数据不详，“0”表示该项数据为零。

十一、人物：地（市）纪委书记、副书记、县（市、区）纪委书记以简介记之。历年受地（市）委、行署（政府）和省纪委、省监察厅及以上机关表彰的先进单位和个人列表记录。人物职务在同一章节中只出现一次，再次出现则略去。

十二、资料：主要来源于抚州市及各县（区）纪委、监察局、市档案馆，地方志、年鉴、组织史，有关文件、报刊、网络等，引证资料一般不注明出处。

目　录

第二篇　党风廉政建设

第三篇　纪律审查

第六篇 行政监察

第七篇 创新实践

第八篇　县（区）纪检监察概况

第九篇 人物 荣誉

附 录

概　述

一

抚州市位于江西省东部，东邻福建省建宁、泰宁、光泽、邵武，南与赣州市石城、宁都毗连，西通吉安、宜春市与永丰、新干、丰城为邻，北靠鄱阳湖与贵溪、余干、进贤接壤。总面积18798平方公里，占全省总面积11.3%。2015年，辖临川区和南城县、黎川县、南丰县、崇仁县、乐安县、宜黄县、金溪县、资溪县、广昌县、东乡县、抚州高新技术产业开发区，全市人口398.47万人。

"控带闽越，襟领江湖"的抚州，具有悠久的历史、丰富的物产和深厚的文化底蕴。早在新石器时代中晚期，境内就有人类居住。西汉高祖五年（公元前202年）建南城县，三国吴太平二年（公元257年）设临川郡，隋开皇九年（公元589年）废郡立州，始有抚州。其后朝代更替，建置区划多有变更。新中国成立后，曾设专区、地区，2000年10月撤地设市。抚州地理位置优越，土地肥沃，物产丰富，有"赣抚粮仓"之称，是国家区域性商品粮基地。

抚州素称"文化之邦""才子之乡"。临川文化是赣文化两大支柱之一，其外延广阔，底蕴厚重，博大精深。以北宋政治家、文学家王安石，唐宋八大家之一曾巩，明代著名戏剧家汤显祖为杰出代表的历史人物，以及当今涌现出来的各类英模、专家、学者等优秀人才灿若群星，竞相争辉。历史文化名人（名家）的廉洁思想、廉洁故事和县（区）廉文化各具特色：临川区王安石、汤显祖的廉洁思想及"孝廉文化"，金溪县陆九渊的廉洁思想与家规家训及社区廉文化，东乡县舒同书法廉政思想与临川"四大才子"之一艾南英的报国故事及"书廉文化"，南城县李觏廉文化思想及"礼廉文化"，南丰县曾巩家族家规家训与赵醒侬的革命信仰及"桔廉文化"，广昌县符竹庭的廉洁精神及"莲廉文化"，崇仁县吴澄和吴与弼理学廉文化思想与吴道南的政事观及"理廉文化"，宜黄县谭伦抗倭廉洁故事及"红廉文化"，乐安县黄火星的革命信念及"守廉文化"，黎川县"瓷廉文化"，资溪县"竹廉文化"等，均是抚州境内留下的丰富廉文化遗产及其传承发展。

抚州是革命老区。第二次国内革命战争时期，抚州域内先后建立宜黄、乐安、广昌、黎川、南丰、资溪、崇仁、南城、金南、南广、贵南、东方、赤水、建东、黎南、广赤等16个县革命委员会或县苏维埃政府，分别隶属于中央苏区江西省或闽赣省。毛泽东、周恩来、朱德、邓小平等许多老一辈无产阶级革命家曾在这里从事过革命实践活动。苏区各县都成立裁判部，行使审理案件职能，但各县的革命斗争都曾受到“左”倾路线严重干扰。苏区的干部群众为中国革命做出了重大贡献和巨大牺牲。在长期的革命斗争中，抚州人民的好儿子赵醒侬、傅烈、周建屏、符竹庭等成千上万革命先烈以其光辉的业绩永载史册。

二

1950 年 7 月，中共抚州地方委员会纪律检查委员会成立。各县(市)也相应成立了纪检机构。其后名称几经更迭。1956 年 1 月，中共抚州地方委员会纪律检查委员会改称中共抚州地方监察委员会。1959 年 6 月，改称中共抚州地委监察委员会。1963 年 3 月，改称中共江西省监委驻抚州地委监察组。各县(市)纪检机构也随之改称。1966 年底，受“文化大革命”影响，全区纪检机构处于瘫痪状态，被迫停止工作。1969 年 4 月，中共九大通过的《中国共产党章程》，取消党的监察委员会。1977 年 8 月，中共十一大通过的《中国共产党章程》，重新恢复设立各级党的纪律检查委员会。1979 年 11 月，抚州恢复中共抚州地委纪律检查委员会。各县(市)委纪律检查委员会也相继恢复。1983 年 10 月，机构升格，成立中共抚州地区纪律检查委员会，定为副地级单位，不再为地委工作部门。各县(市)纪检机构也升格为副县级单位。

1952 年 1 月，江西省人民政府抚州区专员公署人民监察处成立，同年 11 月，各县(市)成立人民监察委员会。1955 年 4 月，抚州区专员公署人民监察处更名为抚州专员公署监察处。同年，各县(市)人民监察委员会被撤销。专员公署监察处分别在黎川县、乐安县和抚州市派遣监察组。1956 年 1 月，撤销乐安县、抚州市监察组，黎川县监察组更名为监察室。同年 2 月，江西省抚州专员公署监察处更名为江西省抚州专区监察处，1957 年更名为江西省抚州专署监察处，各县(市)成立监察局。1959 年 4 月，全区各级监察机构被撤销，监察业务移交抚州专员公署人事处。1961 年 12 月，成立江西省抚州专员公署人事监察处，各县(市)成立人民委员会人事监察局。1964 年 3 月，撤销专员公署人事监察处，恢复专员公署监察处。1965 年 5 月，专员公署监察处再次被撤销，监察业务移交专员公署人事处。1987 年 8 月，国务院发出《关于在县以上地方各级人民政府设立行政监察机关的通知》，1988 年 4 月，成立抚州地区监察局。随后，各县(市)监察局相继成立。

1993 年 5 月 31 日，根据中央和国务院的统一部署及江西省纪委、监察厅批复，抚州地区纪委与抚州地区监察局合署办公，履行党的纪律检查和国家行政监察两种职能。

2000 年 10 月，抚州撤地设市，中共抚州地区纪律检查委员会更名中共抚州市纪律检查委员会。抚州地区监察局更名抚州市监察局，仍为合署办公。

2012 年，抚州市率先在全省推进市级派驻机构改革试点，撤销派驻市直单位纪检组 17 个、监察室 12 个，保留市政法机关、市直参照公务员管理单位、市直事业单位和设立党委的市直单位纪检监察机构 27 个。设立 6 个纪工委监察分局，并明确具体归口监督单位。纪工委监察分局为副县级常设机构，隶属于市纪委监察局，接受市纪委监察局直接领导。各县(区)也在全省最早完成纪检监察派驻机构改革，共撤销县(区)直单位纪检组(纪委)256 个，组建纪工委、监察分局 71 个。

2015年，市本级有纪检监察机构50个，编制178个，实有163人。其中，市纪委监察局机关1个，编制69个(行政编61个，事业编3个，工勤编5个)，实有60人；归口派驻的市纪工委监察分局6个，编制30个，实有30人；单独派驻的纪检监察机构29个，编制49个，实有45人；市直条管单位纪检监察机构14个，编制30个，实有28人。县(区)纪委监察局机关11个，编制366个，实有303人；纪工委71个，编制273个，实有230人；抚州高新技术产业开发区纪工委1个，编制5个，实有6人；县级派驻机构(主要是公检法司)纪检监察机构42个，编制67个，实有67人；条管单位纪检监察机构61个，编制84个，实有83人。乡镇场街道办纪委168个(其中乡镇153个，街道办7个，场8个)，编制343个，实有301人。全市共设立纪检监察机构404个，编制总数1316个，实有1149人。

三

全区(市)各级纪检监察机关自成立后，在同级党委、政府和上级纪检监察机关的领导下，紧紧围绕党和政府各个时期的中心任务，切实履行纪律检查和行政监察职能。

1950—1956年，专(区)、县(市)纪委(监委)和行政监察机关围绕土地改革、“三反”、“五反”运动等一系列政治、经济斗争，联系区内一些典型案件，采取上党课、典型通报和组织学习中南局纪委出版的刊物《纪检与教育》等形式，对全区党员、干部进行遵纪守法教育；重视群众来信来访工作，设专人负责，按照“归口处理”的原则做好工作；配合土地改革、镇压反革命运动，结合党组织的整顿，开展案件查处工作。按照中共中央“教育预防为主，惩处为辅”方针，重点查处损害党和人民群众的利益、贪污、盗窃、违反粮食统购统销政策和抵制、破坏社会主义改造运动等方面案件。1952年8月，地委成立案件复查委员会，地委纪委和专署人民监察处具体负责对1951—1952年在“三反”运动中因斗争面过大而受“三大处分”和刑事处分的党员、干部案件，按照中共中央“严查宽办”方针进行复查。

1957年至1966年4月，全区各级监委和行政监察机关紧紧围绕城乡社会主义教育，整社、整党工作和党的中心工作，进行广泛深入的党纪教育。针对在所谓“反瞒产斗争”中出现逼死人命的“乐安事件”，组织广大党员、干部开展学习“三大纪律八项注意”，遏制类似事件蔓延。全区选择富有教育意义的52个典型案件作出公开处理。遵照中华人民共和国政务院《关于处理人民来信和接见人民工作的决定》精神，对人民群众信访控告案件和提出的意见、要求等问题进行处理；围绕反右派斗争和反右倾整风运动，重点查处贪污盗窃、破坏党的团结和统一、破坏集体经济、投机倒把、破坏计划供应、破坏社会主义教育运动等违法违纪案件。根据中共中央《关于加速进行党员干部甄别工作的通知》精神，对1958年7月至1961年6月在整风整社、反右倾运动中受纪律处分和批判的党员、干部、群众，本着全错全纠、部分错部分纠、不错不纠的原则进行甄别，1963年又对已甄别案件开展“查漏、查错、查效果”的复查工作。

受“文化大革命”影响，1966年5月至1979年10月，全区纪检机关被撤销10余年。直到1979年11月，中共抚州地委纪律检查委员会和各县(市)委纪律检查委员会才正式恢复。1979年11月至1993年4月，全区各级纪委积极履行职责，集中精力抓党纪，协助党委抓党风，发挥“教育、监督、保护、惩处”四项职能。贯彻中共中央《关于社会主义精神文明建设指导方针的决议》，全区各级党组织和广大党员带头抓好精神文明建设，纠正党员干部中存在的不正之风，清除一切腐败现象。执行党章和《关于党内政治生活的若干准则》，坚持四项基本原则，维护党的政治纪律，打击经济领域严重违法犯罪活动，狠刹群众意见最大的几股不正之风。按照中央关于加快平反“文化大革命”中冤假错案的指示精神，复查和纠正大批冤假错案。同时，对新中国成立初期至“文化大革命”前的历史老案进行全面复查，对1961—1963年已做过甄别的反右倾案件再次进行甄别，特别是重点复查1951年“金溪事件”和1960年“乐安事件”两案。1988年4月，抚州地区和各县（市）监察局组建后，以廉政监察为主要任务，在独立行使行政监察职能的同时，与地委（区）纪委一道，严肃查处一批贪污受贿、违反财经纪律、以权谋私、“官倒”等案件，会同省教育厅、省招办和地区教育局联合查处在全国引起震动的进贤县高考舞弊案，并采取多种措施敦促违纪人员坦白交待问题，教育挽救了一大批党员和干部。

1993年5月至2000年9月，地区纪委与地区监察局合署办公。全市纪检监察机关自觉服务改革、发展、稳定大局，全面履行纪检监察职能，紧紧围绕反腐败三项工作格局开展工作。切实抓好领导干部廉洁自律，制定《全区县级干部重大事项报告制度》和《县级领导班子、领导干部廉洁自律考核办法》，组织各级领导班子和领导干部开好廉洁自律专题民主生活会，开展自查自纠；对领导干部违规购买和使用公务用车、违规购买公房和集资建房、违规购买和使用通信工具等突出问题开展专项清理。严肃查处违纪违法案件，把办案作为纪检监察的中心环节来抓，地区纪委制定《关于评选先进办案集体和优秀办案工作者的试行办法》，落实办案责任制，查处了一批违纪案件。坚决纠正部门和行业不正之风，着力纠正公路“三乱”、中小学乱收费和向农民乱摊派、乱收费、乱罚款等不正之风。地区纪委监察局多项工作受到中纪委、省委、省政府、省纪委的表彰。1994年，地区纪委监察局执法监察室被评为江西省办案先进单位。1996年，地区纪委监察局被中央纪委、监察部评为全国纪检监察系统新闻工作先进单位。2000年，在全省查办大案要案表彰大会上，地区纪委监察局有4起案件、6个先进集体、5名先进工作者受到省委、省政府的表彰。

2000年10月至2006年11月，第一届市纪委班子积极履行党章赋予的职责，深入推进党风廉政建设和反腐败斗争。加强党风廉政宣传教育，开展廉政文化“六进”、“廉内助”评选等一系列活动，从2003年起连续3年被评为全省纪检监察系统宣传教育工作先进单位。纠正损害群众利益的突出问题，开展教育乱收费、公路“三乱”、医疗行业和医药购销中的不正之风、涉农涉企负担、商业贿赂等专项治理。加强对权力运行的监督，在全省率先建立巡视、电视网络公开述廉、领导干部任前廉政谈话、领导班子专题民主生活会等制度。加强领导干部廉洁自律，狠刹“红包”歪风，清理领导干部违规建私房和拖欠公款，规范公务用车管理，狠刹公款吃喝风。严肃查处违纪违法案件，认真做好案件审理、复审复议和受处分人员回访等工作。优化经济发展环境，推行行政问责制、首问责任制、限时办结制、责任追究制、服务承诺制、公务备案审核制和企业收费登记制，市、县两级建立集中办事大厅，实行“一个窗口对外，一站式服务”。强化源头治腐，推行乡财县管、村财乡代理，建立健全建设工程招标投标、经营性土地使用权出让招标拍卖、政府采购和产权交易进入市场等四项制度，推进行政审批制度改革，推行政务公开、办事公开。

2006年12月至2011年9月，第二届市纪委班子注重在继承中创新发展。服务发展大局，加强对中央、省、市重大决策部署落实情况的监督检查，维护政令畅通；深入开展工程建设和土地领域突出问题专项治理，建立健全工程建设领域诚信监督体系等制度；加强机关效能建设，先后开展“提升行政效能、建设服务型政府”“机关效能——项目建设年”“创业服务年”“发展提升年”等系列活动。构建惩防体系，推行“3+8”构建模式，突出制度、机制、载体三维构建，建立健全反腐倡廉8大体系、30项工作机制、53类工作载体、198项工作制度。开展反腐倡廉教育，建立“大宣教”工作格局，采取多种形式开展党风党纪教育、示范教育、警示教育、岗位廉政教育等；建立廉政文化示范点，扎实开展廉政文化“六进”活动；编印《廉洁修身教育》系列教材，免费发给全市中小学生，填补全省中小学廉洁教育教材的空白。强化权力运行监督，建立“1+N”制度体系，规范权力运行；推行领导干部个人重大事项报告、新任科级干部财产公示等制度；落实《廉政准则》，开展领导干部收受“红包”、公款出国（境）旅游、违规经商办企业等专项治理；推行风险岗位廉能管理，实行单项预警——综合预警——预警公示“三位一体”的预警纠错机制。切实维护群众利益，开设《政风行风热线》、《纠风约谈》栏目，建立市县乡村四级纠风网络，开展民主评议政风行风和基层站所形象测评；加强对强农惠农政策落实和各类专项资金使用情况的监督检查，开展民生领域突出问题专项治理；推进农村基层党风廉政建设，建立乡镇便民服务中心、村级便民服务代办点、村小组便民服务联络员三级便民服务网络；推行基层党务公开，抚州被中央纪委确定为江西省唯一的设区市党务公开工作联系点。查处违纪案件，建立“三带一驻点”信访机制，完善市县联合、县县交叉、下查一级等办案机制，推行“陪审式”“辩审式”“庭审式”等公开审理，推行重大案件新闻发布会、典型案件通报会等制度。深入开展源头治腐，深化行政审批和公共资源交易制度改革，推行“公务消费一体化监管”、农村集体“三资”监管。

2011年9月至2015年12月，第三届市纪委班子在全面贯彻落实中央纪委和省纪委工作部署的同时，坚持一年一主题，持续推进“清廉抚州”建设。2011年，重点做好“1+6”两篇大文章：以构建惩防体系为主线，深入推进风险岗位廉能管理、“双千双百增效提能”活动、农村“三网保廉”建设、科技化办案系统建设、医药医务“阳光行动”和派驻机构统一管理六项重点工作。2012年，积极开展“六大专项行动”，即效能作风整治、工程领域查纠、机关“三公”监察、农村“三资”监管、县委“三权”监督和清风正气文化年。2013年，重点推进“六大保廉项目”，即廉政责任透明化考核、作风效能常态化预警、工程领域专业化管理、公务消费一体化监管、阳光政务电子化监察、干部廉情人性化关爱。省纪委、省监察厅将抚州确定为工程建设领域守信激励和失信惩戒制度建设、绩效管理、阳光医药监察系统建设三项工作试点市。2014年，重点开展“六大清廉行动”：廉政责任项目管理、权力监督制度创新、党风政风驻点巡查、为民亲民阳光信访、倡廉教育社会互动、重点领域电子监察。是年，在2013年度全省党风廉政建设责任制检查考核中，抚州市名列全省设区市第一名。2015年，重点抓好清廉抚州建设十件实事：强力实施两个责任问责机制、全面推行责任纪实制度、建立作风建设倒逼机制、推行领导干部廉情公开、实行党风政风巡查全覆盖、大力组织实施异地交叉办案、探索派驻监督有效途径、深入开展警示教育、打造“网上纪委”平台、开展“三大提能”活动。同时，主动适应全面从严治党新常态，强力推动“两个责任”落地生根，努力践行监督执纪“四种形态”；落实省委、省纪委把抚州作为“把纪律挺在前面”先行先试设区市的要求，探索建立早发现、早提醒、早查纠、早防范的“四位一体”工作机制。强卫、鹿心社、周泽民对抚州公务消费一体化监督、农村集体“三资”监管工作进行专题调研，先后作出重要批示，要求全省推广。党风廉政建设社会评价工作连续3年在全省名列前矛。

回顾65年抚州市纪检监察工作的历程，全市纪检监察干部用忠诚和汗水为抚州的党风廉政建设和反腐败斗争作出了不懈努力，为抚州的经济发展和社会稳定做出了积极贡献。展望未来，任重道远。全市纪检监察干部在全面从严治党的新形势下，必将以昂扬的斗志、务实的作风、一流的作为，开拓纪检监察工作新局面，继续谱写抚州纪检监察工作新篇章。

大 事 记

1950 年

7 月，中共抚州地委纪律检查委员会成立，宋诚任书记，王寒任副书记，有专职干部 3 人。

是年底，临川、金溪、资溪、南城、南丰、黎川、崇仁、宜黄、乐安等县相应成立县委纪律检查委员会，共配专职干部 13 人。

1951 年

5 月，王寒任中共抚州地委纪律检查委员会书记，聂显书任副书记。

12 月，在江西省委纪律检查委员会、省政府人民监察委员会和中南局派员指导下，查处金溪县委、县政府主要领导因丧失阶级立场、腐化堕落，造成干部群众惨遭匪特杀害的重大案件。并根据江西省委决定，对金溪县委、县政府领导机关进行“部分改组”，对有关领导作出相应处理。

1952 年

1 月，江西省人民政府抚州区专员公署人民监察处成立，处长聂显书。

8 月，广昌县从宁都专区划归抚州专区。1954 年 6 月，又从抚州划出归赣南行政区。1983 年 7 月，再从赣南行政区划出归抚州地区。

8 月，地委成立案件复查委员会，对专区级“三反”（反贪污、反浪费、反官僚主义）案件进行复查。

10 月 13 日，抚州地委纪委开始贯彻执行省纪委印发的《江西省纪律检查委员会检查处暂行工作细则》。

10 月，李毅章任中共抚州地委纪律检查委员会书记，王寒改任副书记。

1953 年

3 月，地委纪委配合“三反”斗争，对花纱布公司抚州办事处吴××、叶××贪污 1500 万元（旧币）大案进行公开处理。

8 月，地委纪委对临川县温圳小学校舍倒塌，压死学生 2 人、压伤 32 人的惨痛事件进行调查处理，校长廖××受到撤职处分，区长吴××受到记大过处分。

1954 年

7 月，第四次全区监察工作会议召开。

是年，全区对财务管理、发放农贷、储蓄信贷、粮食保管、木材调拨、税收政策、交通运输、乡财政预算制度等共进行重点检查 28 次，一般检查 108 次。

1955 年

3 月 21 日，地委纪委印发《关于全体党员在粮食定量、定购、定销工作中应严格遵守的几项规定》。

4 月，抚州区专员公署人民监察处更名为抚州专员公署监察处，处长张焕印，设置秘书、政法、财经 3 个组。

5 月 13 日，省委纪委编印的《纪律检查工作简报》刊登省委纪委批转抚州地委纪委关于区级干部违反党纪情况的报告。

7 月，抚州专员公署监察处分别在黎川、乐安、抚州 3 个重点县（市）派遣监察组，由抚州专员公署监察处垂直领导。

8 月 13 日，地委纪委发出《关于加强农村党员共产主义道德品质教育的指示》。

9 月，地委纪委发出《关于密切配合粮食“三定”秋征，做好党的纪律检查工作的指示》。

10 月，王敬民任中共抚州地委纪律检查委员会书记，韩增田、张瑛任副书记。康钧任专员公署监察处处长。

11 月，地委纪委发出《关于全区共产党员在合作化运动中应严格遵守党的政策的指示》。

1956 年

1 月，中共抚州地委纪律检查委员会更名中共抚州地方监察委员会，书记王敬民，副书记张瑛。

1 月，撤销乐安县、抚州市 2 个派遣监察组，保留黎川县监察组，并更名黎川县监察室。

2 月，抚州专员公署监察处更名为抚州专区监察处，处长康钧。

2 月，抚州专区监察处会同专区粮食局等部门组织 3 个检查组对南丰、黎川、温圳粮食公司进行重点检查，查处温圳粮食公司霉坏粮食 1816762 斤的严重失职案。

3 月 5 日，地监委印发《关于全区党员在农业合作化高潮的基础上开展春耕生产大运动中应严格遵守的几项规定》。

3 月 28 日，地监委召开县（市）监委书记座谈会，省监委派员参会。

4 月 12 日，地监委印发《关于全区共产党员在肃反斗争中应严格遵守的几项规定》。

5 月 3 日，江西省委批转省监委《关于抚州地区监察工作专职干部直接参加肃反工作情况及今后意见的报告》。

上半年，召开全区人民监察通讯员首届奖模大会，表彰模范通讯员 9 名。

9 月，县（市）委纪律检查委员会更名县（市）监察委员会。

是年，地监委对黎川县团村、芦高、三都乡在粮食统购统销中发生的人员非正常死亡情况及崇仁县耕牛死亡情况进行专案检查及处理。

1957 年

3 月 7 日，省、专、市联合检查组对抚州粮食供应存在严重浪费问题进行专题监督检查。

第一季度，查处黎川县粮食局局长武 × × 在基建中讲排场、铺张浪费国家资财 1.25 万元的重大案件。

4 月 24 日，地监委印发《关于当前党员思想和违反党纪情况的报告》。

6 月 23 日—24 日，地监委召开县（市）监委、大王山钨矿党委监察秘书座谈会。

7 月 3 日，地区监委在金溪县召开南丰、南城、黎川、金溪、资溪 5 县监委书记会议，对防止瞒产问题进行座谈和讨论。

是年，全区九县一市成立县（市）监察局，与人事局合署办公。

1958 年

12 月 28 日—30 日，地监委召开县（市）监委书记、秘书参加的监察工作会议。

是年，地监委直接查处 252 件阻碍政治运动和中心工作的重大案件。

是年，地监委采取多种形式大张旗鼓地进行纪律宣传教育 58 次，受教育干部达 490626 人。

1959 年

4 月 13 日，省监委转发中共临川县委《关于公社监委处理整社整党中揭发的案件中存在的问题和意见》的通报。通报认为临川县委及时帮助人民公社党的监委总结检查处理案件的经验，并根据存在的问题提出意见的做法很好。

4 月，全区专、县（市）监察机关被撤销，监察业务由人事部门接管。

6 月 15 日，中共抚州地方监察委员会更名中共抚州地委监察委员会，书记韩增田，副书记张瑛。县(市) 监察委员会更名县(市) 委监察委员会。

1960 年

4 月 14 日，中央监察委员会印发《关于组织党的监察干部学习毛泽东同志的著作的通知》。

7 月，由地委监委派出调查组查处乐安县委、县政府主要领导成员违抗省、地指示，在全县范围内搞“反瞒产斗争”，造成大量干部群众被捆绑吊打、外流外窜、患浮肿病、非正常死亡，严重影响农业生产和党群关系的“乐安事件”。

11 月，中共抚州地委决定，对乐安县党政领导班子进行改组，地委监委对负有直接责任的公溪、招携、敖溪公社党委第一书记分别给予开除党籍处分。

12 月，监察业务归属抚州专员公署民政办公室。

1961 年

1 月 4 日，中共江西省委研究决定，对“乐安事件”中负有主要领导责任的乐安县委、县政府有关人员作出处理。

1 月 5 日—9 日，召开全区监委书记会议，总结“乐安事件”经验教训。

11 月至 1962 年 6 月，地、县(市)分别成立案件甄别工作领导小组，对 1958 年 7 月至 1961 年 6 月在整风整社、反右倾运动中受纪律处分和批判的党员干部及群众案件进行甄别纠正。

12 月，抚州专署监察处更名抚州专署人事监察处，副处长郑素春、赵东彬。各县(市)相应成立人民委员会人事监察局。

1962 年

12 月 21 日—25 日，召开全区党的监察工作会议，王敬民、韩增田先后在会上讲话，张瑛作总结发言。

是年，全区每个人民公社、大队均设立行政监察委员会，生产队设监察小组或监察员。

1963 年

3 月 6 日，地委监委印发《关于建立重大案件立案制度的通知》。

3 月，中共抚州地委监察委员会更名中共江西省委监察委员会驻抚州地委监察组，组长严东，副组长张瑛。

10 月 29 日—11 月 2 日，省委监委驻抚州地委监察组召开全区各县(镇)“五反”(反行贿、反偷税漏税、反盗骗国家财产、反偷工减料、反盗窃国家经济情报的运动）运动专案组组长、监委书记座谈会。

11 月至 1964 年 2 月，抚州地委监察组协助省委监委查处原抚州地委书记王 × ×蜕化变质的重要案件。

1964 年

1 月，张金阁任中共江西省委监察委员会驻抚州地委监察组组长，张瑛任副组长。

3 月，监察业务从人事部门划出，恢复抚州专员公署监察处，郑素春任副处长。

4 月，省监委驻抚州地委监察组查处临川县凤岗公社违反党的政策，搞“反瞒产私分斗争”，非法吊打社员群众，造成大量人员非正常死亡的“临川凤岗事件”，并分别给予主要领导和责任人严厉的纪律处分和法律制裁。

8 月 17 日—20 日，召开全区农村社会主义教育组织处理座谈会，讨论农村社会主义教育组织处理问题和总结社会主义教育整顿基层监察组织、开展基层监察工作问题。

1965 年

3 月 23 日—27 日，全区监察专案工作座谈会在抚州召开，地委监察组组长张金阁作总结发言。

5 月 28 日，撤销抚州专员公署监察处，监察工作归人事处。

是年，全区抽调 34 名监委干部参加“四清”蹲点，抽调 15 名监委干部参加城乡社教专案组，审查处理专案 868 件。

1966 年

10 月，受“文化大革命”影响，全区党政领导机关受到冲击。

是年底，抚州地委监察组和抚州专署人事监察处被迫停止工作。

1968 年

2 月，抚州专区革命委员会成立，党的纪检工作由革委会政治部组织组兼管。

6 月，东乡县从上饶专区划归抚州专区。

6 月，进贤县从宜春专区划归抚州专区，1983 年 9 月，又从抚州地区划出归南昌市。

1977 年

11 月，抚州地委组织部增设纪检科，各县（市）纪检工作由各县（市）委组织部兼管。

1979 年

4 月 12 日—14 日，召开“文化大革命”以来第一次全区纪检工作会议。

7 月 29 日，撤销地委组织部纪律检查科，成立中共抚州地委纪律检查组，组长严东，副组长吴鸿江。

11 月，恢复中共抚州地委纪律检查委员会，副书记吴鸿江，内设办公室、二办、纪检科、审理科 4 个科(室)。全区 12 个县(市) 也相应恢复县(市) 委纪律检查委员会。

是年，制定地委纪律检查委员会工作职责范围(草案) 。

是年，全区纪检机关按照中央指示精神，加快平反“文化大革命”中的冤假错案和因右倾受到批判人员的甄别改正工作。

1980 年

6 月 3 日—5 日，地直单位纪检工作会议召开，地委副书记严东到会讲话。

6 月 30 日，白纯义任中共抚州地委纪律检查委员会副书记，列吴鸿江之前。

是年，针对信访中反映情况复杂、涉及面广等问题，地委纪委采取“分级负责，归口处理”的原则办理信访件，改变过去由纪委部门大包大揽的做法。

1981 年

1 月 26 日，地委纪委印发《关于严防春节期间利用公款请客送礼、大吃大喝、铺张浪费的通告》。

12 月，樊菊保任中共抚州地委纪律检查委员会副书记，列吴鸿江之后。

是年，全区为治理经济环境，整顿经济秩序，全面深化改革，共立案查处违纪案件 155 件。

是年，地委纪委为地委制定《关于县级干部生活待遇的若干规定》和《关于党政干部(职工)建私房问题的规定》。

1982 年

2 月，地委在宜黄县召开全区纪检工作会议，布置全区开展打击经济领域犯罪活动的工作。

3 月，成立抚州地区打击经济领域犯罪活动领导小组，下设办公室，由地委纪委代管。在地直机关抽调 30 名党员干部组成 7 个工作组分赴各县(市) 进行调查研究，协助当地党委开展打击经济领域犯罪活动。

7 月 17 日—19 日，地区打击经济领域犯罪活动领导小组在宜黄县召开各县(市)打击经济领域犯罪活动汇报会。

7 月 21 日—24 日,地区打击经济领域犯罪活动领导小组分口召开地直单位负责人打击经济领域犯罪活动汇报会。

是年,抚州地委纪委、金溪县委纪委配合省委纪委调查组复查“金溪事件”案件 。

是年,遵照中央 9 号和省委 20 号文件精神,地、县(市)委成立金溪事件、乐安事件“两案”领导小组,对全区 涉及“两案”的人员进行复查复议,并逐个作出结论。

1983 年

2 月 22 日,抚州地委纪委开始贯彻中央纪委印发的《必须坚决制止党员、干部在建房分房中的歪风——致全国党政机关、事业单位各级领导干部的公开信》。

4 月 26 日,地委纪委印发《关于成立地区清理建房、多占住房办公的通知》

4 月 27 日,地委纪委印发《关于严肃招生纪律,坚决制止招生工作中不正之风的通知》,保证招生工作顺利进行,维护招生声誉。

5 月 9 日,省纪委报经省委批准,撤销原省委 1951 年给原金溪县委及部分党员所犯错误的处理决定,省委纪委 1951 年给原金溪县委及部分党员所犯错误的处理意见;撤销原中南局 1952 年批示文件中对金溪县委的“部分改组其领导机关” 的处分决定。

5 月,对全区城镇干部住房进行全面清查。

7 月,地委纪委会同省教委、省招办、地区教育局联合调查处理在全国罕见的进贤县高考舞弊案件,并给予有关责任人以严厉的党纪政纪处理。

8 月 6 日,地委纪委发出《关于坚决刹住分房歪风的通知》。

10 月,中共抚州地委纪律检查委员会更名为中共抚州地区纪律检查委员会,级格定为副地级,内设办公室、信访科、纪检科、审理科 ,代管抚州地区打击经济领域犯罪活动办公室。

12 月 20 日—22 日,地区纪委召开全区纪检工作会议,地委副书记黄名鑫到会作重要讲话。

1984 年

1 月,白纯义、樊菊保任中共抚州地区纪律检查委员会副书记。

4 月,查处原地委副书记左 × ×利用职权包庇抢劫犯的重要案件。

6 月 18 日,地区纪委印发《关于处分违纪党员批准权限的具体规定的通知》。

7 月 17 日—19 日,地区纪委在宜黄县召开县(市) 纪委书记会,传达贯彻中央纪委和省纪委工作会议精神。

10 月 10 日至 1985 年 6 月 10 日,地区纪委机关开展整党工作,参加整党的党员共 40 人,除 1 名因病去世未予登记外,均予以登记。

10 月 23 日,地区纪委印发《关于开创信访工作新局面的几项规定》。

12 月 25 日,撤销抚州地区打击经济领域犯罪活动领导小组,有关工作由地区纪委接管。

12 月下旬，召开全区端正党风经验交流会，并将会上交流的经验材料编印成册，发至全区各乡镇和地直各单位。

是年，地区纪委党支部被评为全省先进党支部，并出席全省先进党支部表彰大会。

是年，地区纪委会同乐安县委对“乐安事件”案件进行甄别和复查，经请示省委同意，分别变更对乐安县原县委书记王 × × 等有关人员的处分。

1985 年

4 月上旬，地区纪委召开全区纪检工作会议，对端正党风工作作出具体部署。

4 月，地委召开整党工作会议，对全区纠正不正之风工作作出具体部署。

6 月 6 日，白纯义任中共抚州地区纪律检查委员会书记。

11 月 22 日—12 月 8 日，地委组织 17 个检查组，开展全区党风大检查。

12 月 24 日—26 日，召开抚州地区端正党风工作经验交流会，宜黄县等 20 个单位在会上介绍经验，地委书记高丕凯到会讲话。

1986 年

1 月 2 日，地区纪委、地委组织部联合印发《关于建立健全乡（镇）纪检机构和配备乡（镇）纪检干部的通知》。

1 月 27 日，地区纪委印发《关于开展全区案件质量检查和复查历史老案验收工作的通知》。

8 月 12 日—15 日，地区纪委召开全区县（市）纪委书记会议。

12 月 12 日，地区纪委下发抚纪字[1986]26 号文件，对查处党员干部违纪建私房有关问题作出具体规定。

是年，省纪委在临川召开全省信访工作会议。

1987 年

3 月 28 日，徐力任中共抚州地区纪律检查委员会书记。白纯义改任地区纪委调研员。

3 月，地区纪委内设机构由原一室三处改为五室，即办公室、纪检室、审理室、信访室、调研室。

6 月 23 日，地区纪委召开 5 个经济口联系点（抚州棉纺织厂、地区机械电子工业公司、地区农机公司、地区五交化公司、地区工商银行）负责人座谈会。

11 月 23 日—12 月 5 日，地区纪委举办纪检干部培训班。

1988 年

1 月 12 日，地区纪委印发《关于加强党风建设的几点意见》。

4 月,成立抚州地区监察局,副局长姜高山主持工作,内设人秘科、监察一科、监察二科,审理科、信访科。各县(市) 也成立了监察局。

5 月 28 日,地区监察局下发通知: 全区各级监察机关认真贯彻党中央、国务院指示,积极参加物价大检查。

5 月,地区监察局抽调 70 余人组成 15 个小组,对涉外经济合同进行清查。

6 月 18 日,地区纪委印发《中共抚州地区纪律检查委员会工作暂行规则》。

8 月 7 日—8 日,省监察厅厅长王家福赴临川县、抚州市考察,在听取地区、临川县、抚州市监察局负责人汇报后,针对地、县监察工作提出具体要求。

8 月 24 日,地区纪委增设党性党纪教育处,负责对党员进行党性党纪教育工作。

9 月 30 日,地区纪委调研室开始编号《调研情况》。

10 月,地、县(市)成立清查“官倒”领导小组,在全区范围内开展清查“官倒”工作。

1989 年

2 月,地区监察局草拟的《关于加强行政机关廉政建设的几点意见》、《关于制止贪污、受贿、弄权勒索,健全监督查办制度的意见》,被地委、行署采纳,发至全区各单位执行。

3 月 31 日,省纪委书记朱治宏到抚州考察党风廉政建设情况。

4 月,地区监察局设立举报中心。

5 月,地委纪委查处抚州地区驻厦门办事处抚新发展公司 992.25 万元巨大化肥款被骗案。

7 月—8 月,在全区大张旗鼓地宣传“两个”通告,形成一个检举揭发坦白交待贪污贿赂行为的大气候。

8 月—12 月,地区纪委会同组织部门清查涉及 1989 年政治风波的人和事,共计 22 件 50 人,根据政策 46 人解除调查,有 4 人受到党纪和政纪处分。

11 月,地区监察局党组成立,局长姜高山任党组书记。

是年,全区通过公开考试选调一批监察干部,地区监察局还配备特邀监察员和人民监察员 13 人,使全区形成一个行政监察网络。

是年,东乡县纪委纪检科获全省案件检查先进单位,南丰县、崇仁县纪委案件审理科获全省案件审理先进单位,临川县曾友泉、广昌县周嘉猷、金溪县米国璋获全省案件审理先进工作者称号。

是年,对全区 929 户违纪建私房者作出组织处理。

1990 年

1 月 11 日—13 日,地区纪委召开各县(市) 纪委书记会议,听取各县(市) 关于县、乡(镇) 纪委班子换届初步方案的汇报。

2 月 6 日,地区监察局下发通知,加强政纪案件管理工作。

2 月 14 日，中央纪委副书记陈作霖由省委常委、纪委书记朱治宏等陪同到抚州视察工作，就如何进一步加强党风廉政建设进行座谈并作重要指示。

2 月 20 日，地区纪委与地委组织部联合发文，重申各级纪委领导干部任免、调动应征求上级纪委意见的要求。

3 月 1 日，地区纪委与临川县纪委、县直机关党委、县物资局建立临川县河西乡支农挂钩点，共同改造火焰山农场 25 亩低产橘园。

3 月 21 日，省纪委书记朱治宏到抚州指导工作并就纪检机关如何加强党同人民群众的联系问题进行座谈。

3 月 28 日—30 日，中央纪委控告申诉室副地级纪检员顾敬业到抚州进行调查和督办信访案件。

3 月 31 日，地区编委下发抚编发[1990]23 号文：地纪委内设的纪律检查处、案件审理处、信访处均改为室，处改室后级格均为副县级不变。

4 月 28 日，地区监察局印发《重要违纪问题立案、结案、备案制度》。

5 月 3 日，地区纪委发出《在全区纪检系统开展创先争优活动》的通知，要求在全区掀起一个学先进、赶先进、超先进的热潮。

5 月 18 日—20 日，省纪委书记朱治宏一行 4 人到东乡县考察纪检工作，地区纪委书记徐力率部分县(市）纪委书记和地区纪委干部前往。

6 月 11 日，地区监察局党组作出开展向雷锋、焦裕禄同志学习的决议。

6 月 11 日—14 日，省纪委在南丰县召开贯彻落实党的十三届六中全会情况分片汇报会，赣州、吉安、抚州地区纪委和省直机关纪工委的领导参加会议，省纪委副书记颜先进主持会议。

8 月 17 日—31 日，地区纪委与地委组织部、宣传部、办公室、政策研究室、团地委、监察局组成 4 个党风状况调查组，对崇仁、南城、东乡、黎川 4 县进行万人问卷调查。

8 月 29 日—9 月 1 日，地区纪委在抚州宾馆召开全区纪检工作会议，传达华北、华东地区纪检工作会议、全国党风党纪教育工作座谈会和地市纪委书记会议精神。

10 月 8 日，地区纪委发出《认真学习贯彻中共江西省第九次党代会精神的通知》，要求坚持不懈地抓好党风党纪和廉政建设，圆满完成全年各项纪检工作任务。

10 月 10 日—14 日，地区纪委在宜黄县、南丰县分两片召开县乡(镇）纪检信访工作经验交流会。

10 月 23 日—24 日，全区纪检系统学哲学、用哲学理论研讨会在崇仁县召开。

11 月 7 日，地委决定，徐力调离后，由地区纪委副书记刘有苏主持工作。

11 月 25 日，宜黄县纪委副书记谢仁康被中央纪委授予“全国优秀纪检干部”称号，并赴北京参加全国先进纪检组织、优秀纪检干部表彰大会。

11 月 28 日，地区纪委《我们是怎样查处大案要案的》一文入选全省纪检工作座谈会典型材料。

12 月 15 日，省纪委赣纪字[1990]17 号文件向中央纪委转报抚州地区纪委《关于党风状况的调查报告》。

是年,全区各级监察机关密切配合清房工作,审理监察对象建私房案件474件。

1991年

3月下旬,全区监察工作会议暨表彰先进大会召开。

4月4日,缪兵任中共抚州地区纪律检查委员会书记,刘有荪、邹明泉任副书记。

5月8日,地区监察局、地区计划生育委员会联合通知:在全区开展对计划生育经费、超生罚款、计划生育集资经费的管理、使用情况的专项执法检查。

7月4日—5日,全区监察工作座谈会在资溪县召开。

8月9日,地区监察局下发通知,加强对抗旱救灾物资、资金分配、使用情况的监督检查。

10月,抚州地区廉政建设领导小组办公室改名抚州地区党风廉政建设领导小组办公室,办公室设在地区纪委。

10月,行署各部门在职行政干部,行署及其部门任命的事业单位负责人参加《中华人民共和国行政监察条例》考试。

是年,临川、南城县纪委被评为全省纪检系统先进单位,谢仁康等11人被评为全省优秀纪检干部。崇仁县监察局被授予全省监察系统先进集体,曾光勇等3人被授予全省监察系统先进工作者称号。

是年,地、县(市)监察局长兼任纠正行业不正之风办公室主任,牵头组织纠风工作。

是年,全区各级纪检机关共建立挂钩联系点236个,其中企业64个,农村172个,帮助他们排忧解难。

是年,地区纪委副书记刘有荪、地区监察局副局长章友泉、东乡县纪委徐学文、黎川县纪委黄小诚被评为全省清房先进工作者,受到省委、省政府的表彰。

1992年

3月,地区监察局制定《立案调查处理程序与要求》和《监察检查工作程序与要求》。

4月22日,地区纪委信访室下发《关于开展学习、宣传、贯彻〈中国共产党纪律检查机关控告申诉工作条例(试行)〉》的通知。

是年,地区纪委《关于加强乡(镇)纪律检查工作的意见》经地委同意,批转全区贯彻执行。

1993年

5月31日,地区纪委与地区监察局合署办公,实行两块牌子、两种职能、一套办公机构的体制。合署办公后内设机构为11个室和1个举报中心(均为副县级机构)。

5月,李品行任中共抚州地区纪律检查委员会书记。

6月19日,地区纪委印发《关于地区纪委、地区监察局合署后有关工作报批程序的暂行办法》。同日，地区纪委办公室印发《关于文秘工作六项制度》。

8月14日，地区纪委办公室印发《关于加强案件管理工作的通知》。

8月底，全区12个县（市）纪委与监察局合署办公。

10月18日，地区纪委下发《中共抚州地区纪委委员会工作的若干规则（试行）》和《抚州地区纪检监察信访举报工作暂行办法》的通知。

1994年

3月22日，地区纪委和地委组织部联合印发关于建立《县级领导干部重大事项报告制度》和实施《县级领导干部廉洁自律考核制度》的意见。

4月11日，地区纪委下发《清理干部拖欠（借用）公款和党政机关及其工作人员利用职权无偿占用企业财务的通知》，制定《清理拖欠（借用）公款和无偿占用企业财务工作实施方案》。

9月，邹明泉任地区监察局长。

10月24日，召开全区纪检监察工作会议，李品行出席会议并讲话。

11月14日—19日，地区纪委举办纪检监察干部培训班。

12月26日—28日，省委常委、省纪委书记马世昌到抚州考察反腐败斗争和纪检监察工作，先后听取地委、地纪委和广昌、金溪县委、县纪委的工作汇报，并就进一步加强党风廉政建设、深入开展反腐败斗争、做好纪检监察工作提出要求。

是年，开展以“三清”（清理干部拖欠公款、清车、清房）为重点的纠风工作。

是年，地区纪委监察局执法监察室被评为江西省办案先进单位。

是年，地区纪委开展“党风廉政教育月”活动，共放映党纪教育录像片1055场（次），观众达26万人次。

是年，地区纪委先后下发《关于进一步加强领导班子思想作风建设的意见》、《切实简化各级领导外出活动接待工作的通知》、《关于党政机关工作人员在公务活动中食宿安排等方面的通知》等文件，使党政领导干部廉洁自律工作逐步向规范化、制度化方向发展。

是年，全区纪检监察机关就1994年反腐败效果和1995年如何更有效地深入开展反腐败斗争进行一次较大规模的调研活动，形成调研材料37篇。

1995年

3月11日，地区纪委监察局执法监察室查处地区民政局挪用农村灾区福利生产周转金案成绩显著，受到省纪委奖励。地区纪委江富生敢于办案，善于办案，获全省纪检监察机关办案先进个人称号。同日，地区监察局印发监察局长办公会议制度。

4月，临川县与抚州市合并成立临川市。

8月18日，地区纪委印发关于执行《抚州地区纪检监察机关案件材料立卷归档试行办法》的通知。

8 月 31 日，地区纪委发出通知，对县（市）和地直单位领导干部廉洁自律有关情况进行专项检查。

9 月 4 日，地区监察局印发《关于对我区减轻农民负担情况进行执法监察的实施方案》。

10 月，地区纪委组织全区 12 万名党员参加由省纪委等 3 家主办的“学理论学党章”答题竞赛活动。

是年，着力抓三项治理，狠刹公路“三乱”，中小学乱收费和向农民乱摊派、乱收费等不正之风。

1996 年

1 月 15 日，地区纪委印发《关于继续狠刹公款吃喝玩乐风和严格控制社会集团消费几个问题的暂行规定》。

2 月 13 日，地区纪委、地区经济委员会、地区监察局联合通知：加强对国有企业领导干部廉洁自律监督检查。

4 月 22 日—26 日，地区纪委监察局举办全区纪检监察干部培训班。

5 月 7 日，地区纪委、地委组织部联合下发《关于提拔任用领导干部征求纪委意见的暂行办法》。

6 月 3 日，地区纪委监察局印发《抚州地区纪委、监察局与企业联系并服务的实施意见》。

6 月 15 日，地区纪委发出通知，在全区开展党纪政纪条规教育活动。

9 月，地区纪委组织全区 10 万名党员干部参加中央纪委、监察部举办的“党纪政纪条规知识竞赛”活动。

10 月 17 日，地委办公室印发《中共抚州地区纪律检查委员会、抚州地区监察局职能配置、内设机构和人员编制方案》的通知。

是年，地区纪委查处昌抚公路临川段涉及县级干部 2 人、科级干部 10 人的重大经济串案。

是年，地区纪委监察局被中央纪委、监察部评为全国纪检监察系统新闻工作先进单位。

1997 年

2 月 27 日，地区纪委出台评选优秀办案工作者办法。

6 月 3 日，召开全区纪检监察工作会议，地委副书记刘定到会讲话。

6 月 25 日，地区纪委监察局印发《关于开展全区农民负担执法监察的实施方案》。

7 月，省纪委案件质量检查组对抚州地区纪委监察局合署以来自办、审批的违纪案件质量情况进行检查，并对宜黄、南城两县的案件进行抽查。检查组还对检查情况进行综合评议。

9 月 24 日，地区纪委监察局印发《关于对减轻农民负担政策、法规执行情况进行执法监察的通报》。

是年，地区纪委狠抓中共中央《关于制止奢侈浪费若干规定》的贯彻落实，全区共停建、缓建、取消新建办公楼房计划 42 项，节省资金 1.001 亿元。

是年，地区纪委被评为全省扶贫先进单位。

1998 年

3 月 2 日—3 日，全区纪检监察工作会议召开。

7 月 3 日，地区纪委印发《关于严格抗灾救灾工作纪律的紧急通知》。

8 月 12 日，地区纪委印发《关于提高办案和执法监察工作质量的意见》。

8 月 14 日，地区纪委监察局印发《地区纪委、监察局机关深入开展学习邓小平理论的安排意见》。

11 月 16 日，地区纪委印发《农民群众不满的事不能干——南丰县太源、洽湾、桑田乡党委、政府违反党的农村政策引发农民群众事件的通报》。

9 月 11 日，在抚州宾馆多功能会议室召开全区纪检监察工作会议，传达全国纪检监察信访工作会议、全国纠风工作会议、全国有形建筑市场现场会和全省纪检监察工作座谈会议精神。

12 月，地区纪委监察局编印《抚州地区纪检监察史》资料，约 3 万字。

是年，行署办公室印发《关于切实加强领导干部廉政建设的若干规定》实施细则。

1999 年

3 月 9 日，地区纪委印发《领导干部要做令行禁止的模范——关于对县市领导干部通讯费用检查情况的通报》。

4 月 9 日，地区纪委、地区经委、地区劳动局、省总工会抚州地区办事处联合印发《关于推行厂务公开的通知》。

4 月，地委、行署制定下发《1999 年度党风廉政建设和纠风工作意见》，将全年党风廉政建设和纠风工作重点全部进行细化量化，并依据责任制规定将党风廉政建设和反腐败重点工作任务逐项进行分解。

5 月，地区纪委、地区监察局、地区人事局联合举办地直单位纪检监察干部专门业务培训班。

7 月 20 日，地区纪委、地委组织部、地区监察局、地区人事局、地区劳动局联合印发《关于加强在惩戒工作中协调配合的暂行规定》。

8 月 16 日，地区纪委监察局机关开展坚持唯物论、崇尚科学、破除迷信学习教育活动。

11 月 11 日，地区纪委印发《关于在查办案件中运用好"两规""两指"的规定》。

12 月 22 日至 2000 年 3 月 6 日，地纪委监察局领导班子和领导干部开展"三讲（讲学习、讲政治、讲正气）"教育活动，分思想发动，学习提高；自我剖析，听取意见；交流思想，开展批评；认真整改，巩固成果四个阶段进行。通过“三讲”教育活动，党员领导干部普遍受到一次系统的马克思主义教育，初步找准、抓住了领导班子和领导干部个人党性方面存在的突出问题，并认真制订措施加以整改。

是年，全区共清退党员干部违规购买或占用两处以上公房的共计1253人、12773.97平方米。

是年，地区纪委为狠刹公款送礼歪风，制定《关于不准用公款送礼和设立廉政资金账户的暂行规定》。

是年，地区纪委制定《关于全区县级单位购买更换小汽车的暂行规定》，进一步发扬勤俭节约艰苦奋斗传统。

是年，抚州全面推行政府采购制度。成立地区政府采购中心，并召开政府采购工作动员大会。全年累计完成地直单位申报采购项目64项，共支付采购资金853.06万元，节约119.55万元。

是年，全区信访举报部门在全省纪检监察系统信访举报工作达标检查中取得好成绩，其中金溪、宜黄、乐安、崇仁四县和南丰县曾平分别被评为全省纪检监察系统信访举报工作达标先进单位和先进个人。

2000年

3月初，召开全区纪检监察工作会议，地区纪委书记李品行在主题报告中对实行党风廉政建设责任制工作提出明确要求。

4月12日，地区纪委印发《关于进一步加强地区纪委、监察局机关干部理论学习和思想政治工作的意见》。

5月9日，地区纪委印发《关于进一步改进党风廉政建设宣传教育工作的意见》。

5月16日，地区纪委印发《关于进一步加大领导干部廉洁自律监督检查工作力度的意见》。

7月12日，地区纪委印发《关于进一步加强全区纪检监察干部队伍思想作风和纪律建设的意见》。

7月28日，地区纪委、地委组织部联合印发《关于改进县以上党和国家机关党员干部民主生活会的若干意见》的通知。

8月26日，地区纪委组织全区党员干部观看反腐倡廉影片《生死抉择》。

9月8日至10月底，地区纪委监察局利用胡长清等重大典型案件对全区党员干部进行警示教育。

9月22日，地委、行署决定在地区纪委监察局增设纠正部门和行业不正之风管理室，地区纪委监察局决定在室内设立投诉中心。

9月29日，罗建华任中共抚州地区纪律检查委员会书记。

10月，抚州撤地设市，抚州地区改为抚州市。同月，临川市改为临川区。

10月12日，召开中共抚州市纪律检查委员会第一次全体会议，罗建华当选为书记，廖功亮、李云、陈茂龙当选为副书记，罗建华、廖功亮、李云、陈茂龙、赵钢、仇惠娥、周信昌、梅国和、李树武当选为常委。

10 月，廖功亮任市监察局长。

11 月 1 日，全市开展“廉内助”评选活动。

11 月，在开展“三讲”教育活动中，抚州 26 名地厅级干部把中央《关于实行党风廉政建设责任制的规定》作为学习的必读篇目，并对照各自责任分工的要求进行深入细致的查摆。

11 月，中共抚州市纪委机关总支部委员会成立，陈茂龙任书记。

11 月，市纪委监察局廖功亮、洪明泉、章菊华被评为全省查办大案要案工作先进个人。

是年，在全省查办大案要案表彰大会上，抚州有 4 起案件、6 个先进集体、5 个先进工作者受到省委、省政府的表彰。

2001 年

1 月初，市委、市政府下发《关于全市实行党风廉政建设责任制的实施意见》。

1 月 18 日，召开中共抚州市纪律检查委员会第二次全体会议。全会通过罗建华所作《真抓实干，勇于开拓，把我市党风廉政建设和反腐败斗争不断引向深入》的工作报告，市委书记罗筱玉莅会讲话。会上，南丰、乐安、崇仁三县纪委分别就党风廉政建设、查办大案要案和纠正部门行业不正之风作典型发言。

2 月，金溪县监察局副局长丁水源收集他在报刊发表的 100 余篇有关反腐倡廉文章汇编成册，取名《心灵的呼唤》，内部出版，全书 13.7 万字，罗建华为之作序。

3 月 1 日，市纪委印发《中共抚州市纪律检查委员会常务委员会议事规则（试行）》、《中共抚州市纪委书记议事规则（试行）》。同日，市监察局印发《抚州市监察局局长办公会制度（试行）》。

3 月 8 日，市纪委办公室印发《抚州市纪检监察机关案件管理工作制度》。

4 月，全市各级纪检监察机关对 1998 年以来已查结的各种违纪案件处分执行到位情况进行自查和抽查。6 月，又对 1997 年以来处理的案件进行全面复查和回头看，对发现的问题及时进行纠正，有力地维护了党纪政纪的严肃性。

4 月—8 月，由市、县（区）纪检监察机关牵头，组织评议组 84 个，开展对土管、民政、交通、公路、稽征、国税、地税等部门在执行政策法规、廉洁自律、职业道德建设等方面的行风进行评议。

6 月 22 日，抚州市整治经济发展环境领导小组成立，下设办公室（简称整治办），挂靠市纪委监察局。

7 月 20 日，市纪委召开上半年办案工作情况通报会。会议通报各级纪检监察机关上半年查办案件情况，对下半年查办案件工作提出要求；临川、南丰、东乡、乐安县纪委作典型发言。

9 月 15 日，市纪委印发《关于解放思想服务经济建设的意见》。

9 月，市纪委监察局组织机关干部赴南昌市参观学习纪检监察工作。

是年，市纪委监察局受市委、市政府委派，做好抚纺群体上访事件的处理工作。

是年，市纪委、市委组织部、市监察局、市人事局、市劳动局联合印发《关于在全市开展党纪政纪处分决定执行情况检查的通知》。

是年，市纪委陈小华获中央纪委、监察部嘉奖。

2002 年

1 月，宜黄县纪委仇文军被评为全国纪检监察系统先进工作者。

2 月 4 日，市纪委办公室印发《抚州市纪委、市监察局机关文档管理办法（试行）》。

5 月 14 日，省委书记孟建柱、省委常委、省委秘书长陈达恒到抚州市集中办事大厅视察工作。

5 月 31 日，召开全市加强党风廉政建设大会暨中共抚州市纪委第三次全体会议，市委书记钟健华莅会讲话，市委副书记、市长钟际跃就 2002 年政府廉政工作进行部署。全会通过罗建华所作《与时俱进，开拓创新，扎实推进我市党风廉政建设和反腐败斗争》的工作报告。

6 月 3 日，市纪委、市委组织部联合印发《关于领导干部个人重要事项报告制度的实施意见》。

6 月 16 日，市纪委监察局印发《决不允许破坏投资环境——关于对市交通局实行环境管制的通报》。

7 月 19 日，市纪委、市委组织部、市监察局、市人事局、市劳动局联合印发《关于党纪政纪处分执行工作的暂行规定》。

8 月 7 日，省委任命罗建华为抚州市委副书记。

8 月 21 日，全省纪检监察系统优化发展环境、源头治理腐败工作座谈会在抚州市召开。省委副书记、省纪委书记傅克诚出席会议并作《优化发展环境 源头治理腐败》的重要讲话，罗建华作《紧贴中心保驾护航 真诚服务促进发展》的典型经验发言。

12 月 25 日，市纪委办公室印发《抚州市纪委机关小车管理规定》、《抚州市纪委、市监察局机关财务管理暂行规定》。

12 月，市纪委办公室出台《关于机关干部参加学历再教育的暂行办法》。

是年，市监察学会成立，市监察局长廖功亮任会长。

是年，市纪委制定《抚州市招投标市场管理暂行办法》。

是年，全市实行党风廉政建设工作和领导干部廉洁从政情况定期报告制度。市纪委下发《关于在招商引资工作中严格遵守领导干部廉洁自律有关规定的通知》。

是年，市纪委设立优化环境室（市整治经济发展环境领导小组办公室）。

是年，全市实行干部任用考察预告、公开述职、民主测评和推荐、对拟提任领导干部公示及事先征求纪委意见等制度，防止用人上的腐败。

是年，乐安县纪委李自发获中央纪委、监察部嘉奖。

2003 年

1 月 11 日，市纪委深入学习十六大精神调研座谈会在市交通宾馆召开。各县（区）委副书记、纪委书记，部分市直单位纪委书记（纪检组长）和市纪委监察局机关室主任以上干部参加会议。会议由罗建华主持。省纪委调研法规室主任彭铁森到会指导。

1 月 24 日，市纪委第四次全体（扩大）会议在市委小礼堂召开。市委书记钟健华出席会议并讲话，罗建华主持会议。

2 月，市纪委监察局在全市推行乡镇财政收支管理、村级财务代理和农税征管“三位一体”的管理体制改革。通过建立乡镇财务核算中心，推行村级财务代理制度，强化对乡镇财政的调控监管力度，规范乡（镇）直属单位和行政村的收支行为，有效制止对农民的乱收费、乱摊派、乱集资。

5 月，李云任市监察局长。

6 月，市纪委在市、县两级建立领导干部述廉制度。

7 月 30 日，市纪委监察局召开市直单位纪检监察工作座谈会，市直各单位纪检组长（纪委书记）、监察室主任及市纪委监察局机关室主任以上的干部参加会议。

8 月 3 日，市直单位政务环境评议评价工作会在市地税局召开。市委副书记、常务副市长谢亦森到会讲话。

8 月 28 日，召开治理教育乱收费、优化教育发展环境电视电话会。罗建华出席会议并讲话。

9 月 10 日，市纪委印发《关于实行领导干部述廉制度的实施意见》和《关于实行市纪委负责人同下级党政主要负责人谈话制度的暂行办法》。

11 月，市委常委会研究制定《关于建立巡视工作制度的实施办法》，下发《关于在县（区）和市直单位开展第一批巡视工作的通知》。第一批巡视组开始对 3 个县（区）和 14 个市直单位进行巡视。

11 月中旬，市纪委监察局在市电视台开展首批 10 个市直单位党政“一把手”公开述廉活动，省内外多家媒体对此进行报道，人民网还为此开辟专题进行讨论。随后，各县（区）陆续开展电视述廉。

11 月 16 日—29 日，市纪委选派 20 名正科级以上干部、市直单位纪委书记（纪检组长）参加全国纪检监察干部业务知识培训班。

12 月 21 日，市经济发展环境服务单位形象测评大会召开。123 名在抚州投资企业代表及民营企业、个体工商户、在各县（区）投资的企业、市直跟踪服务单位代表，对 22 家市直经济发展环境服务单位进行形象测评。

是年，春节前，市纪委监察局首次向全市近千名县级在职领导干部寄发新年廉政贺卡。

是年，全市共查处违规建私房的领导干部 510 人，其中县级干部 11 人，科级干部 499 人，建私房面积 12.8 万平方米。

是年，市纪委建立廉政档案，下发《抚州市纪委干部廉政档案管理办法（试行）》。

是年,市纪委选送纪检监察干部分三批参加全省二期执法监察主任、三期信息工作、四期廉政工作业务知识培训班。

2004 年

2 月 16 日—17 日,市纪委第五次全体会议在市委小礼堂召开。市委书记钟健华出席会议并讲话,罗建华代表市纪委常委会作工作报告,会议通过《中共抚州市纪律检查委员会第五次全体会议决议》。

3 月 10 日—12 月 31 日,全市党员干部按照市委通知,认真学习贯彻《中国共产党党内监督条例(试行)》、《中国共产党纪律处分条例》。

3 月,中央纪委副书记刘峰岩、宣教室主任王树民在省委副书记、省纪委书记傅克诚陪同下,到抚州考察纪检监察工作。

4 月 26 日,市监察学会第二次代表大会召开,选举市监察局长李云为会长。

5 月 8 日,市纪委印发《关于建立领导班子民主生活会制度的实施意见》。

5 月,市政府将建设工程招投标、经营性土地使用权出让、政府采购和产权交易等工作全部归并集中,成立"抚州市招投标交易中心",对"四项招投标交易制度"实行管办分离,规范操作。

6 月 18 日,市委在市委常委会议室召开市直单位党风廉政建设和反腐败工作任务分工会,罗建华出席并讲话。

7 月 8 日,市纪委监察局印发《关于在市纪委、市监察局机关干部中开展"争做学习型干部"的实施意见》。

7 月 9 日,全市纪检监察工作会议在市委小礼堂举行,罗建华出席会议并讲话。

7 月 21 日,市纪委、市委组织部联合印发《关于对受处分党员干部回访教育工作的暂行办法》。

8 月 13 日,市纪委印发《赌博害人害己 警钟当须长鸣——关于对临川区罗湖镇干部侯××因赌博而服毒自杀事件的通报》。

8 月 26 日,全市领导干部会议在市委小礼堂举行。会议强调,各地各部门要坚决贯彻落实中央、省关于专项治理收送"红包"的要求,坚定不移地把抚州专项治理收送"红包"工作推向深入。

9 月 2 日,省纪委副书记、省监察厅长曾页九到抚州调研纪检监察工作。

11 月 23 日,全市行政监察工作会议召开。市长谢亦森就如何开展行政效能监察,提高依法行政能力和水平,提出具体要求。罗建华对行政监察工作进行具体部署。

是年,市纪委监察局加大查办大案要案的力度,查办了一批严重违法违纪的大案要案。

是年,市纪委在全市范围内组织"党纪条规知识测试",测试内容包括《中国共产党纪律处分条例》、《中国共产党领导干部廉洁从政若干准则》等党纪条规基本常识,全市 4 万余名党员干部参加测试。

是年,建立领导干部任前廉政谈话制度,所有新提拔和重用的县级领导干部在上任前由市纪委领导对其从落实党风廉政建设责任制和领导干部廉洁自律等方面进行廉政谈话，提出严格要求，并送达《任前廉政谈话书》。

是年，深入开展“三个代表”重要思想学习教育活动。周二、周五下午，市纪检监察机关全体干部集中进行学习。先后推出被中纪委通令嘉奖的乐安县纪委常委李自发、宜黄县纪委副书记仇文军等先进典型，在电视、报刊、广播中进行大力宣传。

是年，市委成立政务公开工作领导小组，规范政务公开内容和范围。开通“抚州之窗”信息网，实现政务公开的网络化、信息化。还在《抚州日报》、抚州电视台和市政府信息网站开辟“阳光政务专栏”，同时加大对政务公开的监督检查力度。

是年，市委、市政府颁布“九条禁令”，再一次重申禁止收送“红包”的问题，把治理“红包”工作纳入制度化、经常化的轨道。

是年，市纪委监察局印发《关于对各级领导干部违反规定接受和赠送现金、有价证券、支付凭证进行专项治理的通知》。

是年，市纪委监察局制定和完善《关于鼓励实名举报暂行办法》、《奖励实名举报有功人员实施细则》、《纪检监察机关干部下访活动制度》、《领导预约接访制度》等一系列加强信访工作的制度。

2005 年

1 月 4 日，市直单位政务环境与形象测评总结大会在市委小礼堂召开，市长谢亦森到会讲话，罗建华主持会议。

1 月 27 日，市委召开党外人士情况通报会，罗建华通报 2004 年抚州党风廉政建设和反腐败工作情况。

2 月 1 日，市纪委第六次全体会议召开。罗建华作题为《认真学习贯彻〈纲要〉，提高党的纪律检查工作能力，深入开展党风廉政建设和反腐败斗争》的工作报告。市委书记钟健华就下一步如何做好党风廉政建设和反腐败工作提出要求。

3 月 7 日，市纪委印发《关于学习宣传贯彻〈建立健全教育、制度、监督并重的惩治和预防腐败体系实施纲要〉的意见》的通知。

4 月 9 日，市政府召开第二次廉政工作电视电话会，贯彻落实中央纪委、省纪委和省政府有关会议精神，部署 2005 年政府系统廉政建设和反腐败工作任务。

4 月 9 日，全市集中整治优化投资环境电视电话会召开。副市长陈日武主持会议，并宣读市委、市政府《关于开展集中整治投资环境活动的工作方案》。

4 月 16 日，市监察局印发《特邀监察员工作办法（试行）的通知》。

4 月 20 日，由市委保持共产党员先进性教育活动领导小组、市纪委、市委组织部、市委宣传部、市监察局、市文化局联合举办的抚州市保持共产党员先进性教育活动专题文艺晚会《清风颂》在抚州二纺举行。

5 月 12 日，全市预防职务犯罪工作会议在市检察院召开。罗建华强调，各级党委政府要紧密结合工作实际，加强领导，真抓实干，把预防职务犯罪的各项措施落到实处。

5 月 20 日，市整治优化投资软环境领导小组召开整治优化环境情况通报会，总结前一阶段整治优化投资软环境经验，部署下一步工作，罗建华在会上讲话。

同日，市纪委监察局成立"申诉复查办公室"，并下发《处理申诉复查案件的暂行办法》和《案件公开审理工作实施办法（试行）》的通知。

5 月 27 日，市纪委办公室印发《中共抚州市纪委、抚州市监察局、抚州市公安局关于纪检监察机关和公安机关在查处涉及党员干部赌博案件中严格遵守有关工作纪律的通知》。

6 月 16 日，江西省领导干部"廉内助"先进事迹报告团一行 10 人到抚州，在市委小礼堂举行报告会。市委书记钟健华出席报告会并讲话。市委各部门、市直各单位、各人民团体主要负责人及其配偶共 240 人聆听报告。

6 月 20 日，市纪委印发《抚州市纪委监察局案件公开审理实施办法（试行）》的通知。

7 月 5 日，全市领导干部配偶廉政建设培训班举行开班典礼，罗建华出席开班典礼并讲话。市直部分单位"一把手"，各县（区）部分党政班子成员和公、检、法主要领导的配偶共 100 多人参加此次培训。

7 月 15 日，市纪委办公室印发《关于实行重大案件"一案双查"制度的暂行办法》和《关于"一案双查"责任追究案件的办理办法（试行）》的通知。

7 月末，部分市直单位落实党风廉政建设和反腐败工作任务分工情况汇报会议召开，罗建华主持会议并讲话。

8 月 3 日，市直纪检监察系统"服务全民创业、推进富民兴市"动员大会召开。会议动员纪检监察机关全体干部认真履行职责，为推动和谐创业、加快富民兴市提供有力保证。

9 月 2 日，省纪委副书记、省监察厅厅长曾页九深入抚州，在谢亦森和罗建华陪同下，就损害群众利益的现象及有关八项专项治理工作开展情况进行考察调研。

9 月 8 日，省委副书记、省纪委书记傅克诚率省纪委常委、秘书长徐必鸿等到抚州检查指导工作，市委书记钟健华等领导陪同检查。

9 月 15 日，中央党史研究室主任李景田在傅克诚陪同下到抚州调研。

9 月 21 日，市纪委印发《关于推动全民创业创优经济发展环境的意见》。

10 月 5 日—6 日，傅克诚到资溪、黎川两县调研。

12 月 7 日，市纪委印发《对顶风违纪者必须严肃查处——关于崇仁县新黄小区经济适用房开发建设严重违纪违法案件的通报》。

12 月 20 日，省委第一巡视组到抚州开展巡视工作，并与市领导班子举行见面会。组长肖震宇在会上讲话，市委书记钟健华主持会议，并就贯彻省委巡视工作部署提出要求。省委第一巡视组巡视专员徐经奎传达中共中央政治局常委、中央纪委书记吴官正在全国巡视工作座谈会上的讲话精神。

12 月 22 日，市纪委根据市委要求，对市纪委领导班子成员参加纪委机关保持共产党员先进性教育活动作出具体安排。

12 月 29 日下午，抚州市县（区）纪委书记、监察局长会议召开。

2006 年

1 月 17 日—18 日，省委第一巡视组副组长赵力平率省纪委检查组到抚州，检查省纪委、监察厅《关于 2006 年元旦、春节期间严格遵守廉洁自律规定坚决禁止奢侈浪费行为的通知》的贯彻落实情况。18 日上午，检查组邀请市直有关单位主要负责人和各方面代表进行座谈。

1 月 19 日上午，市党外人士情况通报会召开，罗建华通报 2005 年全市党风廉政建设和反腐败工作开展情况。下午，市直单位政务环境与形象测评总结大会在市委小礼堂召开，市长谢亦森讲话，罗建华主持。

1 月 20 日，市纪委第七次全体会议召开。

2 月 3 日，市纪委监察局印发《关于开展"做党的忠诚卫士，当群众的贴心人"主题实践活动，切实提高纪检监察干部自身素质的决定》。

2 月 27 日，市政府召开第三次廉政工作电视电话会，就贯彻落实国务院、省政府廉政工作会议精神进行部署。

3 月 27 日，市纪委出台关于使用"两规"措施报批和备案工作的实施办法。

3 月 30 日，市纪委印发《市纪委、监察局先进性教育活动长效机制的通知》。

6 月 8 日，傅克诚到宜黄县，就深入推进农村基层党风廉政建设，加强换届期间领导干部廉洁自律工作等问题开展调查研究。市委书记钟利贵和罗建华等陪同调研。

6 月底，市纪委、市委组织部、市委宣传部、市监察局、市文化局、市文联联合举办学习贯彻党章，推进廉政文化建设书画作品展活动，共收到各地送展作品 600 余幅。

7 月 6 日，全市县（区）纪委书记、监察局长座谈会召开，市委书记钟利贵到会讲话。

7 月 13 日，全市加强政风行风建设、优化经济发展环境综合测评活动动员大会召开，罗建华作动员讲话。

9 月 30 日，市纪委印发《关于认真学习〈江泽民文选〉的实施意见的通知》。

11 月 28 日，罗建华向中共抚州市第二次代表大会作题为《全面履行党章赋予的职责，为抚州赶超发展作出新的贡献》的工作报告。

11 月 30 日，中共抚州市第二届纪律检查委员会第一次全体会议举行，会议选举陈小平为市纪委书记，陈茂龙、赵钢、徐云发为市纪委副书记，陈小平、陈茂龙、赵钢、徐云发、赵荣贵、赵明、郑乐惠、吴斌、章菊华为市纪委常委。

11 月，徐云发任市监察局长。

是年，《政风行风热线》广播节目正式开播。

2007 年

1 月 30 日，市纪委书记陈小平、崇仁县纪委何建军分获全省纪检监察系统 2006 年度建言献策一等奖、二等奖。

2月9日—10日,市纪委第二届第二次全体会议召开。陈小平作题为《围绕发展大局,坚持惩防并举,为实现抚州赶超发展提供坚强政治保证》的工作报告。市委书记钟利贵到会讲话。

2月10日,全市农村基层党风廉政建设工作座谈会召开。会议传达贯彻全省农村基层党风廉政建设工作座谈会精神,对全市农村基层党风廉政建设工作进行研究部署。

3月6日,市纪委举办党外人士情况通报会,陈小平通报全市党风廉政建设和反腐败工作情况。

4月20日,全省纪委办公室(厅)主任暨纪检监察信息工作会在金溪举行。省委常委、纪委书记董君舒作重要批示。省纪委副书记徐必鸿到会讲话。省纪委常委、秘书长肖为群,省纪委副秘书长、办公厅主任王宏安出席会议。陈小平到会祝贺并简要介绍抚州基本市情和纪检监察工作情况。抚州市纪委被评为全省纪检监察信息工作先进单位。

4月28日,"政风行风热线"大型户外直播活动在洪客隆购物广场举行,陈小平出席并讲话。

5月30日,召开市监察局第四批特邀监察员聘任大会,并为第三批特邀监察员授予荣誉证书,向新聘请的21名特邀监察员颁发聘书。

5月30日,市政府行政投诉中心成立,市纪委监察局内设的优化经济环境室更名为效能监察室,履行行政效能建设和优化经济发展环境的双重职责;市政府行政投诉中心与效能监察室合署办公,两块牌子一套人员。

6月4日,市纪委监察局建立机关中心组学习制度。

6月8日,市政府在市行政中心主会场召开2007年全市民主评议政风行风工作电视电话动员大会。市长甘良淼作动员报告,陈小平就如何深入扎实地开展好民主评议政风行风工作提出要求。

6月13日,市纪委监察局印发《关于进一步规范完善市直单位所办案件交由市纪委监察局审理室审理的通知》,在全市纪检监察系统开始推行案件"公开审理"和"庭议制"审理方式,落实"直审市直案件"和"乡案县审"制度。

6月15日,在收听收看江西省贯彻实施《中共中央纪委关于严格禁止利用职务上的便利谋取不正当利益的若干规定》电视电话会后,市纪委就如何学习贯彻《规定》进行部署。市委书记钟利贵出席,陈小平讲话。

6月27日,中央纪委副书记刘峰岩到抚州调研。

7月4日,由市纪委、市监察局、市文联联合举办的全市廉政故事演讲大赛举行,来自全市各地的26名选手参加比赛,陈小平到场观看比赛并为获奖选手颁奖。

7月14日,民主评议政风行风现场征询群众意见活动在市区马家山广场举行。64家参评单位通过摆放宣传展牌、散发宣传资料等方式积极宣传本部门、本行业的工作职能和此次民主评议政风行风工作的有关政策及要求,与群众零距离接触,现场征询群众的意见和建议,及时解决现场能解决的问题。省纪委纠风室主任王玮和陈小平等到场指导。

7月19日,全市纪检监察系统创建学习型、操作型、和谐型、廉洁型机关专题报告会在市行政中心举行。省纪委常委、监察厅副厅长范劲松在会上作专题报告,陈小平主持报告会。

8 月 8 日，中央纪委副书记、监察部长马馼到抚州调研，陈小平陪同。

同日，全市纪检监察工作座谈会举行。会议总结上半年全市纪检监察工作，讨论《中共抚州市纪委、抚州市监察局关于深入学习浙江经验，全面提高纪检监察工作水平，服务全民创业、赶超发展的意见（征求意见稿）》，对下一步工作进行研究部署。

9 月 10 日，由市纪委、市妇联联合举办的全市领导干部配偶廉政建设培训班举行开班典礼，陈小平出席并讲话。全市 99 名领导干部的配偶参加培训。

9 月 11 日，市纪委印发《关于建立案件督办制度的暂行规定》。

11 月 14 日—15 日，省纪委副书记、省监察厅长汪毓华一行 3 人在陈小平陪同下，先后深入到临川区罗针镇了解政务公开工作，实地考察市行政服务中心、市招投标交易中心、市国库支付中心工作开展情况，并听取抚州市党风廉政建设和反腐败工作汇报。

11 月 27 日，省水利厅纪委书记李东江率省农村基层党风廉政建设工作检查组到抚州检查指导农村基层党风廉政建设工作。陈小平向检查组汇报抚州农村基层党风廉政建设工作基本情况。在抚期间，检查组对部分县（区）农村基层党风廉政建设工作进行抽查。

12 月 5 日，省委常委、纪委书记董君舒到抚州考察，市委书记钟利贵、市长甘良淼、市委常委、市纪委书记陈小平陪同。之后，市委召开全市领导干部会议，董君舒围绕党的十七大报告中提出的新思想、新观点、新论断，就坚定不移贯彻科学发展观、坚定不移推进反腐倡廉建设等作了一场生动的报告。市四套班子领导，县（区）四套班子主要领导，县（区）纪委书记、监察局长和市委各部门、市直各单位副县级以上干部共 800 余人聆听报告。

12 月 7 日，2007 年度政风行风建设、优化经济发展环境综合测评大会召开。300 余名参评人员，对全市 41 个市直单位和 27 个驻抚单位的政风行风情况进行现场评议。

12 月 15 日，全市纪检监察系统学习中共十七大精神，争创“学习型、操作型、和谐型、廉洁型”机关报告会举行。中纪委宣教室主任、全国党建研究会副秘书长李本刚作专题报告，陈小平主持报告会。

12 月 25 日，市本级开通“政风行风热线”直播栏目。大部分县（区）开通政风行风热线，基本实现市、县两级联动，提问方、解答方、监督方三方互动，电台、电视、报纸、网络四媒齐动的政风行风建设多方联动机制。

12 月 29 日，全市纪检监察机关举行学习贯彻中共十七大精神读书演讲比赛举行，陈小平出席并致辞。

是年，市纪委监察局建立“办案专业人才库”、“办案后备人才库”和“办案陪同人员库”。

是年，市纪委办公室获 2006 年度全省信息工作先进单位，市纪委陈武光、崇仁县纪委刘卫华、南丰县纪委甘印泉获 2006 年度全省信息工作先进个人称号。

是年，市纪委常委会研究决定，在全市纪检监察系统深入开展创建“学习型、操作型、和谐型、廉洁型”机关活动，同时制定实施方案。

是年，市纪委、市委组织部联合印发《关于实行村干部述职述廉制度的实施意见》。

是年，市纪委监察局制定下发《抚州市纪检监察局信访举报件办理暂行规定》，本着归口受理、分类处理、统一管理原则，对群众检举控告件的办理程序进行规范，提高信访举报件处理的严肃性和权威性，避免了随意性。

是年,市、县(区)两级纪检监察机关普遍设立信访举报专线电话、“007”免费邮政信箱,开通网上举报。全市建立乡镇群众诉求中心146个。

2008年

1月22日—24日,陈小平率各县(区)纪委书记和市纪委监察局机关室主任以上负责人,赴11个县(区),集中开展反腐倡廉源头治腐考察调研,对各县(区)在反腐倡廉源头治腐等方面所做的探索、创新工作进行实地考察,在此基础上召开全市反腐倡廉源头治腐考察调研工作会,逐项进行点评,肯定成效,指出问题和不足。

2月29日,全市民主评议政风行风和加强政风行风建设优化经济发展环境工作总结表彰电视电话会议召开。谢发明到会讲话,陈小平主持会议。

3月24日,市纪委第二届三次全体会议召开。市委书记钟利贵等领导出席会议,市长甘良淼主持会议,陈小平代表市纪委常委会作工作报告。

4月24日,市纪委监察局发出通知:全面推行农村基层党务、政务、村务网上公开。

5月7日—8日,省委常委、省纪委书记董君舒到抚州就学习实践科学发展观进行专题调研。甘良淼、市委副书记李舰海、陈小平等陪同调研。

5月19日,市纪委决定对全市党纪政纪处分决定执行情况进行检查,以确保处分决定执行到位。

5月26日,市纪委办公室印发《抚州市纪委、抚州市监察局信访举报件督办工作暂行规定》的通知。

5月28日,全市推行国库集中收付制度改革暨源头治腐经验交流现场会在乐安县召开。市委、市政府领导谢发明、陈小平、黄赛荣,省财政国库支付中心主任马祖赞出席会议。

5月29日,全市大型超市推行机打发票和税控装置试点会议召开,谢发明、陈小平出席会议并讲话。

6月5日,市纪委监察局印发《关于县(区)纪检监察机关申诉案件试行异地交叉审理的实施意见》。

6月15日,市纪委派员参加县(区)纪委领导班子民主生活会。

6月20日,全市纪检监察机关查办案件工作会议召开,省纪委常委赵锦成和陈小平出席会议。

6月23日,召开全市“提升行政效能,建设服务型政府”主题活动动员大会。甘良淼出席大会并作动员讲话,谢发明宣读主题活动实施方案,省纪委监察厅派出有关负责人出席大会指导。

7月2日—3日,省纪委副书记、监察厅长汪毓华一行3人到抚州考察调研优化经济发展环境监测工作,钟利贵、甘良淼、陈小平陪同。

9月25日,由市纪委、市监察局、市广播电视局和市政府纠风办联合主办的《纠风约谈》节目在抚州电视台演播厅正式开播,节目邀请市房管局、市城市规划局、市城市管理行政执法局的主要领导作为嘉宾,同时,特邀部分市人大代表、市政协委员、市重点企业、社区等方面的群众代表到场观看。

10 月 20 日,市纪委印发《中共抚州市纪委受理党委委员、纪委委员党内询问和质询工作实施细则(试行)》的通知。

11 月 15 日,省委常委、省纪委书记尚勇率省纪委调研组到南丰、宜黄调研农村基层党风廉政建设情况。

12 月 23 日,全省纪检监察案件审理工作座谈会在南丰召开,会议总结纪检监察案件办案工作经验,探讨交流案件审理工作的改革思路。省纪委常委赵锦成、省纪委案件审理室主任肖德福出席会议。

是年,全市共有 1517 个预算单位和 402 项专项资金纳入国库集中支付范围,全市国库集中收付资金总流量达 69.4 亿元。

是年,市纪委监察局制定《信访举报工作矛盾纠纷排查化解制度》。广昌、宜黄两县试点开展“信访听证”工作。

2009 年

1 月 17 日,省委常委、省纪委书记尚勇在陈小平陪同下深入宜黄县东陂镇江背村调研、看望困难群众,并和市县乡村干部一起,谋划江背村的扶贫开发工作。

2 月 9 日,省政协副主席、民进江西省委会主委汤建人一行到抚州,就抚州市优化发展环境情况与临川大酒店、添光化工、洪客隆等企业负责人进行座谈。陈小平出席座谈会。

2 月 11 日,市纪委监察局派驻(出)机构统一管理工作动员大会召开。会议对纪检监察派驻(出)机构统一管理工作进行动员部署。

2 月 27 日,全市反腐倡廉建设情况通报会召开,市委常委、统战部长朱章明主持会议,陈小平就 2008 年全市反腐倡廉建设情况及 2009 年工作打算向部分人大代表、政协委员以及民主党派、工商联、无党派人士作了通报。

2 月,市纪委内部简讯《廉文荐读》改为内部刊物《镜鉴》,旨在让广大领导干部能常照照镜子,正正衣冠。

3 月 12 日—14 日,尚勇深入抚州市城区、东乡、金溪、资溪、南城、临川、金巢经济开发区调研。李舰海和陈小平陪同。

3 月 19 日—21 日,陈小平率市纪委监察局领导、各室负责人及各县(区)纪委书记对 11 个县(区)和金巢经济开发区、6 个乡镇、11 个县直单位的 21 项纪检监察特色工作和创新工作进行现场考察调研。巡回调研结束后,在东乡县召开全市纪检监察特色工作巡回考察调研总结会,对各县(区)纪检监察特色工作进行点评,并当场通报考察结果。

3 月 26 日,全市纪检监察机关深入学习实践科学发展观和“做党的忠诚卫士、当群众的贴心人”主题实践活动动员大会召开。同日,市纪委第二届第四次全体会议召开,市委书记甘良淼到会讲话,市长张勇主持,陈小平作工作报告。

3 月 27 日,市纪委办公室印发《关于创新案件审理模式的实施办法(试行)的通知》。

3 月 30 日,市纪委常委会研究决定,市纪委监察局机关开展领导干部挂点联系村活动。

4月26日—27日，省纪委常务副书记、省监察厅长、省推进政务公开领导小组副组长兼督查室主任汪毓华，带领出席全省推进“廉政阳光工程”建设暨深化政务公开工作经验交流会的代表，到抚州参观“廉政阳光工程”建设和深化政务公开工作成果。

5月21日，郑乐惠任市纪委机关党总支书记。

6月7日，市纪委办公室印发《开展“纪检监察干部下农村，群众贴心人送清风”活动工作方案》。

6月9日，全市加强地方县级纪检监察机关建设暨“全省3000名纪检干部下农村，群众贴心人送清风”活动电视电话会在市行政会议中心召开。

6月17日—19日，汪毓华到宜黄、资溪县开展“下农村、送清风”活动，陈小平随同。

7月1日—3日，省纪委副书记徐必鸿在陈小平陪同下，就学习实践科学发展观活动和“做党的忠诚卫士、当群众的贴心人”主题实践活动深入企业车间、农村、机关开展调研。

7月6日—9日，市纪委、市妇联联合举办抚州市领导干部配偶廉政建设培训班。

7月23日，全市推进“廉政阳光工程”建设工作经验交流会在东乡县召开。陈小平主持会议，谢发明出席会议并讲话，

8月20日，尚勇深入抚州市中心城区和崇仁、乐安县考察调研，甘良淼和陈小平陪同调研。

8月21日，全省设区市规范行业协会、市场中介组织服务和收费行为专项治理工作交流会在抚州迎宾馆召开，省纪委常委、省监察厅副厅长、省专项治理工作领导小组办公室副主任黄林开，省民政厅副厅长江海，省工商局副局长、省专项治理工作领导小组办公室副主任刘柏林出席会议。陈小平到会致辞。

9月2日，市纪委第二届第五次全体(扩大)会议召开。会议主要内容是对开展“做党的忠诚卫士、当群众的贴心人”两项活动进行满意度测评，总结交流前一阶段的工作，研究部署下一步的两项活动工作。

9月25日，市委、市政府召开全市工程建设领域突出问题专项治理工作电视电话会。市长张勇出席会议并讲话，市委常委、常务副市长谢发明主持会议。陈小平传达省委常委、省纪委书记尚勇就商品房容积率和成本信息公示制度所作重要批示。

10月14日，市纪委获“清风颂”——江西省党风廉政建设文艺汇演进京演出优秀组织奖，抚州市采茶歌舞团获优秀表演奖。

10月19日，市纪委第二届第六次全体会议在市行政中心召开，陈小平出席并讲话。

11月27日—28日，尚勇先后考察黎川县六个纪工委监察分局、财政国库支付中心、公共资源交易中心、九州陶瓷有限公司和抚州市中心城区西一路、西二路、凤岗河湿地公园、名人雕塑园等部分重点城建项目，并听取甘良淼、陈小平关于抚州市经济社会发展情况及党风廉政和反腐败工作情况的汇报。

12月18日，全市2009年度推进惩治和预防腐败体系建设检查工作部署会议召开，甘良淼作出批示。

是年，市纪委监察局组织开展“机关效能——项目建设年”活动，提出“围绕项目抓效能，抓好效能促项目”的活动理念，得到省效能办充分肯定。

是年，市纪委与市文化部门共同创作的音乐情景剧《春风杨柳》，荣获全省党风廉政建设文艺汇演“优秀节目创作金奖”、“表演银奖”和“组织奖”，并在北京中国剧院参加由省纪委、省委宣传部、省监察厅、省文化厅主办的“清风颂”——党风廉政建设文艺汇演。

是年，市纪委监察局案件审理工作被评为全省纪检监察案件审理工作先进集体；纪检监察信息工作连续四年位居全省第一，并被评为全国、全省纪检监察系统信息工作先进单位。

是年，市纪委监察局决定面向全市开展“我为纪检监察工作建言献策”活动。

是年，市纪委、市监察局、市财政局、市人事局联合印发《抚州市治理“小金库”重点检查方案的通知》。

2010 年

1 月，吴伟柱任市委常委、市纪委书记。

2 月 26 日，市纪委第二届第七次全会在市会议中心召开，吴伟柱作工作报告。确定“三心”工作方向和“一二三四向前进”的总体思路。

2 月，《抚州廉政网》上线发布，网址为 http://www.fzlz.gov.cn/。

3 月 18 日，全市民生领域三个突出问题专项治理动员电视电话会议在市会议中心召开。吴伟柱主持，谢发明出席并讲话。

3 月 26 日，市监察学会第三次代表大会召开，选举市监察局副局长李凌为会长。

4 月 1 日，全市党务公开工作座谈会召开。会议传达贯彻全省党务公开工作座谈会精神，总结交流资溪县、南城县徐家乡、金巢经济开发区城西街道办事处等地推进党务公开工作的做法和经验，研究部署下一阶段的工作。

4 月 7 日，全市纪检监察系统“四实四创”主题实践活动动员大会召开。

4 月 8 日，召开全市纠风工作电视电话会议，吴伟柱出席并讲话。

4 月 14 日，全市腐败风险预警防控工作动员电视电话会召开。会议主要内容是贯彻中央纪委十七届五次全会、省纪委十二届七次全会精神，研究部署腐败风险预警防控工作。

4 月 16 日，市纪委监察局印发《市直党政机关、事业单位党政正职“四个不直接分管”的实施办法》的通知。“四个不直接分管”是指财务、干部人事、工程招标和物资采购工作。

4 月 21 日，市党风廉政建设和反腐败情况通报会召开，吴伟柱通报全市 2009 年党风廉政建设和反腐败工作情况，以及 2010 年反腐倡廉建设的总体思路和主要任务。

4 月 23 日，市纪委召开全市纪检监察系统主题实践活动总结暨加强自身建设电视电话会议。

5 月 11 日，全市党风廉政建设工作座谈会在资溪县召开，吴伟柱到会并讲话。

5 月 13 日，省委常委、省纪委书记尚勇深入广昌、南丰调研农村基层党风廉政建设、企业发展等方面的情况。甘良淼、张勇、吴伟柱等陪同调研。

5 月 18 日，湖北省鄂州市纪委监察局考察组一行 7 人，深入临川区孝桥镇了解党务、政务公开工作和便民服务中心工作，实地考察市行政服务中心、市公共资源交易中心工作开展情况。

5 月 27 日，全市党风廉政宣传教育工作会议召开，吴伟柱到会讲话。

6 月 26 日，省纪委常务副书记、监察厅长汪毓华一行，在市人大常委会主任罗建华、吴伟柱等陪同下，先后深入洪门水库、廖坊水库、唱凯圩堤督查防汛抗洪救灾工作。

6 月 29 日，尚勇和省委常委、省军区政委朱争平深入抚州，看望慰问在抚抗洪抢险的南京军区官兵。

6 月 30 日，市纪委监察局召开灾后重建帮扶工作动员会。

8 月 6 日，市纪委召开全市纪委书记座谈会，传达学习全省纪委书记座谈会精神，总结交流前 7 个月全市反腐倡廉工作，研究部署和推进今后的工作。

8 月 13 日，尚勇到抚州调研，省纪委常委李建发等随同。甘良森、张勇、吴伏生、吴伟柱等陪同。

8 月 17 日，全市新任县级领导干部集体廉政教育谈话会召开。参加会议的 65 名新任县级领导干部当场签订并向市纪委递交《廉政承诺书》，同时参加党纪政纪知识闭卷考试。

8 月 18 日，全市深化政务公开加强电子政务建设暨推进网上审批和电子监察系统项目建设工作会召开。

8 月，抚州市廉政教育讲师团成立。

9 月 13 日，全市纪检监察系统查办案件工作座谈会召开。

9 月 30 日，市纪委召开机关党委成立大会，会议通过民主选举，产生第一届机关党的委员会。章菊华当选为机关党委书记(兼职)，罗武明当选为机关党委专职副书记。

10 月 15 日，全市 100 名新任县(区)纪工委书记、监察分局长培训班在江西省纪检监察干部井冈山培训中心开班，吴伟柱出席开班仪式并讲话。

10 月 27 日，全市三级纠风网络建设现场推进会在金溪县召开，省政府纠风办副主任、省纪委纠风室主任王玮到会指导，吴伟柱出席并讲话。

10 月 28 日，全市工程建设领域项目信息公开和诚信体系建设工作座谈会在南城召开。

11 月 3 日，全市农村集体“三资”监管工作现场会在南丰召开。

11 月，市党风廉政教育中心第一期工程开工建设，2011 年 12 月峻工。

是年，市纪委监察局制定《关于“阳光信访”试点工作的实施方案》，在全市基层纪检监察系统推行“阳光信访”工作，并先在宜黄、广昌两县试点。是年，市 “阳光信访”试点工作得到省纪委肯定，其经验做法还在《中国纪检监察报》刊载。

是年，市纪委监察局制定《关于实行信访举报工作首问责任制的规定》、《市处理信访突出问题及群体性事件联席会议制度》、《处置群体性突发事件应急预案》，成立处置群体性突发事件领导小组，及时稳妥地处理信访突出问题和群体性突发事件，维护社会和谐稳定。

是年，市纪委监察局推行领导带责督导、带队督查、带案督办、驻点指导“三带一驻点”的信访工作机制，畅通诉求渠道。

是年，全市各县(区)纪检监察机构管理体制改革圆满结束，成为全省完成改革工作最早的设区市之一。

是年，市纪委被评为全国纪检监察系统信息工作先进单位。

2011 年

1 月 13 日，省委常委、省纪委书记尚勇一行深入宜黄、崇仁、临川等县（区）走访慰问困难企业、优抚对象、城乡低保户和特困户，甘良淼、张勇、吴伟柱等先后陪同。

1 月 15 日，市纪委派驻（出）纪检组长（纪委书记）述职报告会召开。

1 月 20 日，全市创业服务年活动总结暨发展提升年活动动员电视电话会议在市行政会议中心五楼视频会议室召开。

1 月 26 日—27 日，市纪委第二届第八次全会在市会议中心召开，甘良淼讲话，吴伟柱作工作报告。

2 月 18 日，贵溪市党务公开领导小组成员一行 4 人到南丰县考察党务公开工作。

2 月 25 日，市纪委监察局召开中心组理论学习暨纪检监察干部读书会，集中学习邓小平在 1978 年中央工作会议上所作重要讲话——《解放思想，实事求是，团结一致向前看》。

2 月 28 日，全市开展医药医务阳光行动动员大会举行，张勇作批示，吴伟柱和副市长刘菊娇出席会议并讲话。

4 月 15 日，全市建立惩治和预防腐败体系基本框架暨风险岗位廉能管理工作推进会召开。甘良淼作批示，谢发明主持会议并讲话。

4 月 24 日—25 日，辽宁省盘锦市纪委考察团一行 10 人，专程到抚州学习考察基层党组织党务公开工作。市纪委常委、党风廉政室主任、正县级纪检员监察员赵荣贵陪同考察。

5 月 12 日，全省纪检监察宣传教育工作会议在抚州召开。会上宣读尚勇的批示，省纪委常委李泉新讲话，吴伟柱出席并致辞。

5 月 20 日，举行《廉洁修身教育》系列教材首发仪式。《廉洁修身教育》系列教材是由市纪委和市教育局牵头组织编写，尚勇作序。

5 月 20 日，全市“防范风险、保廉提能”党风廉政主题教育活动启动仪式在市行政中心南门广场举行。吴伟柱和省纪委监察综合室主任胡彦斌出席启动仪式并讲话。

6 月，市纪委着手筹建倡廉教育馆。

8 月 4 日，全市县级领导干部警示教育大会召开，市委副书记吴伏生出席会议并讲话。

8 月 12 日，全市纪检监察机关查办案件工作会召开。

9 月 7 日，市纪委召开第二届第九次全会。全会传达全市领导干部会议精神，审议并原则通过市纪委向市第三次党代会的工作报告。

9 月 19 日，市纪委召开第三届第一次全会，会议选举产生市纪委常委会委员和书记、副书记，吴伟柱当选为书记，赵钢、傅志雄、黄发高当选为副书记，吴伟柱、赵钢、傅志雄、黄发高、赵荣贵、郑乐惠（女）、罗少韬、华民、尧宇斌当选为常委。

10 月 12 日，尚勇一行先后深入临川区腾桥镇、腾桥村和全市党风廉政教育中心进行考察，在市纪委机关看望机关干部，观看全市构建惩防体系基本框架工作专题片，并举行座谈会。

11 月 4 日，赵荣贵任市纪委机关党委书记。

11月10日,全市农村集体“三资”监管工作推进会召开,吴伟柱出席并讲话 。

11月23日,抚州市对新一届市政府34个工作部门的行政正职进行任前集体廉政谈话。市委书记龚建华,市委常委、组织部长魏建锋与吴伟柱出席会议并讲话。

11月24日,召开全市加强政务服务提升行政效能推进会。

12月13日,省纪委副书记赵力平一行先后到临川区腾桥镇和腾桥村、金巢经济开发区崇岗镇,调研农村集体“三资”监管、基层党务公开、乡镇便民服务中心建设工作。

是年,市纪委制定下发《抚州市建立惩治和预防腐败体系基本框架任务分工(试行)》。

是年,市纪委将《镜鉴》杂志更名为《清风苑》。《清风苑》在全省连续性内部资料年度核验暨表彰大会上,被评为江西省优秀连续性内部资料。作品《私欲的“膨胀”》获得全省“廉政公益广告”征集活动一等奖。

是年,在全市范围内开展“发展提升年”活动。抚州市被评为全省发展提升年活动创建最优发展环境先进单位。

是年,市纪委监察局编印下发《案件审理流程图》、《陪护工作手册》等业务资料,规范办案程序,提升办案水平。积极探索“一示二辩”审理方式,并取得良好效果。

是年,市纪委监察局制定《关于署实名举报办理及奖励暂行办法》,提倡和鼓励署实名举报。

是年,市纪委干部室副主任陈小华获得全国纪检监察系统嘉奖,东乡县纪委监察局、金溪县秀谷镇纪委被评为全省纪检监察系统先进集体,市纪委调研室副主任陈武光、黎川县纪委副书记监察局长杨应庚、崇仁县第一纪工委书记杨国华被评为全省纪检监察系统先进工作者。

是年,市纪委被评为全国纪检监察系统信息工作先进单位。

2012年

1月6日,市直单位派驻纪检组长(纪委书记)述职会召开,吴伟柱出席并讲话。

2月8日,省纪委副书记陈小平、调研法规室主任庄国良等到抚州调研。

2月13日,市纪委监察局召开会议对《关于深化市纪委监察局派驻机构管理体制改革的实施意见》进行研究和部署,并就市纪委监察局派驻机构管理体制改革工作进行动员。同日,全市党风廉政建设大会暨市纪委第三届第二次全会召开。市委书记龚建华出席会议并讲话,市长张和平主持会议并讲话,吴伟柱作题为《弘扬清风正气,加大惩防力度,努力开创全市反腐倡廉建设新局面》的工作报告。

2月29日,省纪委副书记陈尚云率省纪委案件管理室副主任杨志军等,深入东乡县进行调研。

2月底,集科技办案、警示教育、干部培训三大功能于一体的市党风廉政教育中心建设全面竣工。

3月21日,全市“三公”消费一体化监管工作现场推进会在东乡县召开。

4月12日—13日,全省纪检监察系统党风廉政工作座谈会在抚州召开。会议现场学习观摩抚州市农村集体“三资”监管、机关“三公”消费一体化监管、县委用权监督等工作经验。省纪委副书记赵力平出席会议并讲话，龚建华致辞。省纪委常委饶利萍主持会议，省纪委党风廉政室主任杨远林和吴伟柱等出席会议。

4 月 18 日，抚州市在“清风苑”廉政教育中心举行政府投资重大建设项目派驻廉情监督组启动仪式，吴伟柱出席仪式并讲话，副市长黄赛荣主持启动仪式。

4 月 23 日，全省纪检监察系统党风室工作观摩团深入东乡考察“三公”消费监管、农村“三资”监管等工作。饶利萍、杨远林、吴伟柱等参加考察。

5 月 2 日，市委下发文件，正式批准成立全国第一家主题廉政党校——抚州市廉政党校，校长由吴伟柱担任。

5 月 3 日—4 日，井冈山市纪委考察组一行先后到崇仁县、临川区考察农村集体“三资”监管等工作。

5 月 8 日，新余市纪委一行 14 人专程到抚州考察。

5 月 11 日，抚州市“唱响正气之歌，建设幸福抚州”群众歌咏大赛总结表彰会在市廉政党校召开，并向参赛的 18 支代表队颁发奖牌。

5 月 23 日，由市纪委、市妇联联合主办的全市首期家庭助廉专修班，在市廉政党校举行开班仪式，同时通报表彰 2011 年度县级领导干部优秀“廉内助”，并颁发荣誉证书。

5 月 29 日，全市纪检监察案件检查业务骨干培训班举行开班仪式，省委第四巡视组组长赵锦成、省纪委宣教室副主任顾有平出席开班仪式，吴伟柱出席并讲话。

5 月末，市委、市政府驻工业企业特派员座谈会召开。张和平和吴伟柱出席并讲话。

6 月 6 日，全市“规范三公消费”专项行动推进会在市廉政党校召开。

7 月 2 日，由市纪委、市教育局联合主办的抚州市第十一届中小学生、幼儿艺术节“廉洁之韵”专场文艺汇演在临川一中大礼堂举行。

8 月 1 日，黑龙江省纪委副书记李桂春一行到抚州考察党风廉政建设工作，龚建华看望考察组一行，吴伟柱陪同考察。

8 月 9 日，市纪委召开理论学习中心组学习会，深入学习胡锦涛总书记在省部级主要领导干部专题研讨班开班式上的重要讲话。

8 月 24 日，举行市纪工委、监察分局揭牌仪式。揭牌仪式由吴伟柱主持，龚建华、张和平共同为市纪工委、监察分局揭牌。同日，市纪委监察局召开派驻机构领导干部会议，迅速传达学习龚建华书记、张和平市长在视察派驻机构时的讲话精神，并研究贯彻落实意见。

9 月 1 日，全市所有县（区）在全省率先启动对县（区）的公车运行、公务接待、公务用品采购等“三公”消费行为一体化监管。县（区）“三公”经费预算总额较前三年平均数下降 10.7%。

10 月 7 日，黑龙江省委常委、省纪委书记黄建盛到抚州考察党风廉政建设工作，张和平、魏建锋、吴伟柱等陪同。

10 月 12 日，市纪委“学习贯彻全省设区市纪委书记座谈会精神大会”在市廉政党校会议室举行，会议传达学习省委常委、省纪委书记周泽民履新见面会和全省设区市纪委书记座谈会精神，研究部署贯彻落实意见。

10月19日，《中国纪检监察报》社长李本刚到市党风廉政教育中心考察市廉政党校。

10月24日—25日，省纪委常务副书记陈尚云、省纪委常委肖德福率省委督查组到抚州，就建立健全维护和保障群众利益决策机制工作情况进行督查。魏建锋、吴伟柱陪同。

10月30日，抚州市工程建设领域预防腐败专修班在市廉政党校举行开班仪式。吴伟柱主持开班仪式，副市长黄赛荣讲话，市检察院检察长何刚授课。

10月31日—11月1日，中央纪委纠风室二处处长宋光林率国务院纠风办调研组一行深入抚州市调研，并召开全省部分设区市征地拆迁工作座谈会。

11月2日，抚州市召开全市公共资源网上交易系统建设工作推进会。市发改委、财政局、交通局、建设局、林业局、水利局、国土局、卫生局、国资办、信息办、公共资源交易中心等20余个相关部门参加会议。

11月5日，全市农村集体"三资"监管工作总结表彰会在市廉政党校召开。会议全面总结全市农村集体"三资"监管工作，表彰先进，交流经验，研究部署下一阶段工作。

11月6日—7日，省纪委党风廉政室副主任熊小华率党风建设专题调研组到抚州调研，并召开党风建设专题调研座谈会及赴崇仁、东乡等县进行实地调研。

11月13日—14日，省纪委调研法规室主任庄国良一行到抚州开展专题调研。期间，还考察市廉政党校并赴乐安县调研座谈。

11月13日，全市"效能作风整治"专项行动工作会议在市廉政党校召开。

11月14日，省纪委副书记陈小平一行深入宜黄县东陂镇江背村和市廉政党校进行调研。

11月19日，市纪委召开全市纪检监察系统学习贯彻党的十八大精神会议，对迅速贯彻全省会议精神和传达贯彻市委三届四次全会精神进行部署。

11月28日—29日，市纪委监察局组织部分班子成员和县(区)纪委书记，前往延安市开展学习"延安精神" 现场教育活动，并赴西安市纪委学习考察纪检监察创新工作。

11月29日，全市2012年度廉政剧目大赛在市党风廉政教育中心举行，17个参赛剧目73名演员在此角逐。

11月，市纪委监察局为了便于全市各级纪检监察干部更好地学习贯彻中共十八大精神，编印《党的十八大精神学习手册》。

12月13日，市纪委召开中心组(扩大)会议，学习贯彻党的十八大精神。

12月31日，《中国纪检监察报》头版刊登抚州市"制度+科技"规范公务消费的经验。

12月，李茂荣任市监察局长。

是年，市纪委制定《关于进一步规范县委全委会、常委会及其成员职权的意见》，进一步明晰县委书记及其他成员的职责和权限。

是年，市纪委监察局制定《"四访送清风"活动实施方案》，在全市纪检监察机关开展以"驻点接访、老户回访、重点约访、带案下访"为主要内容的"四访送清风"活动。

2013年

1月10日，市直单位落实党风廉政建设责任制工作座谈会在市廉政党校召开。

1 月 17 日，抚州市 2012 年度落实党风廉政建设责任制和推进惩防体系建设检查考核大会举行。省委检查考核第四组抵达抚州进行检查考核，组长、省政协主席黄跃金在会上讲话；龚建华作汇报，张和平主持，市四套班子领导出席。

1 月 29 日，省纪委执法监察室副主任吕伟一行到抚州，就公共资源网上交易系统硬件建设和运行情况、房建和市政工程招投标诚信公选投标人试点工作情况进行调研。

2 月 6 日，全市党风廉政建设大会暨市纪委第三届第三次全会在市行政会议中心召开。龚建华出席会议并讲话，吴伟柱作题为《服务“三大战役”，建设“廉洁公务”，不断开创党风廉政建设和反腐败工作新局面》（“三大战役”即工业强攻战、县域经济大会战、跑项争资攻坚战）的工作报告。

2 月 17 日，市纪委举办全市纪检监察干部“学习习近平总书记重要讲话”专修班，吴伟柱主持并作辅导。

3 月 5 日，福建省三明市委常委、市纪委书记冯新婷一行到抚州，就抚州市党风廉政建设工作进行考察。

4 月 2 日，全市领导干部廉政党课在市廉政党校举行，龚建华授课，吴伟柱主持并通报省纪委 2012 年查处的重大案件。全市各县（区）、市委各部门、市直各单位党政主要负责人共 180 余人听课。

4 月 3 日，抚州市廉文化促进会正式成立，同时召开第一次会员大会。龚建华发来贺信，张和平发来寄语，吴伟柱当选为会长。

4 月 7 日—9 日，省委常委、省纪委书记周泽民深入东乡县、金溪县、临川区和市城区调研党风廉政建设工作，还深入部分企业了解抚州打好“三大战役”、推进项目建设和优化经济发展环境工作。

4 月 11 日—12 日，中央纪委信访举报工作调研组在信访室副主任赵建明的率领下到抚州调研，省信访室主任单庆娇陪同调研。

4 月 17 日，福建省三明市纪委、萍乡市芦溪县纪委先后派员到抚州就市廉政党校运行情况进行考察。

4 月 18 日，省委党校第 42 期县（处）级中青班学员到市廉政党校，开展系列廉政教育活动，接受反腐倡廉警示教育。

4 月 19 日，省纪委效能室主任王玮一行 3 人就推进政府绩效管理工作情况专程到抚州进行调研督导。

5 月 8 日，省纪委副书记陈小平、宣教室主任施新华到抚州就纪检监察派驻机制改革和廉政文化建设进行调研。

5 月 8 日，“才乡廉声”——抚州市党纪教育廉政剧目演出晚会在汤显祖大剧院举行。陈小平和省纪委常委汪爽出席，龚建华、张和平等在家的市四套班子领导到场观看。

5 月 16 日，四川省南充市纪委书记杨武秀一行到抚州考察。

5 月 21 日，省监察厅副厅长、省预防腐败局副局长何建洋到抚州就纪检监察合署办公、公务消费监管情况进行考察调研。

5 月 21 日，省纪委委员、团省委书记曾萍到抚州考察廉政党校和效能建设工作。

5 月 24 日，全市工程建设领域诚信倡廉工作座谈会在市廉政党校召开。

6 月 4 日，市纪委监察局开展“纪检监察开放日”活动，由市人大代表、政协委员、企业代表、媒体代表、群众代表等 100 多人组成的代表团，走进市纪委监察局，与纪委干部零距离接触，面对面交流。同日，“纪检监察开放日”活动暨反腐倡廉情况通报会在市党风廉政教育中心多功能会议室召开。

6 月 19 日，吴伟柱应中国纪检监察学院邀请，以《如何当好县纪委书记——从廉文化建设谈起》为题，为全国县纪委书记培训班进行专题授课。同日，全省高校纪委书记、监察局长一行 35 人到市廉政党校接受廉政教育。

6 月 24 日，《江西日报》头版头条报道抚州市推行作风效能预警“百分制”，促进全市作风效能转变的成功做法。

7 月 1 日，全市纪检监察系统“学习老三篇，做好传承人”读书会暨廉政党课在市党风廉政教育中心举行。吴伟柱主持并讲授《以廉为要，做为人民服务的纪检干部》的廉政党课。

7 月 6 日，《中国纪检监察报》头版头条重点报道抚州市“三不让”打造廉洁工程，促进全市工程建设领域诚信倡廉工作的成功做法。

7 月 17 日，全省廉文化摄影大赛抚州采风创作活动启动仪式在市“清风苑”党风廉政教育中心举行。吴伟柱参加并致辞。

7 月 19 日，省纪委常委、省监察厅副厅长王仁辉一行到南城、南丰县，就工程领域专业化监管工作进行调研。

8 月 14 日，全市“劳动美・廉洁行”电视演讲比赛决赛在市党风廉政教育中心举行。

8 月 30 日，临川文化廉洁思想研究座谈会召开，吴伟柱出席并讲话。

9 月 5 日，全市“红包”问题专项治理工作会议举行。龚建华出席并讲话，张和平主持，市四套班子领导出席。

9 月 10 日，市纪委、市妇联联合主办的全市第二期家庭助廉专修班在市廉政党校开班。吴伟柱为参训学员授课。

9 月 13 日，由市纪委、团市委和市廉文化促进会联合举办的抚州市首届“青春倡廉・建功抚州”原创歌曲大赛决赛在汤显祖大剧院举行。

9 月 19 日，《中国纪检监察报》头版头条重点报道抚州市推行行风效能预警机制，遏制“小违规”的成功做法。

9 月 24 日，《人民日报》报道抚州市推行公务消费一体化监管，实现“即时监督、全程留痕”的成功做法。

9 月 29 日，市纪委在城区红石嘴社区全力开展“十个一” 创建活动，真情结对帮扶共建和谐社区。

10 月 10 日，《人民日报》报道抚州市通过“早敲警示钟、广撒监督网、晾晒查处单”等举措，实现节日廉情常态化监督的成功做法。

10 月 11 日，在收听收看全省“红包”问题专项治理工作电视电话会议后，抚州市随即召开会议，对“红包”问题治理工作进行再动员、再部署。

10 月 16 日，九江市委常委、市纪委书记杨小华带领九江市纪委监察局班子成员到抚州考察交流纪检监察工作。

10月18日，宜春市委常委、市纪委书记王宏安率宜春市纪委监察局班子成员到抚州考察交流纪检监察工作。

10月25日，抚州市首届廉文化节在市文化广场隆重举行。吴伟柱和市委常委、宣传部长袁川与市检察院检察长何刚参加并为“十大廉勤之星”颁发证书。市廉文化促进会会员，市直机关党员干部，市、县（区）两级纪检监察机关干部代表共1200余人参加文化节。

10月29日，《江西日报》都市新刊C1版，以4/5版面的篇幅重点报道抚州市通过“一手抓惩处，一手抓教育”，不断创新机制，实现制度化反腐的成功做法。

11月8日—20日，首届抚州市纪检监察系统“清风苑杯”运动会在市体育中心举行，来自全市纪检监察系统的15支代表队参加6个项目比赛。

11月20日，省纪委副书记、省监察厅长、省预防腐败局局长刘卫平在抚州考察调研。他强调，要落实“党委负主体责任，纪委负监督责任”的党风廉政责任制要求，全面完成2013年党风廉政建设各项工作任务，精心谋划2014年工作思路，认真履行监督职责，努力推进党风廉政建设上台阶。

11月22日，市纪委监察局召开全体机关干部会议，传达学习中共十八届三中全会和全市领导干部会议精神。

11月26日，吴伟柱率抚州市纪检监察工作考察组赴南昌市就谋划新一年的反腐倡廉工作，推进昌抚一体化进行考察。

11月28日，由抚州市廉文化促进会主办的南城县纪委干部黄福田廉政书画作品展在市博物馆开展。

12月5日，省纪委党风政风监督室副主任廖宏率省纪委、省审计厅、省财政厅和省机关事务管理局联合调研组，就抚州公务消费一体化监管工作进行专题调研。

12月6日，省纪委“建设江西风清气正政治生态”专题调研座谈会在抚州召开。省纪委常委汪爽主持，吴伟柱应邀参会并作发言。

12月20日，市纪委召开《清风苑》杂志廉文化创作笔会，吴伟柱出席并讲话。

12月26日—28日，市纪委监察局举办全市纪检监察机关首届办案技能大比武活动。

是年，市纪委监察局决定对发案单位实行“一案三跟进”制度。

是年，在全省信访举报工作目标管理考评中，市纪委、临川区纪委、金溪县纪委被评为全省信访举报工作2010—2012年度目标管理考评先进单位。

2014年

1月16日，市纪委召开市纪工委书记、市直单位纪检组长（纪委书记）2013年度述职述廉大会，6位市纪工委书记及18位市直单位纪委书记（纪检组长）进行述职述廉，随后对述职述廉情况进行测评。

2月7日，市纪委监察局举办全市纪检监察系统“转职能、转方式、转作风”研讨班。市纪委监察局、市纪工委、市直单位纪检组100多人参加研讨。

2 月 13 日，市纪委第三届第四次全会在市行政会议中心举行。龚建华出席并讲话。吴伟柱作题为《加力改革创新，建设清廉抚州，推动党风廉政建设和反腐败工作再上新台阶》的工作报告。

2 月 17 日，召开全市党风廉政建设和反腐败工作情况通报会。市四套班子领导出席，市人大代表、政协委员和社区群众代表约 1000 余人参加，吴伟柱主持并讲话。会议首次以视频专题片的形式，详细解读中共十八届中央纪委三次全会主要精神，通报 2013 年全市党风廉政建设和反腐败工作。

2 月 26 日，尧宇斌任市纪委机关党委书记、刘发祥任专职副书记。

2 月 27 日，市纪委监察局机关召开党的群众路线教育实践活动动员大会。同日，市纪委印发《关于全市纪检监察系统转职能、转方式、转作风的意见》。

3 月 11 日，市纪委监察局在开展党的群众路线教育实践活动中，举行先进人物报告会。机关全体干职工聆听全市“十大勤廉之星”——杨应庚作的先进事迹报告，感受一名老纪检的勤廉人生。

3 月 20 日，抚州市召开 2014 年度党风廉政建设和反腐败工作任务分工会议。龚建华主持会议并讲话，吴伟柱对任务分工进行部署。会上，市委、市政府下发《关于印发〈2014 年全市党风廉政建设和反腐败工作任务分工表〉的通知》；市党风廉政建设领导小组向 29 个市直党风廉政建设和反腐败工作牵头部门下发工作任务书。

3 月 21 日，抚州市领导干部廉政党课在市廉政党校举办，龚建华围绕如何做好新时期的群众工作进行授课。

4 月 19 日—20 日，中央纪委党风政风监督室、中央纪委组织部调研组分别到抚州就党风政风监督工作和纪检派驻机构统一管理改革进行调研。

4 月 27 日，《中国纪检监察报》头版头条重点报道抚州市纪委狠抓案件查办，突出主业，着力营造风清气正政治生态的成功做法。

5 月 19 日，《江西日报》头版头条报道抚州市纪检监察机关突出主业，标本兼治，促进反腐倡廉建设工作。

5 月 27 日，市直单位党风廉政建设工作推进会召开。会议学习中共中央政治局常委、中央纪委书记王岐山关于加强党风廉政建设主体责任的重要讲话精神，传达龚建华关于落实党风廉政建设主体责任的批示，分析总结 2014 年全市党风廉政建设工作情况，研究部署下一步市直单位党风廉政建设工作。

5 月 28 日，市纪委开展“三大工程”推进教育实践活动会议在市廉政党校召开。会议学习传达市委开展“三大工程”深入推进第二批群众路线教育实践活动会议精神，部署市纪委监察局机关教育实践活动第二环节工作。

5 月 29 日，市纪委召开党风廉政建设情况通报会，向市政协委员通报 2013 年以来全市党风廉政建设情况。

6 月 5 日，南昌航空大学纪委书记王玉芝一行 4 人到抚州考察交流纪检监察“三转”工作。

6 月 14 日，刘卫平率省纪委调研组深入东乡，就落实党风廉政建设“两个责任”等情况进行调研。

6月25日—26日，以省总工会纪检组长蒋云国为组长的省纪委检查组一行到抚州，检查中央八项规定和国务院“约法三章”贯彻落实情况。

7月4日，陈尚云一行深入南城县，就党风廉政建设“两个责任”落实情况、查办案件、贯彻落实中央八项规定精神和纪检监察机关“三转”等工作进行调研。

7月22日—24日，周泽民到抚州调研。他强调，各级党委和纪检监察机关要以推动建设风清气正政治生态为目标，切实把党风廉政建设主体责任和监督责任落到实处，合力构建一级抓一级、层层传导压力的工作格局。省纪委调研法规室主任庄国良、省纪委案管室主任杨志军随同。

7月25日，刘卫平率省纪委调研组到抚州，就“县(区)纪委副书记异地交流工作”课题开展调研。

8月14日，景德镇市委常委、市纪委书记黄赛荣率考察组到抚州考察纪检监察工作。吴伟柱陪同考察并主持两市纪检监察工作座谈会。

8月，市纪委获省政府授予2011—2013年度全省依法行政先进单位称号。

9月17日，由中央纪委中国方正出版社、市纪委、市教育局共同举办的《廉洁修身教育》教材教学成果展暨再版发行仪式在市实验学校举行，方正出版社副总编杨尧鑫、省纪委宣传部长施新华和吴伟柱、刘菊娇出席仪式。

9月25日—26日，井冈山大学处级领导干部120人到抚州市廉政党校开展廉政警示教育活动。

9月，孔艳萍任市纪委机关党委书记。

10月22日，省纪委常委、秘书长李建发率省委督查组到抚州，就抚州市党风廉政建设主体责任和监督责任落实情况进行专项督查，并召开汇报会。张和平、吴伟柱，市委常委、组织部长王新有等出席汇报会。受省委常委、省委秘书长、市委书记龚建华委托，张和平汇报党委主体责任落实情况，吴伟柱汇报纪委监督责任落实情况。

10月24日，黄福田廉政书画作品展在东乡舒同博物馆举行开展仪式。

10月，中央纪委中国方正出版社以党风廉政建设《每月一课》的形式，面向全国发行抚州市纪委拍摄的4部廉政微电影。

10月—11月，市纪委监察局举办抚州市第二届廉文化节。

11月2日，副省长李炳军一行到南城县礼廉文化教育中心考察调研廉文化建设情况。

11月11日晚，抚州市党风党纪警示教育大会在汤显祖大剧院召开。会议围绕贯彻中央四中全会精神，以观看警示教育片、观摩廉政微电影的形式，深入开展党风党纪警示教育。龚建华等四套班子部分领导出席大会。吴伟柱主持并讲话。

11月12日，抚州市廉文化·微电影招待会在汤显祖大剧院举行。会议围绕贯彻中央四中全会精神，以观摩廉政微电影、观看警示教育片的形式，弘扬廉文化，提升正能量，深入开展廉文化建设。吴伟柱出席并讲话。

11月13日，抚州市廉文化促进会与清华大学廉政与治理研究中心合作共建的抚州市廉文化研究院在抚州市廉政党校正式揭牌。同日，清华大学廉政与治理研究中心主任程文浩博士到市廉政党校作“廉政建设与预防腐败”专题报告。省纪委、东华理工大学有关领导与市廉文化促进会理事、会员及市、县(区)纪检监察干部一同聆听报告。

11月15日—28日,“清风苑杯”抚州市纪检监察系统第二届运动会在市体育中心举行,来自全市纪检监察系统的15支代表队参加11个项目比赛。

11月25日,由市纪委与市广播电视台联合推出的《廉政频道》在抚州电视台新闻综合频道(一套)正式开播。

11月27日,全市“服务发展、倡导廉洁”恳谈会在抚州市廉政党校召开,吴伟柱出席并讲话。

11月,市廉文化促进会依托市廉政党校,与市书法家协会联姻,合作共建廉政书法创作中心,开辟廉政教育新阵地。

12月2日—3日,吴伟柱率抚州市纪委学习考察团赴景德镇市和上饶市学习考察纪检监察工作。

12月28日—30日,市纪检监察机关第二届办案技能大比武及业务培训活动在市廉政党校举行。220余人参加大比武活动,其中149人参加个人项目的比赛,14支代表队共84人参加团体项目的角逐。

是年,市纪委监察局制定下发《党纪政纪案件处分执行公示办法(试行)》,创新处分执行方式,在全市探索推行党纪政纪处分执行公示制度,该项工作得到省纪委的肯定并在全省推广。

2015年

1月16日,周泽民受邀在抚州召开的省工商联七届四次执委会上宣讲党风廉政建设和反腐败工作形势。

1月20日—21日,湖南省纪委副书记李政科率省纪委有关部门负责人到抚州考察纪检监察工作,江西省纪委常委、秘书长李建发和市委常委、市纪委书记吴伟柱陪同。

1月,抚州市廉文化促进会将中国(抚州)首届“清风苑杯”廉政诗歌、散文、征文大赛所有获奖作品和入围作品汇编成册,全书27万字,由中国方正出版社集结出版,全国发行。

2月3日—4日,举办全市党委(党组)书记落实党风廉政建设主体责任专修班,集中学习习近平总书记系列重要讲话和中央、省、市纪委全会精神。吴伟柱就落实党风廉政建设主体责任作辅导讲话,各县(区)委书记、市委各部门主要负责人、市直单位党委(党组)书记共计150余人参加培训。

2月3日,市纪委第三届第五次全会在市行政会议中心举行。吴伟柱作题为《从严管党治党,聚焦主责主业,努力开创清廉抚州建设新局面》的工作报告。会上,市委、市纪委分别向各县(区)委和县(区)纪委下发党风廉政建设主体责任书和监督责任书。

2月17日,全市11个县(区)纪委监察局调整改革方案均经编制部门批准,机构设置、职能调整到位。

2月26日,全市落实党风廉政建设监督责任专修班在市廉政党校举办。

3月20日至4月20日，市纪委在全市纪检监察系统开展“警示教育月”活动，旨在深入贯彻中央纪委、省纪委全会精神，不断加强全市纪检监察机关和纪检监察干部队伍自身建设，用铁的纪律打造一支忠诚、干净、担当的纪检监察干部队伍，为深入推进党风廉政建设和反腐败斗争提供坚强保障。

5月12日，抚州市召开党风廉政巡查工作会议，会议启动党风廉政巡查工作和派驻监督工作，宣布市纪工委监督单位调整事项。

5月13日，市委书记肖毅深入市廉政党校，就党风廉政建设“两个责任”落实情况进行调研。

5月15日至7月底，市纪委决定在全市各级党组织和党员干部中开展“把纪律挺在前面”教育监督活动。

5月29日，市纪委监察局召开“三严（严以修身、严以用权、严以律己）、三实（谋事要实、创业要实、做人要实）”专题教育动员部署会暨专题讲课，吴伟柱作动员报告并讲专题党课。

6月3日，省委书记强卫率副省长、省公安厅长郑为文，省改革办、省农工部、上饶市、南昌市等主要领导到抚州调研公务消费一体化监管，以及农村集体资产、资金、资源监管工作。强卫对抚州此两项改革的经验和效果给予肯定，要求省直有关部门在此基础上进一步完善提升，积极向全省推广。市委书记肖毅、市长张鸿星、市委常委、市纪委书记吴伟柱陪同调研。

6月9日，市纪委召开“把纪律挺在前面”工作约谈会，就落实“两个责任”、纪律审查、抓班子带队伍等工作对12个县（区）纪（工）委书记进行集体约谈。

6月24日，抚州市召开开展“四进”（进农村、社区、基层单位、网络）、“四联”（联系基层群众、基层干部、服务对象、广大网民）、“四帮”（帮助化解矛盾、脱贫致富、产业发展、村社区建设）活动暨精准扶贫攻坚大会，肖毅到会讲话。

6月，由曾任抚州市人大常委会副巡视员张山东编著，中国楹联学会会长蒋有泉作序的《古代廉政对联选注》，由中国方正出版社出版，全国发行，全书25.6万字。

7月6日—8日，周泽民在抚州调研。他强调，要深入学习理解“把纪律挺在前面”新精神、新要求，确保“把纪律挺在前面”要求落到实处。省纪委常委、省监察厅副厅长王仁辉，省纪委组织部部长胡国庆随同调研。张鸿星和吴伟柱陪同调研。

7月14日，省长鹿心社、省委副书记、常务副省长莫建成到抚州调研公务消费一体化监管工作。鹿心社对抚州市公务消费一体化监管工作给予充分肯定和认可，赞成该项改革在完善的基础上可以在全省推广。张鸿星等陪同调研。

7月18日至9月底，市纪委举办“把纪律挺在前面”主题教育展，全市副县级以上领导干部及市直单位关键岗位的科级干部先后前往接受教育。

8月20日，受肖毅委托，张鸿星、市委副书记魏建锋、市人大常委会主任、市委政法委书记黄牡香率市四套班子部分领导到市博物馆参观“把纪律挺在前面”主题教育展。

8月24日，市委印发《关于落实“把纪律挺在前面”要求的工作意见》。市纪委监察局印发《抚州市“把纪律挺在前面”先行先试工作若干配套方案（制度）的通知》。

8月26日，市委、市政府印发《关于加强全市机关作风建设的实施意见》和《抚州市党员干部行为规范（试行）的通知》，切实规范党员干部行为，树立党员干部良好形象。

8月，市纪委监察局将中央纪委监察部网站“学思践悟”专栏刊发的10个专题45篇系列述评文章汇编成册，编印成《“学思践悟”专题系列文章汇编》一书，发给全市领导干部。

8月31日至9月2日，市纪委领导率市财政局、市人社局分管党风廉政建设工作的领导和工作人员，赴佛山市学习考察廉政风险科技防控工作。

9月17日，中央纪委驻中国社科院纪检组长张英伟到抚州调研。

9月18日，抚州市乡（镇）党委书记纪律专修班开班，全市176名乡（镇）党委书记参加专修班，标志着抚州“纪律讲堂”工作启动。

9月，省纪委常委汪爽、省农科院党委书记谢金水和院长马岩波率领导班子成员及副处级以上干部、省委党校常务副校长舒仁庆、《江西日报》社副社长衷淑英、省发改委纪检组长邝先华先后到抚州考察、采访、调研“把纪律挺在前面先行先试”工作。

9月，抚州市委下发《关于落实“把纪律和规矩挺在前面”要求的工作意见》。

10月8日，市纪委成立预防工作部和纪律巡查室。预防工作部与研究室、巡查室与信访室合署办公。

10月26日，市纪委召开专题学习会议，集中学习新修订的《中国共产党廉洁自律准则》和《中国共产党纪律处分条例》。

10月27日，《江西日报》头版头条报道抚州运用“互联网+模式”，深入推进“把纪律挺在前面先行先试”工作。

10月29日，全市“纪律讲堂”现场观摩会在南丰县召开，吴伟柱出席并讲话。

11月1日，市委召开全市领导干部会议，传达学习中共十八届五中全会和全省领导干部会议精神，并就学习贯彻《准则》和《条例》进行安排部署。肖毅出席会议并讲话，吴伟柱对《准则》和《条例》进行专题解读。同日，抚州市纪律审查一体化监控系统启动运行，运用“制度+科技”模式，确保抹不掉案子，拖不起时间，做不到手脚，错不了数据。

11月2日—17日，“清风苑杯”第三届运动会在市体育中心举行，来自全市纪检监察系统的14支代表队参加13个项目比赛。

11月12日，市纪委监察局召开全市领导干部违规插手干预工程项目专项纪律巡查工作会议，部署安排任务，启动巡查工作。

11月23日—24日，九江市委常委、市纪委书记黄赛荣率考察组到抚州考察纪检监察工作。吴伟柱主持召开两市纪检监察工作交流座谈会，并陪同考察组深入南丰县和东乡县实地考察。

11月28日，全市纪检监察干部监督工作座谈会召开，吴伟柱出席会议并讲话。会上，下发《抚州市关于加强纪检监察干部监督工作的意见》。

12月2日，省纪委常务副书记陈尚云到抚州调研党风廉政建设和反腐败工作。省纪委常委何刚、省纪委案管室主任杨志军随同，吴伟柱陪同。

12月8日，市纪委理论中心组举行“三严三实”教育“严以用权”专题学习会。市纪委监察局班子成员、机关全体干部及市纪工委全体人员参加学习会。

12 月 17 日上午,由抚州市廉文化促进会主办的第三届廉文化节“把纪律挺在前面”书画展在市博物馆开展。下午,抚州市纪检监察系统“清风苑杯”第三届运动会颁奖总结会在市体育中心召开,500 余名纪检监察干部参会。

12 月 18 日,“清风苑杯”廉政诗歌、散文、电视朗诵大赛决赛举行。同日,抚州市第三届廉文化节临川文化廉洁思想研究交流会召开。

12 月 21 日—23 日,全市纪检监察机关在市廉政党校开展第三届纪律审查技能比武及主业培训活动。

12 月 30 日,省纪委正厅级纪检员、监察专员鲍小慧到临川区调研党风廉政建设和反腐败工作。

12 月,市纪委监察局举办抚州市第三届廉文化节。

12 月,吴伟柱专著《清风苑——一个纪委书记的工作札记》由中国方正出版社出版,全国发行,全书 29. 3 万字。

第一篇　机构队伍

第一章　组织机构

1950年,中共抚州地委纪律检查委员会与所辖各县县委纪律检查委员会先后成立。至1966年4月,地县两级纪检机构名称几经更名。自1966年5月开始,受“文化大革命”影响,机构瘫痪,1969年4月,机构被撤销。直至1979年,地县两级纪检机构才得以恢复。1983年10月,中共抚州地委纪律检查委员会升格为中共抚州地区纪律检查委员会。1993年,中共抚州地区纪律检查委员会与抚州地区监察局以及所辖各县(市)纪律检查委员会与监察局合署办公,履行党的纪律检查和国家行政监察两种职能,分别对地委、行署,县(市)委、县(市)政府负责。2000年10月,抚州撤地设市,中共抚州地区纪律检查委员会更名中共抚州市纪律检查委员会,抚州地区监察局更名抚州市监察局,中共临川市纪律检查委员会更名中共临川区纪律检查委员会,临川市监察局更名临川区监察局。

1952年,江西省人民政府抚州区专员公署人民监察处成立。同年11月,全区各县(市)成立人民监察委员会,1954年,各县(市)人民监察委员会被撤销。至1957年,地区级监察机构名称几经更名,全区各县先后成立监察局,与人事局合署办公。1959年,地县两级监察机构被撤销。1964年3月,恢复抚州专员公署监察处。1965年5月,地区级监察机构再次被撤销,其工作归入人事处。1988年,恢复成立地、县(市)两级监察局。1993年与地县(市)纪律检查委员会合署办公。

第一节　地(市)级纪检监察机构

一、合署前纪检机构

1950年7月,中共抚州地委纪律检查委员会成立。1956年1月,中共抚州地委纪律检查委员会更名为中共抚州地方监察委员会。1959年6月,中共抚州地方监察委员会更名为中共抚州地委监察委员会。1963年3月,中共抚州地委监察委员会更名为中共江西省委监察委员会驻抚州地委监察组,内设办公室、纪检处。

1966年5月,受“文化大革命”影响,党的纪律检查机关受到冲击而陷于瘫痪状态。

1968 年 2 月，抚州专区革命委员会成立后，党的纪检工作由革委会政治部组织组兼管。1977 年 11 月，中共抚州地委组织部增设纪检科。1979 年 7 月，成立中共抚州地委纪律检查组。1979 年 11 月，根据全国第三次纪检工作会议精神，恢复中共抚州地委纪律检查委员会，内设办公室、两办（清查林彪、江青两个反革命集团案件办公室）、纪检科、审理科。

1980 年 2 月，《中共中央批转中央纪律检查委员会关于改变省、市、自治区及以下各级党委纪委领导关系的请求报告》文件中规定，“将省、市、自治区和省、市、自治区以下各级党的纪律检查委员会的领导关系，由受同级党委领导改受同级党委和上级纪委双重领导，而以同级党委领导为主。”

1983 年 10 月，中共抚州地委纪律检查委员会更名为中共抚州地区纪律检查委员会，定为副地级，设一室三科（办公室、纪检科、审理科、信访科），代管地区打击经济领域犯罪活动办公室。全区 91 个县以上行政、企事业单位也相继成立纪检机构。

1984 年 12 月，地区纪委内设机构改科为处（室）（即办公室、纪检处、审理处、信访处）；1987 年 3 月，地区纪委内设机构又改处为室（即办公室、纪检室、审理室、信访室、调研室）；1991 年 6 月，成立党风党纪教育室。同年 10 月，抚州地区党风廉政建设领导小组办公室成立，挂靠地区纪委。

历任领导：

中共抚州地委纪律检查委员会（1950.07—1956.01）

书　记　宋　诚（1950.07—1951.05）
副书记　王　寒（1950.07—1951.05）
书　记　王　寒（1951.05—1952.09）
副书记　聂显书（1951.05—1952.09）
委　员　赵　明（1951.05—1952.09）
齐　祥（1951.05—1952.09）
李品峰（1951.05—1952.09）
郭　凯（1951.05—1952.09）
张俊位（1951.05—1952.09）
书　记　李毅章（1952.10—1954.09）
副书记　王　寒（1952.10—1953.05）
李子良（1953.05—1954.09）
委　员　聂显书（1953.05—1954.09）
齐　祥（1952.10—1953.05）
李品峰（1952.10—1954.08）
宋玉岗（1952.10—1953.05）
孙林山（1952.10—1954.05）
张　瑛（1952.10—1954.09）
王敬民（1953.05—1954.09）
曾　川（1953.05—1953.10）

严　东(1953.05—1954.09)
苏　英(1953.05—1954.09)
书　记　王敬民(1954.10—1955.12)
副书记　韩增田(1954.10—1955.09)
张　瑛(1954.10—1955.12)
委　员　李子良(1954.10—1955.12)
聂国民(1954.10—1955.11)
彭　耀(1954.10—1955.11)
刘树森(1955.01—1955.12)
刘占华(1954.10—1955)
樊菊保(1954.03—1955.12)

中共抚州地方监察委员会(1956.01—1959.06)

书　记　王敬民(1956.01—1958.08)
副书记　张　瑛(1956.01—1959.06)
委　员　韩增田(1956.01—1959.06)
王景义(1956.01—1959.06)
张如元(1956.01—1959.06)
刘声钲(1956.01—1959.06)
李云台(1956.01—1959.06)
康　钧(1956.01—1959.06)
樊菊保(1956.01—1959.06)

中共抚州地委监察委员会(1959.06—1963.02)

书　记　韩增田(1959.06—1963.02)
副书记　张　瑛(1959.06—1963.02)
委　员　樊菊保(1959.06—1963.02)
刘声钲(1959.06—1960.01)
张如元(1959.06—1963.02)
吴　英(1959.06—1963.02)
王景义(1959.06—1963.02)
张运昌(1959.06—1963.02)

中共江西省委监察委员会驻抚州地委监察组(1963.03—1966.05)

组　长　严　东(1963.03—1964.01)
副组长　张　瑛(1963.03—1964.01)
成　员　刘声钲(1963.03—1964.01)
吴　英(1963.03—1964.01)
聂国民(1963.03—1964.01)
樊菊保(1963.03—1964.01)

组　长　张金阁(1964.01—1966.05)
副组长　张　瑛(1964.01—1966.05)
成　员　刘声钲(1964.01—1966.05)
吴　英(1964.01—1966.05)
聂国民(1964.01—1966.05)
樊菊保(1964.01—1966.05)

中共抚州地委纪律检查组(1979.07—1979.10)

组　长　严　东(1979.07—1980.08)
副组长　吴鸿江(1979.07—1979.10)

中共抚州地委纪律检查委员会(1979.11—1983.12)

副书记　白纯义(1980.06—1983.12)
吴鸿江(1979.11—1982.03)
樊菊保(1981.12—1983.12)
委　员　王金明(1981.05—1983.12)
赵广连(1981.05—1983.12)
郑　华(1981.05—1983.12)
许国平(1981.05—1983.12)
吴方球(1981.05—1983.12)

中共抚州地区纪律检查委员会(1984.01—1993.05)

副书记　白纯义(1984.01—1985.06)
樊菊保(1984.01—1985.06)
委　员　陈锦云(1984.01—1985.06)
刘有荪(1984.01—1985.06)
饶寿泉(1984.01—1985.06)
吴方球(1984.01—1985.06)
王金明(1984.01—1985.07)
赵广连(1984.01—1985.07)
许国平(1984.01—1985.07)
书　记　白纯义(1985.06—1987.03)
副书记　樊菊保(1985.06—1987.03)
委　员　陈锦云(1985.06—1987.03)
刘有荪(1985.06—1987.03)
饶寿泉(1985.06—1985.12)
吴方球(1985.06—1987.03)
书　记　徐　力(1987.03—1990.11)
副书记　樊菊保(1987.03—1988.08)
刘有荪(1987.03—1990.11)

邹明泉(1989.09—1990.11)
委　员　陈锦云(1987.03—1987.07)
刘有荪(1987.03—1988.04)
吴方球(1987.03—1990.10)
郭香玲(1988.03—1990.11)
万方明(1988.03—1989.12)
黎玉昌(1988.12—1990.11)
黄益斋(1990.10—1990.11)
副书记　刘有荪(1990.11—1991.03 主持工作)
邹明泉(1990.11—1991.03)
委　员　郭香玲(1990.11—1991.03)
黎玉昌(1990.11—1991.03)
黄益斋(1990.11—1991.03)
书　记　缪　兵(1991.03—1992.11)
副书记　刘有荪(1991.03—1992.11)
邹明泉(1991.03—1992.11)
委　员　郭香玲(1991.03—1992.11)
黎玉昌(1991.03—1992.11)
黄益斋(1991.03—1992.11)
副书记　刘有荪(1992.12—1993.05 主持工作)
邹明泉(1992.12—1993.05)
委　员　郭香玲(1992.12—1993.05)
黎玉昌(1992.12—1993.05)
黄益斋(1992.12—1993.05)

二、合署前监察机构

1952年1月,成立江西省人民政府抚州区专员公署人民监察处。同年11月,各县(市)成立人民监察委员会,在政府机关及其所属企事业单位和人民团体,城市街道及农村中设置人民监察通讯员,在财经部门设立监察小组。

1955年4月,江西省抚州专员公署人民监察处更名为江西省抚州专员公署监察处,内设秘书、政法、财经3个组。同年,各县(市)人民政府人民监察委员会被撤销。专员公署监察处分别在黎川县、乐安县和抚州市派遣监察组。

1956年1月,乐安县、抚州市监察组被撤销,黎川县监察组更名为监察室。2月,江西省抚州专员公署监察处更名为江西省抚州专区监察处。1957年2月,江西省抚州专区监察处又复名江西省抚州专署监察处。

1957年,各县(市)成立监察局。1959年4月,全区各级监察机构被撤销,监察业务由人事部门接管,1960年12月,监察业务归属抚州专员公署民政办公室。

1961年12月,成立江西省抚州专员公署人事监察处,各县(市)相应成立人民委员会人事监察局。1964 年 3 月，地区将监察业务从人事部门划出，恢复江西省抚州专员公署监察处。1965 年 5 月，监察处再次被撤销，监察业务归入人事处。1988 年 4 月，恢复成立抚州地区监察局，内设人秘科、监察一科、监察二科、信访科、案件审理科。各县（市）也相继成立监察局。1989 年 4 月成立地区监察局举报中心。

历任领导：

江西省人民政府抚州区专员公署人民监察处（1952.01—1955.04）

处　长　聂显书（1952.01—1955.01）

张焕印（1955.02—1955.04）

副处长　宋玉岗（1952.10—1953.03）

苏　英（1953.03—1954.04）

刘占华（1954.02—1955.02）

江西省抚州专员公署监察处（1955.04—1956.02）

处　长　张焕印（1955.04—1955.10）

康　钧（1955.10—1956.02）

江西省抚州专区监察处（1956.02—1957.02）

处　长　康　钧（1956.02—1956.08）

副处长　彭清云（1956.06—1957.02）

江西省抚州专员公署监察处（1957.02—1959.04）

副处长　彭清云（1957.02—1957.04）

刘宪琦（1957.04—1959.04）

江西省抚州专员公署人事监察处（1961.12—1964.03）

副处长　郑素春（1961.12—1964.03）

赵东彬（1961.12—1964.03）

江西省抚州专员公署监察处（1964.03—1965.05）

副处长　郑素春（1964.03—1965.05）

三、合署后纪检监察机构

1993 年 5 月，中共抚州地区纪律检查委员会与抚州地区监察局合署办公。内设办公室、监察综合室、信访室、纪律监察一室、纪律监察二室、案件审理室、执法监察室、调研室、宣传教育室、干部室、党风廉政建设室、举报中心。抚州地区党风廉政领导小组办公室仍挂靠纪律检查委员会。

1996 年 10 月，根据《中共江西省委、江西省人民政府关于抚州地区党政机构改革方案的通知》（赣字[1995]162 号）和《中共抚州地委、抚州地区行署关于实施地区党政机构改革方案的通知》（抚发[1995]13 号），进一步明确中共抚州地区纪律检查委员会与抚州地区监察局合署办公，为两块牌子一套机构，履行党的纪律检查和政府行政监察两种职能，对地委、行署负责。监察局属政府系列，接受行署领导，内设机构不变，核定行政编制数 48 人，事业编制 7 人。党风廉政建设领导小组办公室和举报中心各定事业编制 5 人。2000 年 9 月，内设机构的执法监察室增挂“中国共产党抚州地区纪律检查委员会纠正行业和部门不正之风管理室”牌子。2000 年 10 月，抚州撤地设市，中共抚州地区纪律检查委员会与抚州地区监察局改称中共抚州市纪律检查委员会与抚州市监察局。

地区（市）纪委历任领导：

书　记　李品行（1993. 05—2000. 09）

副书记　刘有荪（1988. 05—1994. 09）

邹明泉（1989. 09—2000. 09）

姜高山（1993. 05—1993. 09）

廖功亮（1994. 08—2000. 09）

李　云（女，1998. 05—2000. 09）

委　员　黎玉昌（1988. 12—1996. 10）

黄益斋（1990. 10—1996. 10）

章友泉（1993. 05—1996. 10）

蔡勇耕（1993. 05—1996. 10）

陈茂龙（1994. 06—2000. 10）

赵　钢（1997. 03—2000. 10）

封文元（1997. 03—2000. 10）

张志坚（1997. 03—2000. 10）

仇惠娥（女，1997. 03 –2000. 10）

书　记　罗建华（2000. 09—2006. 10）

副书记　邹明泉（2000. 09—2000. 10）

廖功亮（2000. 09—2003. 05）

李　云（女，2000. 09—2006. 10）

陈茂龙（2000. 10—2006. 10）

赵　钢（2003. 05—2006. 10）

常　委　赵　钢（2000. 10—2003. 05）

仇惠娥（女，2000. 10—2006. 10）

周信昌（2000. 10—2004. 06）

梅国和（2000. 10—2004. 06）

李树武（2000. 10—2006. 10）

赵荣贵（2004. 06—2006. 10）

曾　春（2004. 06—2006. 10）

书　记　陈小平（2006. 10—2009. 11）

副书记　陈茂龙（2006. 10—2008. 11）

赵　钢（2006. 10—2010. 01，其中 2009. 11—2010. 01 主持工作）

徐云发（2006. 10—2010. 01）

傅志雄（2008. 01—2010. 01）

常　委　赵荣贵（2006. 10—2010. 01）

赵　明(2006.10—2009.06)
郑乐惠(女,2006.10—2010.01)
吴　斌(2006.11—2010.01)
章菊华(女,2006.10—2010.01)
黄发高(2009.06—2010.01)
刘志勇(挂职,2009.06—2010.01)
书　记　吴伟柱(2010.01—2015.12)
副书记　赵　钢(2010.01—2013.12)
徐云发(2010.01—2012.10)
傅志雄(2010.01—2012.09)
黄发高(2011.09—2015.12)
李茂荣(2012.10—2015.12)
赵荣贵(2013.12—2015.12)
常　委　黄发高(2010.01—2011.09)
赵荣贵(2010.01—2013.12)
郑乐惠(女,2010.01—2013.03)
吴　斌(2010.01—2011.07)
章菊华(女,2010.01—2011.07)
刘志勇(挂职,2010.01—2010.08)
罗少韬(2011.09—2015.12)
华　民(2011.09—2015.12)
尧宇斌(2011.09—2015.12)
艾　华(女,2013.04—2015.12)

地区(市)监察局历任领导:
局　长　姜高山(1989.11—1993.09)
副局长　章友泉(1988.04—1993.09)
吕贤禄(1990.03—1993.04)
蔡勇耕(1992.10—1993.09)
局　长　邹明泉(1994.09—2000.10)
副局长　章友泉(1993.09—1996.10)
蔡勇耕(1993.09—1996.10)
陈茂龙(1994.06—2000.10)
仇惠娥(女,1997.03—2000.10)
冯国发(1998.02—2000.10)
局　长　廖功亮(2000.10—2003.05)
副局长　仇惠娥(女,2000.10—2003.05)
冯国发(2000.10—2003.05)

局　长　李　云(女,2003.05—2006.10)
副局长　仇惠娥(女,2003.05—2006.10)
李　凌(2005.03—2006.10)
局　长　徐云发(2006.11—2012.10)
副局长　仇惠娥(女,2006.11—2007.06)
李　凌(2006.10—2012.10)
邹建平(2007.07—2011.02)
郑乐惠(女,2007.11—2012.10)
艾　华(女,2012.05—2012.10)
局　长　李茂荣(2012.10—2015.12)
副局长　李　凌(2012.10—2015.12)
郑乐惠(女,2012.10— 2013.03)
艾　华(女,2012.10—2015.12)
罗少韬(2013.12—2015.12)

历届市纪委委员(按姓氏笔画排列):

第一届(2000 年 10 月)

万泽洪	习东森	仇惠娥(女)	刘义德	李　云(女)	李树武	李永智
李南田	陈茂龙	陈建福	陈九龙	张仕龙	罗建华	
杨月兰(女)	周木杨	周信昌	欧文龙	赵　钢	洪明泉	
胡香兰(女)	徐光华	梅国和	廖功亮			

第二届(2006 年 11 月)

万家理	李建林	吴　勇	吴　斌	余　凯	邹建平	陈小平
陈茂龙	陈绍平	张文贵	张文勤	张丽娃(女)	张福兰(女)	
郑乐惠(女)	赵　明	赵　钢	赵荣贵	郭增华	祝文渊	姚飞翔
姚英华	唐平华	徐云发	徐龙标	徐国安	黄发高	黄荣泉
梅国和	章菊花(女)	傅志雄	谌常青	曾　春	曾建华	程新飞
赖昌明						

第三届(2011 年 9 月)

王正坤	艾　华(女)	尧宇斌	华　民	华和平	李茂荣	吴伟柱
何荣辉	邹建平	张全明	张员娇(女)	范为真	范亚平	罗少韬
郑乐惠(女)	赵　钢	赵荣贵	胡京华	郭增华	段云来	姚英华
唐平华	徐云发	徐龙标	徐建云	钱　平	黄发高	黄德明
章菊花(女)	傅志雄	曾　春	雷东水	鄢新员	谭玉英(女)	颜建平

第二节　县（市、区）纪检监察机构

一、合署前县（市、区）纪检机构

1949年11月，中共中央下发《关于成立中央及各级党的纪律检查委员会的决定》后，至1950年底，抚州地区所辖10个县相应成立县委纪律检查委员会。

1956年9月，县（市）委纪律检查委员会改名为县（市）监察委员会。

1959年5月，中共江西省委批转省委监委《关于各级地方监委的名称和印章的有关事项的请求》文件，各县（市）党的监察委员会改称县（市）党委监察委员会。是年6月，全区各县（市）监察委员会改名为县（市）委监察委员会。

1966年5月，"文化大革命"开始后党政机关受到冲击而瘫痪，各县（市）党委监察委员会被迫停止工作。1969年4月，各（市）党委监察委员会被撤销。

1977年11月，各县（市）的纪检工作由各县（市）委组织部兼管。

1979年11月，全区12个县（市）恢复县（市）委纪律检查委员会。

1983年11月至1984年10月，全区12个县（市）委纪律检查委员会升格为县（市）纪律检查委员会。

合署前县（市）纪委（监委）历任书记：

1. 中共临川县纪律检查委员会

书　记　李春瑞（1956.04— 不详 ）
　　刘树森（不详 —1958.12）
　　杨裕隆（1958.12—1965.06）
　　何　平（1965.06—1966.07）
　　黄乾堂（1966.07—1968.05）
　　徐炳坤（1980.07—1987.07）
　　邹明泉（1987.09—1989.09）
　　廖功亮（1989.09—1992.12）

2. 中共抚州市纪律检查委员会

书　记　寇　健（1954.10— 1955.10）
　　李　斌（1955.09— 1960.04）
　　余达辉（1961.01— 1962.07，副书记主持工作）
　　王九如（1962.07— 1963.12）
　　孙玉芳（1963.12— 1967.01）
　　李令起（1979.09— 1980.09，副书记主持工作）
　　牛家宝（1980.09— 1980.12，副书记主持工作）
　　邹文科（1980.12— 1984.03）
　　尹钟生（1984.03— 不详）
　　邱火明（1990.05— 1992.10）

3. **中共南城县纪律检查委员会**

书　记　刘　旭 1952. 11—1953. 02)
谢富明(1955. 02—1955. 08)
张玉峰(1955. 08—1963. 05)
朱印绶(1979. 08—1980. 07)
曹德彦(1980. 08—1980. 12)
李殿忠(1980. 12—1984. 02)
谢如俊(1984. 09—1987. 07)
周冬祥(1987. 08—1989. 12)
熊云鹏(1989. 12—1992. 10)
欧文龙(1992. 10—1992. 12)

4. **中共黎川县纪律检查委员会**

书　记　任火炎(1952. 11—1953. 04,兼)
陈德宽(1955. 08—1956. 04,兼)
刘均仔(1956. 04—1961. 02)
吴维屏(1965. 07—1965. 12)
吴焕南(1977. 12—1979. 04)
吴根水(1979. 05—1981. 04)
魏继祖(1981. 04—1987. 08)
金钰兴(1987. 09—1992. 12)

5. **中共南丰县纪律检查委员会**

书　记　张海涌(1950. 07—1953. 07)
石振宗(1955. 08—1956. 04)
孙竹寿(1958. 12—1960. 03)
李海峰(1960. 03—1979. 06)
李耀南(1979. 06—1980. 12)
孔广生(1980. 12—1984. 02)
赵令煌(1984. 02—1989. 12)
饶绍泉(1989. 12—1992. 10)
黄样生(1992. 10—1992. 12)

6. **中共崇仁县纪律检查委员会**

书　记　张竹泉(1953. 07—1954. 07,兼)
张子良(1954. 07—1954. 12)
田永丰(1954. 12—1955. 09,兼)
杨明耀(1955. 09—1958. 11)
张海云(1959. 07—1960. 07)
杨怡顺(1960. 07— 1963. 08)

张玉振(1980.03—1984.07)
邹明泉(1984.11—1987.09)
邱火明(1987.09—1989.12)
黄德洋(1989.12—1992.12)

7.中共乐安县纪律检查委员会

书　记　王　泽(1950.08－1952.04)
严寿清(1953.03－1953.08)
金学志(1953.11—1954.02)
王金芳(1955.04—1960.03)
李　宏(1960.06—1966.05)
郑云龙(1979.06—1980.03)
胡汉陶(1980.04—1984.01)
龚掌富(1984.04—1984.09)
陈桃芳(1984.09—1987.09)
牛才智(1987.09—1991.10)
黄金堂(1991.10—1992.12)

8.中共宜黄县纪律检查委员会

书　记　郭　凯(1950.07—1951.05,兼)
张景云(1951.05—1952.10)
王　泽(1952.10—1954.04,兼)
王九如(1954.04—1955.09,兼)
许安泰(1955.09—1958.02)
曲中顺(1958.11—1960.03,兼)
孟昭瑞(1960.03—1966.05)
何国器(1981.02—1982.02)
吴保生(1984.02—1987.07)
刘绍宽(1987.09—1989.12)
胡忠庭(1989.12—1992.12)

9.中共金溪县纪律检查委员会

书　记　王炳田(1950.01—1951.05,兼)
刘农民(1952.11—1953.05,兼)
刘声钲(1954.06—1955.03,兼)
刘占华(1956.04—1958.12,兼)
李高文(1958.12—1963.04,兼)
黄乾堂(1979.11—1984.02)
张木清(1984.10—1987.07)
李耕生(1987.09—1989.12)

钟远鸣(1989.12—1992.10)

10. 中共资溪县纪律检查委员会

书　记　胡凤举(1956.05—1958.12,兼)

李玉昌(1958.12—1960.06,兼)

谢文斌(1960.06—1966.05,兼)

任　赓(1979.05—1981.02,兼)

宁水茂(1981.02—1984.11)

金钰兴(1984.11—1987.07)

施恭臻(1987.07—1992.12)

11. 中共广昌县纪律检查委员会

书　记　陈国良(1950.08—1951.09, 兼)

李子良(1951.09—1953.03, 兼)

王子才(1953.04—1954.04, 兼)

王德珍(1954.04—1956.09, 兼)

潘文发(1957.10—1959.11)

李德家(1959.11—1961.01)

潘文发(1961.01—1964.03)

翟明泽(1964.03—1967.10)

胡颜喜(1979.10—1982.04)

魏仁贵(1984.02—1987.06)

曾志强(1987.07—1989.12)

黄国新(女,1989.12—1992.12)

12. 中共东乡县纪律检查委员会

书　记　周　龙(1964.04—1968.09)

乐高山(1979.05—1981.02,兼)

陈黄钟(1981.02—1984.02)

施恭臻(1984.10—1987.07)

万怀德(1987.09—1989.12)

朱章明(1989.12—1992.10)

王兴华(1992.10—1992.12)

二、合署前县(市、区)监察机构

1988年4月,根据江西省人民政府赣府发[1987]120号《关于在县以上地方各级人民政府设立行政监察机关的通知》精神,全区各县(市)相继成立监察局。

三、合署后县(市、区)纪检监察机构

1993年5月,中共抚州地区纪律检查委员会与抚州地区监察局合署办公后,抚州所辖各县(市)纪检监察机关先后合署办公。

合署后县(市、区)历任纪委书记:

1. 中共抚州市纪律检查委员会

书　记　陈　平(1992.12— 1994.02)

叶贵东(1994.07— 1995.05)

2. 中共临川县纪律检查委员会

书　记　廖功亮(1992.12—1994.08)

肖文海(1994.08—1995.03)

3. 中共临川市纪律检查委员会

书　记　李　云(女,1995.04—1997.11)

陈建福(1997.11—2000.10)

4. 中共临川区纪律检查委员会

书　记　陈建福(2000.10—2001.05)

习东森(2001.05—2006.03)

傅志雄(2006.06—2008.01)

吴　勇(2008.07—2011.07)

章菊华(女,2011.07—2015.12)

5. 中共南城县纪律检查委员会

书　记　欧文龙(1992.12—2001.02)

卢金国(2001.05—2002.12)

徐光华(2002.12—2006.06)

程新飞(2006.06—2007.06)

华和平(2007.06—2015.12)

6. 中共黎川县纪律检查委员会

书　记　张仕龙(1993.01—2001.05)

丁国华(2001.05—2002.12)

熊远定(2002.12—2006.06)

吴　勇(2006.06—2008.06)

姚英华(2008.06—2015.07)

王柏荣(2015.07—2015.12)

7. 中共南丰县纪律检查委员会

书　记　黄样生(1992.12—1993.09)

叶建青(1993.09—1996.07)

李南田(1996.07—1997.11)

徐光华(1997.12—2002.11)

卢金国(2002.12—2006.06)

姚飞翔(2006.07—2007.10)

吴自胜(2007.12—2010.07)

段云来(2010. 07—2013. 03)
张爱群(2013. 03—2015. 12)

8. 中共崇仁县纪律检查委员会

书　记　黄德洋(1992. 12—1995. 01)
刘勇建(1995. 01—1997. 11)
杨月兰(女,1997. 11—2005. 09)
黄发高(2005. 09—2009. 06)
王正坤(2009. 06—2013. 09)
黄能兴(2013. 09—2015. 12)

9. 中共乐安县纪律检查委员会

书　记　黄金堂(1992. 12—1997. 11)
刁东森(1997. 11—2000. 08)
胡香兰(女,2000. 08—2001. 04)
张国英(2001. 05 - 2002. 09)
陈绍平(2002. 09 - 2008. 03)
曾月兴(2008. 04 - 2010. 07)
范为真(2010. 11 - 2015. 12)

10. 中共宜黄县纪律检查委员会

书　记　胡忠庭(1992. 12—1997. 12)
李永智(1997. 12—2002. 11)
周跃飞(2002. 11—2006. 06)
曾建华(2006. 07—2007. 12)
颜建平(2008. 04—2015. 12)

11. 中共金溪县纪律检查委员会

书　记　周快荣(1992. 10—1993. 11)
周安邦(1993. 11—1997. 06)
胡香兰(女,1997. 11—2000. 07)
刁东森(2000. 08—2001. 05)
胡宝钦(2001. 05—2006. 06)
张文勤(2006. 06—2011. 07)
黄德明(2011. 07—2015. 12)

12. 中共资溪县纪律检查委员会

书　记　施恭臻(1992. 12—1997. 02)
杨小梅(女,1997. 11—2000. 03)
傅志雄(2000. 12—2006. 06)
张文贵(2006. 06—2011. 02)
邹建平(2011. 02—2015. 12)

13. 中共广昌县纪律检查委员会

书　记　黄国新(女,1992.12—1996.02)

刘义德(1996.04—2003.01)

周希平(2003.03—2005.09)

赖昌明(2006.07—2011.06)

范亚平(2011.06—2015.12)

14. 中共东乡县纪律检查委员会

书　记　王兴华(1992.12—1997.10)

李南田(1997.12—2002.12)

丁国华(2002.12—2006.07)

曾　春(2006.07—2013.03)

葛　斌(2013.03—2015.06)

姚英华(2015.07—2015.12)

15. 抚州高新技术产业开发区纪工委

书　记　徐龙标(2006.06—2015.12)

第三节　地(市)直(省管)单位纪检监察机构

“文化大革命”结束后,行政公署各工作部门和直属各单位、抚州地区中级人民法院、省人民检察院抚州分院根据党员数量规模大小恢复纪检组或纪委,并设1名专职副书记兼任纪检组长或纪委书记,处理日常党务工作和纪检工作。少数部门、单位设有专职纪检组长或纪委书记。至1992年底,在77个行署工作部门和直属单位中,有29个部门和单位成立纪检组或纪委。成立纪委的是:公安处、经济委员会、对外贸易经济合作局、物资局、交通局、汽车运输公司、抚州公路分局、邮电局、城乡建设环境保护局、建筑工程公司、农牧渔业局、林业局、水利电力局、供电局、商业局、供销合作社、地质矿产局、粮食局、文化局、教育局、卫生局;成立纪检组的有:人事局、劳动局、中国人民银行抚州地区分行、中国人民建设银行抚州地区分行、中国工商银行抚州地区分行、中国农业银行抚州地区分行、中国银行抚州地区分行、中国人民保险公司抚州地区中心支公司。1993年后,又有一些行署工作部门和直属单位成立纪检组或纪委。

一、地(市)直单位纪检组(纪委)

1. 中共江西省抚州地区(市)中级人民法院纪检组

1991年9月成立。2000年10月改称中共抚州市中级人民法院纪检组。

组　长　廖彩荣(1991.12—1996.09)

盛国平(1996.09—2004.04)

郭增华(2005.12—2015.12)

2. 中共江西省人民检察院抚州分院(抚州市人民检察院)纪检组

1988年12月成立。2000年10月改称中共抚州市人民检察院纪检组。

组　长　潘延寿(1988.12—1994.07)
马武金(1994.07—1996.07)
李光球(1997.01—1997.12)
范茂华(1997.12—1999.03)
陈金志(2000.09—2003.03)
万家理(2003.03—2007.02)
胡京华(2007.02—2013.09)
黄国权(2013.09—2015.12)

3. 中共抚州地区(市)经济委员会纪委

1992年3月成立。

书　记　曾文辉(1992.03—1996.08)

1996年8月改称中共抚州地区经济贸易委员会纪委。

书　记　曾文辉(1996.08—2000.12)
游小敏(2003.12—2010.11)

2010年11月改称中共抚州市工业信息化委员会纪委。

书　记　游小敏(2010.11—2015.12)

4. 中共抚州地区(市)人事局纪检组

1988年11月,成立中共抚州地区劳动人事局纪检组。1990年1月,设置人事局,成立中共抚州地区人事局纪检组。2000年10月改称中共抚州市人事局纪检组。

组　长　黄纪利(1988.10—1992.09)
胡发根(1996.10—1998.09)
徐胜荣(1998.09—2003.03)
王玉秀(2003.03—2012.06)

5. 中共抚州地区(市)劳动局纪检组

1990年2月成立。2000年10月改称中共抚州市劳动局纪检组。

组　长　艾柏辉(1990.02—1996.10,兼)
傅荣庆(1996.10—1997.10)
周新德(1997.10—1998.10)
宁桂凤(1998.10—2003.03)
李罗才(2004.01—2010.04)

6. 中共抚州地区(市)公安局纪委

1984年1月成立中共抚州地区行政公署公安处纪检组。1990年5月撤销纪检组,成立纪委。

书　记　谭耀翔(1990.05—1993.12)
尹　光(1993.12—1996.12)

1996年12月改称中共抚州地区公安局纪委。2000年10月改称中共抚州市公安局纪委。

书　记　尹　光(1996.12—1997.01)
陈九龙(1997.01—2002.02)
谌常青(2002.02—2007.03)
李树武(2007.03—2013.03)
杨建忠(2013.04—2015.12)

7. 中共抚州地区(市)城乡建设环境保护局纪委

1990 年 8 月成立。2000 年改称中共抚州市建设局纪委。

书　记　徐发根(1990.08—1998.10,兼)
辛祥泰(1998.10—2003.04)
梅国和(2003.04—2013.05)
郑须生(2013.08—2015.12)

8. 中共抚州地区(市)环保局纪委

1990 年 6 月,中共抚州地委任命局纪委书记,同年 10 月在局党代会上成立中共抚州地区城乡建设环境保护局纪委。

书　记　徐发根(1990.06—1996.08,兼)

1996 年 8 月,改称中共抚州地区建设(环保)局纪委。2000 年 10 月改称中共抚州市环保局纪委。

书　记　徐发根(1996.08—1998.10,兼)
辛祥泰(1998.10—2003.04,兼)
艾邹福(2004.01—2012.06)

9. 中共抚州地区(市)交通局纪委

1990 年 6 月成立。2000 年 10 月改称中共抚州市交通局纪委。

书　记　谢永辉(1990.06—1996.11,兼)
黄金堂(1996.11—2006.03)
王爱民(2006.03—2007.12)
徐天祥(2007.12—2013.12)
胡　怡(2013.12—2015.12)

10. 中共抚州地区(市)汽车运输公司纪委

1986 年 7 月 1 日成立。

书　记　熊树光(1986.07—1989.09)
曾水龙(1989.09—2003.03)

2008 年 1 月更名为江西抚州长运有限公司纪委。

书　记　李志华(2009.01—2012.01)
张振国(2015.03—2015.12)

11. 中共抚州地区(市)外贸局纪委

1981 年 12 月 26 日成立纪检组。

组　长　刘广正(1981.12—1990.04)

1990 年 4 月撤销纪检组，成立纪委。1995 年 12 月改称中共抚州地区对外贸易经济合作局纪委。2000 年 10 月改称中共抚州市外贸局纪委。

书　记　郭德星(1990.04—1992.04，兼)
周丽秀(女，1992.10—1996.07，兼)
李璜兴(2005.12—2011.10)

12. 中共抚州地区(市)商业局纪委

1990 年 4 月，中共抚州地委任命商业局纪委书记，同年 6 月 30 日，在商业局党代会上，成立中共抚州地区商业局纪委。2000 年 10 月改称中共抚州市商业局纪委。

书　记　孔繁杰(1990.04—1990.12)
辛富高(1990.12—1993.03，兼)
黎细如(1993.03—1998.08，兼)
彭水娥(女，1998.09—2001.01)

13. 中共抚州地区(市)供销社纪委

1991 年 1 月成立。2000 年 10 月改称中共抚州市供销社纪委。

书　记　孔繁杰(1991.01—1992.07)
吴国盛(1992.07—2013.03)
揭智能(2013.03—2015.12)

14. 中共抚州地区(市)粮食局纪委

原为中共抚州地区粮食局纪检组。

组　长　万拯群(1985.03—1988.05)
雷景龙(1988.05—1989.09)

1990 年 4 月成立中共抚州地区粮食局纪委。2000 年 10 月改称中共抚州市粮食局纪委。

书　记　雷景龙(1990.04—1991.10)
熊式光(1991.10—1999.02，兼)
叶金龙(1999.02—1999.09，兼)
邓长明(2003.03 -2007.12)
徐润根(2010.04—2013.10)
杨应庚(2013.12—2015.12)

15. 中共抚州地区物资局纪委

1988 年 3 月成立纪检组。

组　长　梅古文(1988.03—1990.04，兼)

1990 年 4 月撤销纪检组，成立纪委。

书　记　李咸尧(1990.04—1992.03，兼)
雷景龙(1992.03—1996.09)

16. 中共抚州地区地矿局纪委

1990 年 4 月成立。

书　记　万高祥(1990.04—1996.09，兼)

17. 中共抚州地区(市)农业局纪委

1990年4月,地委任命中共抚州地区农牧渔业局纪委书记,1993年8月在局党代会上成立纪委。2000年10月改称中共抚州市农业局纪委。

书　记　温达新(1990.04—1995.01)

1995年2月改称中共抚州地区农业局纪委。

书　记　张长荣(1998.09—2003.03)

罗建南(女,2003.05—2013.04)

许金华(2013.04—2014.05)

邹永丰(2015.08—2015.12)

18. 中共抚州地区(市)林业局纪委

1988年12月,地委任命中共抚州地区林业局纪委书记。1990年4月成立中共抚州地区林业局纪委。2000年10月改称中共抚州市林业局纪委。

书　记　郭德星(1988.12—1990.04)

乐和盛(1990.04—1993.02)

李大荣(1993.02—1996.10)

方建华(1997.12—1999.09)

黄武贤(1999.09—2011.02)

潘金明(2011.02—2015.12)

19. 中共抚州地区(市)水利局纪委

1990年5月成立。2000年10月改称中共抚州市水利电力局纪委。

书　记　邹志平(1990.05—1993.12,兼)

吴义高(1996.10—2003.03)

杨华顺(2003.03—2004.04)

姜朝孝(2004.04—2012.07)

邓其祥(2012.07—2015.12)

20. 中共抚州地区(市)计划生育委员会纪检组

1998年9月成立。2000年10月改称中共抚州市计划生育委员会纪检组。

组　长　饶其昌(1998.09—2003.03)

章星期(2003.04—2010.07)

陈卫军(2010.07—2011.07)

宗理辉(2011.08—2014.07)

艾邹福(2014.08—2015.11)

周三才(2015.11—2015.12)

21. 中共抚州地区(市)卫生局纪委

1990年成立。2000年10月改称中共抚州市卫生局纪委。

书　记　朱江源(1990.04—1996.09,兼)

邹富良(1996.10—2000.05)

吴亚明(2003.03—2012.06)

艾邹福(2012.06—2014.07)

2015 年,抚州市计划生育委员会与抚州市卫生局合并为抚州市卫计委。

书　记　周三才(2015.11—2015.12)

22. 中共抚州地区(市)教育局纪委

1990 年成立中共抚州地区教育局纪委。

书　记　肖文海(1990.04—1994.09,兼)

1996 年 9 月改称中共抚州地区教育委员会纪委。2000 年 10 月改称中共抚州市教育局纪委。

书　记　刘忠华(女, 1998.02—1998.04,兼)

洪明泉(2003.04—2007.07)

章星期(2010.04—2015.12)

23. 中共抚州地区(市)财政局纪检组

1993 年成立。2000 年 10 月改称中共抚州市财政局纪检组。

组　长　邓学锋(1993.05—1996.09)

黄小妹(女,1998.09—2003.10)

张福兰(女,2004.01—2012.07)

24. 中共抚州地区(市)广播电视局纪检组

1996 年 10 月成立。2000 年 10 月改称中共抚州市广播电视局纪检组。

组　长　丁龙生(1996.10—2008.05)

朱　靖(2009.10—2012.08)

25. 中共抚州地区(市)文化局纪委

1990 年 4 月成立。2000 年 10 月改称中共抚州市文化局纪委。

书　记　许南娇(女, 1990.04—1993.05,兼)

丁友保(1993.05—2007.11,兼)

刘慧敏(2007.11—2012.02)

2012 年 2 月 15 日,市文化局与市新闻出版局合并改称市文化新闻出版局。

书　记　刘慧敏(2012.02—2012.07)

邹　郁(2012.07—2013.04)

余慧英(2013.05—2015.01)

2015 年 1 月 23 日,市文化新闻出版局与市广播电影电视局合并改称市文化广电新闻出版局。

书　记　余慧英(2015.01—2015.12)

26. 中共抚州日报纪委

书　记　王健曙(2003.05—2015.12)

27. 中共抚州市城市管理局纪委

书　记　张　兵(2013.04—2015.12)

28. 抚州市投资公司纪委

书　记　徐金星(2009.11—2015.12)

29. 中共抚州医药公司纪委

书　记　汪海文(2005.04—2015.12)

30. 中共抚州电大纪委

书　记　邓石树(1988.12—2008.07)

陈小华(2011.06—2013.04)

周　鼎(2013.08—2015.12)

31. 中共江西中医药高等专科学校纪委

书　记　王普发(1998.09—2006.08)

王　砥(2010.10—2015.12)

32. 中共抚州职业技术学院纪委

书　记　李勤江(2012.01—2015.04)

33. 中共抚州市第一人民医院纪委

书　记　王健文(2003.01—2015.12)

34. 中共抚州地区建筑工程公司纪委

1985 年 4 月成立。

书　记　侯　恩(1985.04—1988.12)

熊树光(1990.08—1992.06)

张焕胜(1992.06—1994.07)

35. 中共抚州地区(市)民政局纪检组

1996 年 10 月成立。2000 年 10 月改称中共抚州市民政局纪检组。

组　长　谢永辉(1996.10—1999.01)

郭华生(1999.01—2007.08)

黄志民(2007.08—2012.10)

36. 中共抚州地区(市)审计局纪检组

1993 年 5 月成立。2000 年 10 月改称中共抚州市审计局纪检组。

组　长　龚兴华(1993.05—2000.03)

黄龙泉(2003.04—2011.07)

何辉荣(2011.07—2012.10)

37. 中共抚州地区(市)土地管理局纪检组

1996 年 10 月成立。2000 年 10 月改称中共抚州市土地管理局纪检组。

组　长　徐文山(1996.10—2003.01)

刘木龙(2003.04—2015.08)

吴军华(2015.08—2015.12)

38. 中共抚州地区(市)轻化工业局纪检组

1996 年 9 月成立。2000 年 10 月改称中共抚州市轻化工业局纪检组。

组　长　黄良贵(1996.10—2001.02,兼)

39. 中共抚州地区(市)司法局纪检组

2000 年 7 月成立。2000 年 10 月改称中共抚州市司法局纪检组。

组　长　吴明辉(2000.07—2007.03)
　　　　文淑珍(2007.03—2013.08)
　　　　罗根生(2013.08—2015.12)

40. 中共抚州地区(市)国家税务局纪检组

1996 年 1 月成立。2000 年 10 月改称中共抚州市国家税务局纪检组。

组　长　傅　林(1996.01—1999.12)
　　　　徐建波(1999.12—2001.12)
　　　　黄光平(2002.08—2005.07)
　　　　傅春光(2005.12—2007.10)
　　　　谢润斌(2007.12—2010.04)
　　　　黄智洪(2010.06—2015.12)

41. 中共抚州地区(市)地方税务局纪检组

1994 年 9 月成立。2000 年 10 月改称中共抚州市地方税务局纪检组。

组　长　黄元梅(女,1996.10—2004.04)
　　　　赵跃垦(2004.05—2008.03)
　　　　梁小林(2008.04—2012.01)
　　　　吴江华(2012.02—2015.12)

42. 中共抚州地区(市)工商行政管理局纪检组

1994 年 7 月成立。2000 年 10 月改称中共抚州市工商行政管理局纪检组。

组　长　邹富珍(1994.07—1996.01)
　　　　陈月保(1996.01—2001.02)
　　　　邹富珍(2001.02—2002.08)
　　　　徐谱堂(2002.08—2007.08)
　　　　陈建平(2007.08—2015.09)

43. 中共抚州市机关事务管理局纪检组

组　长　李晓君(2009.10—2015.12)

44. 中共抚州市房管局纪检组

组　长　邓洪文(2007.12—2015.12)

45. 中共抚州市规划局纪检组

组　长　何志刚(2011.07—2015.12)

46. 中共抚州市园林绿化局纪检组

组　长　陶文军(2009.10—2015.12)

47. 中共抚州市廖坊水利枢纽管理局纪检组

2010 年 11 月成立。

组　长　程仁祥(2010. 11—2013. 09)

二、省管单位驻抚州机构纪检组(纪委)

1. 中共中国人民银行抚州地区(市)分行纪检组(纪委)

1986 年 1 月成立纪检组。

组　长　熊寿员(1986. 03—1996. 12)

陈　剑(1996. 12—1998. 09)

1998 年 9 月撤销纪检组,成立中共中国人民银行抚州地区分行纪委。

书　记　陈　剑(1998. 09—1998. 12)

1998 年 12 月,改称为中共中国人民银行抚州地区中心支行纪委。2000 年 10 月改称中共中国人民银行抚州市中心支行纪委。

书　记　陈　剑(1999. 01—2000. 06)

饶智敏(2000. 06—2005. 10)

2. 中共中国建设银行抚州地区(市)分行纪检组(纪委)

1992 年 4 月成立中共中国人民建设银行抚州地区分行纪检组。

组　长　谢共和(1992. 04—1996. 03)

1996 年 3 月改称为中共中国建设银行抚州地区分行纪检组。

组　长　谢共和(1996. 03—1998. 11)

1998 年 11 月,撤销纪检组,成立中共中国建设银行抚州地区分行纪委。2000 年 10 月改称中共中国建设银行抚州市分行纪委。

书　记　谢共和(1998. 11—2000. 02)

颜江浔(2000. 02—2013. 04)

3. 中共中国工商银行抚州地区(市)分行纪检组(纪委)

1987 年 6 月成立纪检组

组　长　饶国旺(1987. 06—1992. 12)

胡建生(1992. 12—1998. 10)

1998 年 10 月改称中共中国工商银行抚州地区分行纪委。2000 年 10 月改称中共中国工商银行抚州市分行纪委。

书　记　胡建生(1998. 10—2000. 02)

韩子良(2000. 08—2004. 12)

万　锋(2004. 11—2014. 06)

4. 中共中国农业银行抚州地区(市)分行纪检组(纪委)

1984 年 1 月成立中共中国农业银行抚州地区中心支行纪检组。

组　长　晏仁和(1984. 02—1989. 02)

1992 年,改称中共中国农业银行抚州地区分行纪检组。

组　长　谷相生(1993. 07—1997. 03)

孙光辉(1997. 04—1999. 03)

1999 年 3 月撤销纪检组,成立中共中国农业银行抚州地区分行纪委。2000 年 10 月改称中共中国农业银行抚州市分行纪委。

书　记　邹文伏(2000.06—2002.09)

许天光(2004.02—2007.01)

祝荣东(2008.07—2013.01)

王国庆(2013.01—2015.12)

5.中共中国银行抚州地区分行纪委

1990年11月成立中共中国银行抚州支行纪委,1992年7月改为中共中国银行抚州地区分行纪委。

书　记　陈桂生(1990.11—1992.07,兼)

6.中共中国农业发展银行抚州地区(市)分行纪委

1998年12月成立中共中国农业发展银行抚州地区分行纪委。2000年10月改称中共中国农业发展银行抚州市分行纪委。

书　记　徐国庆(1998.09—2007.02)

7.中共中国人民保险公司抚州中心支公司纪检组(纪委)

1986年9月成立中共中国人民保险公司抚州中心支公司纪检组。

组　长　游　江(1987.03—1988.12)

黄小龙(1991.03—1991.08)

赖义有(1991.12—1996.06)

1996年6月,改称中共中保财产保险有限公司抚州分公司纪检组。

组　长　薄一平(1996.06—1999.05)

1999年5月撤销纪检组,成立中共中国人民保险公司抚州分公司纪委。

书　记　薄一平(1999.05—不详)

8.中共中国人寿保险股份有限公司抚州分公司纪检组(纪委)

1996年6月成立纪检组。

组　长　甘益孙(1996.06—1999.04,兼)

1999年6月撤销纪检组,成立中共中国人寿保险公司抚州分公司纪委。

书　记　甘益孙(1999.06—2000.01,兼)

谢金生(2000.01—2005.03)

9.中共抚州供电局纪委

1985年2月成立。

书　记　俞汉荣(1985.03—1985.04,兼)

王结成(1985.05—1989.09)

俞汉荣(1989.10—1991.04,兼)

梅太平(1991.04—1993.05)

梅太平(1993.05—1995.01,兼)

胡腊春(1995.01—1998.12,兼)

徐华桢(1999.04—2008.01,兼)

　　　　李用光(2008.01—2015.12)

10. 中共抚州地区邮电局(地区电信局、江西省电信公司抚州分公司)纪委

1983年11月成立中共抚州地区邮电局纪委。

书　记　牛祝轩(1983.11—1985.05)

副书记　徐祥发(1985.05—1992.10主持工作)

书　记　饶保根(1992.10—1998.11)

1998年11月改称中共抚州地区电信局纪委。

书　记　饶光明(1998.11—2000.08)

2000年8月,改称中共江西省电信公司抚州分公司纪委。

书　记　饶光明(2000.08—2004.10)

　　　　刘　毅(2004.11—2015.12)

11. 中共抚州地区(市)邮政局纪委

1998年11月成立。2000年10月改称中共抚州市邮政局纪委。

书　记　饶保根(1998.11—2000.02,兼)

　　　　李捷平(2003.08—2009.02)

12. 中共抚州地区(市)公路局纪委

1982年3月成立。2000年10月改称中共抚州市公路局纪委。

书　记　万品良(1987.03—1994.03)

　　　　曾怀民(1994.03—1996.01)

　　　　陈图真(1996.10—2012.07)

　　　　吴桃金(2013.04—2015.12)

13. 中共抚州地区(市)烟草专卖局纪检组

1996年成立。2000年10月改称中共抚州市烟草专卖局纪检组。

组　长　曾小秋(1996.12—2001.01)

　　　　罗来升(2001.01—2008.11)

　　　　黄文胜(2008.11—2015.12)

14. 中共抚州地区(市)气象局纪检组

1997年7月成立。2000年10月改称中共抚州市气象局纪检组。

组　长　龚国清(1997.07—2008.10)

　　　　李美华(女,2008.10—2010.04)

　　　　周永辉(2010.10—2015.12)

第四节　代管机构

一、中共抚州地委打击经济领域违法犯罪活动领导小组办公室

1983年10月,中共抚州地委打击经济领域违法犯罪活动领导小组成立,下设办公室,组织42人办案队伍,承担重大经济案件查处工作。由中共抚州地委纪律检查委员会代

管。1984 年 12 月，地委撤销中共抚州地委打击经济领域违法犯罪活动领导小组，有关工作由地区纪委管理。

二、地区清理建房、多占住房办公室

1983 年 4 月 20 日，成立地区清理建房、多占住房办公室（简称清房办），严刹党员干部在建房、分房中的歪风。办公室设在地区纪委二办。

三、地区党风廉政建设领导小组办公室

1991 年 6 月，抚州地区成立廉政建设领导小组办公室，办公室设在地委政研室党建政法处，主要抓科级领导干部在城镇违规建私房、狠刹吃喝风、农资供应“两公开一监督”，以及整治邮电、电力和银行等部门不正之风工作。

是年 10 月，抚州地区廉政建设领导小组办公室更名为抚州地区党风廉政建设领导小组办公室，办公室挂靠地区纪委，封文元任办公室主任。1993 年地区纪委与地区监察局合署办公后到 1997 年，纠风工作和领导干部廉洁自律工作均由党风廉政建设领导小组办公室承办。

四、地区纠正行业和部门不正之风办公室

1998 年 11 月，省政府办公厅下发《关于成立江西省人民政府纠正行业和部门不正之风办公室的通知》（赣府厅字［1998］135 号），抚州按照省政府部署，正式成立抚州地区纠正行业和部门不正之风办公室，简称地区纠风办。纠风办主任由地区纪委副书记、地区监察局局长担任，地区纠风办与地区纪委纠风管理室合署办公，实行两块牌子一套人员。其主要职责是：负责组织、督促、检查、指导对普遍性、倾向性不正之风的纠正工作；调查研究，综合分析行业和部门不正之风情况，提出纠正措施；承办不正之风典型案件的查处工作；完成省纠风办和市政府交办的其他刹风整纪任务。

2000 年 9 月，地区纪委监察局下发《关于设立纠风管理室和投诉中心有关问题的通知》，经地委、行署决定，在地区纪委监察局执法监察室增挂地区纪委纠正部门和行业不正之风管理室（简称纠风管理室）牌子。

各级纠风办受同级政府领导，向同级政府负责。同时，作为纪检监察机关的内设机构，受纪检监察机关的直接领导，其人员和日常工作受本级纪委直接领导，在业务上以上级纠风工作机构和本级人民政府领导为主。

五、市整治经济发展环境领导小组办公室

2001 年，市委、市政府为整治和优化经济发展环境，成立市整治经济发展环境领导小组及其办公室（简称整治办），相继出台《关于治理“三乱”优化经济发展环境的暂行规定》、《抚州市人民政府关于进一步改善投资环境的若干规定》、《关于进一步开放搞活，加强经济发展的若干意见》、《关于对市直有关单位进行形象测评的决定》、《关于进一步整治和优化招商引资软环境的意见》、《抚州市整治和优化招商引资软环境“九不准”》等一系列政策和规定。

六、市政府行政投诉中心

2007 年 5 月，市政府行政投诉中心成立，受理客商投诉。同时，市纪委监察局内设的优化经济环境室更名为效能监察室，履行行政效能建设和优化经济发展环境双重职责，两个单位合署办公，两块牌子一套人员。2009 年机构改革，各县(区)相继撤销效能监察室，只保留行政投诉中心，负责效能监察工作。

七、市反腐败协调领导小组办公室

2012 年 10 月，市反腐败协调领导小组(简称协调小组)成立，负责全市反腐败工作中重大问题和查办重大腐败案件的组织协调工作，充分发挥有关部门在反腐败协调工作中的职能作用，形成反腐败合力，推动反腐败工作顺利开展。协调小组组长由市纪委书记担任。市委组织部、市委政法委、市中级人民法院、市人民检察院、市公安局、市监察局、市审计局领导以及市纪委分管案件检查工作的副书记、市委政法委与查办案件相关的副书记为协调小组副组长或成员。

市反腐败协调小组下设办公室，由市纪委一室履行办公室职责。办公室主任由市纪委分管案件检查工作的副书记兼任。

第五节　派驻机构

一、市级派驻机构

1. 纪工委监察分局机构设置

2012 年，抚州市率先在全省推进市级派驻机构改革试点，撤销派驻市直行政单位的 17 个纪检组、12 个监察室，保留市政法机关、市直参公管理单位、市直事业单位和设立党委的市直单位的 27 个纪检监察机构。设立 6 个纪工委监察分局，分别是中共抚州市纪律检查委员会第一工作委员会、抚州市监察局第一分局(简称第一纪工委监察分局)，中共抚州市纪律检查委员会第二工作委员会、抚州市监察局第二分局(简称第二纪工委监察分局)，中共抚州市纪律检查委员会第三工作委员会、抚州市监察局第三分局(简称第三纪工委监察分局)，中共抚州市纪律检查委员会第四工作委员会、抚州市监察局第四分局(简称第四纪工委监察分局)，中共抚州市纪律检查委员会第五工作委员会、抚州市监察局第五分局(简称第五纪工委监察分局)，中共抚州市纪律检查委员会第六工作委员会、抚州市监察局第六分局(简称第六纪工委监察分局)。纪工委监察分局为副县级常设机构，隶属市纪委监察局，接受市纪委监察局的直接领导。

2. 纪工委监察分局主要职责

监督检查分工范围内各单位贯彻执行党的路线方针政策和党中央、省委、市委决议，遵守国家法律法规，执行国务院、省政府、市政府决定、命令的情况；监督检查分工范围内各单位领导班子及其成员遵守和维护党纪政纪，贯彻执行民主集中制，贯彻落实党风廉政建设责任制和勤政廉政，以及建立健全惩治和预防腐败体系的情况，重点加强对重大决策、重要干部任免、重大项目安排和大额资金使用情况的监督检查；对分工范围内相关单位领导班子和领导干部、党员及行政监察对象的违纪问题，按干部管理权限进行调查核实；受理对分工范围内相关单位领导班子和领导干部、党员及行政监察对象的检举、控告；负责指导、协调和帮助联系单位的党风廉政建设和反腐败工作；承办市纪委监察局交办的专项监督检查任务和违反党纪政纪案件的调查工作；完成市纪委监察局交办的其他工作。

3. 纪工委领导机构及归口监督单位

第一纪工委监察分局

书　记　吴亚明(2012. 06—2015. 12)

副书记(监察分局局长)　李罗才(2012. 06—2015. 12)

副书记　饶武刚(2012. 07—2015. 12)

监督检查单位:市委办公室(政研室、保密机要局)、市人民政府办公室、市委政法委员会、市委党史工作办公室(市地方志办公室)、市委市人民政府接待办公室、市发展和改革委员会、市人力资源和社会保障局、市财政局(市国有资产监督管理办公室)、市统计局、市总工会、市机关事务管理局、市行政服务中心管理委员会(市公共资源交易中心)、市政府驻北京联络处、市政府驻上海联络处、市政府驻广东办事处、市政府驻福建办事处、市政府驻浙江办事处、市政府驻南昌办事处、市红十字会。

联系指导单位:市工商局、市国家税务局、市地方税务局、国家统计局抚州调查队。

第二纪工委监察分局

书　记　刘慧敏(2012. 06—2015. 12)

副书记(监察分局局长)　邱小飞(2012. 06—2015. 12)

副书记　熊建文(2013. 03—2015. 12)

监督检查单位:市人大常委会机关、市委农村工作部、市委台湾工作办公室、市公安局(市交警支队、市人民警察学校)、市检察院、市法院、市审计局、市民政局、市司法局、市民族宗教事务局、共青团抚州市委员会。

联系指导单位:市国家安全局、市质量技术监督局、市烟草专卖局、抚州港航分局(海事局、船检局)。

第三纪工委监察分局

书　记　黄志民(2012. 06—2015. 12)

副书记(监察分局局长)　彭跃福(2012. 06—2015. 12)

副书记　黄　忠(2015. 11—2015. 12)

监督检查单位:市政协机关、市委市人民政府信访局、市委党校(市行政学院)、市科技局、市教育局(崇仁师范、抚州一中、临川一中、临川二中、市实验学校)、市卫生局(市第一人民医院、市妇幼保健院、市疾病预防控制中心、市卫生监督所)、市文化新闻出版局(汤显祖大剧院)、市食品药品监督管理局、市体育局、市广播电影电视局(抚州电视台、抚州广播电台、江西708台)、市妇女联合会、抚州日报社、江西中医药高等专科学校、抚州广播电视大学、市职业技术学院。

联系指导单位:抚州广电网络公司。

第四纪工委监察分局

书　记　何辉荣(2012. 06—2015. 12)

副书记(监察分局局长)　朱　靖(2012. 06—2015. 12)

副书记　黄兴明(2013. 12—2015. 12)

监督检查单位:市委组织部、市委老干部局、市机构编制委员会办公室、市农业局(市种子管理局、市农机局、市畜牧兽医局、市果业局、市农科所)、市林业局(市林科所、市森林工业局、市森林公安局)、市水利局、市粮食局、市人口和计划生育委员会、市扶贫和移民局、市供销合作社、市廖坊水库枢纽管理局、市农业开发办公室、市科学技术协会。

联系指导单位:市农机总公司、市气象局、市水文局。

第五纪工委监察分局

书　记　姜朝孝(2012.06—2013.03)

郑乐惠(女,2013.03—2015.12)

副书记(监察分局局长)　缪宇峰(2012.06—2015.12)

副书记　宗理辉(2012.06—2015.12)

监督检查单位:市委宣传部(市委讲师团)、市档案局、市工业和信息化委员会(市企业发展办公室)、市交通运输局、市公路局、市安全生产监督管理局、市招商局、市商务局(市口岸和物流服务办公室)、市文学艺术界联合会、市社会科学界联合会(市社会科学院)。

联系指导单位:市供电公司、市邮政局、中国电信抚州分公司、中国移动抚州分公司、中国联通抚州分公司、省盐业集团抚州公司、抚州医药公司、中石化抚州分公司、中石油抚州分公司。

第六纪工委监察分局

书　记　付荣昌(2012.06—2015.12)

副书记(监察分局局长)　卓　辉(2012.06—2015.12)

副书记　张京云(2013.03—2015.12)

监督检查单位:市委统战部、市直属机关工委、市建设局、市城市管理局、市城市规划局、市房产管理局、市环境保护局、市园林绿化局(市风景名胜管理局)、市人民防空办公室、市投资发展有限公司、市住房公积金管理中心、市旅游局、市归国华侨联合会、市工商业联合会、市残疾人联合会。

联系指导单位:市国土资源局。

2015年,调整市纪工委监督单位:

第一纪工委监察分局监督检查单位:市委统战部、市直属机关工委、市残疾人联合会、市归国华侨联合会、市工商业联合会、市人民政府办公室(市法制办、市应急办、市金融办、市外侨办、市信息办)、市环境保护局、市人民防空办公室、市投资发展(集团)有限公司、市政府驻北京联络处。

第二纪工委监察分局监督检查单位:市委宣传部(市精神文明办、市委讲师团)、市档案局、市文学艺术界联合会、市社会科学界联合会(市社会科学院)、市财政局、市国有资产监督管理委员会、市安全生产监督管理局、市旅游局、市政府驻上海联络处。

第三纪工委监察分局监督检查单位:市委组织部、市委老干部局、市机构编制委员会办公室、市委党校(市行政学院)、市人力资源和社会保障局、市扶贫和移民局、市农业开发办公室、市政府驻广东联络处、市水文局、市无线电管理局。

第四纪工委监察分局监督检查单位:市政协机关、市委市人民政府信访局、市妇女联合会、市科学技术协会、市科技局、市食品药品监督管理局、市体育局、抚州广播电视台、市住房公积金管理中心、市政府驻福建联络处。

第五纪工委监察分局监督检查单位：市委办公室（市保密机要局）、市委政法委员会、市委政研室、市委党史工作办公室（市地方志办公室）、市总工会、市红十字会、市发展和改革委员会、市统计局、市行政服务中心管理委员会（市公共资源交易中心）、市政府驻南昌联络处。

第六纪工委监察分局监督检查单位：市人大常委会机关、市委农村工作部、市委台湾工作办公室、共青团抚州市委员会、市审计局、市民政局、市防震减灾局、市民族宗教事务管理局、市政府驻浙江联络处。

二、县（区）派驻机构

2009 年 3 月，根据省纪委、省委组织部、省人事厅、省编办、省财政厅、省监察厅等 6 部门关于推行县（市、区）纪检监察派驻机构统一管理的工作部署，抚州各县（区）开始进行纪检监察机构管理体制改革，至 2010 年圆满结束，成为全省完成改革工作最早的设区市之一。全市撤销 256 个县（区）直属单位纪检组（纪委），组建纪工委、监察分局 71 个，其中 44 个面向县（区）直属单位，27 个面向乡镇（街道）；共核定行政编制 293 名，较原纪检组（纪委）增加行政编制 60 名；各县（区）纪工委、监察分局配备干部 246 名。纪工委、监察分局经费全额纳入当地财政预算，办公经费预算全部参照当地政法机关最高预算标准进行核定，年人均 2.45 万元，配备必要的办公用房、办公设备、办公用车等。明确县（区）纪工委为正科级，监察分局为副科级。

附：

一、市监察学会

抚州市监察学会是从事纪检监察理论研究和学术交流的群众性团体，市监察局为学会业务主管部门，同时受省监察厅、省监察学会指导。

2002 年，市监察学会成立，由监察局长廖功亮兼任会长。根据省监察学会的要求和全市纪检监察工作实际，市监察学会开展纪检监察理论研究工作和学术交流活动。

2004 年 4 月 26 日，市监察学会第二次会员代表大会召开，选举产生第二届理事会理事 47 名，会长 1 名，副会长 2 名，秘书长、副秘书长各 1 名。选举市委副书记、市纪委书记罗建华为监察学会名誉会长，市纪委副书记、市监察局局长李云为监察学会会长，市纪委常委、市监察局副局长仇惠娥和市监察局副局长李凌为副会长。会上，李凌受抚州市监察学会第一届理事会委托，作题为《以〈纲要〉统领学会工作，用创新的理论研究成果推动反腐倡廉新的实践》的工作报告。

2005—2009 年，全市纪检监察干部针对政策理论问题和现实疑难问题，积极开展理论和调查研究，探索总结许多有价值的经验做法，发挥参谋部和智囊团作用，一批研究成果被上级纪检监察机关宣传、推广和应用。

2010 年 3 月 4 日，市监察学会 2010 年年会在市公共资源交易中心举行。会议总结 2009 年行政监察理论研究的成果和学会工作，对获奖优秀论文进行表彰，同时部署 2010

年学会工作。市纪委副书记、监察局局长徐云发到会讲话，市社科联和市民政局领导应邀到会指导并致辞。

2010 年 3 月 26 日，市监察学会第三届会员代表大会在市地税局会议室召开。大会传达全省监察学会第四届会员代表大会暨理论研讨会议精神，市委常委、市纪委书记吴伟柱会见与会代表并讲话。根据学会工作需要，市监察学会第三次会员代表大会选举产生第三届理事会理事 52 名，常务理事 19 名，副会长 6 名，秘书长、副秘书长各 1 名。选举市委常委、市纪委书记吴伟柱和市纪委副书记、市监察局局长徐云发为监察学会名誉会长，市监察局副局长李凌为监察学会会长。

2011 年 3 月 3 日，市监察学会印发《2011 年抚州市监察学会工作要点》，从加强学习，提高政治理论水平；围绕中心，深入开展理论研究；发挥优势，强化研究成果转化；精心组织，开展监察学会活动；强化管理，提高学会自身建设等方面进行了部署。重点开展一次论文评选、一次理论研讨、一次专题调研、一次学会工作年会“四个一”活动。

2007 年至 2013 年，市监察学会连续 7 年被省监察学会评为年度优秀调研成果（论文）最佳组织奖。

二、抚州市党风廉政教育中心

抚州市党风廉政教育中心（简称中心）位于市区伍塘路 456 号，占地面积 40 亩，分两期建设。一期工程由清源楼、清华楼、清正楼、清心楼、清香楼和门卫室组成，占地面积 28.73 亩，建筑面积 8114 平方米，于 2010 年 11 月开工建设，2011 年 12 月竣工，总投资约 3500 万元。主要用于党员领导干部廉政教育、办案和提供培训、会议、各项活动及来人来客接待服务。二期工程由清远楼和运动健身场组成，占地面积 11.23 亩，建筑面积 493 平方米，总投资约 500 万元，于 2014 年 2 月开工建设，2015 年 4 月竣工。主要用于谈话、住宿和办案人员运动健身。中心内设有抚州市倡廉教育馆、抚州市廉政党校、抚州市廉文化促进会、抚州市廉文化研究院、抚州市廉政书法创作中心、忠诚训练营等，中心外广场为市民廉文化场所。

中心为正科级全额拨款事业单位，是市纪委监察局下设的一个集警示教育、科技办案、干部培训三大功能于一体和加强廉政教育、有效预防腐败的重要阵地，主要承担全市党员干部的反腐倡廉工作教育培训及对中心的日常管理等工作。内设综合管理办公室、案管部、教育部、客房部、餐饮部和保安部。有事业编制 3 名，设主任 1 名。2015 年 12 月，实有工作人员 37 人，其中在编人员 3 人，聘用人员 34 人。实有工作人员中，有正、副主任各 1 人、办公室 3 人、讲解员 2 人、水电工 1 人、客房部 11 人、餐饮部 11 人、保安部 7 人。2013 年，市纪委办公室制定《市党风廉政教育中心管理办法》，切实加强中心日常管理，确保基地高效有序地运转。

第二章　队伍建设

全市各级纪检监察机关对纪检监察干部队伍建设坚持“严”字当头，把从严要求、从严教育、从严管理、从严监督贯穿于队伍建设始终；围绕“政治坚定、公正清廉、纪律严明、业务精通、作风优良”的要求，注重“学思践悟”，树立典型标杆，建好管控平台，堵塞制度“漏洞”；成立纪检监察干部监督室，制定抚州市纪检监察干部“十不准”，加强对干部的监督；采取多种形式加强培训工作，不断提高纪检监察干部的政治素质、业务水平和实际工作能力；做到依纪依法履行主责主业，用铁的纪律建设一支忠诚、干净、担当的纪检监察干部队伍。

第一节　干部队伍

一、合署前纪检队伍

1950 年，先后成立抚州地委纪委和县委纪委，配备专职干部 16 人，其中地区级 3 人，县级 13 人。

1956 年 1 月，地、县委纪委改为地方监察委员会，配备专职干部 49 人，其中地区级 7 人，县级 42 人。

1957 年，全区配备专职干部 44 人，其中地区级 6 人，县级 38 人。

1959 年 6 月，抚州地委监察委员会有专职干部 5 人。县（市）监委有专职干部 30 人。全区 128 个基层监委配有专、兼职干部 128 人。

1963 年 3 月，中共江西省委监察委员会驻抚州地委监察组有专职干部 9 人。县（市）监委机构有专职干部 56 人。全区基层监委有专、兼职干部 252 人。

1979 年 11 月，恢复中共抚州地委纪律检查委员会，实有专职干部 9 人。全区 12 个县（市）委纪律检查委员会配有专职干部 62 人。

1983 年 10 月，中共抚州地区纪律检查委员会实有专职干部 32 人。全区 91 个县以上行政、企事业单位纪检机构实有专职干部 92 人。

1992 年，地区纪委有专职干部 33 人，全区 12 个县（市）纪委共有专职干部 173 人，78 个地直和企事业单位纪检机构共有专职干部 145 人，410 个基层纪检机构共有专（兼）职干部 437 人。

二、合署前监察队伍

1955 年 4 月，抚州专员公署监察处有专职干部 10 人。

1988 年 4 月，抚州地区监察局有专职干部 15 人。

1993 年，地区监察局有专职干部 33 人，12 个县（市）有专职监察干部 118 人。

三、合署后纪检监察队伍

1993 年 5 月，地区纪委与地区监察局合署办公，有专职干部 61 人。至 1997 年底，专职干部减至 59 人。

2000 年 6 月，地区纪委监察局定行政编 48 个，事业编 17 个，实有在编 58 人。全区 11 个县（市）纪委、监察局共有专职干部 319 人，91 个县级行政机关、企事业单位纪检、监察机构共有专职干部 293 人，495 个基层纪检、监察机构有专（兼）职干部 990 人。

2001 年抚州市纪委监察局机关行政编 48 个，事业编 7 个，其他事业编 10 个，共 65 个。

2002 年底，市纪委监察局机关行政编 46 个、专项事业编 15 个、后勤事业编 5 个，共 66 个。

2006 年，市纪委监察局机关定行政编 61 个，工勤事业编 5 个。

2008 年底，市纪委监察局机关共有 57 人；61 个市级派驻和单位内设的纪检监察机构共有 145 人；全市 11 个县（区）纪委监察局机关共有 295 人，县直属和企事业单位纪检监察机构共有 521 人，167 个乡镇（街道、场）纪委共有 386 人。

2009 年 1 月，对 45 个派驻（出）纪检监察机构实行统一管理。其中，对设党委的部门通过派出纪工委的方式实行统一管理，双派驻（出）的纪检监察机构 36 个，单派驻（出）的纪检监察机构 9 个，共有编制 88 个，实有 79 人。

2011 年底，市纪委监察局机关共有 58 人，44 个市直纪检监察派驻机构共有 67 人，12 个市直单位内设纪检监察机构共有 27 人，11 个县（区）纪委监察局（含纪工委监察分局）共有 483 人，84 个派驻和内设的纪检监察机构共有 133 人，167 个乡镇（街道、场）纪委共有 341 人。

2015 年，市本级纪检监察机构 50 个，编制 178 个，实有 163 人，其中市纪委监察局机关 1 个，编制 69 个（行政编 61 个，事业编 3 个，工勤编 5 个），实有 60 人；归口派驻的市纪工委监察分局 6 个，编制 30 个，实有 30 人；单独派驻的纪检监察机构 29 个，编制 49 个，实有 45 人；市直条管单位纪检监察机构 14 个，编制 30 个，实有 28 人。县（区）纪委监察局机关 11 个，编制 366 个，实有 303 人；纪工委 71 个，编制 273 个，实有 230 人；抚州高新技术产业开发区纪工委 1 个，编制 5 个，实有 6 人；县级派驻机构（主要是公检法司）纪检监察机构 42 个，编制 67 个，实有 67 人；条管单位纪检监察机构 61 个，编制 84 个，实有 83 人。乡镇场街道办纪委 168 个（其中乡镇 153 个，街道办 7 个，场 8 个），编制 343 个，实有 301 人。全市共设立纪检监察机构 404 个，编制总数 1316 个，实有 1149 人。

抚州地区（市）部分年份各级纪检机构编制人员情况

年份	纪检机构数	编制数	已配专职人数	其中						
				地区级	县（区）级	乡镇级	市直单位	县级以上企事业单位	县级以下企事业单位	县级直属单位
1950	11	—	16	3	13	—	—	—	—	—
1956	11	—	49	7	42	—	—	—	—	—
1957	45	—	44	6	38	—	—	—	—	—
1958	38	—	36	4	32	—	—	—	—	—
1959	139	—	163	5	30	128	—	—	—	—
1961	332	—	225	6	35	173	—	6	—	5

续表

年份	纪检机构数	编制数	已配专职人数	其中						
				地区级	县(区)级	乡镇级	市直单位	县级以上企事业单位	县级以下企事业单位	县级直属单位
1963	263	—	317	9	56	252	—	—	—	—
1966	248	—	100	11	50	29	—	10	—	—
1979	13	—	71	9	62	—	—	—	—	—
1980	42	—	108	11	70	—	—	3	24	—
1981	104	—	244	12	82	—	150	—	—	—
1984	246	572	384	30	130	132	27	7	58	—
1985	612	186	444	33	152	167	11	8	73	—
1986	296	—	545	40	190	219	12	10	74	—
1987	416	—	611	40	221	278	5	11	72	—
1988	400	—	591	28	152	254	19	12	61	65
1991	486	510	599	29	164	238	39	77	11	41
1992	501	703	788	33	173	437	54	79	12	—
1993	501	—	908	61	273	137	437	—	—	—
1997	598	—	1205	59	255	716	175	—	—	—
2008	628	1099	1404	57	295	386	145	—	52	469
2009	605	1311	1231	64	304	324	118	—	13	408
2010	416	1364	1148	64	495	317	101	—	—	171
2011	416	1316	1115	58	483	341	94	—	6	133
2012	404	1316	1120	91	494	340	66	—	6	123
2013	404	1316	1125	89	488	333	65	—	6	144
2015	404	1316	1149	90	303	301	73	—	—	382

说明:2008 年至 2015 年为全市各级纪检监察机构的数据

第二节　干部管理

一、选配选调

1979 年恢复地委纪委后,干部的选配选调工作一般由地委和地委纪委共同考察,确定人员,最后由地委干部部门下达调令。

1989 年,地区监察局在全区通过考核、笔试、口试答辩、政治考察等程序,公开选配 143 名监察干部,其中,党员 89 人,具有大专以上学历的 55 人,平均年龄 36 岁。同时还配备特邀监察员和人民监察员 13 人,使全区形成一个行政监察网络。

1998 年,各县(市)纪委选拔一批政治素质高,有一技之长,有培养潜力的年轻干部充实基层队伍,改善干部队伍的年龄、知识结构,提高干部队伍的整体素质,增强干部队伍的活力。

2006年,把好县(区)纪委和市直单位纪检监察机构干部选配关。按照市纪委常委会选配干部的标准和要求,认真组织考察。做到不符合条件的不考察,考察中有情况的,及时进行核实,坚持标准,从严把关。全年共办理市直单位监察室主任任免8人,办理县(区)纪委人事任免15人。

2008年,继续把好纪检监察机构干部选配关。按照市纪委常委会选配干部的标准和要求,认真组织考察县(区)纪委领导和市直单位纪检监察机构领导干部,做到不符合条件的不研究,对考察中有情况的,及时进行核实处理,共调整县(区)纪委班子成员和市直单位纪检领导12人,平均年龄42岁,使纪检领导班子结构进一步优化。是年,从外单位选调优秀干部2人。同时实行纪检监察干部归口管理,统一调配,较好地整合了干部资源。

2009年,全市11个县(区)纪检监察机关内设机构比2008年增加4个,机关编制比2008年增加34个;乡镇纪委专职副书记配备148名,配备率98%,村级纪检委员配备1794名,配备率100%。

2011年市纪委监察局提拔调入干部2人;2012年选配调入干部4人,2015年平职调入干部1人。

二、提拔重用

1993年5月,纪检监察机构合署办公,地区监察局3名正副局长全部进入地区纪委领导班子,提拔6名副县级干部,平级安排17名正副室主任。

1998年,县(市)纪委换届,县(市)纪检监察机关内部提拔重用7人,纪委书记都参加县(市)委常委。地区纪委内部提拔副县级干部2人,正科级干部3人。东乡、资溪、乐安等县乡镇纪委书记提拔重用在60%以上。

2001年,乡(镇)纪委换届。市纪委下发《关于在乡镇班子换届中落实中央关于“地方各级纪委书记由同级党委副书记担任”的决定的通知》,全市203名乡(镇)纪委书记,同时担任乡(镇)党委副书记,其中60名得到提拔或重用。市、县(区)纪委机关提拔重用干部18名,其中,副县提正县3名,正科提副县1人,副科提正科6名。

2002年,市纪委3名正科级干部提任副县级干部。11个县(区)的纪委书记都得到提拔重用,其中7名同时担任同级党委副书记,4名提任正县级领导干部(1名任县人大常委会主任、1名任县政协主席、2名为正县级干部)。1名县纪委副书记、监察局局长提任县政协副主席。新任的4名县委副书记、纪委书记中有2名原职务为县委副书记、2名为县委常委。

2004年,市纪委提拔重用9名干部,其中6名由正科级纪检员重用为室副主任,3名由副科级纪检员提拔为正科级纪检员。理顺5名调入机关工作的科级干部。

2006年,市纪委严格按照《条例》规定,经民主推荐,书记办公会酝酿,常委会研究决定,提拔重用12名干部。其中,3名由正科级纪检员重用为室副主任、3名由副科级纪检员提拔为正科级纪检员、3名科员提拔为副科级纪检员、3名科员提拔为副主任科员。积极参与县、乡换届工作,派出工作组到县(区)指导和协调。上届163名纪委书记中,提拔16人,占9.4%;重用37人,占21.8%;新配119人,占70%。县(区)换届期间,上届县

(区)纪委书记中,留任2人;提拔5人,占45.4%;改任4人;新任9人,占81.9%。纪委常委中,重用副书记4人,交流10人,提拔3人(1人提拔纪委书记),新配常委29人。

2008年,市纪委坚持"重业绩、重德才、重公认"的原则,把那些会干事、能干事、干成事、不出事、好共事的优秀干部推荐到领导岗位。共提拔8人,其中县级干部2人,科级干部6人。重用11人,其中县级干部1人。

2010年,市纪委提拔12人,其中正县级干部1人,副县级干部4人,正科级干部7人;重用正县级干部1人。

2011年,市、县、乡三级纪委换届。通过换届,市纪委监察局机关有9名干部被提拔重用,其中3名干部交流到其他重要岗位;县(区)有5名科级干部被提拔到县级干部岗位。三级纪委领导班子结构进一步优化,素质进一步提高。市纪委领导班子平均年龄47.2岁,实现以40~50岁为主体的梯次配备。县级纪委领导班子结构全面落实纪委书记排序规定,所有纪委书记都按任副县级时间排在资历相同的常委之前,纪委班子平均年龄为41.7岁,实现以35~45岁为主体的梯次配备。全市151名乡镇纪委书记平均年龄37岁,实现以35~45岁为主体的梯次配备。所有乡镇选举产生1名专职纪委副书记。

2012年,市纪委监察局提拔副县级干部5名,提拔重用科级干部7人。

2013年,市纪委监察局提拔重用16人,其中正县级1人,副县级6人,室副主任6人,正科级纪检员2人,副科级干部1人。

2014年,市纪委监察局提拔重用科级干部5人,其中提拔4人,重用1人。

2015年,市纪委提拔重用5人,其中正县级2人,室主任2人,重用1名室主任到县(区)任纪委书记。提拔正科级纪检员2人,副科级纪检员3人。

三、内外交流

1993年5月,地区纪委交流4名副县级干部到地区工会、城建、财政、审计局担任领导职务。

1998年,县、乡(镇)纪委换届,各县(市)纪委抓住机遇,主动开展工作,积极向党委提出用人意见,争取领导支持。乡镇纪委书记交流115人,交流面52.7%,其中提拔25人,重用83人,平行安排7人。

2002年,市纪委监察局交流到外系统3人(一名副书记、监察局长任市长助理,一名纪委常委、办公室主任提任市社联主席、党组书记,一名监察局党外副局长调任副县长)。

2003年,全市纪委监察机关向外交流干部96人,其中市本级机关交流正副县级干部8人。

2006年,市纪委一名正县级领导被省委选拔任用为副厅级领导干部,一名副县级干部交流到县(区)任职。

2008年,市纪委注重多岗位锻炼干部,共对机关22名干部进行轮岗交流,轮岗率达36%。

2010年,市纪委监察局交流干部2人,其中提拔1人,平职1人。

2011年,市纪委监察局交流干部5人,其中提拔2人,重用3人。

2012年,市纪委监察局交流1名室主任到市直单位任副局长,市直单位调入1人任室主任。

2013 年，市纪委监察局交流到市直单位 3 人。

2014 年，在黎川县、资溪县、广昌县推行县（区）纪委副书记异地交流任职试点，3 名异地交流县纪委副书记在 4 月底全部到岗。

2015 年，继续推行县（区）纪委副书记异地交流，从金溪县纪委交流 1 名干部到南城县纪委任副书记。

四、目标管理

1999 年，为进一步健全纪检监察干部目标管理体制，规范审批程序，地区纪委印发《关于对县（市）纪检监察机关和地直单位纪检监察机构副职干部任免审批程序的通知》。

2001 年，市纪委加强对纪检监察干部选拔任用的考察，抓住乡镇换届时机，认真落实中央关于纪委书记由同级党委副书记担任的决定，印发《关于在乡镇领导班子换届中落实中央关于"地方各级纪委书记由同级党委副书记担任"的决定的通知》，积极向党委推荐优秀纪检监察干部。

2002 年，制定纪检监察干部的目标管理，加强对系统内干部的考察和任用。与市委组织部联合下发《关于县（区）纪检机关、乡镇纪委和市、县（区）直单位纪检监察机构领导干部任免审批程序的通知》。是年，市纪委党总支按照干部"四化"方针和德才兼备标准，经组织考察、公示、征求意见，提交市纪委常委会或市委审批，选拔任用 7 名优秀中青年干部担任室主任，5 名科级纪检员担任室副主任，2 名科员提升为副科级纪检员。先后对临川区、金溪县、乐安县、广昌县等提任纪委领导干部的 11 人分别进行考察，并提出是否任用的意见。积极向党委、政府推荐优秀纪检监察干部，有 5 名由副县级干部提拔为正县级干部，4 名科级干部提拔为副县级干部。认真贯彻落实中央关于"地方各级纪委书记，由同级党委副书记担任"的指示精神，全市 11 县（区）纪委书记全部由同级党委副书记担任。

2003 年，加强纪检监察系统的干部目标管理力度。在年初制定目标管理中，增加干部管理考核内容，明确提出对各县（区）和市直单位纪检监察干部的管理目标，使工作有章可循；加强对干部的考察、考核，全年全市纪检监察干部共提拔、重用 153 人。其中，提拔干部 37 人（市本级机关提拔副县级干部 7 人），重用干部 20 人（市本级机关重用县级干部 2 人）。全市纪检监察干部平均年龄由过去的 42 岁下降到 37 岁，具有大专以上学历的由原来的 79.8% 上升为 94.1%，进一步优化干部队伍年龄结构和知识结构，提高干部队伍整体素质。

2006 年，做好机关县级以上干部档案的审核工作。配合市委组织部，完成对机关县级以上领导干部的基本情况的审核。

2011 年，市纪委建立机关干部"三岗"制度。一是竞争上岗。对机关中层及以下干部，采取竞争上岗方式选任。通过竞争上岗方式，选任 2 名市纪委机关室副主任。二是内部轮岗。对机关部分干部进行各室间轮岗交流，轮岗交流涉及 16 人，占机关人员总数的 27.5%，涉及机关 11 个室，占机关室总数的 84.6%。三是末位评岗。对市纪委监察局机关室副主任及以下干部的"德、能、勤、绩、廉"，采取自我评价、民主评议、末位评岗的步骤，评出末位人选。

2012 年，建立责任制加强对纪检监察干部目标管理。各级纪检监察机关和领导干部带好自己的队伍。凡是所分管的干部出了重大问题，不但要追究当事人的责任，还要按照党风廉政建设责任制的规定，追究领导的责任。同时，改革机关选人用人机制，继续推行“三岗”（竞争上岗、交流轮岗、末位评岗）制度，全年有 3 名干部通过竞争上岗走上室副主任岗位，交流轮岗 11 人，对 2 名末位人员进行组织谈话。

五、非领导职务设置

1993 年 5 月，中共抚州地区纪律检查委员会与抚州地区监察局合署办公以后，非领导职务序列设置科员、副主任科员、主任科员、副科级纪检员、正科级纪检员、副县级纪检监察员、正县级纪检监察员、副调研员、调研员等职务，同时，设置正处长级待遇人员、副处长级待遇人员。

纪检监察合署办公时期副处级以上非领导职务及副处级以上待遇人员名录（1993 年 5 月—2015 年 12 月）

调研员：

仇惠娥（女，2006. 10—2012. 11）

陈茂龙（2008. 11—2013. 05）

徐云发（2012. 10—2015. 04）

姜朝孝（2013. 03—2015. 07 ）

赵　钢（2013. 12—2015. 04）

正县级纪检监察员：

赵　钢（2001. 03—2003. 05）

陈建福（2001. 05—2003. 04）

仇惠娥（女，2004. 10—2006. 10）

李树武（2005. 09—2007. 03）

黄发高（2009. 06—2011. 09）

赵荣贵（2010. 07—2013. 12）

吴亚明（2012. 06 – 2015. 12）

刘慧敏（2012. 06—2015. 12）

黄志民（2012. 06—2015. 12）

何辉荣（2012. 06—2015. 12）

付荣昌（2012. 06—2015. 09）

姜朝孝（2012. 10—2013. 03）

郑乐惠（女，2013. 03—2015. 12）

华　民（2015. 09—2015. 12）

尧宇斌（2015. 12—2015. 12）

正处长级待遇人员：

赵　钢（2015. 04—2015. 12）

付荣昌（2015. 09—2015. 12）

副县级纪检监察员：

周大生（1998.09—2003.04）

胡　怡（2008.04—2013.12）

孔艳萍（女，2008.04—2015.12）

肖国辉（2009.10—2011.07）

范飞明（2013.12—2015.12）

副处长级待遇人员：

黄兴明（2015.09—2015.12）

第三节　干部培训

全区（市）各级纪检监察机关主要采取五种形式培训纪检监察干部。

一、在职自学

根据任务重、人员少、经费不足的情况，全区（市）各级纪检监察机关为提高纪检监察干部的政治业务水平，采取的方法是集中学与自学相结合并以在职自学为主。

为帮助广大纪检监察干部有重点地学好业务，全区（市）各级纪委监察机关给在职干部订阅（购）《党风与党纪》、《党风建设》、《党的纪检教育参考资料》、《党的纪律检查工作知识手册》、《党内监察条例》、《党风廉政建设政策选编》、《案件审理工作文件资料选编》等十多种业务书籍，并就学习的目的、内容、步骤和要求作出具体安排，做到有计划、有部署、有要求。通过自学为主、专题讨论为辅、定期检查测验的方法，提高纪检干部业务素质。1993 年，为鼓励地区纪委监察局机关干部利用业余时间自学科学文化知识，提高政治素质和文化业务水平，更好地做好新形势下的纪检监察工作，特制定关于鼓励机关干部自学成才的暂行办法，办法规定：地区纪委监察局机关在职干部职工，可以报考在抚州设有考点、考场、面授场所的各类函大、电大、成人高校、自学考试等大专学科和本科中与本职工作相关的专业；可以报名参加各种专业技术职称考试。各县（市）也参照地区纪委、监察局的做法先后制定关于鼓励机关干部自学成才的暂行办法。1998 年，全区纪检监察机关组织 39 名干部参加全国纪检监察干部会计知识函授，并全部通过全国统考，该项工作受到中央纪委的表彰。2001 年，为贯彻落实中共中央、省、市委关于在全党深入学习邓小平理论和江泽民总书记等中央领导关于理论学习的指示精神，进一步掀起委、局领导和机关干部理论学习新高潮，不断提高委、局领导理论素养、决策水平，带动和促进机关全体干部的理论修养和知识水平的提高，更好地开展党风廉政建设和反腐败斗争，市纪委常委会就市纪委监察局中心组和机关干部理论学习的内容、学习形式和方法、中心组的专题、中心组学习成员和机关干部主要阅读书目作出安排。2002 年后，每当党中央颁布党内法规后，市纪委监察局都要下发认真学习的通知和实施方案。

二、短期培训

全市各级纪检监察机关通过选派干部外出培训、举办专题业务培训、开展跟班代训等方式，培训全市纪检监察干部，提高他们业务水平和实际工作能力。

1986年，为提高全区基层纪检干部的政治业务素质，地区纪委先后举办3期乡镇(场)和地直单位培训班，共培训303名专职纪检干部。

1987年11月23日至12月5日，地区纪委举办纪检干部培训班，培训38名新调入县(市)纪委和地直单位纪委(纪检组)干部。是年，全区选送20名纪检干部参加省级以上培训，96人参加地区培训，302人参加县级培训，年底，全区专职纪检干部基本参加培训一次，从而使纪检干部的业务素质有较大提高。

1988年，地区纪委遵照中央纪委培训工作要“分级负责”的要求，分期分批选送县纪委正副书记一级干部参加省纪委举办的培训班学习。至8月底，12个县(市)纪委正副书记基本培训完毕。

1990年，地区纪委在地区农业工程机械队举办2期纪检干部培训班，学习党的十三届四中、五中、六中全会精神和纪检业务知识，各县(市)纪委常委、室主任、副科级纪检员和部分地直单位纪检干部共60人参加培训。是年，地区纪委选派7人参加省纪委举办的纪检干部进修班学习。5月4日至23日，全区11名监察干部参加在江西行政干部管理学院举办的全省第三期监察干部培训班。培训内容为行政监察基础理论、行政法学、经济法学、信访举报、调查取证、案件审理、审计查账等业务知识，交流办案经验，探索有效突破大案要案的规律。

1991年，全区各级纪检监察机关注意通过多种形式，搞好纪检监察干部业务培训。其中，地区纪委举办培训班2期，培训纪检干部60人。

1992年，地区纪委举办2期纪检干部培训班，培训纪检干部100人。

1994年，全区各级纪检监察机关积极贯彻中央纪委《1994年至1998年纪检监察干部培训规划》的实施意见，抓好纪检监察干部培训工作。11月14日至19日，举办1期纪检监察干部培训班。同时开办地县两级纪检监察业务知识培训班16期，参加培训纪检监察干部905人次，有效地提高纪检监察干部的整体素质。

1996年4月22日—26日，地区纪委监察局在地区工商局招待所举办纪检监察干部培训班。

1998年，选送4名纪检监察干部参加中央纪委培训，43名参加省委党校和省纪委培训。

1999年5月，地区纪委、地区监察局、地区人事局联合举办地直单位纪检监察干部专门业务培训班。

2001年，举办多期计算机培训班，强化纪检监察干部计算机知识。

2002年，举办2期基层纪委书记培训班，全市175个乡镇场、街道办事处的纪委书记、各县(区)新上任的纪委副书记、常委、副局长及市纪委新调进的9名年轻干部共184人参加培训。积极选送干部参加上级纪检监察机关举办的业务培训，其中36名市、县两级纪检监察干部参加中央和省级培训班。

2003年，加大对基层纪检监察干部的业务培训。3月，举办两期共计190人参加的抚州市、县(区)直属新任纪检书记(纪检组长)业务培训班。此外，选调26名市、县(区)两级纪检监察干部到中央纪委北京培训中心学习，50名干部到中纪委杭州培训中心学习。并按照省纪委的要求，选派6名县(区)新任纪委书记到南昌学习，40名各级纪检监察业务骨干到省纪委培训中心学习。为使纪检监察干部熟悉经济工作,全市各级纪检监察机关通过选派一批年轻后备干部到发达地区挂职锻炼,组织考察组到沿海地区学习考察。

2004 年,全市共举办各级各类培训班 16 次,参训人员 950 人次,还选调 122 名纪检监察干部参加省级以上培训。

2006 年,全市选派 60 余名优秀纪检监察干部赴中央纪委培训中心参加培训,还分两期培训班对全市乡镇(场)180 名纪委书记进行培训。

2008 年,强化农村基层纪检监察"三级组织网络"建设,先后举办乡镇纪委副书记业务培训班和农村党风廉政监督员培训班,强化县、乡、村三级纪检监察组织建设。

2010 年,对全市新任县(区)纪工委书记、监察分局长进行集中培训。10 月 15 日,全市 100 名新任县(区)纪工委书记、监察分局长培训班在江西省纪检监察干部井冈山培训中心开班。市委常委、市纪委书记吴伟柱出席开班仪式并讲话。省纪委常委、监察厅副厅长黄林开,省纪委案件审理室主任肖德福,党风廉政室主任杨远林到班授课。

2012 年,构建起"全员参训、统筹施训、整体提高"的纪检监察干部大培训工作格局。建立"廉政大课堂"学习交流平台,推行"月月命题、人人过关"的学习促进机制,开展读书评书活动;建立"忠诚训练营"干部培训基地,对全市纪检监察干部进行轮训,提高办案能力、创新能力、操作能力;举办健康、音乐等知识讲座,提高干部综合素质。是年 5 月,举办全市纪检监察案件检查业务骨干培训班。省委第四巡视组组长赵锦成、省纪委宣教室副主任顾有平出席开班仪式,市纪委书记吴伟柱出席仪式并讲话。

2013 年,通过选派外出培训、举办专题业务培训、开展跟班代训等方式,对全市纪检监察干部普遍轮训一次。同时,选派 47 名干部到中国纪检监察学院、北戴河培训中心、杭州培训中心等培训基地参加业务培训。在省纪委井冈山培训中心和市廉政党校忠诚训练营分别举办乡镇新任纪委书记培训班和案件检查、纪检监察综合业务培训班。

三、纪律检查技能比武及主业培训

2013 年至 2015 年,每年举办一次纪律检查技能比武及主业培训活动。2013 年 12 月 26 日至 28 日,市纪委监察局组织举办全市纪检监察机关第一届办案技能大比武活动。此次活动分为个人项目和团体项目两大类。个人项目包括基本知识技能、办案基本技能和计算机应用操作技能三大项,团体项目主要有实战比武和模拟考核两大项。来自市纪委机关、市纪工委以及各县(区)纪委共 73 人参加个人项目的比武,13 支代表队共 104 人参加团体项目的比武。

2014 年 12 月 28 日至 30 日,抚州市纪检监察系统第二届办案技能大比武及业务培训活动在市廉政党校举行。全市纪检监察系统 220 余人参加大比武活动,其中,149 人参加个人项目的比赛,14 支代表队共 84 人参加团体项目的角逐。市委常委、市纪委书记吴伟柱现场观摩比武活动,并在总结大会上讲话。大比武结束后,还对参赛人员开展主业培训。

2015 年 12 月 21 日至 23 日,全市纪检监察机关开展第三届纪律检查技能比武及主业培训活动。全市 260 余名纪检监察干部参加大比武活动,其中,177 人参加个人项目的比赛,13 支代表队近 90 人参加团体项目的角逐。在主业培训活动中,省纪委纪律审查工作有关领导和市纪委有关负责人,从纪律审查专业技能、"把纪律挺在前面"新要求和案件审理业务知识等方面，结合实际案例和工作经验，为所有参赛人员进行深入浅出、认真细致的集中授课。

四、以会代训

地（市）、县（区）纪委监察局经常利用召开案件审理、案件检查、信访工作等专业性会议的机会，结合工作实际，有针对性学习纪检监察有关业务。

五、以老带新

地（市）、县（区）纪委监察局在提高纪检监察干部的政治业务水平中注意发挥老同志的作用，让有一定实践经验的老同志带领从事纪检监察工作的新同志一道办案，在实践中进行传帮带，尽快提高新同志的办案能力。同时，每年都要组织市纪工委监察分局和县（区）纪委监察局干部到市纪委监察局机关跟班学习，提高业务水平。

第四节　干部监督

2006年后，全市纪检监察部门进一步加强对纪检监察干部的内部监督管理工作。对群众来信反映纪检监察干部的问题和投诉，积极了解核实，做到防范在先。

2012年，以“信念忠诚”为主题，在全市纪检监察系统开展“三看三议”职业道德大讨论，形成《纪检监察干部职业道德规范》。同时，成立6个廉情监督组，对县（区）纪检监察干部队伍建设情况进行监督检查。

2013年，制定抚州市纪检监察干部“十不准”（不准发表与党的路线方针政策相违背的言论；不准私自执行和越权处理执纪执法事项；不准滥用职权、利用职务便利谋取私人利益；不准以任何形式参与公款大吃大喝、铺张浪费；不准接受可能影响公正执行公务的个人消费；不准到营业性娱乐健身场所公款消费；不准违规接受礼品、礼金和有价证券；不准参与非法组织、封建迷信和赌博活动；不准办关系案、人情案、以案谋私；不准打听案情、泄露秘密、为调查对象说情），规范纪检监察干部履职行为。全年受理纪检监察干部问题线索13件，立案6件，初核5件，谈话函询2件，给予党纪政纪处分6人，组织处理2人。

2014年5月，市纪委监察局成立纪检监察干部监督室。配备专职干部对极少数思想不正、存在违规违纪行为的纪检监察干部予以及时查处。市、县两级纪委先后查处3起纪检监察干部违纪违规案件，并在系统内部进行通报批评。全年受理纪检监察干部问题线索16件，立案2件，初核2件，谈话函询10件，信访了结2件，给予党纪政纪处理2人，移送司法机关处理1人，组织处理3人。

2015年3月，在全市纪检监察系统集中开展以“八个一”为主要内容的“警示教育月”活动。“八个一”即组织一次领导班子学习讨论活动，召开一次警示教育月动员部署会，开展一次干部宣誓签名承诺活动，签订一份党风廉政建设主体责任书，开展一次到监狱接受警示教育活动，开展一次党支部专题学习活动，制定一个纪检监察干部监管办法，撰写一篇警示教育心得体会文章。3月20日，全市纪检监察系统“警示教育月”活动动员部署会召开，市委常委、市纪委书记吴伟柱出席会议并讲话。市纪委监察局领导以及市纪委机关、市纪工委监察分局、各县（区）纪委书记、市直各单位纪委（纪检组）共100余名纪检监察干部参加会议。会议部署“警示教育月”活动，签订《党风廉政建设主体责任书》，进行“争做忠诚、干净、担当的纪检监察干部”主题签名承诺，并组织与会人员专程前往豫章监狱接受警示教育。吴伟柱在动员部署会的讲话中强调，开展“警示教育月”活动是履行监督责任和推进清廉抚州建设“十件实事”的纪律保障。“正人先正己”。全市纪检监察机关要以开展“警示教育月”活动为契机，加强领导，周密安排，加强对纪检监察干部的教育、提醒和监督，真正使纪检监察干部筑牢防线、不越底线、不触红线。要在“打铁还需自身硬”的底线中坚守责任担当。按照“谁主管、谁负责，一级抓一级、层层抓落实”的原则，从严要求、从严教育、从严监督、从严管理纪检监察干部队伍。各级纪检监察机关主要负责人要认真履行党风廉政建设主体责任，全市纪检监察干部要坚定对党忠诚的政治品质，带头落实中央八项规定精神，带头廉洁从政，坚持不懈纠正“四风”，提升履职尽责能力，全力推进“十件实事”，确保完成市纪委三届五次全会确定的各项工作任务。同日，组织 126 名纪检监察干部到江西豫章监狱接受警示教育。9 月，市纪委统一编印“把纪律挺在前面”学习资料发给纪检监察干部，并以闭卷的形式，开展党纪党规知识测试来检验干部的学习成果。还积极组织全市 632 名纪检监察干部集中参观“把纪律挺在前面”主题教育展。同时，全市各级纪检监察机关组织机关干部学习、观看中央纪委下发的有关纪检监察干部违纪违法案件的通报和省纪委拍摄的《反腐警示录》，引导大家以反面典型为戒，严守党纪党规“底线”。10 月，省纪委纪检监察干部监督工作座谈会召开，吴伟柱出席会议，并以《“三严”铸铁军》（严防办案风险、严格忠诚训练、严肃监督问责）为题在大会上作经验发言。11 月 3 日，印发《抚州市纪委监察局对反映纪检监察干部问题线索的处置办法（试行）》；27 日，市纪检监察干部监督工作座谈会召开，传达学习中央纪委、省纪委纪检监察干部监督座谈会精神，对全市加强纪检监察干部监督工作进行部署。吴伟柱主持会议并作重要讲话，吴伟柱要求，正人必先正己，执纪必先守纪。纪检监察机关对自身的监督必须更加严格，执行纪律必须更加刚性；要着力加强和改进纪检监察干部监督工作，要把责任落到实处，切实担负起主体责任和监督责任，要使监督成为常态，做到时时提醒、警钟长鸣；要让惩处形成震慑，对违纪违法行为坚决查处、绝不姑息。委局领导，各县（区）纪委书记、分管干部监督工作副书记、干部监督室主任，抚州高新区纪工委书记、分管副书记，市直各有关单位纪检组长（纪委书记），市纪工委书记、副书记，机关副主任以上干部等共计 130 余人参加会议；会上，市纪委市监察局下发《关于加强纪检监察干部监督工作的意见》，《意见》就严格规范纪检监察干部履职行为，积极探索纪检监察干部监督工作方式方法，建立健全纪检监察干部监督工作的制度体系，着力构建纪检监察干部监督工作的体制机制等方面进行了明确。对于不敢抓、不敢管和监督缺位的纪检监察干部，市纪委坚决予以问责处理。2015 年，受理纪检监察干部问题线索 32 件，立案 10 件，初核 11 件，谈话函询 10 件，暂存 1 件，给予党纪政纪处理 9 人，组织处理 6 人，追缴违纪款项 35 万元。

第五节　“清风苑杯”体育运动会

为丰富干部职工文化生活，增强身体素质，展示纪检干部的良好精神风貌，提高纪检监察队伍的凝聚力和战斗力，抚州市纪检监察系统连续举办了3届“清风苑杯”体育运动会。

一、“清风苑杯”抚州市纪检监察系统首届运动会

2013年11月8日至20日，首届“清风苑杯”纪检监察系统运动会在市体育中心举行。来自全市纪检监察系统的15支代表队参赛。此次运动会共设有男子篮球、男女乒乓球、男女羽毛球、4×100米接力、拔河、第九套广播体操表演等项目，各竞赛项目都设置了单项竞赛规程，并按国家体育总局审定的最新规则执行。比赛按各项目及代表团队总分录取前三名，另设最佳组织奖和体育道德风尚奖。经过激烈角逐，东乡县纪委、临川区纪委、黎川县纪委分获团体奖前三名；市纪委机关、崇仁、金溪、乐安、宜黄县纪委获优秀组织奖；南城县纪委、资溪县纪委、市纪工委二队、高新区纪工委获体育道德风尚奖。

二、“清风苑杯”抚州市纪检监察系统第二届运动会

2014年11月15日至28日，“清风苑杯”纪检监察系统第二届运动会在市体育中心举行。来自全市纪检监察系统的15支代表队参赛。此次运动会共设有篮球、乒乓球、羽毛球、4×100米接力、中国象棋、拔河比赛、第九套广播体操表演、佳木斯操表演、踢毽子、跳绳、托乒乓球跑等11个项目，各竞赛项目都设置了单项竞赛规程，并按国家体育总局审定的最新规则执行。比赛按各项目及代表团队总分录取前六名，另设最佳组织奖和体育道德风尚奖。经过激烈角逐，南丰县纪委、金溪县纪委、宜黄县纪委分获团体奖前三名；黎川、广昌、乐安县纪委和高新区纪工委、市纪工委二队获优秀组织奖；市纪委机关、南城县纪委、崇仁县纪委、市纪工委一队获体育道德风尚奖。

三、“清风苑杯”抚州市纪检监察系统第三届运动会

2015年11月2日至17日，“清风苑杯”纪检监察系统第三届运动会在市体育中心举行。来自全市纪检监察系统的14支代表队参赛。此次运动会共设篮球、乒乓球、羽毛球、4×100米接力、男子3000米长跑、女子1500米长跑、中国象棋、拔河、踢毽子、跳绳、托乒乓球跑、定点投篮、引体向上等13个项目，以及第九套广播体操、佳木斯健身操等两个表演项目。比赛按各项目及代表团队总分录取前六名，另设最佳组织奖和体育道德风尚奖。经过激烈角逐，南丰县纪委、临川区纪委、东乡县纪委分获团体总分前三名；市纪委机关、市纪委派驻、金溪县纪委和南城县纪委获体育道德风尚奖；黎川县纪委、广昌县纪委、乐安县纪委、高新区纪工委获最佳组织奖。

第六节　考察学习交流

考察学习交流是加强纪委监察机关队伍自身建设，与其他省、市纪委监察机关交流工作经验，开阔机关工作人员视野，提高工作能力，更好履行纪检监察工作职责的重要途径。地（市）纪委监察局领导班子特别重视考察学习交流工作，除积极组织班子成员和机关工作人员分期分批到省内外考察学习外，还热情接待省内外考察团到抚州考察交流。2010年后，到抚州考察交流的人员日渐增多，学习考察的内容也日渐丰富。

一、组团赴外地考察学习

1992年2月，为推动全区的案检工作，地区纪委领导带领全区各县（市）纪委书记和纪检室主任赴武宁县参观学习武宁县纪委案检工作。在反复征求各县（市）纪委、地直单位纪委意见的基础上，制定《一九九二年全区案件检查考核评比意见》，第一次对全区纪检机关的办案数量、大案要案、自办案、案件质量和结案率提出具体的要求。这些量化的考评意见，全部被地纪委采纳，写进《一九九二年县市纪委目标管理考评标准及实施办法》。

2012年4月23日至29日，市纪委监察局考察组赴贵州省毕节市、遵义市、贵阳市乌当区、广西北海市"三市一区"学习考察，重点学习考察毕节市房地产开发"三项清理"、遵义市纪检监察派驻机构统一管理、贵阳市乌当区政务公开和政务服务、为民服务全程代理、纪检监察干部"三访"活动和党务公开、北海市政务服务中心和公共资源交易电子招投标平台建设的做法和经验。

2012年11月28日至29日，市纪委监察局组织部分班子成员和县（区）纪委书记，前往延安市开展学习"延安精神"现场教育和西安市纪委学习考察纪检监察创新工作。在延安市，考察组先后瞻仰杨家岭、枣园、宝塔山、西北局等红色革命旧址，参观延安革命纪念馆、延安干部学院，并在杨家岭中央大礼堂举行"学习延安精神、做党的忠诚卫士"教育活动。在西安市召开"西安抚州纪检监察工作交流座谈会"，考察西安市行政服务中心和电子监察系统建设工作。

2013年11月26日，市委常委、市纪委书记吴伟柱率市纪检监察工作考察组到南昌市，就谋划2014年的反腐倡廉工作、推进昌抚一体化反腐倡廉建设进行考察。南昌市委常委、市纪委书记卢作全陪同考察。考察组一行先后参观南昌国家高新技术产业开发区部分重点项目，考察南昌市行政服务中心和公共资源交易中心，召开南昌抚州两市纪检监察工作交流座谈会。市纪委监察局班子成员、各县（区）纪委书记和市纪委机关相关室负责人参加考察。

2014年12月2日至3日，吴伟柱率抚州市纪委学习考察团，先后赴景德镇市和上饶市学习考察纪检监察工作。景德镇市委常委、市纪委书记黄赛荣，上饶市委常委、市纪委书记黄晓波分别陪同考察。在景德镇市，考察团一行先后到乐平市洎阳街道社区、浮梁县古县衙，学习考察基层党风廉政建设和廉政文化建设。随后，两市召开纪检监察工作座谈会，就落实党风廉政建设"两个责任"、落实中央八项规定精神、纪检监察机关"三转"等工作进行座谈交流。在上饶市，考察团一行先后到万年县群众工作部和市民中心、万年贡米集团等，就改进干部作风、维护群众利益和廉政文化进机关、进企业等工作进行学习考察。市纪委副书记黄发高，市纪委常委、市监察局副局长罗少韬，市纪委常委、秘书长尧宇斌，市纪委常委、市监察局副局长艾华，市纪委6个纪工委书记，以及宜黄、东乡两县纪委书记参加考察活动。

2015年8月31日至9月2日，市纪委副书记赵荣贵带队，率市财政局、市人社局分管党风廉政建设工作的领导和工作人员，赴广东省佛山市学习考察廉政风险科技防控工作。

考察组采取实地察看、查阅资料、召开座谈会等形式，学习考察佛山市国资委、财政局、国土规划局的廉政风险科技防控平台建设工作。学习考察期间，两地还座谈交流党风廉政建设和反腐败工作方面的做法和体会。

二、外省、市考察团到抚州考察交流

2010 年 5 月 18 日，湖北省鄂州市纪委监察局考察组一行 7 人，在该市市委常委、纪委书记李莹的带领下，深入临川区孝桥镇了解党务、政务公开工作和便民服务中心工作，实地考察市行政服务中心、市公共资源交易中心工作开展情况，并参观汤显祖大剧院、行政中心、梦湖、体育馆、临川一中等部分城市重点建设项目。市委常委、纪委书记吴伟柱，市纪委副书记、监察局长徐云发陪同考察。

2011 年 2 月 18 日，贵溪市党务公开领导小组成员一行 4 人到南丰县考察党务公开工作。考察组首先到南丰县工商局，实地察看该局党务公开工作情况，听取该局分管领导的情况介绍。之后，考察组又到市山镇便民服务中心，详细询问该镇党务公开开展情况和取得的成效，参观市山镇党务公开软硬件建设，对公开平台表示了浓厚兴趣。

2011 年 4 月 24 日至 25 日，辽宁省盘锦市纪委考察团一行 10 人，由市纪委常委、监察局副局长李明炜、盘山县委常委、纪委书记舒然带队，专程到抚州学习考察基层党组织党务公开工作。市纪委常委、党风廉政室主任、正县级纪检监察员赵荣贵陪同考察。考察团一行认真听取抚州推进基层党组织党务公开工作情况介绍，并实地参观临川区孝桥镇、东馆镇和黎川县熊村镇、国税局党务公开工作，详细了解抚州基层党组织开展党务公开工作的具体内容、形式、载体及效果。

2012 年 5 月 3 日，井冈山市纪委考察组一行在井岗山市纪委副书记袁井春的带领下到崇仁县，与该县纪委有关领导和工作人员进行座谈，并详细了解崇仁县“三资”（资金、资产、资源）监管工作操作运行过程中的有益经验、可能遇到的问题和存在的困难。考察组一行还到崇仁县石庄乡，参观便民服务中心、“一站两中心”办公室，翻阅农村集体“三资”监管档案资料，深入了解该镇“三资”监管软件操作流程，认真听取该乡有关工作人员就“三资”监管工作具体操作的经验介绍，并与相关工作人员进行交流。在崇仁县六家桥乡，考察组一行饶有兴致地参观新农村建设示范点长圳新村。5 月 4 日，考察组到临川区腾桥镇考察“三资”管理工作。考察组详细了解“三资”管理工作的制度建设及具体操作情况，并与腾桥镇“三资”管理软件的操作人员就具体问题开展互动交流及探讨。

2012 年 5 月 8 日，新余市纪委正县级纪检监察员廖晓云一行 14 人专程到抚州考察农村集体“三资”监管和“三公”消费（因公出国出境经费、公务车购置及运行费、公务招待费）一体化监管等党风建设工作。上午，考察组一行到金巢经济开发区崇岗镇，参观该镇乡镇便民服务中心、公共资源交易站、村级财务核算中心、经济合同审核中心和党务公开、政务公开栏，观看农村集体“三资”监管软件操作演示，了解“三议三审三公开”工作法的操作流程。随后，考察组到市廉政党校，观摩倡廉教育馆，学习廉政党课。下午，考察组先到东乡县虎圩乡，详细了解该乡如何开展农村集体清产核资、建立监管组织、监管平台、监管制度的情况，仔细询问“三议三审三公开”工作法和农村集体“三资”监管网络平台的运行情况，并与相关人员进行座谈讨论。随后，考察组实地考察东乡县“三公”消费定点商户，了解“三公”消费一体化监管网络平台建设情况。抚州市纪委副书记傅志雄陪同考察。

2012年8月1日，黑龙江省纪委副书记李桂春率宣教室主任张卓桥、副主任刘静一行在江西省纪委宣教室负责人施新华陪同下，实地考察东乡县“三公”消费一体化监管的工作流程、监管机制、软件操作和运行情况后，到抚州市廉政党校，参观清风苑文化广场、倡廉教育馆，观看廉政教育课件，详细了解抚州市开展党风廉政教育等情况。在廉政党校二楼接待室，考察组一行与市纪委有关人员就加强机关“三公”消费、农村“三资”监管和派驻机构改革等工作，进行座谈交流和深入探讨。市委书记龚建华看望考察组一行，市委常委、市纪委书记吴伟柱等陪同考察。

2012年10月7日，黑龙江省委常委、省纪委书记黄建盛到抚州市考察党风廉政建设工作。市长张和平，市委副书记魏建锋，市委常委、市纪委书记吴伟柱等陪同考察。

2012年10月19日，《中国纪检监察报》社长李本刚到市党风廉政教育中心考察市廉政党校基础设施建设及管理情况，并走进倡廉教育馆展厅、廉政教学室、多媒体互动室、多功能会议室，详细了解市廉政党校运行及党风廉政教育开展情况。李本刚对抚州高度重视廉政教育、精心建设廉政教育平台的做法给予高度评价，认为形式很新效果很好，很有特色。市委常委、市纪委书记吴伟柱陪同考察。

2013年3月5日，福建省三明市委常委、市纪委书记冯新婷一行到抚州，就抚州市党风廉政建设工作进行考察。市委常委、市纪委书记吴伟柱，市纪委副书记、秘书长黄发高，市监察局副局长艾华陪同考察。冯新婷一行到市廉政党校，参观考察市廉政党校基础设施建设及管理情况，并走进倡廉教育馆展厅、廉政教学室、多媒体互动室、多功能会议室等，详细了解党风廉政教育开展情况。

2013年4月17日，福建省三明市纪委考察组到抚州就市廉政党校运行情况进行考察。在市党风廉政教育中心参观倡廉教育馆，体验廉政互动教育模式，详细了解市廉政党校管理、教学、运行情况。通过实地感受，考察组对抚州市廉政党校丰富的展示内容、声光电高科技教育手段以及匠心独具的表现创意称赞不已，对抚州深化党风廉政建设，加强反腐倡廉教育工作给予了高度评价。同日，萍乡市芦溪县纪委考察组也到抚州就市廉政党校运行情况进行考察。

2013年5月16日，四川省南充市委常委、市纪委书记杨武秀一行在市委常委、市纪委书记吴伟柱陪同下，考察市纪工委监察分局，了解市纪检监察机关派驻机构改革整体情况，并详细询问了纪工委监察分局的工作机制、制度建设、业务分工和运行效果。在抚州市廉政党校，考察组兴致勃勃地观摩倡廉教育馆，体验廉政互动教育模式，详细了解市廉政党校管理、教学、运行情况。通过实地感受，考察组对抚州建设全国第一家廉政党校和倡廉教育馆，创新廉政教育载体、丰富廉政教育形式称赞不已，对廉政党校丰富的展示内容、声光电高科技教育手段表现出浓厚的兴趣，同时对抚州以此廉政党校为载体，依托廉文化促进会，多形式、多层次加强反腐倡廉教育工作，深入推进党风廉政建设给予高度评价。

2013年10月16日，九江市委常委、市纪委书记杨小华带领市纪委监察局领导班子成员到抚州考察交流纪检监察工作。市委常委、市纪委书记吴伟柱陪同并主持两市纪检监察工作交流座谈会。考察过程中，两地围绕落实中央八项规定、优化发展环境、查办案件、惩防体系建设、纪检监察干部队伍建设等方面的内容进行研讨交流。杨小华表示,实地观摩抚州经济社会发展的现场,感受到良好的发展态势,体验抚州赶超发展的魅力。杨小华一行还实地考察了市廉政党校、市博物馆、名人雕塑园、临川一中。

2013 年 10 月 18 日,宜春市委常委、市纪委书记王宏安带领宜春市纪委监察局班子成员,到抚州考察交流纪检监察工作。市委常委、市纪委书记吴伟柱陪同。吴伟柱向王宏安一行详细介绍抚州市依托市廉政党校和倡廉教育馆,深入推进党风廉政建设,取得一定的成效。下一步,还将进一步完善功能,以更直观、更有效的形式,加强党员干部,特别是领导干部的理想信念教育。这次宜春市纪委考察团前来传经送宝,为今后宜春、抚州两地纪检监察机关取长补短、携手并进创造一个良好的开端,希望两市进一步加强沟通,共同开创反腐倡廉建设新局面。

2014 年 8 月 14 日,景德镇市委常委、市纪委书记黄赛荣率考察组到抚州考察纪检监察工作。市委常委、市纪委书记吴伟柱陪同考察并主持两市纪检监察工作座谈会。黄赛荣一行先后到抚州市区和东乡县,实地考察执纪办案和倡廉教育工作,并在抚州市廉政党校召开两市纪检监察工作座谈会。会上,两市纪委围绕党风廉政建设"两个责任"落实、贯彻执行中央八项规定精神、案件查办工作、"三转"工作、纪检监察干部队伍建设以及党风廉政宣传教育工作等方面的内容进行研讨交流。吴伟柱向考察组介绍抚州市党风廉政建设和反腐败工作。

2015 年 1 月 20 日至 21 日,湖南省纪委副书记李政科率省纪委组织部、长沙市和常德市纪委有关负责人到抚州市考察纪检监察工作。省委常委、省委秘书长、市委书记龚建华看望考察组一行,省纪委常委、秘书长李建发,市委常委、市纪委书记吴伟柱陪同。

2015 年 11 月 23 日至 24 日,九江市委常委、市纪委书记黄赛荣率考察组到抚州考察纪检监察工作。市委常委、市纪委书记吴伟柱主持召开两市纪检监察工作交流座谈会,并陪同考察组深入南丰县和东乡县实地考察。市纪委监察局领导李茂荣、黄发高、赵荣贵、华民、尧宇斌、李凌参加座谈。在座谈会上,两市纪委围绕党风廉政建设"两个责任"落实、廉政巡查、纪律审查,以及纪检监察干部队伍建设等方面进行交流研讨。考察组在抚州期间,还考察了南丰县、东乡县纪检监察工作和部分农业工业项目。

三、省直单位至抚州考察交流

2013 年 4 月 18 日,省委党校第 42 期县(处)级中青班学员在市纪委副书记、秘书长黄发高陪同下到市廉政党校,开展系列廉政教育活动,接受反腐倡廉警示教育。参观倡廉教育馆、观看警示教育片、参加廉政知识考试,整个教育活动环环相扣。市廉政党校以生动、翔实的图文资料和身临其境的声、光、电高科技教育形式,让每一位学员感受到灵魂的震撼,也引发学员们"廉洁从政、谨慎用权"的思考和启迪。

2013 年 5 月 21 日,省纪委委员、团省委书记曾萍到抚州考察廉政党校和效能建设工作。市委常委、市纪委书记吴伟柱陪同考察。在市党风廉政教育中心,曾萍考察了市廉政党校基础设施建设及管理情况,并走进倡廉教育馆展厅、廉政教学室、多媒体互动室、多功能会议室等,详细了解市廉政党校运行及党风廉政教育开展情况。

2014 年 6 月 5 日,南昌航空大学纪委书记王玉芝一行 4 人,到抚州考察交流纪检监察

“三转”工作。市委常委、市纪委书记吴伟柱向王玉芝一行介绍抚州市围绕突出主业、明确主责、加强主力，采取围绕中心同力转、上下齐心用力转、提高能力有效转等办法，大力推进“三转”工作，取得一定的成效。考察组一行还参观了市廉政学校，观看了《向人民汇报请社会监督》专题片。

2014 年 9 月 25 日至 26 日，井冈山大学处级领导干部 120 人到抚州市廉政党校开展廉政警示教育活动。市纪委副书记、监察局长李茂荣陪同。在倡廉教育馆，井冈山大学处级领导干部身临其境感受以文、图和声、光、电展示的大量典型案例，在廉政教学室集体观看廉政教学片，在清风苑广场开展重温入党誓词活动。

2015 年 9 月，抚州市开展“把纪律挺在前面”先行先试工作，采取从严教育、从严监督、从严执纪等措施，营造较好的守纪律、讲规矩的氛围，引起省直多家单位的关注。省委党校常务副校长舒仁庆、《江西日报》副社长衷淑英、省发改委纪检组长邝先华等先后来到抚州市进行考察、采访和调研。市委常委、市纪委书记吴伟柱陪同。省直单位领导先后观看抚州市“把纪律挺在前面”主题教育展，与市纪委有关领导就如何“把纪律挺在前面”重要精神进行深入探讨，衷淑英一行还深入南丰县实地采访和调研“把纪律挺在前面”试点工作和落实党风廉政建设“两个责任”工作。省农科学院党委书记谢金水、院长马岩波率院领导班子成员及副处级以上领导干部到抚州市考察调研“把纪律挺在前面”先行先试工作，参观抚州市“把纪律挺在前面”主题教育展，到抚州市廉政党校和倡廉教育馆接受纪律教育。

第三章　机关建设

地（市）纪委监察机关成立以后，根据职责需要不断对内设机构进行调整，建立完善和执行内部管理各项规章制度，积极做好地（市）委、专署（行署、市政府）交办的不同时期中心工作。历届纪委监察机关十分重视机关党建工作，不断夯实组织基础，发挥党组织的战斗堡垒作用。纪委机关党支部（党总支、党委）、监察局党组均按照党章有关规定，结合纪检监察机关党员队伍的思想和工作实际，注重抓好政治理论和业务知识的学习，做好党员的思想政治工作，发挥党支部的战斗堡垒作用和党员的模范带头作用，认真做好发展党员和党员的教育、管理工作，组织党员开展各种活动，不断加强机关党员队伍的组织、思想、作风建设。

第一节　内设机构及职责

一、中共抚州地区纪律检查委员会工作部门

办公室　主要职责是：综合分析全区纪检工作情况，起草重要文件、报告；负责全区纪检信息、内外联系和综合协调工作；管理本机关的文秘、档案、财务和后勤，并做好会议的组织工作。

主　任　黎玉昌(1988.03—1993.07)

纪律检查室　主要职责是:对所联系县(市)、地直单位的地委管理干部的违法违纪案件和其他重要、复杂案件进行检查核实,提出处理意见,同时做好有关案件查处的协调工作;监督检查所联系县(市)、地直单位及其领导干部遵守党章、贯彻执行党的路线、方针、政策、国家法律、法规、决定、命令以及党风廉政建设;综合、协调和指导所联系县(市)、地直单位的纪律检查工作。

主　任　周水生(1988.03—1989.12)

　　　　黄益斋(1990.11—1993.07)

案件审理室　主要职责是:审理地区纪委直接立案查办的案件;审核县(市)、地直单位报批或备案的案件;受理党员不服党纪处分的申诉。

主　任　龚兴华(1988.03—1993.05)

信访办公室　主要职责是:办理群众来信来访;受理涉及党风党纪和政风政纪问题的检举、控告、申诉,并核查部分信访案件;移交或交办检举、控告、申诉及其他重要信件,并对承办情况进行监督检查;调查信访中所反映的突出问题,提供带普遍性和倾向性的信访信息。

主　任　郭香玲(女,1988.03—1990.07)

　　　　叶贵东(1990.07—1993.07)

调查研究室　主要职责是:对纪检工作及其有关政策问题进行调查研究,并协助起草重要文件、报告。

主　任　邓学锋(1988.03—1993.05)

党风党纪教育室　主要职责是:宣传纪检工作的方针、政策;宣传廉洁勤政的先进模范人物,剖析违法违纪的反面典型,抓好党风党纪的教育;组织纪检干部的业务培训。

主　任　张志坚(1991.12—1993.07)

党风廉政建设领导小组办公室　主要职责是:监督检查、综合分析全区的党风廉政建设;组织实施地区党风廉政建设领导小组和地区纪委关于党风廉政建设的部署;指导和督促下级纪委党风廉政建设室的工作;组织重要的、全区性的党风廉政建设检查活动和廉政建设专项治理活动。

主　任　封文元(1991.12—1993.07)

二、抚州地区监察局工作部门

人秘科　主要职责是:负责行政监察工作的调查研究,处理本局日常文秘、公文和行政事务工作以及配合人事部门考察了解、掌握全区监察系统的机构设置、人员编制和干部配备情况,填报有关表格。

监察一科(工业、交通)、二科(农业、财贸)、三科(政法、文卫体及综合部门)　主要职责是:负责本系统案件的调查工作,检查监察对象贯彻实施国家政策和法律法规情况,监察处理监察对象违反国家政策和法律法规以及违反政纪行为。负责案件的审理工作,按照行政序列,审议监察对象的纪律处分,以及受理监察对象不服纪律处分的申诉。

信访科　主要职责是:负责接待处理群众来信来访工作,受理个人和单位对监察对象违反国家政策和法律法规以及违反政纪行为的检举、控告和监察对象的申诉，综合分析反映来信来访情况，做好信息反馈工作。

举报中心　主要职责是：受理个人或单位对行署各部门及其工作人员，各县（市）人民政府的负责人、地属企事业单位中由国家行政机关任命的领导干部的贪污、贿赂、弄权渎职、敲诈勒索、出卖或泄露国家机密，以及其他违反政纪等方面的行为的检举、控告。接受违反政纪的监察对象的自我投诉和坦白。

三、中共抚州地区（市）纪委与抚州地区（市）监察局合署办公工作部门

办公室　主要职责是：负责协助委局领导班子处理机关日常事务，负责市纪委全委会、常委会议、委局办公会议及其他重要会议、活动的筹备组织工作，负责与市纪委委员的联系；汇总全市党风廉政建设和反腐败工作情况，组织起草委局有关文件文稿，编发通报和信息，审核以委局及办公室名义发布的公文；督促检查省纪委监察厅和市委、市政府领导批办交办事项的落实情况，以及市纪委全委会工作部署和市纪委常委会议、委局办公会议决定事项及委局领导批办交办事项的落实情况，汇总委局机关贯彻落实市委党建工作领导小组分工任务情况，组织协调有关市人大代表建议和市政协提案答复工作，组织协调特邀监察员工作；负责组织协调全市惩治和预防腐败体系建设工作；组织协调委局机关机要文件的办理和运行管理，保管、使用市纪委、监察局及市纪委办公室印章，负责制发委局机关各部门及派驻（出）机构印章，负责委局机关保密工作，协调全市纪检监察系统密码管理工作；负责委局机关对外联络接洽、文秘、值班工作；统筹指导归档工作，负责委局机关及派驻（出）机构文书、音像等档案管理，编辑整理有关档案材料；协调委局机关有关工作，指导全市纪检监察系统的办公室工作；负责本部门干部日常管理和监督，承办领导交办的其他事项。

主　任　黎玉昌（1993.07—1996.10）
周信昌（1997.03—2002.09）
曾　春（2004.06—2007.02）
姚英华（2007.02—2008.06）
王柏荣（2009.10—2012.02）
尧宇斌（2012.02—2013.12）
李　旭（2013.12—2015.11）
艾恒知（2015.11—2015.12）

监察综合室　主要职责是：负责收集、综合、研究行政监察工作情况；协助局领导班子处理日常行政监察事务和有关事项；负责以监察局的名义向监察厅和市政府请示、汇报工作；负责与市直各部门及市辖县（市、区）政府的联系；负责市监察学会的日常工作；负责有关源头治理腐败工作。

主　任　吴义高（1993.07—1996.10）
徐光华（1996.10—1997.03）
刘木龙（1997.03—2003.03）
邹建平（2003.05—2007.06）

何辉荣(2007.09—2010.11)

黎桃英(女,2012.02—2012.04)

饶建平(2012.04—2014.05)

信访室　主要职责是:受理对全市各级党组织、党员和监察对象违反党纪政纪行为的检举、控告,受理不服党纪政纪处分和其他处理的申诉,处理群众来信、接待群众来访、接听举报电话、处理网络举报;按照行政监察法及有关规定,受理和处理对市直行政机关及其公务员不依法行政的投诉举报,指导全市纪检监察机关受理行政投诉的工作;提供信访举报信息,向委局领导报告重要举报情况;向下级纪检监察机关交办并督办有关检举、控告和申诉事项,审核办理结果,并向省纪委监察厅报告有关情况;对打击报复举报人的检举、控告进行核实;处置信访举报中的突发情况;对信访举报工作进行调查研究,指导全市纪检监察系统的信访举报工作;配合上级做好有关巡视工作;做好廉政巡查的综合规划、政策制定、组织协调等工作;负责本部门干部日常管理和监督,承办领导交办的其他事项。

主　任　叶贵东(1993.07—1994.07)

吴义高(1996.10—1996.10)

王玉秀(女,1997.03—2003.03)

何辉荣(2003.05—2007.09)

罗根生(2010.07—2013.08)

邹　华(2013.12—2015.12)

纪检监察一室　主要职责是:负责分管县(市)的纪检监察工作;负责承办所联系的县(市)地委管理的干部违法违纪案件和其它重要、复杂案件的检查、核实工作,提出处理意见,并做好有关案件查处的协调工作;监督检查所联系的县(市)及其领导干部遵守党章、贯彻执行党的路线、方针、政策和国家法律、法规、决定、命令和党风廉政建设情况;综合、协调、指导所联系的县(市)的纪检监察工作。

主　任　黄益斋(1993.07—1996.10)

洪明泉(1997.03—2003.03)

李树武(2003.04—2007.03)

章菊华(女,2007.09—2011.07)

华　民(2012.02—2014.05)

纪检监察二室　主要职责是:负责分管地直单位的纪检监察工作;负责承办所联系的地直单位地委管理的干部违法违纪案件和其他重要、复杂案件的检查、核实工作,提出处理意见,并做好有关案件查处的协调工作;监督检查所联系的地直单位及其领导干部遵守党章,贯彻执行党的路线、方针、政策和国家法律、法规、决定、命令,以及党风廉政建设情况;综合、协调、指导所联系的地直单位的纪检监察工作。

主　任　仇惠娥(女,1993.07—1997.03)

万家理(1997.03—2000.10)

李树武(2000.10—2003.04)

章菊华(女,2003.05—2007.09)

华　民(2010.07—2012.02)

罗少韬(2012.02—2013.12)

案件审理室　主要职责是:审理委局直接检查处理和县处级党组织、政府(部门)报批或备案的案件;承办党员、监察对象对委局作出的党纪政纪处分或其他处理不服,对县(处)级党组织、政府(部门)作出的复议复查(复审复查)决定不服的申诉案件,及其他需要由委局办理的申诉案件,处理、督办委局收到的申诉信件;承办应当由县(处)级党委、纪委批准但需要比照处理的案件和其他需要处理报市纪委备案的案件;承担监察局的行政复议、行政应诉工作,承办监察局给予的行政处分的解除工作;承办县(处)级党组织、政府(部门)和委局机关有关部门征求案件审理室意见的案件;起草案件审理、申诉复查、行政复议、行政应诉和解除行政处分工作的程序性条规,指导全市纪检监察系统的相关业务工作;负责本部门干部日常管理和监督,承办领导交办的其他事项。

主　任　赵　钢(1993.07—2000.10)

郑乐惠(女,2002.07—2007.11)

程胜文(2013.12—2015.12)

执法监察室　主要职责是:指导全区纪检监察系统开展执法监察,监督检查贯彻执行党的路线、方针、政策和国家法律、法规、决定、命令的情况;负责以地区监察局名义开展的执法监察工作,自办或协办执法监察中发现的违法违纪案件。

主　任　傅荣庆(1993.07—1996.10)

李树武(1997.03—2000.10)

万家理(2000.10—2003.03)

吴　斌(2003.05—2008.04)

李黎明(2008.04—2012.04)

黎桃英(女,2012.04—2013.12)

钱　平(2013.12—2014.5)

调研室　主要职责是:综合分析全市党风廉政建设和反腐败工作情况,开展政策理论及重大课题调查研究;起草市纪委有关文稿,会同有关部门起草委局重要文件;汇总、整理全市党风廉政建设和反腐败工作研究成果和信息资料,组织开展对全市纪检监察工作历史及规律的研究;组织协调全市纪检监察系统的调研工作和社科理论界相关重大课题研究;会同有关单位开展全市党风廉政建设和反腐败工作民意调查;负责全市纪检监察规范性文件的备案审查、清理工作;负责对有关部门起草的规范性文件草案提出意见;负责本部门干部日常管理和监督;承办领导交办的其他事项。

主　任　周信昌(1993.07—1997.03)

梅国和(1997.03—2000.06)

姚英华(2002.07—2007.02)

尧宇斌(2008.04—2012.02)

李　旭(2012.02—2013.12)

周文龙(主持工作,2013.12—2015.12)

宣传教育室　主要职责是:负责宣传纪检监察工作的方针、政策,宣传廉洁勤政的先进模范人物,剖析违法违纪的反面典型,配合有关部门重点抓好党风党纪、政风政纪教育;组织纪检干部的业务培训。

主　任　张志坚(1993.07—2000.10)
余　凯(2002.07—2007.06)
钱　平(2011.04—2012.02)
汪月清(2012.02—2014.05)

干部室　主要职责是:负责机关的人事管理、劳动工资、机构编制工作;负责审核各县(市)和地直单位纪检监察组织的领导班子人选;研究并提出加强全区纪检监察组织建设的意见;协同宣教室开展干部培训工作;负责机关离退休干部的管理服务工作。

主　任　黄元梅(女,1993.12—1996.10)
徐光华(1997.03—1997.11)
梅国和(2000.06—2003.05)
赵　明(2003.05—2009.06)
罗少韬(2010.07—2012.02)
王柏荣(2012.02—2014.05)

党风廉政建设室　主要职责是:负责监督检查、综合分析全区党风廉政建设情况;组织实施地区党风廉政建设领导小组和地区纪委关于党风廉政建设工作布置,指导和督促下级纪检监察机关党风廉政建设室的业务工作;具体组织全区性或重要的党风廉政建设检查活动和廉政建设专项治理活动。

主　任　封文元(1997.03—2000.10)
赵　钢(2000.10—2003.05)
赵荣贵(2003.05—2011.07)
郑　军(2011.07—2013.12)

举报中心(纠风室)　主要职责是:受理群众对党员、监察对象严重违法违纪行为的举报;负责时效性强、线索比较明显案件的快速突破;围绕地委、行署的重大决策和针对群众反映的突出问题,组织专项举报,开展对专项重要举报的调查。

主　任　徐文山(1993.07—1996.10)
杨华顺(1998.09—2003.03)
黄志民(2003.05—2007.06)
黄国华(2011.04—2013.08)

优化经济环境室(抚州市整治经济发展环境领导小组办公室投诉中心)

主　任　李黎明(2003.05—2008.04)

效能监察室(抚州市人民政府行政投诉中心)

主　任　吴　斌(2008.04—2011.07)
李　旭(2011.07—2012.02)
钱　平(2012.02—2013.12)

2013 年,党风廉政建设室、纠风室和效能监察室合并为党风政风监督室。

党风政风监督室(抚州市党风廉政建设领导小组办公室和抚州市人民政府纠正部门和行业不正之风办公室)　主要职责是:综合协调全市贯彻执行党的路线方针政策和决议、国家法律法规等情况的监督检查,组织协调重要监督检查活动;综合协调全市党风廉政建设责任制、党政领导干部问责规定的贯彻落实;综合协调全市政治纪律的执行和作风建设规定、廉洁自律规定的落实,开展有关党风政风监督专项检查,综合协调对违反作风建设规定问题的查处;综合分析全市党风政风监督工作情况,开展相关政策理论研究,提出工作建议;综合协调应由委局机关参与调查的事故、事件中涉及的监督对象违纪违法行为和需要问责情形的调查处理,指导、督办县(区)和市直单位(部门)对相关事故、事件的调查处理;监督检查承担纠正损害群众利益不正之风任务的相关部门履行职责情况,协调查处各地、各部门在开展行风建设和纠风专项治理中的失职渎职行为;履行市党风廉政建设领导小组办公室、市政府纠正部门和行业不正之风办公室的职能;指导全市纪检监察系统的党风政风监督工作;负责本部门干部日常管理和监督,承办领导交办的其他事项。

主　任　郑　军(2013. 12—2015. 12)

发展环境监督室(市政府行政投诉中心)

主　任　黎桃英(女,2013. 12—2014. 05)

案件监督管理室　主要职责是:负责对市管干部问题线索进行集中管理,并分送相关纪检监察室,协助办理市管干部任职前回复市委组织部意见工作;按照查办腐败案件以上级纪委领导为主的要求,负责向市委报告线索处置和案件查办情况,同时向省纪委监察厅报告,统一受理下级纪检监察机关线索处置和案件查办报告,分送相关纪检监察室;负责查办案件相关工作的组织协调,建立跨地区跨部门协作办案机制,归口管理与有关部门的联系协调事项;负责对依纪依法安全办案情况进行监督检查,对委局办案场所的安全保卫、保密工作进行监督检查,落实办案安全工作责任制,督促全市纪检监察机关做好办案安全事故调查和责任追究;督促查办省纪委监察厅和市委、市政府及委局领导批办、交办案件及办理相关事项;负责对查办案件及其相关专项工作情况进行统计分析;指导全市纪检监察系统的案件监督管理工作;负责本部门干部日常管理和监督,承办领导交办的其他事项。

主　任　韩长贤(2013. 12—2015. 12)

2014 年,纪检监察一室更名为第一纪检监察室,纪检监察二室更名为第二纪检监察室,并成立第三、第四纪检监察室,干部室更名为组织部,宣教室更名为宣传部,监察综合室改为纪检监察干部监督室。

第一至第四纪检监察室职责是监督检查联系地区(单位)市管领导班子及市管领导干部遵守和执行党章以及其他党内法规,遵守和执行党的路线方针政策和决议、国家法律法规等方面的情况;监督检查联系地区(单位)党委(党组)落实党风廉政建设主体责任、纪委(纪检组)落实监督责任的情况,对涉及的市管干部实施责任追究;督促联系地区(单位)监督对象加强作风建设,监督检查中央、省和市关于作风建设规定的执行情况,调查处理严重违反有关规定的行为;承办联系地区(单位)市管干部的违纪违法案件及其他比较重要和复杂案件的初核、审查并提出处理建议，承办联系地区（单位）应由委局机关参与调查事故、事件中涉及的监督对象违纪违法行为和需要问责情形的调查并提出处理建议，按照查办腐败案件以上级纪委领导为主的要求，监督、指导联系地区（单位）案件查处工作；做好问题线索的管理和处置工作，监督指导联系地区（单位）上报问题线索处置；协助、配合有关部门开展巡视、市管干部任职前回复市委组织部意见等工作，参加联系地区（单位）党委（党组）领导班子民主生活会，组织协调对联系地区（单位）市管干部的诫勉谈话工作；负责了解联系单位的纪检监察机构开展工作情况，综合、协调、指导联系地区的纪检监察工作，协助考察了解联系的县（区）纪检监察机关领导班子和干部队伍建设情况；负责本部门干部日常管理和监督，承办领导交办的其他事项。

第一纪检监察室

主　任　华　民（2014.05—2015.11）

　　　　　赵四鸣（主持工作，2015.11—2015.12）

第二纪检监察室

主　任　游　渊（2015.11—2015.12）

第三纪检监察室

主　任　黎桃英（女，2014.05—2015.11）

　　　　　李　旭（2015.11—2015.12）

第四纪检监察室

主　任　钱　平（2014.05—2015.12）

组织部　主要职责是：负责全市纪检监察系统领导班子建设、干部队伍建设和组织建设的综合规划、政策研究和制度建设；负责委局机关干部队伍建设，承办有关机构编制、干部人事、人员档案、工资福利等工作，配合做好委局机关干部日常管理和监督；负责承办市本级派驻（出）纪检监察机构领导班子和干部队伍建设以及有关综合协调工作，承办有关机构编制、干部人事、人员档案等工作；会同有关部门，负责市直内设纪检监察机构领导班子和组织建设，承办相关干部人事工作；会同有关部门，负责县（区）纪检监察机关领导班子建设，承办县（区）纪委书记、副书记提名和考察等干部人事工作，指导县乡两级纪检监察机关干部队伍建设和组织建设；负责全市纪检监察系统干部教育培训工作，会同有关部门承办对全市纪检监察系统的表彰、奖励工作，负责委局机关因公（私）出国（境）备案等工作；组织办理市管干部任职前回复市委组织部意见工作，承办干部监督工作联席会议成员单位的有关工作；负责做好委局机关退休干部有关事宜；负责本部门干部日常管理和监督，承办领导交办的其他事项。

部　长　王柏荣（2014.05—2015.07）

　　　　　黎桃英（女，2015.11—2015.12）

宣传部　主要职责是：负责组织协调全市党风廉政建设和反腐败宣传工作，组织开展相关法律法规、理论政策、形势任务、决策部署、成效经验和先进典型等宣传及舆论引导工作；负责组织协调全市党风廉政建设和反腐败教育工作，开展对全市党员、公务员的理想信念和宗旨教育、党风党纪和廉洁自律教育，组织协调廉文化建设及纪检监察电化教育工作;负责委局机关的新闻事务,承担委局新闻发布的日常工作,组织协调党风廉政建设和反腐败信息传播工作;负责组织协调全市党风廉政建设和反腐败网络舆情信息收集、研判和处置工作,协调有关部门和重点新闻网站等做好网络宣传引导工作;指导全市纪检监察系统的宣传教育、廉文化建设和网络信息工作;负责本部门干部日常管理和监督,承办领导交办的其他事项。

部　长　汪月清(2014.05—2015.12)

纪检监察干部监督室(机关党委)　主要职责是:负责监督检查全市纪检监察系统干部遵守和执行党章以及其他党内法规,遵守和执行党的路线方针政策和决议、国家法律法规等方面的情况;按照干部管理权限,负责受理对委局机关干部违纪违法问题的举报,负责问题线索的初核及案件的审查工作,提出处理建议;负责受理对市直派驻(出)纪检监察机构干部违纪违法问题的举报,负责问题线索的初核及案件的审查工作,提出处理建议;负责受理对县(区)纪检监察机关领导班子及其成员和市直单位内设纪检监察机构负责人违纪违法问题的举报,负责问题线索的初核及案件的审查工作,提出处理建议;研究制定关于加强全市纪检监察干部监督的规定,指导全市纪检监察系统干部监督工作,督办有关违纪违法案件的调查处理;负责监督检查全市纪检监察系统干部选拔任用工作;负责委局机关党的建设,领导委局机关各部门及直属单位党组织的工作;负责委局机关日常纪律作风建设,制定相关制度,督促委局机关各部门及直属单位加强干部日常管理和监督;负责本部门干部日常管理和监督,承办领导交办的其他事项。

主　任　饶建平(2014.05—2015.12)

抚州市党风廉政教育中心　主要职责是:承担全市党员干部的反腐倡廉工作教育培训及日常管理等工作。

主　任　卫　涛(2015.09—2015.12)

"清风苑"廉政教育中心

主　任　孔艳萍(女,2012.12—2014.12,兼)

　　　　郭佰生(2014.12—2015.12,兼)

第二节　内部管理制度

规章制度是规范一个单位、一个部门的工作秩序,规范工作人员行为,加强自身建设,更好地履行工作职责的必要条件。地(市)纪委监察机关自成立以来,各项内部管理规章制度逐步建立,各届地(市)纪委监察机关对先前制订的规章制度都要根据当时的实际情况和工作需要进行修订、完善,并不断建立新的规章制度,至2015年,各项规章制度已较为健全。

1982年6月,制定《抚州地委纪律检查委员会机关工作制度(修改稿)》;1983年,制定《中共抚州地区纪委机关岗位责任制(试行办法)》;1988年,制定《中共抚州地区纪委委员会工作暂行规则》、《关于健全纪委机关财务管理制度的意见》;1989年,抚州地区监察局建立机关目标管理责任制;1991年,制定《地纪委机关公文处理办法》。1993年,地区纪委监察机关合署办公后，制定下发《中共抚州地区纪委委员会工作的若干规则（试行）》。为加强经费管理，严格控制支出，合理使用经费，保证机关各项工作顺利进行，是年还制定了《关于地区纪委监察局机关经费统一管理的暂行规定》等 5 项制度。另外，地区纪委办公室拟订文秘工作 12 项制度。1995 年，制定《抚州地区监察局局长办公会议制度（试行）》。2000 年 10 月撤地设市以后，市纪委监察局新制定和修改完善以往制定的会议制度、业务工作制度、后勤管理制度、激励机制制度等一系列机关管理制度 35 项之多，使纪检监察各项工作有章可循、有制可遵，进一步规范了纪检监察干部廉洁从政行为，工作有序进行，效率明显提高。2001 年，制定出台《中共抚州市纪律检查委员会常务委员会议事规则（试行）》、《抚州市监察局局长办公会制度（试行）》，修订完善《机关管理制度》，全市各县（区）共制定和完善机关各项业务、工作和学习制度共计 113 个。2002 年，市纪委监察局制定《市纪委监察局机关财务管理暂行办法（试行）》、《小车管理暂行办法》、《关于鼓励机关干部自学成才的暂行办法》，以及办案、用稿等奖励措施，机关管理更加规范有序。2003 年，制定出台《中共抚州市纪委书记办公会议事规则》。2013 年，制定和完善市纪委常委会工作细则、学习制度、会议管理制度、来文办理工作制度、公文限时办结制度、文件制发工作制度、印章管理制度、档案管理制度、保密工作制度、督查工作制度、请销假制度、学习考察培训制度、慰问看望制度、机关财务管理制度、机关来客接待制度、机关车辆管理制度、市党风廉政教育中心管理办法、机关财产管理制度等。至 2015 年，市纪委监察局机关均按以上制度管理执行。

第三节　机关党建

一、组织建设

1984 年，地区纪委党支部被评为全省先进党支部，并出席全省先进党支部表彰大会。

1989 年 11 月，地区监察局党组成立，局长姜高山兼任党组书记。党组成员章友泉、蔡勇耕。

1990 年 6 月 28 日，地区纪委机关党支部被地直机关党委评为先进党支部，封文元被评为优秀共产党员，徐金元被评为优秀党务工作者，龚兴华被评为学焦裕禄积极分子。

1993 年，根据党中央、国务院关于纪检、监察机关合署办公后监察机关不再设立党组，重大问题由纪委常委（委员）会研究决定的精神，地区纪委与地区监察局于 5 月 31 日合署办公后，地区监察局党组被撤销，党组书记和成员自然免职。

2000 年 11 月，经中共抚州市直机关工委批准，成立中共抚州市纪委机关总支部委员会，并召开全体党员选举大会，到会党员 43 人。根据《选举条例》规定，选举出陈茂龙、周信昌、梅国和、洪明、王玉秀为机关党总支委员，陈茂龙为书记。选举周信昌、刘木龙、曾春为机关第一党支部委员，周信昌为书记。选举王玉秀、郑乐惠、李晓君为机关第二党支部委员，王玉秀为书记。选举李树武、万家里、姚英华为机关第三党支部委员，李树武为书记。选举梅国和、张福兰、余凯为机关第四党支部委员，梅国和为书记。第一党支部为办公室、监察综合室的党员共 14 名；第二党支部为信访室、案件审理室、举报中心的党员共

13 名；第三党支部为纪检监察二室、执法监察室、调查研究室的党员共 14 名；第四党支部为纪检监察一室、宣传教育室、干部室、党风廉政建设室、退休老干部中的党员共 21 名。

2008 年 7 月，鉴于机关前期人员调整的实际情况，增补尧宇斌为机关党总支委员。机关党总支所属党支部由 4 个调整为 6 个：第一党支部由办公室、宣教室、调研室的 13 名党员组成，书记尧宇斌；第二党支部由廉政室、信访室、干部室的 11 名党员组成，书记李晓君；第三党支部由执法室、纠风室、审理室的 12 名党员组成，书记罗少韬；第四党支部由纪检监察一室、二室的 12 名党员组成，书记华民；第五党支部由效能室、综合室的 9 名党员组成，书记胡怡；机关老干部党支部由 9 名党员组成，书记常光国。

2009 年，机关党总支严格按照"坚持标准，保证质量，改善结构，慎重发展"的方针发展党员，做到成熟一个，发展一个，保证新党员的质量；是年，安排 1 名机关预备党员参加市直机关工委组织的发展党员培训班。

2010 年 9 月，经中共抚州市直机关工委批准，成立中共抚州市纪委机关委员会。30 日，市纪委召开机关党委成立大会。市委常委、市纪委书记吴伟柱到会祝贺并讲话。市纪委副书记赵钢主持会议，市纪委副书记傅志雄出席会议，市直属机关工委书记周信昌应邀出席会议，机关全体党员参加会议。会议通过民主选举，产生第一届机关党的委员会。市纪委常委、一室主任章菊华当选为市纪委机关党委书记（兼职），罗武明当选为机关党委专职副书记，章菊华、罗武明、陈小华、卓辉、艾华、陈武光、何辉为中共抚州市纪委机关委员会委员。

2011 年 11 月 4 日，因人事变动，经市纪委常委会研究同意，决定赵荣贵任市纪委机关党委书记。章菊华不再担任市纪委机关党委书记。

2012 年，机关党委被市直机关工委评为先进基层党组织、艾恒知被评为优秀共产党员、罗武明被评为优秀党务工作者。

2014 年 2 月 26 日，机关党委召开全体党员大会，对机关党委书记、专职副书记拟任人选进行票决。大会应到党员人数 95 人，实到 93 人。全体党员一致同意推荐尧宇斌为市纪委机关党委书记、刘发祥为市纪委机关党委专职副书记。

2014 年 9 月，机关党委在机关人员增加和岗位变动的基础上，将党支部增加到 12 个，并将 95 名党员进行重新编排和调整。对 12 个党支部书记也进行调整。其中，第一党支部书记艾恒知，有党员 13 人；第二党支部书记何辉，有党员 11 人；第三党支部书记谢伟，有党员 11 人；第四党支部书记赵四鸣，有党员 11 人；第五党支部书记黄红梅，有党员 12 人；第六党支部书记杨泽孙，有党员 5 人；第七党支部书记应晓玲，有党员 5 人；第八党支部书记娄国军，有党员 5 人；第九党支部书记朱靖，有党员 5 人；第十党支部书记缪宇峰，有党员 5 人；第十一党支部书记卓辉，有党员 5 人；老年党支部书记桂富明，有党员 7 人。

2014 年 10 月 9 日，机关党委召开全体党员大会，大会应到党员人数 95 人，实到 90 人。全体党员一致同意推荐孔艳萍为市纪委机关党委书记。

2015 年 8 月 6 日，机关党委根据中共中央办公厅《关于建立健全地方党委部门党组（党委）抓基层党建工作责任制的意见》，为加强和改进机关党的工作，制定印发《抚州市纪委机关党委工作责任制度》。《制度》分总则、责任主体、责任内容、责任目标、责任考核、责任追究、附则共七章十六条。是年，严格按“八有”标准建设党员活动室。机关党委被市直机关工委评为2014年度优秀党组织。

抚州地区(市)纪委监察局机关党组织历任正副书记名单
(1989—2015年)

单位名称	姓名	职务	任职时间
地区监察局党组	姜高山	书记	1989.11—1993.05
地区监察局党支部	吴义高	书记	1989.11—1996.09
地区监察局党组	章友泉　蔡勇耕	成员	1989—1993.05
地区纪委监察局机关党支部	黎玉昌	书记	1993—1998.11
地区纪委监察局机关党支部	周信昌	书记	1998.12—2000.10
市纪委监察局机关党总支	陈茂龙	书记	2000.11—2009.04
市纪委监察局机关党总支	郑乐惠	书记	2009.05—2010.08
市纪委监察局机关党委	章菊华	书记	2010.09—2011.10
市纪委监察局机关党委	赵荣贵	书记	2011.11—2014.01
市纪委监察局机关党委	尧宇斌	书记	2014.02—2014.08
市纪委监察局机关党委	孔艳萍	书记	2014.09—2015.12
市纪委监察局机关党委	罗武明	专职副书记	2010.09—2011
市纪委监察局机关党委	刘发祥	专职副书记	2014.02—2015.12

二、思想建设

1962—1965年，地委监察委员会(监察组)组织全体监察干部，认真学习党的方针政策和国家的法律法令，学习马列主义和毛泽东著作，学习中共八届十中全会的文件、中央关于农村若干问题的决定(草案)、中央关于“五反”和社会主义教育运动的指示，以及反修正主义的各项文件，不断武装思想，提高辨别是非的能力。

1966年3月中旬，在全区监察工作座谈会上，讨论监察机关和监察干部突出政治，活学活用毛主席著作，实现人的思想革命化，还讨论政治与业务的关系，交流学习经验，进一步研究落实学习的方法和措施。

1982年，地委纪委机关党组织建立和健全政治学习、业务学习、组织生活等项规章制度。同时，认真抓好党的十二大文件的学习，对调动党员干部的积极性，提高工作效率起到积极作用。

1983年，地区纪委机关党组织组织党员干部学习中共十二大文件，学习新党章和新宪法，学习中纪委二次、三次全会和全省纪检工作会议文件，提高党员干部的思想、理论水平。

1984年10月至1985年6月，圆满完成地区纪委机关整党任务，参加的党员共计40人。通过整顿，除1人因病去世未予登记外，其余39人经支部党员大会讨论，认为符合党员标准，一致通过给予登记。其间，机关全体党员干部系统地学习《党员必读》、《十一届三中全会以来的重要文献简篇》、《毛泽东同志论党的作风和党的组织》、《邓小平文选》以及中纪委印发的有关整党文件，开展整党重要性和紧迫性的专题讨论，提高对整党的思想认识。通过学习，一些认为与己“无关”、“自身清正，没有什么可整”的党员，认识到整党是全党的大事。全体党员受到一次深刻的马列主义、毛泽东思想教育和党性、党风、党纪教育。进一步明确了党的性质、宗旨，树立为共产主义奋斗的崇高理想。年终还进行一次业务考试，全体党员干部的素质有了新的提高。

1987 年，中共十三大闭幕以后，地区纪委立即发出《关于组织学习，深刻领会中共十三大文件的通知》，地区纪委机关党支部采取多种形式组织纪检干部学习中共十三大文件。一是采取自学原文、领导辅导，学一段，议一段的方法，加深对中共十三大精神的理解。二是举办学习班、召开座谈讨论会学习交流中共十三大文件体会，探讨新时期纪检工作如何为企业深化改革服务的问题。三是联系实际，把学习中共十三大文件同学习邓小平关于建设有中国特色社会主义的论述相结合，同学习中共十一届三中全会以来的重要文献相结合，同调查研究和实践相结合，研究探索如何做好新形势下的纪检工作。

1988 年，地区纪委机关党支部注重教育纪检干部牢固树立党和人民的利益高于一切的思想。主要抓：一、提高理论水平和政策水平，组织纪检干部认真学习马列主义理论，学习党在社会主义初级阶段的理论和党的十一届三中全会以来的路线、方针、政策。坚持每周二、五下午政治学习日的制度，采取举办专题讲座、短期培训、分散自学与集中讨论相结合等学习方法，帮助纪检干部学好理论。二、加强党性锻炼，教育党员干部牢固树立党和人民的利益高于一切的思想，热爱纪检工作，做好纪检工作。三、加强品德修养，教育党员干部要自觉做到公正严明、刚直不阿、廉洁奉公、以身作则。由于重视抓好思想建设，纪检队伍的政治素质大大提高。

1989 年，地区纪委机关党支部重视抓好纪检队伍的政治理论学习，较好地克服部分党员中存在的“畏难”情绪，增强了惩腐保廉正党风的信心和决心。同时，表彰一批秉公执纪、敢于碰硬的先进典型，坚决查处个别执纪违纪的党员干部，维护了纪检机关的声誉。

1990 年，地区监察局党组为了认真贯彻落实地委组织部《关于在全区干部、党员中开展向雷锋、焦裕禄同志学习的通知》精神，在全局干部党员中开展向雷锋、焦裕禄同志学习的活动，各党小组分别组织党员干部结合本职工作实际和典型事例，就如何开展学雷锋、学焦裕禄活动和本人怎样学怎样做等问题进行讨论。结合本职工作，把学雷锋、焦裕禄活动贯穿到本职工作中去，牢记党的全心全意为人民服务的宗旨，发扬艰苦奋斗、无私奉献精神，正确处理个人利益与国家集体利益的关系，提高工作效率。

1991 年，纪检机关的党员思想建设有了新的加强。重点抓了学习马克思主义哲学，并召开学哲学、用哲学理论研讨会。使每个党员干部在复杂纷纭的国际国内环境中，坚定共产主义信念，把握正确方向，自觉经受住“三个考验”。

1992 年下半年，纪检机关党支部组织党员干部学习经济知识，从 9 月开始，每月安排一课，时间半天。并请行署领导和地区体改委、地区经委、地区人民银行和外贸局等部门负责人授课。每次辅导课结束后，以室为单位组织讨论。把学习经济知识与深入学习邓小平南巡重要谈话和江泽民总书记在中央党校的重要讲话结合起来，进一步加深对邓小平南巡重要谈话中一些重要理论观点的理解。同时还紧密联系纪检工作的实际，探讨和研究支持保护改革，为经济建设服务的途径和方法。

1994 年，纪检监察机关党支部重点安排学习《邓小平文选》第一、二、三卷，学习中共十四届三中全会、四中全会和中央纪委的三次、四次全会文件，学习江泽民总书记在中央纪委三次全会上的重要讲话，用邓小平建设有中国特色的社会主义理论武装全体党员干部的头脑。全体党员共撰写心得笔记 600 余篇。

1997 年，机关党支部工作总的思路是：以邓小平建设有中国特色社会主义理论和党的基本路线为指导，紧紧围绕地区纪委委员会的中心任务开展工作，大力加强思想建设、组织建设、制度建设，充分发挥党支部的战斗堡垒作用和党员的先锋模范作用，保证地区纪委各项任务的顺利完成。一是坚持学习制度，组织党员认真学习邓小平建设有中国特色的社会主义理论，学习八届全国人大五次会议和中共十五大文件，学习中央纪委八次全会和省纪委四次全会精神，学习《中国共产党党员领导干部廉洁从政准则》和《中国共产党纪律处分条例（试行）》等党内法规和纪检监察业务知识。二是把学习活动与机关目标考评中加强精神文明建设的有关要求相结合、与本室业务工作相结合，做到学以致用，理论联系实际，通过学习进一步提高全体党员的政治理论水平和业务水平，更加自觉地坚持党的基本路线，模范执行党的各项政策和纪检监察干部“三十二字”（政治坚定、思想解放、忠于职守、勤奋敬业、实事求是、光明磊落、严格执纪、清正廉洁）职业道德基本要求。三是坚持全心全意为人民服务的宗旨，认真履行党和人民赋予的职责，努力开拓纪检监察工作的新局面。

1998—2000 年，机关党支部思想政治工作的特点是开展经常性谈心活动，掌握每个党员的思想脉搏，有的放矢地做好思想工作；关心和帮助党员干部，解决他们在工作生活中遇到的实际困难，逢年过节走访慰问生病和离退休的党员，把组织的温暖送到他们的心坎上。

2001 年，机关党总支为贯彻落实中央、省、市委关于在全党深入学习邓小平理论和江泽民总书记等中央领导关于理论学习的指示精神，进一步掀起委、局领导和机关干部理论学习新高潮，不断提高委、局领导理论素养、决策水平，带动和促进机关全体干部的理论修养和知识水平的提高，更好地开展党风廉政建设和反腐败斗争。

2002 年，机关党总支不断加大组织党员干部学习邓小平理论、“三个代表”重要思想、中共十五大及十六大精神的力度，鼓励自学成才，积极参加各类函大、电大、业大、自修大学学习。绝大多数干部都具备大专以上学历，思想政治文化素质和工作能力进一步提高。

2003 年，全面推行领导干部中心组定期学习制度。规定星期六为集中学习日，聘请高等院校教授、专家就公文写作、法律、心理学和市场经济等方面的知识进行讲课辅导。在学习《“三个代表”重要思想学习纲要》的过程中，机关各室主任先学一步，每人担任一个学习专题的辅导。

2004 年，深入开展“三个代表”重要思想学教活动，每周二、五下午，市纪检监察机关全体党员干部集中进行学习。先后推出被中纪委通令嘉奖的乐安县纪委常委李志发、宜黄县纪委副书记仇文军等先进典型，在电视、报刊、广播中进行大力宣传。

2006—2012 年，机关党总支（党委）始终把抓党员干部政治理论学习放在首位，制定学习计划和安排，提出学习目的和要求，以开展创建“学习型”机关活动为契机，每年组织机关党员干部集体学习20余次，还组织市纪委机关室主任以上干部和部分县（区）纪委书记前往香港廉政公署进行考察学习。

2013年，机关党委以“三八”妇女节为契机，组织机关女党员干部赴韶山进行革命传统教育，进一步增强女纪检监察党员干部对党的忠诚信念，提高女纪检监察干部的职业道德水平，使她们能以更充沛的精力全身心地投入到工作中，

2015年，机关党委组织机关党员干部以“严以用权，真抓实干，更好地谋事、创业、做人，树立忠诚、干净、担当的纪检监察干部形象”为主题，认真进行学习讨论。大家结合实际，坚持把自己摆进去，认真进行自我剖析，深入查摆问题，既交流思想、提高认识，又列出问题“清单”，提出工作措施，为整改落实打下坚实的基础。

三、作风建设

1983年，为开创纪检工作新局面，尽快实现党风的根本好转，地委纪委党支部认真贯彻中纪委《关于健全党的纪律检查系统加强纪检队伍建设的暂行规定》和中共江西省委批转省纪委《关于充实、加强各级检查机构的请示报告》。组织机关党员干部学习中共十二大文件，学习新党章、新宪法、整党《决定》，学习中央纪委二次、三次全会和全省纪检工作会议文件，为刹风整纪做了大量的工作，党风向好的方向发展。同时加强党性党风党纪教育，着重抓开好民主生活会，认真开展批评与自我批评，不断提高党员对端正党风重要性和必要性的认识和对加强机关作风建设重要性的认识。

1985年，认真贯彻执行中共中央办公厅、国务院办公厅[1985]57号文件和省委八届二次全委扩大会议通过的《关于切实端正党风决定》，以及中央和省委下发的关于端正党风的一系列文件，集中力量，狠刹几股不正之风。经过整党有关文件学习后，领导班子成员和机关每一个党员，梳理各自在思想、作风、纪律等方面存在的主要问题，找到存在问题的原因，进一步明确做一名新时期合格党员所必须具备的条件。

1987年至1988年，地区纪委党支部在大力倡导恢复和发扬党的优良传统和三大作风的同时，针对同时期发生的倾向性的问题，采取逐个理清和纠正的办法。注意从实际出发，有什么问题就解决什么问题。1987年比较集中地纠正以权谋私和官僚主义的问题。1988年纠正长期拖欠公款等不正之风，从而塑造了良好的机关形象。

1989年，地区纪委会同组织、宣传部门对机关党员干部进行以防腐蚀、保廉洁为主要内容的党规党法教育；认真组织机关党员学习党中央、国务院和中央领导关于制止“六·四”政治风波的各项指示、号令，学习中共十三届四中全会、五中全会文件，并通过报刊、电视台、《纪检信息》发表学习体会，表明政治态度。

1990年，地区监察局党组带领全局干部、党员开展密切联系群众，改进工作作风，为群众做好事，办实事活动。同时制定义务劳动制度，规定除了积极参加地委、行署组织的各种义务劳动外，每个党员到支农点开发点参加义务劳动，每人每年不得少于12天。

1991年，地区纪委党支部组织机关全体党员认真学习中纪委（1990）1、2、3、4号文件和近年制定的一系列有关违纪处分的条例或规定，充分利用党校阵地上好党风党纪课，进一步增强做好纪检工作的信心和决心。

1997年，地区纪委监察局机关党支部大力加强作风建设，把学习《中国共产党党员领导干部廉洁从政准则》和《中国共产党纪律处分条例（试行）》等党内法规与地直机关“解放思想改进作风”学习教育活动相结合，激励党员干部树立真抓实干的务实作风，做遵守党纪的模范。

1998—2000年，地区纪委监察局机关党支部大力弘扬艰苦奋斗、无私奉献、密切联系群众、批评与自我批评的优良传统和作风，促进机关作风上新台阶。

2013年，市纪委监察局机关党委结合贯彻落实《党政机关厉行节约反对浪费条例》，把“三公一奢”（公车运行、公务接待、公务用品采购、奢侈浪费）”专项整治作为改进工作作风的重要抓手，推动作风建设和厉行节约常态化、制度化、规范化，形成严格管理、严格监督、严格查处的长效机制。12月27日，市纪委召开机关“三公一奢”专项整治动员会。市委常委、市纪委书记吴伟柱在会上强调，机关党员干部要率先遵守纪律。对市委、市政府制定的落实“八项规定”措施和元旦、春节期间专项整治的纪律，做到令行禁止，带头执行。

2014年，机关党委在扎实开展党的群众路线教育实践活动中，聚焦“四风”（形式主义、官僚主义、享乐主义和奢靡之风）问题，加强机关党员干部作风建设，着力解决人民群众反映强烈的突出问题，保持同人民群众的血肉联系。

2015年，机关党委组织机关党员干部集中参观“把纪律挺在前面”主题教育展，并组织观看中央纪委下发的有关纪检监察干部违纪违法案件的通报和省纪委拍摄的《反腐警示录》，引导大家以反面典型为戒，严守党纪党规“底线”。同时，将编印的《“把纪律挺在前面”学习资料》发放到机关党员干部手中，并以闭卷的形式，开展党纪党规知识测试来检验学习成果。始终绷紧作风建设的弦，定期开展监督检查，严厉查处违纪行为，以严格执行纪律促进机关干部作风的进一步转变。

四、党组织活动

1. 整风运动和反右派斗争

1957年，在地委统一领导下，中共抚州地方监委干部积极参加整风运动和反右派斗争，保证党的方针政策的正确贯彻执行，基本掌握揭发出来的党员违法乱纪的事实。

2. 反右倾为中心的整风运动

1960年，地委监委干部积极投入到以反右倾为中心的整风运动，以反贪污、反浪费、反官僚主义为中心的“三反”运动，以检查政策、贯彻政策、兑现政策的反“五风”（共产风、浮夸风、命令风、干部特殊化风、瞎指挥风）为中心的整风整社运动。

3. 增产节约和城市“五反”运动

1962年，地委监委在中央、省委关于开展增产节约和“五反”（反对贪污盗窃、反对投机倒把、反对铺张浪费、反对分散主义、反对官僚主义）运动的指示下达以后，根据地委的部署和安排，组织机关党员参加增产节约和城市“五反”运动。

4. 机关“四清”运动

1963年，地委监委党员在地委机关“四清”（清思想、清政治、清組织、清经济）运动中，一方面进行自我革命，洗手洗澡放包袱，改造提高自己，检查过去监委工作，总结经验教训，进行彻底整改。另一方面，将过去手头上掌握的有关情况，积极主动地向社教工作队提供一批素材。同时抽调干部，协同工作队办理机关专案，并请查处理工作队离开机关遗交下来的遗留案件。

5. 民主评议党员

1989年，地区纪委和地区监察局党组织按照中央“从严治党”和“认真进行合格党员的教育”的要求。根据地委、地区直属机关党总支的布置，结合实际情况，开展支部的民主评议党员工作。目的是对机关全体党员进行一次做合格的共产党员的教育，清除党内一切消极的、腐败的东西，提高党员的素质，保持党组织的纯洁性和先进性，增强党组织的凝聚力、吸引力和战斗力，保证党的路线、方针、政策的贯彻执行，推动各项事业的顺利发展。机关每个党员都按照《党章》规定的党员标准，对照自己的言行，把是否坚持四项基本原则，反对资产阶级自由化；是否艰苦奋斗、廉洁奉公作为民主评议党员的重点。地区纪委在学习中央、省委、地委有关文件基础上于1991年1月26日召开1990年下半年民主生活会。会上提出的问题及整改措施是：认真贯彻落实好中共十三届七中央全会和中纪委七次全会精神，坚持纪检工作为党的基本路线服务的指导思想，为促进抚州的经济建设和改革开放而努力工作。坚持从严治党的方针，认真履行职责，严肃查处党内违纪案件，把查处的重点放在县级党员领导干部的违纪案件上。进一步加强调查研究工作，除领导深入基层以外，各室都要结合本室工作特点，开展调研活动。改选机关党支部，配备好机关党支部书记、副书记，以进一步加强地区纪委机关的政治思想工作。纪委领导争取每半年开展一次谈心活动，了解掌握干部的思想状况，教育关心纪检干部。积极协助地委、行署抓好纠正行业不正之风的工作，检查督促各行各业主管部门，认真解决群众反映强烈的“热点”问题。

6. 坚持唯物论、崇尚科学、破除迷信学习教育活动

1999年，地区纪委监察局机关党支部根据《中共抚州地委关于在全区广大党员、干部和群众中开展坚持唯物论、崇尚科学、破除迷信宣传教育活动的安排意见》和地区纪委主要领导的指示，开展坚持唯物论、崇尚科学、破除迷信学习教育活动。坚持周二、五学习，采取自学与集中学习讨论相结合的方式，重点学好以下内容：《马克思、恩格斯、列宁、斯大林、毛泽东、邓小平、江泽民论唯物论和无神论》、《中共中央关于加强社会主义精神文明建设若干重要问题的决议》、《江泽民论社会主义精神文明建设》和江泽民总书记近期重要讲话，《中共中央关于共产党员不准修炼“法轮大法”的通知》及有关部委关于处理“法轮功”的决定、通知，《马克思主义唯物论和无神论教育学习资料》（中宣部学习出版社）、《维护社会稳定法律知识问题》、《坚持唯物论，破除封建迷信宣讲参考材料》（地委宣传部编写）。

7.“三讲”教育活动

2000年上半年，按照省委和地委的统一部署，地区纪委监察局开展“三讲”（讲学习、讲政治、讲正气）教育活动。活动分思想发动，学习提高；自我剖析，听取意见；交流思想，开展批评；认真整改，巩固成果四个阶段进行。通过“三讲”教育，领导干部普遍受到一次系统的马克思主义教育和深刻的党性党风教育，初步找准、抓住了领导班子和领导干部个人党性方面存在的突出问题，并制定措施进行认真整改。

8. 争做“学习型干部”活动

活动时间为2004年7月至2006年7月。委局机关成立争做“学习型干部”活动领导小组，具体负责活动的组织领导和督促检查。领导小组下设办公室，负责处理日常事务。学习内容为政治理论、科学文化知识、市场经济知识、法律法规知识、专业知识、推广普通话。每周二、五为机关“定期学习”时间。学习方式有举办专题知识讲座；开展读书年活动，每人每年至少精读一个学习材料，并写出心得体会；业余自学计算机知识和技能，使人人都能利用计算机进行快捷办公；推进干部学历教育；开展专题调研，每个室负责一个调研课题，每个干部都要参加一次专题调研。

9. “三个代表”重要思想学教活动

2004年，市纪委监察机关党总支深入开展“三个代表”（中国共产党代表着中国先进社会生产力的发展要求，代表着中国先进文化的前进方向，代表着中国最广大人民的根本利益，）重要思想学教活动，每周二、五下午，组织机关全体党员干部集中学习《“三个代表”重要思想学习纲要》，各室主任先学一步，每人担任一个学习专题的辅导。

10. 保持共产党员先进性教育活动

2005年，根据市委要求和《中共抚州市纪委开展保持共产党员先进性教育活动实施方案》，市纪委监察机关领导班子成员参加纪委监察机关先进性教育活动。活动分三个阶段进行：第一阶段学习动员。召开纪委机关先进性教育活动动员大会，参加机关全体干部学习会，学习贯彻中共十六届五中全会精神，集中学习讨论按照先进性教育活动规定的学习内容，认真自学做好读书笔记；发放征求意见函，征求县（区）纪委监察局对市纪委监察局领导班子和班子成员的意见及建议；围绕“做党的忠诚卫士，做群众的贴心人”进行集中学习、讨论；参加一次专题党课活动、一次以送温暖为主题的实践活动；为分管科室的党员讲一次党课；分别参加分管科室和党支部的党员先进性具体要求专题讨论；召开转段总结和动员大会。第二阶段分析评议。按照市纪委机关先进性教育活动领导小组安排，参加征求机关内外意见活动；机关领导班子成员之间、机关领导班子成员与分管科室党员之间广泛开展谈心活动；结合征求到的群众和党员的意见，认真撰写分析材料；参加机关领导班子和分管科室的专题民主生活会；以普通党员身份参加所在支部的专题组织生活会，听取所在支部对本人的评议意见；根据专题民主生活会和专题组织生活会的情况，认真修改党性分析材料；通过适当方式，在一定范围内通报机关领导班子专题民主生活会情况；了解分管科室分析评议阶段的情况。第三阶段整改提高。召开转段总结和动员大会；修订个人整改措施，并认真落实；督促分管科室进行整改；召开室主任以上领导干部会议专题研究制定整改方案，明确整改重点和完成时间，落实整改责任，对整改情况进行认真督促检查；对具备整改条件而没有解决的问题，集中力量切实解决；对暂解决不了的问题，通过一定方式向群众做出说明；召开集中学习教育阶段总结大会并通报整改情况，巩固和扩大整改成果，具体对照市委先进性教育活动的具体规定，察看整个活动过程是否符合上级要求。

11. 创建“四型机关”活动

2007年，市纪检监察局机关系统开展以创建学习型、操作型、和谐型、廉洁型机关为主题的“四创”活动。坚持“每周一学、每月一题、两月一讲、一年一训”的“四个一”学习方式。邀请中纪委宣教室负责人李本刚，省纪委常委、省监察厅副厅长范劲松等领导就学习贯彻中共十七大精神和创建“四型机关”作专题报告，拓宽纪检监察机关党员干部的视野。建立“中心讲坛”制度，机关党员干部每两个月研读一本书，并就此谈体会，讲心得，一人讲，众人评，每组织一次学习，都明确一个主题，联系一次实际，受到一次启迪，自觉把学习成果转化为谋划工作的思路、落实工作的措施、促进工作的动力；并将读书活动向县（区）纪检监察机关延伸，深化读书活动的效果，通过开展“四创”活动，全市纪检监察机关党员干部的整体素质得到明显提高。

12.“廉政助学工资一日捐”活动

2008年，市纪委监察局积极探索廉政捐资助学的新方式，不断拓宽捐资助学的覆盖面，相继成立“廉政助学金”和开展“廉政助学工资一日捐”等活动，用于资助品学兼优而家庭经济困难的学生。9月，分别在金溪、广昌县各设立100万元的廉政助学金，用于资助品学兼优而家庭经济困难的在校高中生和考取大学的学生，当年两县共资助180余人，资助金额30多万元。2009年7月28日上午，市纪委监察局在市行政会议中心一楼会议室举行“廉政助学工资一日捐”活动，市纪检监察机关和市直单位纪检监察机关182名党员干部踊跃捐款，奉献爱心，筹得资金18551元。至8月3日，全市纪委监察干部参与捐款人数达1096人，共筹得资金95047元。

13.领导干部挂点联系村活动

2009年3月，为大力宣传科学发展观，认真听取基层干部群众对纪检监察机关服务科学发展和“做党的忠诚卫士、当群众的贴心人”的意见建议，市纪委常委会研究决定，实行委局领导和机关党员干部挂点联系行政村工作制度。围绕纪检监察机关服务、保障和促进科学发展和自身建设进行调研，真诚了解民情，认真研究民意，全力解决民难，严肃查处损害群众利益的违纪违法案件，有效地把开展“两项”活动与“机关效能——项目建设年”活动和服务基层、服务群众有机统一起来。

14.“下农村，群众贴心人送清风”活动

活动时间为2009年6月至12月。活动内容8项：开展政策宣讲，倾听群众诉求，努力帮民致富，广泛开展结队帮扶，指导建立和实施农村党风廉政建设监督制度，监督检查强农惠农政策落实情况，指导“四中心一平台”（便民服务中心、招投标交易中心、群众诉求中心、财务核算中心、农村“三务”网上公开平台）建设，及时总结表彰。活动结束后，下农村党员干部以挂点村为单位形成一篇有情况有分析有对策建议的工作总结报告报纪委干部室。

15.创先争优活动

2010年，机关党总支不断创新纪检监察干部教育载体，以“作表率、创一流”和“四实四创”（察实情、讲实话、办实事、求实效，思路创新、制度创新、机制创新、载体创新）活动为载体，扎实开展创先争优活动，不断巩固深入学习实践科学发展观活动和“做党的忠诚卫士、当群众的贴心人”主题实践活动成果。一是开展“廉政大课堂”和“读一本好书”活动，提高干部综合素质；二是先后到宜黄县东陂镇江背村和南丰县市山镇开展“下农村、送温暖”活动，送医、送药、送科技，访贫问困，与老百姓同劳动；三是积极参加“三包为民”活动，走访慰问党员群众60多名,办好事实事20多件。

16. **党的群众路线教育实践活动**

2014年2月27日,市纪委监察局机关党委召开党的群众路线教育实践活动动员大会。市委常委、市纪委书记吴伟柱出席会议并讲话。市委第三督导组成员出席会议,市纪委、市纪工委机关全体干部100余人参加会议。3月11日,举行先进人物事迹报告会。市纪委监察局机关全体党员干部聆听抚州"十大勤廉之星"——杨应庚所作的先进事迹报告。3月11日至13日,市纪委监察局全体党员干部集中封闭学习三天,开展学习教育"八个一"(组织一次集中学习讨论、举办一次先进事迹报告会、开展一次廉政警示教育、举行一次入党誓词重温、观看一场电视主题教育片、观看一场标兵人物专题片、组织一次理论知识考试、撰写一篇学习心得体会)具体活动。13日,召开专题学习讨论会。尔后,按照市委的统一部署,紧贴实际、以上率下,心系群众、边学边改,既严格落实规定动作,又体现纪检监察特色,扎实推进委局机关的路线教育实践活动,采取问题倒逼、作风倒查的方式,把整改落实与纠正"四风"结合起来,与队伍建设结合起来,与业务工作结合起来。将归纳梳理后的75条意见建议建立整改台账,制定线路图、列出时间表、落实责任人,实行销号式管理,做到边整边改、立说立行,确保每个问题逐条整改落实到位。市纪委监察局机关完成市委分解的专项整治任务4项,制度建设2项,完成委局机关专项整治6大类23项,制度建设18个,整改各类具体问题72个,整改率达到100%。省委督导组、市委督导组先后对委局机关教育实践活动进行督导,并给予高度评价和充分肯定。《中国纪检监察报》、《抚州日报》、《市委活动办简报》分别对委局机关教育实践活动进行宣传报道。

17. **"四访送清风"活动**

2014年3月至11月,为深入推进党的群众路线教育实践活动,进一步密切纪检监察机关与广大群众的血肉联系,市纪委监察局领导先后率机关干部分赴县(区)开展"驻点接访、老户回访、带案下访、重点约访"的"四访送清风"活动,听取基层代表意见建议,与群众面对面沟通,为群众排忧解难。从3月18日至11月20日,市纪委监察局领导分别率队到广昌县长桥乡、东乡县詹圩镇、南城县万坊镇、乐安县戴坊镇、临川区东馆镇、崇仁县白陂乡、金溪县对桥镇、黎川县潭溪乡、资溪县高阜镇等开展"四访送清风"活动。活动中对反映损害群众利益的重要信访案件、久拖未结信访案件、领导交办信访案件,特别是上级纪检监察机关要结果、要情况的信访案件,实行一月一督办,重点约访。对群众反映比较强烈的带倾向性、苗头性的问题,特别是发生集体上访和多人多次举报的、有针对性的约访举报人,深入了解情况,促进问题解决,并及时反馈调查处理结果。对长期上访的"老户",督促相关职能部门落实包案领导,明确稳控责任,综合运用当面回访、电话回访、信函回访、邮箱回访等方式,对上访人不定期进行回访。活动中共受理群众信访反映84件,督办案件16件,约访6人,回访老户14人,解决各类信访问题68件,为群众办实事32件。

18. **"文明交通行"劝导志愿服务活动**

根据市文明办《关于在全市开展志愿服务系列活动的通知》要求,市纪委牵头,市人保局、市粮食局、市广电局、市接待办参与,开展"文明交通行"志愿服务活动。活动时间为2014年5月10日至年底,每周六上午9时至11时,活动地点在红石嘴社区,青云峰路与文昌大道交汇路口，主要内容是围绕行人、非机动车闯红灯、走快车道和机动车违法停车、不礼让行人等不文明行为进行劝导。每个参与人员开展活动时均佩戴统一标识，并规范劝导行为。

19. 承办抚州市第二十二期道德讲堂活动

活动开讲时间为2014年8月15日上午。开讲地点在市图书馆三楼会议室。参加人员有市纪委监察局机关全体干部，市纪工委监察分局全体干部，临川区纪委机关干部代表20人，社区部分群众代表共120余人。讲堂活动按照“唱歌曲、讲故事、诵经典、发善心、送吉祥”等五个流程进行。唱歌曲：组织演唱歌曲《纪检监察之歌》。讲故事：观看道德模范事迹短片2011感动中国人物——杨善洲，讲爱岗敬业模范金溪县公安局纪委书记曾广慧、临川区纪委常委副局长傅子良的事迹。诵经典：由主持人带领参与活动人员诵读抚州《市民公约》。发善心：由主持人带领参与活动人员做出道德承诺。送吉祥：向参与活动人员赠送《苦难辉煌》一书。

20. “三严三实”专题教育

2015年，根据中央、省委的要求和市委的统一部署，市纪委监察局在机关和市纪工委县处级以上领导干部中开展“三严三实”（严以修身、严以律已、严以用权，谋事要实、创业要实、做人要实）专题教育。5月29日，召开市纪委监察局和市纪工委全体党员干部参加的“三严三实”专题教育动员部署会暨专题党课。此次专题教育不分批次、不划阶段、不设环节，与平时的中心组学习、“三会一课”、年度民主生活会结合起来，融入领导干部经常性学习教育中。主要抓好四个关键动作：即讲好专题党课，抓好动员部署；办好学习研讨，推动以知促行；开好民主生活会和组织生活会，严格党内生活；抓好整改落实，从严立规执纪。“三严三实”专题教育取得明显成效：一是在整改落实上见到实效。完善了整改措施，明确了任务进度，做到从自己改起，从现在改起，确保件件有落实，个个见成效。二是在践行“三严三实”上见到实招。把“三严三实”的要求贯彻到修身做人、为官用权、干事创业各个方面，使“三严三实”融入血脉、形成习惯。按照“三严三实”的标准，全面加强了领导班子思想、政治和作风建设，充分发挥了常委班子示范带头作用。三是在推动工作落实上见到实绩。坚决贯彻了全面从严治党要求，以“清廉抚州”建设为统揽，聚焦监督执纪问责，进一步严明纪律、严抓“四风”、严管干部，深入推进党风廉政建设和反腐败斗争，用工作实绩凝聚正能量、作出新贡献。

第四节　中心工作

一、支援老区建设

1986年10月，地区纪委与乐安县坪溪乡建立挂钩扶贫联系点后，即把扶贫工作列入重要议事日程。1987年，纪委主要领导先后3次到坪溪乡考察，同当地领导共同商讨脱贫致富措施，把扶贫重点放在协助乡政府抓好粮食生产上，采取措施扩大杂交水稻种植面积。是年，全乡粮食亩产增加30公斤，为摘掉粮食“回供帽”迈出一大步。农民人平增收20%，乡村企业产值增长40%。春节期间，纪委主要领导还到坪溪乡进行慰问，为该乡6

个村委会放映电影 6 场，开座谈会 5 次，走访特困户 30 多户。驻点干部发挥专业特长，帮助兴建一座 1.5 千瓦小型水电站，并找到许可乡镇企业开采的石英、萤石、花岗岩等矿 4 处，为发展坪溪乡镇企业打下良好基础。通过驻点干部牵线搭桥，为坪溪乡引进采矿、木竹加工、种香菇、种竹荪技术，引进电动机、木工刨床等设备 5 台，引进办石英矿资金 20 万元。

二、包扶乡镇工作

1990 年 3 月 1 日，地区纪委与临川县纪委、县直机关党委、县物资局建立临川县河西乡支农挂钩点，共同改造火焰山农场 25 亩低产桔园。1997 年，地区纪委被评为全省扶贫先进单位。1998 年，地区纪委包扶乡镇工作在省、地、县三级检查考评中得到好评。

三、防洪抢险工作

1989 年 7 月，地区纪委组织工作组赴支农挂钩点崇仁县白露乡进行洪水灾害调查，协助当地政府组织群众开展生产自救。地区纪委副书记刘有荪也到该乡与干部群众共商生产自救之计。工作组与县、乡干部做了灾情调查、开展生产自救宣传发动、搞好二晚秧苗田间管理和早稻防病灭虫、突击抢栽抢种、抢修水利设施、关心群众生活等 6 项工作。

1998 年，抚州遭受特大洪涝灾害，地区纪委在做好本职工作的同时，积极参加防洪抢险。在灾情面前，机关全体干部表现出强烈的责任感和高度的自觉性，所有领导和一半以上干部直接参与抢险救灾工作。其中 1 人受到省级表彰，2 人受到地级表彰。地县纪委在经费紧张的情况下挤出 30 余万元，机关干部个人捐款捐物 12.5 万元支援灾区重建和帮助灾民度过难关。全区纪检监察机关还充分履行职能，对救灾款物的收取、发放、使用情况开展追踪监督。

2010 年，市纪委组织纪检监察干部积极参与防洪抢险和灾后重建工作，共捐款 1 万多元，向社会筹资 60 多万元，用于临川区罗针镇张家村灾后重建。是年，还开展向玉树地震灾区献爱心活动，共捐款近万元。

四、招商引资工作

2001 年，为促进抚州经济超常规发展，各级纪检监察机关干部积极参与招商引资活动，与企业交朋友，提供全程跟踪服务。2002 年，为切实加大招商引资工作力度，成立市纪检监察机关招商引资工作领导小组。按照市委、市政府的要求和部署，各级纪检监察机关加强对招商引资工作的领导，制定招商引资工作任务考评及实施细则（试行），明确任务和责任，并派员参加市招商小分队工作，招商引资工作取得较好成绩。是年，市、县（区）两级纪检监察机关签订招商引资合同项目 83 个，合同金额人民币 5 亿元，实际进资 1.3 亿元，其中市纪委监察局引进项目 13 个，实际进资 4120 万元。通过参与招商引资和服务经济中心工作，全市纪检监察干部思想进一步解放，视野更加开阔，中心意识、大局意识得到强化，为经济建设服务的本领有了增强。2003 年，市纪委监察局引进项目 40 多个，实际进资逾亿元，进资额位居市直单位前列。2001—2008 年，市纪委监察局连续 8 年被市委、市政府评为全市招商引资先进单位，总结的典型材料得到中央纪委的肯定。

五、扶贫开发和新农村建设

2012—2015 年，市纪委先后挂点帮扶资溪县高阜镇石陂村、乌石镇茂林村、高田乡自源新村的扶贫开发和新农村建设，坚持把关注民生问题、解决群众实际困难作为帮扶工作的重点，经常组织人员深入挂点村调研，与群众零距离接触、面对面交流，听建议、察民情、找问题、理思路、提措施。自源村地处偏僻，与乡政府所在地有5公里之远，村民就医、小孩上学十分困难。市纪委选派一批踏实肯干、责任心强、农村工作经验丰富的纪检干部驻村指导，进一步理清发展思路，决定对该村进行整体搬迁。经过努力，争取到帮扶资金150余万元，将32户村民搬迁至高速公路的连接线旁，并实施村路硬化绿化，引山泉水至各户，建休闲广场，丰富村民文化生活，提升新村品位。石陂村村庄基础较差，房屋破旧，垃圾成堆，脏乱差现象严重。挂点帮扶后，市纪委主要领导先后三次在村里召开调度会，研究村庄规划、资金筹措等相关事宜，选派4名干部轮流在村驻点指导，带领村民搞好"三清四改"，共拆除空心房、破旧房27栋，新建房屋4800平方米，向上争取项目资金364万元，建起石陂村小学综合大楼、村民休闲广场，修通出村水泥路。在帮扶工作中，市纪委始终把生产发展、生活富裕当作新农村建设的首要任务，想方设法帮助挂点村发展集体经济。与困难群众结对子，进行"一对一"帮扶，采取资金、物资帮扶与科技扶贫相结合，既加大"输血"力度，也增强"造血"功能。依托农家书屋，组织村民参加创业培训和农业实用技术培训，使挂点村大部分村民掌握烟叶种植、山羊养殖等实用技术，成立专业合作社，大力发展特色农业。至2015年，茂林村烟叶种植面积500余亩，养殖山羊800余头。石陂村引来客商在村里创办50亩的茭白种植基地和200亩有机大棚蔬菜园，安置一批村民务工。石陂村、茂林村、自源新村村民致富路子越走越宽，年人均收入均高于全县平均水平。

六、"四进四联四帮"小分队进驻社区

2015年7月5日，市纪委派出"四进四联四帮（进农村、进社区、进基层单位、进网络，联系基层群众、联系基层干部、联系服务对象、联系广大网民，帮助化解矛盾、帮助脱贫致富、帮助产业发展、帮助村（镇）社区建设）"小分队进驻五皇殿社区，重点协助社区做好信访维稳和扶贫攻坚工作，帮助指导整顿党组织，扎实抓好社区建设试点工作，帮助生活困难群众、留守儿童、贫困学生、空巢老人、低保对象、残障人士实现"微心愿"，做好民情家访。践行群众路线，当好化解矛盾的调解员、了解民情的调研员、宣讲政策的宣传员、发展经济的服务员、解决问题的协调员、巩固组织的指导员。市纪委小分队进驻后，为五皇殿社区扎扎实实办了七件实事。一是健全社区组织体系。社区党组织、居民自治组织、民间组织等机构健全、职责明确、运转协调；社区党组织领导核心作用明显，班子团结；民主选举、民主决策、民主管理、民主监督制度健全、规范；民主协商、矛盾纠纷调处、共驻共建、民情民意反映等机制健全，居民参与民主自治渠道畅通，形成党组织领导下充满活力的居民自治机制。二是开展"一对一"帮扶。小分队针对社区贫困家庭、下岗职工、空巢老人、留守儿童、残疾人家庭开展"一对一"帮扶服务活动，走访了解每个困难群众的实际生活状况，倾听他们的迫切需求，帮助解决力所能及的困难。三是维护社区大局稳定。帮助社区建立健全专群结合的社区治安防范队伍，建成安全监控网络和设施，社区刑事案件发案数同比下降，居民群众安全感增强；社区对公共卫生、食品安全、自然灾害等社区突发事件有应对措施，应对危机能力较强；开展普法宣传和法制教育，居民群众的法制观念和治安防范意识增强。四是倡导社区文明风尚。社区群众性精神文明创建活动普遍开展；社区居民崇尚科学，热爱学习，遵纪守法，明礼诚信，邻里和睦，团结互助，社会主义荣辱观牢固树立，健康、科学、文明的生活方式得到倡导和推行，在全社区形成知荣辱、讲正气、促和谐的风尚，形成男女平等、尊老爱幼、扶贫济困、礼让宽容的人际关系。五是丰富社区文化活动。建立社区图书室、阅报栏并定期更换内容，社区各类文化体育设施常年向居民开放，社区教育、健身、科普、计生宣传形式多样、内容丰富、活动经常；推动驻区单位将服务性、公益性、社会性事业逐步向社区开放，为社区提供人力、物力、财力支持。六是美化优化社区环境。社区内建筑设施、垃圾分类、污水处理、噪声控制、能源利用等符合文明创建要求，环境整洁有序；社区爱国卫生运动组织得力，注重引导居民树立文明创建理念，共建文明和谐社区。七是改善社区工作条件。通过小分队帮扶，使社区内现有的工作用房和居民公益性服务设施齐全，管理规范；提高社区信息化程度，实现社区服务资源共享。

第四章　纪律检查体制改革

党中央对纪律检查体制改革高度重视，制定《党的纪律检查体制改革实施方案》，提出推进纪检体制改革的目标任务和具体措施。市纪委按照中央和省纪委文件精神，因地制宜地探索实践抚州市本级“片派出 + 点派驻”的模式。2012 年 6 月，市委、市政府出台《关于深化市纪委监察局派驻（出）机构管理体制改革的实施意见》，推行点片结合的派驻机构管理模式，在全省率先完成市级派驻机构管理体制改革。对委局议事协调机构和机关内设机构及县（区）纪检监察机关内设机构进行调整。2014 年 2 月，市纪委出台《抚州市纪检监察系统转职能、转方式、转作风的意见》，提出“三转”目标任务和主要内容，同时，对市纪委监察局机关工作主要职责进行修改完善。

第一节　市级派驻机构管理体制改革

2008 年，市纪委按照省纪委的要求，启动市纪委监察局派驻机构统一管理工作。一是深入调研，形成共识。对现行市直单位纪检组（纪委、纪工委）的机构设置、编制核定、干部配备等情况进行详细摸底、造册登记。先后召开市直单位纪检组长（纪委书记）和县（区）纪委书记座谈会，主动开门纳谏，消除大家的思想顾虑，自上而下逐步形成改革的共识。二是精心设计，确定模式。全面分析部门派驻模式、分口派驻模式的优劣，集中两者优点，确定在部门派驻模式上，建立“松散型”协作区。三是制定方案，及时部署。制定《关于对市纪委监察局派驻机构实行统一管理的实施意见》，报省纪委和市委、市政府批准，并以市委办、市政府办的名义转发，同时制定相关配套规定。

2009 年 2 月 11 日，市纪委监察局派驻（出）机构统一管理工作动员大会在市行政中心召开。会议贯彻落实省纪委、省监察厅的有关要求和市委、市政府的决议，传达学习市纪委、市委组织部等六部门《关于对市纪委监察局派驻（出）机构实行统一管理的实施意见》的通知，对纪检监察派驻（出）机构统一管理工作进行动员部署。是年，市本级完成“收编定员”，并按照战线归属、业务归口、优势互补的原则，分口组建 7 个市直派驻（出）纪检监察机构工作协作区，建立健全6项配套制度，为协作区顺利开展工作奠定基础。

2011年，认真落实市委批转的《关于对市纪委、市监察局派驻（出）机构实行统一管理的实施意见》，强化对市本级纪检监察派驻机构统一管理，充分发挥派驻机构的职能作用。深化市本级派驻机构管理体制改革，撤销市直单位纪检组（纪委），设立纪工委监察分局。建立健全纪工委监察分局管理制度，加强对纪工委监察分局人员培训，强化教育管理监督，充分发挥纪工委监察分局的监督职能和办案职能。实行派驻市直单位纪检组（纪委）定期向市纪委监察局汇报工作和述职述廉制度，统筹安排派驻机构参与查办案件、执法监察、专项治理等全市性的反腐倡廉工作。

2012年，市纪委监察局因地制宜地探索实践市本级“片派出＋点派驻”的模式。6月，市委、市政府出台《关于深化市纪委监察局派驻（出）机构管理体制改革的实施意见》。这次改革撤销派驻市直行政单位的17个纪检组、12个监察室，整合后成立6个市纪工委监察分局；同时，市直属机关纪工委与市第一纪工委合署办公。市纪工委为副县级常设机构，是一个独立的单位，由市纪委监察局直接领导和统一管理。每个纪工委核定行政编5个；设书记1名、副书记2名（其中1名兼任监察分局局长）、监察分局副局长1名，书记由正县级纪检员或监察员担任，副书记由副县级领导干部担任，监察分局副局长由正科级干部担任。6个市纪工委监察分局共配备干部30人。保留市政法机关、市直参公管理单位、市直事业单位和设立党委的市直单位的29个纪检监察机构，其人员、职级、工作职能不变，其编制单列，干部工作和后勤保障仍在部门管理。29个纪检监察机构分别是14个行政单位的内设纪检监察机构、11个事业单位的纪检监察机构、公检法司4个单位的纪检监察机构，其中有4个纪检组监察室、5个纪检组、19个纪委监察室、1个纪委，共有行政编32个，事业编19个，实有在职人员47人。

市级派驻机构管理体制改革运行特点是完善点派驻、片派出、面指导的管理制度，健全运行机制，发挥各自优势，形成工作合力。

片上，深化改革增活力。为增强新组建的市纪工委监察分局的独立性和权威性，市纪委监察局一统到底，做到“四个全面”。全面转体。市纪工委监察分局实行集中办公，接受市纪委监察局直接领导和统一管理，改变过去派驻机构由上级纪委和驻在部门双重领导的体制。全面统管。市纪委监察局对市纪工委监察分局的业务工作、干部工作和后勤保障进行统一管理。在干部工作上，对纪工委监察分局县级干部人选，积极争取市委支持，由市纪委提出拟任人选。6名纪工委书记、10名纪委副书记全部在纪检系统产生；对科级干部，由市纪委直接任免；纪工委监察分局的县级干部每年都向市纪委监察局述职述廉，接受评议。在后勤保障上，市纪工委监察分局为财政全额预算拨款单位，财务实行独立核算，人均公用经费标准按照政法部门每人每年3万元安排；办公场所市政府统一安排，暂时借用市民政大楼集中办公，共有38个办公室和2个会议室计2400多平方米，市政府拨专款进行装修以及统一购置家具和办公用品，并配备工作用车12辆。全面覆盖。把党群部门、政府部门、政法机关、垂直管理部门列为纪工委监察分局的联系单位，基本形成“市纪委管面、纪工委监察分局管片、责任单位管点”的工作格局，构建“横向到边、纵向到底”的监督网络，派驻机构监督面由原来的47个市级一级单位扩大到115个。全面授权。根据市纪委监察局授权，市纪工委监察分局主要履行“监督、办案”两项职能。在受理信访和查办案件上，按照“分级负责、归口办理”的原则，对涉及县级干部的，统一归口市纪委相关职能室集中处理；对涉及科级及以下干部的，需信访监督或信访初核的，报市纪委信访室备案、分管领导同意后实施，需立案调查的，市纪工委监察分局在市纪委分管领导同意后立案调查。在监督上，市纪工委监察分局除按职权进行监督检查外，认为有必要对所联系片区的单位进行专项检查的，要报市纪委监察局批准，事后形成检查报告报市纪委监察局。

点上，加强管理挖潜力。为激发点派驻干部的干事热情，2013 年始，市纪委将他们纳入全市纪检监察系统业务大比武，实行工作任务项目化、工作考核绩效化、评优评先规范化，形成学先进、赶先进、争先进的工作氛围。工作任务实行项目化管理。按照“全年工作具体化，重点工作项目化”的要求，实施以“项目化谋划，目标化管理，品牌化经营”为主要内容的“项目化工作法”。市纪委对每年全市反腐倡廉建设重点任务进行项目化管理，对涉及市直单位纪检监察机构的任务及时分解给他们，并采取“每月一汇报、每季一调度、半年一巡查、年终一评比”的“五个一”的工作落实机制，督促工作落实到位。工作成效实行绩效化评估。健全完善市直单位纪检监察业务工作绩效考核办法，围绕省纪委监察厅和市委、市政府以及市纪委监察局确定的反腐倡廉工作思路、工作任务和热点、难点问题、领导关注的特色工作，逐一按项量化分解，纳入目标管理体系。实行跟踪管理，采取日常考核、半年巡查与年度考评相结合的办法，对各单位反腐倡廉工作进行科学评估，严格考核奖惩。同时，每年开展市直单位派驻纪检组长（纪委书记）述职测评会，将测评结果上报市委并进行通报，促进相互了解、有力推进工作。评优评先实行规范化操作。严格按照标准和程序，采取自下而上、逐级推荐、层层审核的办法，市纪委每年对全市纪检监察工作中成绩优异的单位和个人进行表彰奖励。2013—2014 年，8 个市直单位纪检监察机构获得全市“十面先进红旗”，4 名市直纪检监察干部获得“十大执纪模范”，形成你追我赶、勇于争先的良好氛围。

面上，扬长避短汇合力。市纪委通过理顺关系，健全制度，充分发挥市纪工委监察分局和市直单位纪检监察机构的优势。理顺关系。市纪工委监察分局和市直单位纪检监察机构同属于市纪委监察局领导。机关各室侧重对全局工作的组织、协调和计划安排、总结上报。市纪工委监察分局，侧重于代表市纪委监察局加强检查监督和查办案件；保留的市直单位纪检监察机构，侧重于协助所在单位党政领导班子做好反腐倡廉工作和日常监督。规范运行。市纪委制定市纪工委监察分局履行监督职责、信访举报、案件查处流程等 20 项管理制度，发挥纪工委监察分局在监督和查办案件方面的作用。在监督方面，健全列席部门会议、专项督查、专题督查和交叉检查等制度，监督工作做到有章可循；在办案方面，建立“信访线索统一管理、案件检查集中指挥、案件审理统一进行”的查办案件机制，整合办案力量。统管统用。为管理好市纪工委监察分局和市直单位纪检监察机构人员，市纪委成立派驻机构管理室，与干部室合署办公，具体负责派驻机构工作安排、人员整合等相关工作。

市纪工委监察分局围绕中心、服务大局，在服务中监督，在监督中服务，不断提高监督的针对性和实效性，发挥“三个队”的作用。

一是办案攻坚队。办案难是派驻机构多年来存在的最大难题。市纪工委监察分局采取与市纪委监察局机关内设室“1+1”协作办案、市县两级纪工委监察分局上下联动办案、市纪工委监察分局交叉办案等方式，至2015年，市纪工委监察分局重点查处领导干部贪污贿赂、损害群众利益的案件，单独开展信访初核50件，单独查办案件10件，占市本级的35%；给予党纪政纪处分10人，占市本级的33%；移送司法机关处理2人，挽回经济损失612万元。参照中央、省委巡视工作做法，2012年，市纪委成立由纪工委监察分局人员为主要力量的廉政巡查队，以开展社会救助资金、扶贫移民资金、教育投入资金、农业资金、社保资金、林业资金等六项民生资金检查为重点，在11县(区)推行常规式、驻点式、专项式“三式联动”的巡查模式，至2015年，共发现问题1325个，责令整改问题1048个；调查处理相关案件277件，给予党纪政纪处分96人、其他处理5人、移送司法机关处理32人；涉及县级干部3人、科级干部59人；收缴违纪违规资金1.42亿元，原渠道归还财政资金2.2亿元。

二是廉政督查队。细化监督内容，市纪工委监察分局采取专项督查、列席会议、受理举报、开展谈话等方式，对联系单位的党风廉政建设工作特别是“三重一大”事项进行监督。2011—2014年，市纪工委监察分局共参加联系单位会议223次，提出合理化意见建议98条，规范议事决策程序86项；开展工作督查89次、反腐倡廉教育活动30次。同时，市纪工委监察分局围绕所联系片区单位“人、财、物”管理和权力运行的关键环节，结合风险岗位廉能管理、政务公开，推行定项督查。6个市纪工委监察分局深入所联系各单位调研，从中选择6个最需要解决的问题作为申报立项项目。市纪委监察局以落实党风廉政责任制专项工作的方式下达任务书给相关市直单位。各相关责任单位采取项目运作方式推进，从加强教育、明晰职责、优化流程、完善制度、强化监督等方面，运用现代管理理念和新兴科技手段制定风险防控措施，市纪工委监察分局全程加强督促指导。

三是廉情监督队。市纪工委监察分局积极参与对政府重点投资项目的廉情监督，由市纪工委人员组成6个廉情督查队，采取过程监督、日常检查、随机抽查等方式，对市中心城区重点工程项目建设涉及的单位、内设科室、工作人员进行廉情监督，发现问题162个，提出并督促落实整改建议146条。积极参与作风效能常态化监察，强化党风政风监督，先后开展元旦春节期间改进工作作风、廉洁自律情况及行政服务和上班纪律等作风督查共计169次，发现违规违纪问题88个，查处27人，给予党纪政纪处分26人。

第二节　议事协调与内设机构调整

一、委局议事协调机构调整

2014年3月13日，为深入贯彻落实党的十八大、十八届三中全会和中央、省市纪委全会精神，进一步转职能、转方式、转作风，突出主业，明确主责，聚焦党风廉政建设和反腐败斗争中心任务，经市纪委常委会研究决定，对市纪委监察局牵头或参与的130个议事协调机构进行清理调整，取消或不参与113个，保留或参与17个：即市党风廉政建设领导小组暨惩治和预防腐败体系建设工作领导小组、市委党建工作领导小组、市社会管理综合治理委员会、市反腐败协调领导小组、市农业农村工作领导小组、市委保密委员会和市委密码工作领导小组、市委党的群众路线教育实践活动领导小组、市处置信访突出问题及群体性事件联席会议、市经济责任审计工作领导小组、市安全生产委员会、市食品安全委员会、市反洗钱工作协调领导小组、市人民政府纠正行业和部门不正之风办公室、市机关效能建设领导小组、市优化发展环境领导小组、市预防职务犯罪协调小组、市应急委员会。全市各级纪检监察机关深入落实“三转”要求，加大议事协调机构取消或退出力度，坚决把不该管的工作交还给主责部门，并做好沟通衔接工作，使“退、转、接”工作有序顺畅，做到不越位、不缺位、不错位。强化执纪监督问责，突出查办案件、作风建设、预防腐败主业，进一步提高履职能力，深入推进清廉抚州建设，坚决遏制腐败蔓延势头。

二、委局机关内设机构调整

2014 年 5 月 27 日，为适应党风廉政建设和反腐败斗争的新形势新要求，加强反腐败体制机制创新和制度保障，进一步转职能、转方式、转作风，聚焦主业主责，优化机构设置，避免职责交叉，经市纪委常委会研究，报市委和省纪委组织部同意，市编委批准，市纪委监察局机关内设机构进行新一轮调整。

整合 4 个内设机构：办公室、监察综合室整合为办公室；党风政风监督室、执法和效能监督室整合为党风政风监督室（挂抚州市党风廉政建设领导小组办公室和抚州市人民政府纠正部门和行业不正之风办公室牌子）。

增设 3 个内设机构：增设第三、第四纪检监察室，与更名后的第一、第二纪检监察室组成 4 个纪检监察室；增设纪检监察干部监督室，该室增挂机关党委牌子。

重新组建 2 个内设机构：在干部室（派驻机构管理室）的基础上组建组织部；在宣传教育室的基础上组建宣传部。

撤销 1 个内设机构：撤销发展环境监督室，不再保留抚州市政府行政投诉中心牌子。

其他调整事项：调查研究室更名为研究室；信访室不再加挂市监察局举报中心牌子，案件审理室不再挂申诉复查办公室牌子。

调整后，市纪委监察局机关行政编制总数和领导职数均保持不变，仍保持 13 个内设机构，具体为：办公室、组织部、宣传部、研究室、党风政风监督室（抚州市党风廉政建设领导小组办公室和抚州市人民政府纠正部门和行业不正之风办公室）、信访室、案件监督管理室、第一至第四纪检监察室、案件审理室、纪检监察干部监督室（机关党委）。69% 的内设机构、60% 的人员编制直接从事执纪监督工作。此次调整在内设机构总数、行政编制总数和领导职数总数“三不增”的前提下，重新排列组合、优化结构、内部挖潜，解决以往工作中存在的职能交叉、力量分散等问题，实现了结构布局更加合理，资源配置更加优化。同时，清理各级纪委书记、纪检组长其他业务分工 1274 项，兼职 40 项，纪检监察机关聚焦中心突击主业的新格局初步形成。

三、县（区）纪检监察机关内设机构调整

市纪委在完成委局机关内设机构调整改革后，积极推进县（区）纪委监察局机关内设机构调整改革工作。2015 年 2 月 17 日，全市 11 个县（区）纪委监察局调整改革方案均已经编制部门批准，机构设置、职能调整到位。此次县（区）纪委内设机构调整更加聚焦主业，加强执纪监督，内设机构设置和人员编制尽量向执纪监督部门倾斜。调整后，11个县（区）纪委共设置纪检监察室23个，平均每个县（区）纪委设置2.1个、比调整前增加1个。11个县（区）纪委在执纪监督方面的内设机构共有61个，执纪监督部门占机构总数的62%，执纪监督编制占编制总数的54%、比调整前增加5%。调整后，各县（区）纪委的内设机构设置及职能，与市纪委上下基本对应、有所区别，同级之间基本一致。各县（区）纪委按照要求，撤销党风廉政建设室、纠风室、执法监察室，新设立党风政风监督室；增设宣传教育室和1个纪检监察室；案件检查室更名为纪检监察室，办公室增挂案件监督管理室牌子。10个县纪委监察局内设室都是8个，具体为：办公室（增挂案件监督管理室牌子）、干部室、宣传教育室、党风政风监督室（挂县党风廉政建设领导小组办公室和县人民政府纠正部门和行业不正之风办公室牌子）、信访室、案件审理室、第一纪检监察室、第二纪检监察室；临川区为9个，增设第三纪检监察室。

第三节 转职能、转方式、转作风

"转职能、转方式、转作风"（简称"三转"）是纪律检查管理体制重大战略调整，转的实质是用改革的理念、改革的思路、改革的办法解决问题。

一、开展"三转"大讨论

2013年1月至3月，全市各级纪检监察机关和纪检监察干部，包括市纪委监察局机关，县（区）纪委监察局机关，市、县（区）纪工委监察分局，市直、县（区）直各单位纪检组（纪委）、监察室，乡镇纪委，重点是各级纪检监察机关领导班子和领导干部开展"三转"大讨论。

此次大讨论活动，对照中共十八大、十八届三中全会和中央纪委十八届三次全会、省纪委十三届四次全会、市纪委三届四次全会精神，对照党章、行政监察法和省委、市委有关要求，对照社会各界和人民群众对党风廉政建设和反腐败斗争的期待，从思想观念、职能定位、工作方式、工作作风等方面存在的不适应、不符合新形势新要求的问题切入，联系思想和工作实际，着重围绕"十二问"开展讨论：

一问如何深化对"三转"的认识。纪检监察机关和纪检监察干部应如何处理与党委、政府的关系，争取党委、政府对"三转"工作的理解和支持，如何适应这一要求并积极投身其中，转变思想观念，改进工作作风，提升能力素质，坚守责任担当，防止思想僵化、因循守旧，更好地履行党章和行政监察法赋予的职责，扎实推进党风廉政建设和反腐败斗争。

二问如何落实党风廉政建设责任制。强化各级党委抓党风廉政建设的主体责任和纪委的监督责任，加大党风廉政建设的责任追究。比如，如何健全主体责任落实机制。对出现重大腐败问题和不正之风长期滋生蔓延的一些地方和单位，如何追究其党委、政府和主要领导的责任，追究纪委的监督责任。

三问如何聚焦纪检监察主业。进一步明确职责定位，突出执纪监督和查办案件，坚决把不该管的工作交还给主责部门，从"全能"变"有限"，强化对主抓者、主责者、监督者的监督，做到不越位、不缺位、不错位。比如，在现阶段，如何调整纪检监察机关内设机构，如何进一步清理纪检监察机关参加的议事协调机构,如何改变派驻机构原来过多地参与职能部门业务工作的问题,如何强化对党风政风的执纪监督。如何加强对公共资源交易的监督。

四问如何严肃查办违纪违法案件。加大对党员领导干部违反党纪政纪、涉嫌违法行为审查和处置力度,始终保持惩治腐败高压态势。比如,如何进一步完善信访举报、案件线索管理制度,调整执纪办案布局,集中精力履行执纪监督职责。如何科学界定内设机构办案职责、规范工作程序、督促执纪到位,建立与“老虎、苍蝇一起打”要求相适应的工作机制。

五问如何运用法治思维和法治方式反对腐败。如何转换执纪办案模式,加强案件检查基础性工作,创新案件线索管理方式,防止案源流失、积压。如何坚持“快查快办”,进一步严格时限要求、缩短执纪办案周期,提高执纪办案质量和效率,坚决遏制腐败蔓延的势头,促进“惩”与“治”、“标”与“本”的有机统一。

六问如何转变办案方式。转变单纯追求办大案要案的观念,树立“严管是厚爱”的理念,牢牢把握反腐败斗争的主动权,推行“约谈”制度,坚持抓早抓小,为治本打牢基础、赢得时间、创造条件。比如,如何盯住重要岗位、关键节点,发现领导干部苗头性倾向性问题,及时了解核实、诫勉谈话,教育提醒,防止小错酿大祸。

七问如何坚持既严格执纪又保护干部。树立正确的执纪导向,坚持严肃党纪政纪和鼓励广大党员干部创新干事相统一,正确把握改革创新失误与严重失职渎职、一般性错误与严重违纪违法的界限,旗帜鲜明地支持干事者,保护改革者,宽容失误失败者,追究诬告者,惩处腐败者。

八问如何改革和完善各级反腐败协调小组职能。比如,如何加强与有关部门的合作,形成运转协调的工作机制,制定完善反映领导干部问题的线索管理、办案协作、案件移送、宣传报道等问题制度规定,攥成惩治腐败的有力拳头,切实履行好党章赋予的协助党委组织协调反腐败工作的职责。

九问如何建立健全改进作风常态化制度。从看得见、摸得着的具体问题入手,严明政治纪律、组织纪律、财经纪律、工作纪律和生活纪律,强化党员干部组织意识和纪律观念,以优良的党风政风带动社风民风。比如,如何进一步抓好八项规定精神的落实,不断坚持、强化、深化,巩固纠正“四风”成果,由浅入深、由易到难、由标及本,步步为营,积小胜为大胜。

十问如何加大对驻在部门的监督力度。派驻机构如何聚焦中心任务,善于监督、敢于执纪,加强党的作风建设、组织纪律建设,加大对驻在部门党员领导干部违反党纪政纪、涉嫌违法行为的审查和处置力度,严格责任追究,切实承担起监督责任。

十一问如何加强纪检监察队伍自身建设。如何以实际行动带头落实中央八项规定精神和纠正“四风”,如何从组织和制度上探索加强对纪检监察干部的严格要求、严格监督和严格管理,对违纪违法行为做到零容忍。

十二问如何落实保障机制。落实“三转”,必须强化内部保障机制,提升纪检监察机关的履职能力。比如,如何实行办案人才职业化,完善办案保障机制,如何加强纪检监察干部的培训、考核,完善人才保障机制,如何强化工作保障机制。

此次大讨论活动分三个阶段进行。

2014 年 1—2 月上旬为培训领导骨干阶段。组织纪检监察干部认真学习中共十八届三中全会精神，学习习近平总书记和中央纪委王岐山书记关于加强党风廉政建设和反腐败斗争的一系列重要讲话精神和中央纪委、省纪委、市纪委有关文件，学习中国纪检监察报 2013 年 10 月 14 日起开设的“聚焦转职能、转方式、转作风”专栏刊发的系列文章和相关评论。通过学习，真正搞懂弄通“三转”的时代背景、形势任务、基本遵循、内在涵义，搞清楚为何转、转什么、怎么转，深刻认识活动的重大意义，使思想和行动跟上拍、不掉队。2 月 7 日至 8 日，市纪委举办全市纪检监察系统“转职能、转方式、转作风”研讨班。各县（区）纪委也举办“三转”培训班，重点培训纪检监察干部骨干。

2014 年 2 月中旬—3 月上旬为普遍研讨阶段。11 个县（区）纪委常委会在充分作好准备后，先后召开一次以“三转”为主要内容的中心组学习会，中心组成员作专题发言，交流探讨对“三转”的认识，提出如何适应党风廉政建设和反腐败斗争的新形势新任务新要求，以及转职能、转方式、转作风的具体计划和意见建议。市纪委组织纪检监察干部以党支部为单位，开展一次以“三转”为主要内容的专题讨论活动，结合各自岗位、工作实际，提出“三转”的具体措施。同时，各地各单位还通过举办座谈会、报告会、征文、学习交流会、演讲比赛等多种形式，推动活动深入开展。

2014 年 3 月中旬—3 月下旬为总结提高阶段。主要是梳理、提炼大讨论活动的成果。各地各单位结合自身实际和大讨论活动中收集到的意见建议及形成的共识，加强调研和总体设计，及时出台改革措施，建立长效机制，取得加强反腐败体制机制创新和制度保障的实际成果。各县（区）纪委对活动开展的情况进行系统总结，提炼经验做法，提出政策建议，形成 1 篇 3000 字左右的总结材料；市纪工委监察分局、派驻市直单位纪检组（纪委）全面总结，提出政策建议，形成 1 篇 2000 字左右的总结材料。市纪委结合各地各单位“三转”讨论成果，出台《抚州市纪检监察系统转职能、转方式、转作风的意见》。

二、举办“三转”研讨班

2014 年 2 月 7 日，市纪委举办全市纪检监察机关“转职能、转方式、转作风”研讨班。研讨内容为深入学习贯彻党的十八大、十八届三中全会、十八届中央纪委三次全会和习近平总书记系列重要讲话精神，以及省委十三届八次全会和省纪委十三届四次全会精神，聚焦党风廉政建设和反腐败斗争这个中心任务，推进全市纪检监察机关转职能、转方式、转作风。市纪委监察局、市纪工委、市直单位纪检组（纪委）100 余人参加研讨。研讨班上，参与人员围绕中央纪委提出的“三转”要求，对照党章、行政监察法和省委、省纪委、市委有关要求，采取分散自学与交流发言相结合的方式，深入探讨，认真查找当前纪检监察机关在思想观念、职能定位、工作方式、工作作风等方面存在的问题，积极提出“三转”的具体意见和建议。吴伟柱在研讨班结束时讲话中强调，“三转”要有大局观。要清醒认识当前党风廉政建设和反腐败工作严峻复杂的形势，清醒把握党章赋予纪检监察机关的职责，清醒定位纪检监察机关在全面深化改革中的作用，认真学习省纪委十三届四次全会和“三转”研讨班主要精神，迅速统一思想认识，加快推进“三转”步伐。“三转”要有大作为。要强化改革理念，增强责任意识，树立底线思维，克服坐等迟疑的观望思想、不愿放手的恋权思想、老路好走的依赖思想、一转了之的甩手思想，在转变思想观念中谋求大作为；要突出主业、明确主责、加强主力，在聚焦党风廉政建设和反腐败斗争中心任务中谋求大作为；要严格教育、严格管理、严格监督，建设忠诚纪检、阳光纪检、数字纪检、严明纪检，在打造执纪铁军中谋求大作为。“三转”要有大力度。要清醒看到“三转”是重大战略调整，实质是改革，阻力大、困难多，但更要看到中央纪委、省委、省纪委实行“三转”的坚定决心，领会推进“三转”的部署要求，做到围绕正确方向坚决转，上下齐心协力同步转，提高履职能力有效转，以“三转”的力度和成效，推动全市党风廉政建设和反腐败工作再上新台阶。

三、出台“三转”方案

2014 年 2 月 27 日，市纪委印发《关于全市纪检监察系统转职能、转方式、转作风的意见》。意见提出的目标任务是以党的十八届三中全会精神为指导，深入领会党中央对反腐败斗争的形势判断和要求部署，认真贯彻中央纪委、省纪委和市纪委全会精神，聚焦中心，突出主业，明确主责，加强主力，以改革创新精神加快转职能、转方式、转作风，促使全市纪检监察系统思想更解放、职能更明确、重点更突出、方法更科学、作风更务实、成效更显著。“三转”主要内容是：转职能，厘清职责抓主业；转方式，创新举措求实效；转作风，强基固本树形象加快作风转变。

四、抓好“三转”落实

2014 年 3 月上旬至中旬，市纪委对“三转”工作落实情况开展督查。督查内容是各县（区）向党委（党组）、政府主要领导汇报上级有关“三转”精神情况；纪委常委理论学习中心组集中专题学习情况；举办“三转”培训班情况；机关内设机构调整情况；议事协调机构清理情况；有关牵头工作移交情况；落实纪委书记（纪检组长）不再分管其他业务工作情况；梳理案件线索、加强办案工作等突出主业情况；适应新形势，创新办案、监督等工作方式情况；转作风，加强纪检监察干部队伍建设情况；在“三转”中需要市纪委与当地党委、政府领导沟通协调解决的问题；“三转”工作中好的做法和对“三转”工作的意见建议。督查采取召开座谈会、个别谈话、查阅资料等形式进行。

五、修改完善机关工作职责

1993 年 5 月，中共抚州市纪律检查委员会与抚州市监察局合署办公，实行一套机构，两块牌子的体制，履行党的纪律检查和行政监察两种职能。2014 年 6 月 17 日，市纪委监察局根据中央和省纪检监察部门关于实行“三转”的精神，对委局机关工作职责进行修改完善。其主要职责是：1. 主管全市党的纪律检查工作，负责贯彻落实党中央、省委和市委关于加强党风廉政建设的决定，维护党的章程和党的法规，检查党的路线、方针、政策和决议的执行情况。2. 主管全市行政监察工作，负责贯彻落实党中央、国务院、省委、省政府和市委、市政府有关行政监察工作的决定，监督检查市政府各部门及其工作人员和市辖县（区）及其主要负责人执行国家政策、法律、法规、国民经济和社会发展计划以及市政府颁发的决议和命令的情况。3. 负责检查并处理市委和市政府各部门、各县（区）党的组织和市委管理的党员领导干部违反党的章程及党内法规的案件，按照干部管理权限和任命程序，决定和取消对这些案件中的党员的处分；受理党员的控告和申诉，必要时直接查处下级党的纪律检查机关管辖范围内的比较重要或复杂的案件。4. 负责调查处理市政府各部门及其工作人员，各县（区）政府及其主要负责人违反国家政策、法律法规以及违反政纪的行为，并根据责任人所犯错误的情节轻重，按照干部管理权限和任命程序作出撤职及撤职以下的行政处分的决定；受理监察对象不服政纪处分的申诉，受理个人或单位对监察对象违纪行为的检举、控告；变更或撤销县（区）行政监察机关不适当的决定和规定。5. 负责作出关于维护党纪的决定，制定党风党纪教育计划，配合有关部门做好党的纪检工作方针、政策的宣传工作和对党员遵守纪律的教育工作。6. 会同有关部门做好行政监察工作的方针、政策和法律法规的宣传工作，教育国家工作人员遵纪守法、为政清廉。7. 负责对党的纪律检查和行政监察工作中有关问题的调查研究。8. 会同市直各部门及各县（区）党委、政府做好纪检监察干部的管理，审核县（区）纪委领导班子和监察局领导干部人选；负责市纪委、市监察局派驻各部门的纪检组、监察室领导干部职务的任免（“市管干部”除外）；组织和指导全市纪检、监察系统干部的培训工作。9. 承办市委、市政府授权和交办的其他工作。

同时，各县（区）纪委监察局也根据上级纪检监察部门关于实行“三转”精神，对各自主要工作职能进行了相应的修改完善。

六、“三转”成效

转职能——厘清职责抓主业。市纪委监察局围绕着聚焦执纪、监督、问责三大主业主责，以机构调整为切入点，进一步厘清职责、明确定位，积极推进“三转”工作落到实处。增加办案监督力量。在全省率先完成市纪委机关内设机构调整，将工作力量向办案和监督一线集中。改革后，新增2个纪检监察室，69%的内设机构、60%的人员编制直接从事执纪监督工作；积极解决全市纪检监察系统空编缺员问题，新进工作人员40名。减少议事协调机构。市、县两级纪检监察机关对过去参与的领导小组、协调小组、联席会议等议事协调机构进行清理规范，市纪委监察局退出议事协调机构113个，精简率90%；11个县（区）纪委监察局也完成了清理规范工作，由原来的1009个精简至163个，调整后参与的议事协调机构平均减少84%。调整职责分工。全面落实市、县两级纪委书记以及派驻机构纪检组长（纪委书记）在党委分工中只分管纪检监察工作，各县（区）制定乡镇纪委工作绩效考核办法，确保乡镇纪委书记将主要精力用于纪检工作；清理各级纪委书记、纪检组长其他业务分工1274项、兼职40项，确保纪委书记集中精力抓主业。移交越位职能。全市各级纪检监察机关将牵头主抓的、属于有关职能部门业务范围内的公共资源交易监管、行政审批监管、农村集体“三资”监管、农村基层“三务公开”、便民服务中心建设、公务消费一体化监督、政府绩效管理、电子监察平台建设和管理等10项工作，全部以党风廉政建设责任制“项目包”的形式移交给职能部门。纪检监察机关聚焦中心、突出主业的新格局初步形成。

转方式——创新举措求实效。市纪委监察局围绕监督主业，坚持问题导向，在探索“再监督”的途径和方法上创新破题。创新监督方式。坚持把履行监督职能的切入点从配合相关职能部门开展业务检查，转变到对职能部门履行职责的监督检查上来，注重综合运用纪律处分、诫勉谈话、公开通报、典型曝光以及下发纪律文书、监察文书等手段进行执纪监督问责，发挥好“监督的再监督”作用。在2014年开展的“三公一奢”整治、公务消费监督专项检查、清理吃“空饷”等工作中，改变以往直接牵头组织的做法，交由有关部门按照职能履责，各级纪检监察机关主要是明确目标任务、落实责任分工、强化工作督导、协调解决重大问题，对工作不力或进展不力的进行责任追究。围绕权力监督创新。制定出台领导班子及领导干部落实党风廉政建设责任制工作纪实、新任领导干部重大事项申报公示和科（股）级重点岗位定期轮岗交流等创新性制度，建立落实党风廉政建设责任制督促协调机制，从制度层面推动党风政风监督工作开展。推行约谈制度，市纪检监察机关领导约谈下级党政主要负责人和纪检监察机关主要负责人，面对面了解所在地区或部门党员干部改进作风、廉洁自律等情况。

转作风——锻造纪检监察“铁军”。市纪委监察局从深入开展委局机关党的群众路线教育实践活动，到深入基层开展以“驻点接访、带案下访、重点约访、老户回访”为主要内容的“四访送清风”活动；从开展全市纪检监察系统第二届体育运动会，强健干部体质增强纪检监察队伍凝聚力，到举办第二届办案技能大比武，提高纪检监察干部办案能力水平；从率先推行县（区）纪委副书记异地交流制度，到制定《抚州市纪检监察干部行为规范》，按照“打铁还需自身硬”、“正人先正己”等要求，抚州市纪委监察局采取多项举措，切实加快转作风的步伐。深入开展“四访送清风”活动。全市 1607 名纪检监察干部驻点接访群众 5183 人次，当场解决信访问题 4046 件，受理群众反映问题 1057 件，查处基层损害群众利益案件 326 件，化解信访疑难积案 103 件。加强能力建设。“工欲善其事，必先利其器”。为适应“三转”后的新形势，2014 年全市先后选派 133 名干部到中国纪检监察学院、北戴河培训中心等培训基地参加业务培训。并通过跟班学习、以会代训等方式，帮助纪检监察干部提升能力素质。12 月 28 日，市纪委举办第二届办案技能大比武，通过党纪条规知识考试、办案业务知识抢答、办案视频纠错、现场模拟办案等比武环节，综合检验全市纪检监察干部业务知识储备、协作配合和突破实践能力。并举办办案业务培训，全面提升纪检监察干部办案能力。严格监督管理。内设机构调整后增设纪检监察干部监督室，制定《抚州市纪检监察干部行为规范》，切实加强对全市纪检监察干部的严格教育、严格管理和严格监督，解决“灯下黑”问题。从严查处 3 起纪检监察干部违纪违法案件，对 4 名纪检监察干部进行教育提醒，努力打造一支忠诚、干净、担当的纪检监察队伍。

第二篇　党风廉政建设

第一章　党风廉政建设责任制

2001年初，抚州市委、市政府根据中共中央、国务院《关于实行党风廉政建设责任制的规定》，制定下发《关于全市实行党风廉政建设责任制的实施意见》，市直各部门和县（区）党委、政府都相继制定党风廉政建设责任制度。全市各级纪检监察机关始终把落实党风廉政建设责任制作为一件大事来抓，摆上突出位置，加强检查考核，强化责任追究，认真落实“两个责任”，当好党委参谋助手。

第一节　工作部署

1984年，县级抚州市委在全区第一个建立党委抓党风责任制，市委书记负责抓全市的党风建设，同时负责五套班子成员的党风。副书记、常委和人大、政府、政协、纪委的党员负责人，按照工作分工，分片、分战线负责抓乡、镇、街道办事处和局级党员领导干部的党风。乡、镇、街道办事处和局级党员领导干部，也按照分工抓所属单位党员干部的党风，一级抓一级，层层建立责任制。

1988年，地区纪委积极主动地搞好党风状况调查，为地委对党风问题综合治理提出建议。年初，在对全区党风状况调查分析的基础上，针对存在的问题，向地委提出《关于加强党风建设的五点意见》，地委及时批转给各单位贯彻执行。同时，协助党委制订抓党风建设的各项措施和制度，在全区推行抓党风“一定三包”责任制，较好地推动全区党风建设和经济建设同步发展。

1990年上半年，地区纪委在参与省纪委对金溪县的党风状况调查后，组织3个小组，分别对抚州市、临川、宜黄县进行党风状况抽样调查。8月，代地委起草《关于进一步贯彻中央六中全会精神和省委〈决议〉开展党风状况调查的通知》，并牵头组织全区党风状况万人问卷调查，同时，重点调查崇仁、南城、东乡、黎川四县的党风状况。通过广泛深入的调查，摸清全区党风的基本状况，找出党风建设中带有普遍性和倾向性的问题，提出加强抚州地区党风和廉政建设的建议，其调查报告受到地委和省纪委的肯定，省纪委还专题转报中央纪委。

1998年11月,中共中央、国务院发布《关于实行党风廉政建设责任制的规定》,省委、省政府制定《实施办法》。

1999年4月,地委、行署在认真分析全区党风廉政建设状况的基础上,结合抚州实际,经反复研究,制定下发《1999年度党风廉政建设和纠风工作意见》,将全年的党风廉政建设和纠风工作全部进行细化量化,并根据责任制规定将党风廉政建设和反腐败重点工作任务逐项进行分解。

2001年初,市委、市政府下发《关于全市实行党风廉政建设责任制的实施意见》。市纪委制定具体的考评办法,明确具体要求,量化考评标准。为确保责任制真正落到实处,4月又下发《关于落实2001年反腐败工作任务分工的通知》,进一步明确部门分工。各县(区)和市直各单位对党风廉政建设和反腐败各项任务进行层层分解,并出台廉政建设责任制的相关规定。为及时了解掌握党风廉政建设各项工作的落实情况,市纪委监察局组织人员对反腐败工作任务52项分工所确定的28个牵头单位进行督查,并形成书面材料抄送有关责任领导和牵头单位。

2002年10月,省党风廉政建设领导小组办公室下发《关于对2001年以来执行党风廉政建设责任制情况进行自查的通知》后,为确保责任制真正落到实处,市纪委监察局加大监督检查力度,强化责任追究,对违反党风廉政建设责任制规定的人和事进行严肃查处。

2003年,市委制定《关于落实2003年反腐败工作任务分工的通知》,将全市党风廉政建设和反腐败工作分解为28项,具体落实到21个牵头单位和41个协办单位,明确14位市级领导为责任领导人。进一步明确党政"一把手"和各分管领导职责范围,并把责任明确到主管人和具体承办人,解决"谁来抓,抓什么,达到什么目标"的问题,做到履行职责有规定,检查考核有标准,追究责任有依据,使责任主体、责任内容、责任目标更加明确。

2004年,市委、市政府下发《关于落实2004年党风廉政建设和反腐败工作任务分工的通知》,将全市党风廉政建设和反腐败工作分解为20项,具体落实到24个牵头单位和35个责任单位,并明确15位市级领导为责任领导人。对所有涉及责任制内容的部门和单位,规定党政班子一把手负总责。各单位、各部门严格按照分工要求,认真研究制定实施办法和工作方案,具体组织实施。做到目标、人员、措施三到位,计划、方案、运行三落实,使这项工作有人抓、有人管、有人负责。形成全市上下一把手负总责,分管领导各负其责,一级抓一级、层层抓落实的局面。

2005年,市委、市纪委监察局先后下发《关于落实2005年党风廉政建设和反腐败工作任务分工的通知》、《关于委局机关落实2005年党风廉政建设和反腐败任务分工的通知》,将2005年全市和委局机关的党风廉政建设和反腐败工作任务分解落实到各位领导、牵头单位和责任单位。是年,市委下发《关于2005年领导干部廉洁自律和落实党风廉政建设责任制工作的安排意见》,将2005年党风廉政建设和反腐败任务分解落实到各位领导、牵头单位和责任单位。先后召开两次市直部分牵头单位和责任单位党风廉政建设和反腐败任务分工工作情况汇报会,要求各牵头单位就工作中存在的问题认真进行研究并提出整改措施。市纪委全面实行"一案双查"制度,以查办案件强化责任追究效果。

2006 年初，市委主要领导人事变动后，及时调整市落实党风廉政建设责任制工作领导小组成员；县乡党政班子集中换届结束后，督促各地及时调整落实党风廉政建设责任制工作领导小组成员，确保党风廉政建设责任制工作领导力度不减，机构成员不缺，工作持续不断。市委下发《关于落实 2006 年党风廉政建设和反腐败工作任务分工的通知》，将任务分解为 20 大项 49 小项，落实到各位领导、牵头单位和责任单位。同时，市纪委监察局也下发《关于委局机关落实 2006 年党风廉政建设和反腐败任务分工的通知》。各地、各单位严格按照分工要求，认真研究制定实施办法和工作方案，将各项任务分解细化，层层落实。

2007 年，下发全市《关于落实 2007 年党风廉政建设和反腐败工作任务分工的通知》，将任务分解为 20 大项和 70 小项，落实到各位领导、牵头单位和责任单位，做到任务要求、责任领导、牵头部门、协办单位“四个明确”，推进责任主体到位。针对公务消费中存在的突出问题，市纪委会同市财政局制定《关于规范市直单位公务消费行为的暂行办法》，对公务接待、会议费、小车维修等费用使用管理进行规范。与市财政局有关人员到抚州宾馆、赣东宾馆、交通宾馆 3 家市级党政机关公务（会议）定点接待饭店对市直单位公务消费定点接待的情况进行检查。同时，制定下发《关于进一步加强乡镇机关食堂建设规范乡镇公务接待的意见》，并督促各县（区）规范和完善乡镇机关食堂建设。

2008 年，市委出台《抚州市落实党风廉政建设责任制工作定期汇报制度》，各级党政“一把手”主持召开汇报会听取班子成员落实责任制情况专题汇报，班子成员分别听取分管部门落实党风廉政建设责任制情况汇报，全市各级领导干部抓反腐倡廉工作的自觉性明显提高，履行“一岗双责”的责任意识明显增强。制定下发《关于认真学习贯彻党风廉政建设责任制规定的通知》，在全市开展领导干部通读一次《关于实行党风廉政建设责任制的规定》，撰写一篇学习体会文章，召开一系列学习座谈会，党政主要领导讲一堂落实“一岗双责”党课等“四个一”活动，在全市上下迅速兴起深入学习、宣传、贯彻党风廉政建设责任制规定的新高潮。

2009 年，在认真落实党风廉政建设责任制上抓好三件事。一是完善推广定期听取党风廉政建设情况汇报制度。二是探索党风廉政建设责任制检查考核与领导干部述职述廉、勤廉公示、考察考核等工作相结合的新机制。三是推行党风廉政建设责任制落实情况日常巡查制度。在县（区）开设“领导干部廉政访谈”电视专栏，实行领导干部与群众面对面交流互动；建立廉政短信发送平台，在重要节假日及时向全市各级领导干部进行提醒。

2010 年，市纪委将 2010 年党风廉政建设和反腐败工作任务分解为 17 大项 55 小项，做到“分级负责、分片负责、分项负责”。

2011 年，市纪委充分发挥党风廉政建设责任制的龙头作用，深入推进反腐倡廉工作。市、县、乡党委班子集中换届结束后，各级、各地均及时调整落实党风廉政建设责任制工作领导小组成员。将党风廉政建设和反腐败工作任务转换成 65 个目标明确、内容具体、措施有效的“项目包”，实施项目化管理。

2012 年，充分发挥党风廉政建设责任制的龙头作用，深入推进反腐倡廉工作。市纪委把落实党风廉政建设责任制工作作为“一把手”工程，主要领导切实履行第一责任人的职责，党委（党组）抓党风廉政建设和反腐败工作的主体责任得到较好落实。

2013 年，市委、市政府主要领导带头履行党风廉政建设第一责任人的责任，层层签订责任状，制定下发《抚州市廉政责任透明化考核实施办法》，实行“一个项目、一套方案、一名牵头市级领导、一个责任单位、一名责任人”的“五个一”项目管理机制和责任考核机制，充分发挥党风廉政建设责任制的龙头作用，形成齐抓共管的良好工作格局，深入推进反腐倡廉工作。在全省党风廉政建设社会评价工作中，抚州市上半年全省排名第二，下半年全省排名第一。

2014 年，市纪委将全市党风廉政建设和反腐败工作任务，分解为具体项目，强化责任落实。市委加强对党风廉政建设的领导，切实承担党风廉政建设主体责任，制定下发《关于大力推进清廉抚州建设开展六大清廉行动的意见》，全市统一推进；提出党风廉政建设 12 条刚性要求，层层“签字背书”；就落实党风廉政建设主体责任，约谈各县（区）委书记，组织 11 名县（区）委书记、高新区党工委书记和 36 名市直单位主要负责人在新闻媒体向全社会作出廉政承诺。市委、市政府主要领导以上率下，带头讲授廉政党课，主动落实主体责任；其他市领导按照责任分工，切实履行“一岗双责”，抓好分管领域党风廉政建设。

2015 年，建立县级党政正职向市纪委全会述廉受评制度，以责任书的形式将主体责任清单在市纪委全会上下发，12 个综合部门负责人在纪委全会上述责述廉，接受民主测评和现场打分。采取集中辅导、个人自学、分组讨论、个别交流等形式，举办全市主体责任专修班。各级党委（党组）紧跟市委步伐，步步压实主体责任。全面开展落实主体责任调研约谈活动，全市县级以上领导干部开展主体责任调研活动 1304 人次，征求意见建议 4198 条，发现问题 3932 个，提出解决措施 2122 条，约谈 8719 人次，形成层层传导压力、层层落实责任的浓厚氛围。

第二节　检查考核

1985 年 1 月 9 日至 3 月 26 日，地委先后分 3 批对全区 12 个县（市）、48 个中央、省、地属县级和县级以上企事业单位、45 个地直机关和 5 个党的关系在地直机关党委的省、地属区级企事业单位进行党风检查。11 月下旬至 12 月上旬，由地区纪委负责，组织 17 个检查组，对全区第一批整党结束的 69 个县级和县级以上单位进行党风检查；县（市）整党单位，结合整党验收进行检查；乡镇由县（市）纪委组织党风检查。通过检查，对全区党风的状况有了一个正确的估价，同时也发现党风党纪方面存在的一些主要问题。经认真梳理，就群众反映的 77 个有关党风党纪方面的问题，责成地直有关的 29 个单位限期处理完毕，并报送处理结果。

1990 年，不断抓好廉政建设有关制度和规定的落实。地区纪委派人参加查处在清理整顿公司中发现的严重违纪问题，协助有关部门进一步完善农资分配“两公开一监督”制度。针对下半年一些地方和单位吃喝风有所回潮的问题，地区纪委根据地委领导同志的意见，及时会同有关部门对部分县（市）进行调查，并向地委提出关于坚决制止吃喝风回潮的建议。

1999—2001 年，按照平时监督和年终考核相结合的原则，建立和不断完善定期汇报、平时督导、民主监督评议和年度考核 4 项监督考核制度。

2002 年 10 月，省党风廉政建设领导小组办公室下发《关于对 2001 年以来执行党风廉政建设责任制情况进行自查的通知》。为确保责任制真正落到实处，市纪委监察局加大监督检查力度，对违反党风廉政建设责任制规定的人和事进行严肃查处。全市立案 53 起，有 50 名党员领导干部因责任追究受到党纪政纪处分。

2003 年，市委、市政府对 5 个执行党风廉政建设责任制先进单位和 6 名先进个人进行表彰。

2004 年，市委、市政府有关责任领导先后采取召开会议、下发督查通知等方式，或对落实党风廉政建设责任制工作进行再动员、再部署，或听取有关牵头单位和责任单位的主要负责人汇报本单位落实党风廉政建设责任制的情况，或督促责任单位抓好相关工作落实。为切实负起对管辖范围内的领导班子和领导干部执行党风廉政建设责任制的情况进行责任考核的领导责任，确保责任制工作不流于形式，市落实党风廉政建设责任制领导小组组织实施责任考核工作。建立科学的考核评价标准和指标体系，坚持定性考核和定量考核相结合、听领导汇报与征求群众意见相结合、查资料与摸实情相结合。在检查考核过程中，坚持“谁的任务谁汇报，谁的责任检查谁”的原则，重点突出检查“一把手”履行党风廉政建设职责的情况，突出检查反腐败专项工作的牵头部门，切实扭转在落实责任制工作中，上级纪委抓下级纪委的状况。市纪委监察局还十分重视责任考核成果的运用，将其作为领导干部业绩评定、奖励惩处、选拔任用的重要依据。

2005 年，市纪委监察局根据市委、市政府有关领导的指示，先后召开两次落实党风廉政建设责任制情况汇报及督查会议，督促各牵头单位抓好相关工作落实。12 月中旬，又组织安排市落实党风廉政建设责任制领导小组成员单位领导带队组成 6 个检查组，对全市 11 个县（区）和 11 个市直反腐败工作任务分工牵头单位的工作进行检查。完善科学的责任考核评价标准和指标体系，继续坚持定性考核与定量考核相结合、听领导汇报与征求群众意见相结合、查资料与摸实情相结合。

2006 年，坚持把责任制考核与班子建设、干部任用、年度考核、经济责任相挂钩，加大了责任制考核成果的运用力度，将其作为领导干部业绩评定、奖励惩处、选拔任用的重要依据。

2007 年，市纪委监察局改进对各县（区）纪委监察局目标考评方法，采取查阅资料与实地察看相结合的办法，重点考评特色工作、重点工作和试点工作；对考评结果采取召开县（区）纪委监察局主要领导和室主任座谈会的形式进行公布，由市纪委各室进行点评，做到公开透明。首次在机关推行目标管理考评，完善各项考核、奖励制度，把奖惩与工作实绩相挂钩，与干部任用相挂钩，激发机关干部工作积极性，提高工作水平和工作效率。

2008 年，市委办、市政府办下发《关于对各县（区）和市直单位 2008 年贯彻落实党风廉政建设责任制情况进行检查考核的工作方案》，建立科学的责任考核评价标准和指标体系，进一步明确考核方式、考核内容、考核程序以及考核结果的评定和运用，增强考核的针对性、有效性和科学性。市纪委监察局制定下发《关于实行党风廉政建设和反腐败任务分工备案制度的通知》，要求各县（区）和市直单位将责任分工情况报市廉政办备案，以便考核和发现问题时进行责任追究。

2009年,年初,市、县两级对2008年度11个县(区)、经济开发区、44个市直责任单位、56个乡科级单位的领导班子及其成员落实党风廉政建设责任制情况进行检查考核。年中,市委、市政府领导分别主持召开分管部门落实党风廉政建设和反腐败任务分工情况汇报督查会,进行督查落实;市委出台《关于市委常委、市政府党员副市长带头落实党风廉政建设责任制的实施办法》,督促各级领导干部认真履责。

2010年,规范责任考核。由市委常委带队,组织9个检查组,对各县(区)和88个市直单位2009年度领导干部工作、推进惩防体系建设和落实责任制情况进行专门考核,并在市委二届十三次全体(扩大)会议上通报检查考核情况。是年,市纪委认真落实省纪委公务接待"四定五不准"要求,严禁用公款大吃大喝和进行高消费娱乐;在东乡、乐安等县开展公务接待定点管理公务刷卡消费试点工作,强化对公务消费的监督管理。

2012年,市纪委监察局充分发挥党风廉政建设责任制的龙头作用,把落实责任制工作作为"一把手"工程,主要领导切实履行第一责任人的职责,党委(党组)抓党风廉政建设和反腐败工作的主体责任得到较好落实。一是重点对"156惠民工程"、抚州市中心城区"两违"问题和水利工程建设、保障性安居工程建设以及"三房合一"等工作开展监督检查,并建立重点工程廉勤监督制度。全年全市共开展执法监察694项,提出监察建议279项,纠正违法违规问题385个,立案68件,给予党纪政纪处理67人,移送司法机关处理11人。二是开展工程建设中资质挂靠、借用资质投标、违规出借资质问题专项清理,共清理1159家企业、547个工程项目,纠正各类问题51个。三是对预算单位的财政专户和银行账户进行专项清理,共撤销账户1408个。四是对征地拆迁行为、保障性住房政策落实、侵害农民土地权益问题等"三种行为"进行专项督查,查处案件2件,处理6人。五是对社保基金、住房公积金、扶贫专项资金、救灾专项资金等"四金"进行专项监管,查处违法违纪问题2个,处理4人,涉及金额303.18万元。六是对商业、物流、金融、电信、涉农、医药等"六个领域"突出问题开展深入治理,查处违规收费问题92个。

2013年,由市委常委班子成员、市人大、市政协主要领导带队,对各县(区)落实党风廉政建设责任制及推进惩防体系建设情况及"两个责任"落实情况进行纪实考核,强化责任落实。

2014年,全市各级纪检监察机关认真贯彻落实中央纪委和省纪委全会精神,全力聚焦中心任务,切实履行监督责任,全市党风廉政建设和反腐败工作呈现出"责任清晰、主业突出、特色鲜明、整体推进"的良好态势。在2013年度全省党风廉政建设责任制检查考核中,抚州市名列设区市第一名;中央纪委党风政风监督室、中央纪委组织部分别就抚州市落实党风廉政建设主体和监督责任情况进行专题调研;《中国纪检监察报》和《江西日报》分别在头版头条进行重点宣传报道。

2015年,市委建立党风廉政建设履责纪实和党委班子履责工作台账考核制度,将主体责任分为安排部署、监督检查等七大块,编印成纪实手册,发放给党政班子成员,要求将本人履责情况分类即时如实填写,并认真建立常委班子工作台账。同时,采取分级检查、留底备查、随机抽查等方式,对各级领导班子及成员履责纪实、台账建立情况进行动态管理。

年底，由市委、市政府领导带队，组织12个检查考核组，对各县（区）和市直单位2015年度落实党风廉政建设责任制履责纪实情况进行全面检查评估，并将检查结果作为年度绩效管理和评先评优的重要依据。同时对260名领导干部的纪实手册撰写、98个党委（党组）班子台帐建立情况进行抽查。

第三节　责任追究

1998年11月，中共中央、国务院印发《关于实行党风廉政建设责任制的规定》，省委、省政府制定《实施办法》，市、县两级围绕党风廉政建设责任制，建立责任追究制度。

1999年，全区追究处理科以上领导班子和领导干部党风廉政建设责任案件74件，涉及县级班子1个，科级班子8个，依纪对4名县处级干部和26名科级干部进行立案，给予党纪政纪处分28人，给予单位和个人通报批评120余人次，其他组织处理65人。

2001—2002年，各级纪检监察机关为确保党风廉政建设责任制真正落到实处，加大监督检查力度，强化责任追究，对违反党风廉政建设责任制规定的人和事进行严肃查处。2年中，全市共立案查处此类案件101件，有86名党员领导干部因责任追究受到党纪政纪处分。

2003年，市委、市政府和各县（区）委、政府按照责任追究的具体规定，以诫勉谈话、通报批评、限期整改、组织处理、纪律处分等形式，对负有领导责任的领导干部进行责任追究。全市共立案查处违反党风廉政建设责任制规定的案件87件，有102名党员领导干部受到党纪政纪处分。对在党风廉政建设方面工作不力的县（区），市委、市政府领导在全市性大会上予以公开点名批评。

2004年，结合“转变作风年”活动，市纪委监察局把强化责任追究作为加强干部作风建设的重点工作来抓，对违反党风廉政建设责任制规定及因作风不实造成不良影响和严重后果的党员干部严格实行责任追究。市纪委监察局直接对东乡县“12·22”特大抢劫案、“12·23”盗窃案、金溪县农民服毒自杀身亡、“5·24”特大道路交通事故、南丰县市山镇公款私存和截留挪用农业税、灾歉减免款等事件中负有责任的党政领导干部进行责任追究。全市共有196名党员干部被追究责任，其中县级干部10名。

2005年，市纪委监察局将强化责任追究作为落实党风廉政建设责任制的重点，制定《中共抚州市纪委、抚州市监察局关于“一案双查”责任追究案件的办理办法（试行）》。是年，全市共有233名党员干部被责任追究，其中县级干部3人，科级干部74人。

2006年，进一步强化责任追究，增强各级党政领导班子和领导干部的责任意识。全市有68名党员干部因责任追究而受到党纪政纪处分，其中县级干部5名。

2007年，全市有80名党员干部因责任追究而受到党纪政纪处分，其中县级干部2名。

2008年，全市136名党员干部因责任追究而受到党纪政纪处分，其中县级干部4名。

2009年，市纪委监察局贯彻落实《省委办公厅、省政府办公厅关于对违反党风廉政建设责任制规定的行为实施责任追究的办法（试行）》，对违反责任制规定的人和事，严格进行责任追究，以维护责任制的严肃性。全市共有125名党员干部受到责任追究。

2010年9月10日，宜黄县凤岗镇发生因拆迁引发的自焚事件，17日，宜黄县委书记、县长被立案调查,率队拆迁的常务副县长被免职。全市全年共对 129 名党员干部进行责任追究,对 9 名县级干部给予党纪政纪处分。

2011 年,出台《抚州市党风廉政建设责任制考核评价暂行办法》、《关于开展反腐倡廉制度执行力情况监督检查的实施意见(试行)》、《抚州市开展落实党风廉政建设责任制日常巡查工作的暂行办法》等制度规定。同年 5 月 26 日,临川区先后发生连环爆炸案。案发后,省委指示省纪委、省监察厅成立临川区“5·26”爆炸案调查组。经查,临川区“5·26”爆炸案是一起因拆迁补偿纠纷引发的恶性刑事案件,区委书记、区长被免职,16 名相关责任人受到追究。全市全年共对 123 名党员干部进行责任追究,其中县级干部 6 人。

2012 年,市落实党风廉政建设责任制工作领导小组成员和市党风廉政建设领导小组成员进行调整,确保党风廉政建设责任制工作领导力度不减,机构成员不缺,工作持续不断。全市全年共对 129 名党员干部进行责任追究,其中县级干部 9 人。

2013 年,市委、市政府制定下发《抚州市 2013 年度廉政责任透明化考核工作方案》,将社会评价机制引入责任制检查考核之中,采取年中督促检查、年底集中考核、党风廉政建设和反腐败重点工作绩效评估、民意调查等方式,建立健全行之有效、操作性强、可量化评比的责任考核评价标准和指标体系。同时,坚持把责任追究作为贯彻执行党风廉政建设责任制的保障措施,全市全年共有 115 名党员干部受到责任追究,其中县级干部 1 人。

2014 年,推行落实党风廉政建设责任制纪实制度,制定以履责纪实、追责纪实、述廉评价、社会评价为主要内容的“两纪实、两考核”检查考核方案,印制《党风廉政建设履责纪实手册》,倒逼“两个责任”落实。全市共对 59 名党员干部进行责任追究,其中县级干部 1 人。

2015 年,新建抚州市落实“两个责任”网络监管平台,将党委(党组)落实主体责任、班子民主测评、社会评价成绩、违规违纪等情况,以及纪委(纪工委、纪检组)落实监督责任、加强纪律教育、开展执纪监督等情况,全部记入问责档案,实现实时查询、实时分析、实时提醒、实时问责。全市共对 68 名党员干部进行了严肃问责,给予党纪政纪处分 68 人,其中县级干部 4 人,党委(党组)书记 9 人、纪委书记(纪检组长)3 人。

第四节　落实“两个责任”

中共十八届三中全会明确要求,落实党风廉政建设责任制,党委负主体责任,纪委负监督责任,制定实施切实可行的责任追究制度。中央纪委十八届三次全会要求,各级党委要切实担负党风廉政建设主体责任,各级纪委要承担监督责任。2014 年 9 月 30 日,省委印发《关于落实党风廉政建设党委主体责任和纪委监督责任的意见(试行)》规定,各级纪委要在上级纪委和同级党委的领导下,认真履行党章赋予的职责,充分发挥党内监督专门机关作用,全面落实监督责任,当好党委参谋助手。2015 年 5 月 13 日,在全市党委主体责任和纪委监督责任落实情况调研座谈会上,市委书记肖毅指出:抚州市在落实“两个责任”方面做了大量工作,得到广大干部群众的认可,党风廉政建设社会评价工作连续 3 次位居全省第一。

一、推行“两个责任”纪实考核制度

2014 年,市纪委率先在全省推行“两个责任”纪实考核制度。考核对象和内容是市管领导干部,包括市委、市人大、市政府、市政协和市纪委、市法院、市检察院领导班子及成员落实党风廉政建设责任制情况。考核方式是围绕省委确定的主体责任要求,认真检查领导干部纪实手册中“安排部署”、“廉政教育”、“听取汇报”、“廉政谈话”、“问题调研”、“监督检查”、“专题报告”等 7 个方面如实记载的履责情况。为防止考核对象突击记录、虚假纪实等现象,实行“三查一考核”制度,即分级检查、留底备查、随机抽查、年度考核,强化考核制度的严肃性。

二、发放《党风廉政建设履责纪实手册》

2014 年 9 月 18 日,抚州市委向市四套班子、市纪委、市法院、市检察院以及全市县级领导班子成员发放《党风廉政建设履责纪实手册》,在全市推行领导班子及领导干部落实党风廉政建设责任制工作纪实制度,推动各级党委履行主体责任、纪委履行监督责任和领导干部履行党风廉政建设职责。各级领导干部按照安排部署、学习教育、听取汇报、廉政谈话、问题调研、监督检查、专题报告 7 个方面亲自撰写《纪实手册》,实行流程记录、一事一记,并接受定期检查和季度抽查。同时,撰写《纪实手册》情况作为年度责任制考核的重要依据,发现领导干部未如实记录履行党风廉政建设职责情况的,将按规定扣减责任制考核指标得分,并视情况进行通报批评和诫勉谈话。

三、以“三个突出”,倒逼主体责任

2014 年 9 月,抚州市全面推行领导班子及领导干部落实党风廉政建设责任制工作纪实制度,做到“三个突出”,倒逼主体责任。

亮化对象,突出主体的示范性。市委、市政府下发《通知》,亮明纪实对象为:市委、市人大、市政府、市政协和市纪委、市法院、市检察院领导班子及其班子成员,以及全市副县级以上领导干部;明确要求必须如实撰写落实责任制工作情况。市廉政办统一印制《党风廉政建设履责纪实手册》,发放到纪实对象手中,做到人手一册。市四套班子领导以上率下,带头记录履行党风廉政建设责任情况,为全市各级领导干部作出表率、当好示范。

细化内容,突出纪实的规范性。针对不同主体,细化纪实内容,提高纪实的规范性。一是领导班子建立落实主体责任工作台账,对“强化权力运行制约和监督”、“坚决纠正损害群众利益的行为”、“防止选人用人上的不正之风和腐败问题”、“领导和支持执纪执法机关查处违纪违法问题”等 8 个方面进行纪实。二是主要领导认真履行第一责任人职责,对“带头遵守廉洁从政各项规定”、“每年至少主持召开两次专题会议研究安排党风廉政建设和反腐败工作”、“每年至少讲一次廉政党课”等 9 个方面进行纪实。三是班子成员按照职责分工,对“牵头负责的党风廉政建设和反腐败工作进行安排部署”、“每年向分管范围内的党员干部讲一次廉政党课或提廉政要求”、“对业务工作中涉及党风廉政建设的事项严格审核、严格把关”等 7 个方面进行纪实。

固化流程,突出制度的严肃性。为防止纪实对象突击记录和虚假纪实等现象,固化工作流程,强化制度的严肃性。一是分级检查。年中和年底,市委、市人大、市政府、市政协和市纪委班子的主要领导,对班子成员的《纪实手册》进行查阅。每季度第一周,县(区)党政主要领导、市直县级主要领导分别将本人的《纪实手册》交市廉政办、对口联系的市纪工委检查;班子成员的《纪实手册》交班子主要领导检查。检查情况要在班子会上通报。二是留底备查。市廉政办建立《履责纪实档案》,每季度检查之后,及时将《纪实手册》内容复印入档、留底备查,以规避因《纪实手册》丢失而难以核查的现象。三是随机抽查。市廉政办不定期随机抽查各地各单位的《工作台账》和班子成员的《纪实手册》,抽查结果记录在案,并纳入年度考核分值计算。

第二章　领导干部廉洁自律

1993 年 10 月,中共中央、国务院《关于反腐败斗争近期抓好几项工作的决定》,重申和提出党政机关县(处) 以上领导干部廉洁自律的"五条规定",按照中央规定和地委、行署的部署,地区纪委和地委组织部拟定《县级领导干部重大事项报告制度》和《县级领导班子、领导干部廉洁自律考核办法》,开展对全区县级领导干部党风廉政情况的监督。2000 年 10 月后,全市各级纪检监察机关积极协助各级党委抓好中央、省委、市委制定的有关领导干部廉洁自律各项规定的落实。同时,严格执行市委、市政府颁布的"九条禁令"和《抚州市党政领导干部问责暂行办法(试行)》、《抚州市加强对县级党政正职监督的暂行规定》,积极协助党委、政府做好增强领导干部廉洁自律意识、规范领导干部从政行为,有针对性地建立领导干部任前廉政谈话制度和公开述廉制度、领导班子专题民主生活会制度、新任领导干部"一训双考"和财产公示制度等制度,推行新任领导干部跟踪考廉制度,下发《关于领导干部个人重大事项报告制度的实施意见》、《关于在市直单位主要领导不直接分管财务的通知》、《关于进一步规范县委全委会、常委会及其成员职权的意见》、《抚州市领导干部廉政档案管理办法(试行)》等一系列文件,推进领导干部廉洁自律。

第一节　监督检查

1986 年,地区纪委贯彻中共中央下发《关于社会主义精神文明建设指导方针的建议》,要求各级党组织和广大党员带头抓好精神文明建设,纠正当前党员干部中存在的不正之风,清除一切腐败现象,并作出《关于进一步严肃党纪,端正党风的若干规定》。

1988 年 5 月,地区纪委在南城县召开的全区各县(市)纪委书记座谈会上,分析研究贯彻执行中纪委 5 号文件精神之后反映出来的新情况、新问题,强调党政机关和党政干部不准经商办企业,已办了的,要在人、财、物上与所办企业全面脱钩;9 月,地委、行署下发《关于贯彻省委、省政府〈关于党政机关保持廉洁的若干规定〉的通知》,地区纪委及时向全区各级纪检机关提出贯彻执行《通知》的五点意见,各县(市)纪委认真执行《通知》精神,积极协助党委建立和健全廉政制度,加强监督,严肃执纪,使廉政工作落到实处。

1991—1992 年,先后在全区党政部门对严禁用公款吃喝送礼等有关规定执行情况和纠正行业不正之风进行检查。

1993 年 10 月，按照中共中央关于党政机关县（处）以上领导干部廉洁自律的“五条规定”和省委、地委的具体要求，地区纪委发出通知，要求全区党政机关县（处）以上领导班子和领导干部，进行自查自纠并写出书面报告；12 月初，又会同地委组织部发出《关于全区党政机关县（处）以上领导干部廉洁自律自查自纠情况的通报》，对进一步落实中央和省委、地委的要求提出 5 点意见。年底，全区 147 个县（处）以上单位 26 名厅级干部和 745 名县（处）干部，全部进行自查自纠。为巩固成果，地区纪委和地委组织部制定《全区县级干部重大事项报告制度》和《县级领导班子、领导干部廉洁自律考核办法》。各县和地直各单位党委（党组）也紧密联系各自实际，制定和完善党风廉政规章制度 230 余个，党政机关领导干部廉洁自律工作得到加强。

1994 年，地区纪委开展对全区县级领导干部廉洁自律的监督，要求各部门、各单位认真对照中央纪委三次全会重申和提出的“新五条”规定，开好廉洁自律专题民主生活会。地区纪委、地委组织部联合下发关于建立《县级领导干部廉洁自律考核办法》的意见。

1995 年，全区各级纪检监察机关按照中纪委、省纪委的部署，积极协助同级党委（党组），认真抓好党政机关、国有企事业单位领导干部廉洁自律各项规定的落实，主要抓四件事：督促各级党委（党组）开好廉洁自律专题民主生活会，监督检查各级领导干部纠正存在的问题，进一步完善廉洁自律的规章制度，认真组织开展领导干部廉洁自律工作的监督检查，全年先后进行 23 次检查。8 月 31 日，地区纪委发出通知，对县（市）和地直单位领导干部廉洁自律有关情况进行专项检查。

1996 年，全区各级纪检监察机关继续抓好中央、省委、地委制定的有关领导干部廉洁自律各项规定的落实，重点对中共中央提出的“五条规定”和“补充规定”以及省委、地委提出的有关规定，抓好监督检查。2 月 13 日，地区纪委、地区经济委员会、地区监察局联合通知：加强对国有企业领导干部廉洁自律监督检查。

1997 年，全区各级纪检监察机关积极协助各级党委抓好领导干部廉洁自律，认真贯彻落实党中央关于制止奢侈浪费的若干规定。

1998 年，行署办公室印发《关于切实加强领导干部廉政建设的若干规定》实施细则。

1999—2000 年，地委就全区在“三讲”（讲学习、讲政治、讲正气）教育中查找出有关党性党风突出问题，出台狠刹公款送礼和领导干部接收“红包”歪风、防止领导干部及其亲属插手基建、加大清房力度、选拔任用干部推行公示制等整改措施。

2000 年，地区纪委下发《关于进一步加大领导干部廉洁自律监督检查工作力度的意见》，稳步推行领导干部任期经济责任审计、选拔任用领导干部公示制度和会计委派制度等工作。

2001 年，为进一步强化对领导干部的监督力度，年初，市纪委下发《关于在市直单位主要领导不直接分管财务的通知》。各县（区）、各部门也结合各自实际，适时出台实施一系列规章制度，进一步规范党员干部廉洁从政行为。南丰县推行领导干部党风廉政建设承诺制，临川区实行末位淘汰制，有 20 多位科级干部被淘汰。

2002 年，全市实行领导干部廉洁从政情况定期报告制度、干部任用考察预告、公开述职、民主测评和推荐、对拟提任领导干部公示及事先征求纪委意见等制度，防止用人上的腐败。市纪委下发《关于在招商引资工作中严格遵守领导干部廉洁自律有关规定的通知》，狠刹乡镇干部“走读风”。对乡镇干部特别是领导干部每月乡村工作住宿的时间和工作纪律作出明确规定，制定干部值班考勤制和岗位责任制，并将考勤情况作为乡镇年度考核和实绩考核的重要依据。市、县两级纪委组成督查小组，采取明查暗访和电话抽查等方式，不定期赴基层进行检查，对61名乡镇干部“走读”行为进行纠正。与此同时，在乡镇推行干部形象测评活动，强化群众监督。切实改善乡镇干部的生活条件，合理安排乡镇干部住房，改善伙食，使乡镇干部无后顾之忧，乡镇干部“走读”现象得到有效遏制。

2003年，为加大对领导干部的监督力度，拓宽监督渠道，实现他律与自律的有机结合，市纪委制定《关于实行领导干部述廉制度的实施意见》，要求各县（区）和市直单位副县级以上领导干部每年都要在本地区、本部门召开的述廉大会上进行述廉，接受干部群众的监督和测评，对干部群众不满意、反映较大的干部由市纪委下发整改通知书责令整改。在普遍开展述廉的基础上，为着重加大对“一把手”的监督力度，全市在全省率先推出各县（区）和市直单位党政“一把手”电视、网络公开述廉活动。下发《关于实行市纪委负责人同下级党政主要负责人谈话制度的暂行办法》。积极贯彻《党政领导干部选拔任用工作条例》，加强对党员领导干部任用的监督。

2004年，为切实加强对党员干部的监督和管理，推进党风廉政建设，市委、市政府专门颁布“九条禁令”（禁止打牌赌博、禁止收受红包、禁止上班时间上网娱乐、禁止工作日中餐喝酒、禁止用公款相互宴请、禁止在用人问题和土地、工程招投标问题上优亲厚友和乱打招呼乱批条子、禁止利用职权侵犯群众利益、禁止市县级领导干部下基层迎进送出、禁止领导干部“走读”）；9月，组织市级领导干部深入挂点县（区）进行监督检查。市、县两级纪检监察机关51次组织检查组对各地各单位贯彻落实“九条禁令”的情况进行明察暗访，对检查发现存在问题的18个单位和39名干部作出严肃处理，对2名县级干部兼任企业领导职务进行调整，对市直单位执行“一把手”不直接分管财务的制度进行检查，对20个操作不规范的单位责令进行纠正。是年，通过建立领导班子专题民主生活会制度，进一步深化责任追究，采取“三明确”措施，增强责任追究效果，明确实施范围。规定发生因政治敏锐性和政治鉴别力不够，党性原则不强，是非界限不清，违反法律、法规、党纪、政纪等，作出错误决议、决定或处理意见的；对直接管辖范围内发生的明令禁止的不正之风不制止、不查处，对上级领导机关交办的党风廉政建设责任范围内的事项拒不办理，对严重违法违纪问题隐瞒不报、压案不查的等十二种情况都必须实行责任追究，并在责任追究到位后，由责任人所在单位党委、党组召开领导班子专题民主生活会。明确操作程序。各地、各单位在召开领导班子专题民主生活会之前，应向上级纪委报告，得到上级纪委同意后再行召开。领导班子专题民主生活会的参加人员为领导班子成员，有关单位负责人列席会议。按照分级管理的原则，县（区）和副县级以上（含副县级）市直单位的领导班子专题民主生活会由市纪委和有关单位派人参加；乡（镇）和县（区）直科级单位的领导班子专题民主生活会由县（区）纪委和有关单位派人参加。明确会议主题。领导班子专题民主生活会的主题，就是集中围绕本地、本单位发生的案件（事件）和存在的问题，从思想作风、工作作风、领导作风、制度建设、管理水平等方面进行认真反省，深刻剖析，查找产生问题的原因，负责任地作出检查或说明，积极开展批评与自我批评。明确整改要求。要求各地在召开领导班子专题民主生活会后，针对会议查摆出的问题，制定措施切实加以整改。并将会议记录、情况报告、整改措施和整改情况在规定的时间内报告上级纪委，由上级纪委在适当的时间对整改情况进行监督检查。市纪委或介入或责成下级纪检监察机关先后就市交通局对原局长违纪处理上失弃原则问题、东乡县2003年“12·22”特大抢劫案、“12·23”盗窃案失职问题、南丰县市山镇公款私存和截留挪用农业税问题等召开8次领导班子专题民主生活会，对惩治和预防腐败起到积极的推动作用。是年，市、县两级纪委先后责成有关部门或单位召开57次领导班子专题民主生活会，制定整改措施231条，解决问题52件（次），初步显现“追究一案，教育一片，整肃一方”的效果，较好地实现责任追究效果最大化的目标，得到社会各界的充分肯定。是年，市纪委建立领导干部任前廉政谈话制度，增强新提拔重用的领导干部自觉接受监督的意识。一些县（区）和市直单位也纷纷出台相关的谈话制度，相继对新任科级干部进行任前廉政谈话。

2005年，市纪委在总结经验和广泛征求各方面意见的基础上，起草并由市委批转《关于实行对新任领导干部廉政谈话制度的实施意见》。《意见》对谈话对象、谈话内容、谈话方式、谈话程序和步骤作出明确规定，凡新提拔和重用的县级领导干部在上任一个月内必须接受廉政谈话。谈话的主要内容为：向谈话对象在落实党风廉政建设责任制、遵守《廉政准则》和廉洁自律各项规定、执行《党内监督条例（试行）》及坚持民主集中制原则等方面提出要求，对有信访反映经初查未能核实或尚未构成违纪的，予以提醒和告诫。廉政谈话分个别谈话和集体谈话两种形式。在实施谈话前，由市纪委根据所掌握谈话对象的考察测评、廉洁自律、群众信访举报等情况，拟定谈话提纲，并将谈话的时间、地点、要求等提前通知谈话对象。在进行谈话时，向谈话对象送达《新任领导干部廉政谈话书》，并赠送廉政教育警示牌。谈话结束后，谈话对象要接受党纪政纪知识测试，并在谈话后的10天内作出书面廉政承诺，廉政承诺书要在本单位领导班子会议和干部职工大会上进行宣读和公示，接受群众监督。市纪委每半年对谈话对象的廉洁从政及践诺情况进行跟踪考察了解，谈话形成的材料和个人廉政承诺书及考察材料等存入领导干部个人廉政档案。随后，制定跟踪考察方案，对谈话对象的廉洁从政及践诺情况进行跟踪考察。与此同时，继续实行领导干部述廉特别是公开述廉制度。按照年初安排就全市领导干部述廉工作进行专题部署，在抓好面上述廉工作的同时，于12月继续组织开展11个县（区）和10个市直单位党政主要领导电视公开述廉活动，对所有述廉对象进行廉洁从政情况测评，1.87万名干部群众参加评廉。继续实行领导班子专题民主生活会制度。在组织开展调查研究的基础上，归纳总结全市近年来执行领导班子专题民主生活会的有效做法，并形成书面材料在全省领导干部廉洁自律工作座谈会上交流。市、县两级纪委先后就市农机局重大交通事故、崇仁县领导干部收送“红包”、南丰县东坪乡党员干部参与赌博等问题召开57次领导班子专题民主生活会，较好地实现责任追究效果最大化的目标。

2006年，市、县两级纪委结合县乡换届工作，对1459名新任领导干部进行廉政谈话，其中县级干部63名、乡科级干部1396名。资溪县纪委还对少数未按规定上交《廉政承诺书》的新任科级领导干部进行批评教育。同时，认真执行中共中央《关于对党员领导干部进行诫勉谈话和函询的暂行办法》，对 5 名县级干部、21 名科级干部进行诫勉谈话。认真执行领导班子专题民主生活会制度。市、县两级纪委先后责成有关单位就广昌县“1·24”赌博案、谭××绑架案、南城县领导干部违规驾车等问题召开 13 次领导班子专题民主生活会，提出整改措施 79 条，并加大对整改措施落实情况的监督检查力度，较好地实现责任追究效果最大化的目标。全市纪检监察机关继续严格执行中央、省、市关于严肃查处党员和干部参与赌博的有关通知精神，协调配合公安等部门继续抓好禁赌工作，始终保持严厉打击赌博的高压态势。同时，加强对领导干部违规驾驶公务用车的监督检查。针对全市几起领导干部违规驾驶公务用车酿成交通事故的问题，市纪委多次下发文件，就领导干部驾驶公务用车作出明确规定，并将南城“11·21”重大交通事故在全市通报；多次会同交警部门对领导干部驾驶公务用车进行监督检查，对检查中发现的 7 名违反规定驾驶公务用车的领导干部在全市范围内通报批评，有效遏制领导干部驾驶公务用车现象。

2007 年，为增强领导干部廉洁从政意识，市纪委将历年来中央、省、市关于领导干部廉洁自律的有关文件进行整理，编成《领导干部廉洁自律文件汇编》一书，供全市各级领导干部学习。按照中央关于领导干部廉洁自律的各项规定，市纪委结合本市实际，开展专项检查和专项清理，切实纠正党员领导干部在廉洁自律方面存在的突出问题。中央纪委《关于严格禁止利用职务上的便利谋取不正当利益的若干规定》下发后，市纪委及时下发通知，制定实施意见，专门成立领导小组；通过电视、电台、网络、报纸等媒体，进行广泛宣传和发动；全面开展自查自纠，做到不漏人、不漏单位、不漏项目；抽调人员开展专项检查，确保《规定》落实到位。对有关违规问题进行专项清理。对违规修建楼堂馆所、评比达标表彰活动、大搞节日庆典、领导干部履新迎来送往等问题进行专项清理，清理各种达标表彰活动 450 项，取消 411 项，查处某县乡镇主要领导在履新途中迎来送往造成不良影响的案件 1 件，追究责任 3 人，并在全市进行通报。同时，下发《关于加强乡镇机关食堂建设实施意见》，对公务接待行为进行规范。纠正党员干部廉洁从政方面存在的突出问题。督促各县（区）纪委和市广播电视局对广播电视系统领导干部在网络公司兼职问题认真开展自查自纠；加大对领导干部利用婚丧喜庆大操大办借机敛财行为的监督和查处力度；对上班期间上网炒股和娱乐、党员干部参与赌博、违规收送“红包”、违规驾驶公车、公款旅游等问题进行监督检查，通报市直有关单位工作人员上班时间上网炒股、上网娱乐 3 人。在市移动公司建立廉政短信发送平台，在重要节假日向各级领导干部编发廉政短信 1200 余条，开展“廉政短信提醒”活动。

2008 年，市纪委加强对领导干部落实廉洁自律规定的监督。一方面，认真开展对领导干部婚丧喜庆、违规驾驶公车的专项检查，2 名违规驾驶公车的领导干部被责令作出深刻检讨；开展县级领导干部配偶、子女从业、住房情况的申报登记工作；结合制止党政干部公款出国（境）旅游专项活动，在全省率先出台《加强党政机关和事业单位工作人员因私出国（境）管理的暂行规定》。另一方面，严格落实党内监督各项制度。认真执行“两谈两述”和函询制度。全市共有 1056 名科级干部参加述职述廉；市县两级纪委负责人与 113 名下级党政主要负责人进行谈话，与 536 名领导干部进行任前廉政谈话，与 34 名领导干部进行诫勉谈话；市纪委对 12 名县级干部进行函询。

2009 年,严格执行《抚州市党政领导干部问责暂行办法(试行)》,推行党政领导干部问责制度。同时,加强对领导干部落实廉洁自律规定的监督,依纪依法查处和整治领导干部利用职务便利为本人或特定关系人谋取不正当利益等问题;继续加强对党政机关和事业单位工作人员因公、因私出国(境)人员管理和监督检查,加强对配偶子女均已移居国(境)外的公职人员管理。继续加强对县(区)党政主要领导的监督,实行县(区)委书记、县(区)长廉政情况向上级纪委和组织部门报告制度。市、县两级纪委负责人对下级党政主要负责人谈话 227 人次,其中县级干部 24 人次;对新任领导干部进行廉政谈话 498 人次,其中县级干部 87 人次;进行诫勉谈话 54 人次,其中县级干部 13 人次。全市共有 673 名县级领导干部进行书面述廉,3985 名科级干部进行述职述廉。市纪委对 18 名县级干部进行函询。

2010 年,市纪委继续认真落实领导干部廉洁自律和党内监督各项规定。查处 1 名领导干部违反规定,私自从事营利性活动;查处违规住房 4 套,面积 340 平方米,收回资金 11.63 万元。市、县两级纪委负责人开展对下级党政主要负责人谈话 306 人次;对新任领导干部廉政谈话 858 人次;进行诫勉谈话 47 人次;全市共有 1162 名县级领导干部进行书面述廉,2819 名科级干部进行述职述廉;市、县纪委对 48 名县级干部进行函询。对 3 起涉及领导干部廉洁自律问题的信访件作了信访初查。

2011 年,在全市范围内开展贯彻落实《廉政准则》自查工作,全市进行自查自纠的党员干部达 16033 人,其中市级干部 28 人、县级干部 1074 人,自查面 100%;市、县两级纪委负责人开展对下级党政主要负责人谈话 1227 人次;对新任领导干部进行廉政谈话 3575 人次;进行诫勉谈话 88 人次;5121 名县、科级领导干部进行述职述廉;市、县纪委对 237 名领导干部进行函询。

2012 年,市纪委建立干部任免县委常委会票决制、新任科级领导干部财产公示、任前廉政集体谈话和“一训双考”等制度。是年,共有 12 批 362 名新任科级领导干部公示家庭财产,98 位新提拔的县级领导干部参加廉政法规考试。在加强领导干部监督方面,建立县委常委向县委全委会述职述廉、乡(科)级党政正职向县纪委全会述廉等制度,做到用制度管权、按制度办事、靠制度管人。

2013 年,推行节日廉情监督。结合狠刹节日期间公款送礼、治理“红包”等重点工作,把清明、“五一”、端午、中秋、国庆、元旦和春节等法定节日党员干部廉洁自律情况,全部纳入监督范围,检查督促各单位做到“节前教育提醒、节日明察暗访、节后公示反馈”,使节日廉情监督成为各地各部门的常态工作。紧扣经济建设重点,推行项目廉情监督。对 3 批 168 名新提拔的县级领导干部进行廉政谈话;对 36 名县(区)和市直单位党政主要领导进行廉政约谈;14 批 333 名新任乡(科)级领导干部公示家庭财产;市廉政党校教育培训党员领导干部 93 批 3675 人次。

2014 年,市纪委将党政领导班子及其成员履行“一岗双责”、落实八项规定和廉洁自律各项制度情况,纳入“共性项目”管理,实行“一个项目、一套方案、一名牵头市级领导、一个责任单位、一名责任人”的“五个一”项目管理机制和责任考核机制。探索科(股)级重要岗位定期轮岗交流制度,先期在东乡县进行试点,明确轮岗交流的基本原则、方式方法、纪律要求,严格轮岗交流操作程序。推行纪律处分执行公示制度,制定下发《党纪政纪案件处分执行公示办法(试行)》。宜黄县公布首批18名受党纪政纪处分人的职务晋升、工资福利、年度考核等事项。市、县联动开展“一把手抓廉政”访谈活动,对12名县(区)委书记和36名市直单位主要负责人进行约谈,全市400余名党政“一把手”在电视、报纸上作出公开承诺。推行县级党政主要领导向市纪委全会述廉受评制度,首批12名市直单位“一把手”进行述责述廉并接受评议,各县(区)共有102名科级党政主要负责人向县(区)纪委全会进行述廉受评;试点推行科(股)级重要管理岗位定期轮岗交流制度,轮岗交流110人;下半年探索实施党纪政纪处分执行公示制度,已公示247人。是年,各级纪检监察机关盯紧春节、端午、中秋、国庆等敏感时间节点,开展节前教育提醒、节日明察暗访、节后公示反馈,常态化推行节日廉情监督。开展国家工作人员防止利益冲突专项治理,全市9.9万名国家工作人员进行自查自纠。加强对公务消费一体化监管的再监督,全市“三公经费”下降24.7%。

2015年,采取专题调研、听取汇报、调研评议、提醒约谈等举措,探索同级党委监督新方式。市委、市政府领导对全市“两个责任”落实情况开展专题调研,随后39名市四套班子成员分别深入分管领域和联系县(区),对落实主体责任进行专题调研。市委书记肖毅亲自主持召开落实主体责任汇报会,市四套班子成员将个人落实主体责任及履行“一岗双责”情况,集中向市委、市纪委报告。市纪委抽调14名市纪委委员,分成7个调研评议组,对市党政班子分管、联系的10个县(区)、19个市直部门,就落实主体责任进行实地调研。对照调研评议结果,由市纪委班子成员对市党政班子成员一对一的约谈提醒,探索了一种监督同级党委的新方式。

第二节 党员领导干部重大事项报告

1994年,地区纪委和地委组织部制定《县级领导干部重大事项报告制度》和《县级领导干部廉洁自律考核办法》,切实加强对全区县级领导干部党风廉政情况的监督,进一步推进反腐倡廉工作的深入,保证全区改革和经济建设顺利健康发展。

2002年4月,市纪委下发《关于在部分市直单位实行领导干部廉洁自律和落实党风廉政建设责任制情况汇报制度的通知》。为增强党员领导干部自觉遵守这项制度的意识,明确报告事项,市纪委、市委组织部在广泛征求意见的基础上,于6月初又联合下发《关于领导干部个人重大事项报告制度的实施意见》。文件下发之后,县级领导干部报告个人重大事项的比以往明显增多。全市有19名县级以上领导干部(其中6名市级领导)就个人重大事项报告了单位党组织,并向市党风廉政办作了专题报告。同时,实行党风廉政建设工作和领导干部廉洁从政情况定期报告制度。下发《关于在招商引资工作中严格遵守领导干部廉洁自律有关规定的通知》。

2006年,市纪委监察局结合领导干部个人重大事项报告制度,加强对领导干部利用婚丧喜庆大操大办借机敛财行为的监督和管理,共有369名领导干部报告个人重大事项,其中副厅级干部2人,县处级干部28人,科级干部342人。

2008 年,针对少数领导干部利用婚丧喜庆等事宜借机敛财的问题,市纪委监察局在节假日期间重点对城区各大酒店进行明查暗访;结合执行领导干部重大事项报告制度,强化对领导干部操办婚丧喜庆事宜的日常管理,共有 178 名领导干部报告个人重大事项,其中副厅级干部 1 人,县处级干部 13 人,科级干部 164 人。同时,为加强对领导干部配偶、子女和身边工作人员利用其职权和职务影响经商办企业以及在住房上以权谋私等问题的监督,认真组织开展县级领导干部配偶、子女从业情况和领导干部住房情况的申报登记工作,并进行公示,接受群众监督,全市共有 1007 名县级领导干部进行申报登记。

2009 年,加强对领导机关、领导班子主要负责人监督。认真执行领导干部个人有关事项报告制度,共有 15 名领导干部向市纪委报告个人有关事项,其中地厅级领导干部 1 人,县处级领导干部 14 人。积极开展新任领导干部跟踪考廉和领导干部个人收入申报两项试点工作。临川和黎川两个试点县(区)还拟定新任科级领导干部跟踪考廉工作实施办法,明确考廉对象、内容和步骤。组织开展县级领导干部配偶、子女及其配偶从业情况和领导干部住房情况的申报登记工作,并在一定范围内进行公示,接受群众监督。是年,共有 1007 名县级领导干部进行申报登记。

2010 年,全市共有 337 名科级及以上领导干部就住房、投资、婚丧喜庆等事宜专门向市、县纪委进行报告。

2011 年,共有 10227 名科级以上领导干部向市、县纪委、组织部进行个人有关事项报告。

2014 年,推行新任县级领导干部重大事项报告公示制度,明确公示主体、内容、程序及问责办法。并对领导干部报告个人有关事项的情况开展有针对性的抽查核实。同时推行县级党政主要领导向市纪委全委会述廉受评制度,分期分批组织县(区)和市直单位党政主要领导进行述廉受评。12 月,市纪委、市委组织部、市监察局转发省纪委、省委组织部、省监察厅《印发〈关于领导干部操办婚丧喜庆事宜实行"两报告一承诺"的暂行规定〉的通知》,全市领导干部操办婚丧喜庆事宜实行"事先报告、作出承诺、事后再报告"的制度。

第三节　廉政档案

2002 年,市纪委制定下发《抚州市纪委干部廉政档案管理办法(试行)》,将领导干部个人的基本情况、廉洁自律有关情况、个人重大事项报告情况及日常考核、奖惩记录、信访反映初查结论等作为基本内容进行科学建档管理。是年,市纪委监察局建立廉政档案。要求各级领导干部要主动申报个人重大事项,接受组织审查和监督,并列入党风廉政档案。

2003 年 8 月,为及时准确掌握领导干部执行党风廉政建设责任制和廉洁从政的情况,规范全市领导干部的从政行为,使干部监督管理工作进一步规范化、制度化,市纪委下发《关于印发〈抚州市领导干部廉政档案管理办法(试行)〉》、《关于认真填报领导干部廉政档案有关资料及相关事项的通知》、《关于做好收集领导干部廉政档案有关材料工作的通知》。同时,市纪委为全市党政机关、人大机关、政协机关、审判机关、检察机关和人民团体中在职的副县级以上党员领导干部和行政监察对象建立廉政档案;全市 11 个县(区)纪委都相继于年底前建立乡(科)级领导干部廉政档案。是年,述廉报告、测评结果和整改措施均纳入领导干部廉政档案,实行跟踪管理。

2004年,市纪委建立领导干部任前廉政谈话制度。谈话对象在接受廉政谈话后,按要求向市纪委递交廉政承诺书,存入个人廉政档案。与此同时,认真抓好领导干部配偶、子女从业有关规定的落实,对全市在职的副县级以上领导干部的家属子女从业的有关情况进行调查摸底,并载入廉政档案。是年,市纪委为强化领导干部的廉洁自律意识,所有新提拔和重用的县级领导干部在上任前由市纪委领导对其落实党风廉政建设责任制和领导干部廉洁自律等方面进行廉政谈话,提出严格要求,并送达《任前廉政谈话书》。谈话对象在接受廉政谈话后,按要求向市纪委递交廉政承诺书,存入个人廉政档案。全市领导干部廉政档案都由市、县(区)纪委建立、保管和维护,采用每单位一纸盒、每人一纸袋的纸质档案方式存放于文件橱内。

2006年11月,市纪委完成11个县(区)、95个市直单位的县处级领导干部建立廉政档案工作;11个县(区)纪委完成915个乡(科)级单位的科级领导干部建立廉政档案工作。廉政谈话材料、《廉政承诺书》及廉政知识测试试卷等均存入领导干部廉政档案。

第三章　农村基层党风廉政建设

2005年,为认真贯彻落实党的十六届五中全会和中央纪委监察部农村基层党风廉政建设座谈会精神,着力解决农村基层党风廉政建设工作中存在的突出问题,切实减轻农民负担,为农村改革发展稳定创造良好的社会环境,全市纪检监察机关从建立健全农村基层廉政监督网络、便民服务网络和“三务公开”网络入手,大力推进农村基层党风廉政建设。是年,经市纪委研究决定,对全市各乡镇招待费使用情况开展一次专项检查。检查分乡(镇)自查、县(区)检查和市纪委督查三个阶段进行。全市共派出33个检查组对157个乡(镇、场)进行严格检查,进一步健全监督制约机制,规范乡镇财务管理。2007年,市委办、市政府办下发《关于加强农村基层党风廉政建设的实施意见》。

第一节　农村基层廉政监督网络

2006年,市纪委监察局在11个县(区)的33个乡镇开展农村基层党风廉政建设试点工作。按照乡镇配设1名专职纪委副书记,村党支部配设1名纪检委员,村民小组聘请1名以上党风廉政建设监督员的原则,加强农村基层廉政监督网络建设。是年,全市158个乡(镇、街办)都配设专职纪委副书记,1873个村党支部都配设纪检委员,聘请4839名党风廉政建设监督员。

2007年,进一步健全纪检监察“三级组织网络”,落实四级责任机制。大多数村委会成立村务理事会、新农村建设理事会、村务公开监督小组、村民理财小组等监督组织,把监督的触角延伸到村、组、户,形成横向到边、纵向到底的纪检监察组织网络。以农村基层纪检监察三级组织网络为依托,按照党风廉政建设责任制的要求,纵向上建立市、县、乡、村齐抓共管的四级责任机制，横向上充分发挥市直、县（区）直职能部门和乡镇基层站所的作用，营造上下联动、部门互动的工作氛围。

2008 年，进一步强化农村基层纪检监察“三级组织网络”建设，先后举办乡镇纪委副书记业务培训班和农村党风廉政监督员培训班，强化县、乡、村三级纪检监察组织建设。

2009 年，在好中选优、优中选强配备乡镇纪委书记的基础上，全市 151 个乡镇全部配齐了专职纪委副书记，1794 个村党支部全部配设了专职纪检委员，各行政村都成立了村民理事会、村务公开监督小组、村民理财小组等监督组织，各村小组共聘请 15199 名党风廉政监督员，把监督的触角延伸到村、组、户，形成了横向到边、纵向到底的农村基层纪检监察“三级组织网络”。

2012 年，按照“县（区）定标准、乡镇抓考核、群众来监督”的办法，开展农村基层干部“勤廉”考评试点，探索建立以工作实绩、德才素质、廉洁从政等为核心内容的“勤廉”考评机制。以基层站所民主评议为抓手，开展以“严格依法行政、提升服务质量、深化行风建设、提高办事效能、树立良好形象”为主题的“群众满意的基层站所”创建活动。通过群众和社会各界直接参与对基层站所服务行为的评议和监督，加强农村基层站所的思想建设、作风建设和制度建设，表彰群众满意的基层站所和工作人员，惩戒群众不满意的基层站所和工作人员，有效解决少数基层站所和人员存在的吃拿卡要、作风粗暴、办事不公、效率低下等群众反映强烈的问题。将述职述廉制度向农村基层延伸，是年，全市 1794 个村全部开展了村干部述职述廉工作，参与民主测评的村民有 85882 人。

第二节　农村基层便民服务网络

2007—2008 年，全市各乡（镇）全面构建农村基层“三级服务网络”，深化农村基层党风廉政建设的效果。全市建立乡镇便民服务中心 138 个，群众诉求中心 146 个，村级便民服务点 1068 个，村小组便民服务联络员 3792 人。各乡镇便民服务中心整合公安、税务、工商、计生、民政、土地、城建、农业、水利等站所涉农行政审批和公共服务职能，为群众办理各类审批和服务事项；群众诉求中心由乡镇纪委牵头，整合信访、综合治理、矛盾排查等职能，统一受理群众信访、纠纷调处和矛盾排查等事项。“两个中心”采取“一窗口受理、一条龙服务、一站式办结”的运作模式，全天候接待、全过程办理、全方位服务。

2009 年，制定《关于全面推进乡镇便民服务中心建设的实施意见》，各乡镇全面推行“四中心一平台”建设，建立乡镇便民服务中心、群众诉求中心、公共资源交易中心、财务核算中心和网络公开平台，各村民委员会设立便民服务代办点，各村小组设立便民服务联络员，健全乡、村、组三级服务网络。不断创新服务方式，各乡镇都印发便民服务联系卡，建立便民服务台账，采取“5 +2”、“三包一帮”等服务方式，切实解决农民办事难、诉求难等问题。

2010 年，全市乡镇、村便民服务机构共办理服务事项 244577 件，发布便民服务信息 93739 条；组建产业协会 398 个，支农服务队 385 支；乡镇公共资源交易站共交易 488 宗，交易总金额 7002. 32 万元，增收节支 523. 86 万元。

2011 年，本着“实在、实用”的原则，按照“两一律四统一”（现有乡镇办公楼一律将一楼改建为便民服务中心，以后新建乡镇办公楼一律将一楼规划为便民服务中心；乡镇基层站所统一到便民服务中心设立办事窗口，基层站所办理事项统一在便民服务中心，统一规定事项办理的程序、时限、收费标准，县（区）政府统一规划新建乡镇便民服务中心）工作要求，对基层站所和乡镇现有的办公场所进行有效整合，统一管理、科学利用，因地制宜采取“大厅模式”和“集中办公模式”建设乡镇便民服务中心，实现资源利用率的最大化。全市乡镇便民服务中心共投入建设资金 3873.27 万元，其中“大厅模式”113 个、“集中办公模式”38 个，66 个中心配置了电子显示屏，40 个中心配置了电子触摸屏，18 个中心建设了电子政务网上审批及电子监察系统。按照“便民、利民”的原则，将群众诉求中心、公共资源交易站纳入便民服务中心统一管理，并按照“十有”（有固定办公用房、有明显中心标牌、有固定热线电话、有办公电脑、有档案柜、有固定工作人员、有办公经费、有群众办事坐椅、有明显窗口牌和事项办理公示牌、有事项咨询、办理记录本）和“四个统一”（统一标牌标识，统一文明用语，统一纪律要求，统一工作规范）的要求进行规范化建设，所有涉农站所全部纳入中心管理，实行“一个窗口受理、一次性告知、一条龙服务、一次性收费、限时办结”的运作方式，并推行“六公开”服务和“六制”办理，为群众提供优质、方便、快捷的“一条龙”服务。是年，全市乡镇、村便民服务机构共办理服务事项 167534 件，发布便民服务信息 39556 条；组建产业协会和产业合作社 521 个，开展了“三包为民”活动；乡镇公共资源交易站共开展招投标交易 456 宗，交易总金额 5929.9 万元，增收节支 873.5 万元；以群众诉求中心为平台，推行阳光信访，方便群众诉求，共办结涉农信访件 492 件。

2012 年，积极建设乡镇、村、组“三级”便民服务网络，全市 151 个乡镇全部建立便民服务中心，1696 个村设立便民服务点，聘请 15144 名村小组便民服务联络员。同时，推行“六公开”（即公开项目名称、办事程序、申报材料、承诺时限、收费标准、政策依据）服务和“六制”（直接办理制、承诺办理制、联合办理制、上报办理制、明确答复制和协助办理制）办理，不断完善“便民办事、为民理财、帮民致富、促进和谐”四大功能。是年，全市乡镇、村便民服务机构共办理服务事项 89476 件，发布便民服务信息 275534 条；认真受理群众诉求，共调处矛盾纠纷 6125 件。全市乡镇公共资源交易站共开展招投标交易 2670 宗，交易总金额 28807.1 万元，为村集体增收节支 2567.41 万元。全市共纠正违法违规征占农村土地的行为 47 起，涉及土地 36.898 亩，涉及金额 90.66 万元；纠正在农民建房、用电用水和务工经商等方面存在的乱收费、乱罚款、乱摊派行为 37 件，制止纠正农村中小学违规收费 73 件，纠正农村医疗购销和医疗服务中的不正之风 22 件，打击制售假劣农资和哄抬农资价格等坑农害农行为 62 件，

2013 年，全市乡镇、村便民服务机构共办理服务事项 401791 件，发布便民服务信息 54707 条；认真受理群众诉求，共调处矛盾纠纷 20389 件。全市乡镇公共资源交易站共开展招投标交易 1215 宗，交易总金额 10695.97 万元，为村集体增收节支 658.32 万元。

2014 年，全市纪检监察机关对以往牵头主抓的、属于有关职能部门业务范围内的乡镇便民服务中心等工作，全部移交给有关职能部门。

第三节　农村基层“三务”公开网络

市委、市政府分别成立公开领导小组，出台公开实施方案，坚持把党务公开与政务公开、村务公开相结合，不断探索“三务”公开的新方法、新途径。采取“日常式、互动式、点题式”公开三联动和创新公开载体、完善公开内容、规范公开程序、建立公开档案、加强公开监督等方式，逐步完善公开制度，丰富公开内涵，让权力在阳光下运行，使“三务”公开纳入法制化、规范化的轨道。同时，强化对“三务”公开工作的督促检查和考核，确保公开内容真实有效，对不按规定公开的单位和个人严格执行责任追究制。2011 年，抚州市被中央纪委确定为江西省唯一的设区市级基层党务公开联系点。2014 年，全市纪检监察机关对以往牵头主抓的、属于有关职能部门业务范围内的农村基层“三务”公开等工作，全部移交给有关职能部门。

一、党务公开

2006 年，全市乡（镇）、村党组织的工作事项，除属国家秘密之外，采取党务公开栏、党员活动室及会议、文件、简报等形式进行党务公开，重点公开基层党组织的工作目标、决策内容和程序、干部选拔任用、发展党员、党费收缴管理和使用、民主评议党员、党员干部违纪违法问题的处理、落实党风廉政建设责任制情况等内容。

2010 年，市委坚持把党务公开与政务公开、村务公开相结合，采取“日常式、互动式、点题式”公开三联动等方式，积极探索党务公开的新方法、新途径；选择 47 个基层党组织作为市党务公开工作联系点，124 个基础较好的基层党组织按照“五有一好”（有健全的领导体制和工作机制、有完善的党务公开制度、有形式多样的党务公开载体、有内容详细的党务公开目录、有规范的党务公开档案，党员群众反映好）的标准，积极开展党务公开示范点创建活动。全市党务公开领导小组表彰 28 个基层党组织党务公开示范点。全市基层组织党务公开工作，被《中国纪检监察报》大篇幅刊登，并配发评论员文章，《江西新闻联播》在头条给予报道。市纪委在抚州廉政网设立“农村基层党务公开”专栏，将全市 151 个乡镇、1794 个村委会党务公开信息每半年公开一次。4 月 1 日，全市党务公开工作座谈会在市会议中心一楼会议室召开。会议传达贯彻全省党务公开工作座谈会精神，总结交流资溪县、南城县徐家乡、金巢经济开发区城西街道办事处等地推进党务公开工作的做法和经验。

2011 年，全市建立基层党务公开网络，细化公开内容，规范公开程序，严格按照“提出内容、审核确定、实施公开、处理反馈、归档管理”流程进行公开。建立农村基层“三资”（资金、资产、资源）监管、党务公开、便民服务三个网络平台，将乡镇、村级党组织党务和公开内容细化 6 大类 69 项和 3 大类 21 项内容在党务公开网络平台上公开；市直机关和基层党组织设立党务公开栏 6112 个、建立党务公开信息网站 122 个，开通“短信公开”、“党务公开一话通”、《有话跟党说》等互动平台，设立“党务公开日”进行“点题公开”。中央农村基层党风廉政建设工作联席会议办公室《农村基层党风廉政建设工作动态》专门刊登抚州市实行“三资”监管和建立基层党务公开网络的做法。

2014 年，市纪委监察局继续创新监督方式，增强监督实效。运用项目化管理方法，按照不同责任主体划分“个性项目”,将属于有关职能部门业务范围内的公共资源交易监管、行政审批监管、农村集体“三资”监管、农村基层“三务公开”、便民服务中心建设、公务消费一体化监督、政府绩效管理、电子监察平台建设和管理等10项工作,全部以“项目包”的形式移交给职能部门,并列入党风廉政建设责任制考评重要内容,实现监督的再监督。

二、政务公开

2000年,市人民政府颁布《关于全市行政机关进一步推进政务公开的实施方案》,市人事局、劳动局等单位专门印制公开办事指南。随即成立集中办事大厅,要求市直有审批、收费权的部门都必须进入办事大厅集中办公,全面实行办事制度、办事程序、收费标准“三公开”。客商或市民办理的各类证照所需费用全部在厅内交纳,实行一个窗口收费,一个漏斗向下。凡办证手续不在集中办事大厅办理的,企业可以不办;凡收费不在大厅的,企业可以不交。所有进厅单位必须在大厅统一收费,严禁进厅单位厅外收费,一经发现,一律视为乱收费,由市整治办严肃查处。从5月开始,各县(区)先后建立集中办事大厅,将有审批、收费权的部门集中起来办公,进入大厅的单位全面实行办事制度、办事程序、收费标准“三公开”,做到一般事项立即办,重大事项联合办,上报事项负责办,控制事项明确答复,从而提高办事效率,大大方便客商和前来办事的群众。

2001年,积极推进政务公开。根据中央纪委和省纪委的要求,市纪委制定完善《重大问题民主决策制度》、《职代会民主评议企业领导人员制度》、《民主评议考核企业中层管理人员制度》等文件,积极推行政务、村务、厂务公开,稳步推进民主制度建设。进一步完善政务公开的内容、形式和方法,加强监督管理,使政务公开纳入法治化、规范化的轨道。

2002年,全市11个县(区),151个乡(镇)全面推行政务公开。市和县(区)直属单位的计划、教育、卫生、建设、工商、国税、地税、劳动人事、计划生育等部门也实行政务公开。全面实行采购、验收、付款三权分离,各级采购中心从“采购操作、规模效应、资金拨付、监督检查”环节入手,强化监督与管理,不断扩大采购透明度。切实规范办证收费大厅运行,进厅各单位公开办事程序,实行“一个窗口”收费、“一条龙”服务的联合办公模式,营造群众办证办事的“绿色通道”。

2003年,为解决原有乡(镇)村财务管理体制存在的弊端,规范财务管理,制止乡(镇)村主要领导乱收乱支的行为,市委、市政府从深化财务制度改革入手,通过建立乡(镇)村财务管理制度来约束权力的运行。从2月开始,在全市实行乡镇财务收支管理、村级财务代理和农税征管“三位一体”的管理体制改革,明确党政齐抓共管、纪委牵头组织、财税部门具体落实的工作机制,市、县(区)、乡(镇)三级都成立由市、县(区)委、乡(镇)党委副书记、纪委书记为组长,财政局长、监察局长为副组长,有关部门为成员的改革领导小组,形成上下联动,一级抓一级、层层抓落实的大改革局面。

2004年,市委、市政府把推行阳光政务,打造阳光政府作为建设廉洁、勤政、务实、高效服务型政府的一项关键举措来抓,通过强化领导,突出重点,创新载体,加强监督,全面推进政务公开工作。成立政务公开工作领导小组,规范政务公开的内容和范围,开通“抚州之窗”信息网,实现政务公开的网络化、信息化、现代化。还在《抚州日报》、抚州电视台和市政府信息网站开辟“阳光政务专栏”。同时,加大对政务公开的监督检查力度。

2005 年,市政府深入推进乡镇政务公开。市纪委监察局将乡镇政务公开作为加强群众监督,保障群众知情权的一项基本措施来抓。进一步加强政务公开的督查工作,先后以政府名义出台《抚州市政务公开考核细则》、《抚州市政务公开督查制度》,并结合贯彻落实全国公用事业单位办事公开电视电话会议精神,组织 10 名特邀监察员对全市 11 个县(区)和 33 个市直部门的政务公开工作开展专项督查,督查情况在全市进行通报。加强与有关部门的联系与沟通,在市区羊城广场大型电子显示屏上开辟政务公开专栏,每天滚动播出政务信息,同时在抚州电视台、《抚州日报》、《阳光政务》栏目,扩大政务内容的公开面,加大社会监督力度。

2006 年,市政府把政务公开作为乡(镇)政府建设的一项基本制度,不断提高公开质量和水平。乡(镇)建立政务公开栏,每季度至少公开一次,凡是决定或处理与群众利益密切相关的重要事项必须及时公开,重点公开支持农业、补助农民的各项政策和支农资金使用情况;乡(镇)机关财务收支和领导干部廉洁自律等情况则按照规定向干部、群众公开,接受群众的监督和咨询。乡(镇)政务公开在内容和时间上相衔接。深入推进基层站所办事公开,规范公开的内容和形式,对办事收费、办事程序、办事纪律和办事时限,以及与农民群众利益密切相关,容易出现不公平、不公正,甚至可能产生腐败的重点问题,如实地经常性地予以公开,促进基层站所转变工作作风。利用现有设施在乡(镇)政府统一设立便民服务大厅,实行“一站式”、“一条龙”服务。积极推行阳光政务,进一步完善政务公开和办事公开监督检查举措,年初对市直单位和各县(区)政务公开和办事公开工作的考核标准进行量化和细化。8 月,市监察局组织人员完成国家监察部交办的“推进政务公开、构建和谐社会”课题调研任务;11 月上旬,联合市政府办公室对全市 11 个县(区)和 33 个与群众利益密切相关的行政机关、公用企事业单位的政务公开和办事公开进行全面督查。

2007 年,市政府积极推行阳光政务。从规范公开主体、规范公开内容、规范公开时限、规范公开形式、规范公开程序等“五规范”入手,加大推行政务公开和公共企事业单位办事公开力度。

2008 年,市政府加强对阳光监督平台的建设。一是创新公开载体。以《政府信息公开条例》颁布实施为契机,不断完善公开内容、规范公开程序、建立公开档案、加强公开监督,逐步健全政府信息保密审查、定期通报、工作考核、社会评议和责任追究等制度,形成“政府主导、部门互动,条块结合、立体推进”的政务公开长效机制,促进依法行政。二是创新公开方式。依托农村便民服务中心和群众诉求中心,积极推行社会听证、政策咨询、新闻发布、群众点题等公开方式。三是拓展公开领域。将政务公开向事务公开延伸,在市劳动和社会保障局、市供电公司、市供水公司等与群众利益密切相关的公共部门,开展事务公开示范点建设活动。

2009 年,建立市、县(区)两级互联互通的政府信息公开网站,动态公布与群众生产生活密切相关的各类信息。市纪委监察局在“抚州廉政网”创建农村基层“三务”网上公开平台,将全市所有乡镇和行政村的党务、政务、村务内容在网站进行公开。全面推行公共企事业单位办事公开,在市劳动局、市供电公司、市供水公司,建立事务公开示范点,方便群众办事。由于该项工作取得出色成绩,4 月 26 日—27 日,全省推进“廉政阳光工程”建设暨深化政务公开工作经验交流会在抚州召开，省纪委常务副书记、省监察厅长、省推进政务公开领导小组副组长兼督查室主任汪毓华出席。与会人员先后参观金巢经济开发区城西街道办事处的便民服务中心、群众诉求中心、公共资源交易中心、村级财务核算中心，市财政局国库集中收付中心，市行政服务中心和市公共资源交易中心，并观看抚州市源头治腐“廉政阳光工程”工作专题片，观摩市行政服务中心网上审批和电子监察流程演示。

2010 年，全市各乡镇建立集乡镇便民服务中心、群众诉求中心、公共资源交易中心、财务核算中心为一体的便民服务平台，各村委会设立便民服务代办点，各村小组设立便民服务联络员，健全农村基层“三级便民服务网络”。

2012 年，全市 11 个县（区）、150 个乡镇及市、县（区）直单位的计划、教育、卫生、建设、工商、国税、地税、劳动人事、计划生育等部门都实行政务公开。

2013 年，全市各级党政组织共设立党务政务公开栏 6624 块，电子显示屏 180 台，电子触摸屏 84 台，做到了投入一次性、使用长久性、操作简易性、阅读便捷性、内容全面性、管理规范性。

三、村务公开

1998 年，全区认真开展村级财务整顿，大力推广村务公开、民主管理。地委成立以分管农业的副书记为组长、纪委书记、组织部长、分管民政、农业的副专员为副组长的工作领导小组。各县（市）根据地委、行署的要求开展深入细致的工作。至 11 月底，全区在清理整顿村级财务中发现并查处违纪案件 89 件。建立完善村级管理制度。实现村务公开的村民委员会 1331 个，占全市村民委员会的 68. 6%，村民委员会直选制度和村民议事会制度基本上得到落实。南城县村务公开工作经验，还在省纪委七次全会上作了交流。

2002 年，在成立市、县（区）“会计集中核算中心”的基础上，普遍推行村级财务“零管理”。

2003 年，全市共有 1849 个村民委员会实行村级财务代理。

2005 年，村务公开主要是公开计划生育政策落实、救灾救济款物发放、宅基地使用、村集体经济所得收益使用、村干部报酬等内容，重点公开村级财务收支情况。

2006 年，村务公开重点公开社会主义新农村建设中各级政府到村到户的支农惠农政策和资金、社会各界支持新农村建设的项目和资金、村内公益事业的办理、对村干部的民主评议评价、考核和审计结果以及计划生育政策落实、救灾救济款物发放、宅基地使用、村集体经济所得收益使用、村干部报酬等情况。重点抓好财务公开，所有收支必须逐项逐笔公布明细账目，让群众了解、监督村集体资产和财务收支情况。对新农村村庄规划、住宅设计、公共设施建设等关系群众切身利益的事项，广泛听取村民意见。临时发生涉及村民利益的重大事项及时公开，重要项目建设等或专题公开或按群众要求点题公开。村务公开内容公开前经过村务监督委员会审核同意。县（区）、乡（镇）党委、政府健全村务公开协调机构，加强对村务公开制度落实情况的督促指导和监督检查，解决不公开、假公开、不及时公开等问题。

2007 年始，全市全面推行农村基层政务、村务、财务“三务”公开，通过创新公开载体、完善公开内容、规范公开程序、建立公开档案、加强公开监督等方式，完善“三务”公开制度，丰富“三务”公开内涵。市纪委监察局创建“三务”公开新平台，在《抚州廉政网》创建“三务”公开专栏，将全市所有乡镇、村的“三务公开”照片在网站发布，强化对“三务”公开情况的有效监督。创新“三务”公开方式，实行规定公开与点题公开相结合、定时公开与即时公开相结合、常规公开与专题公开相结合、公开办事过程与公开办事结果相结合的方式，深化“三务”公开的效果。“三务”公开工作的经常化、制度化、规范化，激发了群众的参与意识、管理意识和监督意识，促进农村基层党员干部廉洁自律，改善了党群干群关系。

2008 年，把涉及农村基层群众切身利益的现实问题，如土地征用、宅基地审批、集体资产处置、农村基层财务管理、救济救灾款物的发放、惠农政策和计划生育政策的落实等群众关心的热点问题作为公开的重点。

2009 年，市纪委监察局建立农村集体资产资源管理，村干部入户听诉，村干部勤廉双述、质询、民主评议，村民理事会、监事会和“一事一议”民主决策等五项监督制度。

2010 年，全市各地开展农村集体“三资”清产核资工作，组织各村对村级集体“三资”及各种承包合同进行自查摸底。同时，采取召开村民会议、村民代表大会、在村务公开栏公开等形式，将自查摸底的情况向群众公布，接受群众监督，确保清查彻底。

2011 年，全市开始实行农村集体“三资”监管“三议三审三公开”（村“两委”提议、民主听证参议、村民大会或村民代表会议决议，审流程、审合同、审票据，公开“三资”议案、处置过程和结果）制度。

2013 年，黎川县推行村务公开“大台历”。将村务公开“大台历”设计成活页表格形式，放置在村委会、村卫生所等公开场所，以便农民群众能随时翻阅。“大台历”共分承诺公开、党务公开、村务公开、农村集体“三资”公开、其他公开五个部分。纪检、组织、民政、新闻等部门单位可不定期对村务公开“大台历”进行明察暗访并予以通报。南城县在各村整合监督资源，将原有的村级财务监督小组、民主理财小组统一名称为村务监督小组，从老党员、老干部中聘请 5 名村务监督员，重点对村级财务、集体“三资”、党务村务公开、村级公益事业建设等进行监督。在财务监督过程中，将村务监督章一分为二，由村纪检委员和村务监督小组各执一半，村级财务每月由村纪检委员和村务监督小组进行审核，每张发票在盖好村务监督章后，再由村主任签字生效。在每次全体党员干部会和村民代表会议上，由村务监督小组将村级财务、集体“三资”等重点监督情况进行公开。同时，每半年在村务公开栏向群众公开。

第四章　专项治理

地（市）纪委、地（市）监察局在地（市）委、行署（市政府）领导下开展工作，对群众反映的“热点”问题会同有关部门根据上级党委、政府、纪委有关文件规定和结合抚州的实际情况，成立领导小组和专门办事机构，出台一系列有关具体规定、意见、办法及措施，进行打击经济领域违法犯罪活动和清房、党政机关公务用车、收受和赠送“红包”、公款出国（境）旅游等专项治理，维护改革开放和经济发展秩序。

第一节　打击经济领域违法犯罪活动

1982 年初，省委关于贯彻中共中央开展打击经济领域违法犯罪活动的电报通知发出后，抚州地区各级党委和纪委进行认真学习贯彻，地委于 2 月在宜黄县召开全区纪检工作会议，具体部署全区打击经济领域违法犯罪活动的斗争。3 月，为加强对这场斗争的领导，地委、县（市）委成立领导小组和专门办事机构，组织办案队伍。全区共组织工作组 107 个，其中地区 8 个；抽调办案人员 641 人，其中地区 42 人；承担重大经济案件查处工作。7 月，中央书记处召开全国电话会议后，地委又及时召开全区打击经济领域违法犯罪活动汇报会，强调把斗争重点转到抓大案要案上来。会后，各县（市）委普遍实行定领导、定办案人员、定措施、定时间和包干负责的“四定一包”办案责任制。全区共有 45 名县（市）委常委分管案件，有力地推动了斗争深入开展。为了把这场斗争抓到底，12 月初，地委又召开全区纪检工作座谈会，根据中央纪委华东片座谈会和全省纪检工作座谈会精神，认真总结前 10 个月的斗争经验，研究把斗争进一步引向深入的具体措施，全区打击经济领域违法犯罪活动的斗争发展顺利。各级纪委作为各级党委领导这场斗争的办事机构，都集中主要精力抓这项工作。地委纪委在地委的领导下，主要抓了中央和省委有关文件的传达贯彻和调查研究，排出全区大案要案 43 件，切实抓好督促检查，及时总结交流办案经验。特别是对那些案情复杂阻力较大的案件，地委纪委领导都亲自出马，协助党委采取措施，破阻力排干扰，保证办案工作的顺利进行。是年，打击经济领域违法犯罪活动的斗争初见成效。全区共揭露各种经济案件 438 件，结案 259 件，结案案件占案件总数的 59.1%，其中大案要案 13 起；查清待处理 82 起，占 18.7%；正在检查的 97 起，占 22.2%。在已结案处理的案件中，依法判刑 60 人，开除公职 17 人，开除党籍 31 人，行政撤职 7 人，逮捕待判 77 人，拘留收审 5 人，共收缴赃款赃物计 97.29 万元。有 14 人在党的政策感召下自动投案，退赔收缴赃款赃物计 2.04 万元。

1983 年，全区继续抓紧打击经济领域严重违法犯罪活动的斗争，掌握斗争重点，深入查处大案要案，特别是对破坏改革破坏社会主义经济的案件进行认真查处。全年共揭露各种经济案件 81 件，结案处理 51 件，占 58.6%。其中万元以上大案 10 件，结案处理 7 件。收缴赃款赃物计 19.86 万元。为把斗争进一步深入下去，以适应打击经济领域违法犯罪活动工作的需要，按上级指示精神，地委、县（市）委、地直单位均进一步加强领导，对领导小组进行调整，确定专门干部编制，增加办事机构人员，注意消除“死角”、“死面”，开展反腐蚀教育和建立健全制度堵塞漏洞等工作，使打击经济犯罪的斗争更好地为经济体制改革服务。这场斗争，震慑了经济犯罪，教育了广大党员、干部和群众，使经济领域的不正之风大为收敛。1984 年 12 月，地委撤销中共抚州地委打击经济领域违法犯罪活动领导小组，有关工作由地区纪委管理。

第二节　清　房

1979 年，地委纪委印发关于禁止党员干部利用职权，贪污、侵占国家和集体利益为私人盖房的有关规定,各县(市)纪委对党员干部利用职权为私人盖房进行清查。至 1980 年,全区共查出私人盖房 467 人。其中,县级干部 3 人,局级干部 128 人,一般党员干部 336 人。查出违规违纪私人盖房 31 人,处理 31 人,退赔 15559 元。

1983 年 2 月 22 日,中央纪委印发关于《必须坚决制止党员、干部在建房分房中的歪风——致全国党政机关、企事业单位各级领导干部的公开信》(中纪发[1983]2 号,以下简称《公开信》)。随后,全区各级纪检机关在地委和省纪委的领导下认真贯彻《公开信》,认真清理党员干部违纪建私房、多分多占住房和部分单位违规违纪建公房。是年 4 月 20 日,成立地区清理建房、多占住房办公室(简称清房办),严刹党员干部在建房、分房中的歪风。办公室设在地区纪委二办。是年,清房办编发《清房简报》11 期。共查处 376 人违纪建私房 375 栋,收缴贪污侵占款 96245 元。清退 859 人多分多占的住房 453 套 1793 间,面积 23881 平方米。因房屋结构超面积不能退出,需要加房租的有 5338 人,每年为国家积累资金 89520 元。

1984 年,各县(市)委、纪委把刹住群众意见较大的违纪建房、多分住房等不正之风作为实现 1984 年党风明显好转的主要任务来抓,收到明显效果。

1986 年,为纠正党员干部违纪在城镇建私房、多分多占住房和部分单位违规违纪建公房这股不正之风,全区各级党组织和纪检机关组织力量,对 1984 年 1 月 1 日以来,违纪建私房的党员干部进行检查。但在检查中,各地在认定侵吞侵占住房以及执行纪律的问题上宽严不一。为此,地区纪委根据上级党委、政府、纪委有关文件规定和抚州的实际情况,于 12 月 13 日印发《关于查处党员干部违纪建私房有关问题的具体规定》。规定对宅基地、建筑材料、运输、劳力、资金 5 个方面的违法违纪建私房问题作出处理方法。1984—1986 年,全区建私房的党员干部 355 人(副科级以上党员干部 166 人),其中查出违规、违纪、违法 146 人,结案处理 22 人,查清待处理 124 人。

1989 年,地区纪委先后两次会同有关部门在宜黄县进行清房工作试点,其经验在全区推广。全区各级纪检监察机关抽调 27 名干部专门从事清房工作,共清理国家机关干部、企事业单位领导在城镇建私房 1031 人。其中,副地级干部 1 人,正县级干部 13 人,副县级干部 35 人,科级干部 553 人。查清 929 人,占建私房总数的 90. 1%。应退赔、罚款、补交款 122. 3 万元,已退赔、罚款 54. 2 万元。有 212 名建私房的干部退出公房,建筑面积 11219 平方米,受党纪处分 12 人,其中科级干部 11 人;受政纪处分 20 人,其中科级干部 11 人;另有 3 人被依法逮捕。

1990 年,全区 1022 名国家机关干部、企事业单位领导在城镇建私房的问题全都查清结案,分别作出《处分决定》、《处理决定》、《处理结论》。有 80 人分别受到党纪、政纪、法纪处分。其中,开除党籍 7 人,开除公职 4 人,移送司法机关判刑 4 人。应没收、退赔、补缴金额 177. 25 万元,已缴交财政金额 173. 95 万元。

1991—1992 年,先后在全区党政部门对党政干部违法违纪建私房、用公款超标准装修住房等问题进行检查。

1994 年,在全区开展清理干部、职工违纪购买公房和集资建房工作,纠正以权谋私、以房谋私“新的不正之风”。至 1995 年 8 月,在全面清理干部职工违规购建房中,全区共清退违规集资建房 191 套，面积 1.46 万平方米，追缴补交款 591.5 万元，其中县级干部退房 53 套，面积 4368 平方米，追缴补交款 97.3 万元。

1999 年，全区把清房工作作为党风廉政建设的头等大事来抓。地委、行署先后三次召开全区清房动员大会和工作会，纪检监察机关为此投入大量人力物力。经过一年努力，共发现违规两处以上购买或占用公房的 1278 人，建筑面积 105597.22 平方米。其中，县级干部 171 人，科级干部 595 人。住房超面积 2535 人，计 62528.35 平方米。其中，县级干部 82 人，科级干部 787 人。针对核查中发现的问题，各级清房办进行认真清理。全区共清退两处以上购公房 1253 人（套），面积 102773.97 平方米，占应退房人（套）数 98%。其中，县级干部退房 171 人（套），占应退房人数 100%；科级干部 578 人（套），占应退房人数 97%；一般干部 315 人，占应退房人数 98%。补交超面积人数 2307 人，金额 6005800.39 元，占应补交款人数 82%。其中，县级干部补交款 82 人，金额 400188.47 元，占应补交款人数、金额的 100%；科级干部补交款 696 人，补款金额 2410276.79 元，占应补交款人数、金额的 88.4%；少数遗留问题和新发现的问题由地区廉政办继续调查处理。

2001—2002 年，市纪委监察局切实加强对领导干部住房的监督检查。2001 年对群众举报的 2 名正县级干部多处占房进行查处，责令补交房款 2.3 万元，责令 10 多名县、科级干部退出多占建房用地 756 平方米，56 名县、科级干部购公房超标准面积，补交房款 23.5 万元。2002 年，先后对乐安县部分领导干部违规建房、广昌县政府个别领导建私房和市直单位个别领导多占住房进行调查处理。

2003 年，清理领导干部违规建私房。全市共查出违规建私房的领导干部 510 人，其中县级干部 11 人，科级干部 499 人，建私房面积 12.8 万平方米。经自查自纠，全市违规违纪的领导干部共 318 人，补交各种违规费 77.2 万元。

2004 年，清理党政机关和事业单位违规购建住房。全市共清理出违规购建住房单位 76 个，违规住房面积 78711.22 平方米，收缴违规违纪款 392.46 万元。

2005 年，狠抓清房处理的兑现。在 2004 年全面检查的基础上，全市按照省纪委清房文件要求，严格把关，处理兑现。全市共清理出违规购建住房 2026 套，住房面积 22 万多平方米，责令补交土地、建筑规费等各种款项 679 万元。其中市本级查出违规建房单位 12 个，责令补交土地、建筑规费等各种款项 155 万元。

2007 年，继续抓好清理和纠正党政机关、事业单位及工作人员违反规定购建房工作，对市直两个单位违规建房问题进行调查处理，并下发清房处理通知书。

第三节　清理党政机关公务用车

1984—1985 年，全区违反规定购置小汽车 104 辆，其中地直单位（含中央、省属单位）23 辆。经清理，已作处理 100 辆，其中地直单位作封存处理 19 辆。地委、行署领导带头将购买和调换的两辆“皇冠”牌小车分别予以封存和退回处理。

1995 年下半年，地区纪委会同控购办、三检办对 1992 年 1 月以来违纪违控购买的 268 辆小汽车进行清理，共收缴罚款 174 万余元，补缴附加费 63 万元。

1996年,清理领导干部超标准工作用车和党政机关车辆使用军警车牌号以及领导干部用公款学驾驶技术办理驾驶执照的违规行为。对超标准40辆小汽车,108副军警车牌号全部按规定作了处理。同时按规定处理用公款学驾驶技术、办理驾驶执照的党政机关和事业单位领导干部388人,其中县级干部42人,科级干部346人;收缴执照157个,其中县级干部18个,科级干部139个;77人补交金额9.02万元。

2001—2002年,认真抓好公务用车的清理和规范。市纪委草拟《抚州市直属单位小汽车清理和管理工作的实施意见》,下发《关于重申全市行政事业单位购买更换小汽车审批制度的通知》,规定凡县级干部的工作用车和市公、检、法系统购买新车由市党风廉政办审批,其他人员的工作用车由县(区)审批。凡拖欠教师工资的县(区)不能购车,明确要求不准违反《通知》规定精神。市、县(区)党风廉政办和交警等部门认真清理、收缴封存和查处违规车143辆。有的进行拍卖,有的因公车私用参与婚丧喜庆活动,被处以罚款2万多元,通报典型案件6件。

2003年,市纪委监察局对各县(区)和市直单位现有公车进行登记,并制作公务用车管理软件,对全市党政机关公务用车实行动态管理。为进一步加大对公车参与婚嫁迎亲的监督力度,针对元旦、春节期间婚嫁喜事增多的情况,市和临川区纪委监察局会同交警部门在临川中心城区,对公车参与婚嫁迎亲情况进行突击检查。

2004年,市纪委监察局严肃查处6个单位违反县、科级单位购置公务用车标准必须控制在20万元以内的规定,1名领导干部受到党纪处分。

2005年,市纪委下发《关于严禁领导干部驾驶公务用车的通知》,进一步规范购置公务用车的审批程序,明确规定各县(区)应在年初上报本年度四套班子领导购置更换公务用车的计划,没有列入计划的,不予审批。与市政府办、市财政局商定完善购置公务用车的审批办法,规定今后凡购置公务用车必须由市小车定编办和财政部门签署意见。是年,县(区)党政机关和市直单位购置公务用车77辆,未出现超标超编购车现象。

2006年,市纪委监察局继续严格执行购置公务用车的审批程序和审批办法,严格控制购买公务用车,并根据县乡换届的实际情况,明确规定换届期间暂停小车审批,严防借换届之机更换小汽车。对3起违反规定购置公务用车的行为进行纠正,责令2名县级干部、1个科级单位作出深刻检查。

2008年,市纪委常委会定期研究各地各部门公务用车配备使用报批情况,进一步规范购置公务用车的审批程序;定期会同交警部门及特邀监察员开展领导干部驾驶公务用车情况的专项检查,责令2名违规驾驶公务用车的领导干部作出深刻检讨;金溪、黎川、资溪等县对公务用车购置情况进行专项检查,对5个违规购车单位进行严肃处理,对1辆违规车辆进行公开拍卖;在东乡县开展公车定点维修试点工作,有效遏制“以车谋私”现象发生。其做法得到省纪委充分肯定,并就此项工作到抚州进行专题调研。

2009年,市委、市政府印发《关于进一步规范党政机关、事业单位购买更换小汽车的通知》,实行“联审联批、分层审批”,严把编制、资金、标准、挂牌“四关”,规范公务用车审批程序;认真落实“一停一定一降低”要求,明确规定2009年市直党政机关、事业单位购置小车暂停1年,大力推行公务用车招标定点维修、定点保险和定点加油制度。是年,全市公务用车购置及运行费用比前3年平均数下降15.25%。

2010年，市纪委监察局认真落实厉行节约各项要求，继续加强公务用车配备使用管理。严格按照《关于进一步规范党政机关、事业单位购买更换小汽车的通知》要求，着力规范购车审批程序，从严控制新购车辆的标准和价格；全面推行公务用车招标定点维修改革。

2011年，按照中央、省委的工作部署，全市认真部署和开展党政机关公务用车问题专项治理工作。

2012年，继续开展全市党政机关公务用车专项治理工作，严格按照"总量减少、费用下降、管理规范"的总体要求，做好违规公务用车处理、执法执勤用车管理规范、公务用车编制管理和建立健全公务用车日常管理长效机制等工作。3月，市委办、市政府办下发《关于印发〈抚州市党政机关公务用车配备使用管理实施办法〉的通知》。

2013年，市委办、市政府办下发《关于进一步加强公务用车使用管理的意见》。

2014年，在公车管理领域，市纪委监察局督促主要责任部门实行定人管理、定人驾驶、定点停放、定点维修，查油卡使用、查天网录像、查定点停放、查出车手续，并实行节假日公车封存制度。1月至11月，查实违规配备使用公车问题46个，给予党纪政纪处分和组织处理49人。

第四节　治理收受和赠送"红包"

2001—2002年元旦、春节期间，市委、市政府下发《关于狠刹收受和赠送"红包"歪风的紧急通知》，市委、市政府、市纪委主要领导在大小会上"打招呼"、写公开信，敦促各级领导干部自觉抵制收送"红包"行为。市纪委直接立案严肃查处东乡岗上积镇、崇仁巴山镇原主要领导用公款向上司送礼案件，并通报全市。两年中，全市县以上领导干部拒收"红包"，并将无法退还的人民币21.80万元、港币3万元、美元6000元及礼品上交廉政账户。

2003年，市纪委多次下发文件，要求各级党员干部特别是领导干部自觉抵制收送"红包"行为，严禁收受客商和下级单位赠送的礼品、礼金和有价证券。全市县级以上领导干部在招商引资过程中拒收现金30余次，无法退回的款项上交组织和廉政账户12笔，计人民币7.43万元、美元5000元。

2004年8月26日，全市领导干部会议在市委小礼堂举行。会议强调，各地各部门要坚决贯彻落实中央、省委关于专项治理收送"红包"的要求，进一步统一思想，提高认识，加强领导，强化措施，再动员、再教育、再部署，坚定不移地把抚州专项治理收送"红包"工作推向深入。市委书记钟健华到会讲话，市委副书记、市长谢亦森主持会议，市委副书记、纪委书记罗建华传达全省专项治理"红包"汇报会精神，通报前一阶段全市专项治理"红包"工作的情况，并对下一步工作进行具体部署。会后，全市共有39名厅级干部、965名县级干部、9987名科级干部进行自查登记，385人次填报赠送和主动上交"红包"148.89万元，共查处18起涉及领导干部收送"红包"案件，其中涉及县级干部6人。为了有效地堵住"红包"源头，形成治理"红包"的长效机制，是年7月，市委、市政府颁布"九条禁令"，再一次重申禁止收送"红包"的问题，并把治理"红包"工作纳入制度化、经常化的轨道。

2005 年，在 2004 年治理“红包”工作取得成效的基础上，市纪委监察局加大对领导干部收送“红包”问题的惩治力度，“红包”专户共收到各级党员干部主动上交“红包”款 65.85 万元。对崇仁县、市国土资源局少数领导干部收受“红包”的行为进行严肃查处，5 名市管县级领导干部被免职，3 名条管干部被移送相关部门处理。同时，对 6 名送“红包”的科级干部给予党纪处分，在全社会引起较大反响。为了加强警示教育，市纪委监察局将赠送“红包”者的检讨在《廉文荐读》上进行刊载，发至全市县级领导干部，并就县级领导干部收受“红包”的问题，及时指导党委、政府班子召开廉洁自律专题民主生活会，督促进行整改。

2006 年，市纪委监察局及时转发省纪委、省监察厅《关于严肃纪律深入治理领导干部违反规定收送“红包”问题的通知》，并下发《关于贯彻落实赣纪发[2006]10 号文件精神和规范“红包”收缴专户管理的通知》。要求各地各部门将赣纪发[2006]10 号文件作为中心组学习内容，采取灵活多样的形式广泛宣传收送“红包”的严重危害性；各级纪检监察机关和财政部门进一步规范和完善“红包”上缴程序，加强对“红包”收缴专户的管理。市、县两级“红包”收缴专户共收到主动上交“红包”金额 83.75 万元，其中市本级 63.2 万元；查处收送“红包”党员干部 6 人。

2008—2009 年，市纪委监察局按照“抓重点、重教育、抓源头、严查处”的工作思路，刹风整纪，惩防并举，形成治理“红包”工作的良好氛围，收送“红包”现象得到一定程度的遏制。2008 年，市、县两级“红包”收缴专户共收到主动上交的“红包”14.56 万元，查处收送“红包”党员干部 16 人，其中县级干部 4 人。2009 年，全市共有 51 人（其中县级干部 28 人）上交无法拒收的“红包”53.26 万元，查处违反规定收受“红包”9 人，金额 17.2 万元。

2010—2011 年，认真落实领导干部廉洁自律和党内监督各项规定。全市共有 99 人主动上交无法拒收的“红包”120.46 万元，其中县（处）级干部 35 人；查处收送“红包”党员干部 2 人。

2013 年 8 月 30 日，在收听收看全省开展党政领导干部违反规定接收和赠送现金、有价证券、支付凭证问题专项治理活动动员部署电视电话会议后，抚州市紧接着在市行政会议中心五楼召开会议，部署开展专项治理具体工作。市委常委、市纪委书记吴伟柱出席会议并讲话。会议强调，各地各单位要及时召开党组（党委）会议和干职工会议，学习传达全省专项治理会议精神，部署专项治理工作。广大党员干部要充分认识到此次专项治理的重要意义，以实际行动让组织放心，让群众满意。9 月 5 日，全市“红包”问题专项治理工作会议举行。市委书记龚建华出席并讲话。他强调，各级干部要深刻认识“红包”问题的危害，严格按照《廉政准则》和“八项规定”行事，切实做到“在大是大非上过得了硬，在小事小节上过得了关”，成为一个真正生活在阳光下的人。10 月 11 日，在收听收看全省“红包”问题专项治理工作电视电话会议后，抚州市随即召开会议，对“红包”问题治理工作进行再动员、再部署。市委常委、市纪委书记吴伟柱出席会议并讲话。会议强调，党政领导干部要明确表态，公开承诺，带头不收不送“红包”，带头自查自纠，并切实履责，抓好管辖单位和干部的治理工作。要建设廉洁公务，抓好源头治理。认真开展公务消费一体化监管工作，实现真实消费、阳光运行、即时监督、全程留痕；同时严格治理“小金库”，铲除收送

“红包”问题的土壤和条件；要加强监督检查，抓好案件查处，确保治理工作深入推进。是年，市、县（区）两级廉政账户共收到“红包”款667笔506.96万元，查处收受“红包”典型案件5件，其中移送司法机关处理1人，免职处理1人。

2014年，深化“红包”问题专项治理，全市共有84806名科级以下党员干部对收受“红包”问题进行自查自纠，向廉政账户上交“红包”579.14万元。

2015年，在教育、医疗、殡葬、税收等重点领域继续推进“红包”问题专项治理工作。是年，全市廉政账户共收到教育、卫生、民政、国税、地税等系统上缴的“红包”款183.15万元；立案查处“红包”案件18件，处理8人，下发通报7件。

第五节　治理公款出国（境）旅游

2008年，市纪委监察局认真执行市委、市政府《关于进一步加强因公出国（境）管理的实施办法》，进一步严格审批条件、审批程序和审批纪律，严控党员干部因公出国（境）活动；在全省率先制定出台《关于加强党政机关和事业单位工作人员因私出国（境）管理的暂行规定》，建立县、科级干部办理因私出国（境）证件数据库，加强对国家工作人员因私出国（境）管理，从源头上防止利用因私渠道公款出国（境）旅游。

2009年，市纪委监察局规范因公、因私出国（境）管理，印发《关于进一步严格和规范党政机关工作人员外出学习考察和因公出国（境）的通知》，对因公出国（境）活动实行总量控制。同时，对全市县级干部持有的193个因私出国（境）证照实行统一保管，建立涵盖6771名县、科级干部的国家工作人员出入境管理数据库。是年，市级领导没有一人出国，全市因公出国人次同比下降84.9%，费用支出比前三年平均数下降51.9%。

2010年，市纪委监察局继续加强因公、因私出国（境）管理。全市因公出国（境）团组数和人数分别比2009年下降51.2%和30.5%。

第六节　其他专项治理

一、清理干部职工拖欠借用公款

1984年，全区各级监察机关开展清理干部职工长期拖欠公款工作，12个县（市）拖欠公款的干部职工共12178人，金额153.76万元；还清欠款的共6659人，收回公款104.38万元。

1989年，全区各级监察机关抽调干部参与清理个人拖欠公款工作，共清理个人拖欠公款404.6万元，涉及8283人；归还377.9万元，归还率93.39%。

1994—1995年8月，全区清收干部职工拖欠借用公款169.9万元。

2004年，全市共有155名干部拖欠公款140.95万元。通过清理偿还44.17万元，并责令尚欠公款人员限期还款。

2005年，市监察局会同财政部门做好党政干部拖欠公款的清缴工作，全市共清理出168名干部拖欠公款148.83万元，偿还107.39万元。对尚欠之款区分不同的情况，采取不同的方式，责令欠款人员限期还款。

二、清理党政机关兴办经济实体及收费项目和收费标准

1985—1986年，全区清理党政机关和党员干部经商办企业12户，其中国营性质的1户，集体性质的11户；从业人员236人，属党政机关干部的有36人，其中副县级干部1人。

1993年，全区清理党政机关兴办经济实体453个。对涉及党政机关干部参与经商办实体的1531人全部与所办经济实体脱钩，其中兼职人员313人，县级干部12人，科级干部192人。撤销经济实体288个，与原单位脱钩的76个，转为个体经营的15个。是年下半年，地区纪委会同有关部门组成13个检查组共42人，对党政机关的收费项目和收费标准进行清理，共清理出自立收费项目和提高收费标准项目216个，涉及收费金额683.2万元。同时协助财政、物价等部门制定《行政事业性收费管理办法》等一系列规章制度。年底，在全区反腐倡廉新闻发布会上公开取消不合理收费项目100个，降低收费标准项目40个。

三、清查“官倒”

1988年10月，行署领导主持召开清查“官倒”动员大会，传达省清查“官倒”工作座谈会精神，对全区清查“官倒”工作进行统一部署，周密安排，统一行动。地、县（市）成立清查“官倒”领导小组，从有关部门抽调210名干部参加清查工作。分自查自报自纠，重点查处，总结三个阶段进行，至12月底，共对25件线索开展调查。

四、清查涉外经济合同

1988年，地、县（市）成立清查涉外经济合同领导小组，确定分管领导，从有关部门抽调70名干部组成15个工作组，从5月开始，历经自查和复查、抽查和立案查处、总结三个阶段，至10月底结束。共查清自1985年以来的30份涉外经济合同，合同总金额647.7万美元、163.6万马克、224.5万英磅。清查涉外经济合同文本以及签订、执行涉外经济合同的全过程。其中，在清查中发现10份合同存在各种不同程度的问题，占合同总数的33%；查出3起违反外事纪律的行为，对2起作出处理，1起待结。

五、清理通信工具和楼堂馆所

1997年，地区纪委为贯彻中共中央《关于党政机关厉行节约制止奢侈浪费行为若干规定》，对违反规定配备移动电话的领导干部进行清查，查出用公款购置和使用的移动电话472部，并全部作拍卖处理。全区共停建、缓建、取消新建办公楼房计划42项，节省资金1亿元。

2007年，为遏制各级党政机关盲目攀比、贪大求洋、违规建设楼堂馆所的势头，市纪委监察局会同市发改委等9部门联合下发《关于开展党政机关办公楼等楼堂馆所清理工作的紧急通知》，对全市近年来修建的党政机关办公楼等楼堂馆所情况进行全面彻底的清理，并形成自查报告上报省纪委、省发改委。

2008年，在全市范围内清理党政机关工作人员个人“小灵通”捆绑办公电话，全市共有18942名党员干部参与自查自纠，13人被清理纠正，收缴公款支付的个人话费1.66万元。

六、治理党员干部参与赌博

2004年8月13日，市纪委印发《赌博害人害己 警钟当须长鸣——关于对临川区罗湖镇干部侯洪清因赌博而服毒自杀事件的通报》。是年，市纪委监察局先后5次派员到各县

(区)对党员干部参与赌博进行调查,对群众反映较为强烈的4个县(区)的党政主要领导分别进行谈话。是年,全市共查处党员干部赌博案件117件,138名党员干部受到党纪政纪处分,其中科级干部12人。

2005年,围绕党风政风方面群众反映强烈的突出问题,结合全国集中打击赌博违法犯罪专项行动,全市纪检监察机关与公安机关密切配合,对党员干部参与赌博进行集中整治。下发《关于纪检监察机关和公安机关在查处涉及党员干部赌博案件中严格遵守有关纪律的通知》,在市、县、乡三级建立查处党员干部参与赌博案件情况通报制度,加强对查赌、禁赌工作的督促和指导。先后就资溪、南城地税系统党员干部赌博问题进行督查,对领导干部、国家公务员、企事业单位负责人参与赌博的案件,做到快查快结。全市共查处党员干部参与赌博案件124件,给予党纪政纪处分129人,其中科级干部6人。

2006年,全市纪检监察机关继续严格执行中央、省、市关于严肃查处党员和干部参与赌博的有关通知精神,协调配合公安等部门继续抓好禁赌工作,始终保持严厉打击赌博的高压态势。市纪委、市公安局先后查处广昌县"1·24"赌博案、资溪县"2·16"、"2·18"赌博案、临川区"2·25"赌博案等几起有影响的赌博案件,对参与赌博的党员和干部及有关责任人做到快查快结,并在全市通报,重申严禁党员干部参与赌博的若干纪律;部分县(区)在"五一"和"十一"期间开展治理赌博专项行动,组织人员在城区各茶楼、酒家以及居民区的棋牌室进行明察暗访。全市共查处参与赌博的党员干部100人,受到党纪政纪处分100人,其中县处级干部1人;受到组织处理3人。

七、开展国家工作人员防止利益冲突专项治理

2014年开始,按照省纪委统一部署,在全市范围内开展国家工作人员防止利益冲突专项治理。市纪委印发《抚州市开展国家工作人员防止利益冲突专项治理的工作方案》,3月20日,召开全市领导干部会议,全面推进全市国家工作人员防止利益冲突专项治理工作。全市共有99414名国家工作人员(其中厅级干部44人,县级干部1226人,科级干部13340人)对防止利益冲突问题进行了自查自纠。结合各地各单位自查自纠情况和纪检监察办案信息支撑系统建议,建立了全市县级以上党员领导干部利益冲突信息库。

第三篇　纪律审查

第一章　信访举报

纪检监察信访举报工作是党和政府密切联系群众的桥梁和纽带，是人民群众行使民主权利，向党和政府反映实际问题，揭露违纪违法行为的重要渠道。抚州自纪检监察部门成立以来，各级领导十分重视信访举报工作，增设专职机构和人员管理信访举报工作，切实加强信访举报工作的制度建设，广辟信访举报渠道，采取各种有效措施，受理了大量的群众来信、来电、来访。在处理群众来信、来电、来访的过程中，通过向群众宣传党的方针政策，疏导和化解矛盾，解决群众实际问题，为维护社会稳定作出积极贡献。同时，在反腐败斗争中，各级纪检监察信访部门充分发挥案件线索主渠道的作用。

第一节　信访举报制度

新中国成立初期，全区信访举报工作虽引起各级领导重视，但制度建设尚属空白。

1953 年，地委秘书处开始设专职干部管理人民群众来信来访，各县委办公室也指定 1 名秘书负责处理人民群众来信来访工作，并订立收发、登记、批阅、转办、检查、催办和直接办理等制度，在接到人民群众来信后，即根据来信性质、内容、时间进行登记，及时研究处理，做到“件件有着落，案案有交待”。

1957 年 5 月，专署召开有关单位会议，贯彻全省第二次秘书工作会议精神，强调重视做好人民群众来信来访工作。之后，建立专员接待日制度，专员每周三上午专门用作接待群众来访。建立群众信访登记、保管、归档制度。设立专门的人民问事处接待室，并指定一人专门负责信访接待工作。为使全区各县同时采取相应的措施，行署下发《关于进一步加强人民来信来访工作的通知》，要求各县领导重视群众来信来访工作，定期接见来访群众，处理重要来信。

1962 年，进一步加强处理群众来信来访和控告、申诉工作。对于有关控告、申诉案件的处理，各级党委监委指定专人负责，建立和健全接待、登记、转办、催办等制度，基本上贯彻了“严肃负责，分别对待，分清敌我，明辨是非，保护好人，打击坏人”的原则，做到及时正确,有问必答,件件有交待,案案有着落。对进一步密切党群关系,加强广大群众对党员干部的监督,起到积极作用。

1963 年,地委监委在处理党员群众控诉、申诉案件的方法上,首先由承办人将来信主要内容进行登记,然后写好处理卡片,承办人提出初步处理意见,再送监委办公室主任、书记阅示。控告问题较大,且牵涉有关领导干部的,将内容摘要打印送地委书记阅示,或交监委、党委会议研究,按监委、党委研究意见办理。对于转办要结果的,经常加强与有关部门联系,督促有关部门按时上报处理结果。为防止打击报复情况发生,有的控告信件,采取摘转等办法交有关部门处理。处理后,除匿名以外,一般都给来信人回复处理情况和结果。

“文化大革命”期间,纪检机构被撤销,信访举报工作被迫暂停。

1980 年,针对信访中反映情况复杂、涉及面广等问题,地委纪委采取“分级负责,归口处理”的原则办理信访件。地委纪委主要集中力量查处反映主要县级党员领导干部的违纪问题和案情特别严重或复杂的典型案件,对反映属地委管理的党员干部的问题,则转到有关主管领导或组织部门协助处理,改变了过去由纪委部门大包大揽的做法。

1981 年,为加强信访工作,地、县(市)委纪委重新配备专人负责信访工作,恢复和建立登记、转办、归档等制度。

1984 年 10 月,为充分发挥信访工作在端正党风中的信息作用、反馈作用、监督作用和保障党内外群众民主权利的作用,使信访工作更好地服从、服务于党的中心工作,地区纪委制定下发《关于开创信访工作新局面的几项规定》。《规定》要求各级纪检部门对受理的来信来访,凡需要下转的要在三天内转出,有紧急情况要及时与有关单位取得联系,一周内要将处理情况答复来信来访人;对上级领导机关和领导人批办的信访案件,承办单位要优先组织查处,一般信访问题原则上要在一个月内、最迟不超过三个月处理完毕;上报结案要做到材料齐全,手续完备;政策性、倾向性问题要每季度综合反映一次,为领导了解情况、解决问题提供信息;要认真解决信访老户问题,减少重信重访和越级信访;各级纪检部门领导要亲自处理重要的来信来访。同时,地区纪委设立信访科,各县(市)纪委确定 1 ~ 2 名干部专做信访工作,地直单位纪委(纪检组)指定 1 名干部兼做信访工作,并规定每年年底对全区各级纪检部门的信访工作进行一次考核和通报。

1986 年,注重建立健全纪检信访工作制度,普遍建立了登记、送审、立案、转办、报结果、归档、复信回访、文明接待、情况反映等制度,逐步实现纪检信访工作的规范化、制度化、科学化,确保纪检信访工作顺利进行。

1987 年,全区各级纪委对群众的大量来信来访,根据不同情况,采取慎重处理的办法。对匿名信反映的问题,无具体内容、无明确线索、难以弄清的作暂存处理;对问题确属违纪性质的,先进行初步调查,根据调查结果,确定是否立案;对反映县级主要领导干部一般工作作风和思想作风方面的问题,由地委或地区纪委领导找本人谈话,指出问题,进行针对性教育;对反映其他党员领导干部一般工作作风和思想作风方面的问题,委托主管部门的领导、同级正职或信访部门找本人谈话;对反映党政领导干部一般不正之风问题,且尚未构成违纪的,由信访部门摘抄主要内容,通知本人实事求是作出书面答复。

1988 年,地区纪委制定《受理来信来访制度》等,各县(市)纪委也结合实际建立了有关信访工作制度。地区纪委还会同行政、监察、公检法部门制定分工协作处理信访问题的暂行办法，建立信访监督和整体机制。

1990 年，全区加强对基层纪检信访工作的指导。地、县（市）纪委把抓好乡镇基层信访工作作为促进社会稳定、密切党与人民群众联系的重点。注重深入基层，加强指导，及时总结、交流抓基层信访工作的好经验、好做法，努力探索基层信访监督的新途径。

1992 年，在全区开展的信访目标达标活动中，各级纪检监察部门在原有信访制度的基础上，修正完善和增加了必要的制度，除建立信访登记、填卡、报批、自办、转办、催办、回访等制度外，还制定文明接访、信访处理规则、信访人员职责、信访工作程序规定、领导值班和巡回接访、信访例会、立卷归档等制度。逐步实现制度成套、相互制约，确保信访各项工作有制度可依，有制度可循。

1993 年，地区纪委印发《抚州地区纪检监察局信访举报工作暂行办法》，《办法》对信访举报工作职责、工作程序、规章制度、结案标准作了明确规定，其中工作程序明确规范了处理来信、接待来访、信访举报调查、查报结果、立卷归档、情况反映 6 个方面，其中“规章制度”方面又规范了信访举报登记制度、文明接待制度、信访转办制度、复信回访制度、案件督办制度、领导接访制度、巡回下访制度、工作研究制度、信访举报保密制度、统计报表制度、达标工作制度、勤政廉政制度等，将信访工作纳入程序化、制度化、规范化管理。纪检监察部门合署办公后，各县（市）纪检监察机关普遍设置信访室，均配备 2 名以上信访干部，基层纪检监察组织也都确定专职信访干部，党总支和党支部明确兼职信访员或信访联络员，初步形成了县、乡、村三级信访网络。各级纪检监察机关坚持每个季度召开一次专题会议研究分析信访工作，坚持主要领导和分管领导阅批重要信访件，坚持值班接访和深入基层挂牌接访，亲自过问和处理疑难信访问题，参与重要信访问题和控申案件的协调和调查处理工作，亲临现场解决和处理突发事件以及带倾向性的问题。

2000 年，全区信访举报部门通过加强制度建设、实行规范化管理，定期分析排查线索，较好地发挥了案源主渠道作用。

2004—2006 年，市纪委监察局制定和完善《关于鼓励实名举报暂行办法》、《奖励实名举报有功人员实施细则》、《对举报人反馈制度》、《反映领导干部问题定期汇报制度》、《纪检监察机关干部下访活动制度》、《领导预约接访制度》等一系列加强信访工作的制度，对进一步加强信访举报工作，拓宽案源，收到较好效果。

2007 年，市委办公室、市政府办公室联合下发《关于建立信访工作巡视工作制度的通知》，对各地各部门在落实信访工作领导责任制，处理信访突出问题，维护群众合法权益等方面进行巡视和监督。市纪委监察局根据《中国共产党纪律检查控告申诉工作条例》、《监察机关举报工作办法》，参照《抚州市纪检监察信访件处理流程图》，制定下发《抚州市纪检监察局信访举报件办理暂行规定》，本着归口受理、分类处理、统一管理原则，对群众检举控告件的办理程序进行了规范，提高了信访举报件处理的严肃性和权威性，避免了随意性。同时，按照《中央纪委监察部关于对反映党员干部违纪问题加强督办核查的意见》的要求，建立信访案件督办机制，对性质严重、可查性较强的典型案件和严重侵害群众利益引发群体性事件的违纪违法问题，通过电话督办、跟踪督办、派人督办等形式对信访案件进行督办,加大督办查办力度,提高办结时效和质量,解决了一批与群众利益相关的问题。对于赴省到京上访反映的问题和省纪委通报的侵害群众利益的问题,一律要求查报结果,反馈情况;对于到市纪委上访反映的问题,一律要求县(区)纪委做好信访息诉工作,对可能出现的越级信访要求查报结果。市纪委对36件越级上访件进行了通报,各县(区)纪委及时将通报的上访件处理结果上报市纪委信访室,有效地控制了越级上访。

2008年,市纪委监察局制定《信访举报工作矛盾纠纷排查化解制度》,建立"经常排查、定期分析,信息预警、事前防范,随时化解、应急处置,督导检查、责任倒查"的矛盾纠纷排查长效机制,减少越级访、重复访,消除矛盾隐患。各县(区)纪委开展对基层矛盾纠纷进行排查活动,重点排查因干部违纪违法、失职渎职和侵害群众切身利益行为引发的联名信、集体访和上访老户,尤其是可能引发到省进京上访、潜在进京集体访问题,对排查出的问题建立台账,实行领导包案,落实责任到人,限期解决。共排查出矛盾纠纷156件,化解138件。广昌、宜黄两县围绕从源头上防治苗头性、重复性、疑难性信访问题,采取当堂控辩、群众听证的方式,试点开展"信访听证"工作。建立健全重要信访件了结提交市纪委常委会集体研究、直查快结、信访约谈和委局领导公开接访等制度,完善《信访举报件督办工作暂行规定》、《信访件监督暂行办法》,对群众反映强烈的信访件采取要结果、要情况的方式督促下级机关办理。同时严把时间和质量关,对逾期未结且不能说明理由的,通过《信访简报》通报;对调查不彻底、处理不到位的,坚决发回重办,甚至由市纪委直接查办。

2010年,市纪委监察局制定《关于阳光信访试点工作的实施方案》,采用举报方式公开、政策法规公开、受理情况公开、办理过程公开、处理结果公开的方式,在全市基层纪检监察系统推行阳光信访工作,并先在宜黄、广昌两县试点。是年,抚州市"阳光信访"试点工作得到省纪委肯定,其经验做法还在《中国纪检监察报》予以刊载。制定《关于实行信访举报工作首问责任制的规定》,进一步强化纪检监察信访及有关工作人员责任意识,认真解决群众信访问题。制定《处理信访突出问题及群体性事件联席会议制度》、《处置群体性突发事件应急预案》,成立处置群体性突发事件领导小组,及时稳妥处理信访突出问题和群体性突发事件,维护社会和谐稳定。下发《关于设立信访举报工作联系点和聘任特邀信访监督员的通知》,在乡(镇)纪委、县(区)纪工委、监察分局和部分市直单位纪委(纪检组)设立联系点,并聘任一批特邀信访监督员,为及时全面了解基层信访举报情况,把信访问题解决在基层、化解在当地提供了保证。省纪委《关于加强涉及县(市、区)委书记和县(市、区)长信访举报件管理的暂行办法》下达后,市纪委信访室对涉及县(区)委书记和县(区)长的信访件实行归口受理、双重管理,建立县(区)党政一把手信访件受理及处理情况登记台账,及时与省纪委信访室互通信息。并参照省纪委信访监督模式,制定下发《乡(镇)党委书记、乡镇长信访举报件管理暂行办法》,对所有受理有关乡(镇)一把手的信访件造表登记,及时将受理和办理情况向市纪委报告,确保涉及乡(镇)主要领导的信访举报件做到"及时交办不拖拉、认真查办不敷衍、适时督办不放松、按期了结不拖延"。市纪委监察局围绕基层损害群众利益及建筑领域专项治理的信访问题,坚持每月对信访数据进行认真统计,形成报表;每季度对群众反映的信访件进行定性、定量、对比等综合分析;对基层损害群众利益和建筑领域的突出问题信访件认真梳理和排查,并将梳理情况及时报省纪委信访室及转有关部门初核。同时，推行市纪委监察局领导带责督导、带队督查、带案督办、驻点指导“三带一驻点”信访工作机制，畅通诉求渠道。

2011 年，市纪委监察局制定《信访信息管理制度》，进一步加强全市纪检监察信访信息的管理、保密及披露工作。制定《关于署实名举报办理及奖励暂行办法》，提倡和鼓励署实名举报，对以真实姓名、确切联系方式进行举报的，纪检监察机关承诺优先受理、限时办结、及时反馈、严格保密。对举报有功人员，视贡献大小给予相应奖励。

制定《定期梳理查办基层损害群众利益突出信访问题和违纪案件制度》，把信访举报反映的严重损害群众利益的问题，作为办理信访举报案件的重点，每季度认真排查梳理一批基层损害群众利益的信访件，加大交办、督办和直接查办力度，通过查处违纪违法问题，切实维护群众利益，推动重要信访问题的解决。按照省纪委关于加强信访制度建设的要求，全市各级纪检监察机关对有关信访工作制度进行了整理、汇总和创新，对已有的制度，按照新的要求予以健全和完善。进一步规范和完善了信访举报处理程序、重要信访件集体研究和审批制度，健全了信访举报线索集中管理制度和案件线索定期分析评估制度，提高筛选案件线索的准确性和时效性。围绕贯彻实施《廉政准则》，以信访举报反映的领导干部违反廉洁自律规定和换届中违反组织人事纪律的问题为重点，准确运用信访谈话、发信访通知书等多种信访监督方法，积极开展信访监督，早打招呼，促其改正。同时在广昌、宜黄两县试点的基础上，在全市开展阳光信访工作。

2012 年，市纪委监察局印发《信访举报案件集体审核实施办法（试行）》，实行信访举报案件集体审核制度，进一步克服审核信访举报案件的主观随意性，加大了查处违纪违法案件力度，加强了科学民主决策程序，使信访举报工作更加规范。制定《“四访送清风”活动实施方案》，在全市纪检监察机关开展以“书记巡访、老户回访、重点约访、带案下访”为主要内容的四访送清风活动，市纪委主要领导和各位副书记分赴黎川中田、东乡詹圩、金溪陈坊积、崇仁礼陂等乡镇及在市本级信访接待中心开展书记接访活动，各县（区）纪委班子成员分赴挂点乡镇村组开展“四访送清风”活动，集中力量解决一批群众反映强烈的信访问题。同时，建立《领导干部“三带一驻点”下访接访台账》，做到日常工作随时登记。对信访件、信访案件等资料进行统一梳理装订，对相关资料进行整理归档工作。注意加强与案件检查、案件管理等方面的联系和沟通，建立健全案件线索集中排查机制，提高筛选案件线索的准确性和时效性。并按照省纪委要求，对可能引发到省进京上访、潜在进京集体访问题，以及损害群众利益突出问题，建立台账，实行领导包案，落实责任到人，限期解决。

2013 年，市纪委监察局印发《关于加强初信初访办理工作的意见》，全市各级纪检监察机关围绕“渠道畅通、程序规范、办理优质、材料齐全”的总体工作要求，对初信初访认真受理，高效处置，加强监督，着力强化责任，实行责任追究制，不断提升信访举报科学化水平。出台《关于与市委办公室“民声通道”工作室建立信访信息联系交流的意见》、《关于与市信访局建立对党员干部信访信息联系交流机制的意见》，进一步畅通信访渠道，整合信访资源，使信访工作形成合力，提高效率。开展信访创新示范点工作，将广昌县实施的“民生365 工程”，打造成全天候为群众解决问题的常态处理机制；将临川区开展的“初信初访优质办理年”活动，塑造成“信息全覆盖、信访全接待、问题全解决、责任全追究”的范例。同时,加强对信访举报件的管理,规范流转程序,及时准确移送、转交,确保不积压、不丢失、不泄露。加强信访交办督办件、信访监督件、信访举报案件的归档工作,确保台账完备,资料齐全。强化督办工作,建立交办件办理情况定期通报制度,对要结果和反馈情况件严格管理,认真审核,实行集体审核把关,必要时调阅案卷、听取汇报。对逾期未结且不能说明理由的,向承办单位主要负责同志通报;对调查不彻底、处理不到位的,坚决发回重办;对推诿扯皮的,严肃追究责任。充分发挥信访网络作用,对基层可能出现的不安定因素及时进行预测排查,及时防范,及时化解,做到小事不出村,难事不出乡,大事不出县。

2014 年,全市各级纪检监察机关坚持把信访监督作为促进党员领导干部作风建设、预防腐败的重要内容,对信访举报反映的苗头性问题、违反中央“八项规定”、特别是“四风”方面的问题,做到早发现、早处置,通过函询、谈话等方式,及时了解、提醒、批评,防止小问题演变成大问题。同时,筛选一批性质严重、可查性强的典型信访问题,以及对群众实名举报件、领导重要批示件,采取电话督办、发函督办及派员督办等多种方式,加大督办查办力度。对上报的情况和反馈的结果做到认真把关、严格管理。大力开展“四访送清风”活动,其经验做法先后被《中国纪检监察报》三版头条、中央纪委监察部网站、《抚州日报》头版头条和江西廉政网刊载。

2015 年,市纪委监察局制定《抚州市纪委信访线索分流处理办法》,对信访线索实行归口受理和对口分流处理。开通“作风监督一键通”手机举报平台,并制定“作风监督一键通”举报信息处理制度,对“作风监督一键通”的受理范围、日常管理、转办流程作了具体规定,使群众举报更加方便、快捷、高效。

第二节 信访举报渠道

地区纪检监察部门成立后至“文化大革命”前,区内群众信访举报主要以信函反映为主、当面投诉为辅的方式。

1979 年后,在全区纪检监察机关相继恢复后的一段时期,群众信访举报也基本上采取以上方式进行。

1989 年,地区监察局设立举报中心,采取当面投诉、信函、举报方式,受理个人或单位对行署各部门及工作人员、各县(市)政府负责人、地属企事业单位中由国家行政机关任命的领导干部的贪污、贿赂、弄权渎职、敲诈勒索、出卖或泄露国家机密,以及其他违反政纪等方面的行为的检举、控告。同时,还接受违反政纪的监察对象的自我投诉和坦白。

2002 年,各县(区)纪委添置办公电脑 60 余台,有的开始建立局域网,并利用互联网开设网上举报信箱。

2004 年 4 月,市纪委监察局与市邮政局联合下发《关于设立“007”专用免费举报信箱的通知》,《通知》中就“007”信箱受理范围、投寄方式、来信处理部门及处理程序作了明确规定。同时加强了与公、检、法和审计部门的联系,藉以弥补信访举报主渠道案源的不足。

2006 年,市纪委监察局相继出台“纪检监察机关干部下访活动制度”、“领导预约接访制度”、“反映领导干部问题定期汇报制度”等加强信访工作的制度,各级纪检监察机关认真执行，有效地拓宽了信访渠道。

2007 年，市、县（区）两级纪检监察机关普遍设立信访举报专线电话，“007”免费邮政信箱，开通了网上举报。全市建立乡镇群众诉求中心 146 个，群众诉求中心由乡镇纪委牵头，整合信访、综合治理、矛盾排查等职能，统一受理群众信访、纠纷调处和矛盾排查等事项。仅南丰县各乡镇农民诉求中心全年就接待群众诉求 1740 余人（次），妥善处理各种诉求 740 余起。

2008 年，全市纪检监察机关开通信访举报网站和全国统一的信访举报电话 12388，安装了纪检监察信访管理系统。同时，积极开展领导公开接访、信访公开听证等“阳光信访”活动。

2010 年，在全市纪检监察机关深入开展纪检监察领导干部以“带责督导、带队督查、带案督办、驻点接访”为主要内容的信访“三带一驻点”工作，在宜黄和广昌两县试点推行“阳光信访”工作。全市共聘任信访监督员 37 人，建立信访联系点 31 个，进一步拓宽了信访渠道。

2011—2012 年，全市各级纪检监察机关注重构建畅通信访举报渠道机制，全面开通来信、来访、来电、“007”免费邮箱、抚州廉政网站网上举报和“12388”全国统一举报电话。部分县（区）还创新形式，开通书记信箱、手机短信等新的举报渠道。按照省纪委要求，全市各级纪检监察机关加大信访网络建设力度。对市、县两级纪检监察信访信息管理网络全部进行联网联通，统一使用联网后的信访信息管理系统。建立市、县、乡、村四级信访信息网络，市纪委监察局在市直、县（区）直单位以及乡镇设立信访联系点，并聘任特邀信访监督员，大部分县（区）纪委监察局在乡镇设立信访信息直报点，在村级聘任信访信息员，确保信访信息网络畅通。

2013 年 10 月，市纪委监察局开通一部手机 13870412388，专门用于接收群众短信举报。同时，不断加强基层信访网络建设，建立健全受理和调处基层群众诉求机制。进一步完善“五级便民网”。市、县（区）两级纪委分别设立信访接待中心，乡镇建立群众诉求中心，村委会设立群众诉求代办点，村小组聘请信访监督员。

2014 年，市纪委主要领导带队，在中国抚州网开展“在线访谈”，收集网民意见建议和诉求；利用媒体公开举报电话、举报手机、书记信箱、“清风苑”微博等，受理群众来信、来电、来访和网络举报；建立信访反映“回音壁”，受理实名举报。深入开展“四访送清风”活动，帮助群众排忧解难，维护社会和谐稳定。

2015 年 9 月，市纪检监察机关开通“作风监督一键通”APP 客户端，使群众可以随时随地反映信访问题。

第三节　信访目标管理

1987年年初，地区纪委制订全区各县（市）纪检信访工作达标规划。年底，在地区纪委组织的信访工作达标检查中，全区12个县（市）纪检信访工作全部达到中央纪委提出的“三项指标”的要求，当年信访结案率达93.5%，初信初访结案率达91.2%，重人重访越级信访率分别下降到6.6%和8.4%。1981—1987年，中央纪委、省纪委要报结果的11个信访积案全部结案上报。上访老户明显减少，由1986年的17户下降到1987年的4户。

1988年，全区各级纪检机关进一步加强对信访工作的领导，使信访工作在1987年全面达标的基础上，又迈出新的步伐。全区有12个县（市）实现“双百”（当年信访办结率，初信初访办结率各100%），161个乡镇达到“三无”（无积案、无老户、无越级上访），较好地巩固和发展了信访达标成果。同时，地区纪委还指导县（市）纪委制定乡镇纪检信访工作目标管理责任制和基层纪检信访工作检查评比制度，并在全区开展评比竞赛活动。在年终的检查评比中，南城县、抚州市、崇仁县、黎川县被评为先进单位，其中两个县（市）的3名先进个人被推荐到省纪委表彰。

1991年，地区纪委对1990年度县（市）纪委信访工作达标进行验收，经检查验收，12个县（市）纪委信访工作全部在“三项指标”达标的基础上，实现了纪检信访案件的“按期”、“优质”结案率达标，并由地区纪委颁发达标合格证书。

1992年起，根据第三次全国纪检信访工作会议精神和地区纪委抚纪发[1992]12号文件要求，全区纪检监察信访工作实施以“五项要求、四项指标”（五项要求即领导重视、队伍适应、制度完善、充分发挥职能作用、密切配合中心工作；四项指标即控告申诉案件的当年结案率在90%以上、信访问题的当年办结率在90%以上、当年结案案件中按期结案率在70%以上、优秀结案率在80%以上）为内容的三年目标管理规划。各县（市）纪检监察机关普遍组织信访工作调研，并结合各自实际情况制定信访工作目标管理达标规划及实施细则。

1993年，全区各级纪检监察机关合署办公后，均加强了信访工作力量，逐步改善信访工作条件，各县（市）纪检监察机关每年都制定年度信访目标管理责任制，并在年终定期组织考核评比或检查验收。

1995年1月至2月，为了解掌握全区纪检监察信访规划贯彻落实情况，地区纪委监察局抽调16名信访干部，分成4个检查小组，对全区12个县（市）纪检监察机关及部分乡镇纪委，地、县（市）直属单位，企业纪委（纪检组）信访目标管理达标工作进行检查。经检查验收，12个县（市）纪检监察机关均提前一年达到“五项要求、四项指标”目标管理规划要求；全区乡镇纪委信访有56%达标，32%基本达标，12%尚未达标；设置纪委（纪检组）的地、县（市）直属单位和大中型企业信访工作有42%达标，31%基本达标，27%尚未达标。

1997年2月，地区纪委制定下发《抚州地区纪检监察信访举报工作1997—1999年目标管理规划》，《规划》明确了目标管理的目的、目标和贯彻要求，对所达目标规定得更为具体。要求各级纪检监察机关要切实加强领导，实行责任制，一级抓一级，一级对一级负责。

要加强检查指导，每年要进行一次检查或考核。地区纪委监察局每年对目标管理工作进行一次抽查，三年“达标”工作结束后，统一组织考核验收。

1999 年，全区信访举报工作在全省纪检监察系统信访举报工作达标检查中取得好成绩，其中金溪、宜黄、乐安、崇仁四县和南丰县曾平分别被评为全省纪检监察系统信访举报工作达标先进单位和先进个人。

2004 年，市纪委监察局制定并下发《抚州市县级纪检监察信访举报工作 2004—2005 年目标管理实施细则》。《细则》结合新形势新任务的实际，对“五项要求、四项指标”提出具体的目标要求，并要求各县（区）要层层抓好落实，市纪委监察局于 2005 年底对两年“达标”工作组织考核验收。

2005—2009 年，市纪委每年都要制订纪检监察工作目标管理考评方案，其中信访业务工作分受理办结、上报结果、信访信息、信访管理四个方面进行考核，较好地促进了县（区）信访业务水平的提升。

2010 年，省纪委印发《江西省纪检监察信访举报工作 2010—2012 年目标管理考评实施意见》，按照省纪委要求，市纪委下发《关于开展 2010—2012 年全市信访举报工作目标管理考评检查的通知》，考评内容包括“畅通信访举报渠道、加强信访信息资源的分享与运用、加大信访处理力度、完善疑难复杂信访问题解决机制、加强基础工作、抓好贯彻落实、创新工作”7 大项共 22 小项，采取交叉检查、集中考核和纪实考核的办法，有力地推进了市本级和各县（区）信访举报工作规范化建设。

2013 年，在全省 2010—2012 年信访举报工作目标管理考评中，市纪委、临川区纪委、金溪县纪委被评为全省信访举报工作 2010—2012 年目标管理考评先进单位，市纪委邹华、宜黄县纪委章文魁被评为先进个人。

2014 年后，按照“三转”工作要求，市纪委未对信访举报工作进行单独考核。

第四节　来信来访受理

全区各级纪检监察机关自成立起，非常重视群众来信来访，设有专人负责，按照“归口处理”的原则做好工作。

1950—1953 年，全区纪检机关受理群众来信来访 1490 件（次），其中检举控告类 1388 件（次），申诉类 102 件（次）。

1954—1956 年，全区纪检机关受理群众来信来访 734 件（次），其中检举控告类 698 件（次），申诉类 36 件（次）。

1957—1962 年，全区纪检机关受理群众来信来访 4257 件（次），其中检举控告类 3868 件（次），申诉类 389 件（次）。

1963—1966 年，全区纪检机关受理群众来信来访 4890 件（次），其中检举控告类 4209 件（次），申诉类 681 件（次）。

1952—1965 年，全区各级监察机关遵照中华人民共和国政务院《关于处理人民来信和接见人民工作的决定》精神，对人民群众信访控告案件和提出的意见、要求等问题进行处理。共受理群众来信来访14550件,其中,检举控告类10038件,申诉类970件,批评建议类698件,要求解决问题类1252件,其他类1592件。

“文化大革命”中,纪检监察信访工作被破坏。

1978—1983年,由于“文化大革命”制造出大量冤假错案,全区受理群众来信来访猛增到18289件(次),其中检举控告类12325件(次),申诉类5964件(次)。

1983年,地区纪委升格后,为进一步加强信访工作,专门设立信访室。1988年后,全区各级纪检监察机关贯彻国家有关信访政策和规定,认真抓好群众来信来访落实工作。尤其是1989年8月19日监察部发布《关于有贪污贿赂行为的国家机关工作人员必须在期限内主动交待问题的通知》后,加大受理信访举报工作力度。至1992年,全区纪检监察机关共受理群众来信来访25822件(次),其中检举控告类23001件(次),申诉类2821件(次)。仅1991年,全区各级纪检监察机关就受理群众来信来访和电话举报2145件(次)。

1993—1997年,全区纪检监察机关受理群众来信来访12539件(次),其中检举控告类12098件(次),申诉类160件(次),其他类281件(次)。

1998年后,地、县(市)纪检监察机关加强对反映有关领导干部违法违纪问题的查处。至2000年,全区共受理群众信访举报9019件(次),其中来信7906件,来访801次,电话举报312次。涉及副科级以上干部3744件(次)。

2001年,全市各级纪检监察机关共受理群众信访举报2835件(次),其中来信2430件,来访274件,电话举报131件。初查核实违纪线索938件。

2002年,全市各级纪检监察机关共受理群众来信来访和电话举报2278件(次),初查核实违纪线索938件。

2003年,全市各级纪检监察机关共受理群众信访举报2468件,其中来信2019件(次),来访288次,电话举报161件,重复来信来访电话举报474件,署名举报906件。集体来访18次,涉及224人。信访举报件中,涉及县(处)级干部224件(次),涉及乡(科)级干部823件(次),涉及一般干部630件(次),涉及其他人员680件(次)。初查核实违纪线索929件。

2004年,全市纪检监察机关共受理群众信访举报2337件(次),其中来信1986件(次),来访233次,电话举报118件,重复来信来访电话举报311件,署名举报862件。集体来访16批,涉及201人。信访举报件中,涉及县(处)级干部218件(次),乡(科)级干部781件(次),一般干部636件(次),其他人员629件(次)。初查核实违纪线索940件。

2005年,全市各级纪检监察机关共受理群众信访举报1902件(次),其中立案938件。

2006年,市纪委监察机关共受理群众信访举报1258件(次)(含省纪委转来484件次),其中来信1126件,来访93次(含集体访7批60人次),电话举报33次。在直接受理的检举控告类信访举报件中,涉及副县级以上干部162件次,涉及乡(科)级干部324件(次),涉及一般干部275件次。

2007年,市纪委监察机关共受理来信来访和电话举报1185件次。

2008年,市纪委监察局机关共受理群众信访和网络举报1334件(次),下发《信访监督通知书》17件,信访约谈15人(次)。

2009 年，市纪检监察机关共受理信访举报 1692 件（次），初核线索 726 件，其中涉及县（处）级干部 3 件 3 人、乡（科）级干部 76 件 82 人。

2010 年，市纪检监察机关共受理群众信访举报 1359 件（次），其中市纪委监察局直接受理 528 件（次）（来信 452 件，来访 52 批（次），电话举报 21 件，其他 3 件），省纪委下转 831 件次。11 月，市纪委监察局机关班子成员带队到基层接访，督办了 9 件越级和疑难信访案件。对县（处）级干部开展信访监督 41 件（次），其中涉及县（区）党政主要领导 8 人次。审核了结向下级纪委要结果件 17 件，要情况件 25 件。同时，加强对乡镇"一把手"信访件的管理。

2011 年，市纪检监察机关共受理群众信访举报 1398 件次，其中直接受理 609 件（次）（来信 514 件，来访 67 批次，电话举报 17 件，其他方式 11 件），省纪委下转 789 件。梳理重点领域信访件 4 批 43 件次，梳理基层损害群众利益信访件 3 批 103 件。向下级纪委及有关党组织要结果（情况）54 件，审核了结 28 件，派员督办 9 件。市纪委信访室通过发信访通知书、信访约谈等形式实施信访监督 35 件。针对换届期间有关问题，市纪委信访室直查信访案件 7 件。

2012 年，市纪委监察机关共受理信访举报 1131 件，其中直接受理 449 件，上级转办 682 件，全部按规定进行了办理。在全市纪检监察系统开展的以"书记巡访、重点约访、老户回访、带案下访"为主要内容的"四访送清风"活动中，共接待群众 1500 余人（次），受理信访反映 544 件，为群众解决信访问题 267 件。约访重点户 23 人，回访上访老户 27 人。

2013 年，市纪委监察机关共受理群众信访举报 2395 件（次），接待群众来访 100 余批次，接听受理投诉咨询电话 1100 余件次，省委巡视组转办信访件 128 件（其中涉及县级干部 41 人，乡科级干部 34 人），梳理出反映群众切身利益问题的农村基层信访举报 50 件，并进行了跟踪督办。

2014 年，市纪检监察机关共受理群众信访举报 2992 件（次），短信举报 262 个，接待群众来访 100 余批（次），接听受理投诉咨询电话 1000 余件（次）。结合开展群众路线教育实践活动，深入基层开展以"驻点接访、带案下访、重点约访、老户回访"为主要内容的"四访送清风"活动，市纪委监察局班子成员共驻点接访 198 批 456 人，带案下访 53 件，重点约访 27 件，老户回访 20 人，解决问题 194 件；全市各级纪检监察干部共驻点接访 1219 批 2915 人，带案下访 248 件，重点约访 157 件，老户回访 88 户，解决问题 1025 件，帮助群众排忧解难，维护社会和谐稳定。中国纪检监察报以《"访"出干群鱼水情》进行大篇幅报道。在中国抚州网开展"在线访谈"，收集网民意见建议和诉求 185 条，全部办结并回复；利用媒体公开举报电话、举报手机、书记邮箱、"清风苑"微博等，共受理群众来信、来电、来访和网络举报 2108 件（次）；建立信访反映"回音壁"，受理实名举报 560 件，回复 510 件；加强对领导干部信访监督，共下发信访通知书 50 件，开展信访约谈 25 次。

2015 年，市纪检监察机关共受理群众来信、来电、来访和网络举报 2674 件次，其中市纪委监察局直接受理 1100 件（次），省纪委下转 1574 件。接待群众来访 98 批次，接听受理投诉咨询电话 1000 余次。开展信访谈话 11 次、下发信访通知书 33 件，审核了结信访监督件 61 件。市纪委信访室向下级纪委及有关党组织要结果 15 件，要情况 20 件。督办

2014 年要情况要结果件 10 件。梳理和筛选群众反映强烈的乡(镇)、村干部信访举报件 76 件,并对有关问题进行了跟踪督办。开通“作风监督一键通”,受理作风类反映 48 件,查处问题 16 个。全年共筛选和提供案件线索 82 件。

1950—2015 年全区(市)纪检监察机关信访举报情况

年度	来信(件)	来访(次)	来电(次)(含 12388 专线)	网络举报(件)(2007 年始)	短信(次)(2013 年始)	总数件(次)	备注
1950—1953	—	—	—	—	—	1490	全区总数
1954—1956	—	—	—	—	—	734	全区总数
1957—1962	—	—	—	—	—	4257	全区总数
1963—1966	—	—	—	—	—	4890	全区总数
1967—1977	—	—	—	—	—	0	“文革”时期
1978—1983	—	—	—	—	—	18289	全区总数
1984—1992	—	—	—	—	—	25822	全区总数
1993—1997	—	—	—	—	—	12539	全区总数
1998—2000	7906	801	312	—	—	9019	全区总数
2001	2430	274	131	—	—	2835	全市总数
2002	1975	177	126	—	—	2278	全市总数
2003	2019	288	161	—	—	2468	全市总数
2004	1986	233	118	—	—	2337	全市总数
2005	1601	196	105	—	—	1902	全市总数
2006	1126	93	33	—	—	1258	市本级数
2007	1025	90	40	30	—	1185	市本级数
2008	972	97	102	157	其他 6	1334	市本级数
2009	1165	102	55	359	其他 11	1692	市本级数
2010	916	68	21	351	其他 3	1359	市本级数
2011	1025	77	18	267	其他 11	1398	市本级数
2012	831	59	18	214	其他 9	1131	市本级数
2013	1421	113	70	767	24	2395	市本级数
2014	1577	103	25	1246	41	2992	市本级数
2015	1658	152	31	775	18	2674	市本级数

说明:1. 1967—1977 年因“文化大革命”纪检监察信访工作中断;2. 1978—1983 年因“文化大革命”中的冤假错案致信访量猛增;3. 作风监督一键通于 2015 年 9 月 1 日开通。

第二章　案件检查

全区（市）纪检监察机关坚持“有法必依，违法必究，执法必严”和“在纪律面前人人平等”的原则，遵循党的实事求是、从严治党的方针，不断完善和创新查办机制，切实加强案件管理工作，配合党的各时期中心工作，查处了大量的党内违纪违法案件，尤其是对一些大案要案的查处，震慑了违纪违法分子，维护了党纪国法的严肃性，遏制了腐败现象，教育了党员干部，产生了良好的社会效果。

第一节　查办机制

1954—1961 年，全区各级纪（监）委在查处案件时，贯彻执行“严肃谨慎，分别对待”的方针，坚持“五清”、“五要”、“三不批”的做法。

1963 年 3 月，地委监委下发《关于建立重大案件立案制度的通知》，要求各县（市）及有关企业党委监委，今后凡是检查属于省、地管理以上的党员干部的违纪案件，以及虽不属于上述管理范围的党员干部，但属重大的违纪案件，均需及时填报“重大案件登记表”，案件检查结束，应及时报告结果。

1964—1966 年，全区各级监委在查处案件时，贯彻执行“严肃慎重，分别对待”、“惩前毖后、治病救人”、“批判从严，处理从宽”等一系列党的方针政策和实事求是的原则，注重查清案件事实，划清界限，分清责任，按照党的政策和处分党员的批准权限，严肃认真地履行组织处理手续。基本上达到材料齐全、手续完备、结论正确、处分恰当的要求，保证了案件质量和时效。

“文化大革命”期间，党风党纪及党的纪律检查工作遭到空前破坏。粉碎“四人帮”后，特别是党的十一届五中全会后，各级纪检机关得到恢复，各级纪委按照《准则》要求，根据“有法必依，违法必究，执法必严”和“在纪律面前人人平等”的原则，同违背党纪、败坏党风、阻碍四化建设的行为进行坚决斗争，使党风逐步得到好转。

1982 年，全区各级纪委切实贯彻中央《紧急通知》精神，开展打击经济领域犯罪活动。地、县（市）委成立领导小组和专门办事机构，组织工作组 107 个（其中地区工作组 8 个），抽调办案人员 641 人（其中地区工作组 42 人），承担重大经济案件的查处工作。各县（市）委普遍实行定领导、定办案人员、定措施、定时间，包干负责“四定一包”办案责任制。全区有 45 名县（市）委常委分管案件，分管常委既挂帅又出片，使全区打击经济领域犯罪活动斗争得到顺利健康的发展。

1985 年 4 月，省纪委印发《检查违犯党纪案件工作暂行条例》。《条例》对案件检查的任务与职责、立案制度和标准、调查程序、收集和鉴定证据、调查报告、守则与奖惩均作了明确规定，要求各地纪委参照试行。抚州地区各级纪委在贯彻执行时，注意提出问题和建议。

1987 年，全区各级纪委注意主动争取各级党组织的支持，采取分级负责，一级抓一级的办法，充分发挥齐抓共管的积极性，改变过去“大包大揽”的做法。在案件检查工作中，提出三条处理意见，即：明确各级纪委对违纪案件的查处对象，地区纪委主要是查处地委管理的县级党员领导干部；分清违纪问题和不正之风的界限，对反映的问题先作初步调查，确有违纪事实并够上纪律处分的，则立案检查；对反映党员干部一般性的问题，则请有关分管领导或主管部门阅处。从而调动了各级各部门党组织的积极性，做到各司其职，各负其责，取得明显效果。

1988 年，地、县（市）监察局成立后，认真执行《关于党的纪律检查机关和国家行政监察机关在案件查处工作中分工协作的暂行规定》，对行政机关党员干部的违纪案件，属行政监察部门查处的积极查处，属纪委查处的主动配合，提高了办案效率。地区纪委为能及时掌握重要案件线索和各地查处案件的情况，加强对查处案件工作的督促和指导，根据省纪委有关通知，下发《关于建立案件月报制度的通知》，要求各县（市）纪委、地直机关、地直单位纪委（纪检组），每月要将自己受理的重要检举、控告、查办案件的情况向地区纪委汇报一次。如遇有特别重要的案件和线索，要随时上报。如无新案，亦应报告说明。

1989 年，全区纪检监察机关贯彻执行省纪委《关于党员违犯党纪立案检查批准权限的实施细则（试行）》和《关于监察对象中的党员受政纪处理后需给予党纪处理的案件办理程序暂行规定》的通知。

1992 年，地区纪委组织全区各县（市）纪委书记和纪检室主任赴武宁县参观学习案检工作，并推广武宁县纪委的办案经验，收到较好的效果。在征求各县（市）纪委和地直单位纪委（纪检组）意见的基础上，制定《一九九二年全区案件检查考核评比意见》，第一次对全区纪检机关的办案数量、大案要案、自办案、案件质量和结案率提出具体要求。同时，还建立全区案件季度通报制度、案检工作联系点制度等，对各县（市）、地直单位纪委（纪检组）案件检查工作起到较好的促进作用。

1995 年，地区纪委制定下发《关于评选先进办案集体和优秀办案工作者的试行办法》，《办法》对评选条件、评选程序、奖励办法作出明确规定，对调动纪检监察机关和纪检监察人员办案积极性，提高办案质量起到推动作用。

1997—1998 年，在发挥好信访主渠道作用的同时，注意从执法监察和查案中挖掘案源线索，并与其他执法执纪部门互相移送案件。坚持把查办案件作为纪检工作的中心环节来抓，进一步落实办案责任制，加大工作力度，在领导精力、人员调配、后勤保障等方面向办案一线倾斜。

1999 年，地区纪委制定下发《关于在查办案件中运用好“两规”、“两指”的规定》。《规定》要求办案人员在运用“两规”、“两指”时，要从严把握、谨慎使用；规范程序、按章办事；严格纪律、依法办案；强化措施，确保安全。办案人员违反上述规定，造成严重后果的，要追究纪律责任。《规定》的下发对于各级纪检监察机关突破大案要案，查清重要情况、缩短办案周期、扩大查案战果、提高办案质量和效率起着积极的作用。

2001 年，市、县（区）直单位纪检监察机关和各乡镇纪委加大办案工作力度，强化目标管理，完善办案工作责任制，全市消灭乡镇办案空白点。全市 205 个乡镇办案 382 件，占办案总数的 41.7%，平均每个乡镇办案 1.4 件，其中南丰、东乡等县办 3 起以上案件的乡镇有4个,乡镇办案取得新突破。市纪委在年初和7月下旬分别召开案件检查情况通报会,对县(区)纪委、市直单位以及乡镇纪委办案工作进行调度。

2002年,市纪委监察局组织对全市各县(区)纪检监察机关使用“两规”、“两指”措施情况进行检查。检查中采取看实施“两规”、“两指”措施是否符合规定的条件和审批程序,看实施“两规”、“两指”措施的时限和场所是否符合规定,看使用“两规”、“两指”措施是否坚持工作制度和严明工作纪律等方法,对2001年度各县(区)纪委监察局采取的6起“两规”、“两指”措施案件(其中资溪4起,临川、乐安各1起)进行检查。经检查,各单位在实施“两规”、“两指”措施时,都能严格按照中央纪委监察部《关于正确使用“两规”“两指”措施的通知》和《中央纪委进一步规范使用“两规”措施的通知》中规定的要求和程序,未发现失职、渎职、逼供、诱供、体罚或超越权限使用和违反“两规”、“两指”审批程序、造成严重后果的问题。

2003年,市纪委监察局先后研究制定《关于案件请示汇报工作的有关程序规定》、《关于实行案件移送协作制度的暂行规定》、《纪检监察案件查处流程图》、《市纪委监察局机关办案奖励暂行规定》、《关于纪检监察机关和审计机关在查处案件中加强协作配合的通知》等一系列加强办案工作的意见和制度,进一步规范了办案工作。全市各级纪检监察机关认真执行信访件处理、查办案件、案件审理3个流程图,严格依纪依法办案。严格执行“一案两卷”制度,增强了查办案件的效果。组织3个督查组由市纪委副书记带队,对全市各县(区)纪检监察机关的办案工作进行了专项督查。各县(区)纪委按照“分级负责,归口处理”的原则,明确了常委挂点基层单位办案制度,加强了对县直单位和乡镇纪检机关办案的督促指导。

2004年,在查办大案要案过程中,市委、市政府主要领导高度重视,积极支持,经常过问案件进展情况,查办案件工作不断取得新的突破。市纪委监察局成立抚州市疑难案件处理联系协调小组,充分发挥组织协调的作用,形成查办案件工作的整体合力。全市各级纪检监察机关不断创新办案方式方法,从健全和完善制度入手,大力推行书记督查、市县两级片会、查办案件工作分析报告会、案件会商等制度,使全市查办案件数量得到较快增长,质量和社会效益得到明显提高。

2005年,市纪委监察局制定下发《关于实行重大案件“一案双查”制度的暂行办法》和《关于“一案双查”责任追究案件的办理办法(试行)》,规定各级纪检监察机关查处案件时,既要查清当事人的违纪问题,又要查清有关领导的责任,有效地防止了“不敢追究、不愿追究、追究不到位”等问题的发生。全市共有158名党员干部被责任追究,其中受党纪政纪处分的157名,受组织处理的1名。同时 ,对重大复杂的案件,打破市与县之间的界线,整合资源,集中优势办案力量进行突破,做到快查快结。定期召开公、检、法、审计等单位参加的反腐败协调小组会议,通报情况。重组机关内部和市直、县(区)的办案力量,将机关非办案室有办案经验的和各县(区)办案室素质高、办案经验丰富的办案人员统筹起来,建立“办案专业人才库”,形成举全市之力集中查处大案要案的良好态势;从财政、审计、税务、司法等市直单位中挑选一些政治可靠、业务精通的专门人员,建立“办案后备人才库”,作为办案的后备力量。为做好“两规”安全防范工作,市纪委监察局制定《关于在查办案件中运用“两规”、“两指”暂行办法》、《陪同“两规”、“两指”人员守则 》等制度，对“两规”的每一个程序，每一个环节都作了严格的规定。同时，对陪护人员进行岗前培训，经常督促检查，确保“两规”人员的安全。从全市纪检监察系统挑选出一批党性原则和责任心强的纪检监察干部，建立“办案陪同人员库”，作为实施“两规”措施的陪护人员。在实施“两规”措施时，将办案调查取证人员与陪同人员分别开来，既便于调查人员集中力量办案，又使陪同人员能专心做好陪同工作，有利于案件的保密。

2006 年，为进一步调动办案工作者的积极性和主动性，市纪委监察局完善下发新的《关于评选优秀办案工作者的办法》。全市各级纪检监察机关继续执行《关于实行重大案件“一案双查”制度的暂行办法》，通过强化责任追究，进一步增强各级党政领导班子和领导干部的责任意识。全市有 68 名党员干部因责任追究受到党纪政纪处分，其中县处级干部 5 名。

2007 年 9 月，为加大案件查处力度，进一步提高案件督办工作的制度化、规范化和科学化水平，市纪委制定下发《关于建立案件督办制度的暂行规定》。《规定》就案件督办的目的、范围、形式作出明确规定。并要求各级纪检监察机关对案件督办工作要切实加强领导，建立由“一把手”负总责、分管领导和承办人员负直接责任的责任制。对督办工作抓得紧、进度快、质量高、落实好的单位，予以表彰；对在督办工作中发现的重大违纪违规行为，或不依法依纪查处线索、工作不力未能按时完成查处工作、故意拖延不办贻误调查的，对责任单位给予通报批评；情节严重或造成重大失误和严重后果的，对有关领导和承办人按照规定给予党纪、政纪处分。逐步完善书记督查、市县两级片会、查办案件工作分析报告会、案件会商等制度；大力推行市县、县县、县乡交叉办案制度，市纪委将各县（区）和市直单位进行划片管理，整合单位、部门和行业办案资源，实行联合办案和交叉办案，每片由市纪委领导任片长，加强协调和调度，提高了突破案件的能力。

2008 年，进一步完善市县联合办案、异地交叉办案、下查一级等办案工作机制，加强系统内和系统外“办案人才库”建设，形成市、县、乡三级互动办案机制，提高了基层纪检监察机关突破大案要案的能力，减少了来自外界各种因素的干扰和办案人员自身思想顾虑的困扰，加大了办案力度和提高了办案整体效应。建立完善由市纪委牵头，法院、检察、公安、审计等单位为成员的反腐败联席会议制度，及时协调解决办案过程中遇到的困难和阻力。出台《关于规范案件移送处理和加强协作配合工作的暂行规定》，从制度上对纪检监察机关与司法机关的案件移送的范围和程序进行规范，维护了党纪政纪与法纪的统一性和严肃性。坚持“一案两报告”制度，加强对重大典型案件的剖析研究；推行重大案件新闻发布会制度和反腐倡廉工作情况通报制度，并将这两项制度向县（区）推广，做到查处一起案件、教育一批干部、完善一套制度，实现查办案件工作政治、社会、法纪效果相统一。

2009 年，坚持查案与治本并进，完善“一案两报告”制度，在实践中不断提高“抓系统、系统抓”的办案工作水平。完善和创新办案机制，落实县（区）委书记和县（区）长信访件“双重管理”制度，加强信访监督。对重大、复杂、疑难案件，适时采取领办、督办或下查一级的办法进行查办。

2010 年，积极探索建立违规行为线索汇集、违规行为线索核查、违规行为问责、违规案例预警、违规问题整改等五项惩戒机制，编织一张用制度管理工程的大网。

2011 年，开展“办案攻坚月”活动，确定 8—10 月为“办案攻坚月”，召开办案工作现场会、分析会、调度会 36 场次；与市检察、公安、法院、审计、税务等部门联合建立定期信息沟通、综合反馈机制，协调解决出现的矛盾和问题；实行市、县（区）纪检监察机关案件检查、案件审理、信访举报、党风廉政、纠风治乱、执法监察及纪工委监察分局分工协作，共同推进查办案件工作。组成四个廉政督查队，从市直单位纪委（纪检组）抽调一批政治素质、政策水平较高，且具有办案经验的纪委书记（纪检组长）任组长，采取与县（区）党政主要领导见面、听取县（区）纪委查办案件工作汇报、查阅相关案卷档案、深入基层明查暗访、召开办案人员座谈会等措施，直接查办市纪委交办的信访件 26 件，抽查 2011 年县（区）信访件共计 319 件，初核 302 件，立案件 345 件，督促帮助县（区）纪委新增立案 280 件，同比增长 54.7%，其中大要案 11 件。

2012 年，建立健全查办案件剖析原因跟进、建章立制跟进、警示教育跟进的“一案三跟进”工作机制。编印《办案工作手册》等业务资料，规范办案程序。举办案件检查业务骨干培训班，对 90 多名办案骨干进行集中培训，提升办案水平。集科技办案、警示教育、干部培训三大功能于一体的市党风廉政教育中心建设全面竣工，安装并运用全数字化监控、网络指挥交流、多媒体谈话同步示证、立体安全控制等多个办案平台，提高了办案工作科技含量，确保安全文明办案。

2013 年，全市纪检监察机关积极创新办案机制。黎川县纪委实行基层纪委案件查办协作制，将 15 个乡（镇、场）划分为 3 个协作区，在各协作区抽调 6 名突破能力较强、综合素质较高的人员，建立人员相对固定、反应迅速的“重案组”，专门负责查办基层大要案件和疑难复杂案件。东乡县纪委实行“三三制”推进案件检查工作，即推行“三项机制”（领导包干机制、纵横联动机制、办案考评机制），形成办案合力；紧扣“三个环节”（案源线索环节、办案策略环节、关键人物证据环节），提高办案效率；落实“三项举措”（跟踪督办、案例点评、一案三跟进），提升办案水平。同时，全市纪检监察机关开展办案技能大比武活动，提升办案队伍整体素质。至 2015 年，该活动每年举办一次。

2014 年，大力推进办案工作制度化。建立案件检查工作片会制度、办案工作每月通报制度，每季度对县（区）办案工作进行调度分析，每月进行进度通报，并对落后的县（区）进行重点督办。建立工作约谈制度，就查处违反八项规定案件，对县（区）纪委书记、市纪工委书记、市直单位纪检组长（纪委书记）进行工作约谈，确保工作力度。市纪委监察局制定《办案人才分类评定及管理办法》，选拔优秀办案人才，市级办案人才库共储备办案专业人才 160 人。

2015 年，在全市全面推行纪律处分执行公示。针对处分党员干部事项不公开，执行中存在的降级不“减薪”、双开不“停薪”等问题，在及时严格督促办理受处分人员职务、工资、解除人事关系等事项的基础上，一个月内在受处分人员所在单位和党的基层组织中，对受处分人受处分的种类、职务级别调整、工资待遇调整、年度考核等事项进行为期 5 个工作日的公示。全市纪检监察机关共公示 466 起受党纪政纪处分案件，其中县级干部 13 名，科级干部 198 名。通过全面推行纪律处分执行公示，加强党员自身的纪律意识和党员之间的纪律监督。

第二节　查处情况

1950—1953年,专(区)、县(市)纪检机关配合土地改革、镇压反革命、“三反”和“五反”运动,结合党组织的整顿,开展案件查处工作。按照中央“教育预防为主,惩处为辅”方针,重点查处损害党和人民群众的利益等违法违纪案件262件,处分党员160人,其中撤销党内职务、留党察看和开除党籍(简称“三大处分”)80人。1951年12月,在江西省委纪律检查委员会、省政府人民监察委员会和中南局派员指导下,查处了金溪县委、县政府主要领导因丧失阶级立场、腐化堕落,造成干部群众惨遭土匪杀害的重大案件。并根据江西省委决定,对金溪县委、县政府领导机关进行“部分改组”,对有关领导作了相应处理。

1954—1956年,重点查处贪污浪费、官僚主义和抵制、破坏社会主义改造运动等方面案件886件,处分党员干部622人,其中受“三大处分”368人。1956年6月,专署和黎川县两级监察机关联合调查黎川县三都乡、团村乡、芦高乡在粮食统购统销工作中死亡318人的重大案件,发现有260人属因病等正常死亡,58人因粮食供应不足死亡。为此,对负有责任者由黎川县人民政府作出处理。

1957—1962年,围绕反右派、反右倾、整风整社和整党运动,重点查处贪污腐败、破坏党的团结和统一、破坏集体经济等违法违纪案件5700件,处分党员4571人,其中受“三大处分”2887人。其间,地委监委查处了乐安县委、县政府主要领导成员违抗省、地指示,在全县范围内搞“反瞒产斗争”,造成干部群众1115人被捆绑、吊打、挨饿、挨冻,3450人外流外窜,6114人患浮肿病,471人非正常死亡,严重影响农业生产和党群关系的“乐安事件”。在查处中,地委对乐安县党、政领导班子进行改组,地委监委对负有直接责任的领导干部分别给予处分。

1963—1966年,全区各级监委围绕“五反”、“四清”运动,重点查处贪污盗窃、投机倒把、破坏国家市场、破坏计划供应、破坏社会主义教育运动等违纪案件2446件,处分党员2114人,其中受“三大处分”1122人。省监委驻抚州地委监察组主要查处了临川县凤岗公社违反党的政策,搞“反瞒产私分斗争”,非法吊打社员群众,造成社员群众被打死逼死25人和非正常死亡470人的“临川凤岗事件”,并分别给予主要领导和责任人严厉的纪律处分和法律制裁。

“文化大革命”中,全区纪检工作遭到严重干扰和破坏,在查处的248件各类违纪案件中,被牵连受处分党员230人,其中不少属无辜,造成一批冤假错案。

1978—1983年,党的纪检工作由恢复逐步走上正轨。其间,着重查处拒不执行党的路线、方针和政策,败坏党风、以权谋私、贪污贿赂等经济领域中的违法违纪案件2350件,处分党员1712人,其中受“三大处分”1063人。在1982年开展的打击经济领域犯罪活动中,共查出经济案438件(大案要案43件),结案259件,依法判刑60人,开除公职17人,开除党籍31人,行政撤职7人,逮捕待判77人,拘留收审5人,共收缴赃款、赃物97.29万元,有14人自动投案,退赔赃款赃物2.04万元。与此同时,地委纪委会同省教育厅、省招办和地区教育局联合查处在全国引起震动的进贤县高考舞弊案,给予有关人员分别以撤销行政职务、开除公职、开除党籍、留党察看、党内警告等处分。

1984—1992 年,全区各级纪检监察机关贯彻党的基本路线,服从服务于经济建设,坚持从严治党、惩治腐败,纠正行业不正之风,认真履行“保护、惩处、监督、教育”职能,重点查处领导干部以权谋私、贪污受贿和经济领域中违法违纪案件 2503 件,处分党员 2292 人,其中受“三大处分”1135 人。1989 年,在会同和协助组织部门做好内部清理和干部考察工作中,查清“六·四”政治风波的人和事 22 件 50 人,根据政策规定,给以解脱 46 人,党内警告处分 1 人,开除党籍 1 人,政纪处分 2 人。1992 年,从严从快地查处一批经济违纪案件,挖出一批隐藏很深的经济“蛀虫”,为改革开放和经济建设扫除障碍,保驾护航。

1993—1994 年,全区纪检监察机关把查处违法违纪案件作为反腐败斗争的中心环节,采取主动出击,集中力量,快速突破大案要案等措施,推动查案工作。全区各级纪检监察机关共立案查处各类违法违纪案件 744 件,结案 730 件。结案处分 682 人,其中县级干部 11 人,科级干部 107 人,一般干部 162 人,一般党员 402 人。受党纪处分人员中,党内警告 173 人,党内严重警告 151 人,撤销党内职务 21 人,留党察看 96 人,开除党籍 117 人;受政纪处分人员中,行政警告 35 人,记过 46 人,记大过 51 人,降职 6 人,撤职 53 人,开除留用 22 人,开除公职 10 人。收缴违纪金额 274. 6 万元。先后查处宜黄县出口骗税 471. 5 万元、东乡县出口骗税 529. 5 万元、广昌县出口骗税 419. 5 万元等重大经济案件,为国家挽回损失 1420. 5 万元。

1995 年,全区各级纪检监察机关共立案查处各类违法违纪案件 396 件,结案 381 件。其中违纪金额万元以上、行政职务副科以上案件 61 件。结案处分 389 人,其中县级干部 8 人,科级干部 52 人,一般干部 168 人,其他人员 161 人。受党纪处分人员中,党内警告 70 人,党内严重警告 61 人,撤销党内职务 7 人,留党察看 32 人,开除党籍 41 人;受政纪处分人员中,行政警告 34 人,记过 41 人,记大过 32 人,降级 29 人,撤职 30 人,开除留用 14 人(企业职工),开除公职 11 人。收缴违纪金额 20 万元。

1996 年,全区各级纪检监察机关共立案查处各类违法违纪案件 489 件,结案 398 件。其中违纪金额万元以上、行政职务副科以上案件 62 件。结案处分 419 人,其中县级干部 5 人,科级干部 53 人,一般干部 151 人,其他人员 210 人。受党纪处分人员中,党内警告 101 人,党内严重警告 67 人,撤销党内职务 15 人,留党察看 35 人,开除党籍 65 人;受政纪处分人员中,行政警告 51 人,记过 34 人,记大过 9 人,降级 28 人,撤职 30 人,开除留用 2 人,开除公职 4 人;有 18 人受刑事处罚。查案中挽回经济损失 350 万元,收缴违纪款 60 万余元。尤其查处昌抚公路涉及县级干部 2 人、科级干部 10 余人违法违纪经济串案,在全区引起震动。

1997 年,全区纪检监察机关共立案查处各类违法违纪案件 781 件,当年全部结案。其中涉及县级干部 7 人,科级干部 75 人,一般干部 245 人,其它人员 460 人。立案查处万元经济大案 44 件,涉案金额 163 万元。结案处分 748 人,其中县级干部 7 人,科级干部 69 人,一般干部 228 人,其他 人员 444 人。受党纪处分人员中,党内警告 205 人,党内严重警告 135 人,撤销党内职务 19 人,留党察看 48 人,开除党籍 46 人;受政纪处分人员中,行政警告 111 人,记过 74 人,记大过 54 人,降级 20 人,撤职 31 人,开除留用 11 人,开除公职 15

人;有21人同时受到党纪政纪处分,13人受刑事处罚。查案中挽回经济损失780万元,收缴违纪款186万元。

1998年,全区纪检监察机关立案852件,结案839件。其中立案查处贪污、受贿、挪用、私分等违纪金额万元以上经济大案72件,副科级以上干部要案122件。在查结的案件中,涉及县(处)级干部15人,乡(科)级干部86人,一般干部260人,其它人员463人。结案处分852人,受党纪处分人员中,党内警告249人,党内严重警告131人,撤销党内职务15人,留党察看53人,开除党籍53人;受政纪处分人员中,行政警告110人,记过81人,记大过61人,降级26人,撤职47人,开除留用9人,开除公职18人;有29人同时受到党纪政纪处分,25人受刑事处罚。查案中挽回经济损失900万元,收缴违纪款210万元。

1999年,全区纪检监察机关立案811件,结案802件。其中立案查处贪污、受贿、挪用、私分等违纪金额万元以上经济大案77件,副科级以上干部要案114件。在查结的案件中,涉及县(处)级干部13人,乡(科)级干部94人,一般干部290人,其他人员405人。结案处分785人,受党纪处分人员中,党内警告278人,党内严重警告135人,撤销党内职务19人,留党察看48人,开除党籍61人;受政纪处分人员中,行政警告104人,记过54人,记大过38人,降级20人,撤职36人,开除留用2人,开除公职12人;有22人同时受到党纪政纪处分,2人受刑事处罚。查案中挽回经济损失117.51万元。

2000年,把查处贪污、受贿、挪用、失职、渎职等案件作为重点,全区立案844件,结案801件,处分804人。其中受党纪处分595人,受政纪处分231人,有24人受党纪政纪双重处分,7人移送司法机关追究刑事责任,挽回经济损失650万元。地区纪委监察局重点查处县级干部违纪案件7件,处分县级干部6人。是年,在全省查办大案要案表彰大会上,抚州市纪检监察系统有4件案件、6个先进集体、5个先进工作者受到省委、省政府的表彰。

2001年,全市纪检监察机关立案查处各类违纪违法案件914件,其中涉及县(处)级干部案件10件,乡(科)级干部案件120件。涉及党员746人、监察对象425人,处分881人。受党纪处分人员中,党内警告367人,严重警告190人,撤销党内职务16人,留党察看52人,开除党籍41人;受行政处分人员中,行政警告105人,记过28人,记大过30人,降级69人,降职1人,撤职38人,开除留用4人,开除7人。有66人同时受到党纪政纪处分,移送司法机关2人,刑事处理10人。通过查办案件,挽回经济损失近600万元。市纪委监察局受市委、市政府委派做好抚纺群体上访事件的处理工作,抽调50多名干部,对反映抚纺领导及有关人员的重大经济问题立案调查。通过对被查对象实行"两规"、"两指"措施,使案件取得重大突破,顺利结案,有20人受到党纪政纪处分,8人移送司法机关处理,追缴违纪违法金额443.35万元,挽回经济损失1000万元。

2002年,全市各级纪检监察机关共立案查处各类违纪违法案件917件,结案930件。案件涉及党员829人,监察对象319人。处分913人,党纪处分777人,其中党内警告423人,严重警告213人,撤销党内职务8人,留党察看61人,开除党籍72人;行政处分154人,其中行政警告56人,记过16人,记大过26人,降级23人,降职1人,撤职25人,开除留用1人,开除6人;有18人同时受到党纪政纪处分,免于处分14人,移送司法机关处理1人,刑事处理13人,组织处理3人。挽回经济损失1100多万元。

2003 年，全市各级纪检监察机关共立案查处各类违纪案件 923 件，结案 965 件，处分 953 人，其中涉及县（处）级干部 4 件，涉及乡（科）级干部 128 件。通过查办案件，挽回经济损失 143.24 万元。市纪委监察局严肃查处了一起防治“非典”期间工作人员违纪案件，对 7 名直接责任人员分别给予党纪政纪处分，并追究了相关领导的责任。

2004 年，全市各级纪检监察机关共初查核实违纪线索 940 件，立案查处各类违纪违法案件 933 件，处分 1039 人，其中涉及县（处）级干部 17 人，乡（科）级干部 161 人，一般干部 204 人，其他人员 657 人。受处分人员中，受党纪处分 895 人，受政纪处分 158 人。在受党纪处分人员中，党内警告 535 人，严重警告 248 人，撤销党内职务 16 人，留党察看 39 人，开除党籍 57 人；受政纪处分人员中，行政警告 96 人，记过 21 人，记大过 13 人，降级 12 人，撤职 14 人，开除 2 人；受党纪、政纪双重处分 14 人；免予处分 5 人，移送司法机关处理 14 人，受组织处理 3 人。同时，加大了查办大案要案的力度，一批严重违法违纪的大案要案得以在较短时间内取得突破，取得了良好效果。

2005 年，全市各级纪检监察机关共立案查处各类违纪违法案件 938 件，处分 980 人，其中涉及县（处）级干部案件 7 件 10 人，涉及乡（科）级干部 128 件 134 人。是年，严肃查处了崇仁县“新黄小区”违规开发建设及部分领导干部的严重经济问题，该案共立案查处 14 人（其中县级干部 2 人），为国家挽回经济损失 1000 余万元，在全市引起了较大的反响。立案查处损害经济发展环境案件 47 件，涉及 33 人，给予 5 人党纪处分、9 人政纪处分、12 人治安处理。

2006 年，全市各级纪检监察机关共立案查处各类违纪违法案件 736 件，其中涉及县（处）级干部案件 10 件，乡（科）级干部案件 67 件。给予党纪政纪处分 572 人，其中县（处）级干部 11 人，乡（科）级干部 62 人。移送司法机关处理 4 人。所办案件中涉及损害经济发展环境案件 7 件，处理违纪人员 21 人，为企业和群众挽回经济损失 678.5 万元。涉及商业贿赂案件 67 件，结案 49 件，涉案金额 537.8 万元，其中 5 万元以上案件 31 件。查处国家工作人员 6 起 8 人，其中科级以上干部 6 人。查处学校乱收费案件 40 件，涉及金额 168.92 万元，向学生退还各种乱收费总金额 120.95 万元，15 人受到党纪政纪处分和组织处理。

2007 年，全市纪检监察机关共立案查处各类违纪违法案件 776 件，其中涉及县（处）级干部案件 11 件 14 人，乡（科）级干部案件 77 件 86 人，结案 705 件，给予党纪政纪处分 743 人，移送司法机关处理 24 人。全市共查处商业贿赂案件 45 件，结案 40 件，涉案金额 636.3 万元，涉及国家工作人员 16 人。特别是对金溪、广昌、南城三县教育系统违纪违法等案件的严肃查处，取得良好的政治、经济和社会效果。

2008 年，全市纪检监察机关共立案查处各类违纪违法案件 787 件，其中市本级立案 31 件。所办案件中涉及县（处）级干部 8 件，涉及乡（科）级干部 118 件；移送司法机关处理 16 人。给予党纪政纪处分 17 人，其中县（处）级干部 3 人，乡（科）级及以下干部 14 人；为国家挽回经济损失 420.3 万元。

2009 年，全市纪检监察机关严肃查处发生在领导机关和领导干部中滥用职权、贪污贿赂、腐化堕落、失职渎职案件，严肃查处商业贿赂案件和严重侵害群众利益案件，严肃查处群体性事件和重大责任事故背后的腐败案件，坚决遏制一些领域腐败现象易发多发势头。全年共立案747件，其中涉及县（处）级干部3件3人、乡（科）级干部76件82人，结案处分756人，移送司法机关处理10人。

2010年，全市纪检监察机关共立案查处各类违纪违法案件795件，其中涉及县（处）级干部10件，乡（科）级干部98件，移送司法机关处理12人，挽回经济损失5680万元，并为67人澄清了事实。其中，全市共立案查处工程建设领域案件44件，给予党纪政纪处分37人（县处级干部4人）。

2011年，全市各级纪检监察机关共立案查处各类违纪违法案件803件，查处的案件中，涉及县（处）级干部7件，乡（科）级干部75件，移送司法机关处理5人。其中对国土、水利、交通、城市基础设施等工程建设领域开展集中检查，立案16件，给予党纪政纪处分16人。

2012年，全市各级纪检监察机关始终保持惩治腐败的高压态势，全年共立案查处各类违纪违法案件805件，查处的案件中，涉及县（处）级干部10件，乡（科）级干部95件；给予党纪政纪处分904人，移送司法机关处理45人，挽回经济损失9000余万元。其中查处工程建设领域案件58件，给予党纪政纪处分39人，移送司法机关处理11人。特别是严肃查处了市水利工程建设领域违纪违法案件，该案涉案人员23人，涉案金额1200余万元，立案5人，移送司法机关处理8人。

2013年，全市纪检监察机关共立案查处各类违纪违法案件808件。在查处的案件中，涉及县（处）级干部8件，乡（科）级干部109件；给予党纪政纪处分948人，移送司法机关处理45人。其中查处违反“八项规定”行为37件，给予党纪政纪处分29人，辞退4人，诫勉谈话、通报批评、取消评先评优资格等组织处理8人。重点查处了水利系统案件，共查处市水利局、金溪县政府及5个县水利局案件9件，涉案人员28人，其中移送司法机关处理13人。

2014年，全市各级纪检监察机关共立案查处各类违纪违法案件1001件，在查处的案件中，涉及县（处）级干部14件，乡（科）级干部194件；结案951件，给予党纪政纪处分1003人，移送司法机关处理27人。其中查处贪污贿赂、渎职侵权等职务犯罪案件128件157人。查处违反“八项规定”典型案件158件，给予党纪政纪处分和组织处理244人。

2015年，全市各级纪检监察机关共立案查处各类违纪违法案件1092件。在查处的案件中，涉及县（处）级干部14件，乡（科）级干部170件，给予党纪政纪处分1133人。其中查处群众身边的腐败案件和“四风”问题216件，给予党政纪处分194人，通报典型案件17件；查处落实“两个责任”不力案件63件，涉及68人（次），涉及党委（党组）书记9人、纪委书记（纪检组长）3人。

1998—2015 年全(区)市纪检监察部门办案情况

年份	立案数(件)	结案数(件)	处分人员数(人)	其中			挽回经济损失(万元)
				县(处)级	乡(科)级	一般干部(其他)	
1998	852	833	818	15	81	722	4000.12
1999	760	742	737	13	90	634	147.66
2000	833	800	799	4	98	697	105.85
2001	914	896	882	16	106	760	111.43
2002	915	923	910	5	102	803	85.58
2003	923	965	953	4	128	821	134.98
2004	933	939	1039	17	161	861	56.02
2005	937	941	979	13	131	835	125.33
2006	766	751	792	11	77	704	41.41
2007	776	705	743	11	76	656	89.5
2008	787	831	888	11	133	744	13.73
2009	747	711	756	5	83	668	842.01
2010	795	769	832	11	112	709	186.56
2011	803	776	831	13	78	740	237.61
2012	805	826	904	10	113	781	232.93
2013	808	868	948	8	123	817	2346.34
2014	1001	951	1003	13	185	805	291.31
2015	1092	1077	1133	13	191	929	497.76

1951—1992 年抚州地区党员干部受党纪处分情况

单位:人

年份	处分种类							职务分类				
	开除党籍	留党察看	撤销党内职务(工作)	严重警告	警告	劝告	小计	地级	县级	科级	一般党员干部	一般党员
1951	13	5	4	–	14	6	42	–	3	36	3	–
1952	13	20	14	–	11	13	71	–	8	46	17	–
1953	3	6	2	–	34	2	47	–	2	4	41	–
1954	48	10	4	–	26	8	96	–	2	25	56	13
1955	66	28	6	–	49	5	154	–	8	49	84	13
1956	120	75	11	38	114	14	372	–	2	72	298	–
1957	125	67	24	98	87	– –	401	2	54	123	222	–
1958	342	205	47	145	132	–	871	–	24	6	290	551
1959	262	255	69	228	168	–	982	2	71	353	164	392

续表

年份	处分种类							职务分类				
	开除党籍	留党察看	撤销党内职务（工作）	严重警告	警告	劝告	小计	地级	县级	科级	一般党员干部	一般党员
1960	215	155	92	182	114	–	758	5	78	327	225	123
1961	465	228	126	223	143	–	1185	11	109	547	348	170
1962	97	69	44	108	56	–	374	4	41	107	177	45
1963	180	94	20	180	58	–	460	4	44	139	197	76
1964	150	67	13	80	45	–	355	4	26	83	203	39
1965	175	213	41	309	201	–	939	3	78	413	378	67
1966	79	70	20	107	84	–	360	1	32	176	121	30
1967－1976	103	25	–	8	4	–	140		10	46	71	13
1977	90	–	–	–	–	–	90	–	–	2	44	44
1978	184	177	43	86	71	–	561	–	–	–	–	–
1979	63	87	45	57	59	–	311	–	–	–	–	–
1980	44	64	25	49	68	–	250	9	29	63	56	93
1981	24	22	19	25	23	–	113	–	–	–	–	–
1982	68	51	12	71	52	–	254	6	24	54	24	146
1983	70	38	27	37	51	–	223	3	24	51	32	113
1984	55	42	15	38	48	–	198	–	13	42	52	91
1985	31	44	21	44	45	–	185	–	3	33	58	91
1986	44	48	21	74	73	–	260	–	14	69	71	106
1987	33	47	19	52	61	–	212	1	12	42	78	79
1988	31	28	5	40	26	–	130	–	2	20	36	72
1989	45	41	12	43	46	–	187	–	5	50	48	84
1990	74	77	16	68	72	–	307	–	6	68	78	155
1991	110	92	14	103	103	–	422	–	4	62	98	258
1992	74	79	17	118	103	–	391	–	5	43	93	250

1952—1992 年抚州地区监察对象受政纪处分情况

单位：人

年份	处分种类										职务分类				
	警告	记过	记大过	降级	降职	撤职	开除留用	开除	其它	小计	县处级	区乡科级	一般干部	职工	乡村干部
1952	21	52	9	12	7	16	–	21	–	138	1	6	131	–	–
1953	98	114	62	–	13	74	–	100	–	461	2	41	394	–	24
1954	54	83	70	–	15	81	–	195	–	498	2	23	430	–	43
1955	17	23	30	–	4	15	–	39	–	128	–	6	116	6	–

续表

年份	处分种类										职务分类				
	警告	记过	记大过	降级	降职	撤职	开除留用	开除	其它	小计	县处级	区乡科级	一般干部	职工	乡村干部
1956	–	–	14	–	14	29	–	15	–	72	–	28	39	5	–
1957	14	26	89	–	10	56	6	187	–	388	–	14	309	–	65
1958	11	47	87	50	26	180	133	237	247	1018	7	11	916	–	84
1959	11	23	58	20	3	34	72	70	–	291	3	–	229	59	–
1960	4	30	–	5	3	26	16	84	–	168	–	–	–	–	–
1961	54	87	40	22	42	29	32	89	–	374	–	–	–	–	–
1962	10	12	22	3	–	21	9	61	–	138	–	20	113	–	5
1963	14	10	23	–	–	23	12	51	38	171	9	19	140	–	3
1964	8	12	22	7	–	14	18	45	–	127	–	–	–	–	–
1965	11	19	56	22	1	40	37	51	–	237	–	–	–	–	–
1988	8	8	4	–	–	–	–	–	–	21	–	–	21	–	–
1989	23	34	18	14	–	18	22	10	–	139	4	31	104	–	–
1990	43	27	29	14	2	29	12	8	–	164	9	69	86	–	–
1991	43	27	36	40	2	30	37	8	–	223	2	29	192	–	–
1992	23	22	25	8	4	17	9	2	–	110	1	22	87	–	–

1993—2004 年全区(市)党员干部受党纪政纪处分情况

分类 \ 年份 \ 人数			1993	1994	1995	1996	1997	1998	1999	2000	2001	2002	2003	2004
党纪处分	处分类别	开除党籍	65	52	41	69	46	51	57	61	40	71	52	57
		留党察看	56	40	33	45	48	53	45	53	52	61	41	39
		撤销党内职务	15	6	13	10	19	15	22	18	15	8	5	16
		严重警告	79	72	65	98	135	131	128	146	190	213	220	248
		警告	95	78	70	132	205	242	262	316	368	421	457	535
		小计	310	248	222	354	453	492	514	594	665	774	775	895
	职务类别	地级	–	–	–	–	–	–	–	–	–	–	–	–
		县级	7	2	8	8	5	11	9	2	11	5	4	13
		科级	49	56	47	79	63	71	75	76	91	89	84	109
	职务类别	一般党员干部	53	58	57	86	109	108	115	136	139	131	113	120
		一般党员	201	132	110	180	276	302	315	380	424	549	574	653

续表

分类 \ 人数 \ 年份			1993	1994	1995	1996	1997	1998	1999	2000	2001	2002	2003	2004
政纪处分	处分类别	开除公职	1	9	19	8	15	18	12	3	13	6	6	1
		开除留用	8	14	17	2	11	9	2	6				
		撤销职务	16	37	30	30	31	49	34	29	32	25	24	14
		降职	–	–	–	–	7	–	–	2	–	–	–	–
		降级	19	38	30	38	13	26	20	13	68	23	9	12
		记大过	29	23	37	21	54	63	31	28	31	26	22	13
		记过	24	22	44	61	74	80	52	43	28	16	37	21
		警告	13	22	39	69	111	112	92	107	110	58	97	97
		小计	110	165	216	229	316	357	243	231	282	154	195	158
	职务类别	地级	–	–	–	–	–	–	–	–	–	–	–	–
		县级	3	3	2	1	2	4	4	2	7	3	1	5
		科级	19	23	13	17	17	24	23	33	38	20	53	56
		一般干部	42	62	82	88	126	159	142	142	141	96	114	81
		其他人员	46	77	119	123	171	170	74	54	96	35	27	16
实际		处分	410	372	413	560	748	818	737	799	882	910	953	1039

2005—2015 年全市党员干部受党纪政纪处分情况

分类 \ 人数 \ 年份			2005	2006	2007	2008	2009	2010	2011	2012	2013	2014	2015
党纪处分	处分类别	开除党籍	56	54	46	92	55	59	80	89	92	77	98
		留党察看	68	86	103	90	126	121	144	102	116	117	159
		撤销党内职务	13	3	12	11	5	7	8	2	11	8	10
		严重警告	255	219	270	326	254	258	246	245	275	271	332
		警告	461	337	264	286	278	322	297	399	387	416	427
		小计	853	669	695	805	718	767	775	837	881	889	1026
	职务类别	地级	–	–	–	–	–	–	–	–	–	–	–
		县级	13	7	10	6	5	5	10	8	8	10	11
		科级	90	55	66	107	62	75	56	82	94	128	138
	职务类别	一般党员干部	101	63	72	103	50	46	58	87	109	113	97
		一般党员	649	574	547	589	601	641	651	660	670	638	780

续表

分类		年份 人数	2005	2006	2007	2008	2009	2010	2011	2012	2013	2014	2015
政纪处分	处分类别	开除公职	3	–	7	13	5	7	7	17	25	20	24
		开除留用	–	–	–	–	–	–	–	–	–	–	–
		撤销职务	15	12	4	14	7	5	9	13	10	9	22
		降职	–	–	–	–	–		–	–	–	–	–
		降级	10	6	9	23	8	5		6	5	6	10
		记大过	18	14	11	19	5	8	5	7	5	4	7
		记过	15	17	11	13	7	19	5	10	15	19	24
		警告	85	57	29	47	28	35	47	46	44	88	69
		小计	146	106	71	129	60	79	73	99	104	146	156
	职务类别	地级	–	–	–	–	–	–	–	–	–	–	–
		县级	1	5	5	9	3	6	7	5	5	3	8
		科级	46	27	18	48	33	46	34	52	46	41	86
		一般干部	85	65	37	68	18	23	27	38	51	38	59
		其他人员	14	9	11	4	6	4	5	4	2	6	3
实际		处分	979	792	743	888	756	832	831	904	948	1003	1133

第三节　案件监督管理

20 世纪 90 年代以前，全区各级纪（监）委虽对控诉、申诉案件建立了一些登记、转办、催办制度，也对办案质量组织过一些检查，并建立案件月报制度，但案件监督管理机制整体不健全、不完善、不规范。90 年代后，各级纪检监察机关开始采取措施，切实加强对案件的监督管理，取得较好成效。

1992 年，地区纪委开始对全区党内违纪案件查处情况进行统计分析，尤其对全区经济案件、违反计划生育政策案件、赌博案件等上升的原因进行分析并提出对策。

1993 年，针对全区各级纪检监察机关合署后，案件管理工作遇到的新情况、新问题，地区纪委下发《关于加强案件管理工作的通知》。《通知》强调案件管理工作是纪检监察机关运行机制中的重要环节，要求各级纪检监察机关充分认识案件管理在整个纪检监察工作中的地位和作用，发挥案件管理在查办案件中的综合、协调作用，切实加强对案件管理工作的领导，对案管人员选拔、案件统计数据的汇总上报提出具体要求。

1995 年，地区纪委制定下发关于执行《抚州地区纪检监察机关案件材料立卷归档试行办法》的通知，《通知》对案件材料立卷归档的范围、材料收集、立卷基本方法、案卷排列以及装订等方面作了详细规定。

1999—2000 年，全区各级纪委机关案管部门对报送的案件认真审核，并充分利用案件管理软件的统计分析、信息查询功能，为领导掌握情况、宏观调控、科学决策服务。

2001 年，市纪委办公室下发《抚州市纪检监察机关案件管理工作制度》，制定规范查办案件工作情况统计报表报送制度、案件情况通报和综合分析制度、重要案件排查和跟踪、协调工作制度、案件管理保密制度、案件管理工作考评及通报制度。

2002 年，在进行案件质量检查的同时，对案件管理工作进行了检查。从检查的情况看，各级纪检监察机关所处理的案件，均能按程序履行报批手续。东乡县纪委向县委备案的案件，有备案报告和同意备案书面材料；错误事实材料均与本人见面；所有立案案件经过审理后都提交常委会或局长办公会讨论；大部分案件组卷装订规范、排列有序、页码清楚，所取的证言有证人签字或盖章（或手印），复制（印）件有骑缝章、经办人签名、日期、原件出处；所有案件全部登记造册，归档保管。

2003 年，为加强案件线索管理工作，建立了案件线索库，并与有关科研单位联合研制《市纪委监察局案件线索管理软件》，使案件线索的收集、利用和管理更加科学规范。制定《关于实行案件移送协作制度的暂行规定》、《关于纪检监察机关和审计机关在查处案件中加强协作配合的通知》、《市纪委监察局机关案件汇报制度》等一系列加强办案工作的意见和制度，进一步规范办案工作。同时强化案管工作，加强对县（区）纪委和市直单位纪委（纪检组）的指导。

2005 年，为切实加强对案件管理工作的领导，使案件管理工作与办案工作能够统一部署、统一考核，市纪委成立案件管理组，分管领导为市纪委分管办案工作的副书记，组长由纪检监察一室主任担任。案件管理组办公室设在纪检监察一室，由纪检监察一室派专人负责处理案件管理工作日常事务。市纪委办公室下发《关于贯彻落实〈关于加强和改进新形势下案件管理工作的意见〉的实施方案》，明确全市纪检监察机关案件管理工作的指导思想、工作任务、机构设置、工作方法、工作要求，明确案件统计工作、案件的分析和研究工作、查办案件相关事宜的组织协调工作、对重要案件的跟踪督办工作、对查办案件的监督检查工作五项具体工作实施办法。制定《关于在查办案件中运用“两规”、“两指”暂行办法》、《陪同“两规”、“两指”人员守则》等一系列制度，认真做好“两规”安全防范工作。对“两规”的每一个程序，每一个环节都制定严格的规定。同时，对陪护人员进行岗前培训，经常督促检查，确保“两规”人员的安全。

2006 年，为严格依纪依法办案，加强对使用“两规”措施的管理，市纪委办公室下发《关于使用“两规”措施报批和备案工作的实施办法》，全市纪检机关使用和解除“两规”措施的备案材料，由市纪委案管组（一室）统一归口上报省纪委案管室。

2007 年，市纪委监察局建立 3 个“人才库”，即“办案专业人才库”、“办案后备人才库”、“办案陪同人员库”。重组机关内部和市直、县（区）的办案力量，将机关非办案室有办案经验的人员和各县（区）办案素质高、办案经验丰富的人员统筹起来，建立“办案专业人才库”，形成举全市之力集中查处大案要案的良好态势；从财政、审计、税务、司法等市直单位中挑选了一批政治可靠、业务精通的专门人员，建立“办案后备人才库”，作为办案的后备力量；从市、县（区）直单位纪委（纪检组）和各县（区）纪委挑选出一批党性原则强、责任心强的纪检监察干部，建立“办案陪同人员库”，作为实施“两规”措施的陪护人员。在实施“两规”措施时，将办案调查取证与陪同人员分离出来，既便于调查人员集中力量办案，又使陪同人员能专心做好陪同工作，有利于案件的保密。

2008—2009 年，进一步完善市县联合办案、县县交叉办案、异地交叉办案、下查一级等办案工作机制，加强“办案人才库”和“办案陪护人员库”建设，有效破解了基层纪检监察机关在查办大要案时突破难的问题，形成市、县、乡三级互动办案机制，提高了基层纪检监察机关突破大案要案的能力。建立完善了由市纪委牵头，法院、检察、公安、审计等单位为成员的反腐败联席会议制度，定期召开联席会议，及时协调解决办案过程中遇到的困难和阻力；出台《关于规范案件移送处理和加强协作配合工作的暂行规定》，从制度上对纪检监察机关与司法机关的案件移送的范围和程序进行规范，维护了党纪政纪与法纪的统一性和严肃性。

2012 年，推行市县联动、县县交叉、下查一级等办案工作机制，破解基层办案力量薄弱难题；对全市办案工作每月进行分析，并派出廉政督查队分片进行督导。依托市廉政党校，举办案件检查业务骨干培训班，对 90 多名办案骨干进行集中培训；编印《办案工作手册》、《陪护工作手册》、《案件审理流程图》等业务资料，规范办案程序，提升办案水平。全面建成并运用全数字化监控、网络指挥交流、多媒体谈话同步示证、立体安全控制等多个办案平台，确保安全文明办案。

2013 年，市纪委高度重视办案安全工作，先后 3 次召开全市纪检监察系统办案安全工作会议，对全市办案安全工作进行专题部署。并由委局领导带队，对全市的办案安全工作进行拉网式检查。8 月底，市纪委主要领导与各县（区）纪委主要领导签订了办案安全责任状，同时要求县（区）纪委主要领导要与乡镇纪委和纪工委负责人签订责任状。制定《办案安全防范工作督查方案》，实行“两规”案件 24 小时驻点督察，把办案安全防范工作督查贯穿于办案工作的全过程。制定下发《抚州市纪检监察机关办案期间突发事件应急预案》、《抚州市纪检监察机关办案谈话安全防范“十规定”》等规章制度，编印《抚州市纪检监察机关依纪依法、安全文明办案工作指南》，并做到全市纪检监察系统办案人员人手一册。组织开展为期 10 天的“严守办案纪律、确保办案安全”教育活动，进一步加强对办案人员、陪护人员的监督管理和安全防范教育。加强全市办案场所建设，制定下发《关于加强县（区）纪检监察机关办案谈话场所规范化建设的实施意见》，下拨 600 万元用于各县（区）办案场所建设。制定全市办案信息支撑系统建设、使用方案和保密规定，接通抚州市房产、婚姻登记、组织机构代码、公共资源交易、工商、市政（供电、供水、有线电视）六项信息。调整抚州市办案点突发事件应急处置领导小组，并根据案管工作实际需要，加强对执纪执法机关和司法机关在案件线索移送、情况通报、情况反馈等工作上的联系，进一步促进执纪执法机关与司法机关形成办案合力。完善了市纪委办案陪护人员人才库，按照条件抽选 296 名政治可靠、原则性、保密性、责任心较强的人员进入陪护队伍，为办案安全工作提供坚强有力的保障。加大对遗留案件的清结工作。分批对全市 2012 年以前的遗留案件进行了督办。成功举办全市纪检监察系统办案技能大比武，通过比武营造“比、学、赶、超”良好氛围，提高办案人员的办案技能和业务水平。12 月，成立市纪委案件监督管理室,并认真履行线索管理、组织协调、监督检查、督促办理、统计分析五项职能,做到管理科学、监督有力、协调高效、服务到位、制度健全,运行规范。

2014 年,推行案件管理全覆盖运行。从办案场所建设、案件查办流程、案件安全督查,案管力量全面介入,为办案工作提供有力保障。严格按照省纪委办案场所建设标准,推进县(区)纪委办案点谈话室标准化建设,全市 12 个县(区)共建有谈话室 45 间,监控室和医务室 23 间。制定下发《关于对反映领导干部问题线索实行统一管理意见》、《重要信访线索处置情况表》等,明确领导干部问题线索管理范围、处置方式、部门职责、工作流程,并清理历年信访线索,进一步促进案件线索科学管理。出台查办案件工作流程和管理办法,对全市纪检监察系统查办案件工作流程进行统一规范,确保办案工作依纪依规顺利开展。对办案中暂扣的款物进行集中清理,对涉案款物的管理工作进一步进行了规范。坚持安全文明办案,加强"两规"措施的使用管理。严格报批程序,严格办案安全管理督查制度,对"两规"案件实行委局领导带班 24 小时督查。召开全市纪检监察机关办案安全工作会议,对全市的办案安全工作进行拉网式检查,对发现的问题督促整改到位,确保办案工作"零事故"。制定《办案人才分类评定及管理办法》,选拔优秀办案人才,市级办案人才库共储备办案专业人才 160 人。加大对遗留案件的清结工作,对全市 2014 年以前的遗留案件进行了督办并全部办理完毕。建立督办工作台账,将遗留案件清结工作列入日常工作范畴,有效地提高了案件办结效率。制定《抚州市纪委办案信息支撑系统查询管理暂行规定》,进一步明确办案信息支撑系统的审批规定、查询方法和保密规定,规范办案信息支撑系统查询管理工作。开展第二届纪检监察机关办案技能大比武及业务培训,从理论知识素养、实践操作能力等方面以比带训,进一步提高履责能力;实行领办案件制度、跟班学习制度,从实践中培养办案人才。举办全市案件统计业务培训班,就案件管理系统的操作方法、案件统计工作中的常见问题等内容进行专题辅导,有效提高了全市案管员的业务水平和服务查办案件工作的能力。

2015 年,全面落实"把纪律挺在前面"要求,运用"制度 + 科技"模式,研发建立纪律审查一体化监控系统,实现问题线索网上录入、线索处置全程留痕、工作动态实时监控、时效流程即时预警,保障了纪律审查的快速化、规范化和高效化。下发《关于加强我市县(区)办案点建设及管理的通知》,扎实推进东乡、宜黄两县新建办案点建设,夯实办案基础。强化办案安全,坚持文明办案,加强对"两规"案件的安全管理督查。严格报批程序,认真开展"两规"办案驻点安全督查,对发现的问题督促整改到位。通过举办集中培训、组织知识测试、开展交叉检查、召开整改研讨会等方式,在全市纪检监察系统扎实开展办案安全和保密教育活动。根据纪律审查工作的新形势新要求,在前两届大比武活动的基础上,全面创新比武形式内容,举办全市纪检监察系统第三届纪律审查技能大比武及主业培训。制定并下发《抚州市执纪执法部门季度联系会议制度(试行)》,加强与反腐败协调小组成员单位的沟通联系,及时调整反腐败协调小组成员,进一步明确规范反腐败协调小组会议召开的时限、主要任务和各部门的主要职责及工作要求。

第三章　案件审理

全区各级纪检监察机关成立初期，案件审理工作贯彻“严肃慎重 ”原则，做到案案有交待，件件有着落。中共十一届三中全会后，全区（市）各级纪检监察机关坚持“事实清楚，证据确凿，定性准确，处理恰当，材料齐全、手续完备”及“有错必纠、不错不纠”的党的方针和原则，加强案件审理和案件复查改正工作，不断完善和创新案审机制，注重案审的软硬件建设，确保案审质量，使案审工作经得起历史检验。同时，深入开展处分执行检查和对受处分党员干部的回访教育，使处分执行和帮助教育相结合，取得较好成效。

第一节　审理机制

1953 年，地委纪委在审批案件时，认真贯彻“严肃慎重 ”的原则，做到材料不全不批；结论不肯定、县委意见分歧不批；案件中的原则问题未弄清不批；党委的结论和本人的检讨不符，尚无证明材料不批；重要案件未经地委同意不批。注重查清事实，客观分析错误性质，明确责任，作出恰当的结论。

1954—1966 年，全区各级纪（监）委对控诉、申诉案普遍建立了登记、转办、催办等制度，基本上做到勤检查，勤催办，及时审批，不拖拉积压，案案有交待，件件有着落，办案质量有很大的提高。

“文化大革命”期间，全区纪检机关被撤销，案件审理无章可循，出现大批冤假错案。粉碎林彪、“四人帮”反党集团后，全区纪检监察机关基本上按照“事实清楚、证据确凿、材料齐全、手续完备、定性准确、处理恰当”及“有错必纠、不错不纠”的党的方针和原则进行案件清查、复查和审理，做到案件审理及时并经得起历史的检验。

1983 年后，中央、省、地纪委陆续出台对违纪案件审理和违纪党员处理的有关规定，使该项工作逐步做到有章可循，有法可依。

1983 年 10 月，江西省纪委印发《关于贯彻执行〈党的纪律检查机关案件审理工作条例〉有关问题的具体要求》的通知，要求各地纪委参照试行，并提出意见和问题。

1984 年 6 月，地区纪委制定下发《关于处分违纪党员批准权限的具体规定》的通知，《通知》对处分违纪党员的审核、批准权限作出明确规定，全区各级纪委均遵照执行。

1985 年，地区纪委认真传达贯彻 1983 年全国案件审理工作会议和 1984 年全省案件审理工作分片座谈会精神，加强党委、纪委对案件审理工作的领导，建立和健全案件审理部门组织机构。各县（市）纪委根据纪检干部新手多的情况，加强了纪检干部的政治理论和专业知识的学习和培训，努力提高案件审理工作水平和能力。

1986 年，地区纪委组织开展案件质量检查，采取“听、看、填、议”的方法，对 1984 年、1985 年全区 12 个县（市）纪委审理的党员违纪案件 194 件进行检查，其中符合要求的有 118 件，占总数的 60.8%，基本符合要求的有 70 件，占总数的 36.1%，不符合要求的只有 6

件，占总数的3.1%。案件审理工作质量和信访案件结案率比以往有明显提高。

1987年，为保证办案质量，保障党员民主权利，正确执行党的纪律，中央纪委案件审理室根据党章和《党的纪律检查机关案件审理工作条例》有关规定，结合多年来审理党员违纪案件的经验和实际情况，制定和下发《关于审理党员违纪案件工作程序的规定》、《查处党员违纪案件中收集、鉴别、使用证据的若干规定》和《所要作出的处分决定和所依据的事实材料向犯错误党员见面的具体办法》三个业务试行文件，地区各级纪委及其案件审理部门认真试行。全区各级纪委以改革精神，不断改进工作方法，加快结案进度。审理工作中克服“坐等审理”思想，在全案调查基本结束，调查报告写出之后，提前介入，及时沟通情况。在审理案件时，特别是对一些疑难复杂案件，带着问题深入基层，核对事实，弄清情况，改变“关门审理”做法。对改革开放中出现的经济案件，遇到吃不准的问题，主动听取有关监督部门的意见，作出恰当处理。在保证案件审理质量的前提下，尽量缩短审理时间，并写出有根有据的审理报告，提交纪委讨论审批。同时，各级纪委及审理部门为提高案件质量，不断探索办案新方法。南丰县纪委在坚持归口审理制度方面，按照一看（看案卷）、二问（问案情疑点）、三联（搞清因果联系）、四对（材料对照）、五把关（把好事实、证据和手续关）的步骤，采用个人审理与集体审查相结合，审案与党性教育相结合，主动审理与申诉审理相结合，县纪委审案与基层纪委审案相结合的审理方法。临川县纪委建立“专人审理、交叉阅卷、集体审议、领导把关”的审理工作制度。宜黄县纪委按照《条例》的指导原则、基本要求、审理程序、保障党员合法权利的规定办事，做到每个案件都填写审理呈报表或填写案件处理登记卡。南城县纪委对受留党察看处分的党员，在察看期满前，即函告犯错误党员所在的单位党组织，请他们按时讨论受留党察看处分党员恢复党员权利的问题。地区纪委还采取举办培训班，走下去对基层办案人员实行面对面业务指导，请上来“会诊”基层纪委遇到的疑难案件，以及总结交流推广典型经验，调阅有争议案件的案卷重新复议等方法，提高办案人员的案审水平和能力，为进一步贯彻执行《条例》，提高案审质量打下较为扎实的基础。

1988年，全区各级纪委机关在查处违纪案件中，坚决按照中央纪委制定的《案件检查工作条例》、《案件审理工作条例》及有关规定办案，坚持以事实为依据，以党纪为准绳，做到事实清楚，证据确凿，定性准确，处理恰当，手续完备，确保办案质量。同时，对各县（市）纪委案件审理工作采取听取介绍、阅看案卷、议论分析、评定分数，小组总结的方式进行检查评比。经检查评比，各县（市）纪委案审工作都有显著进步，结案率均达100%，案审采纳率和准确率比较高，除极少数案件有不足之处外，其余都基本符合“20字”方针要求。普遍做到了“五个坚持”（坚持归口审理制度，坚持审理工作程序，坚持按党性原则办事，坚持回访教育和运用典型案例进行党性教育的制度，坚持案件材料规范化和立卷归档的制度化）。最后评选出南丰县、崇仁县和抚州市纪委为1988年全区案件审理工作先进单位。

1990年，全区各级纪委机关坚决贯彻执行中央纪委制定的《案件审理工作条例》和处分违纪党员的量纪标准，加快了办案进度，保证了办案质量，特别是查处大案要案的工作有了突破性的进展。

1991年，根据全省案件审理工作会议精神和赣纪办[1991]6号文件通知要求，从下半年开始，地区纪委组织各县（市）纪委和地直机关纪委审理部门负责人，每季度分片召开一次“例会”。“例会”主要加深对党纪条规的理解，解决案审中的疑难问题，交流经验，沟通信息，提高案审工作水平。

1992 年，全区各级纪委机关进一步强化案件审理工作，既严格按照“20 字”方针办事，又注意分析违纪行为发生的客观环境，在处理上做到“合法、合情、合理”；既惩戒违纪，又教育挽救干部，同时注意做好受处分人员深入细致的思想政治工作，使犯错误的党员干部对处理决定心服口服，申诉复查案件明显减少。

1997 年，全区各级纪检监察机关机关注重提高办案质量，坚持审理制度，采取“联审”、“协审”的办法严把案件质量关，做到不枉不纵，证据确凿，处理恰当。纪检监察机关合署后，地区纪委及时制定《合署后有关工作报批程序的暂行办法》，对党纪政纪案件的立案和处理报批程序作了明文规定，以后又制定《关于案件材料立卷归档的试行办法》，使案卷立案归档工作逐步做到规范化。

1999 年，地区纪委监察局审理室积极探索、不断完善案件审理制度，制定《关于加强在惩戒工作中协调配合的暂行规定》和《关于修改党纪、政纪处分审批权限和审批程序的建议》，并得到省纪委审理室的肯定和采纳。

2000 年，全市各级纪检监察机关审理部门继续严格按照“20 字”方针把好案件质量关，同时严格履行纪检监察双重职能，凡行政处分，均先提交监察局局长办公会研究。此外，市监察局还研究制定《关于解除国家公务员行政处分的实施办法》，这一做法得到省纪委审理室的充分肯定。

2002 年，市纪委监察局组织对全市各县（区）纪检监察机关和市直纪工委 2001 年度已查结的各种违纪案件的质量情况进行检查，以促进案件审理质量的提高。

2003 年，市纪委监察局下发《关于开展案件质量检查的通知》，并组织人员，集中时间，对全市各县（区）纪委自办案件和处分执行情况进行检查。通过自查、重点抽查、座谈和反馈等形式，达到互相学习、互相交流、互相提高的目的。

2005 年，市纪委监察局成立“申诉复查办公室”，并下发《处理申诉复查案件的暂行办法》和《案件公开审理工作实施办法（试行）》，建立健全了首诉必理、申诉案件上报备案、申诉信件受理、转办、答复告知和报结等制度。

2006 年，全市各级纪检监察机关认真贯彻省纪委办公厅《关于进一步加强和改进申诉复查工作的意见》，落实“首诉必理、有申必答”规定，确保申诉案件件件有着落；完善“劝导撤诉”和“回访”制度，把以人为本理念贯穿于办案过程；试行“审复分设”和“下管一级机制”，强化申诉复查工作监督职能；探索“公开听证”、“公开审理”改革，切实提高申诉案件办理质量。严格执行“一案两卷”制度，增强了查办案件的效果。同时，在全市纪检监察系统开展“案件质量年”活动。活动中组织纪检监察机关办案骨干案件质量培训班、建立办案人员人才库和陪同人员人才库、举办案件质量知识竞赛、开展全市案件大检查、召开案件现场分析会等活动。为保证市直单位办案质量，根据上级纪委有关精神，市纪委监察局下发《关于市直单位所办案件交由市纪委监察局审理室审理的通知》，并于是年 3 月 1 日起实行。

2007 年，在全市各级纪检监察机关开始推行案件“公开审理”和“庭议制”审理方式，落实“直审市直案件”和“乡案县审”制度。市纪委派人到南城、黎川和宜黄县纪委指导“公开审理”和“庭议制”审理工作，并采取“庭议制”审理方式，直接审理市直单位案件。

2008 年 6 月，市纪委监察局制定下发《关于县（区）纪检监察机关申诉案件试行异地交叉审理的实施意见》，明确申诉案件异地交叉审理的指导思想、案件范围、工作程序及时间、工作要求，并于当年开始实施。建立“特邀审理员”和“助辩人”外部监督审案机制，完善申诉案件异地交叉审理机制，提高办案质量；坚持依纪依法、安全文明办案，严格履行办案程序，强化案件监督和管理，保障被调查人的合法权益。全面开展乡案县协审和直审市直单位案件工作，宜黄、广昌、崇仁三县试行推广“庭议制”审理方式，临川、黎川、金溪、南丰四县（区）试点探索申诉案件异地审理模式，南城县探索建立恢复党员权利公示制度。审理工作得到省纪委领导充分肯定，全省案件审理工作座谈会在抚州召开。

2009 年，市纪委印发《关于创新案件审理模式的实施办法（试行）》，对创新审理模式的主要内容、适用范围、模式、参加人员及权责、审理程序等进行了明确，并在黎川、崇仁两县试点推行“陪审式”、“辩审式”、“听审式”三种审理模式。同时，大力推行重大案件新闻发布会制度和典型案件通报制度，实现了查办案件工作政治、社会、法纪效果相统一。市纪委监察局由于案件审理工作成绩突出，被评为全省纪检监察案件审理工作先进集体。

2010 年，市纪委建立市直单位案件归口审理制度，被省纪委审理室列为审理方式创新试点工作。继续探索“陪审式”、“辩审式”、“听审式”审理模式，各县（区）全部实行了“乡案县审”；崇仁、黎川、南城、东乡等县试点推行“陪审式”、“辩审式”、“听审式”和“一示二辩”（适度示证、“内部抗辩”审理方式和党纪案件“审理助辩”）案件审理新方式，认真组织开展案件质量检查评比活动，并通过办理征求意见案件、答复请示、业务培训与咨询等途径，提高各级案件质量的整体水平。

2011 年，市纪委监察局编印下发《案件审理流程图》、《陪护工作手册》等业务资料，规范办案程序，提升办案水平。积极探索“一示二辩”审理方式，并取得良好的效果。根据省纪委案件审理室工作部署，组织全市案件审理部门按照管理权限的规定，对 2006 年 1 月 1 日至 2010 年 12 月 31 日期间给予党员、公务员、行政监察对象撤销党内职务或行政撤职以上处分决定的执行落实情况进行监督检查，对个别处分决定未完全执行到位的给予纠正。

2012 年，全市各级纪检监察机关审理部门加强涉刑案件跟踪协调机制。在案件移送司法机关后，会同案件检查部门切实加强与司法机关的跟踪与协调。针对每一起自办的涉刑案件，明确案件主审人为责任人员，负责掌握司法机关查办案件的进展及变化情况，有针对性地协调解决办案过程中出现的问题，巩固纪委办案成果。为进一步规范基层派驻纪检监察机构案件审理工作，市纪委监察局就派驻纪检监察机构案件审理的职责定位、工作机制等问题深入宜黄、崇仁县进行调研，并召开部分县（区）纪委分管案件审理工作的领导及审理室主任调研座谈会。通过调研，确认适合纪工委监察分局案件审理工作的方式，是重点加强案件审理的外部监督，完善审理谈话制度和确保被调查人的民主权利。

2013 年，市纪委监察局决定对发案单位实行“一案三跟进”制度，即查办案件剖析原因跟进、建章立制跟进、警示教育跟进，帮助发案单位剖析原因，查找管理漏洞，解决实际问题,完善规章制度,加强对广大党员干部的教育和监督管理,对症下药促进源头防腐,发挥查办案件的治本功能。

2014 年,市纪委监察局针对党纪政纪处分执行方面存在的一些问题,决定创新处分执行方式,建立处分决定执行公示制度。明确公示原则,限定公示内容,规范公示程序,使处分决定在阳光下执行,接受群众监督。同时,组织力量认真对各县(区)纪委处分决定执行和公示情况进行全面检查,确保处分决定执行到位。该项工作得到省纪委的肯定并在全省予以推广。

2015 年,在全市范围内推行“一案三查找”制度。选择有警示教育意义的违纪违法案件,在发案单位召开警示分析会,通报处理决定,党委(党组)主要负责人和班子分管领导查找落实主体责任方面存在的问题、个人应负责任和下步改进措施,纪委书记(纪工委书记、纪检组长)查找落实监督责任方面存在的问题、个人应负责任和下步改进措施,受处分对象查找思想根源,提出下步改进措施。

第二节 审理案件

1950—1953 年,在土地改革、镇压反革命、“三反”和“五反”运动中,结合党组织的整顿,专(区)、县(市)纪检机关审理了损害党和人民群众利益等违法违纪案件 262 件。

1954—1956 年,重点审理贪污浪费、官僚主义和抵制、破坏社会主义改造运动等方面案件 886 件。

1957—1962 年,围绕反右派、反右倾、整风整社和整党运动,重点审理贪污腐败、破坏党的团结和统一、破坏集体经济等违法违纪案件 5700 件。

1963—1966 年,重点审理贪污盗窃、投机倒把、破坏国家市场、破坏计划供应、破坏社会主义教育运动等违纪案件 2446 件。

“文化大革命”中,全区纪检工作遭到严重干扰和破坏,审理工作处于瘫痪状态,造成一批冤假错案。

1979—1983 年,全区纪检机构恢复后,着重审理拒不执行党的路线、方针和政策,败坏党风、以权谋私、贪污贿赂等经济领域中的违法违纪案件 2350 件。

1984—1992 年,地、县纪检监察机关审理部门依纪依法重点审理领导干部以权谋私、贪污受贿和经济领域中违法违纪案件 2503 件。

1993—1994 年,全区各级纪检监察机关共审结各类违法违纪案件 730 件。

1995—1996 年,全区各级纪检监察机关共审理各类违法违纪案件 779 件。审理中坚持实事求是原则,对每一起案件的证据、事实进行严格审查、认真把关;在案件的定性处理上,将政策法规与形势发展有机结合;在文书方面,着重加强理论部分;在处理上从实际出发,做到宽严相济。

1997—1998 年,全区各级纪检监察机关坚持“定人员、定时间、定责任,确保案件质量的“三定一保”原则,依纪依法审理了各类违法违纪案件 1620 件。

1999—2000 年,全区各级纪检监察机关把审理贪污、受贿、挪用、失职、渎职等案件作为重点，审结各类违法违纪案件 1603 起。其中审结贪污、受贿、挪用、私分等违纪金额万元以上经济大案 77 起。在审理大要案过程中，认真审核证据材料，对案件程序进行严格把关，确保案件质量。

2001—2002 年，全市各级纪检监察机关共审理各类违纪案件 1781 件。其中慎审快结一批党政机关、司法机关、经济管理部门的领导干部违法违纪案件。市纪委审理室受理案件 36 件，审结 36 件，结案率 100%。其中自办案件 27 件，备案案件 6 件，解除行政处分手续 2 件，申诉案件 1 件。在审理抚州棉纺织厂大案要案中，借鉴中央纪委处理厦门特大走私案的处理方法，既坚持党的方针政策和国家的法律法规，又客观地分析案情各种因素，注意宽严相济，区别对待，使此案得到恰当处理。

2003—2004 年，全市各级纪检监察机关严格坚持审理程序和制度，准确运用条规，努力提高审理质量和效率。按照“20 字”方针和执行承办人审理、集体审议、组织审批的“三审”操作程序及时审结案件，共审结各类违纪案件 1904 件。特别是对几起级别较高、案情重大、处理程序复杂的案件，做到集中力量，突出重点，提前介入，切实加强与案件检查室和司法机关的协调沟通；对一些政策界限不清、处理依据不明的疑难案件，加强研究探索，充分征求有关方面意见，使案件处理做到积极稳妥。

2005—2006 年，全市各级纪检监察机关共审结各类违纪案件 1674 件。其中 2005 年市纪委审理室审结自办违纪案件 22 件，审结备案案件 6 件。

2007—2008 年，全市各级纪检监察机关共审结各类违纪案件 1492 件。其中 2007 年市纪委指导南城县纪委公开审理案件 4 件、黎川县和宜黄县各 1 件；指导黎川县纪委“庭议制”审理案件 7 件；市纪委直接审理市直单位案件 10 件，对市劳动局副局长黄×违纪案件进行了“庭议制”公开审理。2008 年市本级审理部门审结自办案件 41 件。已审核的案件中，报市委、市政府审批的 11 件，按照“七类案件”程序处理的 9 件。市纪委严格履行审核把关，所审案件质量较高，所审案件的当事人极少申诉。为加强市直单位所办案件的质量，推行市直单位案件由市纪委监察局审理室直审方式。2008 年，市纪委监察局审理室直审市直单位案件 8 件。

2009—2010 年，全市各级纪检监察机关审结各类违法违纪案件 1542 件，其中市本级审理室审理案件 58 件。审理中坚持惩处与维权并重，实体与程序并重，确保违纪案件得到稳妥处理。对事实不清、证据不足、定性上有分歧的，与检查部门或案件承办人充分协商。达成共识的，该补证的补证，该改变定性的改变定性；不能达成共识的，将双方意见提请市纪委常委会研究决定。同时，对定性把握不准的案件，及时主动与司法机关联系，听取他们的意见，确保违纪行为定性准确。2009 年，市纪委审理室由于工作成绩突出，被省纪委监察厅评为全省纪检监察案件审理工作先进集体，审理室负责人罗少韬被评为全省纪检监察案件审理工作先进个人。

2011—2013 年，全市各级纪检监察机关共审结各类违纪案件 1724 件。其中市本级审结各类案件 64 件（市本级自办案件 53 件、县（区）备案案件 8 件、市直单位案件 3 件）。审理中，严格按照“20 字”办案基本要求，认真审核每一宗案件的证据和事实，准确定性量纪，切实加强对办案程序的监督，努力做到办案质量标准化、审核案件程序化、审理工作制度化、文书档案规范化，不断提高案件审理质量。

2014—2015 年，全市各级纪检监察机关面对“把纪律挺在前面”的新形势新要求，各级审理部门积极转变观念，探索新时期确保执纪效果的新途径和新方法，努力做好各类违纪案件审理工作。全市各级纪检监察机关共审结各类违纪案件 1979 件。其中审理贪污贿赂、渎职侵权等职务犯罪案件 128 件 157 人；审理违反“八项规定”典型案件 158 件。2015 年，市本级共审结案件 30 件（自办案件 17 件，备案案件 10 件，市直单位案件 1 件，申诉案件 2 件）。

第三节　案件复查

1952 年 8 月，地委成立案件复查委员会，地委纪委和专署人民监察处负责具体工作。按照中央“严查宽办”的方针和中南局、江西省委的指示及省第一次纪检工作会议精神，制定《关于专区一级“三反”复查计划》，对 1951—1952 年在“三反”运动中因斗争面过大而受“三大处分”和刑事处分的党员、干部案件进行复查。共复查案件 28 件，其中推翻结论撤销处分 2 件，改变结论减轻处分 10 件，维持结论处分不变 16 件。

1961 年 11 月，根据中央《关于加速进行党员干部甄别工作的通知》精神，地、县（市）分别成立案件甄别工作领导小组，抽调干部 117 人，对 1958 年 7 月至 1961 年 6 月在整风整社、反右倾运动中受纪律处分和批判的党员干部和群众案件进行甄别。全区甄别工作本着全错全纠、部分错部分纠、不错不纠的原则，先在临川县试点，然后由点到面，在全区铺开，于 1962 年 6 月基本结束。此次共甄别 5798 人，占应甄别人数的 99%。其中撤销处分 541 人，减轻处分 414 人，维持原处分 4837 人，加重处分 6 人。对未给处分但受重点批判的 1472 人也进行甄别，占被批判人数的 94.6%。其中认定原批判属正确的 906 人，部分批判错了的 246 人，全部批判错了的 320 人。对批判或处分错了的党员干部和群众，按照中央有关案件甄别工作的精神，实事求是地进行了甄别平反。有的恢复名誉，有的恢复原来的职务和级别，作了妥善安置。个别在经济上受到损失的，也酌情给予解决。

1963 年，全区又对已甄别案件开展“查漏、查错、查效果”的复查工作，对尚未甄别的少数案件全部进行甄别。此次复查和甄别共 134 人，其中撤销处分 5 人，减轻处分 10 人，维持原处分 119 人。由于当时历史条件和认识上的局限，此次复查甄别工作仍不够彻底。

1966—1976 年，林彪、江青反革命集团推行极左路线，制造大批冤假错案。1979 年，刚刚恢复的全区纪检机关按照中央关于加快平反“文化大革命”中冤假错案的指示精神，复查案件 88 件，其中，撤销处分 22 人，减轻处分 12 人，维持原处分 54 人。同时，贯彻中共中央《关于被定为右倾机会主义分子的平反、改正问题的通知》，对因右倾受到批判的人员进行甄别改正。全区 1959 年后因右倾问题受到批判处理的有 655 人，中央《通知》下达前已有 414 人得到甄别改正，此次平反改正共有 208 人，其中恢复党籍 6 人，恢复工作 7 人，撤销各种处分 83 人，改正结论和销毁有关右倾材料 112 人。

1980 年，根据中发[79]49 号文件和中组部[79]33 号文件精神，本着“实事求是，有错必纠”和“错多少纠多少，不错不纠”的原则，地委纪委会同有关部门对“文化大革命”前的历史老案和在“文化大革命”中所处理的各类案件进行了全面调查摸底，分类排队，按照干部管理权限，进行复查平反改正工作。对新中国成立后1950—1965年所处理的案件共复查了146件。其中结案127件，尚未结案19件；通过复查，推翻原结论、撤销原处分的72人，改变原结论、减轻原处分的8人，维持原结论的47人；对“文化大革命”期间，即1966—1976年所处理的案件，共复查了71件，结案50件，未结案21件；复查后，推翻原结论、撤销原处分的12人，改变原结论、减轻原处分的7人，维持原结论不变的31人；对粉碎“四人帮”以后所处理的案件共复查了56件，结案40件，未结案16件，复查后，撤销原处分的8人，改变原结论、减轻原处分的9人，维持原结论不变的23人。通过复查和平反改正工作，进一步落实了党的干部政策，调动了积极因素，促进了安定团结。

1981年，根据上级纪委指示精神，地、县（市）委纪委对“文化大革命”前的历史老案进行清理和复查，当年共复查历史老案114件（地委纪委自查13件），其中，维护原结论的42件，减轻处分的42件，撤销原处分的30件。从而调动了犯错误干部的积极性，提高了党在人民群众中的威望。

1982年，遵照中共中央9号和省委20号文件精神，在地、县（市）委“两案”领导小组的领导下，各级纪委抽调干部成立第二办公室，对全区“两案”对象进行了复查复议，逐个作出结论。在“两案”复查工作中，各级纪委坚决执行了中央“从宽从缓”的方针和“定为犯有错误的一般不给处分”的原则，全区384名“两案”对象中，除1人待定性外，复查后定法办1人，犯有罪行3人，犯有严重错误17人，犯有错误176人，说错话、做错事182人，违法乱纪3人，记录在案1人；受党纪政纪处分共35人（不含取消党员资格的20人），占“两案”复查总数的9.1%。

各级纪委还受理了“文化大革命”前开除党籍、开除公职的申诉案件133件，复查后改变原处分的53件。

此外，各级纪委从实际出发，抽调一定力量对影响较大的几起历史“事件”进行了复查，地委纪委配合省纪委复查了1951年处理的“金溪事件”，会同乐安县委部分复查了1961年处理的“乐安事件”，临川、黎川两县纪委会同有关部门分别复查了1961年处理的“临川钟岭事件”、1964年处理的“临川凤岗事件”和“黎川问题”。通过复查，在这些事件中被错误处理的人员，除了报省待批的外，都得到改正和妥善安置。

随后，对新中国成立初期至“文化大革命”前的历史老案进行全面复查，对1961—1963年已作过甄别的反右倾案件再次进行甄别，特别是重点复查1951年“金溪事件”和1960年“乐安事件”两案。仅1983年一年，全区就复查案件93件，其中属“文化大革命”前的61件，“文化大革命中”的12件，粉碎“四人帮”后的20件，复查后改变原结论和处分的39人。

据《1986年4月关于全区历史老案复查验收情况的报告》统计，全区12个县（市）新中国成立后至“文化大革命”前共处理党员违纪案件6645件，其中开除党籍的有2204人。自中央有关复查历史老案的文件下达后，全区各县（市）通过对这些案件进行清理，发现需要复查的有789件，占处理违纪党员案件总数的11.9%，涉及823人。经过各级党委、纪委的努力，已复查742件，占应复查总数的94%，涉及776人。经过复查，维持原处分的有328人，占复查案件总人数的42.2%，修改结论维持原处分的有93人，占复查案件总人数的 11.9%，减轻或撤销处分的有 355 人(其中恢复党籍的 220 人)，占复查案件总人数的 45.7%，正在复查的有 16 件，尚未复查的有 31 件。至 1987 年，全区共复查历史老案 1014 件，其中，撤销处分 359 人，减轻处分 181 人，维持原处分 474 人。再次甄别 237 人，有 132 人给予彻底平反，105 人维持原处分不变。

1988 年后，根据本人申诉和领导批示，对 1976 年 10 月后处理的各类违纪案件也进行复查，包括 1983 年进贤县高考严重舞弊案。至 1992 年，全区共复查违纪案件 273 件，其中撤销处分 159 件，减轻处分 57 件，维持原处分 57 件。

1993—1997 年，地区纪委监察局复查案件 6 件，其中，历史老案 1 件，“文化大革命”中处理案件 1 件，1992 年后处理案件 4 件。复查后，撤销处分 1 件，减轻处分 5 件。

1998—2005 年，地(市)纪委监察局审理室收到申诉信件 72 件，其中转相关部门处理 21 件，经劝导撤诉的 3 件，对 10 件申诉案进行了复查，复查后维持原处分决定不变的 9 件，改变定性结论的 1 件。

2006—2015 年，市纪委监察局审理室收到申诉信件 43 件，其中转相关部门处理 6 件，经劝导撤诉的 6 件，对 5 件申诉案进行复查，复查后维持原处分决定不变的 3 件，撤销原处分决定的 2 件(其中 1 件因处分对象主体既非党员又非监察对象，另 1 件为“文化大革命”期间的错案)。

第四节　回访教育和处分执行检查及公示

1988 年，在全区案件审理工作检查评比中，将回访教育工作作为检查评比中的一项。经检查，各地纪委十分重视做好查办案件的“后半篇文章”，普遍坚持了回访教育和运用典型案例进行党性教育的制度，注重把对犯错误党员干部的教育和广大党员干部的党性教育结合起来，使思想教育贯穿审理工作的全过程。广昌县纪委对 1984 年至 1988 年受党纪处分的 59 名党员干部普遍回访一次。南丰县纪委对重点帮教对象反复回访，耐心教育，发现问题，早打招呼，收到良好效果。

1989 年，根据江西省纪委《关于认真做好受处分党员回访工作的暂行规定》的通知，全区各级纪检机关满腔热情地做好受处分党员的回访教育工作，帮助受处分的党员干部正确对待纪律处分，积极改正错误，重新鼓起进取的勇气。

1992 年，全区各级纪检机关共对受处分党员干部回访 360 人次。经教育转变较大的有 130 人，重新启用的有 23 人。抚州市纪委会同各基层纪委，分头对全市 18 名受处分党员进行回访教育，取得较好效果。

2001 年 4 月，针对一些地方和单位纪律处分执行不及时、不到位的问题，全市各级纪检监察机关对 1998 年以来已查结的各种违纪案件处分执行到位情况进行自查和抽查。6 月，又对 1997 年至 2001 年处理的案件进行全面复查和回头看，对发现的问题及时进行纠正。其中，对 57 名受处分人员应降工资而未降的问题补办了降工资手续，对 18 份不合格案卷及时补充了有关材料，对 41 名不符合规定的受处分人员晋升工资进行了纠正。同时，对部分县(区)存在的处分偏轻以及审理案件不符合程序等问题提出整改意见。

2002 年,全面开展对受处分干部的回访教育工作。市纪委把回访教育工作列入各县(区)全年纪检监察工作目标考核内容,要求各级纪委按照受处分前的分管范围实行分级回访。各县(区)对各乡(镇)建立了回访目标考核制,规定对受处分对象当年回访不得少于1 次,重点对象2 次以上。全市各级纪检监察机关对副科级以上受处分对象开展回访教育 193 人次,回访面达 90%。通过回访教育,受处分人员提高认识、改正错误的 175 人,维护受处分人员合法权益的 5 人,有 67 人得到重用和提拔。

2003 年,市纪委监察局对各县(区)2002 年度处分决定执行到位情况进行检查。各单位都能按照上级纪检监察机关的规定,严格执行处分决定监督程序。绝大部分案件处分决定能及时送达受处分人员,并在一定范围内宣布;同时与组织、劳动、人事部门协同配合,将处分决定归入受处分人员干部人事档案,该降工资、降职务的得到落实;受处分人员案卷中有《处分决定执行情况报告表》,涉及降工资的有《工资增减情况审批表》和已降工资底册复印件;受处分人员是行政事业单位的,年度考核大部分能按规定确定考核档次。处分决定执行到位工作得到加强。

2006 年,对 2004 年至 2005 年受到市纪委监察局党纪政纪处分的 49 人进行回访,并就有关单位对上述 49 人的处分决定的落实情况、是否按规定安排受处分人的工作和正当的政治生活待遇等进行检查。通过回访教育和执纪检查,为回访对象解决一些实际问题,并对 2 起处分没有完全执行到位的问题进行了纠正。同时,市纪委组织 4 个检查组,采取全面检查和重点抽查相结合,走访、座谈和查阅资料相结合,听取汇报和反馈相结合的方法,对各县(区)纪委和市直纪工委 2001 年度处分决定执行到位情况进行检查。经检查,绝大多数案件处分决定或批复依据的违纪事实的时间、地点、人物、情节、手段、主客观原因、造成的后果及责任划分均较清楚。在定性和处理上,都能按照党纪政纪条规,考虑犯错误情节,合理应用减轻、从轻、加重、从重或免予处分的政策幅度。处分决定或批复执行到位率为 98.5%,绝大部分案件处分决定及时送达受处分人员,并在一定范围内宣布。受处分人员案件中有《处分决定执行情况报告表》,涉及降工资的有《工资增减情况审批表》。处分决定执行完全到位的有临川区、宜黄、崇仁、黎川、乐安、广昌县。临川区纪委还自制处分决定送给有关单位(组织部、人事局、主管单位)和个人的《送达回证》及《处分决定归档证明》,并将处分执行到位证明材料装入受处分人员案卷,以备检查。但也存在个别处分决定执行还没有完全到位、处分不平衡或处分偏轻的现象。

2008 年,市纪委监察局对 2007 年至 2008 年全市党纪政纪处分决定执行情况进行一次全面检查。各县(区)、市直单位在自查的基础上,由市纪委监察局在全市案件质量检查时组织力量进行抽查,并对发现的问题责令有关单位及时纠正,确保处分决定执行到位。各级纪检监察机关继续做好受处分人员的回访工作。乐安县纪委采取直接找被处分人员回访、到被处分人员单位回访、到被处分人员家中回访、按照干部管理权限,委托有关单位回访、通过发放回访教育征求意见函进行回访等五种形式对受处分党员干部进行回访,回访率达 98% 以上,取得明显成效,有 2 人按时恢复了党员权利,无一人再次违纪。

2011 年,根据省纪委案件审理室的工作部署,组织全市案件审理部门按照管理权限的规定,对 2006 年 1 月 1 日至 2010 年 12 月 31 日期间给予党员、公务员、行政监察对象撤销党内职务或行政撤职以上处分决定的执行落实情况进行监督检查，并对个别处分决定未完全执行到位的予以纠正。

2013 年，黎川县纪委专门成立回访教育工作领导小组，每年认真筛选一批受处分的党员干部进行回访，对重点回访对象还登门入户进行家访。同时，召开座谈会，通过与单位领导、同事座谈，全方位了解回访对象的思想、工作状况，并对回访对象受处分后的表现进行民主测评，对确已改正错误、工作表现突出、群众反映较好的，由纪委向组织部门提出恰当使用的建议。2001 年至 2013 年，该县共对 112 名受处分的党员干部进行了回访教育。

2014 年，在宜黄试点推行党纪政纪处分决定执行公示制度，采取定原则、定内容、定时间、定程序的“四定”方式，将受处分人员的基本情况、错误性质、处理结果等相关执行事项，在本单位进行公示，接受群众监督。

2015 年，市纪委监察局制定下发《抚州市党纪政纪处分决定执行公示办法(试行)》的通知，在抚州正式全面推行“党纪政纪处分决定执行公示制度”。把涉及的职务级别、工资待遇、年度考核、需要公开的其他事项等 4 个方面 19 项内容，以书面形式在受处分人员所在党组织或单位内的公示栏或醒目位置张贴公示 5 个工作日，接受群众的监督。在公示期满后 5 日内填写《处分执行公示情况报告表》，经单位主要领导审核并加盖单位公章后，报送作出处分决定的市、县(区)纪委监察局审理部门备案。

第四篇　宣传教育

第一章　反腐倡廉教育

地(市)纪委监察局成立以后,高度重视反腐倡廉教育工作,始终把它作为加强党的执政能力建设和先进性建设的重要任务来抓,对加强全区(市)党员干部、公职人员、中小学校学生特别是党员领导干部反腐倡廉教育工作做出一系列决策部署,在各级纪检监察机关专门设立宣传教育室,并成立全国第一家主题廉政党校——抚州市廉政党校及抚州市教育讲师团,承担组织开展形式多样的党风党纪、法律法规、廉政廉洁等反腐倡廉教育活动以及围绕不同时期党的中心工作开展主题教育、正面典型和警示教育的任务。同时还经常与组织、宣传、政法、教育、文化部门和党校、新闻媒体等单位加强联系,共同开展反腐倡廉教育工作,不断提高党员干部的政治素质和贯彻执行党的路线、方针、政策的自觉性以及遵纪守法、廉洁自律、执政为民的观念。

第一节　党风党纪与法律法规教育

20 世纪 50 年代初期,专(区)、县(市)纪检机关围绕土地改革、“三反”(反贪污、反浪费、反官僚主义)运动等党的中心工作,联系区内一些典型案件,采取上党课、典型通报和组织学习中南局纪委出版的刊物《纪检与教育》等形式,对全区党员、干部进行遵纪守法教育。

1955 年,全区各级党组织采取多种方式,以通俗的内容,经常向农村党员进行共产主义道德品质与遵守党纪国法的教育。

1956 年,全区各级监委选择全区抵制破坏农业合作化、贪污盗窃、腐化堕落等违纪违法 64 个典型案件进行公开处理,藉以加强党纪教育。

1958 年,全区各级监委紧紧围绕社会主义教育运动,开展党纪教育。南城、黎川等 5 县结合社教运动写出 24 篇有关党纪教育的意见材料,9 县 1 市通报 60 个有教育意义的典型案件,8 县 1 市印发党的监察工作基本知识、支部监察工作“十好”手册,做到党员每人一本,14 个县或公社举办监察工作展览,还利用党校、红专学校进行纪律教育,绝大多数党员提高了遵守党纪的自觉性。是年,地区监委采取多种形式大张旗鼓地进行纪律宣传教育

58 次，受教育党员干部 490626 人。

1959 年，全区各级党组织紧密围绕着整社、整党工作，社会主义再教育和党的中心工作，进行比较广泛深入的党纪教育。具体的方法：针对党员思想和违纪情况进行教育；抓中心工作和政治动向，对党员进行应提倡什么，反对什么的教育；运用大字报、黑板报、识字牌、诗歌、讲故事进行纪律教育；据 8 县党委监委（缺临川）不完全统计，结合中心工作和政治运动写出有关党纪宣传教育材料 59 份，7 县建立监察工作展览室 14 个，8 县印发监察工作基本知识手册，达到党员人手一册。

1960 年，针对在所谓“反瞒产斗争”中出现逼死人命的“乐安事件”，组织广大党员、干部开展学习“三大纪律八项注意”，遏制类似事件蔓延。

1961 年上半年，主要是结合机关“三反”运动、农村整风整社等，对党政干部开展“三大纪律、八项注意”为中心的党纪宣传教育。全区选择富有教育意义的 52 个典型案件作出公开处理。

“文化大革命”期间，党风党纪和法律法规教育受到冲击而停止。

1979 年，全区各级党的组织抓好《关于党内政治生活的若干准则》（简称《准则》）的学习，以《准则》为教材，采用多种形式，向党员进行党的基本知识教育。

1981 年，全区各级党委、纪委在传达贯彻中央纪委第三次贯彻《准则》座谈会、中央工作会议和中共十一届六中全会精神过程中，配合有关部门，采取上党课、办短训班、开展小整风等形式，组织党员学《准则》，学《关于建国以来党的若干历史问题的决议》，在党内普遍进行一次贯彻《准则》，遵守党纪、端正党风的教育，对提高党员的思想觉悟，保证全区党员干部在政治上与中央保持一致，起到积极作用。临川、东乡、南丰、乐安等县党员通过学习教育后，普遍反映“三满意、三放心”，即对正确评价毛泽东同志的历史地位和毛泽东思想满意，看到毛泽东思想是全党的指导思想很放心；对中共六中全会改选和改选中央主要领导成员满意，看到中央领导坚强有力很放心；对中共三中全会制定的富民政策满意，看到党中央的重大政治、经济政策稳定不变很放心。

1983 年，全区各级纪委遵照中共中央“应当对广大党员和干部加强党性党风党纪教育”的指示，积极配合宣传、组织部门，组织广大党员干部进党校，参加读书班和报告会，学习新党章、整党《决定》、《邓小平文选》等重要文件和文章，进行党规党纪教育，不断提高党员贯彻党的路线、方针和政策自觉性，争做一个合格的共产党员。

1986 年，全区各级纪委采取办学习班、组织“四有”报告团巡回报告，通报典型案例等多种形式对广大党员干部进行党性教育和理想纪律教育，进一步提高党员干部的政治素质和纪律观念。

1987 年，全区各级纪委对党员进行党性教育的突出特点是理论同实践密切结合，把思想教育贯穿于整个纪检工作的全过程，充分运用掌握的大量党风方面的情况，党内外信息、查处案件中的反面教材，结合本地区本部门的实际，以《党章》、《准则》为基本教材，对党员进行共产主义理想教育、全心全意为人民服务宗旨教育、民主集中制教育、党的优良传统和作风教育、党规党纪教育和模范遵守职业道德教育。在进行党性教育中，采用六种形式：一是抓典型；二是把党性教育贯穿于端正党风的始终；三是组织全区党员收看党性教育录像片;四是与地委组织部、宣传部、政法委联合举办县级干部学习班;五是通过报刊剖析典型案例,进行实际教育;六是组织“四有”报告团巡回报告,对党员干部进行党性教育。

1989年,北京“六·四”政治风波发生后,地区纪委在全区开展以学习社会主义初级阶段理论和党纪党规为主要内容的教育活动,教育广大党员、干部在思想、政治、行动上和党中央保持高度一致,坚决抵制资产阶级自由化的侵蚀和影响。地区纪委领导先后4次给全区县级党员领导干部学习班讲课,提高他们拒腐防变能力。

1990年,全区各级纪委充分发挥自身优势,开展党风党纪教育。组织全区党员认真学习中央纪委[1990]1、2、3、4号文件和近年制定的一系列有关案件检查和违纪处分的条例或规定,使广大党员知纪懂纪,提高遵守党规党纪的自觉性。充分利用地、县、乡三级党校阵地上好党风党纪课。地区纪委领导先后6次给全区县级党员领导干部讲课。配合有关部门搞好农村党的基本路线教育,帮助农村党员增强政策和法纪观念,提高贯彻党的路线、方针、政策和模范遵守国家法律法令及行政纪律的自觉性。大力宣传先进典型,对广大党员干部进行正面教育。利用典型案例进行党纪教育,使广大党员干部从中吸取教训,增强拒腐蚀的能力。利用电视、录像开展生动活泼的教育活动,全区各级纪委共放映党风党纪录像教育片480多场次,2.4万人受到教育。

1991年,全区各级纪检机关狠抓以党内条规为主要内容的党风党纪教育。其主要特点为“广、深、活、好”。“广”即参加学习的人员、范围广。全区共有党员115134人,参加党内条规学习教育活动的107074人,占全区党员总数的94%。教育范围遍及全区城乡、机关、学校、工矿和农村。不仅在职的党员积极学,而且离退休的党员也主动学,使全体党员普遍受到一次党纪教育。“深”即学得深。绝大多数党员对党内条规都认真学习2~3遍,基本熟悉条规的主要内容,有的党员甚至能熟练地背诵部分条规的原文,能准确地指出犯了什么错误,适用哪条哪款处理。“活”即形式多样,方法新颖。一、就纪论理,增强说服力。通过举办学习班、辅导讲座、上党课等形式,帮助党员加深理解条规内容。全区全年共举办条规学习辅导班124期,参加学习6529人。二、剖析典型案例,增强感染力。地区纪委根据条规内容,选编30个典型案例,供广大党员学习参考。三、寓教于乐,增强吸引力。各地各单位普遍运用广播、电视、录像、幻灯、图片进行条规教育。全区共播放党纪教育录像片2246场(次),收看人数13.1万人(次),南丰、东乡、崇仁等县纪委举办条规教育图片巡回展览,观众20万人(次)。各级纪检机关还分层次组织条规知识考试。县级以上党员干部的考试由地区纪委统一命题,全区在职县级党员干部785人,参加考试的729人,参考率为93%。乡(科)级干部参加考试的5863人,参考率为95%。全区举办条规知识竞赛54场,有3万余人参加。仅地区纪委就组织5场预赛和1场决赛,参加观看的党员1000余人。“好”即学习教育效果好。通过条规教育,增强广大党员的纪律观念和遵纪守法意识,提高党组织的执纪量纪水平,同时也教育和挽救一些犯错误的党员,不仅使先进党员有“紧迫感”,也使一些违纪党员有“危机感”。

1992年,全区各级纪检监察机关结合实际,深入开展党风党纪教育活动,进一步增强广大党员干部的党性观念和纪律观念,提高遵守和维护党的纪律的自觉性。同时还广泛开展“用条规、拒腐蚀、讲党性”活动。乐安县纪委在“党内条规教育月”活动中,进行再学习、再教育,既扩大教育的广度,又增加教育的深度。南丰、金溪县纪委配合县、乡换届,对各级党员领导干部进行律己教育,提高领导干部的自我约束能力,保证了换届的顺利进行;抓好正反面典型教育。各单位组织广大党员干部认真学习中央纪委《关于福建清流、尤溪两县领导干部重大受贿案的通报》等;抓好回访教育。全区各级纪检监察机关对受处分党员回访260人次,经教育后有较大转变的130人,重新启用22人。

1995年10月,地区纪委监察局组织全区12万党员参加省纪委等3家主办的“学理论学党章”答题竞赛活动,全区荣获组织奖2个,集体奖2个,个人一等奖2个,二等奖1个,三等奖15个。

1996年6月15日,地区纪委发出通知,在全区开展党纪政纪条规教育活动。教材是中央纪委、监察部法规室、宣教室联合汇编的《党纪政纪条规手册》、《党纪政纪教育讲座》录像片;省纪委、监察厅编发的《领导干部廉洁自律规定文件选编》;地区纪委监察局编印的《领导干部廉洁自律规定文件选编》以及是年的党纪政纪刊物。9月至11月,地区纪委监察局根据中央纪委、监察部的统一部署,组织全区近10万名党员干部及各界群众参加中央纪委、监察部举办的党纪政纪条规知识竞赛,4.2万名党员干部填写了答题卡,12名优胜者获中央纪委、监察部表彰。这次竞赛活动,得到全区各级党政领导的高度重视和大力支持,把这次竞赛活动作为党风廉政教育的重要内容来抓。南丰县委强调这次活动由基层党委负总责。广昌县委副书记在竞赛动员会上要求各级领导干部带头参加竞赛,抓好本单位活动的落实。资溪县把竞赛活动列入年终目标考评。宜黄县纪委书记亲自部署竞赛活动,过问进展情况,出面解决活动中发展不平衡等问题。金溪县纪委先后3次召开乡镇场、县直单位纪委书记、监察室主任和县直单位负责人会议,专题研究部署竞赛事宜。地直纪工委、地区经委纪委精心组织,使每个党员成为热心参与者。全区46名地级干部、973名县级干部、10593名科级干部填写了答题卡,参赛率分别为100%、96.9%和94.5%。在竞赛中,各赛区严格执行中央纪委、监察部制定的《参赛须知》,遵守竞赛规则。乐安县纪委对机关干部采取闭卷答题,当场评分的做法,巩固学习成果。崇仁县纪委在县粮食局、公安局、礼陂镇、郭圩乡设4个考点,开展现场限时开卷竞赛。东乡县纪委对单纯追求名次,搞“一个标准众人抄”的单位通报批评。南城、黎川、临川等县(市)强调参赛者一人一卷,由他人代答的判为零分。

1997年,地区纪委监察局在全区开展“党纪政纪法律法规宣传教育月”活动,下发有关学习材料7.3万份,播放有关党风廉政教育录像5830场次,50多万人受到教育。举办各种知识竞赛263场次,参赛人数4万人(次)。组织文艺演出123场,8万多人观看演出。举办反腐倡廉图片展览,观众3万多人。

1998年5月至9月,地区纪委监察局在全区组织国家公务员和参照执行公务员制度的工作人员、国家任命的其他工作人员及社会各界人士共4.7万人开展《行政监察法》知识竞赛,国家机关公务员参赛率100%,答题正确率98.3%,领导干部参赛率98.7%。其中,科级干部参赛率98.7%,副县级以上干部参赛率为99.2%。通过参加知识竞赛,全体国家公务员进一步了解、掌握《行政监察法》的立法精神和各项条款,提高贯彻执行的自觉性,增强法制观念。在《行政监察法》的学习教育阶段,各赛区精心安排、周密部署。临川市在临川电台开辟《行政监察法》专题讲座，利用“理论节目”连续1个月播放《行政监察法》知识问答。崇仁县自5月24日至6月20日，在县广播电台、有线电视台开辟《行政监察法》普法专栏，每天在晚上黄金时间播放15分钟。黎川、南城、东乡、资溪、广昌、乐安等县分别在县有线电视台连续3周播出《行政监察法》宣传标语。七二一矿、红星企业集团、抚纺、二纺以及华东地质学院、抚州师专等地直厂矿、院校，分别利用本单位的闭路电视，在每晚黄金时间，开展《行政监察法》知识辅导讲座。各地各部门还充分利用标语、墙报、黑板报、文化廊、图片展览、专题辅导讲座等形式开展宣传教育活动。全区利用有线电视、闭路电视开辟《行政监察法》专题节目时间65小时，观众达21万人次；利用广播电台作专题辅导时间200个小时，听众29万人次；张贴宣传标语、横幅450条，出黑板报、宣传栏1600期（次）；利用乡镇圩日出动宣传车213辆次，听众26万人（次）；举办图片展360期（次），观众11.3万人（次）；举办专题辅导讲座1180场（次），听讲6.6万人（次）。地区纪委、监察局根据各赛区组织学习、参赛和答卷情况，评出集体奖12个，个人优秀奖100名，予以通报表彰。

2000年，全区纪检监察机关在党员干部中深入开展学习《国家公务员行政处分条例》、《中华人民共和国行政监察法》、《中国共产党纪律处分条例（试行）》、《中国共产党党员领导干部廉洁从政若干准则（试行）》等重要法律法规，增强遵纪守法的自觉性。继续组织党员干部观看《中国共产党纪律处分条例（试行）》系列电视片。

2003年，市纪委监察局集中开展党纪政纪教育，举办由11个县（区）纪委监察局和市直纪工委为单位组队（共12个队）参赛的《党纪政纪条规》知识竞赛活动，增强党员干部遵纪守法的自觉性。

2004年，市纪委在全市范围内组织“党纪条规知识测试”，测试内容包括《中国共产党纪律处分条例（试行）》、《中国共产党领导干部廉洁从政若干准则（试行）》等党纪条规基本常识，全市4万余名党员干部参加测试。

2005年，市纪委监察局结合新任领导干部廉政谈话，组织62名新任领导干部进行党纪政纪相关知识考试，增强他们学纪学法、遵纪守法的自觉性。

2006年，市纪委订购《中国共产党党章教程》、《学习党章、遵守党章、贯彻党章、维护党章——学习胡锦涛总书记重要讲话精神及中央纪委第六次全会专辑》等学习书籍，发至全市各级党组织；组织开展学习贯彻党章活动，举办“迎‘七一’、学党章、用党章”知识竞赛、家庭助廉读书征文评选等教育活动。

2007年4月，市纪委监察局、抚州联通公司在开展中共十七大知识竞赛答题活动的基础上，举办一次现场知识竞赛活动。竞赛内容以胡锦涛总书记在中共十七大上所作的报告、《中国共产党章程（修正案）》、中央纪律检查委员会工作报告为主，涉及党的基本理论和最新理论成果、党史知识等。县（区）各组织1个代表队参赛，市直机关工委组织3个代表队参赛。比赛评出一、二、三等奖各1个。

2009年5月4日晚，市纪委监察局组织全市各级党组织和党员干部收看江西卫视播出的由省纪委、省委宣传部、省监察厅、省文化厅、省广电局主办的《清风伴崛起——全省党风廉政建设文艺汇演》实况录像。抚州创作的音乐情景剧《清风杨柳》参加汇演并获得省领导和专家的一致好评。该剧通过一名返乡创业青年几年前和现在回抚创办企业所遇到的截然不同的服务，客观地反映抚州在开展“提升行政效能，建设服务型政府”主题教育中取得的成效。

2010 年 5 月，市纪委监察局开展以《中国共产党党员领导干部廉洁从政若干准则》（简称《廉政准则》）为主要内容的知识测试活动。测试对象是全市副科级以上党员干部。

2012 年 11 月，市纪委监察局编写出《党的十八大精神学习手册》，内部出版，发至全市各级纪检监察干部。该书编录 130 题知识问答和 4 组检测题，并附录中共十八大报告、中央纪委向中共十八大所作工作报告和修改后的新党章。

2013 年 5 月 7 日晚，“才乡廉声”——抚州市党纪教育廉政剧目演出在汤显祖大剧院举行。省纪委副书记陈小平、省纪委常委汪爽出席，市委书记龚建华，市委副书记、市长张和平，市委副书记魏建锋，市人大常委会主任王晓媛，市政协主席谢发明等部分市四套班子领导，以及全市各县（区）委书记、县（区）长，高新区党工委书记、管委会主任，各县（区）纪委书记、副书记，市委各部门、市直各单位副县级以上领导干部等共 1200 余人到场观看演出。

2015 年 5 月 20 日开始到 7 月底，市纪委在全市各级党组织和党员干部中集中开展“把纪律挺在前面”教育。整个教育包涵开展党章党规专题学、举办执纪监督教育展、开展党风廉政大巡查、开展“两个责任”大督查、实行廉政建设大约谈、落实处分决定执行公示制 6 个方面。同年 7 月，市纪委编印《省委作风建设二十条学习资料》，免费赠送全市副科级以上党员领导干部。《学习资料》以图文形式对省委《关于加强作风建设营造良好从政环境的意见》进行逐条解读，方便大家熟记掌握。同时，重点收录关于违规收受“红包”、落实“两个责任”不力、违反“八项规定”精神 、“为官不为”等方面的典型案例通报，提醒党员干部引以为鉴，防微杜渐，真正把纪律和规矩立起来、严起来。此外，《学习资料》还围绕侵害群众切身利益的突出问题，精选全市 2011 年以来查处的违纪违法典型案件，通过对涉案人员犯罪形态、蜕变轨迹进行多角度挖掘，并注重以案明理、以案说纪，逐一进行点评，使广大党员干部从中受警醒、明底线、知敬畏。同年 11 月，市纪委面向全市党员干部，开展学习《准则》和《条例》征文活动。征文要求以学习贯彻《准则》和《条例》为主题，紧紧围绕从严治党、依规管党这条主线，突出严明政治纪律和政治规矩，落实“两个责任”，深入推进“把纪律挺在前面”先行先试工作，运用监督执纪“四种形态”等党风廉政建设和反腐败工作重点和难点问题，结合“三严三实”专题教育，结合学习贯彻党的十八届五中全会精神，结合“把纪律挺在前面”先行先试工作，结合学习省委常委、省纪委书记周泽民在与新任省管领导干部廉政谈话时的讲话《为官当有底线修为》，开展理论研讨、调查研究，在此基础上形成理论文章。同时要求县（区）和市委各部门、市直各单位党政主要负责人要带头参加学习讨论、带头参加征文活动。

第二节　廉政教育

一、党员干部勤政廉政教育

1993 年 6 月至 1997 年底，地区纪委开展一系列旨在增强党员干部，特别是各级领导干部拒腐防变、勤政廉政意识，提高素质的教育，使勤政廉政教育融为一体，密切配合了反腐败斗争。

2007 年，市纪委加强对党员干部的廉政教育，把领导干部上廉政党课纳入党员和公务员培训的内容，邀请省委常委、纪委书记董君舒给全市县（处）级干部上党课，宣讲中共十七大精神；通过创办廉政刊物、开通廉政网站、编发廉政短信、编写廉政读本、播放廉政教育片等形式，创新教育载体，拓宽廉政教育阵地。

2010 年 8 月，抚州市廉政教育讲师团成立。其主要任务是通过举办廉政讲座、专题报告、理论研讨等形式大力开展反腐倡廉教育活动。负责党校（行政学院）和各种干部培训班的廉政党课，县（区）、市直单位中心组学习和领导干部教育的廉政辅导，开展理想信念、职业道德、党纪政纪条规、廉政警示教育和廉文化创建活动，培养建设具有抚州特色的廉文化，努力营造向上、勤政廉政、健康和谐的文化氛围。

廉政教育讲师团请市委书记甘良森，市委副书记、市长张勇，市委副书记吴伏生，市委常委、组织部长魏建锋，市委常委、宣传部长黄晓波，市委常委、纪委书记吴伟柱担任廉政教育讲师团顾问。市纪委副书记傅志雄兼任廉政教育讲师团团长。成员主要由市纪委、市委组织部、市委宣传部、市法院、市检察院、市监察局、市直机关工委、市委党校、市委讲师团等单位有关人员组成。讲师团办公室设在市纪委宣教室，负责教育活动的组织、安排等日常工作。

二、公职人员岗位廉政教育

2011 年 6 月至 10 月，市纪委监察局按照“试点探索路径、两年基本覆盖、逐步深化规范”的要求，在全市开展公职人员岗位廉政教育。

教育内容为职业道德教育、纪律作风教育、典型示范教育、警示教育。教育对象为全市机关、企事业单位中从事行政执法、公共管理和社会服务工作的干部职工，重点是各级党政机关的工作人员，尤其是从事组织人事工作、财务管理工作、行政审批事项和管理工作人员。市纪委着重抓好市法院、市检察院，市发展改革委员会、工业和信息化委员会、科技局、财政局、人力资源和社会保障局、审计局、城市管理行政执法局、教育局、民政局、司法局、建设局、农业局、文化局、体育局、卫生局、交通局、公路局、安监局、计生委、中小企业局、环保局、机关事务管理局、残联、人防办等重点部门和单位公职人员的岗位廉政教育；督促市工商局、地税局、国税局、质量技术监督局、国土资源局、供电公司等单位的岗位廉政教育。

岗位廉政教育分两步实施，先在重点部门和重点岗位开展，再推广至全市所有机关、企事业单位。教育分三个阶段进行：宣传发动阶段。下发实施方案，明确教育的重要意义和要求。各部门、各单位按照市里要求，制定具体工作实施方案，明确具体内容和方法步骤。学习教育阶段。各部门、各单位认真组织开展职业道德、党纪法规、示范和警示教育，领导干部亲自授课，也邀请有关人员进行专题辅导。整改提高阶段。各部门、各单位针对存在的问题，制定整改措施，建立健全规章制度，以此约束干部的行为，并公开作出廉政承诺。认真做好岗位廉政教育总结，及时总结工作经验。针对敏感时期重点岗位、重点人员实施谈心预警，对群众有所反映的人员进行跟踪预警，必要时根据《中华人民共和国公务员法》的有关规定建议组织或人事部门对其轮岗交流。

三、党政领导干部配偶廉政教育

2005 年，市纪委举办全市领导干部廉内助培训班，各县(区)委、政府，市直各单位党政主要领导的家属参加培训。

2009 年 7 月 6 日至 9 日，市纪委、市妇联联合举办为期 4 天的领导干部配偶廉政建设培训班。参训人员为各县(区)四套班子部分成员的配偶；部分市直单位领导班子成员的配偶。培训内容是到井冈山和豫章监狱进行革命传统教育和警示教育。培训方式是采取集中学习和实地教学相结合的方式进行。

2009 年 11 月 24 日至 28 日，市纪委、市妇联又在南昌举办一期县(区)党政领导干部配偶廉政建设专题班。培训对象是县(区)党政领导干部配偶，学习内容为中央和省委关于加强领导干部思想作风建设和廉洁自律的有关规定、要求及相关法律法规。

2012 年 5 月 23 日，市纪委、市妇联联合举办抚州市首期家庭助廉专修班。培训对象是各县(区)四套班子主要领导的配偶。培训内容主要是在市廉政党校开展系列廉政教育活动，发出家庭助廉倡议书。

2013 年 8 月 15 日至 16 日，市纪委、市妇联在市廉政党校举办为期两天的抚州市第二期家庭助廉专修班。培训对象是各县(区)四套班子主要领导和市直单位党政主要领导的配偶共 176 人，培训内容是观看警示教育片、在市廉政党校参加系列廉政教育活动、签订家庭助廉承诺书、听取职业素养知识讲座。

第三节 主题教育

一、"三个代表"重要思想学习教育

2000 年冬至 2001 年春，市纪委监察局在乡镇和县(区)开展"三个代表"重要思想学习教育活动，大体分为学习培训、对照检查、整改提高 3 个阶段，时间约 3 个月。2001 年 4 月始，全市又在农村开始"三个代表"重要思想学习教育活动，历时约两年。

在学习教育活动的每个阶段，各县(区)纪检监察机关组织力量深入农村，了解农村党员干部和农民群众的意见和要求，并提出解决问题的对策和建议，及时反映给当地党委和政府，协助当地党委和有关方面切实解决党员干部思想作风、工作作风等方面存在的突出问题。市纪委监察局指导小组办公室帮助和督促县(区)纪检监察机关对乡镇纪委及县直部门纪检监察机构开展学习教育活动情况进行检查，及时研究和解决反映出来的问题，共同抓好学习教育活动的落实。

根据市委安排，宜黄县凤岗镇为市纪委监察局联系点。市委常委、市纪委书记罗建华多次深入宜黄县调查研究，听取县委及县“三个代表”工作办公室的情况汇报，参加各个阶段学习教育活动动员大会并作讲话，市纪委工作组进驻宜黄县凤岗镇河东村。各县（区）纪检监察机关也根据县（区）委的统一安排，抓好自己的联系点，并派出指导组，协助当地党委（党组）履行指导职责，抓好学习教育活动。

二、反腐倡廉形势政策教育

2005 年 4 月中旬至 6 月底，为认真贯彻落实省纪委《关于在全省城乡集中开展一次形势政策宣传教育的通知》精神和全省纪检监察宣传教育工作会议部署，市纪委监察局在全市城乡开展反腐倡廉形势政策教育。教育以邓小平理论和“三个代表”重要思想为指导，深入贯彻落实中共十六大和十六届三中、四中全会精神，按照贴近实际、贴近生活、贴近群众的要求，加大反腐倡廉形势政策教育力度，引导全市广大党员干部和人民群众正确分析和认识反腐倡廉形势，把思想和行动统一到党中央对反腐倡廉形势的分析判断上来，统一到党中央对反腐倡廉的决策部署上来，推动反腐倡廉工作深入发展，为贯彻落实科学发展观、进一步加强党的执政能力建设、全面建设小康社会提供坚强政治保证。

三、“建廉勤抚州，促赶超发展”党风廉政主题教育

2010 年 4 月至 12 月，为服务经济社会发展，创优发展环境，市纪委监察局在全市开展“建廉勤抚州，促赶超发展”党风廉政主题教育活动。以加强党员领导干部的党性党纪党风教育为重点，以进一步统一全市党员干部的思想为切入点，采取多种形式，深化教育效果。

主题教育活动分为学习宣传、组织实施、总结验收三个阶段。学习宣传阶段。召开主题教育活动启动大会，对主题教育活动进行部署。各地各部门根据主题教育活动精神，进行广泛深入的思想发动。组织实施阶段。各地各部门在学习动员的基础上，组织开展好“讲廉、考廉、评廉、倡廉、观廉、赛廉”等系列活动。总结验收阶段。主题教育活动基本结束后，各地各部门用一定的时间，认真总结本地本部门在廉洁从政、勤政为民、创业创新等方面的成功经验，查找存在问题与不足，制定整改措施，建章立制，形成长期坚持的制度，切实巩固教育活动成果。

四、“把纪律挺在前面”主题教育展

2015 年 7 月 18 日至 9 月底，市纪委举办“把纪律挺在前面”主题教育展，全市副县级以上领导干部以及市直单位关键岗位的科级干部先后前往接受教育。主题教育展在内容上突出对党纪党规方面的教育，设有重温入党誓词、党纪严于国法、警示大课堂、党纪是带电高压线、让守纪律讲规矩成为“行为自觉”、党纪知识问答等 8 个展区，通过图文并茂、声光电展示、现场解说等手段，唤醒党员干部的党章党规意识，使守纪律、讲规矩成为党员干部作风新常态。主题教育展对党纪党规进行解读，尤其是针对容易产生错误认识的地方，还通过警示漫画、违纪案例展板等直观的形式，让每位接受教育的党员干部都能用规矩的尺子和纪律的扫帚，量一量自己的言行，扫一扫身上的灰尘。

五、“纪律讲堂”系列教育

2015 年 9 月 18 日，抚州市乡镇党委书记纪律专修班作为“纪律讲堂”系列教育第一课正式开班，全市 176 名乡镇党委书记参加专修班。专修班以乡镇党委书记为特定教育对象，系统地为学员们分析讲解省委下发的《关于加强作风建设营造良好从政环境的意见》

和市委下发的《抚州市党员干部行为规范》，要求全市各级基层党委落实好“把纪律挺在前面”的工作要求，学习好、贯彻好、落实好这两个文件，不断推进党员干部作风建设，树立党员干部良好形象。专修班注重“以案说纪”，邀请市纪委纪律审查分管领导结合近年来查处的违纪违法案件作案例剖析报告，并集体观看警示教育片《迟来的忏悔》，教育学员以案为鉴，自觉地用党纪规范和约束自己的从政行为。同时，专修班还以学员代表发言、撰写体会文章、进行党纪知识测试等方式，让每位学员更加知纪明纪守纪，进一步增强纪律和规矩意识。

是年，市、县、乡、村四级党组织层层设立“纪律讲堂”，市本级和各县（区）按照“五有（有固定场所、有统一标识、有配套设施、有教学安排、有资料档案）”标准，规范化设立一个“中心讲堂”，中心讲堂按照“齐唱一首纪律之歌——《三大纪律八项注意》、重温一次入党誓词、观看一部党规党纪专题教育片、组织一堂专题讲座、剖析一个典型案例、聆听一个廉洁故事、组织一次交流发言、开展一次知识测试、上交一篇课后作业”等“九个一”的固定流程，定期组织开展纪律教育。全市共有 3012 个单位开设“纪律讲堂”，开展纪律宣讲 7416 场次，335481 人（次）党员干部在纪律讲堂接受纪律教育。

第四节　典型教育

一、先进典型评选表彰活动

1.“廉内助”评选表彰

2000 年 11 月至 2001 年 3 月，市纪委、市委组织部、市委宣传部、市直机关工委、市监察局、市人事局、市妇联联合在全市开展“廉内助”评选活动。这项活动得到全市各级党委、政府、广大党员干部和人民群众的热烈响应。经过广泛宣传、深入发动、逐级推荐、群众参与、组织考核、评选公示，高雪辉等 14 人被评为抚州市“廉内助”。

2004 年，根据赣纪发《关于开展第二届江西省“廉内助”评选活动的通知》精神，市纪委、市委组织部、市委宣传部、市妇联决定在全市开展“廉内助”评选活动。评选范围是全市党政机关、人民团体、事业单位在职乡（科）级以上领导干部和国有企业领导人员的配偶。其中县（处）级领导干部配偶不少于二分之一。评选方法采取自下而上、层层推荐、组织考察、集体讨论的方法确定候选人。各县（区）和市直单位按照评选条件推荐的候选人，分别由县（区）领导小组和市直属机关工委认真审核并签署意见，向市“廉内助”评选工作领导小组推荐。市领导小组办公室对各县（区）、市直属机关工委上报的评选材料，提出初评意见，经领导小组集体审核，确定表彰对象。最后，市“廉内助”评选工作领导小组在各地、各单位推荐的基础上，确定 8 名“廉内助”报省表彰。

2.“十大廉勤之星”评选

2013 年，市纪委在全市开展“十大廉勤之星”评选活动。各县（区）、市直各部门自下而上推荐上报 41 名“廉勤之星”候选人，经组织考察、新闻媒体公示等程序，评出杨应庚等 10 人为抚州市“十大廉勤之星”。同时，在报纸、电视台等新闻媒体对“十大廉勤之星”的先进事迹进行集中宣传报道，在全社会营造崇先、学先、争先的浓厚氛围。

3."百名清廉人物"评选

2014年4月,市纪委会同市委组织部和市委宣传部,在全市十条战线分别开展勤廉务实好干部、廉洁持家贤内助、廉洁执法好榜样、廉洁为民好村官、窗口服务好标兵、青春倡廉好青年、清廉育人好教师、廉洁从医好医生、诚信倡廉企业家、廉洁从业好职工的评选活动,对评选出来的100名清廉人物,大张旗鼓进行宣传表彰。

二、典型人物先进事迹电视展播

2004年,全市各级党政机关、各行各业通过层层推荐、评选,共推荐"立党为公、执政为民好公仆、好党员"先进个人120余人,市纪委监察局从中评选出60余名具有代表性的先进典型人物,并将他们的事迹拍摄成电视专题片,从3月22日起,连续1个月在抚州电视台黄金时间展播,全市共有630万人(次)收看此节目。7月,又从该60名先进典型中选出7名代表组成全市勤政廉政代表团,赴全市11个县(区)和部分市直单位进行巡回报告,共有1.2万名党员干部到场听取报告。

2009年,市纪委监察局组织"卫士风采——全市纪检监察干部先进事迹电视展播",于是年7月在抚州电视台一套《今日关注》栏目播出1个星期。

第五节　宣传教育活动

一、"清风颂"专题文艺晚会巡回演出

2005年4月下旬至5月中旬,市委保持共产党员先进性教育活动领导小组、市纪委、市委组织部、市委宣传部、市监察局、市文化局联合举办保持共产党员先进性教育活动—"清风颂"专题文艺晚会巡回演出活动。此次"清风颂"专题文艺晚会巡回演出,主要围绕先进性教育这一主旨,以弘扬正气、讴歌先进、鞭挞腐恶为主题,以小型节目为主,突出地方特色,展示临川文化风采,融政治性、思想性、艺术性、观赏性于一体。在抚州二纺大礼堂举行首演后,又分两个阶段到全市11个县(区)进行巡回演出。全市共有1.2万名党员领导干部到场观看。同时,抚州电视台还两次播放首场演出实况,各县(区)电视台也先后播放在本地演出的实况。

二、廉文化书画作品展

2006年6月,市纪委、市委组织部、市委宣传部、市监察局、市文化局、市文联联合举办学习贯彻党章,推进廉文化建设书画作品展活动。活动以庆祝建党85周年和反腐倡廉为主题,书法作品以警句格言,绘画作品以执政为民、勤政爱民为题材。主办单位共收到各地送展作品600余幅,经书画家组成的评委会严格评选,从中精选出256幅优秀作品,并于6月24日至7月1日,在抚州市昂扬美术培训中心展出。主办单位还组织专家对入展作品进行评选,共评出一等奖5名、二等奖10名、三等奖15名、优秀奖31名,并将获奖的作品和特邀作品共100幅,从7月3日至31日赴各县(区)进行巡回展出。全市有4.4万名党员干部及各界群众观展。

三、全市廉政故事演讲大赛

2007年7月4日,由市纪委监察局、市文联联合举办的全市廉政故事演讲大赛在抚州宾馆多功能会议室举行,来自抚州各地的26名选手参加比赛。崇仁县选手江胜章获得一等奖。市委常委、市纪委书记陈小平到场观看比赛并为获奖选手颁奖。

四、全市学习贯彻中共十七大精神读书演讲比赛

2007年12月29日,由市纪委监察局举办的全市纪检监察机关学习贯彻中共十七大精神读书演讲比赛在抚州宾馆举行。12名纪检监察机关干部参加比赛。陈小平出席并强调,希望通过读书演讲比赛活动,更加促进全市纪检监察机关干部勤于学习、善于学习、热爱学习、敏于思考、拓展视野,不断丰富自己的知识和增长自己的才干。

五、"地税杯"廉政文艺作品有奖征文

2008年4月至11月,市纪委、市文联、市地税局、抚州日报社联合举办"地税杯"廉政文艺作品有奖征文活动。此次活动得到全国各地文学爱好者的大力支持和积极参与。活动组委会共收到全国各地来稿700余篇,其中,在抚州日报"牡丹亭"栏目开辟的"地税杯"廉政文艺作品征文专栏中刊登20余篇。评委们从700余篇来稿中遴选出优秀征文40余篇,经过认真评审与复审,最终评出一等奖4名,二等奖8名,三等奖12名,优秀奖15名,并对获奖作品予以表彰奖励。

六、《清风杨柳》音乐情景剧演出

2009年,市纪委与市文化部门共同创作的反映提升行政效能、服务全民创业的音乐情景剧《清风杨柳》,荣获全省党风廉政建设文艺汇演"优秀节目创作金奖"、"表演银奖"和"组织奖",并于7月1日参加江西省纪念建党88周年文艺晚会演出,9月11日赴北京中国剧院向党和国家领导人作汇报演出。

七、"才乡廉韵"——全市廉政书画及廉政公益广告大赛

为认真贯彻党中央颁布的《中国共产党党员领导干部廉洁从政若干准则》,深入推进廉文化建设,2010年4月,市纪委、市委宣传部、市监察局、市文化局、市文联联合下发《关于举办"才乡廉韵"——全市廉政书画及廉政公益广告大赛的通知》。通知下发后,各单位积极组织艺术家进行创作,并选送优秀作品参加大赛,全市共收到作品381幅(含特约、特邀作品47幅,不参与评奖),其中书法作品243幅,美术作品93幅,廉政公益广告作品45幅,从中评选出书法、美术类一等奖各1名,二等奖各2名,三等奖各3名,优秀奖若干名,入展作品101件;廉政公益广告评出一、二、三等奖各1名,优秀奖若干。临川区纪委监察局等10个单位在此次大赛中获优秀组织奖。

八、开展廉文化六项创建活动

2011年,市纪委监察局把廉文化创建活动同群众性精神文明创建活动结合起来,突出先进思想和廉文化内涵,强化道德教化功能,在全市集中开展勤政为民好机关、文明新风好社区、教书育人好校园、新风新貌好乡村、诚信经营好企业、廉洁自律好家庭六项创建活动,使廉文化进机关、社区、学校、农村、企业、家庭,引导广大干部群众在参与中自觉增强廉洁意识。

开展"勤政为民好机关"创建活动,深入推进廉文化进机关工作。以党风廉政教育和职业道德教育为重点,以培养廉洁高效、公道正派的机关作风为要求,以确立立党为公、执政为民的服务理念为根本,深入推进廉文化进机关。通过组织党员干部学习反腐倡廉理论和法律法规、开展廉文荐读、征集廉政警句格言、发送廉政短信、实行廉政承诺、宣扬廉政典型、开展警示教育、观看廉政影视片等活动，大力倡导廉洁奉公、诚实守信、爱岗敬业、公道正派的社会文化，营造机关廉文化氛围，增强机关工作人员的廉洁从政意识，树立为民、务实、清廉的形象。通过实行政务公开、挂牌上岗、强化监督等形式，确保权力在阳光下运行。

开展“文明新风好社区”创建活动，深入推进廉文化进社区工作。结合和谐社区建设示范单位创建活动，将廉文化建设的相关要求纳入示范单位指标体系之中，建立以廉政为主题的廉文化景点，树立廉政警示栏、廉政宣传橱窗，张贴廉政宣传画；利用社区图书设立廉政书报专柜，在社区休闲场所建立廉文化角，举办廉政书场，放映廉政电影，开展廉政文艺演出等活动，积极推进廉文化进社区，在社区营造浓厚的廉文化氛围，提高居民群众支持和参与反腐倡廉工作的自觉性。

开展“教书育人好校园”创建活动，深入推进廉文化进学校工作。把“敬廉崇洁”的廉洁教育作为青少年思想道德建设和思想政治教育的重要组成部分，深入推进校园廉文化。充分利用“廉洁教育”读书活动、主题班会等廉洁修身教育系列活动，扎实推进廉洁教育进教材、进课堂、进学生头脑。大力加强师德建设，充分发挥教师在开展廉洁教育中的示范和引导作用。

开展“新风新貌好乡村”创建活动，深入推进廉文化进农村工作。坚持把廉文化建设作为加强农村反腐倡廉教育的重要抓手，与社会主义新农村建设相结合，与创建文明乡镇、文明村、文明户活动相结合，与普法教育、村务公开，开展农村科技、文化、教育“三下乡”等活动有机结合起来。针对农村实际和特点，充分挖掘民间艺术、地方戏曲等传统资源，组织群众广泛开展廉政文艺演出、廉政书刊阅读、观看廉政影视片等富有农村特色的廉文化创建活动，弘扬正气，倡导新风，鞭挞丑恶，促进农村基层干部廉洁奉公，增强村民崇尚廉洁的意识。

开展“诚信经营好企业”创建活动，深入推进廉文化进企业工作。结合企业生产经营管理，把企业廉文化建设纳入企业发展战略，带入企业党建工作、文化建设和企业精神建设之中，有针对性、有重点地开展形式多样的廉文化教育。积极开展争当“廉领导、廉助手、廉管家”活动，引导企业领导人员廉洁从业、依法经营。

开展“廉洁自律好家庭”创建活动，深入推进廉文化进家庭工作。结合创建文明家庭，积极开展家庭助廉教育，倡导清廉家风。大力弘扬以廉立身、以廉治家、以廉教子的优秀文化传统，把廉洁教育带入家庭日常生活，为增强党员干部及其家庭成员抵御腐败的能力，创造良好的家庭环境，深入开展家庭助廉教育活动。通过创建廉洁家庭、签订“廉洁家庭”承诺书、发放争创廉洁家庭倡议书、开展“廉洁家庭”评选活动、宣传表彰廉内助、举办征文比赛、开展正反典型教育、征集治家格言等活动，净化家庭环境，营造良好家风。

九、廉洁文化进校园专场文艺汇演

2012 年 7 月 2 日下午，由市纪委、市教育局联合主办的抚州市第十一届中小学生、幼儿艺术节“廉洁之韵”专场文艺汇演在临川一中大礼堂举行。市委常委、市纪委书记吴伟柱出席观看演出，并与参演师生合影留念。来自全市教育系统的 200 余名中小学师生表演合唱《廉洁从教展风采》，情景剧《渔夫和金鱼》，课本剧《王献之学书》、《草原上的橡树》、《西瓜兄弟》、《白居易怒惩行贿人》，主题队会《廉润心田 · 爱满人间》等精彩节目，具有浓郁的廉文化特色，展现校园廉洁文化建设的丰硕成果。

十、全市廉政作品征文比赛

2012 年 11 月至 2013 年 1 月，抚州市纪委宣教室、抚州市作家协会联合举办全市廉政作品征文比赛活动。征文体裁：小小说、散文、时评、现代诗歌。征文要求：围绕反腐倡廉建设，紧扣“以廉为荣，以贪为耻”的主题，作品要力求做到立意新颖、构思巧妙、语言精炼、寓义深远，能够起到潜移默化的教育作用。作品字数以 1200 字左右为宜，最长不超过 2000 字；诗歌 40 行以内。作品必须是本人原创，未在任何报刊杂志刊发；获奖作品使用权归主办单位所有，没有正式结集出版前，作者本人不得转投其他媒体。奖项设置：分小说、散文、时评、现代诗歌四类体裁进行评选，各设一等奖 1 名、二等奖 2 名、三等奖 3 名、优胜奖若干名。

第二章　宣传报道信息调研

党风廉政宣传报道、信息工作是纪检监察工作的重要组成部分，也是党的新闻宣传工作的一个重要方面。市纪委监察局宣传教育室秉承“文化反腐、教育倡廉”理念，不断创新思路，拓展载体，通过加强报道员、信息员队伍的建设和管理，建立相关激励机制，充分发挥他们的作用；加强与宣传部门和报刊、电台、电视台、网站等新闻媒体的协作，形成大宣教格局；加大反腐倡廉宣传报道力度，全力宣传“抚州特色”；制定新闻发布会工作制度，规范全市反腐倡廉新闻信息的发布；通过开办反腐倡廉网站（网页）、开通官方微博微信等形式，巩固和扩大网上舆论阵地，把党风廉政宣传融入到全市思想政治建设的各项工作中，充分展示抚州党风廉政建设和反腐败工作成果。

第一节　对外宣传

宣传报道工作由地（市）和县（区）纪委监察局宣教室牵头，组织报道组全员参与，共同完成。各时期有不同的报道重点，内容既要丰富，又要反映主旋律。同时，注重发挥宣传报道员作用，地（市）、县（区）均制定新闻报道奖励办法。对内宣传平台主要是定期编印期刊和书籍，对外宣传主要是向中央、省、市报刊杂志、电台、电视台投稿，每年全市都有一批好稿件在《人民日报》、《中国纪检监察报》、《江西日报》显著位置刊登。2000 年，市纪委实行纪检监察宣传报道工作稿件审核登记、定期通报、考核奖励等三项制度；2001 年，又制定新闻发布会工作制度，利用多种媒体，宣传全市党风廉政建设和反腐败成果和经验，展示纪检监察干部形象。宣传报道工作一直保持良好局面。1996 年，地区纪委被中央纪委、监察部评为全国纪检监察系统新闻工作先进单位。2011—2012 年，连续 2 年被中国纪检监察报社确定为先进通联站；2012 年，还被评为江西省纪检监察宣传教育工作综合先进单位。

一、宣传报道队伍

1995 年 5 月 12 日,抚州地区纪委宣教室印发《关于建立地直单位党风廉政宣传报道队伍的通知》,决定在地直单位建立党风廉政宣传报道队伍,要求各单位要把它作为加强党风廉政建设的大事予以重视和支持。要确定一名政治素质好、有一定理论水平和写作能力的同志为宣传报道员,负责本系统本单位党风廉政宣传报道工作。宣传报道员的主要任务:一、收集、掌握本系统、本单位有关党风廉政建设的情况;二、向地区纪委宣教室提供宣传报道方面的素材;三、撰写宣传报道稿件。宣传报道的主要内容是:宣传报道勤政廉政的先进集体和典型人物;突出报道领导干部模范执行廉洁自律有关规定的事例;及时报道狠刹不正之风的情况和成效,剖析本单位的典型案件;重点报道在深入上下功夫、在落实上见成效、不断取得反腐败斗争新进展的经验等。地区纪委宣教室不定期组织部分单位召开座谈会,交流和研究宣传报道工作。县(区)纪委也相应建立党风廉政宣传报道队伍。1996 年,地区纪委宣教室在全区聘任党风廉政报道员 350 人。2010 年,召开全市纪检监察宣传教育工作会议,会上,对 2010 年度作出突出成绩的宣传教育工作先进单位和报道员进行表彰。

二、宣传报道工作三项制度

2010 年 6 月 8 日,市纪委办公室下发《关于进一步加强全市党风廉政宣传报道工作的通知》,实行纪检监察宣传报道工作三项制度。

稿件审核登记制度。市纪委各室报送的稿件,要经各室主任审核签字,分管副书记签发后,由宣教室统一登记挂抚州廉政网。县(区)纪委报道员在向各级媒体投稿的同时,要通过电子邮箱将稿件发至市纪委宣教室(2006fzlzw@163. com),以便于登记备案。对一些涉及敏感问题、负面报道或全市性反腐倡廉工作的新闻稿件,要通过市纪委领导把关签字审核后方可上报。

定期通报制度。对党风廉政宣传报道完成情况实行月通报制度。各县(区)纪委、金巢开发区纪工委、市直各单位纪委(纪检组)和通讯员每月 10 日前将稿件采用情况通过电子邮件发送至市纪委宣教室,由市纪委宣教室负责汇总统计。经审核确认后,通过抚州廉政网,定期公布各单位稿件采用情况,起到相互交流、相互促进的作用。

考核奖励制度。市纪委监察局对各单位宣传报道工作实行量化考核,考核时间与市纪委对各单位纪检监察业务考核同步进行。具体考核以市纪委下发的《绩效考评细则》为准。对年度宣传报道工作成绩突出的单位和个人年底进行通报表彰。

三、新闻发布会工作制度

2011 年 6 月,市纪委为规范全市反腐倡廉新闻信息的发布,创造公开透明的信息环境,满足人民群众对反腐倡廉新闻信息的需求,正确引导反腐倡廉的舆论宣传,特制定了新闻发布会工作制度。

新闻发布工作在市纪委常委会领导下进行,由市纪委分管副书记负责,宣教室、办公室、综合室负责具体的组织协调工作,机关相关室积极配合。

制度规定:新闻发布会由市纪委监察局新闻发言人发布新闻,根据新闻发布会内容确定主持人。新闻发布会邀请报社、电视台、电台、网站等市属主要新闻媒体和驻市的省属新闻媒体参加，也可视情邀请部分市人大代表、政协委员、民主党派、群众代表、特邀监察员参加。根据新闻发布会的内容和性质，还可邀请市纪委监察局领导、室主任，或其他有关部门的负责同志出席发布会并发表讲话。

新闻发布内容：党风廉政建设和反腐败工作方面群众关心的热点、焦点问题的处理情况，市纪委监察局的重要工作情况，纪检监察机关查处的重要案件情况，其他需要发布的情况。

新闻发布会时间及发布人：原则上半年举行一次，遇重大案件按规定报市委主要领导审批后及时发布。新闻发布会前，一般应召集有关室负责人，讨论需提交发布的工作情况，确定需要发布的内容，明确相关室会同宣教室、办公室形成新闻稿，统一提交市纪委常委会研究并审定新闻发布会的内容、新闻稿，确定新闻发言人、主持人、出席发布会的市纪委监察局领导和邀请新闻媒体及其他人员。新闻发布会的时间和内容确定后，宣教室负责邀请各新闻媒体的记者到会，协调各新闻媒体及时准确报道发布的内容。各新闻单位按照市纪委监察局新闻发布会的内容进行新闻报道，把握不准的，及时与市纪委监察局相关室协商，根据新闻发布会的内容，报市纪委书记或分管副书记审定。新闻发言人视情况可由副书记或相关室主任担任，按照市纪委监察局确定的新闻发布内容，向媒体通报可公开传播的信息，审阅和送审新闻发布稿件，协调安排记者现场或会后采访、追踪媒体报道情况和社会舆论的反应。

新闻发布的形式：由宣教室、办公室、综合室组织实施，由新闻发言人进行新闻发布，必要时可邀请市领导和有关负责人出席。新闻通报以“新闻发言人”名义或以市纪委监察局名义撰写新闻通稿，通过各类媒体公开发表。

新闻发布主题必须符合国家法律、法规，符合党和国家的方针政策，与省委、省政府和市委、市政府的决策精神一致。新闻单位根据市纪委监察局新闻发布会或新闻通报主题发出有关新闻，必须在报道的开头写明“据市纪委监察局新闻发布会消息”或“从市纪委监察局新闻通报获悉”，必须按照有关规定按时刊发或播出所发布的主题，对该新闻的主题不得随意修改。

四、媒体专栏专版

市纪委利用本地新闻媒体开辟专栏专版栏目。

2002 年，在《抚州日报》开设《廉政视窗》专栏 12 期，刊登稿件（图片）260 余篇。积极宣传正面典型，深刻剖析反面案例，共树立正面典型 28 个，公开曝光反面典型案例 23 起。

2003—2005 年，每年在《抚州日报》开设《廉政视窗》专栏 11 ~ 12 期。

2006 年在抚州日报刊出 11 期“廉政视窗”专栏，在《抚州社会科学》杂志刊出 2 期“廉政文化”专栏，共刊发文章 160 余篇。

2007 年在《抚州日报》、《抚州社会科学》开辟《廉政视窗》、《廉政建设》专栏。

2008 年，在《抚州日报》、《抚州党建》、《抚州社会科学》分别开辟《廉政视窗》、《反腐倡廉》、《廉政建设》等专栏，开设《案例通讯》、《工作动态》、《廉文赏析》等栏目，增强党风廉政教育的系统性、趣味性和针对性；南丰县试点开播 2 期“领导干部廉政访谈”电视专栏，进一步强化领导干部廉洁自律意识。

2014年5月，在《抚州日报》、《抚州电视台》开辟《一把手谈廉政》专访专栏，围绕“一把手”带头行动、抓好班子、带好队伍、管好自己、当好落实主体责任的排头兵等情况，对市、县（区）48名“一把手”进行专题专访。7月，在《抚州日报》开辟《抚州市百名清廉人物》专栏，对全市“百名清廉人物”先进事迹进行宣传报道，在全社会较好凝聚见廉思齐、比学赶超、风清气正的正能量。10月下旬，在《抚州日报》开辟《落实两个责任》专栏，刊登各县（区）委书记，市直各单位、高校、国有企业党委（党组）书记落实党委主体责任，各县（区）纪委书记、市纪工委书记、市直单位纪委书记（纪检组长）落实监督责任的体会文章，以及党校专家、报社资深评论员对落实“两个责任”的解读和评论。是年底，刊发体会文章26篇，增强了各级领导干部落实“两个责任”的自觉性和责任感。11月25日，与《抚州电视台》联合推出《廉政频道》电视栏目，并在抚州电视台新闻综合频道（一套）正式开播。该栏目每月一期，以廉政聚焦、廉政微电影、廉政小品、廉政歌曲、廉政电视公益广告为主要内容，聚焦党风廉政建设和反腐败工作中心任务，报道抚州市反腐倡廉工作的创新举措，曝光损害群众利益的作风问题，集中展示抚州廉文化建设成果，使广大干部群众观看节目的同时受到应有的教育和启示。

五、各级主流媒体上稿情况

1993—2012年，全市纪检监察机关不断加大对外宣传报道力度，宣传报道员采写的大量稿件分别被《人民日报》、《中国纪检监察报》、《江西日报》、《抚州日报》等中央、省、市主流媒体采用。1999年，全区在中央、省、地新闻媒体发表宣传勤政廉洁典型和人物、党风廉政建设和反腐败斗争中的新举措新经验、反映抚州纪检监察特色工作及披露违法违纪案件的稿件近千篇，仅在《人民日报》、《中国纪检监察报》等中央主流媒体上稿就达120篇，创造了抚州党风廉政宣传工作的最好成绩。2013—2015年，全市纪检监察机关在各级主流媒体上稿数量增加，对外宣传影响力不断提升。2013年在《人民日报》上稿2篇，在《中国纪检监察报》上稿24篇，其中头版头条2篇。在中央纪委网站上稿6篇。在《抚州日报》刊发头版头条3篇。《江西日报》在C1版以五分之四的版面配图刊发《首创公务消费监督一体化、首创作风效能预警制、首创市级廉政党校、创新机制——抚州制度化捉“贪手”》的新闻稿。同时，创作摄制的“廉心胜骄阳，清风促成长”电视廉政公益广告片，“六一”期间在全省（省、市、县三级）电视台黄金时段播出。2014年，宣传报道工作稳中求进，至11月底，市本级在省级以上媒体上稿131篇。其中，中央纪委网站7篇、《人民日报》1篇、《中国纪检监察报》13篇、省纪委网站102篇、《江西日报》5篇、江西新闻联播3条。其中，4月27日，《中国纪检监察报》头版头条报道抚州《斩“黑手” 揪“蛀虫”刹“四风”——抚州市纪委突出主业着力营造风清气正政治生态》的做法；5月19日，《江西日报》头版头条报道抚州《一条高压线，三道防火墙——抚州市反腐倡廉突出主业标本兼治促风清气正》的做法。2015年，市本级在省级以上媒体上稿135篇。其中，中央纪委网站15篇、《中国纪检监察报》18篇、省纪委网站95篇、《江西日报》5篇、江西新闻联播2条。其中，6月15日，《中国纪检监察报》二版头条报道《抚州“一案双查”落实主体责任》的做法；11月10日，《中国纪检监察报》二版头条又以《99名干部主动说明问题 收缴“红包”150余万元——抚州“五约谈”挺纪在前》为题，报道抚州“把纪律挺在前面”先试先行中的“五约谈”工作;10 月 25 日,《江西日报》头版头条报道抚州“把纪律挺在前面”工作。

1993—2015 年全市纪检监察机关在各级报刊上稿情况

年份	国家级	省级	市级	合计
1993	6	24	129	159
1994	3	18	130	151
1995	5	20	144	169
1996	8	21	173	202
1997	5	31	173	209
1998	13	28	180	221
1999	120	316	424	860
2000	9	14	127	150
2001	41	313	1147	1501
2002	53	366	1108	1527
2003	37	59	406	502
2004	47	52	248	347
2005	36	106	291	433
2006	53	54	247	354
2007	74	75	479	628
2008	45	80	451	576
2009	35	83	510	628
2010	114	111	1088	1313
2011	65	305	1186	1556
2012	70	131	1307	1508
2013	142	335	1280	1757
2014	167	237	1218	1622
2015	82	130	1115	1327

2000—2015 年全市纪检监察机关在《人民日报》上稿情况

文章标题	作者	用稿媒体	刊登时间
江西抚州干部电视上述廉	张爱群、曾维东、余清楚	人民日报	2000.04.10
不妨设个“政误”栏	黄新华	人民日报	2003.05.23
抚州优化投资环境见成效	金开尔	人民日报	2003.07.31
资溪县国税用典型教育干部	方顺庚	人民日报	2003.04.16
莫让浮生“半日闲”	乐纪宣	人民日报	2005.01.09
开明开放纳贤才	乐纪宣	人民日报	2005.01.10

续表

文章标题	作者	用稿媒体	刊登时间
江西宜黄廉政贺卡送干部	任江华	人民日报	2005.01.13
廉政贺卡送干部温馨警示过年关	吴杰、程孝平	人民日报	2005.01.13
一位“廉内助”的心声	张员娇	人民日报	2005.08.20
有处罚,更要有奖励	乐纪宣	人民日报	2005.09.80
乐安村民“点题”村务公开	刘发祥	人民日报	2006.10.23
新任科级干部的家底	卞民德	人民日报	2010.05.05
“党误”公开直面不足	任江华	人民日报	2010.06.01
江西金溪向干部发“廉政提醒书”	邓伟斌 、邓兴东	人民日报	2010.07.14
“键对键”更要“面对面”	揭方斌、龚福祥	人民日报	2010.11.23
纠不正之风 保群众利益不受损害	抚州电视台	人民日报	2012.01.05
挂了牌子,还要干出样子	吴齐强	人民日报	2013.05.22
抚州:给公务消费拴上“安全链”	汪月清、杨茵	人民日报 18 版	2013.09.24
江西抚州:节日查廉常态化	杨茵	人民日报 4 版头条	2013.10.10
纪委组织送春联下乡	黎兴旺	人民日报	2014.01.19
江西东乡县书廉文化促风清气正	任江华	人民日报 11 版	2014.04.01
江西抚州:效能预警 限期整改	赵兵	人民日报 6 版	2014.07.11
党员干部帮扶困难群众	黎兴旺	人民日报 18 版	2014.08.05
南丰举行廉政法规考试	彭明强	人民日报 18 版	2014.09.09
江西南丰:“廉正”剪纸传递正能量	黎兴旺	人民日报 20 版	2014.12.30
不用纪律约束干部本身就违反了纪律	陈哲	人民日报	2015.06.02

2012—2015 年全市纪检监察机关在《中国纪检监察报》头版和二版头条上稿情况

文章标题	作者	用稿媒体	刊登时间
保障民生护民利	元明辉、罗会亮	中国纪检监察报二版头条	2012.10.16
南城一体化平台监督三公消费	彭国正、胡进	中国纪检监察报二版头条	2013.06.18
抚州“三不让”打造廉洁工程	汪月清	中国纪检监察报头版头条	2013.07.06
彻查五保金	李 伟、方励昌	中国纪检监察报二版头条	2013.08.05
龙龙书记	熊瑞大	中国纪检监察报二版头条	2013.08.20
抚州推行作风效能预警机制遏制“小违规”	汪月清	中国纪检监察报头版头条	2013.09.19
这里的“典礼”静悄悄	汪月清、邓兴东	中国纪检监察报头版	2014.02.04
宜黄“四定”公示杜绝处分白条	熊瑞大、李勇	中国纪检监察报二版头条	2014.02.24
斩“黑手” 揪“蛀虫” 刹“四风”—抚州市纪委突出主业着力营造风清气正政治生态	杨茵	中国纪检监察报头版头条	2014.04.27
抚州推行“一案三跟进”制度—警钟长鸣结案后	汪月清 、卫涛	中国纪检监察报二版头条	2014.05.01

续表

文章标题	作者	用稿媒体	刊登时间
夜访农家	王秀琴	中国纪检监察报二版头条	2014.05.27
红土地上正作风	贾亮、徐华平	中国纪检监察报头版	2014.08.29
基层纪委书记写真:问苦	李伟、彭清华	中国纪检监察报二版头条	2014.09.30
抚州“三转”突出纪检监察主业	刘发祥	中国纪检监察报二版头条	2014.12.22
直查快办“四风”信访件	李 勇	中国纪检监察报头版	2015.05.15

2004—2015 年全市纪检监察机关在《江西日报》头版上稿情况

文章标题	作者	用稿媒体	刊登时间
电视述廉带来了什么	余凯、李晚成	江西日报头版头条	2004.01.02
维护合法权益确保监督渠道畅通	钟健华	江西日报头版头条	2004.04.06
抚州转变作风提高行政效能	陈青峰	江西日报头版头条	2004.11.03
抚州全力优化环境提升发展质量	王晓媛、张爱群、范强	江西日报头版	2005.06.24
抚州强化县级党政正职监督	温凡	江西日报头版	2010.04.18
抚州农村集体“三资”全部纳入纪检监督	李晚成、汪月清	江西日报头版	2011.08.02
抚州会风一转作风大变	陈青峰	江西日报头版	2012.04.17
抚州给“三公”消费装上电子眼	衷淑英、张玉珍、汪月清	江西日报头版	2012.08.22
抚州推行作风效能预警“百分制”促风清气正	衷淑英、李晚成、汪月清	江西日报头版头条	2013.06.24
崇仁特邀监察员督查干部作风	崔伟群、刘丽	江西日报头版	2013.10.24
江西:建设风清气正的政治生态	陈建华、胡锦武	江西日报头版	2014.01.04
乐安“末位淘汰”村干部	王菲	江西日报头版	2014.01.29
临川:从 59 到 32 的奥秘	鄢玫、章晋辉	江西日报头版	2014.04.07
党风政风好不好群众来评议	通稿	江西日报头版	2014.05.14
一条“高压线”三道“防火墙”	汪月清、衷淑英	江西日报头版头条	2014.05.19
临川真查实改取信于民	章晋辉、邱家强	江西日报头版	2014.07.06
抚州制度化捉“贪手”	卫涛、李晚成	江西日报头版	2014.10.29
抚州运用“互联网＋模式”将纪律挺在前面	衷淑英、汪月清	江西日报头版头条	2015.10.25

第二节　信　息

一、队伍建设

纪检监察信息是交流工作、推广经验的有效平台，是领导科学决策的重要参考，对及时有效的处理问题起到积极的预警作用。地区（市）纪委对此非常重视，确定办公室负责全市纪检监察机关的信息收集、采编、上报发送等工作。1979 年 11 月，刚恢复的中共抚州地委纪律检查委员会即着手组建信息工作队伍。地委纪委和各县（市）委纪委都配备有专职和兼职的信息员和具体分管的领导。尔后，又通过以会代训、跟班学习、选调适合做信息工作的干部等方式培养和充实信息员队伍，逐渐形成一支有战斗力的信息工作队伍。

2013 年 3 月 1 日，为进一步加强全市纪检监察信息工作，不断提高纪检监察信息采编质量和水平，市纪委召开全市纪检监察信息工作会议。各县（区）纪委分管副书记和专职信息员参加会议。还邀请市人大办、市政协办、市委政法委、市公安局、市检察院、市法院、市司法局、市统计局、市审计局、市财政局、市国土局、市信访局等单位分管信息调研工作的领导和具体负责信息采编的人员参加会议。会议通报 2012 年度各地信息工作情况，听取南丰县、金溪县纪委的经验介绍和宜黄县、南城县、资溪县纪委表态发言。3 月 20 日，市纪委办公室就强化争先创优意识、加大组织领导力度、健全信息工作网络、提高信息采编质量、建立信息专报制度、实行跟班学习锻炼、严格信息考核奖惩等 7 个方面印发《关于进一步加强纪检监察信息工作的意见》。至此，全市实现信息报送横向到边，纵向到底的工作格局。

二、工作机制

为促进纪检监察信息工作制度化、规范化，1999 年，地区纪委制定《全区纪检监察信息报送和评选表彰暂行办法》，通过采取强化创先意识、加大领导力度、健全工作网络、提高采编质量、建立专报制度、实行跟班学习及严格考核奖惩等措施，着力打造精品信息，有效挖掘纪检监察信息自身价值，促进信息工作的开展。2008 年，修改完善《信息工作考核办法》，加大信息考核奖惩力度，坚持动态类信息及时报、创新类信息跟踪报、问题类信息重点报。2013 年，市纪委办公室为进一步加强和改进纪检监察信息工作，全面提高纪检监察信息工作的质量和水平，更好地为全市反腐倡廉建设提供决策参考，根据中央纪委办公厅《全国纪检监察信息工作考核办法》、省纪委办公厅《关于进一步加强纪检监察信息工作的意见》，结合抚州实际，重新制定《抚州市纪检监察信息工作考核办法》。明确考核对象、考核标准、奖惩措施，规定每周向市纪委报送信息的数量，采取对中央、省、市纪委采用的稿件分级加分等多种方式对各单位信息工作进行年度考核，并将信息工作在县（区）纪检监察工作绩效评估中的权重由 4% 提高到 10%。被中央纪委和省纪委《江西纪检·每日上报》采用的信息，直接给予署名的纪检监察信息员经济奖励；并在年终对纪检监察信息工作成绩突出的单位和个人予以表彰。市纪委办公室定期通报各地各单位信息上稿情况，对排位靠后的，由市纪委分管副书记、常委对县（区）纪委监察局分管领导进行约谈。对报送信息严重失实以及重要信息漏报、瞒报、迟报的单位，视情节在全市纪检监察系统予以通报批评，且当年不能评为先进单位，有关人员不能评为先进个人。考核办法的实施使区内各级纪检监察机关和纪检监察干部形成重视信息工作、积极参与和提高信息工作水平的良好局面。

三、信息发布平台

1980年3月30日，全区纪检机关历史上首份信息类简报——《纪检简况》正式编印，同年9月22日更名《纪检情况反映》，为全市纪检监察机关发布信息提供平台。1989年1月3日，《纪检情况反映》又更名为《抚州纪检信息》，栏目设置和刊载内容不变，当年编印46期，刊用信息数量迅速增加。1993年纪委和监察局合署办公后，地区纪委编印的《抚州纪检信息》与地区监察局编印的《抚州监察信息》合并，改名《抚州纪检监察信息》。是年编印1期。1994年，编印《抚州纪检监察信息》18期（第2～19期）。2006年，《抚州纪检监察信息》停办，相关信息直报中央纪委。2010年，纪检监察信息按级上报省纪委，市纪委编印《信息专报》，拓宽信息发布渠道。2011年，为及时宣传各地各部门纪检监察工作，搭建交流平台，加强相互借鉴，促进工作落实，经委局领导研究，恢复编印《抚州纪检监察信息》。2011年9月1日至2014年3月30日，共编印《抚州纪检监察信息》63期。其中，2011年5期，2012年35期，2013年20期，2014年3期。设委局动态、综合信息、工作简讯、经验做法等栏目，共刊用信息226条（不含2012年刊用信息）。2015年，共编印《抚州纪检监察信息·把纪律挺在前面专刊》5期，设综合信息、工作动态、简明信息3个栏目，共刊用信息15条。

四、工作成效

根据中央和省纪委要求，抚州市纪委聚焦监督执纪问责，紧紧围绕大局，主动作为，不断拓宽信息渠道，加强信息收集、加工和传递，严格落实信息报送制度，及时、准确、全面的反馈重点工作进展情况，不断提高信息工作水平，为上级纪委了解情况、科学决策提供信息服务。2008—2011年，及时向中央纪委和省纪委报送了大量反映抚州纪检监察特色工作的信息，信息采用率继续在全省、全国保持领先优势。其中2008年，向中央纪委办公厅、《华东之窗》、省纪委办公厅报送信息800余条，被中央纪委办公厅采用15条，《华东之窗》采用67条，在全省居第一名。2009年，继续深入挖掘和整理全市各级纪检监察机关在推进工作中涌现的新经验、新思路、新亮点和新成效，坚持每天向中央纪委、省纪委报送具有抚州纪检监察特色工作的信息，信息采用率继续在全省、全国保持领先优势，向中央纪委办公厅、《华东之窗》和省纪委办公厅报送信息700余条，被中央纪委办公厅采用10条，华东之窗采用55条，信息采用无论是条数还是总分在全省均居第一名。2013年，各县（区）纪委和市直各单位纪检组（纪委）对纪检监察信息工作高度重视，积极上报有关信息，全市纪检监察信息工作取得良好成效。向上级纪委报送的各类纪检监察信息中被中央纪委采用38条。

1993年、1994年、2000年、2006—2011年连续6年，抚州市纪委被评为全省纪检监察信息工作先进单位；市纪委陈武光、曾春、洪明泉、丁富华等多次被评为全省纪检监察信息工作先进个人；《抚州地区纪委采取四条措施贯彻小平同志南巡讲话》、《缪兵谈在新形势下纪检工作要做到五个适应》等诸多信息被省纪委评为好信息。2007—2011年，抚州市纪委连续5年被评为全国纪检监察信息工作先进集体。

第三节　调查研究

1987年3月，地区纪委始设调查研究室，其主要职责是：对纪检工作及有关政策问题进行调查研究，并协助起草重要文件、报告。

1993年5月，地区纪委和地区监察局合署办公，调查研究室改称调研室，2014年5月，市纪委监察局内设机构调整，调研室又改称研究室。主要承担综合分析全市党风廉政建设和反腐败工作情况，开展政策理论及重大课题调查研究；起草市纪委监察局有关文稿，会同有关部门起草委局重要文件；汇总、整理全市党风廉政建设和反腐败工作研究成果和信息资料，组织开展对全市纪检监察工作历史及规律的研究；组织协调全市纪检监察系统的调研工作和社科理论界相关重大课题研究；会同有关单位开展全市党风廉政建设和反腐败工作民意调查；负责全市纪检监察规范性文件的备案审查、清理工作，负责对有关部门起草的规范性文件草案提出意见等职能。

一、调研课题

1987年，地区纪委下发《关于组织撰写党风建设研讨会论文的通知》，要求所写论文必须联系当前党风实际，提出问题，分析问题并提出解决问题的办法，力求做到有理有据；地区纪委机关每个处室、各县（市）纪委都要撰写论文1篇以上。

1988年，地区监察局下发《关于撰写廉政工作论文的通知》，要求每个县（市）监察局结合本地实际，撰写1篇有关廉政工作论文参加省监察厅召开的廉政工作研讨会。

1989年，地区纪委组织全区纪检机关围绕如何开展党性党纪教育、如何开展企业纪检工作、如何抓好党风廉政建设和党委如何支持纪检工作等课题，开展调查研究活动。是年，全市共撰写专题调查报告38篇。

1994年，地区纪委主要领导跑遍全区12个县（市），听取基层对反腐败工作和党风廉政建设的意见和建议，并组织力量围绕反腐败三项工作，先后对全区住房制度改革执行情况、干部职工拖欠（借用）公款情况、全区农村党群关系现状和基建工程承包中的贿赂现象以及“小金库”等问题进行专项调查，形成调研文章10篇。同时，还就1994年反腐败成果和1995年如何更有成效地深入开展反腐败斗争进行一次较大规模的调研活动，形成调研材料37篇。

2002—2004年，市监察学会印发调研参考课题56个，理论工作者和实际工作者围绕课题，认真组织相关调研。学会会员会同市纪委调研室坚持每年至少组织一次专题研讨活动，每次研讨活动均围绕纪检监察工作和反腐倡廉实际确定课题，既有反腐倡廉工作方面的专题，也有纪检监察工作业务课题。

2007年，市监察学会上报省监察学会的调研重点课题为中共十六大以来反腐倡廉理论的最新成果。研究重点是：中央关于落实科学发展观构建和谐社会等一系列重大战略思想对反腐倡廉工作的重要指导意义，胡锦涛总书记和中央其他领导人关于党风廉政建设和反腐败斗争的重要理论观点，这些重要理论观点对江泽民总书记反腐倡廉思想的继承和发展。自选课题有：如何充分认识党风廉政建设和反腐败斗争的长期性、艰巨性、复杂性；新形势下纪检监察机关如何拓展从源头上防治腐败工作领域，深入推进党风廉政建设和反腐败斗争；如何增强反腐倡廉教育的针对性、实效性，深入推进廉政文化建设等。

2009 年，全市纪检监察干部针对政策理论问题和现实疑难问题，积极开展理论和调查研究，探索总结有价值的经验做法。

2010 年，全市纪检监察干部围绕全市纪检监察重点工作、创新工作和特色工作撰写出 40 余篇调研和经验总结文章。

2012 年 5 月 7 日，抚州市监察学会上报江西省监察学会 2012 年 4 个理论研究课题：中共十七大以来有关反腐倡廉建设特别是行政监察工作的主要成效、特点和成功经验；围绕机关作风建设、效能建设、政府职能转变和管理创新，重点针对重大事项集体决策、社会公示、公众听证、行政问责以及部门效率低下、办事推诿扯皮、资源浪费等问题，提出改进机关作风，提高行政效能的对策；围绕提升科技反腐水平，重点针对网上审批、电子监察、权力运行监管、公共资源交易平台建设，探索通过科技手段破解实践难题的有效途径；围绕维护良好的发展环境，重点针对政府职能部门不作为、乱作为、慢作为、有法不依、执法不严等问题，提出依法规范行使权力和制约权力的对策措施。

二、调研书刊

1. 刊物

1989 年，地区纪委调查研究室编发《调研情况》14 期，其主要内容是交流工作经验，及时反映全区纪检机关调研工作的动态和成果。

2001 年，市纪委监察局调研室主要围绕省纪委交办的调研任务，广泛开展反腐倡廉调查研究 ，形成专题报告上报。同时，编发《抚州纪检监察调研》专刊 6 期。

2. 书籍

2005 年 12 月，市纪委监察局在全市各级纪检监察干部 2002 年至 2005 年撰写的经验材料和理论探讨文章中选出 59 篇，汇集成《反腐倡廉理论与实践》一书，内部出版，期以最大程度发挥理论指导实践的作用，进一步推动抚州市的党风廉政建设和反腐败斗争。

2013 年 2 月，为展示全市领导干部和纪检监察干部集中学习习近平总书记在十八届中央纪委二次全会上的重要讲话的成果，彰显全市广大党员干部崇廉尚洁、创新创业的风采风貌，市纪委监察局遴选出市委书记龚建华、市长张和平、市纪委书记吴伟柱等 62 位市县领导干部和纪检监察干部撰写的学习心得体会，编印出《读文思廉选集（一）》供全市各级干部学习和交流。

同年 4 月 2 日，龚建华认真履行党风廉政建设第一责任人职责，带领全市领导干部到市廉政党校接受廉政教育，并以“团结”为主题，讲了一堂精彩的廉政党课，深刻阐述如何看待团结、如何增进团结、如何做到团结，精辟论述在团结和谐的氛围中廉洁从政问题，在全市上下引起强烈反响。各级党员干部特别是领导干部纷纷以各种形式，带头谈认识、讲感受、写体会。市纪委监察局从中遴选 52 篇学习体会文章编印出《读文思廉选集（二）》供全市各级干部学习和交流。

同年 7 月 1 日，市纪委组织全市纪检监察干部开展“学习老三篇、做好传承人”读书会暨廉政党课活动，重温毛泽东主席的经典著作——《为人民服务》、《纪念白求恩》、《愚公移山》，以此来纪念毛泽东主席诞辰120周年，庆祝中国共产党成立92周年，响应新一届党中央关于在全党开展党的群众路线教育实践活动的号召。市委常委、市纪委书记吴伟柱以“以廉为要，做为人民服务的纪检干部”为题，给全市纪检监察干部讲了一堂精彩的廉政党课，引起强烈反响。全市纪检监察干部纷纷以背原文、写心得、讲党课等方式，重温“老三篇”，激发新活力、传递正能量、做好传承人。市纪委监察局从中遴选66位纪检监察干部的学习体会文章，编印出《读文思廉选集（三）》供全市各级纪检监察干部学习和交流。

2014年3月21日，龚建华以“如何做好新时期的群众工作”为题，为全市领导干部讲了一堂精彩的廉政党课。他结合党的群众路线教育实践活动，联系抚州发展实际，与大家分享自身的所思所悟、所感所得，并就做好新时期群众工作的思路、看法、做功等进行深刻阐述。各级党员干部特别是领导干部先学先行，撰写一批有思想、有深度的听课感想。市纪委监察局为全面展示他们的精神风貌，将群众路线教育实践活动向纵深推进，从中遴选50篇听课感想，编印出《读文思廉选集（四）》，供全市各级干部学习和交流。

2015年2月3日至4日，抚州市举办全市落实党风廉政建设主体责任专修班，全市各县（区）委书记、市委各部门主要负责人、市直单位党委（党组）书记共150余人参加培训。吴伟柱就落实党风廉政建设主体责任作了辅导讲话。其间，集中学习习近平总书记系列重要讲话和中央、省、市纪委全会精神，组织观看中央纪委党风廉政建设教育片《作风建设永远在路上》，各县（区）委书记就阅读省纪委查处案件《忏悔录》谈了读后感，部分党委（党组）主要负责人作了交流发言。为更好地引导各级党委（党组）特别是主要责任人自觉当好落实党风廉政建设主体责任的践行者、推动者和示范者，切实做到守土有责、守土负责、守土尽责，进一步形成党风廉政建设和反腐败工作强大合力，为建设幸福抚州提供坚强纪律保障，市纪委监察局遴选60篇听课感想，编印出《读文思廉选集（五）》供全市各级干部学习交流。

三、调研成果

2001年，市纪委监察局组织一批理论文章，在全省廉能管理工作征文中获奖6篇，在全省纪念建党80周年反腐倡廉建设廉政征文中获奖5篇。一批优秀调研文章在国家预防腐败局、省监察厅内刊《监察综合与分析》和江西廉政网网站刊登15篇。市监察学会选出120余篇优秀理论文章集中报省监察学会参与评选。其中获一等奖1篇、二等奖2篇、三等奖5篇。

2002—2004年，全市上报省监察学会的33篇调研文章中有7篇获奖。其中一等奖1篇，二等奖4篇，三等奖2篇。市监察学会名誉会长罗建华撰写的《以辩证的哲学观正确认识和处理党风廉政教育在反腐倡廉中的基础性地位和作用》获二等奖。会长李云撰写的《浅谈监察机关在保证〈行政许可法〉贯彻实施方面的职能作用发挥》获一等奖并在省监察学会理论研讨会上发言交流。南城县纪委书记徐光华撰写的《上下联动内外制约，切实加强对“一把手”的监督——关于贯彻落实〈党内监督条例（试行）〉的思考》在省纪委2004年主办的“三项研讨”征文活动中被评为三等奖。

2005年，罗建华撰写的《认真解决群众诉求，构建农村和谐社会——南丰县创建乡镇农民诉求中心的调查与思考》获2005年全省纪检监察优秀调研成果特等奖，并在中央纪委、省委、省纪委多家刊物刊登。市纪委副书记赵钢、市纪委调研室主任姚英华共同撰写的《教育制度三管齐下构建反腐倡廉惩防体系——关于构建惩治和预防腐败体系的思考》获2005年全省纪检监察优秀调研成果评比一等奖。崇仁县纪委副书记尧宇斌撰写的《当前群众反映的突出问题及治理对策》获2005年全省纪检监察优秀调研成果评比一等奖。

2010年，全市纪检监察干部在推进理论创新，围绕反腐倡廉建设中群众反映热点、社会关注焦点、工作推进难点开展理论探讨，形成理论文章30余篇，有10余篇文章在全省纪检监察论文评比中分别获一、二、三等奖。是年，市监察学会组织开展论文评选活动，收到论文90篇，经专家评审小组评定，最终评选出特等奖2篇、一等奖3篇、二等奖4篇、三等奖6篇。

2011年，市监察学会组织开展调研论文评选活动，收到论文95篇，经专家评审小组评定，评选出特等奖2篇、一等奖3篇、二等奖4篇、三等奖6篇。

2012—2013年，市监察学会组织撰写理论文章184篇，择优向省监察学会推荐40篇，获一等奖1篇，二等奖3篇，三等奖5篇。

全市纪检监察干部在中央纪委报刊登载的部分理论文章

文章标题	作者	用稿单位	刊登时间
切实强化党内监督有效防止权力失控 —抚州市建立巡视工作制度的实践与成效	赵荣贵	中央纪委《党风与党纪》	2004年
推行政务公开打造"阳光"政府	张文贵	《党风与党纪》	2004年
关于创建惩治和预防腐败体系几点思考	陈绍平	中央党校《纪检与刑法》	2004年6期
综合治理党员干部参与赌博	赵钢	《党风与党纪》	2005年10期
廉洁政治重在建设廉洁公务	吴伟柱	《中国纪检监察报》	2013.01.14
立廉德谋廉政兴廉风	吴伟柱	《中国纪检监察报》	2013.10.15
挺纪在前须坚决纠偏防过	吴伟柱	《中国纪检监察报》	2015.6.16

第四节　网站、微博、微信

一、《抚州廉政网》

抚州廉政网是由中共抚州市纪律检查委员会、抚州市监察局主办的综合性政务门户网站。网站于2010年2月正式上线，网址为 http://www.fzlz.gov.cn/。

网站作为市纪委监察局信息公开、新闻发布、政策阐释、民意倾听、网络举报的主渠道、主阵地，紧紧围绕党风廉政建设和反腐败工作中心任务，以抚州市纪委监察局和全市各级纪检监察机关为支撑，倾力打造权威发布平台、宣传教育平台、工作展示平台、互动交流平台、网络监督平台和纪检监察业务数据库，为党风廉政建设和反腐败工作提供舆论支持和宣传服务。网站设有机构设置、廉政头条、抚州廉政、警世钟、公告栏、基层传真、焦点图片、图片新闻、典型倡廉、才乡论廉、清风时评、纪律审查、党风政风、信访举报、宣传教育、案件审理、队伍建设、抚州廉文化等18个常设版块22个子栏目，以及增设的监督曝光台、廉政视频、落实两个责任、把纪律挺在前面、领导干部违规插手工程项目问题专项治理、专项治理“红包”活动等6个专题板块15个子栏目，另有我要举报和作风监督一键通两大网络举报平台，网站内容以文字、图片、视频等多种形态呈现。

抚州廉政网主要功能：一是及时发布重要新闻。网站第一时间权威发布抚州市纪委监察局重大部署、重要会议、重要通报及查办的重大案件等。二是权威解读决策部署。网站通过政策问答、法规释义、在线访谈等形式及时对反腐倡廉重大决策部署、工作安排等进行权威解读，传递党和政府声音，回应社会关切。三是展示工作成果。网站汇集展示各县（区）各部门党风廉政建设和反腐败工作的创新实践、成果经验等，供学习借鉴，推进工作。四是接受网络信访举报。网站在首页显著位置设置开辟“我要举报”和作风监督一键通两大网络举报平台，方便群众顺畅、安全地举报监督，同时积极接受网民网络举报投诉和群众对党风廉政建设和反腐败工作的意见、建议、咨询等，搭建纪检监察机关与网民沟通交流的新平台。

2010年7月，为切实提高抚州廉政网新闻更新速度，提高网站质量，根据市纪委主要领导的指示，制定抚州廉政网信息报送及更新规定。对新闻、图片报送、报道内容、报道范围、稿件字数和配图、工作人员纪律均作了新的规定，使抚州廉政网越办越好。同时，要求抚州市农村基层党风廉政建设网页、抚州机关效能建设网页、抚州市腐败风险预警防控专题网页也参照抚州廉政网有关规定执行。

2014年，继续发挥抚州廉政网主渠道作用，及时在网站发布全市纪检监察工作动态，曝光违纪违规和违反中央“八项规定”精神的典型案件，占领网络宣传阵地，牢牢把握网络宣传主动权。全年在抚州廉政网62次通报抚州166起违反中央“八项规定”精神和干部作风的典型案件，以及6名领导干部违纪被立案调查情况。

2015年，撤销抚州市农村基层党风廉政建设网页、抚州机关效能建设网页、抚州市腐败风险预警防控专题网页，统一并入抚州廉政网，抚州廉政网成为抚州市纪委监察局对外发布信息的唯一官网。

二、“抚州清风苑”微博、微信

2014年2月，为加强市纪检监察机关与网民之间的沟通交流，增进广大人民群众对纪检监察工作的了解和认同，市纪委在全国主要门户网站——新浪网、腾讯网分别注册设立官方微博、微信信息发布平台“抚州清风苑”。为此，市纪委监察局专门制定《中共抚州市纪委微博、微信（公众平台）信息管理制度》，并成立管理领导小组，设定专人对微博、微信发布进行管理，向社会及时快捷地反映纪检监察系统工作动态、查办的典型案例、廉文化及反腐倡廉法规知识等。是年，“抚州清风苑”官方微博拥有粉丝222名，政务微信订阅总数856名，推送微博信息146条，微信图文信息50期202条。

2015年，市纪委宣传部充分发挥“抚州清风苑”政务微信、政务微博等新媒体的作用，形成网站、微博、微信“三位一体”的网络宣传格局。元月上旬开始，通过微博、微信定期在“抚州清风苑”政务微博、微信上推送“把纪律挺在前面”书画作品、廉政诗歌散文朗诵决赛获奖视频、以及各县（区）拍摄的廉文化专题片，让更多的干部群众都能欣赏到这些优秀的廉文化作品，从中潜移默化地接受廉洁教育。及时发布反腐倡廉工作动态和信息，强化网上舆论引导，第一时间传递廉政声音，回应社会关切；在官方微信平台上开设“纪律微讲堂”，定期推送党纪党规方面的知识；设立网络举报邮箱，开辟倾听民意呼声、引导公众理性参与反腐的新渠道；对违纪违法和违反中央“八项规定”以及作风建设方面的典型案件，点名道姓公开曝光。“抚州清风苑”政务微信订阅总数达 17300 名，全年共发布政务微博信息 223 条，推送微信信息 129 期 511 条。官方微博、微信信息发布平台运行平稳，广大市民和全市各级党员干部广泛关注，积极互动交流，为建设风清气正的“清廉抚州”营造良好舆论环境。

三、管理制度

2014 年，根据市纪委三届四次全会精神，市纪委监察局制定微博、微信（公众平台）信息管理制度。制度设总则、管理及职责、微博微信（公众平台）的注册和信息的安全与发布、责任追究、附则 5 章共 20 条。

市纪委严格按照《政府机构官方微博管理与考核办法》相关要求，从大力推进风清气正的政治生态大局出发，充分认识微博、微信（公众平台）信息管理的重要性和紧迫性，对微博、微信（公众平台）信息进行有效的管理。

制度规定：市纪委对市纪委官方认证微博、微信（公众平台），包括以市纪委、市监察局、市纪工委监察分局、各县（区）纪委、高新区纪工委等名义开设的官方认证微博、微信（公众平台）进行统一管理。市纪委宣教室为官方认证微博、微信（公众平台）信息日常管理部门，宣教室负责发布和维护官方认证微博、微信（公众平台），对官方认证微博、微信（公众平台）开设及使用情况进行统一管理；对官方认证微博、微信（公众平台）信息进行统一监管，并及时将市纪委监察局机关各室、市纪工委监察分局、各县（区）纪委、高新区纪工委、各市直单位纪委（纪检组）人员上报的信息备案；对纳入统一管理的官方认证微博、微信（公众平台）建立档案，档案内容包含：微博、微信（公众平台）网址、微博、微信（公众平台）昵称、认证信息、主要用途、管理人员姓名及联系方式等。对未经市纪委批准，擅自使用“抚州市纪委”或“抚州清风苑”作为注册昵称的微博、微信（公众平台），市纪委宣教室将对相关违规微博、微信（公众平台）网站进行清理。

制度还规定：微博、微信（公众平台）信息发布实行三级审核管理制度，对于涉及市纪委重要工作、重大决策、敏感内容的信息应由书记、分管副书记、分管常委三级签字审批方可发布或对网友跟帖进行回复；对于机关各室、各纪工委监察分局、各县（区）纪委、高新区纪工委、各市直单位纪委（纪检组）报送的一般性工作信息，由分管副书记、分管常委、室主任三级签字审批方可发布或对网友跟帖进行回复。市纪委宣教室负责对官方微博、微信（公众平台）信息内容发布和回复进行管理。微博、微信（公众平台）内容及回复应严格遵守国家法律法规及有关规章制度，严禁任何包含情绪化的个人观点或看法；督促相关微博、微信（公众平台）的使用单位及个人应积极利用微博、微信（公众平台）进行抚州市纪检监察机关正面形象宣传，拓展反腐倡廉宣传教育新渠道，充分发挥网络舆论引导的积极作用。同时，及时更新微博、微信（公众平台）信息内容，提高微博、微信（公众平台）信息质量，扩大微博、微信（公众平台）影响力。

第五节 反腐倡廉网络舆情信息

一、反腐倡廉网络舆情信息工作联席会议制度

2011年5月，由市纪委牵头，市委宣传部、市直机关纪工委、市公安局、市信访局、团市委、市工信委、市新闻出版局、市广电局、抚州日报社、市无线电管理局、中国移动抚州分公司、中国联通抚州分公司、中国电信抚州分公司等组成反腐倡廉网络舆情信息工作联席会议。联席会议主要负责对全市反腐倡廉网络舆情信息工作的领导、工作制度的制定、对重大舆情信息的研判、处置及协调配合等工作。联席会议办公室设在市纪委，由宣教室、调研室、办公室负责具体事项。各县（区）也建立联席会议制度。

二、舆情监督员和网络评论员队伍

全市各级纪检监察机关与宣传、组织、政法、统战等部门通力配合、沟通协作，共同加强舆情监督员和网络评论员的队伍建设，形成工作的整体合力。各县（区）均组建10人以上的舆情监督员队伍和20人以上的网络评论员队伍。市直各单位确定舆情监督员和网络评论员各1人。市本级组建24人的舆情监督员和网络评论员队伍。

为加强对舆情监督员和网络评论员队伍的管理，建立和严格了四项制度：一是学习培训制度，定期对舆情监督员和网络评论员进行培训。二是信息沟通联系制度，及时交流反馈信息。三是考评制度，对工作突出的优秀舆情监督员和网络评论员及组织工作突出的单位给予表彰和奖励。四是保密制度，加强舆情信息资料的管理。舆情监督员和网络评论员身份不公开，舆情专报信息、宣传引导提示和相关内部资料不外传。

三、网络舆情信息的收集、报送、研判、处置

网络舆情信息监督员负责信息的收集工作，收集的主要内容包括：网民对全市反腐倡廉建设部署安排的看法和观点；网民对全市重大腐败案件和突发性事件的态度、看法和要求，舆论的倾向、涉及范围和新闻媒体的看法观点和报道角度；网络上对全市党风廉政建设和反腐败工作、反腐倡廉建设的部署安排、主要会议精神、主要领导讲话内容等存在断章取义、歪曲事实、胡编乱写的消息和议论；网民在各网站论坛涉及抚州的投诉举报信息等。网络舆情信息的主要来源为国内各大门户网站、微博、微信。

反腐倡廉网络舆情信息监督员将收集到的信息及时报送主管领导审阅。主管领导对舆情信息所涉及到的内容进行严格核实，根据实际情况提出处理意见。对于涉及本地区、本系统、本部门的一般情况，直接提出处理意见，进行处置，并将处置结果报送联席会议办公室和市纪委。对涉及到的重大事项，则及时上报单位负责人和联席会议办公室，并召开联席会议共同研究处置方案，由联席会议办公室将处置意见形成舆情处置报告逐级向上报送。报送的舆情信息均注明信息出处、信息标题和内容、信息撰稿人名称、信息发布时间以及被跟帖评论等网络舆论的情况。凡是涉及敏感问题、不宜公开的舆情信息处理意见，均通过密传或机要通信（传真等）上报。2011年上半年，建立反腐倡廉舆情网络信息报送机制、处置机制和应对舆情通报制度；加强网络舆情监测和网络评论工作。每月按照省

纪委的“月月命题”组织撰写并报送网评文章5篇；下半年，围绕互联网涉及反腐倡廉建设和纪检监察机关的热点、难点问题，撰写并被各大媒体网站采用的评论文章13篇，跟帖2000余条。2013年，向省纪委上报网络评论50余篇，网络舆情信息516条。2014年，向省纪委宣传部上报网络舆情信息398条，网评文章60余篇。2015年，开展网络舆情监测，上报省纪委舆情信息326条，网评文章60余篇。

四、舆情通报和舆论引导

联席会议办公室负责转发中央纪委和省纪委的舆情通报。涉及到抚州的舆情信息，由联席会议办公室制定下发舆情通报。各有关单位接到舆情通报后，按照要求立即组织舆情监督员和网络评论员进行舆情搜索和舆论引导，并将引导内容上报联席会议办公室。网络评论员负责舆论引导，主要内容包括：围绕重大突发事件，披露可以对外公开的权威信息，最大限度地压缩谣言传播空间，确保网络正确舆论导向；做好日常原创网评文章撰写；解答网民疑惑，疏导网民情绪；宣传反腐倡廉建设最新成果。2013年后，进一步加强对网络的有效利用和管理，紧密结合当前反腐倡廉重大事件，积极撰写网评文章，正面引导反腐倡廉网络评论。科学应对反腐倡廉网络舆情，加强正面舆论引导，积极宣传反腐倡廉建设新成果、新举措，疏导网民情绪，牢牢把握反腐倡廉宣传教育的主动权。

五、市、县（区）两级网络举报平台建设

完善中央、省、市、县四级统一的纪检监察网络举报体系。加强纪检监察系统互联网阵地建设，通过开办反腐倡廉网站（网页）、廉政博客等形式，巩固和扩大网上舆论阵地，推动网络廉政文化建设。

第五篇　源头预防腐败

第一章　惩防体系建设

省纪委十二届八次全会作出“率先建成惩防体系基本框架”重大决策部署后，市纪委立即行动，成立抚州市建立健全惩治和预防腐败体系基本框架领导小组，在市纪委二届八次全会上进行重点部署，并召开专题会议强势推进。全市各级纪检监察机关按照中央纪委监察部、省纪委监察厅、市纪委监察局关于建立健全惩治和预防腐败体系的有关要求和部署，采取营造齐抓共管格局、推行三维构建模式、整体构建基本框架等措施，认真抓好构建工作的落实。至 2011 年底，全市基本完成以“8 大体系、30 项机制”为核心要素的基本框架构建工作，并完成惩防体系基本框架任务分工，从而为反腐倡廉等各项工作的深入开展奠定了坚实的基础。

第一节　基本框架

2011 年，市纪委制定下发《抚州市建立惩治和预防腐败体系基本框架任务分工（试行）》（抚纪发〔2011〕7 号），明确提出 8 大体系、30 项机制、146 项制度和任务，初步构建起全市惩防体系基本框架。

一、科学发展服务保障体系

（一）重大决策部署监督检查机制

（1）建立健全保障扩内需促增长政策落实的制度和规定。

（2）建立健全工程建设领域突出问题专项治理的制度和规定。

（3）建立健全国土资源领域突出问题专项治理的制度和规定。

（4）建立健全保障节能减排政策落实的制度和规定。

（5）建立健全救灾款物管理使用的制度和规定。

（6）建立健全保障性安居工程建设的制度和规定。

（7）制定全市政府投资项目招标投标等重点领域和关键环节的长效监管制度。

（8）完善责任追究办法。

(9)建立健全监督检查协调机制、考核评估机制和定期报送情况制度。

(二)发展环境优化机制

(10)建立健全《关于加强机关效能建设的暂行规定》、《关于机关工作人员诫勉教育和效能告诫的暂行办法》、《抚州市机关效能建设基本制度(试行)》、《抚州市优化发展环境监测点及监督员管理暂行办法》等制度。

(11)建立优化发展环境监测点及监测信息快速反馈机制。

(12)建立损害经济发展环境案件的快速查处机制。

(13)开展“双千双百增效提能”活动和“百千万”内设机构测评。

(14)将机关效能建设纳入全市目标考核体系进行考核表彰。

(三)科学的绩效考评机制

(15)完善与科学发展相适应的党政领导班子和领导干部绩效考核评价办法。

(16)完善县(区)和市直单位年度目标管理方案。

(17)完善招商引资考核奖励办法。

(18)完善公务员年度考核与奖惩办法。

二、公共权力阳光运行体系

(四)行政审批阳光服务机制

(19)制定《重大项目审批绿色通道的意见》。

(20)建立健全规范行政许可收费、行政执法行为和行政处罚自由裁量权等相关制度。

(21)健全政务公开工作制度、考核办法和监督制度。

(22)完善《抚州市党政领导干部问责暂行办法》。

(23)全面推进“两集中、两到位”改革。

(24)根据国务院、省政府行政审批清理结果,认真做好行政审批项目的承接、调整和清理工作。

(25)全面推进政务、厂务、村务公开和公共企事业、社会团体办事公开。

(五)公共资源阳光交易机制

(26)完善《抚州市工程建设项目招标事项核准管理暂行办法》、《抚州市公共资源交易市场管理暂行办法》等制度;研究制定《抚州市招标投标投诉处理办法》、《评标专家考核管理办法》等制度。

(27)逐步推行招标投标网上报名、网上评标和资格后审;建立评标专家信息库和在抚施工企业信用库;完善招标投标视频监控系统建设和电子化招标投标系统建设。

(28)完善市、县、乡三级公共资源交易平台建设。

(六)选人用人公开透明机制

(29)推行基层领导班子成员公推直选制度。

(30)规范干部选拔任用初始提名制度。

(31)全面试行常委会任用干部票决制度。

(32)落实拟提拔干部廉政报告制度。

(33)稳步推进差额选拔干部制度。

(34)落实干部选拔任用前征求同级纪委意见制度。

(35)认真贯彻《党政领导干部选拔任用工作责任追究办法(试行)》等四项监督制度。

(七)财政资金阳光运行机制

(36)建立健全《公共财政阳光运行意见》、《市级预算单位公务卡管理暂行办法》、《财政投资评审管理办法》等制度。

(37)完善会议、车辆、出国等经费管理暂行办法。

(38)完善党政机关厉行节约有关规定。

(39)全面推行公务卡改革和财政票据电子化改革;严格实行"收支两条线",推行收支脱钩管理;在市县两级全面推进"金财工程"建设。

(八)国有资产阳光运营和监管机制

(40)健全国有资本经营预算制度,完善企业负责人薪酬管理、企业财务管理、企业经营业绩考核制度。

(41)完善国有企业收益管理制度,形成对企业改制、资产评估、资产转让等关键环节的监管机制。

(42)落实国有企业"三重一大"事项集体决策制度、国有企业效能监察和内部审计制度。

(43)落实《国有企业领导人员廉洁从业若干规定》,促进国有企业领导人员廉洁从业。

(44)完善《加强市直行政事业单位经营性国有资产管理的意见》。

(九)司法公平公正运行机制

(45)完善立案、侦查、起诉、审判、执行等案件流程管理制度,健全案件流程各个环节操作规则和相关制度。

(46)完善量刑规范及案例裁判标准。

(47)完善检察机关执法规范等制度。

(48)制定司法机关工作人员行政过错追究办法;实施信访复查、案件再审中发现问题的责任倒查制度;完善对发回重审和改判案件的通报制度。

(49)落实立案监督、侦查活动监督、审判活动监督、执行监督等有关规定,健全对司法权力运行监督制约机制。

(50)完善涉法涉诉信访工作机制。

(51)推行司法机关办案风险评估预警机制。

(52)全面推行审判公开、检务公开、警务公开。

(十)科技手段预防腐败机制

(53)制定《抚州市政务信息网络管理办法》。

(54)推进市、县两级网上审批和电子监察系统建设。

(55)建立全市统一的政务信息资源数据中心及共享平台、政务数据容灾备份中心;建设政务网乡乡通工程。

(56)建立高清晰政务视频会议系统。

三、权力运行监控体系

(十一)"三重一大"事项民主决策机制

(57)完善重要干部任免制度。

(58)完善财政性资金或融资投资重大项目、数额较大公共性资金安排、大宗国有资产采购和处置等重大事项决策制度。

(59)健全对涉及群众切身利益的重大决策事项公示、听证、专家咨询论证、听取人大代表和政协委员意见等制度。

(60)建立健全重大决策报告、风险评估、失误纠错和责任追究等制度。

(61)建立健全对重大决策执行情况的督促、检查、考核机制。

(62)落实《关于在全市各级党的基层组织推行党务公开的实施意见》、《全市各级党的基层组织党务公开基本目录》、《关于加强党务公开工作联系点建设的通知》等制度。

(63)将“三重一大”事项决策情况列入党务政务公开重要内容,利用公开栏、触摸屏、局域网等载体进行公开。

(十二)廉能风险管理机制

(64)全面落实“1 + N”制度体系,强化对党政正职“四个不直接分管”、集体研究“三重一大”事项末位表态、个人重大事项报告、公开述廉、“一训双考”等制度执行情况的监督检查。

(65)规范党政“一把手”、公共资源配置、执法司法、公共资金管理使用、重点工作项目管理等关键岗位的权力运行流程。

(66)建立电子监察、终端评议、定点监测、行风热线“四位一体”的廉能信息采集系统;推行单项预警——综合预警——预警公示“三位一体”的预警纠错机制。

(十三)领导干部权力监督制约机制

(67)落实地方党委常委会向全委会报告勤政廉政、选人用人等工作情况的规定。

(68)落实民主生活会、述职述廉、诫勉谈话、函询、罢免或撤换以及领导干部报告个人有关事项等制度。

(69)落实党政主要领导干部经济责任审计规定。

(70)制定关于开展县委权力公开透明运行工作的意见,建立县委用权风险防控机制。

(十四)监督主体协调互动机制

(71)完善人大及其常委会对行政机关、审判机关、检察机关进行监督的制度;完善人大代表议案、建议、批评和意见的办理规定。

(72)完善政协对党委政府重大决策和政策贯彻执行情况、廉政情况进行民主监督的制度;完善政协委员提案办理规定。

(73)完善和落实向党外人士通报反腐倡廉工作制度;健全特邀监督员制度。

(74)完善审判机关依法受理、审理和执行行政诉讼案件,监督和维护行政机关依法行政的制度。

(75)完善检察机关对刑事诉讼、民事审判活动和行政诉讼的法律监督制度。

(76)完善审计部门对重点专项资金、重大投资项目审计制度。

(78)完善舆论监督制度和新闻发言人制度。

(79)建立信访举报联查和信访监督工作机制。

四、从严惩治腐败体系

（十五）案件及时发现揭露机制

（80）完善纪检监察机关接待群众来访和领导下访制度；规范信访举报处理程序；完善重要信访件集体研究和审批制度；健全信访举报线索集中管理制度；健全案件线索定期分析评估制度；健全信访举报件跟踪督办制度；完善信访处理监督、信访举报工作首问责任制等制度；完善实名举报反馈和奖励制度；完善市、县、乡三级纪检监察机关信访信息互联互通机制；建立健全绿色邮政、专门举报网站、12388 举报电话等举报载体和信访信息库。

（81）建立与法院、检察院、公安、司法、审计等部门信息互通机制。

（十六）案件有效查处机制

（82）落实纪检监察机关与法院、检察院、公安、审计部门在查办案件中加强协作的相关规定；健全联席会议制度、案件信息反馈制度、案件移送和通报制度；完善协作办案的程序和办法。

（83）健全对下级纪检监察机关办案工作的指导办法，建立重大疑难复杂案件领办、督办、异地交叉办案和下查一级等工作制度。

（84）建立错案责任追究制度。

（85）依托市党员干部警示教育基地，建立办案信息支撑系统。

（十七）依纪依法安全文明办案机制

（86）完善安全文明办案相关制度；健全对办案过程的监督管理办法；落实案件调查取证、移送审理、涉案款物管理等有关规定和程序。

（87）落实案件查处流程管理和对重大涉刑案件提前介入审理办法；完善《关于基层违纪案件实行“乡案县审”的暂行办法》；落实《纪律检查机关办理申诉案件暂行办法》和《关于办理申诉复查案件“劝导撤诉”暂行办法》；健全保障被调查人申辩权、申诉权、人身权、知情权和财产权的制度。

（88）建立“两规”期间办案全过程监督检查机制。

（89）组建专业陪护队伍，建立专业陪护人员库；筹建办案点专用医疗室，筹建医护人员专家库。

（十八）查案治本机制

（90）完善“一案两报告”制度；健全案件回访等制度；建立案件回访登记台账。

（91）完善典型案件通报制度。

（92）建立以案促建长效机制。

（93）在市党员干部警示教育基地设立典型案例专栏；拍摄警示教育专题片；组织典型案例图片展。

五、群众利益维护体系

（十九）损害群众利益突出问题专项治理机制

（94）建立健全在征地拆迁、住房保障、食品药品安全、环境保护、安全生产等方面损害群众利益突出问题的专项治理机制。

（95）健全对保障性住房建设、住房资金使用、工程质量和分配使用的监管制度。

(96)健全食品药品安全监督管理制度。

(97)健全环境保护监督管理制度。

(98)健全安全生产监督管理制度。

(99)健全社保基金监督管理制度。

(100)健全住房公积金监督管理制度。

(101)健全扶贫资金监督管理制度。

(102)健全救灾救济资金监督管理制度。

(103)健全强农惠农政策落实和资金使用监督检查制度。

(104)健全教育乱收费、医药购销和医疗服务中的不正之风、公路“三乱”等问题治理机制。

(105)建立损害群众利益案件快速查处和反馈机制。

(二十)部门和行业不正之风长效治理机制

(106)建立健全行业协会监督管理办法。

(107)建立健全市场中介组织监督管理办法。

(108)完善民主评议政风行风和基层站所工作办法。

(109)完善市、县、乡、村四级纠风网络。

(110)建立健全群众、部门、媒体三方互动的政风行风热线平台。

(二十一)维护和保障群众权益机制

(111)建立健全惠民政策实施和资金使用实时监控机制。

(112)健全信访工作责任制。

(113)建立社会舆情汇集和分析机制;完善矛盾纠纷排查调处工作制度。

(114)建立完善领导带责督导、带队督查、带案督办、驻点指导“三带一驻点”信访工作机制。

(115)建立健全民声通道。

(116)建立健全市长热线制度。

六、反腐倡廉宣传教育体系

(二十二)反腐倡廉教育机制

(117)完善反腐倡廉教育联席会议制度。

(118)把反腐倡廉教育纳入党委宣传教育工作总体规划,列入各级党校及其他培训机构的培训计划。

(119)完善党委(党组)中心组反腐倡廉专题学习制度。

(120)完善领导干部讲廉政党课制度和干部提拔、轮岗、交流上岗前廉政教育谈话制度。

(121)建立健全对党员干部开展示范教育、警示教育、岗位廉政教育制度以及对领导干部配偶、子女和身边工作人员开展廉政教育制度。

(122)建立市党员干部警示教育基地。

(二十三)廉政文化创建机制

(123)制定《关于加强廉政文化建设的意见》;完善廉政文化进机关、社区、学校、农村、企业、家庭相关制度。

(124)每年突出一个主题,举办廉政文化作品展,促进廉政文化作品创作。

(125)完善市县两级廉政文化示范基地建设;办好“抚州廉政网”和《清风苑》廉政专刊。

(二十四)反腐倡廉舆论引导机制

(126)完善反腐倡廉网络宣传、抚州廉政网、县区廉政网站管理制度;完善反腐倡廉舆情信息员和网络评论员制度;建立反腐倡廉舆情收集、研判、报送、处置制度。

(127)健全在党报党刊、电台电视台、重点新闻网站和政府网站设立反腐倡廉专栏或制作专题节目制度。

(128)完善反腐倡廉新闻发布制度。

七、反腐倡廉制度和执行评估体系

(二十五)反腐倡廉制度创新机制

(129)制定《抚州市反腐倡廉制度制定程序办法(试行)》和《抚州市反腐倡廉调研成果转化运用制度(试行)》。

(130)建立反腐倡廉制度创新立项、论证机制。

(131)建立反腐倡廉制度建设台账。

(二十六)制度执行评估机制

(132)制定《抚州市反腐倡廉制度考核评估办法(试行)》、《抚州市反腐倡廉制度廉洁性审查实施方案(试行)》和《抚州市反腐倡廉制度定期清理规定(试行)》。

(133)建立健全反腐倡廉制度执行情况的考核评估和修订完善制度。

(134)建立抚州市反腐倡廉制度评估和廉洁性审查专家库。

(二十七)制度执行监督检查机制

(135)制定《关于开展反腐倡廉制度执行情况监督检查的实施意见(试行)》。

(136)建立健全制度执行的日常督查、专项检查、执行问责机制。

(137)把反腐倡廉制度执行情况纳入党风廉政建设责任制考核和领导干部述职述廉内容。

八、惩防体系建设组织领导和保障体系

(二十八)党风廉政建设责任制落实机制

(138)建立健全《关于对违反党风廉政建设责任制追究办法(试行)》、《关于市委常委、市政府党员副市长带头落实党风廉政建设责任制的实施意见》、《抚州市党风廉政建设责任制考核评价暂行办法》等制度。

(139)建立落实党风廉政建设责任制日常巡查机制。

(140)把落实党风廉政建设责任制的情况,纳入党委政府综合目标考评内容,纳入县级领导班子及其成员民主生活会、考核评价和述职述廉内容。

(二十九)惩防体系建设检查考核机制

(141)制定完善惩防体系建设检查考核办法。

(142)建立“一图一表一台账”,即惩防体系基本框架构建模式图、制度建设一览表、惩防体系工作台账。

（三十）纪检监察组织管理机制

（143）建立健全县（区）纪工委监察分局和市直派驻纪检组管理办法。

（144）完善纪检监察系统内部监督制度和纪检监察干部学习、培训、轮岗、交流制度。

（145）建立健全纪检监察工作项目化管理机制。

（146）在全市纪检监察系统开展“四实四创”活动，开展“十面先进红旗”、“十大创新成果”和“十大执纪模范”评选表彰活动。

第二节　部署落实

市纪委坚持标本兼治、综合治理、惩防并举、注重预防的方针，将惩防体系建设贯穿反腐倡廉建设全过程，制定惩防体系建设《工作意见》和《任务分工》，量化工作目标、细化任务分解。全市各级纪律检查机关按照上级部署和要求，结合抚州实际大胆探索、努力实践、强化举措、狠抓落实，深入开展党风廉政建设和反腐败工作，全市反腐倡廉建设呈现出“重点突出、特色鲜明、整体推进、协调发展”的良好态势。

一、营造齐抓共管格局

市纪委以责任分解、示范引导、任务落实三措并举或三管齐下营造齐抓共管格局。一、抓好责任分解。制定《惩防体系基本框架任务分工》，将146个重点工作项目的牵头和协办责任分解到56个市直单位、协调指导责任分解到委局机关13个室；建立10个责任片区和委局领导分片联系制度，将体系构建责任延伸到基层，形成“党委抓全面、纪委抓协调、县（区）抓联动、部门抓深化、基层抓延伸”的整体构建格局。二、抓好示范引导。按照有一个坚强有力的工作班子、一套特色鲜明的惩防制度、一个保廉提能的管理模式、一个具体明确的工作载体、一套内容详尽的工作台账的“五个一”标准，在10个重点领域建立惩防体系构建示范点，以点带面，整体推进。三、抓好任务落实。紧扣目标任务，细化工作指标，实行时间倒逼，制定下发《2011年全市惩防体系基本框架构建工作任务及推进时间安排表》，明确各个阶段的工作任务，实行惩防体系建设信息通报、专报和公示、责任追究制度，做到以目标倒逼工作、以时间倒逼进度。

二、推行三维构建模式

市纪委从制度、机制、载体三维构建惩防体系基本框架。一、制度构建。在全市层面制定出台支撑惩防体系基本框架的146项基础性制度、具有抚州特色的105项创新性制度、确保制度执行的47项保障性制度；市直各单位从内控和外防两个方面制定完善反腐倡廉制度2873项；各县（区）按照惩防体系基本框架构建任务的要求，制定完善一系列制度，形成内容科学、程序严密、配套完备、有效管用的反腐倡廉制度体系。二、机制构建。按照省纪委实施办法和指标要素，结合抚州实际，重点构建保障科学发展、拒腐防变教育、重点领域防腐、权力运行监控、纠风增效提能和从严惩戒腐败等八大类30项反腐倡廉工作机制。三、载体构建。全市建立反腐倡廉教育平台、监督平台、公开平台等各类载体4600多个，开展专题活动100多项，实现惩防体系构建具体化、常态化。

三、整体构建基本框架

市纪委坚持抓重点、攻难点、带全局的工作方法，整体构建惩治和预防腐败“八大体系”。以构建工程治理长效机制为抓手，建立科学发展保障体系；以完善廉政阳光工程为重点，建立权力阳光运行体系；以廉能风险防控为载体，建立权力运行监控体系；以查办大案要案为关键，建立从严惩治腐败体系；以四级纠风网络为平台，建立维护群众利益体系；以廉洁修身教育为基础，建立反腐倡廉教育体系；以健全“1 + N”制度为目标，建立制度创新评估体系；以落实责任制为龙头，建立基本框架保障体系。市纪委监察局和市直重点部门都建立“一图一表一台账”，即基本框架模式图、制度建设一览表、惩防体系建设工作台账。

第三节　工作成效

一、服务发展大局

市纪委加强对中央、省、市重大决策部署落实情况的监督检查，同时对扩内需促增长、环境保护、节能减排、固定资产投资等政策落实情况，以及专项资金使用、重点项目建设和民生工程建设等方面的情况，认真开展监督检查，督促纠正存在的问题，维护政令畅通。继续深入开展工程建设和土地领域突出问题专项治理。建立健全工程建设领域诚信监督体系等制度；清理闲置土地，追缴土地出让金；先后开展“发展提升年”暨“双千双百增效提能”等系列活动及“效能作风整治”专项行动，着力解决工作作风上的“庸懒散”、领导作风上的“假浮蛮”、为政不廉上的“私奢贪”等问题，进一步提升机关效能。建立优化发展环境监测点 1097 个，开展内设机构测评活动和开展效能专项督查，发展环境进一步优化。

二、反腐倡廉教育扎实有效

市纪委不断完善“大宣教”工作格局。健全联席会议制度，将党风廉政教育纳入市委宣传教育工作的总体规划、党员干部的培训课程、市级主流媒体的宣传重点。采取知识竞赛、廉政征文、专题讲座、演讲比赛等形式，开展党风党纪教育；以“十大勤廉之星”和“百名清廉人物”评选等活动为载体，开展示范教育；通过组织领导干部到监狱接受现身说法、召开案件通报会和警示教育大会等形式，开展警示教育；组织开展“防范风险、保廉提能”等系列教育活动，开展岗位廉政教育。建立廉政文化示范点，扎实开展廉政文化“六进”活动，深入推进廉政文化建设。编印《廉洁修身教育》系列教材，免费发放给全市中小学生，并作为全省中小学生德育教育推荐教材，填补全省中小学廉洁教育教材的空白。

三、权力运行监督不断强化

市纪委加强对领导干部监督。严格执行《廉政准则》，推行领导干部个人重大事项报告、新任科级干部财产公示等制度；深化“红包”问题专项治理，继续开展领导干部收受“红包”、公款出国（境）旅游、违规经商办企业等专项治理，严格落实厉行节约有关规定，继续加强公务用车管理，实行节假日公车封存制度，促进领导干部廉洁自律。建立健全“1 + N”制度体系，出台《抚州市加强对县级党政正职监督的暂行规定》，实行市直单位党政正职“四个不直接分管”、党政班子集体研究“三重一大”事项正职末位表态、县级党政正职述廉、新任领导干部“一训双考”等制度，推行县委用权风险防控，规范权力运行。抚州市在全省率先推行风险岗位廉能管理工作，全市从清权确责、风险排查、流程再造、权力公开、风险防控、风险预警、电子监察、保廉提能等八个环节，探索风险岗位廉能管理的新方法、新途径，组织各级党员干部全面排查风险，并进行风险定级；对风险岗位实行流程再造，绘制风险防控流程图1267个，完善风险防控制度1670余项；推行单项预警——综合预警——预警公示“三位一体”的预警纠错机制，实现风险意识入脑入心、预警防控到岗到人。

四、维护群众利益成效明显

市纪委建立健全纠风工作机制。继续开设《政风行风热线》、《纠风约谈》等栏目，畅通群众诉求渠道；建立市县乡村四级纠风网络，延伸纠风触角；开展民主评议政风行风和基层站所形象测评，切实解决损害群众利益的突出问题。加强对强农惠农政策落实情况和社保基金、住房公积金、扶贫救灾资金等专项资金使用情况的监督检查；切实纠正教育乱收费、公路“三乱”、医药购销和医疗服务中的不正之风；继续开展教育阳光收费、公路阳光执法、医药医务阳光行动，解决上学难、看病难、行路难的问题；开展城乡低保、农民建房收费、失地农民基本保障民生领域三个突出问题专项治理“回头看”，切实纠正存在的问题；建立农村基层“三资”（资金、资产、资源）监管、党务公开、便民服务三个网络平台，不断提升农村基层党风廉政建设科学化、规范化、信息化水平；建立乡镇便民服务中心、村级便民服务代办点、村小组便民服务联络员三级便民服务网络，全市有11个乡镇便民服务中心被评为省级示范点；积极推行基层党务公开、政务公开、村务公开，抚州市被中央纪委确定为江西省唯一的设区市党务公开工作联系点。

五、源头治腐工作深入开展

市、县（区）两级全部建立行政服务中心，网上审批和电子监察系统在全省率先上线运行，行政审批事项网上办结率在全省位居前列；加大“两集中两到位”改革力度，市、县（区）两级进驻行政服务中心单位332个，进驻项目2887项，行政许可事项压缩41.3%，投资项目审批事项压缩48.2%，平均办结期限压缩44.6%，办事效率得到提高。深化财政管理体制改革，市、县（区）两级全部成立国库集中支付中心，全市共有1642个预算单位和451项专项资金纳入国库集中支付范围；推行“公务消费一体化监管”，实行公务卡结算、财政票据电子化管理、机打发票、公务用车定点维修、公务接待定点管理，强化了公共资金使用的监管。深化公共资源交易制度改革，市本级和10个县全部建立公共资源交易中心，把工程建设、土地出让、产权交易和政府采购等全部纳入交易中心统一交易。

六、队伍自身建设得到加强

市纪委常委会高度重视自身建设，坚持把责任担在肩上、把创新抓在手中、把廉勤记在心里、把学习贯穿始终，认真执行向全委会负责和报告工作制度，贯彻落实民主集中制，完善理论中心组学习制度，实行市纪委常委挂点基层和下基层调研制度，带头执行廉洁自律各项规定，自觉接受监督。切实加强纪检监察干部思想作风建设，建立“纪律大讲堂”等学习交流平台，内强素质、外树形象。全面推行县乡纪检监察机构管理体制改革，全市11个县（区）纪委监察局内设机构由129个精简至89个，撤销256个县（区）直单位纪检组（纪委），设置纪工委监察分局71个，减少机构185个，整合资源、强化基层。严格纪检监察干部教育、管理和监督，加大干部轮岗、交流和培训力度，增强纪检监察干部队伍的活力。

第二章　风险岗位廉能管理

2010年3月,抚州市在全省率先推行风险岗位廉能管理,全市11个县(区)、金巢经济开发区和99个市直部门从清权确责、风险排查、流程再造、权力公开、风险防控、风险预警、电子监察、保廉提能等八个环节,探索风险岗位廉能管理的新方法、新途径,着力构建"廉能风险防范机制、权力运行监督机制、保廉提能长效机制",为抚州"赶超发展、提速进位、争创一流"提供有力保证。市纪委监察局从抓制度建设、风险教育、风险防控、综合预警四方面入手,深入推进风险岗位廉能管理,取得显著成效。2011年,全市风险岗位廉能管理工作分别在省纪委十二届八次全会和全国加强廉政风险防控规范权力运行现场会上作书面交流。同时,《中国纪检监察报》等新闻媒体也对此项工作进行了广泛宣传。

第一节　制度建设

2010年,市委、市政府印发《关于在全市推行腐败风险预警防控工作的意见》,建立"1+N"制度体系。"1"指一项总制度,市委出台《抚州市加强对县级党政正职监督的暂行规定》,对监督内容、监督方式、责任追究等方面作出具体明确规定。"N"指若干配套制度,实行党政正职不直接分管财务、干部人事、工程招标和物资采购工作等"四个不直接分管"制度和集体研究"三重一大"事项正职末位表态制,做到分权制衡;实行住房、投资、配偶子女从业等重要事项报告制度,探索试行新提拔科级干部财产申报公示制度,黎川县率先在全省对新任科级干部进行财产公示;全面实行以"廉政教育培训、廉政法规考试、廉洁从政考核"为基本内容的新任领导干部实行"一训双考"制度,促使新任领导干部学纪、知纪、守纪;结合构建惩防体系基本框架,选择县委用权、工程建设、征地拆迁、住房保障、财政资金监管、司法执法、公共服务等重要领域和系统,制定146项具体防控制度,开展重点领域专项工作廉能风险防控工作。市本级、市直各单位针对不同业务工作,制定3653项具体防控制度,绘制廉能风险防控流程图1267个,形成以业务工作流程为点、以业务工作程序为线、以业务工作制度为面的廉能风险防控机制,实现防控措施的全覆盖。

2011年,市廉能风险预警防控工作领导小组印发《抚州市2011年廉能风险防控工作实施方案》,重点围绕抓住理清岗位权限、排查岗位风险、规范业务流程、公开权力运行、推进风险防控、实行风险预警、推行电子政务电子监察、强化效能监察等"八个环节",突出对"一把手"岗位、公共资源配置岗位、执法司法岗位、国有资金管理使用岗位、重点工作项目岗位等"五个方面"的重点,建立和完善风险教育全员化、查险定级规范化、制度防范系统化、预警处置常态化、部门行业差别化的廉能风险预警防控"五化"体系开展工作。是年,召开全市廉能风险预警防控体系建设工作座谈会。

2012年,市纪委印发《关于深入推进风险岗位廉能管理工作的实施意见》和《关于做好风险岗位廉能管理重点联系单位有关工作的通知》,全面推进风险岗位廉能管理。确定崇仁县、资溪县、黎川县、金溪县、市中级人民法院、市公安局（市交警支队）、市交通运输局、市国土资源管理局、市建设局、市规划局、市国税局、市烟草专卖局等12个单位为市纪委监察局重点联系单位。

2013年，市纪委监察局先后印发《关于深入推进风险岗位廉能管理工作的通知》，就强化制度建设，开展专项防控、实行预警处置、纳入电子监察作出部署。印发《进一步加强政府投资重点项目廉能风险防控的实施方案》，对全部使用预算内投资资金、专项建设资金、政府借债筹措的资金以及其他财政资金的政府投资项目；未全部使用财政资金，财政资金占项目总投资比例超过50%，或者占项目投资的比例在50%以下，但政府拥有项目建设、运营实际控制权的政府投资项目；政府以项目或者土地、矿藏、水流、森林等资源融资，或者在市政基础设施配套等方面依法给与政策优惠的公益性政府投资项目；市本级重点建设项目；政府性投资的设备、材料采购项目；单项合同估价在30万元以上的勘察、设计、咨询（招标）代理、监理等服务类项目进行风险防控。印发《在全市人事考录中加强廉能风险防控的实施方案》，对全市性的人事考试录用（包括公务员招录、事业单位招聘、高素质人才引进、三支一扶、大学生村官等）工作，具体涵盖计划编制、资格审查、笔试、面试、体检、考核等全过程开展风险防控工作。实行首席代表、首问负责、一次性告知、并联审批等一系列确权、亮权、规范权力行使的工作制度。把事项进厅、系统运行、工作效能、制度执行等纳入风险岗位廉能管理、绩效管理考核和作风效能预警的内容。

2014年，市纪委和市委组织部联合印发《关于推行市直单位重点管理岗位科级干部轮岗交流工作的意见》，规定在干部人事、财务审计、执法监督、费用收取、项目审批、证照发放等重点管理科级岗位任正职或科室负责人满5年的必须进行轮岗交流，深入推进风险岗位廉能管理，从严监督管理干部。到11月底，全市共有25名在重点管理科级岗位上任职满5年的干部和33名在重点管理股级岗位上任职满5年的干部进行轮岗交流。

第二节　风险教育

2009年，开展岗位廉政教育。市纪委监察局在与群众接触密切的办事窗口和涉及人、财、物管理的重要岗位设立廉政警示牌，公布廉政责任人及投诉电话，强化群众监督。

2010年，市纪委监察局结合“建廉勤抚州、促赶超发展”主题教育活动，深入开展风险教育。建立党政“一把手”讲廉政党课、新任领导干部“一训双考”等制度，对65名新任县级领导干部进行集体廉政教育谈话，并组织闭卷“考廉”和签订《廉政承诺书》。组建廉政教育讲师团，开展“反腐倡廉形势报告会”和腐败风险预警防控工作专题研讨会，引导党员干部明确岗位职责，认清岗位风险，提高防范能力。积极开展“勤廉之星”评选和廉政书画、公益广告比赛、展览活动，以及风险教育谈心活动和“以案施教，以案明纪”、“警示日”活动，从正反两方面增强党员干部特别是领导干部的风险意识。全市共组织党员干部参观反腐倡廉警示教育基地2万余人次，组织观看警示教育片200多场；在省纪委监察厅牵头组织的江西省学习贯彻《廉政准则》电视知识竞赛中，抚州荣获第一名。

2011年5月20日，全市“防范风险、保廉提能”党风廉政主题教育活动启动仪式在市行政中心南门广场上举行。市委常委、市纪委书记吴伟柱，省纪委监察综合室主任胡彦斌出席启动仪式并讲话。吴伟柱要求，各地各单位要注重实效，不走过场，以高度的政治责任感、饱满的工作热情、细致的工作作风，扎扎实实地推进，务求做到轰轰烈烈，实实在在。要认真组织，确保主题活动扎实有效；要突出重点，开展有的放矢的廉能风险教育；要因地制宜、拓宽思路、延伸领域，把主题教育活动融入到各项具体工作中，做到互促共进；要注重长效，充分发挥教育在风险岗位廉能管理工作中的基础性作用。同时，以中层干部为主要对象，开展“防范风险、保廉提能”岗位廉政教育活动，组织 99 个市直单位 186 名科级干部参加首期风险岗位廉能管理培训班。

2010—2011 年，全市深入开展“讲廉、考廉、评廉、倡廉、观廉、赛廉”等系列风险教育活动。“讲廉”，组建廉政教育讲师团，开展“反腐倡廉形势报告会”和风险岗位廉能管理工作专题研讨。“考廉”，组织党员领导干部参加“学准则，筑廉堤”知识测试，并对 174 名新任县级干部和 858 名新任科级领导干部进行集中廉政谈话和闭卷“考廉”，签订《廉洁从政责任书》。“评廉”，开展“廉勤之星”先进典型评选表彰和宣传活动，评选出 8 名“廉勤之星”，通过《中国纪检监察报》、《抚州日报》、抚州电视台、抚州政府网、抚州廉政网等新闻媒体进行广泛宣传。“倡廉”，在全市公职人员中开展“勤廉伴我行”岗位廉政教育活动，引导党员干部明确岗位职责，认清岗位风险，提高防范能力。“观廉”，结合民主生活会，组织党员领导干部观看《廉政中国》等影视教育片，并开展“以案施教，以案明纪”、“警示日”等活动，创作廉政公益平面广告 65 件，从正反两方面增强党员干部特别是领导干部的风险意识。“赛廉”，举办“才乡廉韵”——全市廉政书画及公益广告比赛及展览活动，增强反腐倡廉教育的吸引力和感染力。

第三节 风险防控

2009 年，市纪委监察局把握风险查找这个关键环节，突出领导岗位、中层岗位和其他重要岗位，在清权确责的基础上，通过自己找、家属帮、群众提、互相查、领导点、组织评等方法，全面深入查找思想道德、岗位职责、业务流程、制度机制、外部环境等五类风险。11 个县（区）委书记、县（区）长和金巢经济开发区党工委书记、管委会主任等岗位共梳理行政职权 240 项；99 个市直部门主要领导岗位共梳理行政职权 521 项。县（区）委书记、县（区）长共查找一级风险点 185 个；市直单位共查找五类风险点 31286 个。同时，将风险点登记汇总、对外公示，做到上牌、上桌、上墙，公开晒权，接受社会监督。

2010 年，市纪委监察局以省纪委监察厅确定的“全省推行腐败风险预警防控工作试点联系市”为契机，按照点上突破、线上连接、面上推进的工作思路，精心组织，强化举措，狠抓落实，风险防控工作全市启动、全员参与、全面覆盖、全力推进，营造浓厚的反腐倡廉氛围。不断创新廉能预警机制，将风险岗位工作人员的廉洁自律、作风建设、效能建设、遵守党纪政纪和国家法律法规等情况，细化分解为 5 大类 7 个档次 50 多项预警内容，合理设置百分制预警指数，采取扣分方式进行预警评价。全市共设立风险信息员 1892 名，下发《预警告知书》298 份、《廉能督办单》63 份，廉能约谈 56 人。此项工作引起中央纪委和国家预防腐败局的关注,《中国纪检监察报》和国家预防腐败局多次进行宣传报道,26 个上级部门和外地市先后到抚州学习考察。

2011 年 4 月 14 日,全市腐败风险预警防控工作动员电视电话会在市会议中心五楼会议室召开。会议主要内容是认真贯彻中央纪委十七届五次全会、省纪委十二届七次全会精神,研究部署腐败风险预警防控工作。市委书记甘良淼作批示,市委副书记、市长张勇作书面讲话,吴伟柱出席会议并讲话。会后按照上级部署全力推进腐败风险预警防控工作。继续把握风险查找这个关键环节,全面深入查找“五类”风险。坚持保廉提能,将廉能管理与效能建设有机结合,做到互联互动、共同推进。在市县(区)两级 970 个环境监测点的 5524 次监测中,平均监测满意率为 94%,较 2010 年同期均有明显提高。同日,全市建立惩治和预防腐败体系基本框架暨风险岗位廉能管理工作推进会在市会议中心召开。甘良淼作重要批示,市委常委、常务副市长谢发明主持会议并讲话,吴伟柱出席会议并讲话。吴伟柱强调,要高度重视、高位推动、高效落实、高度协作,确保如期优质完成基本框架构建任务。要巩固深化腐败风险防控工作的成果,不断拓展延伸廉政与效能相结合的内涵。是年,在巩固 2010 年腐败风险防控工作的成果的基础上,不断拓展延伸廉政建设与效能建设相结合的内涵,做到“四个深化”,全面推进风险岗位廉能管理。一是向关键岗位深化。突出党政“一把手”岗位、公共资源配置岗位、执法司法岗位、国有资金管理使用岗位、重点工作项目岗位、公共服务岗位等“六类关键岗位”,建立 14 个风险岗位廉能管理工作市级示范点,制定下发《关于县委用权风险防控工作的实施意见(试行)》和《2011 年全市风险岗位廉能管理工作示范点创建活动工作要点》,实行典型引路、示范引导、整体推进。二是向重点对象深化。以中层干部为主要对象,开展“防范风险、保廉提能”岗位廉政教育活动,组织 99 个市直单位 186 名科级干部参加首期“风险岗位廉能管理培训班”。按照“理清岗位权限—排查岗位风险—确定风险等级”三个步骤,全市 11 个县(区)共清理明确党代会职权 65 项,全委会职权 73 项,常委会职权 109 项,县委书记职权 101 项,县委副书记职权 119 项,县委常委职权 344 项;查找“三重一大”事项等方面的风险点 351 个,常委会成员共查找风险点 1373 个,全部审定为一级风险岗位。三是向综合预警深化。在 2010 年市直单位共查找五类风险点 31286 个、绘制风险防控流程图 1267 个的基础上,着力构建廉能风险评价机制,对干部廉能情况进行量化评价,将清权确责后的部门和岗位责权,进行流程再造,推行单项预警—综合预警—预警公示“三位一体”的预警纠错机制。四是向制度执行深化。对 2010 年全市建立完善的“1 + N”制度体系,重点采取专项督查、效果评估、量化考核等措施,对党政正职“四个不直接分管”、集体研究“三重一大”事项末位表态、个人重大事项报告、公开述廉、“一训双考”等制度执行情况进行监督检查和考核评估,确保制度落实到位。

2012 年,制定《关于进一步规范县委全委会、常委会及其成员职权的意见》,进一步明晰县委书记及其他成员的职责和权限。县(区)委 121 名常委会成员核定职权 1199 项,并结合岗位廉能风险预警防控工作,深入查找一级廉能风险点 902 个,制定风险防控措施 550 条。

2014 年,按照全省统一部署,督促相关单位完善电子监控统一平台,建立风险岗位预警平台,提高源头防腐科技含量。

2015 年,进行廉能风险科技防控平台建设,选择市财政局和市人社局进行试点,在单位业务流程系统中嵌入风险防控模块,把廉能风险和防控措施转化为计算机语言,用“电脑”代替“人脑”,真正把权力关进制度的“笼子”。

第四节　预警处置

崇仁县在抚州最早探索实行作风效能预警机制。2010 年试点开始时,该县石庄乡因工作人员打牌、便民服务中心人员脱岗等问题被扣 11 分。乡里急了,如果再扣分,县纪委将启动综合预警机制,派专人全面入驻彻查。知耻后勇,石庄乡完善一系列制度,下大力气整改干部作风,到 2012 年,纪委数次抽查,没有再扣一分。在崇仁县成功试点的基础上,抚州市纪委于 2013 年在全省率先推行作风效能预警机制,明确预警对象、预警事项和各项操作流程,并以扣分的形式对预警对象进行预警纠错,将“小违规”、“小问题”努力遏制在萌芽状态。列入预警范围内的部门和单位不仅有行政机关、事业单位是预警对象,国有企业及公共服务部门也全部纳入预警监督范畴。预警的具体事项,可谓“包罗万象”、“细致入微”,中央、省、市有关作风效能建设的各项规定均纳入预警事项,甚至开会打瞌睡也可能被“预警”。预警对象违反预警事项的现象一旦发生,将通过下达预警“督办单”跟踪督办,并扣去涉及单位的廉能预警相应分值。是年,全市下达 112 份预警“督办单”,被督办的部门和事项包含较广,如交警违规处罚不开票据,单位被实施作风效能单项预警;驾校教练员违规向学员收取练车油费,运管处因监管不力被预警;领导干部未遵守会风会纪规定,单位被预警;供电所违规向农民乱收费,单位被预警等。每次单项预警后,不仅相关人员受到处理,单位还被扣分并在全市通报。当扣分积累到一定数量,纪委将派员进驻该单位,启动综合预警机制,对单位的震慑力极大。而在过去,诸如既不是党员又不是干部的教练员,发生一些小的违纪违规后,纪委监察部门往往鞭长莫及;对开会不到岗、上班玩游戏等类似作风效能问题,相关单位也不当一回事。但正是这些堆积的“小问题”,损害了群众利益,影响了政府形象。在此背景下,市纪委创造性地在全市范围内全面推行“作风效能预警机制”,明确预警对象、预警事项和各项操作流程,并以扣分的形式对预警对象进行预警纠错,将小违规小作风问题遏制在萌芽状态。对预警对象违反预警事项,采取倒扣分的方式,并下达预警“督办单”跟踪督办,做到有诉必查、有诉必复,有力地促进全市作风效能的转变和提高。与此同时,市纪委将预警机制和立案查处相结合,重拳出击严肃查处违纪违法案件,有效破解作风效能监督难题,促进八项规定常态化落实。

2013 年,深入推行作风效能预警。针对干部作风效能方面的问题,全市建立电子监察、终端评议、定点监测、行风热线“四位一体”信息采集系统,把全市党政机关、企事业单位和公共服务部门及干部违反“八项规定”、干部作风建设、机关效能建设和“四风”问题以及廉政建设有关规定的行为全部纳入预警范畴,采取百分制量化考核的方法,进行单项预警、综合预警和预警公示,做到早发现、早制止、早整改,把问题消除在萌芽状态。全市共对 322 个单位进行作风效能预警,启动单项预警 378 次,解决实际问题 2100 余个,查处影响发展环境典型案件36件。是年,《中国纪检监察报》以头版头条位置刊发抚州市推行行政效能预警机制遏制“小违规”的成功做法。

2015年,开展廉情三预警。要求领导干部对负责的重大工程项目、亲属经商办企业、操办婚丧喜庆事宜、出国出境等情况,必须书面向上级纪委、组织部和所在单位党委(党组)三方报告,签字背书作廉政承诺。同时,三方要明确专人对当事人进行廉政提醒和纪律教育,实行一单预警、三方监督,做到事前教育提醒、事中明查暗访、事后公示反馈。全市党员干部上报廉情预警事项379项,发出《预警通知单》337份。同时,开展前期预警提醒。针对元旦、春节以及执法检查、人事变动等廉能风险易发多发的时间节点,采取发送预警提示短信和发放温馨提示卡等方式进行预警提醒。实行中期预警评估。将风险岗位工作人员的廉洁自律、作风建设、效能建设、遵守党纪政纪和国家法律法规等方面的情况进行细化分解,设置5大类7个档次50多项预警内容,形成百分制的预警指数,并通过风险信息员、群众信访反映、案件检查分析、党风廉政建设督查、专项检查、执法监察、政风行风热线、环境监测点以及电子监察平台等渠道收集风险信息,及时分析、研究、评估廉政风险。进行后期预警处置。对照廉能风险预警指数,实行“三级预警、二级预警、一级预警”三级管理,分级下达《风险岗位廉能预警通知书》,采取提醒谈话、诫勉谈话、组织处理等手段,纠正工作中的失误和偏差,堵塞漏洞,化解风险。

第三章　行政审批制度改革

2005年开始,全市两级监察机关在切实做好实施《中华人民共和国行政许可法》(简称《行政许可法》)的基础上,不断加快和深化行政审批制度改革。同时,抓好行政服务中心规范化建设,进一步落实服务承诺制、限时办结制、首问负责制,实行“一站式”办公,“一条龙”服务。推行网上审批和电子监察系统建设,构建市本级和县(区)“两横一纵”的行政审批电子监察网络,规范权力运行机制,深入推进源头预防腐败工作。

第一节　行政审批

2003年8月27日,《行政许可法》公布,2004年7月1日,《行政许可法》开始施行。

此前的2001年,抚州市县两级监察机关根据国务院、省政府的有关要求,对行政许可事项、主体和规范性文件进行严格认真地清理,取消、下放行政审批项目424项,占审批项目总数的52%;把涉及项目有审批和收费权的单位纳入市、县(区)集中办事大厅进行集中办公。进厅各单位公开办事程序,实行“一个窗口”收费、“一条龙”服务的联合办公模式。市、县(区)整治办也进入大厅跟踪监督,协调关系。至2002年底,全市办事大厅累计接待客商和市民办事、咨询571137人次,办理各种证照、规费业务391934件,收取各种规费33775.78万元,工商办理企业开业443户,累计注册资金152900.36万元,外贸新批外资项目51个,总投资16748.04万美元,注册资金9789.57万美元。

2005年，全市两级监察机关为切实做好实施《行政许可法》的基础工作，一是对涉及行政许可的15件规范性文件，以市政府7号令的形式修改1件、废止1件。市本级共保留行政许可项目360项，确定实施主体41个。为营造全民参与的良好氛围，全市各级、各部门充分利用报刊、电视、广播、互联网等传媒，开展形式多样、内容生动、效果明显的学习、宣传和培训活动。全市参加《行政许可法》培训的人员在万人以上。通过广泛深入的学习培训、宣传发动，全市干部、群众更加深刻地理解《行政许可法》，增强贯彻实施《行政许可法》的自觉性和主动性。二是建章立制，创新机制，全面规范实施《行政许可法》的工作程序。以市政府名义先后下发《抚州市人民政府关于印发抚州市实施行政许可暂行办法的通知》、《2005年度抚州市政府法制工作考评实施意见》，对贯彻《行政许可法》的实施要求进行细化，制定具体的评分标准，为行政机关规范实施行政许可活动提供依据。市、县(区)两级政府行政服务中心和便民服务中心(集中办事大厅)单独设立一个对外受理行政许可事项和统一将行政许可决定送达被许可人的“窗口”。这样，大大方便申请人咨询、查阅和办理有关行政许可的事宜。同时，为提高行政效率和服务质量，各行政许可实施机关对外都承诺比法定期限更短的办理许可期限，实行首问责任制、一次性告知制、收文责任制、行政许可听证制、责任追究制等制度，为行政许可法的贯彻实施提供较为完备的制度保障。三是突出重点，完善监督，认真抓好实施《行政许可法》的监督检查。市政府下发《关于开展2005年度行政执法案件自查、抽查的通知》，市法制办对市直重点部门的110件行政许可案件进行检查，并将检查结果及时反馈被检查单位。广昌、南丰、东乡、崇仁等县也对县直实施机关进行检查，帮助和促进行政机关及其工作人员提高行政能力和工作水平。认真开展好《行政许可法》贯彻实施检查工作。省监察厅、省法制办关于对全省行政许可法贯彻实施情况进行重点检查的通知下发以后，市政府印发《关于转发市监察局、市法制办关于对行政许可法贯彻执行情况开展监督检查实施方案的通知》。市监察局、市法制办组成联合检查组，集中半个多月的时间，采取听取汇报、查阅案卷和资料、现场检查、问卷调查等方式，深入各地、各部门进行检查，并针对存在的问题，及时提出整改意见。是年，市政府各部门取消和调整项目29项，废止修订文件26件，纠正不符合法定资格主体5个。同时，抓好行政服务中心规范化建设。进一步落实服务承诺制、限时办结制、首问负责制，实行“一站式”办公、“一条龙”服务。

2006年，继续开展对《行政许可法》贯彻执行情况的监督检查。根据省监察厅、省法制办《关于2006年开展行政许可法贯彻执行情况监督检查的通知》要求，从市监察局、法制办、行政服务中心抽调精干力量组成检查组，于8—9月对市直单位贯彻执行《行政许可法》情况进行监督检查，围绕实施行政许可的依据和主体的法定资格、行政许可的程序、行政许可的收费、公平竞争方式作出许可决定以及履行监督检查职责等五个方面情况进行重点检查，检查许可项目95项，督促纠正问题4个，督促建章立制5件。加快行政审批制度改革。市监察局对行政管理相对人权益许可的360项行政审批项目和281项行政事业收费项目分别进行清理，缩短办结时限项目238项，平均每项办结时限较以前缩短一半，并将市直重点涉及企业执法部门的服务承诺在媒体上公布，接受社会监督，收到较好的效果。

2008年，市监察局继续清理行政审批事项，全市共减少行政审批事项57项，保留339

项，办事时限较以往缩减1/3。同时，有效整合财政、房管、土管、建设等部门职能，成立“建筑安装和房地产税费一体化征管中心”，实行“一厅管理、内部流转、限时办结、统一出证”工作流程，提高办事效率，防止税费流失。征管中心自6月成立至年底，共收取税费4148.93万元，其中地税3276万元，同比增长10.2%。

2009年，市监察局继续深化行政审批制度改革，构建行政权力阳光监督平台。按照“行政审批三个至少缩减30%”要求，进一步清理、精简、下放行政审批事项，最大限度地减少审批环节，压缩审批时限，提高审批效率。是年机构改革，各县（区）相继撤销效能监察室，只保留行政投诉中心，负责效能监察工作；在全市范围内开展“机关效能——项目建设年”活动，进一步精简审批事项，市行政服务中心的行政审批事项提前办结率由46%提高到98%，窗口办结率由48%提高到95%。针对腐败现象易发多发的重点领域、关键岗位和重点环节，规范化建设电子监察和网上审批系统、招投标交易中心和国库集中收付中心三个平台，推行超市购物机打发票，建立具有行业特点的监督约束机制，强化对权力运行的监督制约。东乡和崇仁两个试点县运用先进的现代化信息技术和电子设备建立了电子监察和网上审批系统，并加强管理，规范运行，取得较为明显的政治、经济和社会效益。全市通过互联网、政务网和电子触摸屏等媒体，对各种审批事项的每个环节全过程公开，企业和群众的投诉明显减少。同时，加速推进网上审批和电子监察信息交换平台建设。着力构建“两横一纵”的网上审批和电子监察系统，市本级和4个县安装运行了网上审批和电子监察系统，并在东乡县试点建设乡镇便民服务中心网上审批和电子监察系统，市、县、乡三级网上审批和电子监察系统建设初见成效。

2010年，市、县（区）监察机关全面实行“两集中两到位”改革，市本级36个职能部门成立行政审批科，各县（区）职能部门都成立行政审批股，并成建制进驻行政服务中心集中办公，做到行政审批事项进驻中心到位，窗口审批权限授权到位。是年，进一步精简行政审批事项，提高行政审批时效。市本级行政审批事项保留市级行政许可项目215项，精简压缩151项，保留市级投资项目审批事项43项，精简压缩40项，审批项目压缩率分别为41.3%和48.19%，行政许可事项承诺期限压缩率44.64%，均超过省委、省政府确定的“三个至少缩减30%”的要求。是年，全省推进“廉政阳光工程”建设暨深化政务公开工作经验交流会在抚州召开，省纪委常务副书记、省监察厅长、省推进政务公开领导小组副组长兼督查室主任汪毓华出席。与会人员先后参观金巢经济开发区城西街道办事处的便民服务中心、群众诉求中心、公共资源交易中心、村级财务核算中心，市财政局国库集中收付中心，市行政服务中心和市公共资源交易中心，并观看了抚州市源头治腐“廉政阳光工程”工作专题片，观摩市行政服务中心网上审批和电子监察流程演示。

2011年，市、县（区）两级全部建立行政服务中心，加大“两集中两到位”改革力度，进驻行政服务中心单位332个，进驻项目2887项，行政许可事项压缩41.3%，投资项目审批事项压缩48.2%，平均办结期限压缩44.6%。全市共有368个单位、826人、3276项行政服务事项进入行政服务中心。

2012—2014年，市、县（区）两级全面开展非行政许可审批事项清理，全市保留非许可审批项目1326项，精简410项，接受省级以上委托5项。

第二节　网上审批和电子监察系统建设

2007年，推行行政审批电子监察和网上审批及机打发票，建立电子监察和网上审批系统，规范权力运行机制。在东乡和崇仁两县开展试点工作，两个试点县的电子监察和网上审批系统均采用先进的现代化信息技术和电子设备，具有电子政务公开、网上审批、并联审批、电子监察、信息服务、绩效评估六大功能。新建成的电子监察和网上审批系统运行后，取得较为明显的政治、经济和社会效益。一是增加审批透明度，提高政府公信力。通过互联网、政务网和电子触摸屏等媒体，对各种审批事项的受理、审核、交费、办结、发证等各个环节全程公开，赢得企业和群众的理解、信任和支持，企业和群众的行政投诉、效能投诉明显减少。二是规范权力运行，深化源头治腐。对行政审批权限进行职能归并，杜绝“体外循环”，缩小行政审批的自由裁量空间，防范行政审批过程中权力“设租”、“寻租”、“暗箱”操作、收“人情费”、以“批”谋私等行为。三是转变政府职能，提高办事效率。通过推行“一门受理、并联审批、限时办结、预约服务”的审批模式，实行“一个窗口受理、一条龙服务、一站式办结、一次性收费”的服务方式，企业和群众办理行政审批和服务事项无需“两头跑”，办结时间平均缩短5～9个工作日。四是优化绩效评估，促进作风转变。实行“绿牌预警”、“黄牌警告”、“红牌纠错”等监督机制，对审批项目的各个流程、环节全方位实时监控，系统根据输入的《量化考核标准》自动对各窗口进行打分、排名，评估工作绩效。各行政执法部门大力推行岗位责任制、被诉待岗制，积极倡导微笑服务、预约服务，群众普遍反映办事比原来更公开透明、方便快捷、热情周到。

2008年，大力推行行政审批电子监察系统建设，构建市本级和县（区）“两横一纵”的行政审批电子监察网络。市行政服务中心共设立窗口34个，所涉的366项行政审批业务全部纳入电子监察范畴，提前办结率由原来的46%提高到98%，窗口办结率由48%提高到95%，超期补办率和办理差错率均降为零。

2009年，加速推进网上审批和电子监察信息交换平台建设。着力构建“两横一纵”的网上审批和电子监察系统，市本级和4个县安装运行网上审批和电子监察系统，并在东乡县试点建设乡镇便民服务中心网上审批和电子监察系统，市、县、乡三级网上审批和电子监察系统建设初见成效。完善行政审批电子监察和网上审批系统建设。实现市行政服务中心与市直部门、县（区）行政服务中心与县（区）直部门两个横向网络链接，市本级与县（区）纵向网络链接；试点建立乡镇便民服务中心电子监察和网上审批系统，逐步实现市、县、乡三级纵向链接。推行“两集中”管理，部门所有审批事项向一个科（股）室集中，集中审批职能的科（股）室向行政服务中心集中。将房地产税费一体化征管模式向县（区）延伸推广。

2010年，整合市、县（区）两级政务网络资源，采取“三高”定位，强力推进电子政务和电子监察网络建设。一是高规格启动。市政府成立以市长为组长的项目建设领导小组，下设综合协调、业务技术、设备采购、建设经费、行政审批事项确认等5个专项工作组，明确各组项目建设的工作职责。同时，建立工作月报和问责等制度，确保项目建设工作快速有效推进。二是高效率建设。市、县(区)两级政府高度重视,快速行动,大力支持。8月底,所有硬件设备采购到位,并通过公开招标方式,确定软件开发企业。同时,先后对县(区)和52个市直涉审部门的相关工作人员进行3次大规模的业务培训,重点学习系统运行维护、审批流程调整、服务器基本配置、分区情况等知识,为项目建设打下坚实的人才技术支撑。三是高标准推进。9月27日,在全省率先完成市县两级网上审批和电子监察系统全面上线运行。是年,全市按照审批单位100%进厅、审批人员100%到位、审批事项100%上线、审批系统100%运行的"4个100%"要求,全面推进网上审批电子监察系统应用,规范服务行为,提升办事效率,优化发展环境,打造权力公开透明运行的"阳光政府"。至12月底,市、县(区)两级进驻行政服务中心单位368个,进驻人数826人,录入审批系统的行政服务事项3276项。全市网上审批事项总办件量达66866件,其中市本级网上审批总办件量达16680件,位居全省前列。

2011年,完成网上审批系统建设,网上审批事项总办件量147973件,其中市本级网上审批总办件量31483件,系统运行位居全省前列。网上审批和电子监察系统在全省率先上线运行,行政审批事项网上办结率在全省位居前列。市县全面建立互联互通的网上审批和电子监察系统,行政审批业务全部纳入电子监察范畴。是年,全市乡镇便民服务中心共投入建设资金3873.27万元,在18个中心建立电子政务网上审批及电子监察系统,提高服务效率水平。

2012—2014年,继续完善电子监察统一平台,加强网上审批和电子监察系统运行应用。3年中,全市共有389个单位进驻中心,派驻审批人员855人,录入事项3593项,网上总办件量32.8万件,办结率98.6%。"一个窗口对外、一个科室办理、一个领导分管、一个公章生效"的行政审批新模式基本实现。

第四章　公共资源交易制度改革

抚州市招投标交易中心于2004年(后更名为抚州市公共资源交易中心)正式组建运行。2005年市政府制定《抚州市国有资产招投标拍卖活动管理办法》,国有资产拍卖活动一并纳入中心监管。至2009年,全市10个县全部建立公共资源交易中心,151个乡镇也全都建立公共资源交易站,构建了市、县、乡三级公共资源交易平台。市县两级监察机关一方面加强对工程建设招标投标执法活动的监督,督促行政监督部门建立健全项目招标投标制度和配套措施,规范和完善招标投标行政监督机制,从源头上探索预防和治理腐败现象的有效途径。

第一节　公共资源交易中心建设

2004年3月18日,抚州市招投标交易中心(以下简称交易中心)正式组建运行。2005年,《抚州市国有资产招投标拍卖活动管理办法》出台,国有资产拍卖活动一并纳入中心监管。2007 年 5 月 30 日,交易中心确定为副县级财政全额拨款事业单位,直属市政府管理,定编 10 名,领导职数为主任 1 名、副主任 2 名,副科级职数 3 名,内设人事秘书科、信息科、综合科。2007 年 12 月 20 日,列入参照公务员管理单位。2008 年 6 月 19 日,交易中心内设的人事秘书科、信息科、综合科分别更名为办公室、财务科、业务科。2009 年 9 月 2 日,增设政府采购科,同时增加事业编制 3 名、副科级职数 1 名。同年 10 月 2 日,更名为抚州市公共资源交易中心。2011 年 2 月 9 日,政府采购科更名为监管科。2012 年 2 月,交易中心由市政府管理改为由市人民政府行政服务中心管理委员会管理。定编 11 名,在编 11 名。内设办公室、业务科和财务科,领导职数为一正二副,副科级职数 3 名。

市公共资源交易中心主要职责是:制定相关进场交易的服务和场内管理办法以及驻场部门工作人员的日常管理工作。为各类公共资源交易活动提供设施安全、服务规范的场所,收集、存贮、审核、发布进场交易项目相关信息,为交易各方提供各种信息、政策、法规和技术咨询服务,并协助招标人在公共资源交易中心接受报名。对进场交易的项目实行交易登记制度,对招投标者和中介方资格进行核验、备案,签发交易成交备案,根据招标文件,统筹安排交易时间、场地,并按规定收取各类综合服务费。负责代收代退投标、拍卖等保证金及管理。对进入中心的公共资源交易活动进行跟踪服务,维护中心的市场秩序,协助有关部门监督交易双方执行法律、法规、规章,对交易双方执行有关工作规则和程序进行监督,发现违法、违规行为后及时向有关行政监督部门报告,并协助查处。协调处理进场交易活动中产生的争议和纠纷,协助有关部门查处进场交易活动中的违法违章行为。建立并管理招标投标评委专家随机抽取系统。对县级招标投标市场的业务指导。及时向市招投标管委会办公室报送交易事项,为实施监督管理提供条件。履行市招标投标管理委员会授予的其他职能。

交易中心交易范围共八项:一、必须招标的新建、改建、扩建工程建设项目(含房屋、水利、交通、公路、桥梁、市政、园林、信息、水业、装饰装修、消防、人防、供热、管线敷设、技改等)包括项目的勘察、设计、施工、监理以及与项目有关的重要设备和材料等,依法分包的建设项目和所属的各项重点建设项目;二、使用财政性资金的政府采购项目;三、国有建设用地使用权的招标、拍卖、挂牌,采矿权、探矿权的公开出让;四、国有(集体)产权、股权转让;五、特种行业的经营权,城市占道经营权,路桥和街道冠名权,大型户外广告经营权;六、政府、国有企业(含国有控股企业)等举办的非营利性医疗机构的医疗器械、药品集中招标采购(国家、省另有规定的除外);七、需政府重点监管的各类房屋拆迁工程的拆迁项目和规划、土地及工程的咨询、代理评估等中介服务机构的招标;八、其他规定的社会公共资源交易事项。

2008 年,市、县(区)招标投标管理委员会进一步明确执法监察主体,解决行政监督缺位和错位、形成上下联动、左右协调、统一规划招标投标监管体系,建立统一的招标投标交易中心平台。按照"政府引导市场,市场公开交易,交易规范运作,运作统一管理"的总体思路,各县完成公共资源交易中心的建设,全市对行业主管部门自行设立的招投标平台进行整合,并规定凡属国家和政府投资的水利、交通、能源、城建等建设工程项目,以及政府采购、医疗器械和药品采购、矿产资源开发利用,达到规模标准的都必须进入招投标中心进行公开招标投标。规范统一的评标专家库建设，完善专家认定和审核评标等管理办法，按照专业分类特征、使用管理规范、专家资源共享的思路开展工作。制定《关于进一步提高招标投标工作效率，规范招标投标市场行为的实施意见》。深化招投标交易制度改革。将集中统一的招投标有形市场建设向基层推广，2007 年在南丰、乐安等 5 个县试点的基础上，2008 年，黎川、南城、资溪、广昌又建立集中统一的招投标交易中心。同时，在东乡、广昌两县试点建设乡镇公共资源交易中心，市、县、乡“三级”招投标交易网络初具雏形。在东乡县试点推行公务用车招标定点维修，使该县公务用车维修费用较 2007 年同期下降 36.34%。

2009 年，继续深化招投标交易制度改革，构建公共资源阳光交易平台。全市 10 个县全部建立公共资源交易中心，151 个乡（镇）建立公共资源交易站，构建市、县、乡三级公共资源交易平台。县级公共资源交易中心全部确定为正科级全额拨款单位，直属县政府管理，定编 5 ~7 人。

2011 年，全面完成市公共资源交易中心视屏监控系统接入省、市监察机关网上监察平台工作，实现全市统一联网、统一监控。

2012 年，继续完善公共资源交易中心建设，全市房建及国土、市政工程、交通工程、水利工程、政府采购、产权交易等领域的招投标项目实现网上交易。

2013 年，市政府下发《关于进一步规范公共资源招投标活动实施意见的通知》。为贯彻落实此文件精神，督促相关部门下发《各县（区）500 万元以上工程招标项目进场交易操作流程》、《抚州市开展工程建设、政府采购类评标专家库专家和招标代理机构及从业人员清理工作的通知》等文件，完成施工企业和从业人员项目信息和信用信息管理软件开发工作，探索在市场准入、招标投标环节中综合运用信用信息的有效途径，积极推进工程领域诚信体系建设。

第二节　招投标交易制度与交易情况

一、招投标交易制度

2002 年，市纪委监察局制定《抚州市招标投标市场管理暂行办法》，对工程招投标的每一个环节都作了明确的规范。通过下发《抚州市建设工程项目监察通知书》，强化业主对建设项目事前、事中、事后监督；按照规定要求，督促市招标办对专家评委库名单进行补充调整；根据国家有关工程建设的法律法规和廉政建设责任制规定，在工程勘察设计、工程建设项目、工程监理中推行廉政责任书制度。同时，加强监督检查，及时纠正招标中一些不规范的做法。特别对抚州市廖坊水利枢纽工程和东临一级公路工程等重点工程招标实行全过程监督，严把资格预审关、招标关，认真做好招投标情况备案工作，确保工程招投标的公开、公平和公正。

2003 年，督促各地建立和完善国有经营性土地使用权招标拍卖挂牌出让制度。市政府及时成立由市、县监察局和国土资源局分管领导为组长的自查、清理、整顿小组，负责市、县经营性土地使用权出让工作的协调、清理和整顿。市本级和各县（区）都成立土地收购储备中心;出台《关于加强市本级土地市场建设》、《土地收购储备试行办法》、《土地交易暂行规定》、《土地管理办法》等文件、制度;建立土地供应公告制度和公开拍卖、招标、挂牌"六公开"制度;健全档案、台账管理,进一步规范全市经营性土地运作程序。

2004 年 5 月,将建设工程招投标、经营性土地使用权出让、政府采购和产权交易等工作全部归并集中统一起来,成立"抚州市招投标交易中心",对"四项招投标交易制度"实行管办分离,规范操作。中心成立后,严格遵循公开、公平、公正的原则,切实做到信息公开、办事公正、廉洁自律,为所有进场交易的招投标客户提供"一个门进,一个门出"的一体化管理服务。

2005 年,先后下发《关于进行抚州市招投标交易中心建设项目交易资格年度登记工作的通知》、《关于进一步完善我市建设工程招标中标公示制度的通知》等,扩大信息发布范围。在中心大厅内的电子大屏幕、公告栏、公示栏和抚州招投标网及时发布有关信息。加强监督。除利用电子手段实行全程录音录像和设立举报电子信箱、投诉电话外,还聘请人大代表、政协委员和特邀监察员进行现场监督。与此同时,深入贯彻落实《中华人民共和国招标投标法》。针对国有资产在招投标、拍卖中存在的严重问题,在充分调研论证的基础上,以市政府的名义下发《全市国有资产招投标拍卖活动管理办法》,明确规定"市本级 10 万元以上、各县(区)总投资超过 400 万元以上的工程建设招投标、土地交易、政府采购等活动必须进入交易中心统一运作",并由市监察局进行全程监督,进一步规范建筑工程招投标、经营性土地招拍挂出让、产权交易等工作。

2006 年,针对交易中心在运作过程中出现的一些新情况、新问题,市招投标管委会先后下发《抚州市限额以下工程项目公开招标实施办法》、《关于对进入抚州市招投标交易中心参加投标的施工队伍加强管理的通知》等文件。市政府又下发《抚州市人民政府关于加强和完善全市政府投资项目招投标和国有资产拍卖活动管理的补充意见》,对全市的建筑工程招投标、经营性土地招拍挂出让及产权交易等工作作了进一步规范。

2007 年,各级纪检监察机关在对工程建设招标投标执法活动的监督检查中,一方面加强对工程建设招标投标执法活动的监督,督促行政监督部门建立健全项目招标投标制度和配套措施,规范和完善招标投标行政监督机制;另一方面,大力推进统一的公共资源交易市场的建设,积极探索从源头上预防和治理腐败现象的有效途径。市本级招投标交易中心明确机构、理顺关系、管办分离、健全制度、规范运行;崇仁、东乡、金溪、南丰、乐安 5 县开展招投标交易中心规范化建设试点工作。市本级和各试点县招投标交易中心都建立网络监控、软件评标、多媒体投影、同步变声对讲、电子屏幕显示、通信信号屏蔽六大系统,实行统一进场交易、统一信息发布、统一专家库管理、统一现场监管、统一收费服务的"五统一"运作模式,将原分散于各职能部门的工程建设、土地出让、产权交易、政府采购、医疗器械和药品采购等所有交易项目都纳入中心进行交易。

2009 年,完善公共资源交易制度。全面实行网上报名和招标文件电子化管理,推行资格后审,建立标后跟踪管理制度和押证管理制度,有效防止围标串标现象。

2012 年,市政府下发《抚州市公共资源交易活动中违法违纪行为责任追究管理办法》、《抚州市公共资源交易不良行为记录和公示处理办法》两个规范性文件,强化责任追究。

2013年,市政府下发《抚州市工程建设招标代理机构登记入库及退库、摇号抽取、从业人员持证上岗管理办法(试行)》、《关于建筑施工企业实行年度固定投标保证金制度的通知》等文件,并抓紧开发投标保证金管理软件,力争按新机制运行。同时,在房建和市政工程招投标中试行公选优选诚信招标人制度。

二、交易情况

2002年,市纪委全年共收到有关部门招标告知书94份,先后参与招投标监督94项,涉及标的金额26776.61万元。

2004年,全年进入中心交易总项目为113项,成交金额75899万元。

2005年,市本级累计进场交易项目135项,交易额为60.72亿元。其中:建筑项目43项,完成金额18696.9万元;市政工程22项,完成金额12139.8万元;公路工程25项,完成金额15492.5万元;水利工程11项,完成金额4012.8万元;土地挂牌12宗,完成金额7109万元;土地拍卖2宗,完成金额1691万元;政府采购18项,完成金额1529.8万元;拍卖2项,完成金额48.1万元。

2006年,市本级累计进场交易项目202项,交易额为11.71亿元。其中:工程建设类164项,交易额8.11亿元,为政府节约资金1058.96万元;土地交易类19项,交易额3.22亿元,实现增值5605万元;政府采购类16项,交易额444.59万元;拍卖类3项,交易额3547.95万元。

2007年,市本级和5个试点县共完成交易项目799个,交易总额48.5235亿元,资金节约率14.2%,国有资产增值率18.3%。其中市本级累计进场交易项目208项,交易额29.23亿元。包括:建设工程类137项,交易额12.26亿元;土地交易类39项,交易额15.39亿元;产权交易类14项,交易额854.35万元;政府采购类18项,交易额728.39万元。

2008年,市本级累计进场交易项目217项,成交总金额17.7亿元。其中:建设工程类126项,预算价14.61亿元,中标价13.81亿元,节约8137万元,节约率5.6%;政府采购类73项,预算价8037.56万元,中标价6859.95万元,节约1177.41万元,节约率14.6%;产权交易类11项,预算价1013.6万元,中标价3088.3万元,增值2074.7万元,增值率204.7%;土地交易类7项,预算价2.88亿元,中标价2.89亿元。

2009年,全市(除临川区)累计进场交易项目1442项,累计成交金额80.57亿元。其中:县级累计办理各类交易项目1183项,累计成交金额38.99亿元。市本级累计进场交易项目259个,累计成交金额41.58亿元,包括:完成建设工程项目147个(BT模式招标项目18个,合同中标造价16.29亿元),工程预算价35.54亿元,合同中标造价33.76亿元,节减资金1.78亿元,资金节约率为5.27%;完成政府采购项目85个,预算价7765.23万元,合同中标价6070.27万元,节减资金1694.96万元,资金节约率为21.83%;完成土地交易项目16个,上市起始价5.03亿元,成交价5.89亿元,增值资金0.86亿元,资金增值率17.1%;国有资产产权转让项目11个,上市起始价1.06亿元,成交价1.32亿元,增值资金0.26亿元,资金增值率24.5%。

2010年,全市(除临川区)累计进场交易项目2110项,累计成交总金额115.20亿元。其中县级累计办理各类交易项目1869项,成交金额64.74亿元。市本级累计进场交易项目 241 个，累计成交金额 50.46 亿元，包括：建设工程类 127 项，交易额 31.78 亿元，节约资金 1.83 亿元；土地交易类 15 项，交易额 16.85 亿元，增值资金 3.72 亿元；产权交易类 11 项，交易额 0.78 亿元，增值资金 0.32 亿元；政府采购类 88 项，交易额 1.05 亿元，节约资金 0.16 亿元。

2011 年，全市（除临川区）累计进场交易项目 1982 项，累计成交总金额 88.15 亿元。其中县级累计办理各类交易项目 1763 项，成交总金额 64.37 亿元。市本级共完成进场交易项目 219 项，成交总金额 23.78 亿元，包括：建设工程类 96 项，交易额 12.82 亿元，节约资金 0.49 亿元；土地交易类 11 项，交易额 9.28 亿元，增值资金 2.76 亿元；产权交易类 39 项，交易额 0.87 亿元，增值资金 0.24 亿元；政府采购类 73 项，交易额 0.81 亿元，节约资金 0.27 亿元。

2012 年 11 月 2 日，召开全市公共资源网上交易系统建设工作推进会。市发改委、市财政局、市交通局、市建设局、市林业局、市水利局、市国土局、市卫生局、市国资办、市信息办、市公共资源交易中心等 20 余个相关部门参加会议。会议传达全省公共资源网上交易系统部署工作会议精神和省纪委常委、监察厅副厅长王仁辉的讲话精神，并对网上交易系统开发、人员培训、制度配套、设备采购等相关工作进行明确。是年，市本级共完成进场交易项目 361 项，成交总金额 50.36 亿元。其中：建设工程类 128 项，交易额 46.85 亿元；政府采购类 136 项，交易额 1.06 亿元；土地交易类 9 项，交易额 1.63 亿元；产权交易类 88 项，交易额 0.78 亿元。建设工程和政府采购共节约资金 1.43 亿元。土地交易和产权交易共增值资金 0.32 亿元。县级共完成进场交易项目 2027 项，成交总金额 46.86 亿元。

2013 年，全市入场交易项目共计 414 项，成交总金额 78.20 亿元。其中：市本级建设工程 125 项，成交金额 44.5 亿元；县区 500 万以上政府投资建设工程 68 项，成交金额 10.66 亿元；政府采购 166 项，成交金额 2.91 亿元；土地及矿产 20 项，成交金额 19.85 亿元；产权交易 35 项，成交金额 0.28 亿元。建设工程和政府采购总节约率 3.25%，共节约 1.85 亿元，产权交易与国土交易总增值率 90.03%，共增值 9.70 亿元。

2014 年，全市进场交易项目共计 625 项，成交总金额 73.73 亿元。其中：市本级建设工程 119 项，成交金额 43.77 亿元；县市 500 万以上政府投资建设工程 123 项，成交金额 26.06 亿元；政府采购 250 项，成交金额 3.38 亿元；土地及矿产 8 项，成交金额 586 万元；产权交易 125 项，成交金额 0.47 亿元。建设工程和政府采购共节约了 4.01 亿元，产权交易与国土交易共增值 0.19 亿元。各县（区）公共资源交易中心共进场交易 2979 项，完成交易额 54.74 亿元。

2015 年，市本级进场交易项目共 517 个，总成交额 18.37 亿元，增效节支额达 1.30 亿元。各县区进场交易项目共 3607 个，总成交额 130.36 亿，增效节支金额达 2.53 亿元。

2005—2015 年抚州市市本级进场交易情况

年份	总数		分类							
			建设工程		国土交易		政府采购		产权交易	
	进场总项目（个）	成交总金额（万元）	交易数量（个）	成交金额（万元）	交易数量（个）	成交金额（万元）	交易数量（个）	成交金额（万元）	交易数量（个）	成交金额（万元）
2005	135	60720	101	50342	14	8800	20	1577.9	0	0
2006	202	117100	164	81100	19	32200	19	3992.54	0	0
2007	208	292300	137	122600	39	153900	18	728.39	14	854.35
2008	217	177000	126	146100	7	28900	73	6859.95	11	3088.3
2009	259	415800	147	337600	16	58900	85	6070.27	11	13200
2010	241	504600	127	317800	15	168500	88	10500	11	7800
2011	219	237800	96	128200	11	92800	73	8100	39	8700
2012	361	503600	128	468500	9	16300	136	10600	88	7800
2013	346	675400	125	445000	20	198500	166	29100	35	2800
2014	502	466700	119	437100	8	586	250	33800	125	4700
2015	517	183700	104	126493.71	15	15417	305	35223.88	93	6565.41

第五章　权力运行监督

加强对权力运行的监督，是从源头上防止腐败现象发生的重要举措。抚州地（市）委和纪检监察机关，根据中央和省委、省纪委监察厅有关指示精神及规定，采取一系列措施，规范权力行使、强化权力监督，建立决策权、执行权、监督权既相互协调又相互制约的运行机制，对防止以权谋私、以权腐败，确保各级权力部门和领导干部正确用权发挥了积极作用。

第一节　领导干部权力运行监督

1981 年 1 月，地委纪委根据中央和省委有关文件精神，制定下发《关于县级干部生活待遇的具体规定》，限制领导干部利用权力搞特殊化，反对不正之风。

1987 年，各级纪检机关按照干部管理权限，实行分级监督。纪检机关配合组织部门，逐级派人参加同级和下级党委（党组）的民主生活会。通过参加民主生活会，发现一些单位班子内部存在的问题，及时向地委进行汇报。同时，根据每一时期带倾向性问题，提出端正党风的意见和建议，做好地委的参谋和助手，主动协助地委抓好班子成员的党风，并在重大原则问题上进行监督。

1988 年，地区纪委加强对下级党委（党组）的监督，派员参加部分县（市）委和部分地直单位党组织的民主生活会。年底，又先后派出 17 人参加地委组织的考核组，对全区 12

个县(市)党政领导班子及其成员进行年度工作考核。通过参加民主生活会和考核班子,较好地了解了下级党委执行党的路线、方针、政策和贯彻民主集中制的情况以及党员领导干部思想作风方面的情况。

1993年8月,党中央部署反腐败斗争后,全区各级纪检监察机关进一步加强对领导干部权力的监督,在全区党政机关副县级以上领导班子和领导干部中开展自查自纠工作。至年底,收到地(厅)级干部自查自纠报告24份,县(市)和地直单位领导班子自查自纠综合报告67份,副县级以上干部个人自查报告171份。全区147个县(处)级以上单位,26名地(厅)级干部和745名县(处)级干部全部进行了自查自纠。对自查自纠出来的问题,采取措施,及时全面整改。

1994年,认真贯彻中央纪委、中央组织部关于对照领导干部廉洁自律开好民主生活会的通知,全区地、县112个党委(党组)全部召开了专题民主生活会,参加自查自纠的县(处)级以上干部699人,其中地(厅)级28人,县级671人。对于查摆出来的问题,地区纪委及时督促有关党委(党组)及领导干部采取积极措施予以纠正。

1995年,全区各级纪检监察机关对领导干部公车私用开展监督检查,严肃查处违反规定使用公车问题22个。及时制定有关规定,认真制止领导干部公款旅游或变相旅游。

1996年,地区纪委下发《关于继续狠刹公款吃喝玩乐和严格控制社会集团消费几个问题的暂行规定》,狠刹领导干部公款吃喝玩乐风。对党政机关领导干部用公款和单位车辆学习驾驶技术、办理驾驶执照进行专项清理。同时,制定《关于提拔任用领导干部征求纪委意见的暂行办法》,对提拔任用领导干部征求意见的范围、时间、程序及要求作出明确规定,加强了对提拔任用领导干部的监督。

1997年,全区各级纪检监察机关围绕《中国共产党党员领导干部廉洁从政若干准则(试行)》、《中共中央、国务院关于党政机关厉行节约制止奢侈浪费行为若干规定》、《关于领导干部报告个人重大事项的规定》、《关于重申和建立党内监督五项制度的实施办法》等条规的贯彻实施,注重抓好专题民主生活会质量的提高,全区党政机关和企事业单位召开廉洁自律专题民主生活会的单位3486个,领导干部参加自查人数13747人,并将领导干部自查自纠情况在一定范围公布,接受群众监督。认真纠正领导干部在住房、集资建房、购房、装修住房和建私房方面存在的问题,严格执行领导干部礼品登记、收入申报制度。同时,对贯彻《若干规定》开展专项督查,取得较好成效。

1999年,全区严格执行"收支两条线"规定,有序推进政府采购制度,对领导干部在财务开支方面进行阳光监督。出台《抚州地区党政领导干部任前公示制度暂行办法》,对领导干部的选拔进行任前监督。

2000年,市委开始推行领导干部任期经济责任审计、选拔任用领导干部公示、会计委派制度等。市委在选拔任用干部做到任前公示,对主要领导变动工作均进行任期经济责任审计,并在提交常委会研究前征求纪检机关的意见。

2001年,为进一步强化对领导干部权力的监督力度,年初,市纪委下发《关于在市直单位主要领导不直接分管财务的通知》,并组织人员对市直92个单位进行认真检查,对少数尚未执行通知要求的单位提出限期整改的要求,至6月,全市92个单位全面落实了主要领导不直接分管财务的规定。各地、各部门也结合各自实际，适时出台实施一系列规章制度，进一步规范党员干部廉洁从政行为。如南丰县推行领导干部党风廉政建设承诺制，临川区实行后进干部末位淘汰制。是年，根据中央纪委和省纪委的要求，市纪委还在金溪县试点，对全县29名副县级以上领导干部配偶、子女及其配偶从业情况进行登记调查。制定完善了《重大问题民主决策制度》、《职代会民主评议企业领导人员制度》、《民主评议考核企业中层管理人员制度》等文件，稳步推进民主制度建设。重申和严禁在庐山等12个名胜景区开会、办班，规范公费出国考察的审批、备案和检查制度，严格控制和减少公款出国现象。

2002年，进一步加强对领导干部任用方面的监督。在全市县（区）换届中，认真贯彻落实《党政领导干部选拔任用条例》。为使考察结果更科学、民主反映考察对象真实情况，市委延长考察线，扩大考察面。在党政一把手的选配中，严格按照《条例》规定，充分发扬民主，就现任在职党政正职、拟任党政正职人选的意见和部分县（区）党政正职调整拟任人选先后2次以无记名填表方式征求全委会的意见。市纪委全年接到拟提拔任用征求意见的县级领导干部141名，对有来信来访反映的30名干部全部进行调查核实，有1人受到组织谈话教育，1人被取消提拔任用。同时，实行党政领导干部选拔责任追究制。市委制定《党政领导干部选拔任用工作责任制的暂行规定》，规范各级党组织和领导干部在干部推荐、考察、任免决策工作中的责任行为，规定责任主体违反程序和责任行为应该受到责任追究的情形，从而较好地防止党政领导干部选拔任用工作中的不正之风。

2003年6月，市纪委专门对领导干部述廉工作进行安排部署，层层建立领导干部述廉制度。11月10日至19日，在抚州电视台推出首批10个市直单位党政“一把手”公开述廉活动，在广大干部群众中产生了较大的反响，并引起各地媒体的关注，人民网、《中国纪检监察报》、《江西日报》、凤凰卫视、《解放日报》等多家新闻单位对此活动进行播报，人民网还为此开辟专题进行讨论。省委副书记、纪委书记傅克诚等领导专程到抚州就电视述廉开展情况进行调研。在开展公开述廉工作中，一是突出重点单位。首批参加公开述廉的单位为各县（区）委、政府及市财政、审计、国土、人事、教育、卫生、交通、计划、林业、建设等10个与群众利益密切相关及“管钱”、“管人”、“管事”的单位。二是突出重点对象。公开述廉对象为市直各单位、各县（区）党政“一把手”。三是突出重点内容。述廉内容主要为本人及班子落实党风廉政建设责任制情况、本人遵守廉政准则和廉洁自律各项规定的情况、本人执行个人重大事项报告制度的情况、个人廉政承诺等。全市全年开展述廉的县（区）和市直单位41个，述廉人数5573人，其中副厅级干部2人、县级干部323人、科级干部5249人。电视公开述廉的厅级干部1人、县级干部30人、科级干部112人。通过述廉，加强对全市广大干部尤其是领导干部廉洁从政的监督，进一步促进全市党风廉政建设。

市纪委进一步加强对党员领导干部任用的监督，全市11个县（区）和市直单位共有87名县、科级领导干部通过公开选拔走上领导岗位。市委在任用干部前征求纪委意见11批，共231人。市纪委依纪对12名干部进行了信访初查核实。同时，对领导干部从政行为作出进一步规范。一是建立公务用车管理档案。4月底，市纪委下发《关于认真填报〈抚州市党政机关、行政事业单位现有汽车基本情况登记表〉及有关事项的通知》，对各县（区）委、政府、人大、政协、纪委五套班子和市直机关现有公车进行登记，全市244个单位共登记各种各类公务用小汽车1312辆。市纪委专门建立用车档案，对全市党政机关公务用车进行动态跟踪管理。市纪委还下发《关于加强对领导干部公务用车管理的紧急通知》和《关于规范市政法机关购置更换公务用车的通知》，规定各级党政机关一律不准购买进口豪华小汽车，确因工作需要购买，排气量和购车金额必须控制在规定标准以内。二是清理领导干部违规建私房。市纪委着重从以权谋私侵占国家、集体、个人利益方面入手，共查出全市违规建私房的领导干部510人，其中县级干部11人，科级干部499人，建私房面积12.81万平方米。经自查自纠，需补交规费318人，金额77.23万元。三是狠刹公款大吃大喝歪风。健全和完善有关规定，实行来客接待、领导审批、招待费财务单列和招待费超限额报销收取失业保障金制度。制定《坚决制止用公款大吃大喝的若干规定（征求意见稿）》，就如何界定公款吃喝和规范接待工作管理提出了比较科学的思路和办法，并专门组织人员就领导干部周末和节假日用公款高消费的问题进行明查暗访，要求相关责任单位和个人作出说明并责令其整改。四是治理收受“红包”歪风。市纪委在元旦、春节等重要时期多次重申和严明纪律，邀请部分特邀监察员参加对节日期间滥发和赠送有价证券的情况进行了明察暗访。市纪委要求各级领导干部要严格遵守《关于在招商引资工作中严格遵守领导干部廉洁自律有关规定的通知》精神，严禁收受客商和向上级单位或领导赠送礼品、礼金和有价证券。五是落实领导干部个人重大事项报告制度。市纪委、市委组织部于6月初联合下发《关于领导干部个人重大事项报告制度的实施意见》。全市有19名县级以上领导干部（其中6名市级领导）就个人重大事项报告了单位党组织，并向市党风廉政办作了专题报告。六是建立谈话制度和廉政档案。制定《关于实行市纪委负责人同下级党政主要负责人谈话制度的暂行办法》，规定市纪委负责人可根据不同情况和需要同下级党政主要负责人进行定期工作谈话、任前廉政谈话和诫勉谈话。制定《抚州市纪委干部廉政档案管理办法（试行）》，将领导干部个人的基本情况、廉洁自律有关情况、个人重大事项报告情况及日常考核、奖惩记录、信访反映初查结论等作为基本内容进行科学建档管理。

2004年，全市加大对领导干部责任追究力度，对因作风不实造成不良影响和严重后果的党员干部进行严肃处理。市纪委监察局直接对东乡县“12·22”特大抢劫案、“12·23”盗窃案、金溪县农民服毒自杀身亡、“5·24”特大道路交通事故等事件中负有失职责任的党政领导干部进行了责任追究。全市全年共对196名干部进行了责任追究，其中县级干部10名。在加大对领导干部责任追究力度的同时，建立了领导班子专题民主生活会制度。制度规定：凡因政治敏锐性和政治鉴别力不够，党性原则不强，是非界限不清，违反法律、法规、党纪、政纪等，作出错误决议、决定或处理意见的；对直接管辖范围内发生的明令禁止的不正之风不制止、不查处的；对上级领导机关交办的党风廉政建设责任范围内的事项拒不办理的；对严重违法违纪问题隐瞒不报、压案不查的等12种情况。在责任追究到位后，责令责任人所在单位党委、党组召开领导班子专题民主生活会，就本地、本单位发生的案件（事件）和存在的问题，从思想作风、工作作风、领导作风、制度建设、管理水平等方面进行认真反省，深刻剖析，查找产生问题的原因，负责任地作出检查或说明，积极开展批评与自我批评，并针对会议查摆出的问题，制定措施切实加以整改。市、县两级纪委全年先后责成有关部门召开了57次领导班子专题民主生活会，制定整改措施231条，解决问题52个，初步显现“追究一案，教育一片，整肃一方”的效果，较好地实现了责任追究效果最大化的目标。同时，建立领导干部任前廉政谈话制度。制度规定，所有新提拔和重用的县级领导干部在上任前由市纪委领导对其从落实党风廉政建设责任制和领导干部廉洁自律等方面进行廉政谈话，提出严格要求，并送达《任前廉政谈话书》。谈话对象在接受廉政谈话后，按要求向市纪委递交廉政承诺书，存入个人廉政档案。全年共有34名新提拔重用的县级干部接受了任前廉政谈话，按要求如实向市纪委报告了本人的住房情况，配偶、子女经商办企业或在外商独资企业、中外合资企业任职情况，收受礼品、礼金及处理情况，个人重大事项情况等。任前廉政谈话制度的实施强化了各级领导干部抓党风廉政建设的责任意识和廉洁从政的自律意识，增强了新提拔重用的领导干部自觉接受监督的意识。一些县(区)和市直单位也出台相关谈话制度，对366名新任科级干部进行了任前廉政谈话。

为加大对“一把手”的监督力度，在2003年开展县(区)和市直单位主要领导干部电视公开述廉活动的基础上，2004年大胆创新述廉方式，利用互联网在抚州政府网站上开辟网络公开述廉活动，使电视公开述廉和网络公开述廉同步进行。

市纪委认真抓好领导干部配偶、子女从业有关规定的落实，对全市在职的副县级以上领导干部的家属子女从业的有关情况进行调查摸底，并载入廉政档案。对2名县级干部兼任企业领导职务进行了调整。对市直单位执行“一把手”不直接分管财务的制度进行了检查，对20个操作不规范的单位责令进行了纠正。同时，严格查处党员干部参与赌博。先后5次派员到各县(区)进行调查，全市共查处党员干部赌博案件117件，138名党员干部受到党纪政纪处分，其中科级干部12人。

2005年，按照中央纪委、省纪委关于廉洁自律工作的要求，全市深入开展多项专项治理工作，切实加大对领导干部的监督制约。在加大查处党员干部参与赌博、党员干部收送“红包”等问题的同时，认真做好党政领导干部拖欠公款的清缴工作。全市共清理出168名干部拖欠公款148.83万元，已偿还107.39万元。进一步建立健全新任领导干部廉政谈话制度和公开述廉制度。结合《实施纲要》的贯彻落实，研究制定《关于实行对新任领导干部廉政谈话制度的实施意见》。凡新提拔和重用的县级领导干部在上任一个月内必须接受廉政谈话。新任领导干部廉政谈话工作在市纪委常委会领导下进行，正县级领导干部一般由市纪委书记进行谈话，也可由书记委托副书记谈话；担任重要岗位的副县级领导干部及有信访反映的副县级领导干部由市纪委副书记进行谈话；其他副县级领导干部由市纪委常委会委托廉政室和干部室主任进行谈话。廉政谈话分个别谈话和集体谈话两种形式。全年共对62名新任县级领导干部、679名新任乡科级干部进行廉政谈话，对5名县级领导干部进行诫勉谈话。在原先开展领导干部述廉工作取得成效的基础上，对11个县(区)和10个市直单位中实行党政主要领导电视公开述廉、网络述廉活动，并对所有述廉对象进行了廉洁从政情况测评。全市共有4355名领导干部进行述廉，其中县(处)级干部383名；67名领导干部进行电视公开述廉，其中厅级干部2人，县级干部18人。

2006年，坚持监督重于一切。进一步狠刹党员、干部参与赌博歪风，市纪委、市公安局先后查处广昌县“1·24”赌博案、资溪县“2·16”赌博案、资溪县“2·18”赌博案、临川区

“2·25”赌博案等几起有影响的赌博案件，重申严禁党员干部参与赌博的若干纪律。继续治理领导干部违反规定收受“红包”问题，转发省纪委、省监察厅《关于严肃纪律深入治理领导干部违反规定收送“红包”问题的通知》，下发《关于贯彻落实赣纪发[2006]10号文件精神和规范“红包”收缴专户管理的通知》，各级纪检监察机关和财政部门进一步规范和完善“红包”上交程序，加强对“红包”收缴专户的管理。同时，加强对领导干部违规驾驶公务用车行为，奢侈享受、铺张浪费行为和婚丧嫁娶等行为的监督检查。全市共有369名领导干部报告个人重大事项，其中副厅级干部2人，县(处)级干部28人，科级干部342人。积极开展对换届工作的监督检查。市纪委配合组织、人事部门，加强对县(区)、乡(镇)换届工作的监督检查，对组织拟提拔重用的干部，认真把好征求意见关，防止干部带“病”提拔。市、县两级纪委结合县乡换届工作，对1459名新任领导干部进行廉政谈话，其中县级干部63名、乡科级干部1396名；对5名县级干部、21名科级干部进行诫勉谈话。各地、各单位普遍开展了2005年度领导干部述廉工作，全市共有4585名领导干部进行述廉，其中县(处)级干部563名；67名领导干部进行电视公开述廉，其中厅级干部2人，县级干部18人；18700余名干部群众参加评廉。

2008年，在加强对领导干部的监督方面，主要是认真贯彻执行党内监督各项制度，加大对民主生活会、述职述廉、诫勉谈话、函询等制度执行情况的监督检查力度。落实上级党委、纪委主要负责人同下级党组织负责人进行廉政谈话制度，完善推广党政主要领导定期听取党风廉政建设情况汇报制度，加强领导干部经济责任审计，在临川、黎川两县试点开展新任领导干部跟踪考廉工作，不断探索监督关口前移的方式和途径。严格执行党员领导干部报告个人有关事项的规定，在广昌县试点开展领导干部个人收入申报工作。严禁领导干部利用职务上的便利谋取不正当利益。同时，深入推进干部人事制度改革。黎川县以省委组织部在该县开展“科学规范和有效监督县委书记用人行为调研试点”工作为契机，建立健全了16项监督制度，对公开选拔县直和工业园区等5个领导岗位的干部初始提名、考察对象确定和讨论决定等12项重要环节进行全程监督，确保选拔工作的公平、公正、公开。南丰县采取“双推”(民主推荐与组织推荐)、“双考”(知识考试与组织考察)方式，在全县范围内公开选拔120名正科级后备干部和160名副科级后备干部。

2009年，重点加强对领导干部监督的制度建设。一是推进党内民主制度建设。全面落实“三重一大”事项集体决策制度，凡属重大决策、重要干部任免、重大项目安排和大额度资金使用，必须由领导班子集体讨论决定；深入推进党务公开，健全党内情况通报、情况反映制度；完善拟提拔干部征求同级纪委意见制度；健全上级纪委对下级党政主要领导廉政谈话制度。二是推行党政领导干部问责制度。严格执行《抚州市党政领导干部问责暂行办法(试行)》，建立有权必有责、用权受监督的责任体系，有效约束行政审批权、资源分配权、项目管理权、执法权，减少权力主体的“寻租”机会。全面落实依法行政，加强行政执法资格管理，健全重大行政处罚、行政许可、行政强制备案制度，严格落实行政执法责任制和评议考核制。三是加强对县(区)党政主要领导的监督。实行县(区)委书记、县(区)长廉政情况向上级纪委和组织部门报告制度。总结推广新任领导干部跟踪考廉制度。

2009年，加强对领导干部权力运行的监督。重点加强县(区)和市直部门党政主要领导权力运行的监督，制定具体的监督办法。对“三重一大”等重要问题的决策权、执行权实施有效制约和监督，防止独断专行、个人说了算。推行县级单位党政正职不直接分管财务、人事、工程招标和物资采购等制度，严格约束其插手土地、矿产、工程和采购领域，在选人用人中权力过大、暗箱操作等行为。

加强对领导干部从政行为的监督。坚决执行中央颁布的《中国共产党党员领导干部廉洁从政若干准则》，加强学习宣传、强化监督检查，切实解决党员领导干部利用职权和职务上的影响谋取不正当利益、私自从事营利性活动、违反规定干预和插手市场经济活动、为亲属及身边工作人员谋取利益、违反规定选拔任用干部和作风方面存在的突出问题。严禁领导干部利用职务便利为本人或特定关系人谋取不正当利益，严禁领导干部违反规定为配偶、子女及其他特定关系人在就业、投资入股、经商办企业等方面谋取不正当利益，严禁违反规定私自从事营利性活动，严禁违反规定收送现金、有价证券、支付凭证，严禁大操大办婚丧喜庆事宜借机敛财，严禁以任何方式参与低俗娱乐活动，严禁用公款或接受与行使职权有关系的单位和个人邀请到营业性娱乐、健身场所活动，严禁领导干部以各种形式参与赌博和变相赌博。按照党员领导干部报告个人有关事项的实施办法，对住房、投资、配偶子女从业等情况如实报告，探索试行新提拔科级干部财产申报公示制度。加强对配偶子女均已移居国(境)外公职人员的管理。督促有关部门完善领导干部住房管理的有关规定，切实纠正党政机关和领导干部在住房方面的违纪违规行为。进一步规范离退休领导干部在企业和各类学会、协会、基金会的任职行为，严格准入制度，不得在任职单位违反规定领取报酬。

2010年，开展“县委用权监督”专项行动。以构建县委用权公开、监督、预警“三大平台”为抓手，规范县委权力、监督县委领导、评议县委形象，促进县委权力规范透明运行。一是构建县委权力运行公开平台。借鉴基层党组织党务公开工作经验，按照“日常式、互动式、点题式”公开三联动模式，规范化建设县委党务公开栏、党务公开网、新闻发布中心“一栏一网一中心”，全面公开县委权力运行信息，增强县委权力运行的透明度和公信力。二是构建县委权力运行监督平台。认真执行《抚州市加强对县级党政正职监督的暂行规定》，组织开展县级党政主要领导向市纪委全委会述廉和县委常委向县委全委会述职述廉活动，并开展廉政测评。建立县级党政正职投资、住房、子女配偶从业报告制度，强化对党政正职的监督。三是构建县委权力运行预警平台。制定出台《抚州市县委用权风险预警办法(试行)》，建立健全“单项预警——综合预警——预警公示”的预警纠错机制，加强对县委用权廉能风险信息的收集、分析和处理。

2010年，为强化对权力运行的监督，建立健全“1+N”制度体系，探索对县级党政正职权力运行的监督。“1”，就是一项制度抓总。市委、市政府出台《抚州市加强对县级党政正职监督的暂行规定》，对县级党政正职执行政治纪律、民主集中制、组织人事纪律、群众工作纪律、廉洁自律规定和党风廉政建设责任制等方面的情况，从监督内容、监督方式、责任追究等方面作了具体明确的规定。“N”，就是若干制度配套。市纪委监察局先后出台党政正职不直接分管财务、干部人事、工程招标和物资采购等四项工作的“四个不直接分管”制度，集体研究“三重一大”事项正职末位表态制度，县级党政正职述廉制度，新任领导干部

“一训双考”和财产公示制度。黎川县率先对3批74名新任科级干部进行财产公示，中央电视台、《人民日报》、《中国纪检监察报》等主流媒体进行了宣传报道。

2011年，不断强化对领导干部的权力运行监督。严格执行《廉政准则》，推行领导干部个人重大事项报告、新任科级干部财产公示等制度；深入开展领导干部收受“红包”、公款出国（境）旅游、违规经商办企业等专项治理；严格落实厉行节约有关规定，深入治理“小金库”和公务用车，促进领导干部廉洁自律。强化权力运行制约。切实推行市直单位党政正职“四个不直接分管”、党政班子集体研究“三重一大”事项正职末位表态、县级党政正职述廉、新任领导干部“一训双考”等制度，推行县委用权风险防控，规范权力运行。推行风险岗位廉能管理。开展各类风险教育活动1680多场（次），组织各级党员干部全面排查风险，并进行风险定级；对风险岗位实行流程再造，绘制风险防控流程图1267个，完善风险防控制度1670余项；推行单项预警—综合预警—预警公示“三位一体”的预警纠错机制，实现风险意识入脑入心、预警防控到岗到人。

2012年，围绕县委人权、财权和事权，积极开展“县委三权监督”专项行动，不断规范县委权力的公开透明运行。一是确责清权。制定《关于进一步规范县委全委会、常委会及其成员职权的意见》，进一步明晰县委书记及其他成员的职责和权限。县（区）121名县（区）委常委会成员核定职权1199项，并结合岗位廉政风险预警防控工作，深入查找一级廉政风险点902个，制定风险防控措施550条。二是阳光示权。规范建设县委党务公开栏、县委权力公开透明运行网、县委新闻发布中心等“一栏一网一中心”，做到“日常式公开、互动式公开、点题式公开”三联动；同时，建立党代表参与县委决策、党内情况反映和重大决策听证咨询及征求意见制度，确保权力公开运行。三是全程控权。在选人用人方面，建立干部任免县委常委会票决制、新任科级领导干部财产公示、任前廉政集体谈话和“一训双考”等制度。是年，共有12批362名新任科级领导干部公示了家庭财产，98位新提拔的县级领导干部参加了廉政法规考试。在大额资金使用方面，坚持“一项一立、一事一议”原则，进行科学审慎的可行性研究论证。在重大事项决策方面，继续推行重大事项正职末位表态和重大事项集体决策制度。在加强领导干部监督方面，建立县委常委向县委全委会述职述廉、乡（科）级党政正职向县纪委全会述廉等制度，做到用制度管权、按制度办事、靠制度管人。

2013年，全市对168名新任县级领导干部进行廉政谈话，对36名县（区）和市直单位党政主要领导进行廉政约谈，对50名有信访反映的干部进行函询或诫勉谈话，对县（区）29批643名新任科级干部进行财产公示。黎川县出台《关于进一步加大行政问责力度的通知》，《通知》明确行政问责的8个主要方面。同时规定，不论工作是否调动，都将视情节轻重，依据有关法规进行问责。问责分为责令书面检查、警示约谈、诫勉谈话、通报批评、取消当年评优评先资格、给予行政处分、引咎辞职、责令辞职、免职等方式。乐安县加强对领导干部的“三重”监督，即加强对重要岗位、重要时期和重要事项的监督。对重点工程项目、重大人事安排、重要公务活动，纪检监察、组织人事等部门提前介入实施监督。

2014年，全市推行县级党政主要领导向市纪委全会述廉受评制度，首批12名市直单位“一把手”进行述责述廉并接受评议，各县（区）共有102名科级党政主要负责人向县

(区)纪委全会进行了述廉受评;试点推行科(股)级重要管理岗位定期轮岗交流制度,轮岗交流110人;市、县(区)联动开展"一把手抓廉政"访谈活动,对12名县(区)委书记和36名市直单位主要负责人进行约谈,全市400余名党政"一把手"在电视、报纸上作出公开承诺;推行新任县级领导干部重大事项报告公示制度,明确公示主体、内容、程序及问责办法。并对领导干部报告个人有关事项的情况开展有针对性的抽查核实。

第二节　政协及社会各界监督

2005年1月27日,市委副书记、市纪委书记罗建华代表市委向党外人士通报2004年抚州市党风廉政建设和反腐败工作情况。市委常委、市政协副主席、市委统战部长王晓媛主持通报会。市人大常委会副主任、九三学社市委会主委黄日强,副市长、民革市委会主委周琪,市政协副主席、农工党市委会主委汪重阳,市政协副主席、民盟市委会主委陈云斐,市政协副主席、工商联会长邹俐菁,市政协副主席、市中级人民法院副院长、民建市委会主委胡淑珠等民主党派、工商联负责人和无党派人士,以及在抚的党外省人大代表、省政协委员、市人大常委、市政协常委、特邀监察员共30余人参加通报会。

2006年1月19日,市党外人士情况通报会在市委常委会议室召开。罗建华通报2005年全市党风廉政建设和反腐败工作开展情况。市委常委、秘书长谢发明到会,市委常委、统战部长朱章明主持。市人大常委会副主任、九三学社市委会主委黄日强,市政协副主席、无党派人士李抚生,市政协副主席、农工党市委会主委汪重阳等党外干部和近30名党外人士代表参加通报会。

2007年3月6日,市纪委在市地税局举办党外人士情况通报会,市委常委、市纪委书记陈小平通报全市党风廉政建设和反腐败工作。朱章明主持会议。党外副厅级领导干部,各民主党派、工商联和无党派知识分子联谊会负责人,市直单位部分党外副县级干部,市人大和政协的部分党外常委,市监察局特邀监察员参加会议。同月,市纪委监察局建立查办大案要案新闻发布会制度,确定新闻发言人。建立定期向党外人士通报反腐倡廉工作情况制度。12月,召开案件新闻发布会,向全社会通报一批典型案件,扩大查办案件的社会效果。

2009年2月27日,全市反腐倡廉建设情况通报会在市委常委会议室召开。朱章明主持会议,陈小平就2008年全市反腐倡廉建设情况及2009年工作打算向部分人大代表、政协委员以及民主党派、工商联、无党派人士作了通报;副市长刘菊娇,市政协副主席陈云斐、邹俐菁、郑友清出席会议。

2010年4月21日,市党风廉政建设和反腐败情况通报会在市行政中心九楼会议室召开。朱章明主持会议,副市长刘菊娇,市政协副主席周琪等党外副厅级领导干部出席会议。市委常委、市纪委书记吴伟柱通报全市2009年党风廉政建设和反腐败工作情况,以及2010年反腐倡廉建设的总体思路和主要任务。

2011年,在市委中心组党风廉政专题(扩大)会和全市干部作风整治领导小组(扩大)会上,市纪委通报了年内查处的典型案件。同时,将查处的县级干部典型腐败案件,制作警示教育专题片《被捉的“贪手”》，组织党员干部和各界代表观看。

2013年1月10日，全市党风廉政建设情况通报座谈会在抚州市廉政党校召开。朱章明主持会议，吴伟柱通报有关情况。6月4日，市纪委监察局开展“纪检监察开放日”活动，由市人大代表、政协委员、企业代表、媒体代表、群众代表等100多人组成的代表团，走进市纪委监察局，与纪委干部面对面交流。“纪检监察开放日”活动暨反腐倡廉情况通报会在市“清风苑”党风廉政教育中心多功能会议室召开，吴伟柱出席会议并讲话。在通报会上，吴伟柱要求，纪检监察干部要带头遵守党纪国法，保持开明开放的对外形象，坚持敢抓敢管的工作作风，付出百倍努力，不断推进全市党风廉政建设和反腐败工作。同时，希望各位代表坚定反腐倡廉必胜的信心，继续保持参与反腐倡廉工作的热情，加大支持纪检监察工作的力度，切实承担起监督党员干部的职责，直言不讳地指出反腐倡廉工作中存在的问题和不足，诚心实意地提出加强和改进的意见和建议，共同促进全市反腐倡廉工作创新发展。

2014年2月17日，全市党风廉政建设和反腐败工作情况通报会在汤显祖大剧院召开。市四套班子领导、市“两会”全体人大代表、政协委员和社区群众代表1000余人参加通报会。吴伟柱主持并讲话。会议首次以视频专题片的形式，详细解读十八届中央纪委三次全会主要精神，通报2013年全市党风廉政建设和反腐败工作。5月29日，市纪委召开党风廉政建设情况通报会，吴伟柱向市政协委员通报2013年以来全市党风廉政建设情况，并希望市政协委员要大力参与和支持党风廉政建设。要充分发挥自身优势，加强调查研究，积极建言献策。要大力宣传市委、市政府在加强党风廉政建设方面的决策部署和成效，引导和团结广大干部群众共同维护抚州发展大局，为营造风清气正政治生态做出积极贡献。

第三节　特邀监察员与巡视巡查

一、特邀监察员制度建立及成效

1994年，根据《监察部聘请特邀监察员办法》，抚州地区监察局建立特邀监察员制度，并聘请首批特邀监察员。特邀监察员聘任期为3年，其主要工作是对群众信访反映的热点问题及区内一些地方出现的车匪路霸现象等进行监督检查。

1997年和2000年2月，地区监察局分别聘请第二、三批特邀监察员，聘任期均为3年，其主要工作是对群众信访反映的问题及群众反映的社会热点事件等进行监督检查。

2001年3月，抚州市监察局聘请10人为撤地设市后的第一批特邀监察员，聘任期两年，其主要工作是对群众信访反映的问题和政风行风开展监督检查。

2005年，市监察局印发《抚州市监察局特邀监察员工作办法（试行）》的通知。《办法》对特邀监察员聘任的条件、特邀监察员的职责、权利、义务、活动、考核等作了明确规定。特邀监察员每届任期2年，工作需要可以续聘。市监察局设立特邀监察员联络办公室（设在市纪委监察综合室），具体负责特邀监察员有关管理工作。市纪委监察局重新聘任第三批特邀监察员，并注重改善队伍结构。8月，特邀监察员对市直9个单位及临川、南城、广昌、黎川、宜黄、崇仁、东乡、金溪8个县(区)部分单位的政务环境进行督察,为“全民创业,富民兴市”营造良好的政务环境。全年共组织特邀监察员参加专项检查22次,转呈群众来信来访26件,开展调研活动6次。

2006年,市监察局增聘第三批特邀监察员5人,使特邀监察员总人数达到15人。同时,进一步强化队伍管理,开展监察活动。全年共组织特邀监察员参加专项检查、督查活动5批(次),参加市领导信访接待日接访活动5次,开展调研活动2次,提供社情民意3次。

2007年5月,市监察局重新聘任第四批特邀监察员21名,向新聘任的特邀监察员颁发聘书,并为第三批特邀监察员授予荣誉证书。为规范和推进市特邀监察员工作,出台《关于市纪委、市监察局有关业务室对口联系特邀监察员的通知》,实行有关业务室对口联系特邀监察员制度,根据特邀监察员专业特长和市纪委监察局业务室工作内容,每个业务室负责对口联系特邀监察员4~6名,每个特邀监察员联系2个室。

2008年,市监察局根据工作实际,进一步完善和重新印发《抚州市监察局特邀监察员工作办法》,将特邀监察员聘任期由2年改为3年,聘任期结束后需续聘的,续聘期一般不超过3年。建立特邀监察员工作例会、列席会议制度和特邀监察员评议考核制度。全年共组织特邀监察员参与各类监督活动26批(次)330人(次),提出工作意见建议70多条,撰写调研报告5篇。

2009年12月,市监察局聘任第五批特邀监察员21名,并简单而隆重地举行第五批特邀监察员聘任仪式。在聘任第五批特邀监察员时,一是注重“公信力”。新聘任的2名县级领导干部,不仅是民主党派的副主委,而且是市人大、市政协的常委,职务层级明显优化;二是注重“高学历”。人员学历均在大专以上,新聘研究生2名,文化水平明显提高;三是注重“年轻化”。平均年龄下降4.5岁,其中80后的干部2名,队伍活力明显增强;四是注重“代表性”。有人大代表、政协委员、民主党派和无党派人士,有行政机关、事业单位和国营企业的代表,还聘任了1名最基层的社区居委会干部,基本上涉及到社会的各个层面,覆盖范围明显扩大。五是注重提高妇女干部比例。妇女干部人数达到10名,男女比例接近1:1。因此,新聘任的第五批特邀监察员无论在年龄、学历和知识结构,还是职务、党派和性别结构,都更趋合理,更趋优化,整体实力有了大幅提升。

2010年,市监察局特邀监察员组成10个组,分赴市区及各县(区)开展明察暗访活动。在活动中,结合“创业服务年”活动,本着“看实际、查实情”的原则,在不告知被查单位的情况下,通过“访、听、提”的形式,对被查单位和县(区)服务中心窗口进行实地调查了解。明察暗访后综合实际情况向被查单位负责人提出意见和建议,敦促他们及时有效地进行整改,积极营造最优发展环境。市监察局组织特邀监察员开展为纪检监察工作献计献策活动,共收到意见建议16条。组织特邀监察员对全市经济发展环境进行调研,参与优化发展环境明察暗访活动2次,参与有关监督活动19批次122人次。

2011年,根据工作需要,市监察局解聘2名特邀监察员,同时,增聘特邀监察员5人,特邀监察员总人数为24人。市监察局邀请特邀监察员列席市纪委全会、市政府廉政工作、“发展提升年”动员等大型会议8次。组织特邀监察员在各自岗位接待或与市纪委、市监察局共同接待来访群众35人次,收到群众反映社会上的不正之风和各种违纪问题的举报件 16 件。组织特邀监察员对医药医务“阳光行动”、公路“三乱”、工程专项治理、教育乱收费、中小学校舍安全工程、防汛工作以及农村“三网保廉”等方面，开展了 12 次专项监督检查活动，并将发现的问题梳理汇总后向市纪委监察局有关室进行报告。组织特邀监察员深入各级行政服务中心、园区企业、乡镇政府和便民服务中心以及各县（区）的部分宾馆、茶庄，开展明察暗访活动，全面检查党政机关和企事业单位及其工作人员遵守有关效能建设规定的情况。组织特邀监察员 280 余人次，参与国家公务员、事业单位工作人员、大学生村官、“三支一扶”等全市各类人事招录考试现场监督工作，确保考试工作各个环节的公平、公正。全年共组织开展各类活动 50 余次，参加人数达 420 余人（次），走访企业和商户逾百家，提出意见及建议 140 余条，解决问题 50 余个。

2012 年 2 月，市监察局召开特邀监察员工作座谈会议。会议总结 2011 年度特邀监察员工作，部署 2012 年特邀监察员工作，表彰郑振荣等 8 名优秀特邀监察员。特邀监察员全年参与各类监督活动 13 批次 326 人次，提出意见建议 98 条。至年底，第五批特邀监察员聘期已满。此后未再续聘。

二、巡视制度的建立及成效

2003 年，为进一步了解和掌握各县（区）和市直单位领导班子及其成员贯彻落实党的路线方针政策、执行民主集中制、选拔任用干部、落实党风廉政建设责任制和廉政勤政等方面的情况，市委决定建立巡视工作制度。市委主要领导多次作出批示，对搞好巡视工作提出明确要求，市委常委会专题听取有关情况汇报，研究制定《关于建立巡视工作制度的实施办法》，下发《关于在县（区）和市直单位开展第一批巡视工作的通知》，明确巡视工作的指导思想、工作任务、方法步骤、工作要求、机构设置、人员管理和组织纪律。市委共设立 3 个巡视组，每个巡视组由 3 人组成，其中组长 1 人，成员 2 人。市委高规格配备巡视组成员，由原来担任副厅级领导职务的 3 名老同志担任首批巡视组组长，从市纪委和市委组织部挑选 6 名政治素质好的干部作为成员。设立巡视工作联席会议，由市委副书记、纪委书记牵头，成员由市纪委一名副书记、市委组织部一名副部长组成；设立巡视工作办公室，作为市纪委、市委组织部巡视工作联席会议的日常办事机构。为使巡视工作规范有效进行，市委明确了巡视工作的时间安排，第一批巡视组于 2003 年 11 月中旬开展巡视工作，时间为一年，共分三期进行。每期巡视 3 ~ 4 个县，12 ~ 14 个市直单位，确保一年之内所有县（区）和市直大部分单位普遍巡视一次。11 月 13 日，市委召开首批巡视工作会议，巡视组分赴各地正式开展巡视工作。到 2004 年，市第一批 3 个巡视工作组对全市 11 个县（区）、41 个市直单位开展了巡视工作。为及时将巡视成果付诸运用，巡视工作办公室对第一期巡视报告反映的 170 多个问题进行认真的分析梳理，归纳成 100 余个问题，采取情况反馈、领导约谈、转办和督促办理四种方式对巡视组反映的问题和建议提交有关部门进行分类处理，下达整改通知 26 份。

2005 年，市巡视工作组对第一批巡视工作进行了认真总结，对存在的问题和不足进行了科学分析，提出下一步巡视工作从普遍性的面上巡视向重点性的点上巡视转变的工作思路，制定《关于开展第二批巡视工作的实施方案》，新一轮巡视工作从巡视单位、巡视重点、方式方法上作了调整和改进。

2006 年 10 月至 2007 年 1 月，第二批巡视组重点对 2 个县(区)和 2 个市直单位开展巡视工作，共收到干部群众反映的问题 52 个，经分析梳理，归纳成 23 个问题。对这些问题，巡视工作办公室采取情况反馈、领导约谈、督办、转办等四种方式进行分类处理，下达整改通知 14 份；被巡视单位对巡视中反映的问题都认真对待，妥善处理。同时，认真做好省委巡视组在抚州巡视的联络服务工作。各巡视组创造性地开展工作，摸索出一些经验，取得较好成效。

巡视制度弥补了党内监督体制中“同级监督不了，上级监督不到”的缺陷，对权力运行起到监督和制约作用，对党风廉政建设和反腐败工作起到推动作用，对改革、发展、稳定起到促进作用，对市委考察了解干部、加强干部队伍建设起到参考借鉴作用，对密切党同人民群众的联系起到桥梁纽带作用。

三、巡查工作及成效

2011 年 8 月 26 日，市纪委为整合办案资源、加大办案力度、推进办案工作，经常委会研究决定，成立 4 个廉政督查队，对县(区)纪检监察机关查办案件工作进行督查和指导，同时印发《廉政督查队工作方案》。廉政督查队主要履行以下工作职责：一、对县(区)纪检监察机关信访案件线索处置情况进行了解，对信访了结案件进行监督检查。二、对县(区)纪检监察机关案件初核、立案情况进行督促检查。三、对市纪委交办给县(区)纪委查办的信访件，特别是要报结果件，进行协办督办。四、对一些疑难复杂、群众重复上访或久拖不结的信访案件，报经市纪委同意后，进行直查快办。五、接待群众来访，受理检举控告，重点收集土地和工程建设领域违纪违法问题、基层损害群众利益突出问题、医药购销和医疗服务中的不正之风、破坏经济发展环境、违反廉洁自律规定、违反组织人事纪律等方面的违纪违法线索。廉政督查队进行督查主要采取的方式：听取所联系县(区)纪检监察机关的查办案件工作汇报，对所联系县(区)纪检监察机关信访线索处置情况进行抽样检查，对所联系县(区)纪检监察机关案件初核、立案情况进行抽样检查，根据工作需要列席所联系县(区)党组织领导班子民主生活会和述职述廉会，与所联系县(区)党政领导班子成员和其他干部进行个别谈话，调阅、复制有关案件档案、会议记录等资料，受理群众的来信、来电、来访等，以适当方式对所联系县(区)的下属单位或部门进行走访调研。廉政督查队队长由市直单位政治素质、政策水平较高，且有办案经验的纪检组长(纪委书记)担任，队员由市纪委监察局机关委派。廉政督查队在市纪委常委会的领导下开展工作，其工作人员严格按照党章党规和国家法律行使职权，依纪依法文明办案。

2011 年，4 个廉政督查队采取与县(区)党政主要领导见面、听取县(区)纪委查办案件工作汇报、查阅相关案卷档案、深入基层明查暗访、召开办案人员座谈会等措施，直接查办市纪委交办的信访件 26 件，抽查 2011 年县(区)信访件 319 件、初核件 302 件、立案件 345 件，督促帮助县(区)纪委新增立案 280 件，其中大要案 11 件。

2013 年，全市纪委监察机关成立 33 个廉情监督组(市本级由 6 个纪工委成立 6 个监督组)，采取日常检查、重点抽查、受理信访等方式，对重点工程项目的立项、核准、用地、规划、环评、招投标、物资采购、资金管理使用、结算等环节进行全程监督，项目责任单位主要领导作出廉政承诺，并与施工方签订廉政合同。市本级监督组对市中心城区 245 个重点工程项目进行廉情监督，发现手续不完备、施工资质挂靠等问题62个，提出并督促落实整改建议46条。

2014年，参照中央、省委巡视工作做法，市纪委以市纪工委为主体，成立11支廉政巡查队，分别对社会救助、扶贫移民、教育投入、农业开发、社保就业、林业等六项民生资金开展专项巡查。廉政巡查队采取3种比较灵活的巡查方式：常规式巡查。坚持“三定三不定”原则，定巡查队长、不定巡查队员，定巡查内容、不定巡查单位，定巡查原则、不定巡查方式，由各巡查队长随机抽调工作人员、随机抽查部门单位、随机抽检问题。驻点式巡查。对重点部门进行“一对一”驻点巡查。专项式巡查。对专项资金使用管理情况开展专项廉政巡查。共发现问题1325个，责令整改问题1048个，实际解决问题927个；调查处理案件277件，给予党纪政纪处分201人，移送司法机关处理32人；收缴违纪违规资金1.42亿元，原渠道归还财政资金2.2亿元。此做法得到省纪委的充分肯定，并发文推广。

2015年，市纪委监察局制定下发《抚州市廉政巡查工作实施意见》，成立纪律巡查室，组建纪律巡查队，加强对执行“六大纪律”和落实“两个责任”情况的监督检查。5月中旬，13支巡查队全体出动，正式进驻18个市直单位和7个县(区)的13个县(区)直单位、14个乡镇，启动第一轮纪律巡查工作。在巡查过程中，纪律巡查队紧盯领导机关和领导干部、重点领域和关键岗位、农村基层和城市社区三个层面，并有针对性的围绕一个人、一件事、一个工程项目、一个下属部门、一个县(区)、一个系统，采取常规巡查、专项巡查、驻点巡查相结合的方式，对执行党的政治纪律、组织纪律、廉洁纪律、群众纪律、工作纪律、生活纪律和履行主体责任、监督责任等情况进行巡查。第一轮纪律巡查共提出整改建议338条，并发现问题线索45件。根据市委在领导干部违规插手干预工程项目综合治理阶段的统一部署和要求，11月12日，市纪委监察局召开全市领导干部违规插手干预工程项目专项纪律巡查工作会议，部署安排任务，启动第二轮巡查工作。此次专项纪律巡查，坚持“一次一授权”、“一次一组建”，由市纪委监察局牵头成立12支巡查队，分别对市国土局负责的土地使用权与矿业审批出让、市建设局负责的房屋建筑和市政基础设施工程招标及工程质量监管、市交通局负责的交通运输领域内工程项目建设、市财政局负责的政府采购工程及资金拨付、市人防办负责的人防领域内工程项目建设、市发改委负责的重点工程项目及工程建设项目决策和审批程序、市水利局负责的水利领域内工程项目建设、市房管局负责的房地产开发与经营、市规划局负责的城乡规划管理和高新区、南丰县、南城县、东乡县、宜黄县、乐安县，开展为期两个月的专项巡查。此次专项巡查，抽调建筑、财政、审计等方面专业人员，制定详细周密的巡查方案，作出明确严格的巡查纪律规定，同时采取发布巡查通告、公布举报电话、查阅相关资料、到工程项目建设现场实地巡查、进行个别访谈等措施。对巡查发现的问题，该整改的及时督促整改，该纪律处分的及时给予处分，该组织处理的及时作出处理，该移送司法机关的及时移送。

第六篇　行政监察

第一章　执法与效能监察

1952年至1993年5月，全区各级党的监察机关和行政监察机关紧紧围绕党和政府各个时期的中心工作开展执法监察。地区纪委、地区监察局合署办公后，地（市）、县（市、区）两级纪检监察机关按照地（市）委、行署（市政府）的部署和要求，设立执法监察室，建立执法监察队伍，履行职能，开展法律、法规执行情况和宏观经济调控措施落实情况的监督检查以及重大安全事故的调查处理和重大事项及制度建设工作。

第一节　执法监察

一、法律、法规执行情况监督检查

1952—1956年，全区各级监察机关围绕土地改革、镇压反革命、“三反”、“五反”、社会主义改造运动，以及抗美援朝、社会主义经济建设和社会主义民主建设等中心工作任务和要求，针对国家行政机关及公务人员、国营企业、公私合营企业、合作社等贯彻执行国家的政策、法律、法规、命令、协议及制度等方面所存在问题，与有关部门协作进行582次检查。其中，专题检查73次，专案检查12次，一般性检查497次，检查中发现的一些问题得到及时纠正和处理。

1957—1959年，全区各级监察机关在“大跃进”中，围绕贯彻执行社会主义建设总路线，配合全面整党、农村整社和机关整风运动，以增产节约为中心，对违背党的总路线和党的团结与统一，执行国民经济计划、贯彻执行党的路线方针政策决议和指示不坚决，本位主义、分散主义严重，甚至违纪失职等问题，采取“抓中心、抓主要倾向、抓薄弱环节”等办法和措施，在全区开展816次检查。其中，专项检查268次，一般性检查250次，查出一批有违法违纪行为的人和事，为国家挽回直接经济损失98478元。

1988—1992年，全区各级监察机关围绕经济建设这个中心，按照中共中央关于“治理经济环境，整顿经济秩序”指示精神，针对影响改革、发展、稳定和现代化建设中遇到的困难、问题以及行业和部门存在的不正之风，重点对行署33个部门经费支出、285个农资部门农资公开分配供应、356个单位扶贫救灾物资和资金管理使用、243个计划生育部门资金管理使用以及全区乡(镇)、村委会农民负担等方面问题,进行1000多次检查,立案查处违纪者7人,收缴违纪金额73.24万元,为国家挽回直接经济损失60.84万元。对被检查单位提出监察建议550条,其中227条被当地政府及有关部门采纳,帮助124个被检查单位建立和完善有关规章制度。

1993—1998年,全区各级监察机关紧紧围绕党委、政府中心工作,抓住群众反映强烈的热点、难点问题以及影响改革、发展和稳定的突出问题,积极主动地开展执法监察。6年中,全区纪检监察机关共开展执法监察1972项,发现违法违纪问题线索453件,转立案403件,提出监察建议4383条,挽回经济损失8873.9万元,追缴违纪款2107.8万元,给予党纪政纪处分348人。

2001年,市监察局组织“四项社保资金”和国债资金管理使用、建设工程招投标等执法监察工作。

2002年,全市监察机关共开展执法监察279项,挽回经济损失641.48万元,纠正退还违法违纪金额574.95万元,提出监察建议521条,协助建章立制87项。通过执法监察,发现案件线索117个,立案查处117人,其中给予党纪处分40人,给予政纪处分77人。

2004年,全市监察机关开展粮食直接补助资金发放、农村乡村公路改造、保障农民工工资支付、城镇房屋拆迁、企业重组改制等执法监察。发现案件线索6个,立案查处5人,共为农民工追回拖欠工资1050.66万元。同时,围绕党委、政府的中心工作及群众关心的热点、难点问题,精心组织,周密安排,充分履行监督检查职能。全市共开展执法监察416项,提出监察建议769条。通过执法监察,挽回经济损失1054.26万元,转立案件90件,结案76件,给予党纪政纪处分82人,移送司法机关处理2人。

2005年,全市监察机关围绕企业违法排污、安全生产、土地征用、城镇拆迁、企业改制以及支付农民工工资等问题,大力开展执法监察。全市共开展执法监察366项,提出监察建议764条。通过执法监察,为国家挽回经济损失685.74万元,纠正退还违法违纪金额951.25万元,转立案件66件,给予党纪政纪处分60人,移送司法机关处理8人。在开展土地清理整顿中,重点解决拖欠、截留、挪用土地补偿费等侵农、损农问题。市委、市政府先后制定下发《关于专项治理拖欠农民工工资损害农民工利益问题的实施方案》、转发市建设局《关于开展建设领域拖欠工程款情况调查制定还款计划实施意见的通知》、转发市劳动保障局等八部门《关于专项治理拖欠农民工工资问题实施方案的通知》等文件,要求采取日常巡查、专项检查和接受群众举报等方式,切实加大对拖欠农民工工资的查处和清欠力度。1月至10月,全市共受理拖欠农民工工资信访举报347件,核实340件。在加大查处和清欠的同时,建立完善保障农民工工资按时支付的长效治理机制:制定清欠工作计划。规定从2005年开始,全市各建设单位和施工企业不得再新增拖欠农民工工资,至2006年底,全面解决好拖欠农民工工资的问题。加强对建设、开发项目的监管。建设、施工单位在工程竣工验收或办理新的开工项目手续前,必须先兑付完拖欠的农民工工资,否则不给办理验收备案、产权登记和新的开工项目报建手续。积极推行业主工程款支付担保金制度。执行好房地产开发项目资本金制度,把农民工工资纳入履约保函的第一支付范围，从源头上防止拖欠农民工工资现象的发生。按照省、市有关会议精神，根据执法监察中发现的问题，对城镇房屋拆迁行为进行了规范，重点抓好几个方面的工作：重点抓好拆迁许可的审批。对拆迁项目没有依法取得建设项目批准文件，没有建设用地规划许可证、国有土地使用权批准文件，没有拆迁计划和拆迁工作方案，没有拆迁资金和被拆迁人安置方案不落实的，一律不发给拆迁许可证。重点抓好拆迁补偿评估，拆迁人应将房屋评估报告及时送达被拆迁人，并将拆迁补偿结果等事项在被拆迁地段公示。重点抓好拆迁补偿安置资金的落实、弱势群体的拆迁安置和拆迁工作人员行为规范的建立，强化拆迁行业的监管。同时，落实拆迁纠纷处理目标责任，积极推行拆迁公示、信访接待、投诉举报、拆迁承诺和拆迁监管等制度。对房屋拆迁工作中压低补偿价格、拖欠挤占挪用拆迁安置资金以及不按规定程序拆迁等侵害群众利益问题进行严厉查处。全市各级监察机关还会同有关部门，按照《抚州市关于专项治理企业重组改制和破产中侵害职工合法权益问题的实施方案》的要求，对全市企业改制和破产情况进行初步摸底，从中发现案件线索 6 个，立案查处 5 人。

2007 年，全市监察机关开展环境、林改、土地、节能减排四项专项执法检查；开展经济适用房、重点工程、安全生产、民生工程、农民减负 5 项专项监督检查；加强对落实工程建设招投标、经营性土地挂牌出让、产权交易、政府采购 4 项制度的专项执法监察。全市共开展执法监察 147 项，查处违法违纪金额 9180.36 万元，挽回经济损失 1533.91 万元，纠正退还违法违纪金额 2742.13 万元，避免经济损失 3564.78 万元；提出监察建议 254 条，协助建章立制 67 项；通过执法监察发现案件线索 64 个，立案查处 57 人，移送司法机关处理 3 人。在开展环保法律法规贯彻执行情况监督检查中，市政府下发《关于贯彻落实〈江西省人民政府关于全面落实科学发展观加强环境保护的若干意见〉的实施意见》。市人大组织环保、农业、水利、监察等单位开展“环保抚河行”活动，对检查中发现的水污染、植被破坏等突出问题督促有关部门及时整改。

2008 年，全市执法监察工作根据省纪委执法监察工作会议的统一安排，紧紧围绕市纪委三次全会的部署和要求，精心组织，周密安排，充分履行监督检查职能。全市共开展执法监察 187 项，提出监察建议 603 条，为国家挽回经济损失 3778.62 万元，纠正退还违法违纪金额 1853.76 万元，转立案件 64 件，给予党纪处分 47 人，政纪处分 35 人，移送司法机关处理 10 人。

2009 年，全市执法监察工作围绕扩内需、保增长、保民生、维稳定各项政策措施的落实，共开展执法监察 212 项，提出监察建议 629 条；通过执法监察，查办案件 31 起，查处有关责任人员 39 人，为国家挽回经济损失 4929 万元。尤其是对群众反映的东乡县政府强制征地和抚州市文昌大道绿化苗木采购存在的问题进行执法监察，群众反映很好。

2010 年，按照“谁建设谁负责，谁主管谁负责，谁检查谁负责”的原则，针对存在问题，全市监察机关围绕明确责任单位、明确责任人、明确整改措施、明确整改时限和公开整改结果的“四明确一公开”要求，做到“三个重点排查”。一是重点排查“扩内需”项目，对 2007 年以来政府投资和使用国有资金的 526 个重点工程项目，特别是对基础设施、交通水利、廉租住房、环境保护、学校医院等涉及民生领域的工程项目，进行拉网式彻底排查，确保排查工作不留死角、不留空白、不留盲点;二是重点排查“被投诉”项目,对2008年至2010年上级交办、本级受理和部门转办的投诉项目,不论是否已经处理,都列为排查的重点,落实责任单位和责任人,做到应查尽查,确保被投诉项目不漏项、不漏查;三是重点排查“存在问题”项目,紧紧抓住项目决策、征地拆迁、招标投标、工程质量、资金管理等8个重点环节和关键部位进行重点排查,特别是加大对“零问题”、“零案件”项目的排查力度。共完成信访初查14件,立案13人(其中县级10人、科级3人),对8名县级干部进行诫勉谈话,收缴违纪金额146万元,通过信访初查,转县(区)纪委立案处理18人。

2012年,全年全市共开展执法监察694项,提出监察建议279项,纠正违法违规问题385个,立案68件,给予党纪政纪处分67人,移送司法机关处理11人。共完成信访初查25件,立案处分县级干部3人;开展执法监督检查6次,发现问题182个,下发监察建议书8份,提出监察建议50条,纠正问题125个;建议相关部门对128家围标、串标企业进行处罚,并取消3人评标专家评审资格。同时,移送司法机关处理8人(其中县级1人),转县(区)立案处理48人,转其他系统立案处理6人,诫勉谈话19人,收缴违纪款170万元。

二、宏观经济调控措施落实情况监督检查

2002年,市纪委监察局按全省统一部署,对全市在建国债项目资金管理和使用情况进行专项执法监察。5月14日,监察、计委、财政三家联合下发《关于继续联合开展国债资金管理使用情况监督检查的通知》,对检查的主要内容、方式和时间等作出具体规定。6月10日至24日,对全部在建国债项目管理使用情况进行一次全面检查。全市在建国债项目58个,批准概算总投资174628.2万元,其中国债资金31532万元(国债补助15060万元,国债转贷16472万元)。6月底,在建国债项目资金累计到位27165.7万元,其中国债资金15751.8万元(国债补助6271万元,国债转贷9480.8万元),国债资金到位率50%。检查组每到一处,对国债项目审批程序到资金管理使用、工程管理均进行认真审核,并实地察看工程建设现场。检查组及时将检查情况向各县(区)政府或部门主管领导及项目单位进行反馈,提出明确的整改意见,要求限期整改。通过整改,廖坊水利枢纽工程收回旧欠资金16万元;南城县人畜饮水工程、黎川县水厂、崇仁县水厂等项目单位收回挤占挪用的国债资金158.74万元。是年,对国家投资或涉及公共利益、公众安全及关系全市国民经济和社会发展有重大影响的项目,进行重点监督。抚州市廖坊水利枢纽工程是抚州历史上最大的一项水利建设工程,总投资概算12.49亿元。市纪委监察局执法室派员对该工程项目的4次开标共7个标段的招投标,包括有关投标队伍的筛选,到专家评委的抽取、编标、开标、评标等进行全过程监督。及时提出6条合理化建议,省重点办、省水利厅、市廖坊水利办等部门当即采纳并予以纠正。

2003年,根据省监察厅、省计委、省财政厅《关于2003年我省继续联合开展国债项目监督检查的通知》精神,市监察局对国债资金管理和使用情况监督检查进行认真部署,组织市直和各县(区)对在建国债项目进行自查摸底,并于10月会同市计委、市财政局对部分国债项目进行抽查。全市共有在建国债项目78个,项目概算总投资额63173.7万元,其中国债专项资金37375.3万元,地方配套25798.4万元。到位资金43331.8万元,占计划的68.6%,完成工作量投资额38641.8万元,占计划的61.2%。在资金使用过程中,多数能按照国债资金管理办法做到专款专用。对检查中发现的一些问题,及时向项目单位进行反馈,下发整改通知单,限期整改。是年,为确保重点工程建设的顺利进行,保证工程质量管理各项制度的贯彻执行,把重点工程的执法监察作为认真履行行政监察职能的切入点,从源头上预防和治理腐败行为。同时加强对国有经营性土地使用权出让的监督检查。

2005 年,深入开展国债资金管理和使用情况以及农村公路改造工程的监督检查。根据市政府《关于开展全市国债资金项目检查的通知》要求,市监察局会同市发改委、财政局、审计局等部门对国债专项资金管理使用、国债项目在建以及检查整改落实情况开展专项检查。重点检查全市国债项目 84 项,总投资额为 81631.8 万元,其中国债资金 33206 万元、地方配套资金 48425.8 万元。通过检查,摸清国债资金管理使用和国债资金建设项目的有关情况;纠正处理一批项目申报不实、审批不严,截留、挪用、挤占国债资金,主管部门和项目建设单位滞留拨付国债专项资金,以及违反国债资金管理制度和财务管理不规范等问题。是年,根据省监察厅、发改委、交通厅、财政厅联合下发《关于开展 2004 年度农村公路改造工程监督检查工作的通知》的要求,市监察局会同有关部门对临川、东乡、金溪、崇仁、宜黄、乐安 6 个县(区)2003 年以来农村公路改造工程建设情况进行重点抽查,对检查中发现的农村公路招投标不规范、工程进度普遍滞后、工程质量有少部分未达到设计要求、资金拨付未及时到位、配套资金不足等问题责令限期整改。

2006 年,全市各级纪检监察机关对中央、省下拨的各类重大建设项目专项资金包括国债资金、配套资金、救灾款物、库区移民安置经费的管理使用情况,以及粮食直接补助资金和良种补贴款等资金的发放、农村乡村公路改造、退耕还林和最低生活保障资金管理等工作的监督检查力度进一步加大。同时,严肃查处企业重组改制和破产中侵害国家、职工合法权益的案件。是年,各级纪检监察机关认真按照省监察厅 2006 年执法监察工作安排,紧贴经济建设中心,围绕加强宏观调控、转变经济增长方式等政府中心工作,积极开展执法监察。继续加大对中央、省下拨的各类重大建设项目专项资金包括国债资金、配套资金和关系群众切身利益的救灾款物、库区移民安置经费的管理使用情况进行监督检查。3 月,市纪委监察局对市廖坊水库移民资金进行专项执法监察,该案涉及南城、临川、金溪 3 县(区),总计移民资金 5.1 亿元,查处违纪资金 1000 余万元,追缴违纪款 110 余万元,发现案件线索 16 个,立案 11 人。10 月下旬,市监察局、市发改委联合下发《关于开展 2006 年度农村公路改造工程监督检查工作的通知》,对 2005 年以来实施的农村公路建设情况进行监督检查。各县(区)也结合本地实际,对各类专项资金的管理使用开展专项检查。黎川县对全县各乡镇的粮食直接补助资金和粮种补贴资金的发放情况进行专项检查;临川区对国债资金管理使用情况开展监督检查;东乡县对退耕还林补助资金发放情况进行专项检查,都取得较好的成效。与此同时,各县(区)也进一步加强对工程招投标、产权交易和国有经营性土地出让等工作的监督管理:黎川县成立抚州第一个县级有形交易市场,全县 400 万元以下的建设项目工程招投标、经营性土地使用权出让、产权交易及政府采购活动统一在有形交易市场进行;南城县对土地市场治理整顿以来的土地违法违规问题处理情况开展"回头看"检查;崇仁县对县土地交易中心超标准收取交易服务费及交易出让土地改变用途等违规问题进行查处,并就有关问题在全县通报。

2007年,为认真落实国家房地产市场宏观调控政策,促进房地产产业持续稳定健康发展,根据国办[2006]37号《关于调整住房供应结构稳定住房价格意见的通知》,全市各级纪检监察机关认真督促有关部门开展自查自纠,针对存在的问题,加强整改,健全和完善制度,严肃查处房地产领域的违法违纪行为。市纪委执法室上半年组织开展对全市房地产市场秩序的执法监察,查处违纪资金2000余万元,为国家挽回经济损失81万元,纠正退还违纪资金1780万元。临川、南城、崇仁、宜黄、东乡、南丰、黎川等7个县(区)对重点项目建设规费和纳税情况进行清理,追缴各项规费和清理税收5660.9万元。是年,各级纪检监察机关把加强对民生工程监督检查作为执法监察的重要内容,会同有关部门开展对推进经济适用住房建设和完善廉租住房制度情况的监督检查。市监察局下发《关于对推进经济适用住房建设和完善廉租住房制度情况开展监督检查的实施方案》,采取特邀群众监督员的日常监督与专职部门的专项检查相结合、全程监督与重点环节监督相结合的方法,取得较好的效果。市经济适用住房首批168户住户通过"三级审核、三榜公示、现场摇号"的方式产生,市城区首期3.2万平方米经济适用住房建设初具规模。与此同时,认真开展对专项资金包括国债资金、配套资金和关系群众切身利益的救灾款物、库区移民安置经费管理使用情况的监督检查。在2006年立案处理11人的基础上,又对4名县级干部和1名科级干部进行立案查处。资溪县对退耕还林补助金发放情况进行执法监察,纠正退还违纪资金27.79万元。广昌县对林业部门套取造林、抚育专项资金进行调查,追缴违纪款24万元,立案查处1人。金溪县对全县民政资金使用、政务村务公开和农民负担等问题进行专项检查,对部分乡、镇未按规定使用民政资金及政务村务公开不具体等问题进行纠正。

2008年,市纪委监察局加强对重大工程建设项目预算、招投标、施工变更、验收结算全过程的监督,通过规范程序、事前报告、事中监督、事后审计等措施,提高工程质量,确保廉洁工程。建立健全矿产勘查开采全程监管机制,不断规范国有和集体产权交易行为。加强砂石资源开采权管理,市管以上河道全部采取拍卖方式进行许可,拍卖金额从2007年的270万元增加到600多万元。严格执行"管采分离"制度,探索建立统一的电子化采购系统,加强政府采购行为的监管。重点查处市政府采购中心有关人员收受供应商钱物,致使政府采购价高于市场价等问题。会同有关部门重点加强对市场价格调控、节能减排、环境保护、固定资产投资、土地管理、房地产调控、矿产资源开发秩序等政策执行情况的监督检查,坚决纠正有令不行、有禁不止的行为。全市纪检监察机关共开展执法监察187项,提出监察建议603条,挽回经济损失3778.62万元。同时采取特邀群众监督员的日常监督与专职部门的专项检查相结合、全程监督与重点环节监督相结合的方法,会同有关部门开展对推进经济适用住房建设和完善廉租住房制度情况的监督检查。

2009年,加强对中央扩大内需促进经济增长政策措施执行情况的监督检查。全市组织64个检查组,对683个项目开展监督检查,涉及资金19.59亿元,确保新增中央投资项目的优质、安全、廉洁、高效。发现问题198个,下发整改通知146份,纠正问题180个。开展对市委、市政府"全力主攻两区、加快建设两城、坚持突出两抓、实现四个突破、达到两个确保"等重大决策部署执行情况的监督检查。对市委、市政府确定在市中心城区实施千亩文化生态名人园、新区医院、新区中小学、污水处理厂二期扩建等重点项目建设开展督查,严格告知审核和招标投标程序，坚决查处和纠正有令不行、有禁不止的行为，推动扩内需、保增长、保民生、保稳定的各项决策部署落实到位。切实加强对节能减排和环境保护政策措施落实情况的执法监察。会同环保等部门对各地扩大内需、促进经济增长项目执行节能减排政策情况进行检查。防止和纠正违规审批或核准立项、特别是借机上马高耗能或高污染项目等问题。对社会影响较大、群众反映强烈的环境污染问题以及基层查处阻力较大的环境污染问题进行挂牌督办。实行房地产开发成本信息公示制度。

2011 年，市纪委监察局制定下发《抚州市严格资金管理防范资金风险工作实施方案》，分自查、督查、重点检查、整改四个阶段推进全市严格资金管理防范资金风险工作。组成 4 个督查组对市本级和各县（区）自查情况进行督导和检查。针对 2010 年在全市救灾和灾后恢复重建资金物资进行的专项检查中发现的问题，责成相关部门对整改情况再次进行监督检查，对仍存在的问题，限时整改到位，确保全市救灾资金和物资全面落实到位。同时，还按照江西省房地产开发中违规变更规划调整容积率问题专项治理工作领导小组办公室的要求，市容积率问题专项治理领导小组办公室对全市房地产开发中违规变更规划、调整容积率等进行规范。配合市人力资源与社会保障局，起草《抚州市国有企业老工伤人员等纳入工伤保险统筹管理工作实施方案》。

2012 年，市纪委监察局制定《抚州市开展加快转变经济发展方式监督检查工作方案》，配合和迎接省加快转变经济发展方式监督检查组，重点对市本级和南城县、黎川县城镇生活污水处理厂，水利工程设施建设、保障性安居工程建设以及“三房合一”等工作进行检查。发现市本级、黎川县和南城县在环境保护方面存在污水处理厂在线监测仪表测定数据与自测数据误差较大等 3 个方面问题；水利改革发展方面存在“三条红线”指标的分解细化工作相对滞后等 5 个方面问题和保障性安居工程存在注册建造师、技术负责人“五大员”均不在现场等 4 个方面问题。针对省检查组反馈意见时指出的这些问题，督促黎川县、南城县及相关部门按照要求整改到位，并将整改情况向省检查组作了汇报。同时，成立 6 个廉情监督组，对市政府投资的 76 个工程项目进行全程监督，共提出和落实整改建议 46 条；并对县（区）纪检监察干部队伍建设情况、规范“三公”消费和农村“三资”监管等专项行动的落实情况，进行监督检查；以“三问三送”（问社情民意、问政策落实、问干部作风，送党纪法规、送廉政文化、送惠民服务）为核心，开展“访民情、送清风”活动，共确定民情联系点 560 个，帮助解决有关问题 93 件。

三、重大安全事故调查处理

1953 年 8 月，地委纪委对临川县温圳小学校舍倒塌，压死学生 2 人、压伤 32 人的惨痛事件进行调查处理，校长廖 × × 受到撤职处分，区长吴 × × 受到记大过处分。

1999 年 4 月，东乡县王桥乡中学发生一起厕所倒塌，造成 8 死 5 伤的重大安全事故。经查，这是一起由于领导失职造成的重大案件。地区纪委依纪对负有直接领导责任的政府副县长林 × × 进行立案并给予纪律处分。东乡县纪委也对王桥乡党委、政府班子进行责任追究，分别撤销乡党委书记、乡长以及分管教育的副乡长的职务。

2002 年，市纪委监察局把安全生产和公众安全工作及查处重大责任事故作为重要任务来抓，明确一名纪委常委、监察局副局长具体抓此项工作。在具体运作中，认真贯彻执行党中央、国务院，省委、省政府以及市委、市政府领导关于安全生产工作的一系列重要指示、批示，把人民群众的生命安全和根本利益放在首位，坚持“安全第一、预防为主”的方针，强化安全管理，狠抓隐患整治，有效地控制重、特大事故的发生，安全生产取得明显效果。是年，全市工矿企业共发生安全事故16起，死亡22人。其中烟花爆竹事故2起，死亡3人；非煤矿山事故3起，死亡5人；触电事故1起，死亡1人；建筑事故5起，死亡6人；工业企业事故1起，死亡1人；煤矿事故4起，死亡6人。

2003年，全市监察机关坚持“安全第一、预防为主”的方针，强化安全管理，狠抓隐患整治，同时，加大事故查处力度，强化行政责任追究。是年，参与事故调查4件，给予有关责任人员党纪政纪处分4人，全年全市未发生重大特大责任事故。

2005年，市监察局严肃查处资溪“3·4”重大道路交通事故，并责成县纪委对有关责任人进行立案处理；直接参与临川七里岗乡友谊花炮厂爆炸事故的查处。乐安、临川、宜黄等县（区）监察局参与对本地森林火灾事故的查处，共对40余名相关人员进行责任追究。

2006年，全市各级监察机关参与生产安全行政主管部门牵头开展的生产安全监督检查活动，重点参与对煤矿及非煤矿山、道路交通、危险化学品、烟花爆竹等高危行业情况的检查，督促行政主管部门和有关单位严格依法管理，建立健全生产安全责任制度，切实防止重特大事故的发生。6月，配合省联合检查组对全市2003年10月以来重特大安全事故责任追究落实情况进行检查。由于防范措施得力，全年全市未发生重特大安全生产责任事故。

2007年，市纪委监察局配合有关部门开展非煤矿山、危险化学品、烟花爆竹和道路交通等安全生产专项整治；开展清理纠正干部投资入股煤矿问题专项督查；参与调查处理安全生产责任事故，对安全生产监管中的失职渎职行为和事故背后存在的腐败问题进行严肃处理。配合省政府调查组对临川区本色精英会所“9·25”特大火灾事故进行深入调查。

2008年，市纪委监察局参与金溪“9·23”安全责任事故调查和广昌县“7·22”交通事故调查和处理工作。

2009年，市纪委监察局先后对临川区温泉火灾事故有关问题、临川区太阳乡“6·15”安全事故有关问题、对广昌“5·3”和南城“2·6”较大交通安全事故、宜黄县“10·2”特大道路交通事故有关问题进行执法监察。

2010年，市纪委监察局先后对临川区本色精英会所“9·25”重大火灾事故的相关责任人和责任单位处理到位情况进行督察；对宜黄县“9·10”拆迁事件进行调查处理，其中对3名县级干部进行立案并免职处理，并建议县纪委立案处理4人；对乐安县公溪镇“8·17”事件有关问题进行调查，对2名县级干部进行立案处理，对4名县级干部进行诫勉谈话，建议县纪委立案处理5人；对广昌、南城、东乡等县责任事故进行调查。

2011年，市纪委监察局对群众反映南城县万年防洪堤有大型采砂设备破堤而过，致使大堤损毁严重，存在安全隐患问题进行调查处理；对群众反映南城县胜利堤除险加固工程招投标有关问题进行调查处理。

2015年4月6日，抚州市汤显祖大剧院发生因施工人员维修焊接造成的重大火灾事故，直接经济损失515.46万元。市纪委于4月9日至5月26日对该事故进行调查。对这次事故的5名直接责任人移交司法机关依法追究刑事责任，对相关责任人分别作出处理，责成市文化新闻出版局向市委、市政府作出深刻检查。

四、重大事项及制度建设

2001年，全市推行会计委派和财务结算中心制度，向41个单位委派会计41人，强化会计监督；进一步完善政府采购。

2002年，市纪委监察局印发《关于严肃会计委派制度期间工作纪律的通知》，加大监管力度。是年，有1668个单位纳入核算中心管理，向49个单位直接委派财会人员。2001—2002年，全市核算中心共拒绝不合理支出、不合法凭证1583笔，挽回损失535万元，提高了资金使用效率。是年，积极推进政府集中采购制度。市纪委监察局参与市政府采购中心组织的抚州师专电脑采购、抚州一中学生网站设备采购、市办事大厅空调设施采购、抚州电视台录像编排设备采购、抚州日报社激光照排机采购、抚州市检察院空调采购等6项较大金额项目的集中采购招投标现场监督工作。2001—2002年，全市共开展政府采购1800多次，累计金额11966万元，节约资金1372万元，节约率11%。强化“四项社保资金”管理使用情况信息交流。督促市财政局、劳动局、就业局、社保局等部门，经常把“四项社保资金”管理使用情况及时反馈给市纪委监察局。是年，全市低于保障标准的共136987人，其中，国有企业职工50488人，集体企业职工21422人，其他人员65077人（失业人员24081人，三无人员6455人，其他困难居民34551人）。是年2月，根据市委、市政府主要领导的指示，市纪委监察局接管市集中办事大厅，并在驻厅18家单位的基础上把市直单位中具有行政执法和收费职能的40个部门71家单位100余名工作人员，全部集中到集中办事大厅办公，进行统一管理和严格考评。从源头上堵住“乱收费、乱罚款、乱检查”的“三乱”现象，真正实现公开办事、优质服务、集中管理、廉洁高效，受到群众和客商的好评。4月，市直18个主要执法执收职能部门就改进工作作风、提高服务质量和办事效率、优化发展环境等工作情况，先后在抚州电视台、《抚州日报》上向全社会作出公开承诺，制定改进服务措施，接受社会和群众的监督。是年，围绕市政府加大招商引资和国企转制中心工作，主动参与抚州棉纺织厂的转制和职工安置、企业资产清算的监督工作；并派员全程参与抚州棉纺织厂职工病退人员的复查监督等工作，还派员对江西纺织机械厂改制进行全过程监督和服务。

2003年，全市监察机关实行公务备案审核制度，明确规定到企业执行公务应制定计划并报备，全年受理投诉163件次，立案6件，处理违纪人员13人。5月8日，市监察局严肃查处一起防治“非典”工作期间工作人员违规违纪案件，对6名直接责任人员分别给予党纪政纪处分，同时追究相关领导的责任并予以通报；对临川、南丰、宜黄、南城等县（区）在防“非典”工作期间，违反规定的人和事分别给予严肃查处；继续配合环保、质量监督、工商等部门，开展环境保护、食品安全及打击制售假冒伪劣商品等专项整治工作。

2004年，市监察局建立健全对企业收费制度，全市受理投诉15件次，立案5件，处理违纪人员2人。

2005年，全市监察机关深入贯彻落实市政府《行政问责制暂行规定》，进一步加强对行政机关特别是行政执法机关及其公务员行政作为能力的监督检查，重点对造成抚八线（崇岗段)10 户农民违规建房的行政乱作为、延迟开征城区污水处理费的行政不作为的相关责任人员进行行政问责。市监察局下发关于贯彻落实省纪委、监察厅等七部门《关于清理纠正国家机关工作人员和国有企业负责人投资入股煤矿问题的通知》的通知、《关于推动全民创业、创优经济发展环境的意见》、《关于对崇仁县新璜小区经济适用房违规开发建设中有关问题执法监察的处理决定》。是年,各县(区)以开展的"转变作风年"活动为契机,对本地的干部作风不定期进行督查,切实转变干部作风,提高工作效能;对本地发放农民粮食直接补助资金和良种补贴情况开展专项检查,确保资金及时足额发到农民手中;对群众反映的热点难点问题及"三乱"、私设"小金库"、违反收支两条线等严重违反财经纪律的问题继续开展执法监察。

2008 年,全市共有 1642 个预算单位和 451 项专项资金纳入国库集中支付范围;市本级在全省率先启动公务卡结算制度改革。是年,成立"市建筑安装和房地产税费一体化征管中心",有效整合财政、房管、土管、建设等部门职能,实现"一厅管理、内部流转、限时办结、统一出证"的工作流程,提高办事效率,防止税费流失。征管中心共收取税费 4148. 93 万元,其中地税 3276 万元,同比增长 10. 2% 。加强对招标投标等四项制度落实情况的监督检查,规范市场交易竞争秩序,出台《抚州市本级建筑安装和房地产税费一体化管理实施暂行办法》。对政府采购执行情况进行专项检查。加强对告知项目的监督检查。全年完成告知任务 184 项,做到及时受理,热情服务,快速告知。对违规的单位当场责令整改和给予批评教育,对群众的投诉和举报的问题进行调查和处理。5 月,对群众反映市文化园空调机采购有关问题进行调查。

2009 年,市纪委监察局对市委、市政府重大决策部署执行情况、节能减排和环境保护政策措施落实情况开展监督检查;切实加强对节约集约用地工作落实情况的执法监察。继续开展国有土地使用权出让专项清理工作。组织 3 个检查验收组对各县(区)进行执法监察。开展房地产开发销售信息公示工作。切实加强对擅自变更规划、调整容积率等突出问题的执法监察。会同市规划局组织 2 个检查组,对全市 11 个县(区)、金巢经济开发区进行检查,发现大多数县(区)存在规划管理、规划执法不规范,审批程序不到位,规划依据不充分的问题,及时督促各县(区)进行整改。是年,加强对全市探矿权采矿权招标拍卖挂牌出让制度执行情况的执法监察。市监察局会同市国土资源局成立市专项清理工作领导小组,制定下发《关于对全市探矿权采矿权招标拍卖挂牌出让制度执行情况专项清理工作实施方案》,并成立 2 个监督检查组,对各县(区)专项清理工作情况开展执法监察。主要发现招投标程序不规范以及不同程度存在资料档案不规范、不齐全的问题。9 月下旬,成立 3 个小组,对全市 11 个县(区)农村公路建设情况进行执法监察。发现的主要问题是资金拨付不够规范、招投标形式不够规范、工程进度缓慢。

2010 年,建立健全项目立项核准备案联审、资金拨付管理程序、设计变更核准、合同监督管理、施工廉政承诺、基本信息公示等六项制度,从项目决策到竣工验收进行全过程规范。同时,积极探索建立违规行为线索汇集、违规行为线索核查、违规行为问责、违规案例预警、违规问题整改等五项惩戒机制,编织一张用制度管理工程的大网。依托电子网络信息技术,建立"三平台一体系",即网上招标投标平台、公共资金电子化管理平台、税费一体化征管平台和工程建设诚信监督体系。在工程建设诚信监督体系建设中，实行工程建设项目基本内容公示制，对工程的决策、预算、用地、招投标、施工及设计变更、资金使用、质量监督、结算及审计等8个重点环节进行诚信公示；建立工程建设不良行为记录管理平台，实行工程建设违规违纪情况和处罚情况公示制，对涉及工程建设的勘测、设计、施工、监理、招标代理、造价、检测等违规违纪问题进行失信公示；推行不良记录“黑名单”、市场准入等制度，构筑工程建设领域遵纪守法的诚信网络。

2011年，加强和完善惩治和预防腐败体系建设。对市纪委监察局执法监察室负责的四项委局惩防体系基本框架构建工作进行梳理和总结，对其联系的其他单位惩防体系建设工作督促落实到位。

2012年，根据市委、市政府部署，市纪委监察局下发《关于对市中心城区开展“两违”监督检查的通知》，从各相关职能部门抽调人员组成“两违”（违法用地、违法建设）监督检查组，对发现的“两违”问题按属地管理原则，及时下发督办函3份，转临川区、金巢开发区监察局及市公安局纪委监察室限期调查，依法处理党员干部37人，其中给予党纪处分30人，诫勉谈话4人；对党员违法建房、违规用地问题转市“两违”办按规定处罚。是年，计生系统共立案5人，其中县级干部2人，移送司法机关处理3人，挽回国家经济损失300余万元。调查问责2起突发性事件。查清广昌县房管局谢某贪污、挪用房屋住宅专项维修资金890.87万元的事实。此案涉案29人，移送司法机关处理5人，其中县级干部立案1人，转县（区）纪委监察局立案处理10人，组织处理12人，转其他系统立案处理6人。对资溪县非法盗捕经营野生保护动物被央视新闻曝光后有关问题进行调查。此案涉案13人，移送司法机关处理3人，其中县级干部立案1人，转资溪县纪委立案处理4人，组织处理5人。

2013年，根据市委、市政府下发《关于下达2013年抚州市重大项目推进计划的通知》精神，3月，市纪委监察局下发《关于切实做好2013年市政府投资重大建设项目廉情监督的通知》，对2013年市中心城区政府投资的89个新建和续建的“156”惠民工程（含临川区、抚州高新技术产业园区）列入廉情监督的范围，主动服务项目建设，为项目建设排忧解难。是年，还对群众反映南丰洽湾镇防洪工程招标、金溪县2012年小农水高标准农田建设工程招标、东乡县一中以西土地拍卖案、黎川县洵口水利工程、宜黄县高速公路建设和江西中医药高等专科学校办公自动化软件采购、临川区招商引资企业江西华沣重防腐新材料有限公司有关问题的投诉件进行调查了解。

第二节　效能监察

2002年，市纪委监察局增设“优化经济环境室”，2007年5月，更名“效能监察室”，与是时成立的市政府行政投诉中心合署办公，两块牌子一套人员。受理客商投诉，履行行政效能建设和优化经济发展环境双重职责，围绕经济建设中心，维护改革、发展、稳定大局，开展企业、行政效能监察工作，整治和优化经济发展环境。

2006年，11个县（区）及市本级全部成立行政效能投诉中心和办事大厅。为规范办事大厅和投诉中心的运作，市委、市政府先后下发《集中办事大厅工作有关规定》、《关于在全市开展转变作风年活动的意见》、《关于损害经济环境行为行政处分的暂行规定》等文件，营造公开、公正、透明的用权环境，确保大厅和中心的规范运作。认真开展城乡规划效能监察。按照省政府统一部署，市纪委监察局同建设行政主管部门及时成立城乡规划效能监察领导机构，制定工作方案，公布举报电话，并于3月对各级政府和城乡规划部门及其工作人员行使城乡规划管理职能情况进行专项检查。检查中，市纪委监察局严肃查处市河滨花园商住楼违法建房案，对市房管局、市建设局及市城管局等部门的领导和工作人员进行责任追究，给予党纪政纪处分14人；南丰县纪委监察局严肃查处子固花园等3个建设项目超面积用地的案件，对工作中把关不严的县建设局规划股干部吴某进行责任追究。是年，健全行政效能监督机制。一是设立环境监测点。市本级选择30家企业建立行政效能和发展环境监测点，及时了解和掌握政府机关行政效能和经济发展环境等方面的情况，为企业排忧解难。二是聘请环境监督员。从企业中聘任30名人员作为行政效能和经济发展环境监督员，经常开展明查暗访活动。三是改进形象测评的方式方法。在认真总结近几年政务环境综合测评工作的基础上，对评议测评的范围、方式和内容进一步改进，增强评议测评结果的科学性、准确性。各县(区)将测评活动向乡镇延伸，把与企业、群众密切相关的基层站所作为重点，开展群众满意的基层站所创建活动，全市的经济发展环境得到明显的改善。

2007年5月，市政府组织市国土、城管、房管、规划、公安、监察等部门分成6个调查清理组，对全市城市规划区内的违法用地、违法建设进行一次全面清理，拆除一批违章建筑，处理一批违法违规人员，对7名失职渎职人员进行责任追究。市监察局还会同公安等部门对“伍塘小区”、“青峰花园”安置小区违规建设案进行调查处理。是年，市纪委效能监察室成立，与市政府行政投诉中心合署办公。县(区)纪委在投诉中心的基础上全部成立效能监察室。市、县(区)两级都建立特邀监察员队伍，并经常性地组织开展监督检查活动，及时发现行政机关依法行政中存在的问题。市本级选择30家企业建立行政效能监测点，及时了解和掌握行政机关行政效能方面的情况。并从企业中聘任30名人员作为行政效能监督员，由投诉中心组织他们对市直单位和市、县(区)行政服务中心、企业(尤其是工业园区的企业)开展2次拉网式明查暗访活动。

2008年，在全省率先启动“提升行政效能、建设服务型政府”效能建设主题活动，建立即时监测日梳理、月汇总、直查快办、市县联动、监测结果通报等制度。加大效能监察工作力度，提高行政效能。各县(区)在抓好县(区)直单位形象测评的基础上，继续将测评活动向乡镇和村延伸，促进基层党员干部作风转变。东乡县总结推广黎圩镇试点工作经验，在全县各乡镇开展基层站所形象测评活动；南丰县推行村干部“述职述廉、民主评议”活动。

2009年，在全市范围内开展“机关效能——项目建设年”活动。进一步精简审批事项，市行政服务中心的行政审批事项提前办结率由46%提高到98%，窗口办结率由48%提高到95%；健全环境监测机制，全市共设立1000个环境监测点、选聘1000名监督员；设立重点项目“绿色通道”，发放“重点项目办事直通卡”，推行重点项目“八个一”服务机制；开展“千百万”内设机构测评，对市直44个部门的107个内设机构进行测评，测评优良率85%以上，对较差的责令限期整改；加大明查暗访力度，共对34个单位和25名干部(含县级干部5名）进行全市通报批评；推行网上投诉，全市共受理各类行政效能投诉案件176件，严肃查处19起损害发展环境的案件，挽回经济损失500多万元。

2010年，在全市范围内开展“创业服务年”活动。完善“抚州市发展环境监测网络系统”“抚州市发展环境监测声讯台”建设，全年市、县两级监测点共进行5524次监测，平均监测满意率为94%，对14个监测点反映的典型问题处理情况进行通报；加强效能投诉办理力度，全年办理回复省效能办转办件33件，下发督办函、整改函65份，查处损害创业环境典型案件3件，挽回经济损失200多万元；全面实行“两集中两到位”改革，市本级36个职能部门成立行政审批科，各县（区）职能部门都成立行政审批股，并成建制进驻行政服务中心集中办公，做到行政审批事项进驻中心到位，窗口审批权限授权到位。是年，全市各地各部门全面贯彻落实省委、省政府“三保一弘扬”和“变压力为动力，化危机为生机，变经济波动期为发展机遇期”的要求，根据全省开展“机关效能年”活动的统一部署，结合赶超发展实际，围绕推进项目建设，突出活动实践特色，全市经济社会发展呈现“破解难题、逆势上扬”的良好势头，实现全年6项主要经济指标增幅进入全省前三位，其中生产总值、规模以上工业增加值、财政总收入和地方财政收入增幅均居全省第1位；固定资产投资增幅居全省第2位；外贸出口增幅居全省第3位。广大干部形成团结协调、干事创业的良好作风，工作亮点不断增多。8月27日至28日，省委常委、宣传部部长刘上洋率省专家学者、中央驻赣新闻媒体和省直媒体主要负责人深入抚州进行调研，对提升机关效能、抓好项目建设、破解发展难题、实现逆势赶超等方面的工作给予充分肯定，并在省级主要媒体上进行集中、连续报道。

2011年，在全市范围内开展“发展提升年”活动。全年全市组织撰写工作信息930篇；编印发展提升年活动简报专刊22期；在省机关效能网上刊用工作信息19条，全面展示活动亮点成果；抚州电视台“今日关注”栏目集中展播“科学发展新跨越奋起赶超新东乡”等12期发展提升年活动“领导谈效能”专题节目，在全市形成以效能促发展的浓厚氛围；抚州被评为全省发展提升年活动创建最优发展环境先进工作单位。围绕“办好千件实事、评议千个机关、帮扶百个企业、查找百个问题”的工作内容，积极开展增效提能工作。全市为民办实事1109件，做出公开承诺的有981件，帮扶106个企业，受到社会各界的一致好评。抚州的创新做法，在《中国纪检监察报》第二版“综合新闻”地方反腐倡廉新闻头条竞赛中刊登。是年，市纪委监察局做出《关于提高行政效能优化发展环境的决定》，建立健全《关于加强机关效能建设的暂行规定》等9项机关效能建设重要制度。进一步健全机关效能投诉快速反应机制，开通经济发展环境投诉110举报电话。全年组织150余人次，开展机关作风、行政执法专项督查和明察暗访15次，发现56个单位和部门存在干部作风散漫、机关效能低下等问题；走访全市12个工业园区126家重点企业，召开客商座谈会12次，收集梳理客商企业反映的问题54个；严肃查处乐安县公安局经侦大队违规执法案等8件损害发展环境的典型案件，对16名责任人员进行立案处理，其中移送司法机关处理1人。

2012年，市纪委监察局积极开展“效能作风整治”专项行动，着力解决工作作风上的“庸懒散”、领导作风上的“假浮蛮”、为政不廉上的“私奢贪”等问题，进一步提升机关效能，转变干部作风。全年共查处效能作风案件241件，组织处理21人。制定征求意见表、整改报告表、单位问题台账等表格，采取“自己找、同事帮、群众评、领导点”的方式，开展全面自查。通过召开座谈会、走访服务对象、发放征求意见表等形式，征求意见建议。全市共发放征求意见表34820份，征集意见建议2788条；召开专题民主生活会，共查摆梳理问题1132个，提出整改措施2368条。加强效能督查。重点对春节期间干部作风问题、行政服务效能、高速公路收费站点安全畅通、公职人员上班纪律、会风会纪、防汛值班等情况进行督查。全市共开展督查1030次，下发督办函396份，效能告诫382人，通报批评448个单位792名干部，查纠违规违纪问题241个。积极开展“走百企，访百商，解百难，释百疑”活动，共走访企业2759家，帮助企业解决实际问题3860个，取消涉企行政事业性收费项目20项，市本级每年为企业减负1000余万元。建立重点企业特派员制度，全市共派驻企业特派员268人；制定《抚州市影响行政效能损害发展环境行为处理办法》。同时，对市直单位和县(区)作风整治绩效工作进行考核，共查出问题156个，全部下发督促整改书，责令限期整改到位。组织29个市直单位主要负责人在电视台进行公开履职承诺。

第三节　优化发展环境

2000—2004年，市纪委监察局以优化环境为重点，构建经济发展环境优化机制，营造亲商、富商、安商的投资环境。市委、市政府为整治和优化经济发展环境，成立市整治经济发展环境领导小组及其办公室(简称整治办)，相继出台《关于治理“三乱”优化经济发展环境的暂行规定》、《抚州市人民政府关于进一步改善投资环境的若干规定》、《关于进一步开放搞活，加强经济发展的若干意见》、《关于对市直有关单位进行形象测评的决定》、《关于进一步整治和优化招商引资软环境的意见》、《抚州市整治和优化招商引资软环境“九不准”》等一系列政策和规定。明确规定，各执法执纪部门到企业执行公务，都必须在年初拟定计划并报市整治办审批，执行公务前须备案，持备案单方可执行公务，否则企业有权拒查。所有到企业收费、罚款的单位和收费人员必须在《企业收费登记卡》上逐项如实填写，否则企业有权拒交。市纪委监察局于2002年新增优化环境室(市整治经济发展环境领导小组办公室)，积极参与整治和优化经济发展环境的督查工作，从本委、公安等部门抽调11名政治、业务素质强的干部到办事大厅“整治办”参与管理和受理社会各界人士的投诉，设立投诉专线电话。市纪委监察局优化环境室和整治办密切与企业联系，确定全市118家外资、股份、民营及个私企业作为联系和沟通各类所有制经济企业的桥梁和纽带，为他们建立保护和联系网络。定期分发市整治办编辑的《抚州整治经济发展环境简报》，上门走访，召开座谈会，征求意见和建议，及时为其排忧解难。对社会各界人士及客商投诉举报的破坏经济发展环境的案件，只要有举报，立即受理和查处，决不手软。对少数执法执纪人员向企业和客商吃、拿、卡、要和乱收费、乱罚款等行为坚决查处。2001—2002年，市、县(区)纪检监察机关和整治办共受理企业和客商投诉1142件，对其中260件进行重点查处，处分党员干部98人，通报批评35人，挽回经济损失130余万元，追缴违纪金额24万元，使抚州招商引资环境进一步改善。着力整治和优化经济发展环境，狠抓政府职能部门工作作风，结合本地实际开展效能监察。主动参与抚州棉纺织厂改制、职工安置和企业资产清算的监督;派员参与江西富奇汽车厂和抚州母子商场转制的跟踪服务工作。积极参与净化、整治经济环境。全市各级政府先后成立整治经济发展环境投诉中心,专门受理涉及经济建设环境方面的举报。2002 年 8 月 21 日,全省纪检监察系统优化发展环境、源头治理腐败工作座谈会在抚州市召开。省委副书记、省纪委书记傅克诚出席会议并作《优化发展环境源头治理腐败》的重要讲话,市委副书记、市纪委书记罗建华作《紧贴中心保驾护航真诚服务促进发展》的典型经验发言。大力推进公开办事和集中办事制度,营造为民、便民、利民的服务环境。5 年中,市集中办事大厅共接待客商和群众 892816 人次,办理证照、收取规费等业务 632033 件,涉及金额 84512.63 万元。营造风清气正、依法从政的廉政环境。严格要求司法机关和行政执法部门公正执法、依法行政,切实解决一些部门和单位存在的滥用职权、执法不公、执法扰民、胡作为、不作为的问题。同时,对客商的投诉案件实行“三个一”制度:能现场解决的问题不能超过 1 小时;不能现场解决的,应在当天内解决;特别复杂的问题不得超过 1 周。在城市主要街道设立“优化环境民意箱”,对发现的情况和问题及时进行处理和反馈。5 年中,全市共受理客商投诉 1660 件(次),查处 90 件,处理违纪人员 141 人。充分发挥投诉中心快速反应的优势,及时处理破坏经济发展环境的行为,对少数破坏经济发展环境的单位还实行环境管制。

2005 年,市纪委监察局以市委、市政府开展“转变作风年”活动为契机,着力整治和优化经济发展环境。4 月,按照市委、市政府的统一部署,在全市深入开展集中整治投资软环境活动。整个活动历时一个半月,分为宣传发动、自查自纠、重点整治和建章立制、总结验收四个阶段。通过集中整治,市政府 26 个部门就优化投资环境作出公开承诺,市、县(区)两级共梳理解决各类问题 259 个,一批群众、企业和投资者反映强烈的难点和焦点问题得到有效解决。同时,严肃查处损害经济发展环境的人和事,全市共受理各类投诉 693 件(次),共立案查处 47 件,其中市整治办查结案件 15 件;共查处 33 人,其中给予 5 人党纪处分、9 人政纪处分、12 人治安处理。同时,结合本地实际开展效能监察,全市各县(区)每半年开展一次形象测评,对办事效率低、服务质量差的单位予以黄牌警告。积极参与净化、整治经济环境。全市各级政府先后成立整治经济发展环境投诉中心,专门受理涉及经济建设环境方面的举报。9 月 21 日,市纪委印发《关于推动全民创业创优经济发展环境的意见》。1—10 月,市县两级投拆中心共受理经济投诉案件 325 件,立案查处 13 件,处理违纪人员 26 人,协调客商解决困难 379 件。

2006 年,全市各地各部门认真贯彻落实市委、市政府关于优化经济发展环境的各项政策规定,加强行政效能投诉受理工作,严格执行市政府《行政问责制暂行规定》,改善行政管理,转变工作作风。全市共受理投诉 209 件(次),立案 7 件,处理违纪人员 21 人,为企业和群众挽回经济损失 678.5 万元。组织纳税企业大户、民营企业厂长(经理)以及社会各界人士公开评选最佳执法、经济服务单位和最差执法、经济服务单位,对先进单位在全市表彰,对倒数第一、二、三名责令整改。不定期组织人员深入客商企业征求经济发展环境的意见,针对存在的问题督促有关部门和单位整改落实到位,对损害经济发展环境的案件坚决进行查处并公开曝光。同时,市、县(区)切实加强行政服务中心建设,进一步完善政务公开、项目审批限时制、首问责任制、一次性告知制、承诺服务制、执行公务备案制等制度，不断加大“一个窗口受理、一站式审批、一条龙服务”的工作力度，政府机关办事效率和服务质量明显提高，优化投资软环境的长效机制逐步形成。

2008 年，创建发展环境监测机制，在 200 家市、县重点企业中设立和聘请优化发展环境监测点和监督员，下发《抚州市优化发展环境监测点及监督员管理暂行办法》和《抚州市优化发展环境监测工作的方案》等文件，实行监测信息网上传送、投诉案件直查快办，共收到投诉件 136 件，受理投诉 132 件，给予效能告诫、通报批评等处理 36 件。全市共设立 200 个优化发展环境监测点，聘请 200 名环境监督员。是年，全市共受理经济发展环境方面投诉 243 件(次)，处理 15 人。

2010 年，市纪委监察局在创建最优发展环境上谋求新突破。巩固扩大“创业服务年”活动成果，积极开展“发展提升年”活动，创新开展万名干部“1 对 1”帮扶提效能、万名群众“面对面”互动评效能、万件实事“点对点”公开问效能的“三万”活动。巩固扩大城乡最低生活保障资金发放、农民建房收费、失地农民基本保障等民生领域三个突出问题治理工作成果，深化教育、卫生、公路、食品药品安全等专项治理工作，认真开展民主评议基层站所工作，不断加大对社保基金、住房公积金、扶贫资金和救灾救济资金以及政府专项资金的监管力度。深入开展“机关效能——项目建设年”活动，取得明显成效，激发全市上下奋力赶超的积极性、主动性和创造性，打造“项目审批手续最简、土地征用时间最短、用工对接速度最快、资金融通成效最好”的最优发展环境。是年，抚州全面完成以完善投资创业服务体系为重点的 5 项重点工作目标任务，被评为全省优化发展环境先进市。

2011 年，由市委常委、市纪委书记任组长的全市优化发展环境领导小组成立。10 月，市委、市政府联合下发《关于提高行政服务效能优化发展环境的决定》。《决定》要求，全力实施“十推行、十严禁”(推行松绑放权，严禁滥用审批；推行集中审批，严禁厅外循环；推行特事特办，严禁推诿扯皮；推行政务公开，严禁暗箱操作；推行最低收费，严禁自立标准；推行备案制度，严禁擅自检查；推行文明执法，严禁以罚代管；推行无偿服务，严禁索拿卡要；推行中介市场化，严禁强迫代理；推行务实作风，严禁办事拖拉)，切实解决影响发展环境的突出问题，提高行政效能，创优发展环境。10 月 18 日，全市优化发展环境领导小组召开会议，讨论研究《关于落实市委、市政府〈关于提高行政效能优化发展环境的决定〉的实施方案》及责任追究办法，听取前一阶段工作情况汇报，对下一步工作进行安排部署。市委常委、市纪委书记吴伟柱主持会议并讲话。吴伟柱强调，要加强组织领导，切实落实责任；要加强舆论宣传，营造氛围浓厚；要加强重点治理，确保措施落实；要强化监督检查，务求工作实效。加大对破坏发展环境的人和事的整治力度，改进服务态度、提升服务效能、提高服务质量，创建抚州最优发展环境。是年，开通经济发展环境投诉 110 举报电话。

第二章　纠风治乱

按照党中央、国务院的总体部署和要求，全区（市）各级纪检监察机关把协助党委、政府纠正部门和行业不正之风作为加强党风和廉政建设的重要内容来抓。1997年以后，纠风工作逐步加大标本兼治，纠建并举的力度。将过去长期沿用的“纠正部门和行业不正之风”的提法改为“切实纠正损害群众利益的不正之风”，将过去对部门和行业提出任务改为对各级党委和政府的要求，使纠风工作的责任主体更加明确，更有利于纠风工作责任制落实；把解决群众反映的突出问题作为反腐倡廉工作的重点，使纠风工作更加关注民生、体察民情、反映民意。

第一节　治理公路“三乱”

公路“三乱”（乱设卡、乱收费、乱罚款）严重影响抚州经济发展环境的改善。2001—2002年，市纪委监察局领导多次指出，各级纪检监察机关要积极配合有关部门，加大对公路“三乱”的查处力度，严肃查处公路“三乱”行为。两年中，全市集中时间、集中力量，先后派出640人（次）突击上路巡查173批（次），取消公路站点65个，撤卡19个，查处公路“三乱”案件108件，责令有关部门整改20件（次）。

2003年，在公路“三乱”治理中，全市共开展明查暗访89次，取消公路站点9个，查处公路“三乱”案件12件，13人受到党纪政纪处分。

2004年，狠刹公路“三乱”歪风。全市共开展治理公路“三乱”检查94批次，取消公路站点2个，查处公路“三乱”案件5件。

2005年，探索建立“接报—出勤—处置—反馈”的治理公路“三乱”监督网络和查处快速反应机制。全市以打造公路“绿色”通道、构建和谐社会为目标，制定《抚州市监督查处公路“三乱”工作的快速反应方案》，初步探索建立以市纠风办（治理公路“三乱”110）为中心，以县（区）和职能部门为实施分队，以基层检查站、收费站和监督站为联络报告站点，具有快、实、严特点的“接报—出勤—处置—反馈”的治理公路“三乱”监督网络和与之相适应的查处快速反应机制。快速反应机制主要以五项制度（24小时值班制度、接诉登记制度、每月协调调度制度、限时办结制度、监督员制度）为依托，在接到群众举报公路“三乱”投诉后，快速反应机动分队或核查组必须迅速赶到事发现场及时处置，做到及时发现、及时报知、及时制止、及时答复。对群众投诉经查实确属公路“三乱”行为的，在15个工作日内追究直接责任人员和主管人员的责任；对情节严重、顶风违纪、屡禁不止的公路“三乱”行为，在一个月内予以通报批评或新闻曝光；对发生公路“三乱”问题的单位，责成在3个月内，从治标和治本两个方面进行有效整改。市、县（区）共成立12个监督和查处公路“三乱”快速反应核查分队，成立58个查处公路“三乱”快速反应核查小组，设立举报电话标识牌26块，形成上下联动、条块结合，横向到边、纵向到底的治理公路“三乱”监督网络。通过明查暗访，先后查处崇仁县石桥木材检查站和广昌县、南城县、资溪县交警大队、市交警支队直属二大队违规上路乱罚款行为，对有关责任人进行责任追究，并在《抚州日报》、抚州电视台公开曝光5起典型案件，收到较好的震慑作用和良好的社会效果。

2006年，为确保道路交通畅通，维护运输企业和人民群众合法利益及安全，市纪委坚持"巩固成果、防止反弹、反弹摘牌、重点整治"的工作思路，把治理公路"三乱"作为2006年工作的重点。一是加强制度建设。年初下发《抚州市监督查处公路"三乱"工作快速反应方案》，各县(区)和市直有关部门也制定相应的实施意见。根据方案和实施意见的要求构建全市治理公路"三乱"的监督网络。全市共受理投诉举报67件(次)，查处违规上路单位10个。二是加大惩处追究力度，严肃查处公路"三乱"行为。市纠风办会同相关部门采取明查和暗访相结合，普查和重点督查相结合的办法，对境内所有公路进行监督检查，对检查中发现的苗头性问题如越权上路检查、罚款和重复罚款等问题及时予以纠正，对已经发生的公路"三乱"违纪行为坚决查处，确保公路交通运输的畅通。

2007年，完善治理公路"三乱"快速反应机制，全市共成立快速反应机制行动分队12个，核查小组58个，并向社会各界聘请109名公路"三乱"监督员，在全市国、省道路口竖立公路"三乱"举报电话警示牌18块。从而形成上下联动、条块结合、横向到边、纵向到底的治理公路"三乱"监督网络，组织市、县两级核查小组经常性对重点路段进行明查暗访和重点监控。共撤并道路站点2个，查处公路"三乱"案件12件，受党纪政纪和其它处理4人，上缴违规收费款19.8万元，巩固了境内国道、省道基本无"三乱"的成果。

2009年，采取4条措施治理公路"三乱"行为：一是落实中央关于取消养路费规定。清理审核涉及交通和车辆的行政事业性收费项目12个，涉及金额2095万元。二是严格执行撤销二级收费站工作。采取督导组分片包干、驻站指导、巡回检查等方式加强检查、督导，确保撤站工作平稳有序开展。三是深入推进道路阳光执法暨电子测速明示制度。在7月前，完成全市交通技术监控设备设置和使用情况的摸底，并不定期对交通技术监控设备的设置及使用情况进行明察暗访。同时，召开出租车驾驶员共创和谐交通座谈会、政协提案回复情况通报会等会议，就全市范围内全面实行电子测速明示制度情况予以通报。四是开展公路"三乱"集中治理行动。对全市国、省道执勤干警执法情况进行突击暗访，发现问题7个，7人受党纪政纪处分和其他处理。

2010年，加强对治理公路"三乱"的监督检查。全市查处公路"三乱"问题8个，11人受党纪政纪处分和其他处理。

2001—2010年，全市共开展治理公路"三乱"检查1232批(次)，查处公路"三乱"案件174件，给予各种处理101人。

第二节　治理教育乱收费

2001年，市纪委下发《关于调整义务教育阶段学校收费标准和进一步做好中小学收费监管工作的意见》，规范收费行为，实行收费责任制，建立收费监督网，派出288人开展明查暗访35批(次)，立案查处39件，给予纪律处分120多人，减轻中小学生费用负担1280万元。

2002 年秋季开学初，市教育局、监察局、财政局、物价局联名在报纸、电视上向社会公开详细收费内容和标准，接受群众监督。全市先后派出 328 人参加整治中小学乱收费的检查 49 批(次)，查出乱收费总金额 249 万元，违规收费 143 万元，给予纪律处分 14 人。

2003 年 8 月 28 日，召开全市治理教育乱收费、优化教育发展环境电视电话会。市委副书记、纪委书记罗建华出席会议并强调，要认清形势，统一认识，增强治理教育乱收费的紧迫感和责任感，各级教育行政部门和各级各类学校要从切实维护群众利益的高度去认识治理教育乱收费的重要性，坚持主要领导亲自抓，分管领导具体抓，层层落实责任制。要加强领导，综合治理，建立治理乱收费的长效机制。会议通报前一阶段全市治理教育乱收费工作情况。是年，规范学校收费行为，实行教育收费公示制，在贫困农村中小学实行义务教育“一费制”。取消违反规定的收费项目 31 项，涉及金额 1730 万元。查处教育乱收费案件 28 件，追缴退回 225 万元。

2004 年，全市组织教育乱收费检查 147 批次，查处学校乱收费问题 31 个，涉及金额 315.46 万元，5 人受党纪政纪处分和组织处理，向学生退还各种乱收费金额 69.6 万元。

2005 年，对治理教育乱收费工作的责任进行分解，全面实行乱收费责任追究制度。共开展治理教育乱收费专项检查 69 次，查处公办学校涉嫌乱收费问题 34 个，金额 183.72 万元，向学生退还各种乱收费金额 178 万元，10 人受党纪政纪处分和组织处理，同时规范和取消一批代收费项目。

2006 年，查处学校乱收费案件 40 件，涉及金额 168.92 万元，向学生退还各种乱收费金额 120.95 万元，15 人受党纪政纪处分和组织处理。

2007 年，继续加大治理教育乱收费力度，查处清退违规收费 103.20 万元，并开展创“文明收费示范学校”试点工作。

2009 年，认真开展春、秋季学期开学收费检查。在广泛开展自查自纠的基础上，采取查账目、访问学生、家长座谈、听取学校汇报等方式对中小学代收费和服务性收费等情况进行检查，清理有关部门和学校的违规收费项目 18 个，涉及金额 124.54 万元；查处有关学校乱收费问题，涉及金额 120.22 万元，清退违规收费金额 112.69 万元，3 人受到党纪政纪处分和其他处理。

2010 年，查处各级各类学校乱收费问题涉及金额 129.31 万元，清退违规收费金额 124.51 万元，处理 10 人。

2012 年，在开展教育乱收费专项治理中，抓住“教育、自纠、规范、查处”四个关键环节，及时向社会公示收费项目、标准、依据、范围和举报电话，并对全市 800 多所中小学收费情况进行专项检查。全年共调查处理教育收费信访件 118 件，清理违规收费项目 41 项，废除不规范文件 14 个；立案 58 件，清退教育乱收费 4700 余万元，处理 44 人。

2013 年，全市查处各级各类学校乱收费金额 98 万元，清退违规收费金额 21.77 万元，6 人受党纪政纪处分和其他处理。

第三节　“小金库”治理

1995 年，全区共检查 326 个单位，清理出“小金库”金额 371 万元，缴入中央和地方财政 111.7 万元。

2000 年，市纪委监察局在全市开展清理“小金库”专项活动，共清理出单位违规开设的银行账户 34 个，私设“小金库”金额 203.56 万元。

2003 年，全市纪检监察机关严格执行国家财经法律法规和国有资产管理的规定，加大对执行“收支两条线”规定的监督检查，严肃查处私设“小金库”的行为。全年查处私设“小金库”案件 72 件，收缴违纪款项 487 万元。

2004 年，全市 11 个县（区）和市直 88 个单位进行“小金库”自查，市纪委监察局重点对市直 28 个单位进行抽查，全市共查出各类违纪金额 1409.27 万元。

2009 年，省委办公厅、省政府办公厅印发《关于深入开展“小金库”治理工作的意见》的通知。要求按照“分级负责，分口把关；统筹兼顾、整体推进；依纪依法，宽严相济；标本兼治，纠建并举”的基本原则，深入开展“小金库”治理工作，建立和完善防治“小金库”的长效机制。是年，市委、市政府为确保市本级治理“小金库”重点检查阶段工作顺利进行，下发《关于印发〈在全市党政机关和事业单位开展“小金库”专项治理工作实施方案〉的通知》，在全市范围内开展“小金库”治理工作，并成立抚州市治理“小金库”工作领导小组办公室，抽调人员集中办公。6 月，为便于社会各界对“小金库”治理工作的监督与举报，在各单位醒目位置张贴《关于对“小金库”治理工作举报事项的通告》。组织召开治理“小金库”工作会议，转发《江西省治理“小金库”工作领导小组关于切实做好全省“小金库”治理自查自纠工作的紧急通知》，要求市直各部门、各单位将报告表、统计表及自查自纠总结报告，于 2009 年 6 月 19 日前将报送市治理办。市治理办根据省治理办的要求和各单位上报自查自纠报表及群众举报、信访反映的情况，确定重点检查单位名单。检查中，对违反法律法规及其他有关规定，应列入而未列入符合规定的单位账簿的各项资金（含有价证券）及其形成的资产，均纳入治理范围。重点是 2007 年以来各项“小金库”资金的收支数额，以及 2006 年底“小金库”资金滚存余额和形成的资产。对设立“小金库”数额较大或情节严重的，追溯到以前年度。全市“小金库”治理工作分为动员部署、自查自纠、重点检查和整改落实四个阶段。要求专项治理中发现的“小金库”，严格按照“依法处理，宽严相济”的原则进行处理。“小金库”治理工作鼓励自查，凡自查认真、发现问题、纠正及时的，可从轻、减轻或免予行政处罚。对自查出的“小金库”，要如数转入符合规定的单位账簿，依法进行财务、税务等相关处理。对被查发现的“小金库”，除依法进行财务、税务等相关处理外，还要对责任单位和责任人员依法依纪追究责任。对在专项治理工作中弄虚作假、压案不查、对抗检查、拒不纠正、销毁证据、突击花钱、打击报复举报人的，或重点检查中发现“小金库”数额巨大、情节严重的，按照有关规定从重处罚。涉嫌犯罪的，移交司法机关处理。中办发〔2009〕18 号文件下发后再设立“小金库”的，对主要领导、分管领导和直接责任人要严肃处理，按照组织程序先予以免职，再依据党纪政纪和有关法律法规追究责任。

专项治理工作中,发现的其他违反法律法规的问题,按国家有关法律法规进行处理。通过重点检查,至2009年10月,全市共查出“小金库”25个,总计金额650.86万元。

第四节　纠正医药购销和医疗服务中不正之风

2001年,市纪委监察局开展对医药市场、药品回扣进行专项治理和检查。对全市12家药品生产企业、16家药品批发企业、300多家医疗机构和药品经销户进行拉网式检查,降低虚高定价药品13个,总金额273万元;立案查处案件17件,涉案金额8万余元。正式启动市直6家医疗机构为药品集中采购试点,近50个药品品种,涉及金额200多万元,通过招投标集中采购,降价幅度近30%。

2002年,市纪委监察局对全市34家县级以上公立医院药品集中采购进行监督检查,近955个药品品种,涉及金额2050万元,通过招投标集中采购,使药品价格平均降低17%,向患者让利400余万元。

2003年,纠正医药购销中的不正之风,全市共取缔非法药品生产经营户99家,清理、销毁假劣和过期药品、医疗器械总案值151.79万元;33家县级以上医疗机构(含6所民营股份制医院)都参加药品集中招标采购,采购金额4481万元,进销差价让利患者共计1151.1万元。

2004年,重点整治医疗卫生行风及药品价格虚高,全市共有139名医务人员上交“红包”,33家县级以上医疗机构通过药品集中招标采购,让利于患者2165.48万元。

2005年,注重纠正医药购销和医疗服务中的不正之风,对参加招标的各医疗机构的药品采购、各中标企业的药品配送是否规范进行专项检查。全市35家县级及县级以上医疗机构都参加药品集中招标采购,执行药品招标采购金额7751.47万元,占医院购药总金额的52%,集中招标采购药品让利患者总金额1728.71万元,缓解了群众“看病贵”的问题,取得较好的社会效果。同时,大力开展医德医风教育活动,严格规范医疗服务行为,下发《全市卫生系统“卫生行风大家评”活动方案》、《关于深入开展医务人员职业道德教育活动的通知》,有力地推动全市医务人员医德医风教育活动的开展。

2006年,开展医疗卫生行风及药品价格虚高的整治,全市35家县级及县级以上医疗机构参加药品集中招标采购,执行药品采购金额8486.47万元,占医院购药总金额的71%,集中招标采购药品让利于患者金额2750.57万元。全市医务人员有130人上交“红包、回扣、提成”,总计金额5.47万元。

2007年,狠抓医药购销和医疗服务中的不正之风,全面实行医疗器械及药品集中招标采购,全市集中招标采购药品总金额12507.7万元,占全市医院购药总金额的78.86%。

2009年,继续纠正医药购销和医疗服务中不正之风,督促全市26家县级以上医疗机构参加药品集中招标采购,药品集中招标采购总金额2.3亿元,占医院购药总金额89.3%;省级定价药品降价品种数量863个,涉及金额258万元;全市卫生系统71名医务人员上交“回扣、红包、开单提成”金额2.42万元,2人受到党纪政纪处分。

2010年,全市91家医院参加网上集中药品采购,集中采购药品降价幅度16.7%。查处食品药品安全问题469件，涉及金额1045.36万元，73人受党纪政纪处分和其他处理。是年，持续开展医药购销和医疗服务中的不正之风整治工作，共执行药品集中采购9亿元，让利于患者1.6亿元。

2011年2月28日，全市医药医务阳光行动动员大会在汝水森林宾馆举行。会议传达全省医药购销和医疗服务中突出问题专项治理工作会议精神。市委副书记、市长张勇作出重要批示，市委常委、市纪委书记吴伟柱，市政府副市长刘菊娇出席会议并讲话。市纪委副书记、监察局长徐云发主持会议。会后，根据全省开展医药购销和医疗服务中突出问题专项治理工作的统一部署，结合抚州实际，开展医药医务“阳光行动”，通过建立“四个平台”，取得“四降一升”的明显成效。全市32家二级以上公立医疗机构和203家基层医疗机构集中采购药品降价总金额2072.84万元，降幅15.6%；药品收入占业务收入比例由去年同期51.73%下降至45.46%，降幅6.27%；住院患者人均费用由去年同期2039.8元下降至1821.7元，降幅10.69%；门诊费用由去年同期103.2元下降至78.4元，降幅24.03%；病人满意度达98.8%，同比上升8.2%。共出动稽查执法人员800余人次，对掺杂掺假、采购渠道及包装标识不符合规定的中药饮片品种进行重点监管，对定眩丸等4个品种实施暂停销售等行政强制措施，查处违纪违规案件19件，为群众挽回经济损失15.68万元。全市医疗卫生系统排查出涉及药品价格、服务态度、新农合管理、收费、服务规范、基本公共卫生服务和基本药物制度等共性问题11个，个性问题130多个，全部整改到位；退回“红包”26.7万元，上交廉政帐户81.85万元，收缴违规资金260余万元；立案6件，其中移送司法机关处理2人，给予党政纪处分4人。

第五节　工程建设领域突出问题治理

2000年，市政府制定《抚州市建筑市场管理暂行办法》，市纪委监察局制定《关于对我市建设工程招标投标实施监督的工作规则》、《抚州市建筑工程若干违法违纪行为处理的暂行办法》，市建筑工程交易中心制定《交易中心办事程序和管理办法》等规章，实行集体办公、公开办事、一站管理、一条龙服务。

2001—2002年，为确保建设工程项目招投标活动的“公平、公正、公开”，市纪委采取有力措施进行监管，代市政府起草《抚州市工程建设监督管理暂行办法》，强化对建设项目事前、事中、事后监督。2001年，共派出52人次参加39项工程封闭编制标底和开标评标监督工作，对抚州棉纺织厂、市社联、临川皮革制品厂等13个单位违反工程招投标规定进行查处，共立案10件，处理15人，涉及金额200余万元。2002年，全市监察机关严格执行《关于在建工程建设项目招标前实行情况告知制度》的规定，对38项工程招投标全过程进行监督，标的2.7亿元；对71项违章建设项目的建设单位下达违章建筑处理通知，对84项有质量安全问题的工程下发整改通知。结合实际开展整顿和规范建筑市场专项执法监察。通过对市城区范围内235个建设工程的调查核实，发现存在不同程度违规建设项目120个，其中非招商引资工程82个，招商引资工程23个，金巢开发区及工业园区工程15个。严厉查处建筑领域中违法违纪案件。年初，对抚州棉纺织厂破产案件立案9人，移送司法机关处理3人,其余6人分别由市纪委监察局和市纺织局处理。6月,又对市城区上沿河路改建工程投标中发现的江西省第一建筑有限责任公司、南昌市第三建筑工程公司、赣州林业工程公司、核工业华东建设工程集团公司等4家施工单位,在招标中相互串通投标的问题进行严肃查处,分别采取罚款和暂停两年投标资格的处罚。同时,加强对贯彻落实《招标投标法》情况的监督。市政府转发市计委起草的《抚州市招标投标市场管理暂行办法》,使全市招标投标工作步入规范化、制度化、法制化轨道。是年,共收到有关部门招标告知书94份,先后参与招投标监督94项,成交额26776万元。特别是对抚州市廖坊水利枢纽工程和东临一级公路工程等重点工程招标实行全过程监督。

2003年,市纪委监察局整顿和规范有形建筑市场,对38项建筑工程的招投标进行监督,涉及标的2.7亿元,对71项违章建筑作了处理,对84项有质量安全问题的工程下发整改通知。是年,先后派人到绍兴、深圳、宜春及吉安等地学习规范有形建设市场的经验及做法,同时,积极协助有关部门抓好对有形建设市场运行情况的监督检查,纠建并举,发现问题及时处理,切实理顺有形建设市场的管理体制。认真督查《招标投标法》的贯彻落实。市纪委执法室直接派员参与招标投标监督40项,编制建设工程标底13项。同时严肃查处建筑领域的违纪违法行为,对84项有质量安全问题的工程分别下发整改通知,其中停工整改通知书3份,限期整改通知书81份。31个建设单位接受处理,其中9项工程补缴建设规费89.36万元,6项工程接受罚款5.52万元。会同南城县监察局、建设局对该县2000年以来的建设工程项目招投标情况进行专项执法监察。对严重违反招投标法的中国人民银行南城县支行、南城县移动通信公司、南城县供电局、南城县工商行政管理局、南城县广播电视局等单位按规定进行处理。对中国石化股份公司抚州分公司新建、改建、收购加油站的网点建设情况进行专项执法监督检查。对市水利局水利工程招投标及建设情况进行专项执法检查,严肃查处了市水利局弄虚作假,套取专项资金158.4万元私设"小金库"和有关人员内外勾结、泄露标底,从中收受贿赂及局班子成员收受"红包"等违纪违法问题。

2007年,全市各级纪检监察机关进一步加强建筑市场的监督管理,市本级清理规模较大的重点建设项目118个,清缴各项建设规费1235万元,补征税款2539万元;各县(区)清缴、补征各种规费和税款5361万元。查处违法用地和违法建设案件29件,给予党纪政纪处分51人。其中,县(处)级干部6人,乡(科)级干部15人,为国家挽回经济损失9744万元。

2008年,市纪委监察局为进一步加强对政府投资重点建设工程项目监督管理,制定《抚州市市本级重点建设项目保廉工作实施方案》,力争从源头上预防重点建设项目中的腐败问题。方案明确廉政建设、依法招投标、工程建设、工程质量与安全监管等方面的要求,明确工程廉政建设责任,业主和施工单位要签订廉政责任状、作出廉政承诺。对在工作中监管不力,责任心不强,办事推诿,吃、拿、卡、要的人和事,严格按照有关法律法规严肃处理。上半年,对市城区赣东大桥建设工程项目进行跟踪服务,全面监督。

2009年,为全面贯彻落实《中共中央办公厅、国务院办公厅印发〈关于开展工程建设领域突出问题专项治理工作的意见〉的通知》(中办发[2009]27号)、《江西省工程建设领域突出问题专项治理工作实施方案》(赣办字[2009]43号)等文件精神,抚州及时成立工程建设领域突出问题专项治理工作领导小组，制定修改《市本级重点建设项目保廉工作实施方案》，下发《工程建设领域突出问题专项治理工作实施方案》，召开全市工程建设领域突出问题专项治理工作电视电话会议，严格告知程序。是年，市本级受理项目告知累计209项，累计成交金额36.89亿元。其中，完成建设工程项目告知114个，工程预算价33.92亿元，合同中标价32.28亿元，节约资金1.64亿元，资金节约率4.84%；完成政府采购项目告知80个，预算价7798.72万元，合同中标价6521.99万元，节约资金1276.73万元，资金节约率为16.37%。完成国有资产产权转让项目告知7个，上市起始价1.05亿元，成交价1.3亿元，增值资金0.25亿元，资金增值率23.8%。市纪委监察局先后对群众反映南城县污水收集干管工程招标有关问题、崇仁县一期截污干管工程资格预审中存在的问题、抚州金安铀业有限公司二期集资建房工程违规招标有关问题、全市中小学校舍安全工程排查工作、“融旺国际公馆工程”有关问题、“书香门第”建设项目存在的有关问题进行执法监察。9月25日下午，市委、市政府召开全市工程建设领域突出问题专项治理工作电视电话会。市委副书记、市长张勇在市行政中心会议中心主会场出席会议，市委常委、常务副市长谢发明主持会议。市委常委、市纪委书记陈小平传达省委常委、省纪委书记尚勇就商品房容积率和成本信息公示制度作的重要批示。是年，抚州市成立建筑安装和房地产税费一体化征管中心。

2010年，市纪委监察局坚持把查办案件贯穿工程项目专项治理始终，抓住腐败问题易发多发的关键环节和重点部位，集中力量查处在工程项目决策“变通”、执行政策“变样”、土地随意“变性”、规划违规“变更”、造价随意“变大”、容积率违规“变高”、代理机构“变向”、工程监管“变调”八个方面的违纪违法案件。全市立案查处工程建设领域案件44件，给予党纪政纪处分37人，其中县(处)级干部4人。配合省纪委调查“赣东国际大酒店”有关问题，对4名责任人(1名县级、3名科级干部)进行立案处理。是年，对2007年以来的工程建设项目逐项逐个进行梳理排查，全市自查自纠项目681个，发现问题226个，纠正问题221个；并组织24个检查组对所有建设项目进行监督检查，巩固专项治理成果。在监督检查的基础上，会同有关部门先后制定《工程设计变更及现场签证管理办法》、《规范土地招拍挂出让流程实施意见》、《抚州市建筑业企业诚信管理规定》、《抚州建筑市场诚信行为信息管理办法》、《抚州市招投标代理企业诚信实施细则》、《抚州市建筑业企业、园林绿化企业“诚信投标承建”实施细则》等制度。同时，为着重解决工程建设信息公开不规范、不透明，市场准入和退出机制不健全以及工程建设领域信用缺失等问题，全市认真推进建设项目信息公开和诚信体系建设，成立市工程建设领域项目信息公开和诚信体系建设工作协调小组，制定《抚州市工程建设领域项目信息公开和诚信体系建设实施方案》，明确各成员单位工作职责，并将市发改委等18家单位作为工程建设领域项目信息公开和诚信体系建设先行单位。10月28日，全市工程建设领域项目信息公开和诚信体系建设工作座谈会在南城召开。全市依托电子网络信息技术，建立省、市、县(区)三级联动的项目信息公开平台。并在项目施工现场设置该项目大型宣传牌，作为较长期的公开宣传栏。信息公开包含的主要内容有工程建设项目情况、工程建设领域违法违规情况、工程建设领域处罚情况和对违法违规责任主体及责任人做出处罚的情况。诚信体系建设主要是明确“三类”公开承诺,即公开政府职能部门相关信息及诚信承诺、公开企业相关信息及诚信承诺和公开个人相关信息及诚信承诺。

2011年,市纪委监察局继续打好工程建设领域突出问题专项治理攻坚战。根据中央、省2011年工程建设领域突出问题专项治理工作要点,结合抚州实际,制定下发《抚州市2011年工程建设领域突出问题专项治理工作要点》,分解工作任务,明确工作责任和具体要求,提出7个方面22项措施。根据省纪委文件要求,在抓好普遍性问题治理的同时,突出抓好对国土资源、交通运输、水利等重点领域的检查治理,检查共发现65个问题。其中,城市基础设施及污水处理领域5个,交通运输领域6个,水利领域8个,市政道路及排水工程领域42个,国土领域4个。检查组将问题分别向有关县(区)及项目责任单位进行反馈,要求限期整改到位。为加快抚州水利改革发展工作,印发《抚州市监察局、抚州市水利局关于加强对中央1号文件、省委省政府〈实施意见〉和市委市政府〈实施细则〉贯彻落实情况监督检查工作方案》,成立工作领导小组,开展监督检查。按照省监察厅文件要求,督促市公共资源交易中心与江西移动抚州分公司合作,将现有的视屏监控系统接入省、市监察机关网上监察平台。全面推进全市工程建设领域项目信息公开和诚信体系建设工作。

2012年,开展"工程领域查纠"专项行动。市纪委监察局重点对"156惠民工程"、市中心城区"两违"问题和水利工程建设、保障性安居工程建设以及"三房合一"等工作开展监督检查,并建立重点工程廉勤监督制度。对市政府"156惠民工程"新增和续建的51个项目的立项、招标、资金管理及使用等环节进行全程监督,共提出整改和落实建议46条。全市项目信息公开和诚信体系建设信息上传91209条,项目信息电子标签发布信息6549条,信息公开工作全省排位靠前,并多次在《全省工程建设领域项目信息公开和诚信体系建设进展情况的通报》上获得表扬。同时,实行"工程建设廉洁准入"制度,将在工程建设活动中的行贿者等录入"不良行为记录名单",并强化"不良行为记录"应用,实行严格准入制度。是年,还开展了挂靠借用资质投标专项清理。下发《抚州市关于开展工程建设中挂靠借用资质投标违规出借资质问题专项清理的实施方案》,分别从市纪工委监察分局、市建设局等部门抽调人员对全市这项清理进行监督检查。共排查500万元以上政府投资和使用国有资金的工程建设项目547个,排查企业1159家,发现存在挂靠借用资质投标、违规出借资质问题项目51个,处理31个,其中取消中标6个、整改10个、处罚15个;立案处理5人,其中县(处)级干部3人;移送司法机关处理5人。推行廉情监督制度。4月组成6个廉情监督组,10月将廉情监督职能移交市纪工委监察分局,重点监督检查市政府投资的76个重点工程项目。

2013年5月24日,全市工程建设领域诚信倡廉工作座谈会在市廉政党校召开。会议通报《关于进一步规范公共资源招投标活动的意见》。市委常委、市纪委书记吴伟柱出席会议并讲话。会后,加强对工程领域专业化监管,努力实现"三不让":不让干部倒在工程上,不让监督失在责任上,不让企业亏在诚信上。推行工程交易项目分级管理、评标专家及代理机构监管、投标保证金管理等三项改革。实行项目廉情监督,全市成立33个廉情监督组,采取日常检查、重点抽查、受理信访等方式,对重点工程项目的立项、核准、用地、规划、环评、招投标、物资采购、资金管理使用、结算等环节进行全程监督。市本级廉情监督组对市中心城区

245个重点工程项目进行廉情监督，发现问题62个，提出并督促落实整改建议46条。研发建立集施工企业基本信息、从业人员信息、承接工程项目信息、信用评分四大模块的工程建设信用信息管理软件，实现项目信息和信用信息的互联互通和互认共享。制定《抚州市建筑施工企业诚信综合评价办法》、《抚州市建筑施工企业市场行为综合评价办法》等管理制度，推行"工程建设廉洁准入"制度。开展工程建设领域守信激励和失信惩戒制度建设"试点工作"。按照省治工办下发《关于印发〈江西省工程建设领域守信激励和失信惩戒制度建设试点工作方案〉的通知》要求，抚州制定《抚州市工程领域守信激励和失信惩戒制度建设试点工作实施方案》，并确定市建设局、南城县建设局作为试点单位。

2015年，根据市委在领导干部违规插手干预工程项目综合治理阶段的统一部署和要求，11月12日，市纪委监察局召开全市领导干部违规插手干预工程项目专项纪律巡查工作会议，部署安排任务，启动巡查工作。各巡查队队长、市直牵头单位分管领导、县(区)纪委副书记、巡查队部分成员参加会议。市委在专项治理方案中，对市直有关部门的治理工作进行了责任分工。对巡查发现的问题，该整改的及时督促整改、该纪律处分的及时给予处分、该组织处理的及时做出处理、该移送司法机关的及时移送。

第六节　其他专项治理

一、涉农涉企负担专项治理

1997年6月25日，地区纪委监察局印发《关于开展全区农民负担执法监察的实施方案》。

2001年，全市共开展减轻农民负担执法检查67批(次)，减轻不合理负担总金额914万元，同比减少322万元，取消达标升级活动项目4个，减负3万元，查处违纪违法案件8件，发放农民负担监督卡65万份，入户率为93%。是年，按照全国治乱减负工作会议部署，对照"九个严禁"要求，对乡镇企业的收费、罚款、摊派、基金项目进行清理整顿，取消不合理收费项目37个，涉及金额201万元，查处加重企业负担的违规违纪案件25件，处分38人，较好地维护了企业合法权益。

2002年，为切实贯彻落实全国、全省减轻农民负担工作电视电话会议精神，市委、市政府于9月23日至27日，组织5个检查组对各县(区)减轻农民负担工作进行执法检查。对检查中发现的问题，各县(区)迅速进行整改，并对有关责任人从严从重查处。是年，全市开展农民减负执法检查38批(次)，共减轻农民不合理负担总金额3844万元，查处违纪违规案件6件。

2003年，全市纪检监察机关开展减轻农民负担专项治理。切实加大对涉农价格、涉农收费公示制和村级订阅报刊费用限额制的监督检查。全市共受理农民负担方面的案件21件，处理11人。

2004年，全市纪检监察机关继续加大对涉农价格、涉农收费公示制和村级订阅报刊费用限额制的监督检查，全市共减轻农民负担6982.51万元，向农民退还各种乱收费285.30万元。

2005 年，市纪检监察局加强对中央涉农“一号文件”精神的宣传，使“两减免、三补贴、四加大”的惠农政策家喻户晓。积极配合有关部门切实做好全市免征农业税工作，加强各项惠农政策落实情况的监督检查，及时掌握新情况、分析新问题，逐步建立健全防止农民负担反弹的长效机制。特别是临川区温泉镇农民负担事件发生后，及时组织调查组进行调查，对相关责任人作了严肃处理。同时，从财政、农业、审计等部门抽调人员组成检查组分赴各县，对落实减轻农民负担政策情况全面进行核查，有效地防止类似事件的再次发生。是年，通过专项治理，减轻农民负担总金额 1975 万元，向农民返还各种乱收费 127.37 万元，查处涉农负担案件 14 件，8 人受党纪政纪处分或其他处理。

2006 年，实行涉农案(事)件责任追究制度，全年全市查处涉农负担案件 40 件；深入开展土地清理整顿，重点解决拖欠、截留、挪用土地补偿费等侵农、损农问题，通过取消农业税减轻农民负担 17070 万元，通过实行“三补贴”政策减轻农民负担 15766.9 万元，通过各种专项治理减轻农民负担 2908.91 万元。打击哄抬农资价格、制售假劣农资坑农害农行为案件 39 件，涉及金额 39.5 万元，查处涉农负担案件 3 件，3 人受党纪政纪处分和其他处理。

2007 年，市纪委监察局加大中央和省出台一系列支农惠农政策落实情况的监督检查力度，通过对 17 项支农惠农政策落实的督查，让农民从中得到实惠 21301 万元。打击哄抬农资价格、制售假劣农资坑农害农行为 203 起，涉及金额 93.35 万元，查处涉农负担案(事)件 16 件。

2009 年，市纪委监察局一方面认真开展强农惠农政策落实情况监督检查“回头看”活动。全市列入监督检查的 20 项涉农资金涉及 13 个部门，共自查出有问题的资金共 3686.16 万元，并已全部整改到位。另一方面，认真搞好涉农收费专项检查。共查处截留、挪用、克扣强农惠农补贴问题涉及金额 22.08 万元，查处截留、挪用、克扣直接补贴资金问题涉及金额 69.79 万元；通过查处乱收费、乱罚款、乱摊派等减轻农民负担 892.5 万元；查处哄抬农资价格、制售假劣农资坑农害农行为 36 起，涉及金额 78.3 万元；查处各类损害农民利益案件 28 件，责任追究 19 人。《抚州市制定强农惠农政策落实情况监督办法》、《抚州市中介组织收费细则办法》、《抚州市开展“阳光行动”，推行院务公开试点活动主要做法》和《抚州市新型农村合作医疗试点工作主要做法》被省纠风办第 11 期《工作简报》一次性全部刊发，其中《抚州市制定强农惠农政策落实情况监督办法》一文被国务院纠正行业不正之风办公室以专刊形式转发。

2010 年，市纪委监察局继续加大强农惠农资金专项清理检查力度，全市全年查处问题 18 个，14 人受到处理；查处乱收费、乱罚款、乱摊派等损害农民利益案件 8 件，责任追究 1 人。减轻农民负担 3.7 亿元。

二、土地领域突出问题专项治理

2002 年，全面实行经营性土地招投标拍卖挂牌交易。全市各县(区)都成立土地储备交易机构，配备专门工作人员，制订土地储备交易制度，开展专项检查，国有土地出让工作规范运行。全年全市共招投标拍卖挂牌出让土地 574 亩，交易金额 1.02 亿元。

2003 年 6 月，市监察局、市国土资源局按照上级要求，下文对全市国有经营性土地使用权出让专项执法监察工作作出布置。7 月，由市政府牵头，抽调市纪委、市政府办、市经贸委、市建设局、市国土资源局等单位人员组成5个清查小组(经营组、以地置换组、企业改制组、工业公益组、非招商引资组),对全市2001年5月以来国有经营性土地使用权出让进行监督检查,检查土地使用权出让国有经营性土地448宗,面积1.26万亩,涉及价款88789.65万元,其中招投标出让2宗,面积17.5亩,价款515.69万元;拍卖出让50宗,面积382.76亩,价款21288.44万元;挂牌出让121宗,面积6021.2亩,价款8049.41万元;协议出让268宗,面积6178.8亩,价款58329.40万元;划拨出让7宗,价款606.71万元。对检查中发现的问题及时进行整改,补缴未到位的出让金及规费400余万元,追缴违纪违法资金53.32万元,发现案件线索5个,立案查处2人。

2004年,市纪委监察局深入开展土地清理整顿,重点解决拖欠、截留、挪用土地补偿费等侵农、损农问题,全市共兑付拖欠农民征地补偿款3720.18万元。

2005年,市纪委监察局严查土地问题中的违纪违法行为。分别对东乡县政府弄虚作假协议出让土地问题、南城县公安局违规出让土地问题、临川区人武部违规用地问题进行调查,并对有关责任人进行责任追究;对农民土地补偿费管理发放情况进行重点监督检查,严肃查处临川区展坪乡和南丰县市山镇截留农民土地补偿费以及宜黄县桃陂乡人武部长冒领私分土地补偿费的案件,对4名科级干部予以党纪政纪处分。在治理整顿期间,全市共兑付拖欠农民征地补偿款3720.18万元。是年,市纪委执法室对市本级经营性土地使用出让情况进行全程监督,有17宗土地通过"招、拍、挂"上市交易成功,成交金额10471万元。各县(区)也相继建立和完善国有经营性土地使用权招标拍卖挂牌出让制度,加强对国有经营性土地使用权出让的监督检查。

2007年,省监察厅、省国土资源厅派员到抚州督查指导。全市各级纪检监察机关会同国土资源部门精心组织,建立起上下互动、部门联动、社会参与的专项行动工作领导责任制和工作机制。认真梳理案件线索,集中力量查处违法用地和违法建设案件28件,给予党纪政纪处分18人,其中县(处)级干部1人,乡(科)级及以下干部17人,为国家挽回经济损失352.3万元。上半年,市监察局会同国土、公安、地税、工商等部门,严肃查处抚州天顺实业有限公司非法倒卖土地案、乐安县人武部土地串通拍卖案、京福高速公路非法征地案、临川区文昌办事处辖区违法用地、违法建设案等一批全市有影响的大案要案,移送司法机关处理1人,对9名责任人员给予党纪政纪处分。10月,市监察局会同市国土资源局对金溪县江西荣建禽业有限公司非法占用集体土地等10起土地违法违规问题进行挂牌督办。全市各级纪检监察机关以清理违法用地和违法建设为重点,全方位开展执法监察。重点对全市违法用地、违法建设开展专项执法监察,市本级清查土地244宗,收回建设用地53宗,面积2640亩,查封建设用地18宗,面积2002亩,限期办理国有土地使用权证和用地手续的16宗,面积169亩,储备土地3487亩,同比增加3421亩;查处违法用地和违法建设案件29件,给予党纪政纪处分51人,其中县(处)级干部6人,乡(科)级干部15人,为国家挽回经济损失9744万元,促进全市主攻"两区(工业园区和城区)"、赶超发展目标的顺利实施。

2008年,全市各级纪检监察机关在会同国土资源部门对土地违法违规问题进行全面清查的基础上,认真梳理案件线索,集中力量查处违法用地和违法建设案件16件,给予党纪政纪处分17人，其中县(处)级干部3人，乡科级及以下干部14人，为国家挽回经济损失420.3万元。同时，对黎川县政府兴建黎川生态旅游综合开发项目，未经省政府批准，非法批地92.91亩的问题进行执法监察。

2009年，各县(区)全面落实中央关于实行最严格的土地管理制度的重大决策，切实加强土地调控，严肃查处并纠正土地出让中的违法违规行为，成立开展国有土地使用权出让情况专项清理工作领导小组，建立联席会议制度，定期召开联席会议，安排布置国有土地使用权出让专项清理工作。全市完成土地交易项目告知8个，上市起始价1.62亿元，成交价2.66亿元，增值资金1.02亿元，资金增值率61.45%。

2010年，市纪委监察局开展土地领域突出问题专项治理工作，对全市闲置土地开展摸底调查，调查显示：2003—2010年，全市供应国有土地面积15215.07亩，供应后闲置土地66宗，面积4176.12亩，全市欠缴土地出让金6.60亿元。是年，全市共处置54宗面积3261.66亩闲置土地，追缴土地出让金6.08亿元。1月至10月，全市受理土地、矿业权审批和出让违法违规举报和案件线索11件，查实10件，立案10件，给予党纪政纪处分7人，其中县处(级)干部3人，乡(科)级及以下干部4人。

2011年，市纪委监察局召开全市闲置建设用地清理处置工作会议，组织4个检查组对全市11个县(区)和金巢经济开发区的闲置建设用地和违规供地进行专项检查，下发督促整改通知书12份，立案14件，给予党纪政纪处分14人。全市闲置土地宗数已由66宗4176.12亩下降为10宗734亩，追缴土地出让金53235.76万元，欠缴土地出让金由65960.76万元降为12725万元，供地率上升为79%。

三、商业贿赂治理

2006年，根据党中央、国务院的统一部署，市纪委将治理商业贿赂列入纪检监察工作的重要内容，并成立治理商业贿赂领导小组；在全省率先建立查办商业贿赂案件联席会议制度，查处商业贿赂案件和国家工作人员。是年，市纪委切实加强与市直相关单位和县(区)的联系与沟通，组织开展4次督查活动，被督查单位105个(次)；转办信访举报件2件。全市共立案查处商业贿赂案件67件，当年结案49件；涉案金额537.8万元，其中5万元以上案件31件；查处国家工作人员8人，其中科级以上干部6人；卫生系统有328人主动上交62.1万元、单位上交85.5万元。

2007年，市纪委继续认真做好治理商业贿赂各项工作。根据上级统一部署和安排，市纪委下发全市治理商业贿赂自查自纠工作考核评估方案，全面推行自查自纠工作考核评估报告和“行政一把手签字负责制”制度。同时，加大监督检查力度。5月，对各县(区)自查自纠工作情况进行一次全面督查，有效地推进工作的深入开展，是年，全市共立案45件，结案40件；涉案金额636.311万元，其中5万元以上大案12件；涉及国家工作人员16人。

2010年，全市共查处商业贿赂案件37件，涉案金额280.6万元。

四、行业协会及市场中介组织服务和收费行为专项治理

2009年，全市开展行业协会及市场中介组织服务和收费行为专项治理。至8月，全市347名在行业协会、市场中介组织中任职的国家工作人员全部按规定办理脱钩手续；专项治理前租用主管部门办公场所的37家行业协会、15家市场中介组织全部搬离；对47家活动不经常、无场地、无人员的行业协会和13家长期未按规定开展经营活动的市场中介组织依法予以注销；对11家无资质从事中介活动，且达不到资质要求的市场中介组织坚决予以取缔；对7家没有取得合法资格拒不依法注册登记的行业协会予以教育整改；对5家涉及垄断收费的行业协会逐一开展经济审计；对11家“两块牌子、一套人马”的市场中介组织进行脱钩改制；对促进经济发展依法规范运作的市本级18家行业协会和24家市场中介组织加大培育和发展力度；对3家业务单一的行业协会进行归并；对36个违规收费项目进行清理，共清退违规收费86.2万元。8月21日，全省设区市规范行业协会、市场中介组织服务和收费行为专项治理工作交流会在抚州迎宾馆召开。省纪委常委、省监察厅副厅长、省专项治理工作领导小组办公室副主任黄林开，省民政厅副厅长江海，省工商局副局长、省专项治理工作领导小组办公室副主任刘柏林出席会议。市委常委、纪委书记陈小平到会致辞，并对抚州市集中开展行业协会及市场中介组织服务和收费行为专项治理等工作进行介绍。省纠风办发专刊介绍抚州专项治理工作做法。

五、民生领域三个突出问题专项治理

2010年3月18日，全市民生领域三个突出问题（失地农民基本保障、农民建房收费、城乡低保发放）专项治理动员电视电话会议在市会议中心召开。市委常委、常务副市长谢发明出席会议并讲话，市委常委、市纪委书记吴伟柱主持会议。会议要求，各地各部门要按照省委、省政府的统一部署，牢牢把握工作思路和目标、工作范围和重点、工作方法和步骤，认真开展好失地农民基本保障、农民建房收费、城乡低保发放等民生领域三个突出问题的专项治理活动。会后，全市共查处涉及农民建房收费违纪违法问题7个，涉及金额70.84万元，责任追究1人；查处涉及城乡最低生活保障的违纪违法问题8个。清理城乡低保对象25643人，清退人情保、关系保895人，涉及金额4646.7万元，责任追究10人。

2011年，开展民生领域三个突出问题专项治理“回头看”，全市上缴和退回乱收费720余万元。同时，积极配合省纪委对崇仁县石庄乡农民建房乱收费的问题进行调查处理，立案5件，给予党纪政纪处分5人，诫勉谈话4人。

六、清理规范评比达标表彰活动

2009年，市纪委监察局按照“全面清理、逐级负责、严格审核、大幅减少、统一规范”的原则，分阶段分步骤，对党委、人大、政协和法院、检察院系统举办的各种评比达标表彰活动进行清理规范，共清理出市、县（区）开展的评比达标表彰活动360项，撤销55项；上级部门开展的评比达标表彰活动85项，合并2项、撤销2项。

七、其他问题治理

2011年，全市监察机关开展各类专项治理工作。清理面向基层“一票否决”17个项目，经省统一检查复核保留信访、计生、综治、安全生产等4个项目；加强对征地拆迁行为的专项监管，全市依法依规拆迁5243户401亩，依法依规强制拆迁38户11.4亩；配合相关部门加强房地产调控政策专项监督检查，纠正保障性住房建设中的不正之风，参与保障性住房检查63项，查处违法违规案件3件，责任追究1人；清理和规范庆典、研讨会和论坛活动，取消相关活动6个，节约经费18.9万元，审批举办广昌国际莲花节、南丰国际蜜桔文化节等具有重大影响的活动。

2013 年，根据全市统一部署，由市纪委监察局牵头，抽调财政、审计等部门及县（区）纪委监察局 50 余人，组成 9 个市监督检查组赴各县（区），对家电下乡、家电以旧换新销售网点骗取补贴资金情况进行 4 个月的全面检查，共检查家电销售网点 763 家，查出并追缴骗补资金 3221.39 万元；给予有关人员党纪政纪处分及其它处理 20 人，移送司法机关处理 26 人。

第七节　政风行风建设

一、民主评议政风行风

1998 年 11 月，按照省政府部署，成立抚州地区纠正行业和部门不正之风办公室（简称地区纠风办）。民主评议政风行风，是指在各级党委和政府的领导下，由纠风办组织协调，依靠人民群众对政府部门和公共服务行业的作风情况进行公开评议，推动政风行风建设的一项社会监督制度。民主评议政风行风在纠风工作中发挥着重要的作用。

2000 年。地区纪检监察机关对国税、地税、电力、电信 4 个单位进行首次民主评议行风工作，初步摸索民主评议行风的一些工作方法。

2001 年 4 月—8 月，由市、县（区）纪检监察牵头，组织评议组 84 个，继续开展对土管、民政、交通、公路、稽征、国税、地税等省管部门在执行政策法规、廉洁自律、职业道德建设等方面的行风进行评议。共召开座谈会 532 次，开通评议热线电话 132 部，设立行风举报箱 486 个，社会各界参加评议 11.7 万人；被评部门自查自纠问题 545 个，市、县（区）两级评议组披露问题 592 个，被评部门整改纠正问题 1111 个。评议期间，立案查处严重违法违纪案件 9 起，处分 8 人，清退 7 人，通报批评 35 人，追缴违纪金额 15 万余元，纠正退回金额 17 万余元，取消纠正不合理收费项目 29 个。随后，行风评议工作全面展开，成效日益明显，得到各级党委和政府的重视，受到社会各界的认可和支持，初步展示出生命力和政治影响力。抚州市民主评议行风经验在全省纠风会上作典型发言。

2007 年 6 月 8 日，市政府在市行政中心主会场召开 2007 年全市民主评议政风行风工作电视电话动员大会。市委副书记、市长甘良淼作动员报告，市委常委、纪委书记陈小平就如何深入扎实地开展好民主评议政风行风工作提出要求。7 月 14 日上午，民主评议政风行风现场征询群众意见活动在市区马家山广场举行。64 家参评单位通过摆放宣传展牌、散发宣传资料等方式积极宣传本部门、本行业的工作职能以及此次民主评议政风行风工作的有关政策及要求，与群众零距离接触，现场征询群众的意见和建议，及时解决现场能解决的问题。省纪委纠风室主任王玮，市委常委、常务副市长谢发明，市委常委、纪委书记陈小平，市政协副主席、发改委主任廖建辉，市政府秘书长余建平等到现场指导。根据省委、省政府的统一部署和安排，全市还在 44 个部门和行业集中开展为期 4 个多月的“民主评议政风行风”活动，并建立市直新闻单位负责人联席会议制度，组建民主评议政风行风工作宣传报道组，利用电视、广播、报纸、网络对 44 个部门、行业的民主评议政风行风工作进行跟踪报道。解决了一批群众反映强烈的热点、难点问题，较好地纠正了一些部门和行业存在的政令不畅、徇私枉法、吃拿卡要、作风粗暴、工作拖拉和收费“三乱”等问题。

2008 年 2 月 29 日，全市民主评议政风行风和加强政风行风建设优化经济发展环境工作总结表彰电视电话会议在市会议中心召开。会议主要是总结 2007 年全市民主评议政风行风和加强政风行风建设、优化经济发展环境综合考核测评工作，表彰先进，通报未达标单位，并部署下一步工作。

2010 年，按照“市和县（区）有纠风办、乡（镇）有纠风工作组、村（社区）有纠风监督员”的要求建立四级网络。在总结金溪县试点经验的基础上，全市全面推开。共建立乡（镇）纠风工作组 169 个，有人员 612 名，村（社区）聘请纠风监督员 3928 名。抚州的经验做法，被省纠风办《工作简报》专刊登载全省推广，江西一套《新闻联播》栏目专题进行报道。

二、政风行风热线

2006 年，《政风行风热线》广播节目正式开播。为集中受理解决经济发展环境方面的热点难点问题，市纪委把开播《政风行风热线》作为一项重要任务来抓，认真做好牵头工作。各上线单位成立《政风行风热线》工作协调小组，明确分管领导、具体承办人和专门的联络员，并制定相应的工作措施，保证《政风行风热线》节目的顺利开播。是年，节目播出 69 期（包括 23 期反馈版），46 个部门和单位的主要领导亲自到抚州人民广播电台直播室上线，与广大群众面对面直接交流，解答群众提出的疑难问题和相关咨询，节目共接听群众热线电话 832 个，短信 312 条，当场答复 797 件。未能现场答复的问题，分别在反馈版节目中全部给予答复，解决一批群众关心的热点、难点问题，受到广大群众的热烈欢迎。

2007 年 4 月 28 日，《政风行风热线》大型户外直播活动在洪客隆购物广场举行。市委常委、纪委书记陈小平出席会议并作讲话，市广电局、抚州日报社、抚州电视台等单位负责人参加直播活动。市移动公司、市电信公司、市联通公司 3 家上线单位负责人现场解答市民提出的问题。12 月 25 日，市本级开通《政风行风热线》直播栏目。大部分县（区）开通政风行风热线，基本实现市、县（区）两级联动，提问方、解答方、监督方 3 方互动，电台、电视、报纸、网络 4 个媒体齐动的政风行风建设多方联动机制。

2008—2009 年，市政府纠风办认真抓好市《政风行风热线》直播节目。一是建立和完善上报制度。通过各上线单位报送的情况，找出群众关注的热点、难点问题，提出纠风工作建议和意见，有针对性地开展专项治理，把矛盾消灭在萌芽中，从源头上预防不正之风问题的发生。二是建立和完善回访制度。对各上线单位反馈的重点、难点问题，及时组织人员做好回访工作，对仍未解决的问题，进行跟踪问效，督促有关单位整改落实。2008 年，全市共开播《政风行风热线》室内节目 39 期，户外直播节目 1 期，上线单位 41 个，共接听热线电话 313 个，其中投诉问题和建议 25 个，落实答复 24 件，办结率达 96%，群众满意度明显提高，全市政风行风评议工作位列全省前三名。2009 年，全市共开播《政风行风热线》节目 6 期，上线单位 6 个，共接听热线电话 17 个，其中业务咨询 14 个，投诉问题和建议 3 个，全部予以落实和答复。2009 年 11 月 20 日中午 12:10 至 13:30，由江西省人民政府纠风办、省广播电视局联合主办，江西人民广播电台承办的大型舆论监督类节目《政风行风热线》，在抚州市行政会议中心一楼会议室现场直播。现场回答市民通过热线、短信、现场提问反映的涉及到政府职能部门的工作作风、卫生医疗、劳动保障、大学生就业、百姓生活等 10 多个方面的问题。是年，由市纪委监察局、市广播电视局和市政府纠风办联合主办的“纠风约谈”电视节目在抚州电视台演播厅正式开播，节目邀请市房管局、市城市规划局、市城市管理行政执法局的主要领导作为嘉宾，同时，特邀部分市人大代表、市政协委员、市重点企业、社区等方面的群众代表到场观看。该节目是一档以加强政风行风建设、解决群众反映强烈的突出问题为主要内容的访谈节目，每期节目邀请3～4个单位作为约谈对象，现场回答群众密切关注的热点、难点问题。节目播出后，市委、市政府领导给予高度评价，同时也得到广大市民的一致好评。

2010—2011年，继续现场直播《政风行风热线》节目，现场解决一大批群众反映的热点、难点问题；统一印发《纠风工作联系卡》，公布各级政府纠风部门举报电话、电子邮箱和通信地址，向全市农户和社区居民发放，真正实现群众诉求“一卡通”。

2012年，市政府纠风办组织教育、工商、发改委等27个市直部门和单位“一把手”走进《政风行风热线》直播栏目，与广大听众在线交流，接受听众咨询和投诉。全年《政风行风热线》直播栏目实现单位“一把手”上线率100%，共受理咨询、投诉27件，办结率100%。同时，对《政风行风热线》上线单位进行测评，群众满意率100%，架起了政府与群众之间的连心桥。

第八节　政务环境评议

2000—2001年，市纪委监察局开展“百家企业测评执法、评议服务”活动，组织100个纳税企业大户、50个个体私营企业大户的厂长（经理）对政府有关部门进行形象测评，被评为前三名的单位受到市委、市政府表彰。两年中，全市共组织开展形象测评6次，参评的社会各界人士1800余人；并将测评结果在新闻媒体上公布，对测评倒数第一、二名的单位，除通报批评外，还实行黄牌警告，责令限期整改并向社会做出公开承诺。连续两年被评为倒数第一名的，单位一把手予以免职。这些硬措施的实施，有效地促进了干部作风的转变。

2002年10月15日，市投诉中心邀请企业家代表、个体工商户代表183人（实际到会172人），对市直17个服务单位的形象进行测评，测评内容有工作作风、服务态度、办事效率、承诺兑现、秉公执法、依法行政、勤政廉洁等6个方面。同时设立抚州市政府网站、市长热线电话和执法执收单位工作意见箱（举报箱）或举报热线电话。

2003年8月3日，市直单位政务环境评议评价工作会在市地税局召开。市委副书记、纪委书记罗建华主持会议，市委副书记、常务副市长谢亦森到会讲话。会议要求各部门要高度重视政务环境评议评价工作，为加快推进抚州“一招三化”进程和促进开放型经济发展奠定坚实基础。要突出重点，严格程序，把评议评价工作变成进一步提升政府服务水平和办事效率的过程。要着力解决群众最关心、企业最关注、基层反映最强烈的热点难点问题；要确保评议评价工作规范有序，结果客观公正；要加强整改，把整改贯穿于评议评价工作的全过程。12月21日，市经济发展环境服务单位形象测评大会召开。123名在抚投资企业代表及民营企业、个体工商户、在各县（区）投资的企业、市直跟踪服务单位代表，对22家市直经济发展环境服务单位进行形象测评。市国税局、工商局、招商引资中心、地税局、消防支队分别列前五名；市国土资源局、抚州供电总公司、市水利局分别列倒数第一、二、三名。是年，围绕《行政许可法》的贯彻执行，进一步完善形象测评综合评议评价活动，有效地解决政府部门及其工作人员工作效率低下、办事推诿、资源浪费等问题。

2004—2005年，抚州市与省政府政务环境评议评价工作相衔接，同步开展对市直单位政务环境与形象测评综合评议评价活动。

2006年1月19日，全市市直单位政务环境与形象测评总结大会在市委小礼堂召开，市委副书记、市长谢亦森讲话，市委副书记、纪委书记罗建华主持，副市长陈日武出席。会后，在认真总结2003—2005年政务环境和形象测评综合评议评价工作的基础上，参照其他设区市的做法，集思广益，对综合测评实施方案进行完善。健全政务环境综合测评制度，完善测评方法，将测评范围扩大到106个内设机构。同时，把办事公开纳入政风行风评议评价的范围，定期开展评议，并将评议结果向相关部门反馈。每年组织纳税企业大户、民营企业厂长（经理）以及社会各界人士公开评选最佳执法、经济服务单位和最差执法、经济服务单位，对先进单位在全市表彰，对倒数第一、二、三名责令整改，向社会公开承诺，并将测评结果在新闻媒体上公布，向社会公开。

2007年度政风行风建设、优化经济发展环境综合测评大会在市行政中心主会场召开。市委常委、常务副市长谢发明到会讲话，市委常委、纪委书记陈小平主持会议。此次综合测评活动的参评人员采取抽选的方式确定，参评人员包括省、市党代表，市人大代表、政协委员、市特邀监察员、劳模、居民、农民代表，依法经营和照章纳税及无违法违纪行为的外来投资者、民营企业家、个体工商户代表等共300余人，对全市41个市直单位和27个驻抚单位的政风行风情况进行现场评议。

2011年，开展“基层站所民主评议活动”，全市共评议基层站所1787个。2011年和2012年，连续两年召开全市内设机构测评工作会议，参评的代表现场填写测评表格。分别对全市52家市直单位的116个内设机构、47家市直单位的118个内设机构进行测评，测评排位后三名的单位主要领导在大会上分别进行检讨表态，会后由市纪委领导对他们进行诫勉谈话。

第七篇　创新实践

第一章　抚州廉文化

抚州素有文化之邦的美誉，文化积淀深厚。在弘扬传统文化的基础上，市纪委监察局高度重视廉文化建设，秉承“文化反腐，教育倡廉”的理念，按照“倡廉教育资源社会化、倡廉教育阵地社会化和廉文化创作社会化”的目标，成立全国第一家主题廉政党校——抚州市廉政党校、全国第一个以廉文化命名的社团组织——抚州市廉文化促进会以及抚州市廉文化研究院、抚州市倡廉教育馆。同时，依托廉文化促进会，以弘扬廉精神、传播廉文化为己任，连续举办三届廉文化节，开展一系列丰富多彩的廉文化活动，打造一批廉文化精品工程，营造风清气正的文化氛围，为建设清廉抚州提供坚强有力的廉文化支持。

第一节　队伍建设

2013 年 4 月 3 日，成立由市委书记龚建华，市委副书记、市长张和平任名誉会长，市委常委、市纪委书记吴伟柱任会长，市委常委、宣传部长袁川，市政府副市长刘菊娇、市检察院检察长何刚、市纪委副书记黄发高任副会长的全国首个以“廉文化”命名的社团组织——抚州市廉文化促进会，同时召开第一次会员大会。廉文化促进会以弘扬和发展廉文化为主题，以推进反腐倡廉建设为重点，致力于廉文化理论研究、教育传播和艺术创作。廉文化促进会由名誉会长、会长、副会长、秘书长、常务理事组成，下设理论研究、教育传播、艺术创作和基地建设四个中心，并分别由市社联主席罗崇辉、市文联主席甘少华、市文化新闻出版局局长黄有盛和市纪委常委、秘书长尧宇斌担任中心主任。2014 年 12 月，市廉文化促进会与清华大学廉政与治理研究中心合作，成立清华大学抚州市廉文化研究院，提升了抚州廉文化研究的层次和水平。

在市廉文化促进会的带动下，11 个县（区）纪检监察机关均按要求，深挖本地历史人物、农林特产、自然风光等方面蕴含的廉文化元素，开展特色廉文化创建活动，并先后成立 11 支具有本地特色的廉文化促进会分会。同时，积极发展促进会会员，不断壮大廉文化促进会队伍。至 2014 年，全市廉文化促进会会员已遍及各行各业，共计 630 余人。促进会的成立,既为传播“廉精神”,加强“廉文化”理论研究提供一个展示和交流平台,也进一步提高了抚州廉文化建设的品位。

第二节　阵地建设

抚州市纪委不断拓展廉文化阵地建设,使廉文化阵地在全市遍地开花。

一、抚州市廉政党校

2012 年 4 月 9 日,市委书记龚建华和市委常委、市纪委书记吴伟柱为该校举行揭牌仪式。5 月 2 日,抚州市委下发《中共抚州市委关于成立抚州市廉政党校的通知》,正式批准成立全国第一家主题廉政党校——抚州市廉政党校。廉政党校由吴伟柱任校长,分管宣教工作的市纪委副书记傅志雄任副校长,市纪委、监察局领导班子组成校务委员会。同时,聘请党建工作领导和有关学者、专家,以及市委党校、市廉政讲师团老师、离退休老干部等担任授课老师,以全市副县级以上党员领导干部、重点领域和关键岗位工作人员、党员干部等为教育对象,常年开设廉政教学班和专题研修班。其中,廉政教学班主要组织党员干部接受系列廉政教育,特别以警示教育为核心内容;每季度举办一次重点领域和关键岗位工作人员专题培训班,不定期举办党员干部廉政学习班,每年举办一次纪检监察干部职业道德培训班等。专题研修班每季围绕一个主题,有针对性地组织党员领导干部或关键岗位工作人员,开展专题培训和廉政教育。两种教育形式相辅相成,既让参加教育活动的党员干部感觉耳目一新,又使他们得到深刻的思想教育和启示。抚州市廉政党校成立后,推行“接受一次倡廉教育、观看一场廉政剧目、听取一堂廉政党课、开展一次廉政讨论、参加一次廉政考试、自选一条廉政格言、重温一次入党誓词、聆听一场传统报告、接受一次现身说法教育、撰写一篇廉政心得”等“十个一”廉政教学活动,使廉政教育逐步走向系统化、正规化。廉政党校成立之初,龚建华带领市委全体机关干部参加系列廉政教育活动,并围绕“醒悟、正直、尽责”三个关键词,率先主讲廉政党校的第一堂廉政党课。随后,市四套班子主要领导先后到市廉政党校,为领导干部上廉政党课,各县(区)委书记也先后到廉政党校,为各县(区)四套班子领导上廉政党课。廉政党校丰富的教学内容和教育形式让广大领导干部的灵魂得到洗礼、心灵受到冲击,达到了入耳、入脑、入心的实效。至 2015 年,全市有 1.7 万人次到市廉政党校接受廉政教育。市廉政党校先后举办 9 期专修班、150 余次廉政教育教学活动,举办廉政党课 137 次,市县主要领导讲授专题廉政党课 24 次。

二、抚州市倡廉教育馆

2012 年 4 月 9 日,市委书记龚建华和市委常委、市纪委书记吴伟柱为该馆举行揭牌仪式。该馆既融合抚州文化的精髓,又渗透现代化的设计理念,是一个独具特色的廉文化教育馆。整个展厅主要分为序厅、环幕投影、正面教育区、场景体验区、反面警示区五个部分。馆内采用声、光、电技术以及生动翔实的图片资料介绍新中国反腐历程,剖析具有鲜明特点的腐败案例,使党员干部身临其境般感受到如履薄冰、如临深渊的危险,让人心灵受到震撼,灵魂得到洗礼,从而做到以案明理、以案警心,引以为戒,筑牢拒腐防变的思想道德防线。

三、抚州市廉文化研究院和廉政书法创作中心

2014 年 11 月 13 日，抚州市廉文化促进会与清华大学廉政与治理研究中心合作共建的抚州市廉文化研究院在抚州市廉政党校正式揭牌。市委常委、市纪委书记、市廉文化促进会会长吴伟柱出席仪式并讲话。市政府副市长、市廉文化促进会副会长刘菊娇，市人民检察院党组书记、代检察长、市廉文化促进会副会长宋智勇等领导和清华大学廉政与治理研究中心主任程文浩出席揭牌仪式。市廉文化促进会理事、部分会员，市、县区纪检监察干部以及市直单位纪检监察干部共 190 人参加了揭牌仪式。抚州市廉文化研究院的成立，是中心与促进会的有力结合，为抚州市廉文化促进会的发展壮大，提供了国内一流合作伙伴，为抚州市廉文化的理论研究、教育传播，提供了更大更高的推广平台，为深入开展党风廉政建设战略性、前瞻性和系统性研究，破解影响和制约廉政建设的深层次、瓶颈性问题，形成理论研究的合力。揭牌仪式结束后双方签署了共建合作协议，就开展廉文化理论研究、建立廉文化建设信息库、组织专题讲座及学术报告会、培训廉文化促进会会员和纪检监察干部等工作建立长期友好合作。

同年 11 月，市廉文化促进会还依托廉政党校，与市书法家协会联姻，合作共建廉政书法创作中心，开辟抚州廉政教育新阵地。

四、省、市廉文化建设示范点

2011 年始，全市深入开展廉文化进机关、进校园、进家庭、进社区、进企业、进农村“六进”示范点创建活动，至 2015 年，全市共创建廉文化示范点 34 个。其中省级 12 个，市级 22 个。

省级廉文化建设示范点：抚州市廉政党校、抚州市气象局、抚州市实验学校、金溪县地方税务局、广昌县第一中学、南丰县供电公司、金溪县秀谷镇象山社区、宜黄县东陂镇江背村、黎川县冠建社区、临川区青云街办红石嘴社区、崇仁县六家桥乡杨世岭村、金溪县农村廉政党校。

市级廉文化建设示范点：抚州市广播电影电视局、抚州市气象局、抚州市工商局、临川一中、临川二中、抚州市实验学校、临川十中、临川一小、南城县盱江书院、南城县二中、黎川县行政服务中心、黎川县德胜镇新店村、南丰县戈廉石廉政文化教育体验中心、南丰县人民法院、崇仁县六家桥乡车上村、乐安县地方税务局、宜黄县供电公司、金溪县人民检察院、资溪县林业局、广昌县国土资源局、东乡县实验小学、金巢经济开发区国税局。

第三节　品牌建设

抚州市纪委监察局致力于特色廉文化品牌建设，并围绕特色廉文化品牌，开展一系列创建活动，从而使特色廉文化从机关走向社会、从党员干部走向普通群众，让无形的特色廉文化成为看得见、摸得着的实实在在的品牌，使越来越多的人从廉文化中汲取了健康养料。

一、抚州“清风苑”廉文化品牌

从 2012 年开始，抚州市纪委监察局全力打造“清风苑”廉文化，设计“清风苑”LOG 图，建设“清风苑”廉政教育中心，开通“清风苑”微博、微信，编印《清风苑》杂志，开展以

"清风苑"冠名的廉政演讲比赛、廉政作品创作比赛、廉政小品创作比赛、廉政摄影比赛、廉政微电影比赛等系列活动，使"清风苑"成为一个深入人心的廉文化品牌。

二、抚州廉洁修身教育文化品牌

为使广大青少年"廉洁教育"有一个良好的载体，抚州市纪委、市教育局从2010年开始专门组织力量编写《廉洁修身教育》系列教材，教材分小学、初中和高中三个分册，每年一次免费赠送给小学四年级、初中一年级、高中（含职高）一年级使用。此套教材的出版发行，填补了江西省中小学廉洁教育系列教材的空白。2014年9月17日，《廉洁修身教育》教材再版发行。此教材再版是在中国方正出版社指导下，以2011年发行的《廉洁修身教育》教材为基础修订完成的，再版教材向全市中小学校免费发放。全市各中小学校积极采取进计划、进教案、进课堂等"三进"模式，普遍运用《廉洁修身教育》教材开展系列读书用书活动，促进校风、教风、学风的"三转变"，从而很快将"廉政文化进校园、廉洁教育进课堂"活动推向新的高潮，被媒体称为"抚州市的廉洁教育成为江西省廉洁教育的最佳代表"。

三、各县（区）特色廉文化品牌

抚州市纪委按照"一县一特色，一县一品牌"的目标，要求各县（区）纪委深挖历史人物、自然物产和景区等特色中所蕴含的廉文化元素，开展亮点突出、特色鲜明的特色廉文化创建活动，大力实施廉文化"创新工程"和"精品工程"，全市努力打造了广昌"莲·廉"文化、黎川"瓷·廉"文化、南丰"桔·廉"文化、南城"理·廉"文化、宜黄"红·廉"文化、崇仁"礼·廉"文化、临川"孝·廉"文化、资溪"竹·廉"文化、东乡"书·廉"文化、乐安"守·廉"文化、金溪社区廉文化共11个特色廉文化品牌。

第四节　廉文化节

2013—2015年，抚州市纪委成功举办了三届抚州市廉文化节，逐步形成纪委主导、部门协作互动的"大宣教"格局。

一、第一届廉文化节

2013年5月至10月，市纪委监察局围绕"清风正气、幸福抚州"主题，坚持"文化反腐、教育倡廉"理念，组织开展赏廉政节目、赛廉政作品、学廉勤先进、发廉政倡议等丰富多彩、新颖别致的十项活动。即与市文化新闻出版局联合举办"才乡廉声"抚州市党纪教育廉政剧目演出晚会；与省摄影家协会联合举办抚州市首届"清风苑杯"全省廉文化建设摄影比赛；与市总工会联合举办抚州市"劳动美·廉洁行"电视演讲比赛；与市妇联联合开办一期"廉内助"专修班；与团市委联合举办全市首届"青春倡廉·建功抚州"原创歌曲大赛；与市作家协会联合开展全市廉政作品征文和"读书思廉"征文比赛；与市美协联合开展廉政公益广告征集评选活动；与市书协、市美协联合举办全市优秀廉政书画作品展；与市文联联合举办南城县纪检监察干部黄福田廉政书画展；开展全市廉政楹联征集评选活动，共征集廉政楹联140余件，评选出获奖作品32幅。是年10月25日，市纪委监察局在市文化广场举办抚州市首届廉文化节。市廉文化促进会会员、市直机关党员干部、市、县（区）两级纪检监察机关干部代表共1200余人参加。首届廉文化节集中总结2013年开展系列廉文化创作活动成果。

二、第二届廉文化节

2014年10月至11月，市纪委监察局举办抚州市第二届廉文化节。期间，共组织开展五项活动。一、召开全市党风党纪警示教育大会。省委常委、省委秘书长、市委书记龚建华，市委副书记、市长张和平，市委副书记魏建锋，市人大主任王晓媛，市政协主席谢发明等四套班子部分领导出席大会。市委各部门、市直各单位党政主要负责同志，县(区)纪委书记，市直副县级以上领导干部近千人参加大会。大会开展观看警示教育片、廉政微电影展播、重温入党誓词等系列活动，警示教育领导干部要严守党规党纪，筑牢拒腐防线，在全市领导干部中产生较大反响，受到各方好评。二、组织廉政建设与预防腐败专题报告会。邀请清华大学廉政与治理研究中心主任程文浩博士专程到抚州，为全市纪检监察干部和市廉文化促进会会员，作廉政建设与预防腐败专题报告。程博士关于腐败成本的分析和预防腐败的多项举措让大家深受启迪。三、召开“服务发展·倡导廉洁”恳谈会。邀请全市100家非公企业家与市直涉企部门领导座谈，进行服务发展、倡导廉洁的双向承诺，并举行企业家诚信倡廉承诺集体签名仪式。四、举办南城县纪检监察干部黄福田廉政书画作品展。在东乡县舒同博物馆连展3天，共展出以“廉文化”为主题的书法和绘画作品120幅，以书法、绘画等艺术形式，宣传党风廉政建设和反腐败斗争成效，使观展的党员干部和书画爱好者在品书鉴画的过程中收获廉洁的感悟。五、向全市副县以上领导干部、廉文化促进会会员赠送《清风苑——中国(抚州)首届“清风苑杯”廉政诗歌散文大奖赛征文获奖作品集》、《抚州廉文化》等抚州市廉文化书籍。

三、第三届廉文化节

2015年12月，市纪委监察局举办抚州市第三届廉文化节。其间，共组织开展四项活动。一、举行“把纪律挺在前面”书画作品展。12月17日，由抚州市廉文化促进会主办的全市第三届廉文化节“把纪律挺在前面”书画展在市博物馆正式开展。新修订的《中国共产党廉洁自律准则》、《江西省委关于加强作风建设营造良好从政环境的意见》、《抚州市党员干部行为规范(试行)》、党和国家领导人关于党风廉政建设的重要论述，都一一变为尺幅卷轴间的行草楷隶，让人耳目一新、记忆深刻。此次书画展融思想性、艺术性、观赏性于一体，突出“把纪律挺在前面”的思想主题。共征集书画作品100余件，其中，书法作品60余件，绘画作品40余件。展出作品大部分由市廉文化促进会会员创作，内容丰富，精彩纷呈，每件作品都饱含着作者对廉洁文化的深刻理解，也体现出市廉文化促进会“以激情创作品、以新风出精品、以廉洁树人品”的精神内涵。二、举行“清风苑杯”廉政诗歌散文电视朗诵大赛。三、召开临川文化廉洁思想研究交流会。四、进行抚州廉文化专题片展播。组织11个县(区)纪委结合本地特色廉文化以及本地传统家规家训，制作拍摄11部廉文化电视专题片，选取8部优秀的廉文化电视专题片进行集中展播，并邀请参加研讨的市廉文化促进会会员和部分市直纪检监察干部观看。

第五节　廉文化活动

一、“才乡廉声”抚州市党纪教育廉政剧目演出

2013年5月7日晚，市纪委与市文化新闻出版局联合举办“才乡廉声”抚州市党纪教育廉政剧目演出晚会。晚会通过群众喜闻乐见的小品艺术形式，使全体观众在观看节目的同时，潜移默化地接受党纪教育，取得较好的成效，受到大家的充分肯定和好评。

二、首届“清风苑杯”全省廉文化建设摄影比赛

2013年3月15日至8月10日，市纪委和江西省摄影家协会联合举办首届“清风苑杯”全省廉文化建设摄影比赛。纪实类作品以纪实的手法，真实地再现各地、各单位和各行各业深入开展党风廉政建设和反腐败工作取得的丰硕成果；通过大力宣传正面典型或深入剖析个案，为人们树立楷模或提供警醒。创意类作品充分发挥想象能力，运用丰富的艺术语言，调动一切艺术手段，以富有创意的形象，警示人们要守得住清贫、抵得住诱惑、经得起考验。最后从参赛作品中评出一等奖2幅；二等奖4幅；三等奖6幅；优秀奖20幅；入选作品100幅。

三、全市“劳动美·廉洁行”电视演讲比赛

2013年8月14日，由市纪委、市总工会、市廉文化促进会共同举办的全市“劳动美·廉洁行”电视演讲比赛决赛在市“清风苑”党风廉政教育中心举行。来自全市各条战线的11位选手参赛。比赛中，选手们紧紧围绕“劳动美·廉洁行”的主题，阐述劳动价值、劳动美德，弘扬廉洁品行、廉政文化，告诫人们要明德修身，清清白白做人，明明白白做官，要挡得住诱惑、守得住清廉，用诚实的劳动和敬业、奉献、正直之心换来美好的生活，托起幸福抚州之梦和中华民族伟大复兴的中国梦。经过激烈角逐，南城选手邹梦伊获一等奖，抚州供电公司选手苗静和广昌县选手毛燕琴获得二等奖，崇仁县选手江胜章、资溪县选手方元和市城管执法局选手孟晶分获三等奖，其余为优胜奖。市委常委、市纪委书记吴伟柱，市人大常委会副主任、总工会主席江玉兰出席演讲赛并为获奖者颁奖。

四、“青春倡廉·建功抚州”原创歌曲大赛

2013年9月13日，在汤显祖大剧院与团市委联合举办全市首届“青春倡廉·建功抚州”原创歌曲大赛。此次大赛共征集到原创歌曲54首，评选出获奖作品20首。市委常委、市纪委书记吴伟柱、副市长刘菊娇、市检察院检察长何刚到场观看比赛。

五、《清风苑》杂志廉文化创作笔会

2013年12月20日，市纪委召开《清风苑》杂志廉文化创作笔会。市委常委、市纪委书记吴伟柱出席会议并讲话。吴伟柱指出，各位廉文化创作者要担当起廉文化创作的责任，以“铁肩担道义，妙手著文章”的精神，承担社会成员应有的责任、抚州一员应负的责任和促进会员应尽的责任；要奉献廉文化创作的力量，向生活学习、拜群众为师，激扬文字，挥笔反腐，激浊扬清，维护正义，激励人心，歌唱清廉；要收获廉文化创作的快乐，坚持德艺双馨，不断净化自我，扩大《清风苑》杂志发行面、影响面、作者面，以优秀的廉文化作品感染大众、影响社会。

六、中国(抚州)“清风苑杯”全国廉政诗歌、散文征文大奖赛

2014 年 3 月,市纪委会同中央纪委中国方正出版社共同举办中国(抚州)“清风苑杯”全国廉政诗歌、散文征文大奖赛,在全国产生了较大影响,省内外许多知名作家参加了这次比赛活动,共收到全国各地廉政诗歌、散文 1200 余篇,评出获奖作品 59 篇。

七、首届“青春倡廉·清廉抚州”原创微电影大赛

2014 年 3 月,市纪委与团市委联合举办抚州市首届“青春倡廉·清廉抚州”原创微电影大赛,共征集到廉政微电影脚本 56 个,完成拍摄 28 部,并评出获奖作品 12 部。

八、“清风苑杯”廉政诗歌散文电视朗诵大赛决赛

2015 年 12 月 17 日,由市廉文化促进会主办的全市第三届廉文化节“清风苑杯”廉政诗歌散文电视朗诵大赛决赛在市廉政党校举行。来自全市各县(区)、市直单位的 12 名选手参加比赛。市委常委、市纪委书记吴伟柱、市纪委副书记赵荣贵和市廉文化促进会领导观摩比赛并为获奖选手颁奖。本次比赛内容丰富,主题鲜明,题材广泛,竞争激烈,既有配乐诗歌,又有情景散文;既有相得益彰的双人合诵,也有激情澎湃的个人表演。选手们慷慨激昂、声情并茂的表现赢得在场观众的阵阵掌声。经过激烈角逐,市教育局选手李晖以一篇催人泪下的《周总理的最后时光》获此次大赛一等奖;临川区纪委选手万春迎和广昌县纪委选送的母女组合毛燕琴、赖若涵获大赛二等奖;资溪县纪委、宜黄县纪委、崇仁县纪委的选手分获大赛三等奖。

九、临川文化廉洁思想研讨

临川文化是江西赣文化两大支柱之一,文化内涵丰富,外延广阔,蕴含着宝贵的廉文化精神财富,底蕴厚重,博大精深,蕴含着丰富的廉洁思想。开展临川文化廉洁思想研究,是从倡廉的角度传承宝贵文化遗产,用系统的方法挖掘地方廉洁元素,以兴廉的作品唱响才乡品牌,对于弘扬清风正气,教育激励干部,具有十分重要的意义。为此,市纪委、市廉文化促进会于 2013 年 8 月 30 日召开临川文化廉洁思想研究座谈会,来自抚州各界的领导干部、基层同志、专家学者和兴趣爱好者近百人参加会议,并就开展临川文化廉洁思想研究工作,进行热烈讨论,座谈会呈现出百花齐放、百家争鸣的景象。2015 年 12 月 18 日,市纪委又在市廉政党校召开临川文化廉洁思想研究交流会。来自浙江省遂昌县和抚州市近百名专家学者、廉文化促进会会员齐聚一堂,共同探讨临川文化的廉洁精神,交流廉洁思想的研究心得,展现临川文化的物质形态,突出地方特色,展示廉洁元素。

第六节　廉政书刊

一、《镜鉴》内部刊物

为加强领导干部廉政教育,从 2004 年开始,市纪委宣教室选取一个典型案例或一篇优秀廉政文章,以《廉文荐读》内部简报形式编辑印发,并免费赠送给全市副县级以上领导干部阅读。2009 年 2 月,根据抚州党风廉政建设和反腐败工作的实际需要,将市纪委内部简报《廉文荐读》改为内部刊物,取名《镜鉴》,旨在让广大领导干部能经常照照镜子、正正衣冠。《镜鉴》为双月刊,16 开,48 页,封面为铜版纸彩印,中间插彩页。

《镜鉴》坚持以中国特色社会主义理论体系为指导，深入贯彻落实科学发展观，坚持正确的舆论导向，积极宣传党的反腐倡廉方针政策，紧紧围绕抚州市反腐倡廉工作大局，宣传工作成绩，交流工作经验，沟通工作信息，引导社会舆论，弘扬廉政文化，立足抚州，为促进全市反腐倡廉工作深入开展营造浓厚氛围。《镜鉴》由市纪委、市监察局主办，宣教室承办。市纪委副书记赵钢任主编，编辑人员由宣教室干部及其他室有关干部组成。由宣教室负责采编工作（理论调研文章由调研室负责采编）。每期内容必须由宣教室把关审核，重要稿件须经市纪委主要领导或分管领导审核同意。刊号为省新闻出版局批准的内部刊号（赣内资字第 F007 号）。栏目设置按照"突出趣味性、可读性、警示性、教育性，彰显临川文化的深厚底蕴"的原则，设立卷首语、以人为鉴、望远镜、显微镜、文鉴、史鉴、哈哈镜、透视镜、聚焦镜、广角镜等栏目。发行范围为市四套班子领导、省纪委、全省各设区市和外省部分纪检监察机关，市委各部门、市直各单位、设纪检组（纪委）的企事业单位、大中专院校、各群众团体，各县（区）委、政府，县（区）纪委，各乡镇（场）等。全部免费赠送。每期印数 1000 册。

二、《清风苑》内部刊物

2011 年，为使《镜鉴》和"清风苑"教育品牌巧妙地融为一体，形成抚州独特的廉文化品牌，经市纪委研究决定将内部刊物《镜鉴》更名为《清风苑》。更名后的《清风苑》的领导体制、采编、刊号、发行范围不变，仍为双月刊，每期印数为 3000 册，全部免费寄送给全市广大党员干部阅读。《清风苑》刊物新设要文、理论研究、以案为鉴、以人为鉴、以案说纪、他山之石、抚州名人园、抚州廉文化研究、清风时评、清风文苑、清风艺苑等特色鲜明的栏目，不仅避免刊名和国内其它杂志重名的现象，而且也使杂志如一缕清风飘拂，读之有一股"廉勤扬正气，清风扑面来"的感觉。杂志作为一本严肃的警示教育刊物，具有"警示性、艺术性、地域性和可读性"四个明显的特点。

2011 年 8 月，《清风苑》刊物被省新闻出版局评为全省优秀连续性内部刊物，是全市、也是全省纪检监察系统唯一获此殊荣的刊物。《清风苑》主编、宣教室主任汪月清被省新闻出版局评为优秀编辑工作者。至 2015 年底，《清风苑》共编印 43 期。

各县（区）也创办了一批廉政刊物。临川区有《临川古今孝廉故事》，崇仁县有《清风简讯》，南城县有《清风文苑》，乐安县有《千古风》，金溪县有《金溪廉政》。

三、《抚州市廉政党校教材——廉政党课》

2013 年 2 月，市廉政党校将市四套班子 10 位领导及市检察院检察长何刚和 11 位县（区）委书记在廉政党校讲授的廉政党课稿汇编成《抚州市廉政党校教材——廉政党课》，内部出版，供听取廉政党课的领导干部学习交流。

四、《清风苑——中国（抚州）"清风苑杯"廉政诗歌散文获奖作品集》

2014 年 3 月，抚州市纪委和中央纪委方正出版社联合举办中国（抚州）首届中国（抚州）"清风苑杯"廉政诗歌、廉政散文征文大赛，面向全国开展廉政诗歌、廉政散文征文活动，大赛共收到来自全国各地乃至旅美作家的征文稿件近 1200 篇，最后评出入围作品 113 篇。其中，一等奖 4 篇，二等奖 8 篇，三等奖 16 篇，优胜奖 30 篇。抚州市廉文化促进会将所有获奖作品和入围作品汇编成册，全书 27 万字，通过中国方正出版社于 2015 年 1 月集结出版，全国发行。

五、《大力推进清廉抚州建设》

2014年5月，市纪委监察局将召开的抚州市党风廉政建设和反腐败工作情况通报会和全市纪检监察机关部署开展“六大清廉行动”、突出查办案件主业、落实“八项规定”、切实维护民生利益、开展“四访送清风”活动、加快推进“三转”步伐等主要工作汇编成《大力推进清廉抚州建设》画册，内部出版，免费发放给全市副县级以上领导干部，市人大代表、党代表、政协委员，全市乡镇党政主要领导和市廉文化促进会会员。

六、《抚州市首届“清风苑杯”全省廉文化建设摄影大赛获奖作品》

2014年5月，由抚州市纪委、江西省摄影家协会、抚州市廉文化促进会三家联合，内部出版《抚州市首届“清风苑杯”全省廉文化建设摄影大赛获奖作品》，免费发放给全市副县级以上领导干部，市人大代表、党代表、政协委员以及全市乡镇党政主要领导和市廉文化促进会会员。该书刊发了全省首届抚州市“清风苑杯”廉政摄影获奖作品89幅。

七、《每月一课——廉政微电影（第一集）》

2014年8月，中国方正出版社影视部《每月一课》编辑部，特精选由抚州市纪委组织拍摄的5部微电影，作为“廉政微电影第一集”集结出版，全国发行。5部微电影分别是：市建设局选送的《本色》，临川一中选送的《师父》，资溪县纪委选送的《微信疑云》，崇仁县纪委选送的《父亲的“圣旨”》，黎川县纪委选送的《木所长》。

八、《抚州市廉文化》

2014年11月，抚州市廉文化促进会将抚州市廉政党校廉文化、抚州市学校廉文化、临川区“孝·廉”文化、广昌县“莲·廉”文化、南丰县“桔·廉”文化、南城县“礼·廉”文化、黎川县“瓷·廉”文化、崇仁县“理·廉”文化、宜黄县“红·廉”文化、资溪县“竹·廉”文化、金溪县社区廉文化、东乡县“书·廉”文化、乐安县“守·廉”文化汇编成册，称《抚州市廉文化》，内部出版，免费发放给全市副县级以上领导干部，市人大代表、党代表、政协委员，全市乡镇党政主要领导和市廉文化促进会会员。

九、《“学思践悟”读书征文获奖作品集》

2015年3月至6月，市纪委联合团市委在全市青年干部中开展以“读好一本廉政书、撰写一篇廉政感悟、举办一场廉政讲座、组织一次倡廉实践教育活动”为主要内容的“青春倡廉·清廉抚州”学思践悟系列活动。共收到1970年5月后出生的县级和1980年5月后出生的科级干部撰写的文章184篇，评出一等奖3篇、二等奖6篇、三等奖12篇。市纪委将以上获奖作品汇编成册，以《清风苑》增刊免费发放给全市副县级以上领导干部，市人大代表、党代表、政协委员，全市乡镇党政主要领导和市廉文化促进会会员。

十、《古代廉政对联选注》

曾任抚州市人大常委会副巡视员张山东编著的《古代廉政对联选注》，全书25.6万字，由中国楹联学会会长蒋有泉作序，中国方正出版社2015年6月出版，全国发行。该书从古代衙署联、纪念先贤祠庙联、思想政治家名言和贤吏诗文名句中选取232副加以注释（含释义、词语、作者简介），加上相关内容联共426副，有关诗句46首。内容分为勤政、守廉、奉公、爱民、读书五个方面。

十一、《省委作风建设二十条学习资料》

2015 年 7 月，为帮助广大党员干部更好地领会省委《关于加强作风建设营造良好从政环境的意见》精神，进一步增强纪律和规矩意识。同时，充分发挥典型案例“活”教材的警示教育作用，以案为鉴，让党员干部自觉地用党纪约束和规范从政行为，为营造抚州风清气正的政治生态增添正能量。市纪委编印出《省委作风建设二十条学习资料》，书中以图文形式对《意见》5 个方面 20 条 45 个“不得”进行逐条解读。并收集 2011 年换届以来中央、省、市纪委查处的党员领导干部腐败典型案例进行深入剖析。书中还对照《意见》5 个方面的要求，收录了省内外关于违规收受“红包”、落实“两个责任”不力、侵害群众利益、违反“八项规定”、“为官不为”、工作失职等方面的典型案例通报，以此教育警示广大党员干部明确纪律底线，自觉做到守纪律、讲规矩、不踩红线、不入禁区。

十二、《“学思践悟”专题系列（一）文章汇编》

2015 年 8 月，抚州市纪委监察局将中央纪委监察部网站“学思践悟”专栏刊发的 10 个专题 45 篇系列述评文章编印成《“学思践悟”专题系列文章汇编》一书，并免费发放给全市领导干部。

十三、《清风苑——一个纪委书记的工作扎记》

该书为市纪委书记吴伟柱专著，由中国方正出版社 2015 年 12 月出版，全国发行。作者将 2011—2014 年在纪检监察工作中的所思、所为，记录整理成“一二三四向前进”、“坚定担当反腐倡廉重任”、“探索具有抚州特色反腐倡廉新路”、“文化反腐，教育倡廉”、“把忠诚写在人生信念的旗帜上”5 个部分，共 127 篇文章 29. 3 万字。

第二章　廉洁修身教育

2011 年，为进一步贯彻中共中央《关于建立健全教育、制度、监督并重的惩治和预防腐败体系实施纲要》和教育部《关于在大中小学生中全面开展廉洁教育的意见》精神，推进学校廉洁文化建设，市纪委、市委宣传部、市教育局等部门联合成立廉洁修身教育组委会，举办廉洁修身教育启动仪式，下发《关于在全市青少年学生中开展“廉洁教育”读书活动的通知》，对全市廉洁修身教育作出全面细致的部署，组织力量编写《廉洁修身教育》系列教材并于 2011 年正式出版，在全市青少年学生中广泛开展廉洁修身教育活动，营造全市青少年廉洁修身教育的浓厚氛围。

第一节　教材编印

为使广大青少年“廉洁教育”有一个良好的载体，抚州市纪委、市教育局根据学生的阅读水平和认知能力，从 2010 年开始专门组织力量编写《廉洁修身教育》系列教材。经过 5 轮修改，历时 10 个月，于 2011 年正式出版。江西省委常委、省纪委书记尚勇专门为这套教材作序，对抚州市开展青少年廉洁修身教育表示充分肯定并寄予殷切期盼。

《廉洁修身教育》系列教材分小学版、初中版和高中版 3 个分册，对廉洁修身教育实施三个层次的教育。在小学教育阶段，以纪律要求、文明行为习惯为主线，引领学生认识廉洁内涵，初步形成廉洁意识。在初中教育阶段，以中华民族廉洁传统和中国革命优良传统内容为主线，培养学生高尚的道德情操和良好的思想道德素质。在高中教育阶段，以理性思考和辨析为主线，培养学生抵制腐败的良好品格。《廉洁修身教育》内容包括诚实守信、仁爱孝顺、公道正直、廉洁自律、勤劳节俭、好学上进、爱岗敬业、自尊自爱、宽容大度、文明礼貌、谦虚谨慎、知错必改 12 个方面，旨在引导青少年强化廉洁意识，树立正确的价值观念，涵养高尚的道德情操，帮助学生提升认知腐败的分辨力和抵抗腐败的免疫力。《廉洁修身教育》系列教材图文并茂、易读易懂，以大量的廉洁故事和名言警句引导提醒青少年，还通过抚州籍历史名人王安石、汤显祖等人的廉洁故事，以及"警察妈妈"为汶川灾区孤儿喂奶、唐山 13 名农民举债赴汶川灾区救援等感人事迹，让学生爱读也愿读，将廉洁的种子播撒在学生心田。

系列教材出版后至 2015 年，市纪委每年将教材免费印发赠送给全市小学四年级、初中一年级、高中(含职高)一年级学生。教材内容丰富，不仅将中小学生的理想信念教育、思想理论教育、时事政治教育、道德品质教育、情感态度教育、行为习惯教育、劳动实践教育和心理素质教育等内容融为一体，而且还按照知、情、意、行相互融合、前后一致和循序渐进的原则编写而成，较好地把廉洁和修身有机结合起来，突出反映了责任、公正、民主、正直、节俭、清廉、守法等廉洁教育的核心内容，具有较强的教育性、针对性和可读性，既对青少年学生将来做人、处世、做事有很好的启发和帮助，也对广大干部群众、教育工作者和学生家长具有良好的教育意义。此套教材的出版，同时填补了江西省中小学廉洁教育系列教材的空白。

2011 年 5 月，由市政府出资 50 万元，争取社会捐资 109 万元，首批总值 200 多万元共计 14 万册的《廉洁修身教育》系列教材顺利向全市中小学生免费发放。同年 11 月 23 日，又免费发送第二批《廉洁修身教育》系列教材。抚州市先后两次将 30 余万册教材免费发放到全市 1700 多所中小学校，并由学校统一管理，循环使用，实现免费发行这套教材的原定计划。是年，省教育厅下发《关于使用〈廉洁教育读本〉和〈廉洁修身教育〉的通知》，将《廉洁修身教育》系列教材作为中小学廉洁教育读本向全省推荐使用，并要求全省各中小学校用公用经费的 10% 为学生配发教材。

中央纪委向中共十八大所作工作报告中强调："把廉政文化建设纳入社会主义文化建设总体布局，广泛深入开展廉政文化创建活动。将廉洁教育纳入国民教育体系，使廉洁价值理念深入人心。"在 2012 年 12 月 20 日召开的全省学习贯彻党的十八大精神推进反腐倡廉新闻宣传工作座谈会上，省委常委、省纪委书记周泽民也提出明确要求："认真总结推广一些地方的好做法，加快推进廉洁教育纳入国民教育体系工作，在大、中、小学设立相关课程，并使其融入社会主义精神文明建设全过程，体现于市民公约、乡规民约和行业规范之中，让廉洁价值理念深入人心。"为认真贯彻中央纪委、省纪委精神，切实加快推进廉洁教育纳入国民教育体系工作，2013 年底，抚州市纪委、市教育局按照中国方正出版社对《廉洁修身教育》系列教材提出的修改意见和建议，积极主动和省教育厅进行沟通，并成立以市委常委、市纪委书记吴伟柱为主任的《廉洁修身教育》再版编审委员会，抽调精干力量对《廉洁修身教育》系列教材进一步修改完善，对再版发行工作进行全面部署。2014 年 9 月 17 日，《廉洁修身教育》教材再版发行。此教材再版是在中国方正出版社指导下，以 2011 年发行的《廉洁修身教育》教材为基础修订完成的，全书修订 20 余处，更换文章 50 多篇。为确保再版发行工作顺利完成，市、县（区）两级财政再次出资 200 余万元，将再版发行的教材向全市中小学校免费发放。

《廉洁修身教育》注重科学性、教育性、针对性、故事性和可读性，以一种更加贴近实际、贴近生活、贴近学生的方式，加强青少年廉洁教育，强化青少年的廉洁意识，培养青少年学生正确的价值观念和高尚的道德情操，帮助学生将来"做人"、"处世"、"做事"，做好思想道德方面的准备，对在全社会形成以廉为荣、以贪为耻的良好氛围，起到了重要的促进作用。

第二节　活　动

一、"廉洁修身教育"读书活动

2011 年 4 月至 12 月，全市在青少年学生中开展"廉洁修身教育"读书活动。活动以邓小平理论和"三个代表"重要思想为指导，深入贯彻落实科学发展观，用古今中外廉洁修身生动事例，帮助广大青少年学生明辨是非、激浊扬清、反贪倡廉，追求真善美、抵制假恶丑，努力成为新一代社会主义事业的建设者和接班人。

市、县（区）均成立青少年学生"廉洁教育"读书活动组委会，全市各级各类学校，在市组委会的具体指导下，负责本地、本单位读书活动的领导、组织和实施。活动参加对象为全市小学生（4～6 年级）、初中生、高中生、中等职业学校（含中专、中师、职高、技校）学生。活动推荐读本：小学生为《廉洁修身教育》（小学版，由二十一世纪出版社出版），初中生为《廉洁修身教育》（初中版，由二十一世纪出版社出版），高中生、中等职业学校（含中专、中师、职高、技校）学生为《廉洁修身教育》（高中版，由二十一世纪出版社出版）。

二、《廉洁修身教育》演讲暨读书征文比赛

2011 年 12 月 22 日，由抚州市纪委和抚州市教育局联合举办的《廉洁修身教育》演讲比赛暨读书征文比赛颁奖仪式在市实验学校举行。全市 11 个县（区）以及金巢经济开发区选送的 65 名演讲比赛选手围绕《廉洁修身教育》系列读本这一主题进行精彩激烈的角逐，80 名读书征文比赛获奖选手和各县（区）纪委及教育部门的有关人员参加仪式。市委常委、市纪委书记吴伟柱在仪式上讲话，并为获奖选手颁奖。

三、"廉洁文化进校园"文艺演出

2012 年 1 月 8 日，抚州市以《廉洁修身教育》为主题，举办"廉洁文化进校园"文艺演出。配乐诗朗诵《廉洁修身颂》，舞蹈《播种希望》、《我的偶像》，廉歌大联唱《老百姓爱那清廉官》，音乐情景剧《长大后我就成了你》，每一个节目都经过精心编排，充分展示出全市中小学师生在开展"廉洁教育"活动中的新面貌。为扩大"廉洁教育"声势，抚州市对《廉洁修身教育》系列教材的使用作出具体安排并明确三项规定：即把《廉洁修身教育》纳入中

小学政治思想道德教育的总体安排;丰富载体在中小学校全面开展“廉洁教育”;在中小学校深入持久地开展崇廉尚洁实践评选活动。

四、“开学第一课”主题廉洁修身教育

为深入推进廉洁文化进校园,全面落实面向全党全社会开展反腐倡廉教育的要求,进一步加大全市青少年廉洁修身教育的广度和深度,市纪委、市教育局将2012年春季中小学“开学第一课”的主题定为廉洁修身教育,并专门录制专题电视节目。2月7日是抚州市中小学校春季开学第一天,市纪委、市教育局运用电视和网络载体,播出“廉洁文化进校园”专题节目,在全市中小学校广泛组织开展以廉洁修身教育为内容的“开学第一课”主题教育活动。全市1700多所中小学校、60余万名师生在教室或网络教室里观看学习。市委常委、市纪委书记吴伟柱参加并指导节目现场录制工作,使廉政文化进校园、廉洁教育进课堂落到实处,收到良好效果。

五、系列“廉洁教育”活动

2012年,全市以校为单位、以老师为主体,开展“廉洁从教”征文、“廉洁从教、为人师表”公开承诺、校党政班子成员为教师讲廉政党课、“教师评校长、家长评教师”等系列廉洁从教活动。各中小学校也以学生为主体,开展廉洁教育主题班会、廉洁故事讲演比赛、学生向家长写一封廉洁家书等系列“廉洁教育”活动。与此同时,全市还把“廉洁教育”作为德育工作的重要内容,列入思想品德和政治课教学,要求中小学校每学期至少要安排8节课时集中开展“廉洁教育”,全市各中小学校积极采取进计划、进教案、进课堂等“三进”模式,普遍运用系列教材开展系列读书用书活动,促进校风、教风、学风的“三转变”,从而很快将“廉政文化进校园、廉洁教育进课堂”活动推向新的高潮。

各学校充分发挥校园文化的灵活性特点,利用趣味化的校园宣传橱窗、黑板报、手抄报、校园景观等载体,大力宣传弘扬廉洁文化,形成市实验学校廉洁教育馆和相关景点。县(区)的各类学校通过举办征文、演讲、辩论、班会、书画、知识竞赛等活动,吸引学生主动参与、亲身体验廉洁文化的熏陶。崇仁县的“四上一进”活动、广昌县的“红色之旅”活动、临川二中的“校家互动”活动、临川区的“廉洁书屋”、资溪一中的“小手拉大手”等活动都颇具特色。全市广泛举办“廉洁修身教育”课本剧比赛活动,让学生通过编写、表演和观看课本剧,寓“体验教育”于生动活泼的艺术形式之中,增强廉洁修身教育的效果。不少学校还举行学生尚廉故事讲演,让学生讲述自己尚廉的亲身经历,一些学生劝阻家长拒收礼物的故事一时传为佳话。各地还组织学生开展社会调查,收集整理廉洁故事,用古今中外廉洁修身生动事例感化学生心灵。

六、“师德师风标兵”评选

2014年,为大力弘扬社会主义核心价值观,引导广大中小学教师以先进模范人物为榜样,进一步加强和改进中小学师德师风建设,提升抚州中小学教师队伍整体素质,市教育局开展全市中小学(含幼儿园,下同)“师德标兵”、“师德先进个人”评选活动。“师德先进个人”评选名额130名,并从中评选20名市级“师德标兵”、11名省级“师德标兵”候选人。与此同时,市、县(区)先后多次举行师德先进个人事迹巡回报告会,扎根山区任教40年的上海知青王荣华、无私奉献的留守儿童妈妈江耕华教师的崇廉尚洁事迹既感动教师,也感动学生。

七、廉洁修身教育进课堂

2014 年,为进一步推进“廉洁修身教育进课堂”工作,市纪委与市教育局联合制定《廉洁修身教育进课堂工作实施方案》,把廉洁文化融入校园文化建设中,进一步加强青少年学生礼廉教育,强化青少年学生礼廉意识,培养青少年学生正确的人生观、世界观、价值观和高尚的道德情操。使“廉洁修身教育进课堂”在全市实现全覆盖。按照一节廉洁修身展示课、一个《廉洁修身教育》教案集、一个礼廉主题教育网、一个礼廉校园文化专题片、一个廉文化长廊、一节礼廉教育主题班会、一次《廉洁修身教育》优质课比赛、一本师生礼廉主题书法作品集、一个廉文化书柜、一场礼廉小剧演出“十个一”的要求,认真实施廉洁修身教育教学。以社会主义核心价值观为主要内容,以《廉洁修身教育》系列读本为主要教材,以主题教育活动为抓手拓展廉洁修身教育途径,切实加强廉洁修身教育的教学研究和管理,打造一支师德师风过硬的廉洁修身教育教师队伍。真正使廉洁修身和社会主义核心价值观教育“入耳、入脑、入心”。同时,推进廉文化教育向社会延伸,开展“家校同创”,实行“小手牵大手,子女带家长”,通过学生把廉文化带回家,使廉文化在家长与学生之间相互促进,达到“1 + N”的效果。

八、廉洁修身教育成果展

2014 年 9 月 17 日,市纪委、市教育局联合在市实验学校举办“廉洁修身教育成果展”。省纪委宣传部部长施新华、市纪委书记吴伟柱、副市长刘菊娇、市纪委副书记赵荣贵、市纪委宣传部全体人员、各县(区)纪委分管党风廉政宣传教育的副书记、负责党风廉政宣传教育的干部,全市青少年学生“廉洁修身教育”读书活动组委会成员,各县(区)教育局局长、教育股股长,市直学校校长、纪委书记(纪检委员)共 340 余人参观市实验学校礼廉馆、廉文化廊、清风园、植物园廉政楹联、各县(区)和市直学校廉洁修身教育成果展板,观看“廉洁修身教育”课堂教学。市实验学校礼廉文化建设形式不一,但效果很好;内容很多,但主题鲜明;载体不同,但耳目一新。有些教案,是老师们一日一夜的辛劳心血;有些字画,是孩子们一笔一划的童真童趣;有些比赛,是组织者一次一次的无私奉献;有些事迹,是全市教师一言一行的真实反映。成果展颇受每个参观者欢迎。

第三节　成　效

全市各中小学校以校园和课堂为平台,以活动为载体,灵活运用教材读本,提升《廉洁修身教育》教材进校园、进课堂活动的效果,促进校风、教风、学风的“三转变”,使廉洁文化达到入耳、入脑、入心的明显成效。

省委常委、省纪委书记尚勇专门作出批示:“抚州市纪委组织编写的廉洁修身教育系列教材生动直观,图文并茂,具有很强的可读性、启发性、引导性。它的出版,是我省廉政文化建设的一件大事,是廉政建设的又一丰硕成果。望抚州市纪委继续坚持廉洁教育从娃娃抓起,切实做好廉洁文化进校园工作,努力使广大中小学生在成人之前,在步入社会之前,在掌握公共权力之前,就牢固树立廉洁的理念,并逐步成为国家和民族的栋梁之材。”全市历经5年的廉洁修身教育结出丰硕成果，引起社会各界好评和众多媒体关注。

一、办学行为得到有效规范

自廉洁修身教育开展以来，学校违规收费、有偿家教等行为迅速下降。2012年与2011年相比，市民向教育部门反映的举报件下降54.17%，2013年全市教育信访总量下降48.36%，2014年和2015年又呈下降趋势，办学行为得到有效规范。

二、纳入德育工作大系统

市纪委、市教育局注重廉洁修身教育系统化，把“廉洁修身教育”作为德育工作的重要内容，将廉洁修身教育纳入中小学德育工作大系统。在制定德育目标时，把廉洁修身教育目标作为青少年学生德育工作的重要目标之一。在安排德育内容时，将廉洁修身教育内容与其他德育内容融为一体。在开展德育活动时，充分发挥各项德育活动的廉洁修身教育功能。为把廉洁修身教育落到实处，全市各学校每学期安排不少于8个课时，系统开展“廉洁修身教育”课堂教学。

三、开展对廉洁修身教育研究

市纪委、市教育局为使青少年学生廉洁修身教育能科学实施，从教育学科、思政学科、心理学科等不同的角度，开展对廉洁修身教育相关问题的研究。全市撰写研究文章300余篇，其中49篇载入由二十一世纪出版社出版发行的《让廉洁之花在校园绽放》一书。

四、受到众多媒体关注

市纪委、市教育局对青少年的廉洁修身教育从娃娃抓起，精心组织，实现中小学廉洁修身教育全覆盖，从而受到众多媒体关注。

《中国纪检监察报》和《中国教育报》相继在重要版面对抚州市编撰普及廉洁修身教育系列教材、组织开展青少年学生廉洁修身教育取得的明显成效进行了详细报道。2012年5月27日，《中国纪检监察报》头版头条刊发《抚州廉洁文化扎根中小学校》的新闻，描述近期发生在抚州市临川区大岗中学和南丰县紫霄中心学校关于教师廉洁从教和学生廉洁修身的两个真实事例，重点报道廉洁修身教育系列教材的编撰、推广工作和相关读书用书活动，并原文刊发江西省委副书记、省纪委书记尚勇专门为该套教材作出的批示。同年6月5日，《中国教育报》在二版头条以“在幼小心田播撒廉洁种子——江西省抚州市中小学开展廉洁修身教育纪实”为题，从“廉洁修身”成开学第一课、“廉洁修身教育”纳入课程计划、廉洁文化升华为校园文化三个角度，对抚州市扎实开展廉洁文化进校园工作进行全方位扫描和深层次报道，称“抚州市的廉洁教育成为江西省廉洁教育的最佳代表”。抚州的廉洁修身教育还得到中央教育电视台、人民网、新华网、《江西日报》、江西教育网等众多媒体的关注和报道。中国方正出版社对抚州的《廉洁修身教育》教材给予高度评价：《廉洁修身教育》系列读本，紧紧围绕青少年学生和廉洁教育工作，从理想信念教育、思想理论教育、时事政治教育、道德品质教育等多方面，选取古今中外哲理性故事进行深入剖析、解读，引领中小学生崇尚廉洁、践行廉洁，是一套融思想性、引导性、可读性为一体的廉洁文化教育读本，内容比较成熟、文稿质量较高，值得在全省、甚至是全国范围内进行推广。

第三章　农村集体“三资”监管

全市农村集体“三资”(资金、资产、资源)监管工作按照“2010年试点示范、2011年全面推广、2012年完善提高”的总体部署,在市纪委监察局的强力推动和农业、财政等部门的积极配合下,按照“制度+科技”工作要求,积极探索建立覆盖市、县、乡的农村集体“三资”监管网络平台,抚州农村集体“三资监管”工作取得显著成效,并得到中央纪委、省纪委的充分肯定。2015年,省委书记强卫、省长鹿心社分别到抚州调研农村集体“三资”监管工作,对该项工作给予了充分肯定,并要求在全省推广。

第一节　试点推广

一、试点示范

2010年2月,市纪委二届七次全会将农村集体“三资”监管作为反腐倡廉建设的重点工作和创新工作,列入市纪委的重要议事日程;作出“2010年试点示范、2011年全面推广、2012年完善提高”的总体部署,要求稳步推进;市、县、乡三级均成立农村集体“三资”监管工作领导小组及办公室,负责农村集体“三资”监管工作的组织协调和具体实施;村级由村“两委”、村民主理财小组以及村民大会、村民代表大会,对农村集体“三资”管理的事项进行管理和监督。确定南丰县及南丰县市山镇为农村集体“三资”监管试点单位,集中力量开展示范点建设。在此基础上,出台《关于加强农村集体资金、资产、资源监督管理的意见》,提出“一清三建”(清产核资,建立监管组织、监管平台、监管制度)的工作思路,明确“四明五化”(“三资”状况明晰、监管主体明晰、监管权责明晰、监管流程明晰,资金使用公开化、资产管理规范化、资源配置市场化、监督手段多元化、运行机制阳光化)的工作目标。编印《“三资”清查登记表》、《“三资”监管流程图》、《经济合同范本》等指导性文本,使农村集体“三资”监管工作有章可循、有据可依。2010年8月,召开全市纪委书记座谈会,将农村集体“三资”监管作为“农廉建设攻坚战”的主要内容,选择临川区腾桥镇等30多个基层单位,全面部署农村集体“三资”监管示范点创建活动。

二、全面推广

2010年11月,在南丰县召开全市农村集体“三资”监管工作现场会,总结推广试点经验,全面部署推进。2011年1月,市纪委二届七次全会将农村集体“三资”监管作为农村“三网”保廉的重要内容,做到不漏一乡、不漏一村。同年6月,在临川区召开全市农村集体“三资”监管工作调研会,共同探讨和解决工作中存在的问题和困难。为推动工作落实,市农村集体“三资”监管工作领导小组从市、县两级纪检监察机关和农业、财政、审计等部门抽调人员,组织12个检查小组,就全市所有乡镇、村的资金、资产、资源安全情况和“三资”监管工作推进情况,开展了4次大规模的交叉检查、明查暗访和专项督查,及时发现问题,及时督促整改。同年11月10日,在抚州召开全市农村集体“三资”监管工作推进会,总结交流经验、做法，研究部署下一阶段工作，加大全市农村集体“三资”监管工作力度，进一步提升工作水平。各县(区)充分发挥典型示范作用，纷纷召开工作现场会、推进会，组织人员赴示范点实地参观考察，形成“比、学、赶、超”的工作格局，推动了全市农村集体“三资”监管工作的顺利开展。2013 年 1 月，全市 1794 个行政村全部实现资金入笼、资产入账、决策上会、交易进站，农村集体“三资”监管工作步入“阳光地带”，维护了农民群众的切身利益，保护了基层干部健康成长，促进了农村社会和谐稳定，推动了基层党风廉政建设。

三、完善提高

2012 年 2 月，市委、市政府先后下发《关于开展“六大专项行动”转变干部作风创优发展环境的意见》和《关于印发“效能作风整治”等六大专项行动工作方案的通知》，将农村集体“三资”监管作为“六大专项行动”的重要内容，并在全市党风廉政建设大会暨市纪委三届二次全会上全面部署，高位推进。3 月 19 日，为加强对全市农村集体“三资”监管工作的组织领导，成立市农村集体“三资”监管工作领导小组，并下设办公室，办公室设在市纪委党风廉政室。同年 3 月，下发《关于进一步推进农村集体“三资”监管工作的通知》，在金巢经济开发区召开工作座谈会，总结进展情况、通报存在问题，研究分析工作中的困难和问题，全面提升农村集体“三资”监管水平。同时，编印 3500 册《抚州市农村集体“三资”监管工作读本》，免费下发到所有县(区)、乡镇和村；举办“村官论廉”活动，进一步增强基层干部的履职意识。同年 11 月，召开全市农村集体“三资”监管工作总结表彰会，总结经验，表彰先进，授予临川区等 5 个县(区)和金巢开发区崇岗镇等 17 个乡镇示范点先进单位称号。将日常监管工作移交给农业部门，进一步理顺了领导体制和工作机制。为认真履行工作职责，农业部门建立健全工作制度，充实工作队伍，以农村集体“三资”监管网络平台为依托，确定专人负责，实时监控，重点监管农村集体“三资”监管网络平台的运行情况，农村集体“三资”相关资料、台账和数据录入网络平台情况，加强对电脑记账、大额资金流向的监管，实现对农村集体“三资”的实时查询、实时分析和实时监管。2014 年，运用项目化管理方法，按照不同责任主体划分“个性项目”，将属于有关职能部门业务范围内的公共资源交易监管、行政审批监管、农村集体“三资”监管、农村基层“三务公开”、便民服务中心建设、公务消费一体化监督、政府绩效管理、电子监察平台建设和管理等 10 项工作，全部以“项目包”的形式移交给职能部门，并列入党风廉政建设责任制考评重要内容，实现监督的再监督，增强监督实效。2015 年 5 月 26 日，召开全市农村集体“三资”监管工作会议，会议提出农村集体“三资”监管工作要做到监管内容、监管平台、监管措施升级，努力打造“三资”监管的升级版。在抓好常态化监管的同时，将“三资”监管工作向村小组延伸，探索实行“三审核一备查”工作法(“三审核”是指针对交易立项的民主决策程序、交易过程的公平合理性、支出票据的真实性规范性，进行“审决议”、“审合同”、“审票据”；“一备查”是指交易资料及合同票据等报乡镇“一站两中心”备查)。6 月 3 日和 7 月 14 日，省委书记强卫、省长鹿心社分别到抚州调研农村集体“三资”监管工作，对该项工作给予了充分肯定，并要求在全省推广。

第二节　“一清三建”

一、“一清”

“一清”，即清产核资。按照清查、评估、整改、公示、登记“五步法”，全面开展村级清查核资工作，摸清家底，建立台账。在清查阶段，做到不漏一村、不漏一项，先清账内、后清账外，先清资金、后清资产资源；在评估阶段，做到因地制宜、节约高效；在整改阶段，做到把握政策、区别对待；在公示阶段，做到内容全面、公开及时；在登记阶段，做到账物相符、权属明晰。全市1794个村通过清产核资，清理出各类资产79.33万件，耕地、山林、水面等资源361.78万亩，资金6247万元，债权6502.6万元，债务13806.1万元，各类经济合同3868份。具体做到“两查一账”：村级自查。由村干部和有威信的老党员、老干部、村民代表组成“三资”清查小组，对村集体资金、资产、资源进行完整、详细和全面的清查，彻底摸清家底。对资金、资产的清查，以村会计账为依据，账内账外相结合，实物盘点同核实账务相结合，以物对账，以账查物，全面清点品种、规格、型号、数量，查清来源、去向和管理情况；对资源的清查，采取实地勘测丈量的方式，查明实际数量及其权属。对权属不明确、有疑议的资产、资源，通过问、询、访、听等各种方式进行调查，力求核实准确全面。自查结束后，通过党务村务公开栏、村民代表会议等方式，将清查结果向群众公布，接受群众监督。乡镇核查。乡镇组织包村干部、相关部门的业务人员或专业评估师组成评估小组，对各村上报的“三资”自查摸底情况逐项进行核查分析评估；对于清理中发现的问题，该补记入账的补记入账，该退赔的退赔，该清收的清收，该纠正的纠正，该立案处理的立案处理。乡镇核查工作结束后，将核查结果在乡镇党务政务公开栏和便民服务中心电子触摸屏上进行公布，真正赢得群众认可。登记建账。核查结果经公示无异议后，乡镇对各村的“三资”情况进行分类汇总，登记造册，建立“一台账五附件”。即：“一台账”，是指“三资”监管明细台账；“五附件”，是指集体资产资源处置会议记录、评估材料、资产资源照片、招投标原始文件和合同附件，做到账账、账物、账款、账据、账表相符。同时，对农村集体“三资”明细台账实行动态管理，据实反映“三资”的数额、数量、种类以及经营使用情况。

二、“三建”

“三建”，即建立三级监管组织，全市11个县(区)、151个乡镇均成立了农村集体“三资”监管领导小组，1794个行政村成立了村务监事会、村务公开监督小组和民主理财小组；建立农村基层“三资”监管、党务公开、便民服务三个网络平台，不断提升农村基层党风廉政建设科学化、规范化、信息化水平。建立完善农村集体资金管理、资产资源管理、合同管理、监督检查四项监管制度，做到用制度管权、管事、管人，积极构建监管长效机制。

通过“一清三建”，全市形成了“三资”状况明晰、监管主体明晰、监管权责明晰、监管流程明晰的农村集体“三资”管理体制和运行机制，做到了农村集体资金使用公开化、资产管理规范化、资源配置市场化、监督手段多元化、运行机制阳光化，有力推动了农村党风廉政建设。

第三节　监管模式

针对农村集体“三资”监管工作中容易滋生腐败的重点领域和关键环节，再造工作流程，完善规章制度，并充分运用现代信息技术，搭建网络监管平台，探索建立“机制＋科技”的“三资”监管工作模式，实现农村集体“三资”规范运行、阳光公开、监管严密。

一、管理流程化

为完善村级议事规则，强化全程跟踪监督，全面推行“三议三审三公开”工作法，对农村集体“三资”实行制度化、流程化管理。即：首先进行“三议”。村“两委”提议后进行村民主听证会参议，再由村民大会或村民代表会议决议。其次实行“三审”。审资金资产资源交易流程、合同和收支票据凭证。最后实行“三公开”。通过公开栏、电子显示屏、触摸屏、公开网站等多种形式，公开农村集体“三资”监管情况、村集体大额资产资源经营处置和村级大额资金使用议案和处置结果。2012 年 3 月，在“三议三审三公开”工作法的基础上，大胆探索，勇于创新，拟定出《抚州市农村集体大额资金资产资源“三议三审”监管流程表》、《抚州市农村集体大额资金资产资源处置公开表》、《抚州市农村集体工作伙食费报销单》、《抚州市农村集体工资（补助、劳务）支出单》等一批规范性表格单据，村“两委”会议、村民主听证会、村民代表会议等村级“三议”会议在实践中不断完善，公共资源交易、经济合同审核、村级财务管理等不断得到规范。同时，探索出简便、有效的适合村小组“三资”监管工作方法，实行“三审核一备查”工作法，尽可能简化工作流程，方便群众监督，提高工作效率，以获取群众广泛的拥护和支持。

二、监管网络化

南丰县率先开发“三资”监管系统软件，实现“三资”监管的信息化、网络化。在南丰县试点的基础上，2011 年市纪委监察局下发《关于推进全市农村集体“三资”监管网络平台建设的实施意见》，会同软件公司开发抚州版农村集体“三资”监管软件，建立覆盖全市所有县（区）、乡镇、行政村，具有资金管理、资产管理、资源管理、合同管理、流程管理、报表分析、预警提醒、网络公开等八大功能的“三资”监管网络系统，并将各县（区）服务器集中托管在移动公司专业机房，移动公司设立数据传送专线，确保农村集体“三资”监管工作数据快捷、安全。同时，实行统一软件升级、统一网络服务、统一开展培训、统一监管制度、统一机构组织。2012 年 3 月，全市除临川区少数乡镇外，各县（区）全部安装运行“三资”监管网络系统，并对相关工作人员开展业务培训。各县（区）纪委、农业、财政部门也按要求全面安装了“三资”监管软件，对各乡镇及行政村农村集体“三资”运行情况通过网络实现实时监管。金巢开发区、崇仁县等县（区）在政府门户网站建立农村集体“三资”公开平台，全市农村集体“三资”软件的录入、监管、公开三大功能日趋完善。同年 11 月 2 日，召开全市公共资源网上交易系统建设工作推进会，会议传达贯彻全省公共资源网上交易系统部署工作会议精神，并对网上交易系统开发、人员培训、制度配套、设备采购等相关工作进行明确。2013 年，全市 11 个县（区）和金巢经济开发区监管网络均投入正常运营，市、县（区）建立健全“三资”监管网络中心；乡镇建立健全以“一站两中心”（公共资源交易站、村级财务核算中心、经济合同审核中心)为主体的监管平台,具体承担农村集体“三资”日常监管工作。村民通过乡镇便民服务中心触摸屏可随时查看村级财务公开表,市、县、乡三级管理人员通过电脑监管客户端可随时查看各村的财务收支、资产资源处置和原始票据凭证情况,实现对“三资”运行情况的实时查询、实时分析和实时监管。

三、运行常态化

按照上下联动、全面督查、查改结合、整体推进的工作思路,2010 年,坚持“普查 + 考核”,认真开展农村集体“三资”监管情况专项检查。针对少数乡村“三资”监管工作推进不力、资金管理不规范、资产资源处置不当等问题,市纪委、市监察局、市农业局、市财政局联合下发《关于开展农村集体资金资产资源监督管理情况专项检查的通知》,县(区)组成联合检查组,对本辖区内乡镇、村委会农村集体“三资”管理安全情况和农村集体“三资”监管工作推进情况认真全面开展检查,对进展不力的县(区)下发督办函,强力推进工作。2011 年,市农村集体“三资”监管工作领导小组组织 12 个检查小组,就全市所有乡镇、村的“三资”安全情况和“三资”监管工作推进情况,开展了 4 次大规模的交叉检查、明查暗访和专项督查,及时发现问题,及时督促整改,推动工作落实。针对村级转移支付资金拨付不及时等问题,下发《关于进一步加强村级转移支付资金管理的通知》,要求县(区)按季度将村级转移支付资金拨付到乡镇、村。同时,坚持以案促管、以案明纪,2012 年制定下发《抚州市农村集体资金资产资源管理责任追究办法(试行)》,对责任追究原则和形式、责任界定、责任追究权限和程序、责任追究结果应用进行明确规定。全市先后查处 96 件违反“三资”监管规定和监管不力的案件,对 96 名人员进行责任追究,保障了“三资”监管工作的健康有序运行。通过加强对农村集体“三资”的监管,共为村集体增收节支 2567. 41 万元;退回村集体不规范票据 637 笔 62. 11 万元,减少不合理开支 337. 15 万元。

第四节　制度规范

2010 年后,抚州市先后出台加强农村集体“三资”监管的《意见》、《“三议三审三公开”的实施办法》和《责任追究办法》等规范性文件。全市建立农村集体资金管理、农村集体资产资源管理、合同管理和农村集体“三资”监督等 4 大类 20 个管理制度。各地也建立健全集体资金监管、公共资源交易、合同管理、审计评估、责任追究等制度。建立和完善农村集体“三资”信息发布、报送审核、统计汇总、梳理分析、监督考核、责任追究等工作制度,实现农村集体“三资”监管网络平台制度化、规范化、常态化运行。认真执行监管工作纪律,做到用制度管权、按制度办事、靠制度管人。同时,对“一站两中心”建设进行规范。一、规范公共资源交易站建设。全市 151 个乡镇全部建立了公共资源交易站,严格实行农村集体资产资源公开竞价和招投标管理。对没有进入县级公共资源交易机构交易的农村资产资源处置、小型建设工程和物品采购项目,根据涉及金额的大小,分别制定具体的操作流程,采取公开竞价或招投标方式,在乡镇公共资源交易站进行交易。2011—2015 年,全市乡镇公共资源交易站共开展招投标交易 656 宗,交易总金额 5929. 94 万元,为村集体增收节支 873. 5 万元。二、规范财务核算中心建设。按照“村财民管乡镇监督”的原则,全面实行

"村财乡代理"制度，做到"四统一"和"八不付"，即统一银行账户管理、统一使用专用票据、统一支出审核把关、统一由中心代理记账和没有单据不付款、未经理财小组审核不付款、超越权限不付款、开支不当不付款、用途不明不付款、印章不全不付款、数量和金额不清不付款、单据涂改不付款。同时，针对农村财务中白条过多、票据混乱的问题，市农村集体"三资"监管领导小组办公室统一印制村级工作伙食费报销单、工资（补助、劳务）支出单等单据，坚决纠正各类形式的白条报账。2011 年至 2015 年，全市村级财务核算中心纠正和拒绝村集体不合理资金 540 余万元。三、规范乡镇经济合同审核中心建设。建立健全农村集体"三资"合同管理制度，严格合同的报送、登记、审核、备案等程序，强化合同的履行、变更、解除、续订等管理。对不规范的合同，依法进行纠正，对违反法律法规或严重损害集体利益的合同进行撤销、变更。新签订的经济合同必须报乡镇经济合同审核中心审核，保证合同的合法性、规范性，防止低产包和权力包等现象发生。至 2015 年，全市农村基层清理出各类经济合同 3868 份，完善主体内容不规范、低产承包合同、口头协议、到期合同等不规范的经济合同 1677 份。

2010—2015 年，全市农村集体"三资"监管工作基本实现"流程化管理、网络化监督、常态化运行"，全市各级农业部门主动承担日常监管主责，定期对农村集体"三资"监管工作进行全面检查和督促指导，对进展不力的地方下发督办函，强力推进工作；全市各级纪检监察机关适应"三转"新常态要求，加大监督执纪问责力度，不断强化对农村集体"三资"的再监督再检查，2015 年，全市纪检监察机关会同有关部门，查处侵占、截留、挪用、私分农村集体"三资"案件 76 件，处理 119 人，其中移送司法机关处理 17 人。同时，坚决实行责任追究，对农村集体"三资"监管工作中履职不力的严肃问责，市纪委对工作不到位的 3 个县（区）进行全市通报，对相关监管人员进行责任追究，给予党纪政纪处分 3 人，诫勉谈话 9 人，保障了农村集体"三资"监管工作的健康有序运行。农村集体"三资"监管工作成为抚州市农村基层党风廉政建设的一个亮点，进而实现农村基层信访总量、重复信访量、越级信访量和集体上访量"四个下降"，维护了农民群众的切身利益，促进了农村社会的和谐稳定。《江西日报》头版头条、《中国纪检监察报》对抚州市加强农村集体"三资"监管工作进行专题报道。中央纪委《农村基层党风廉政建设工作动态》、省纪委《党风廉政工作》也刊载抚州市的做法。2012 年 4 月，省纪委在抚州召开现场会，要求推广抚州加强农村集体"三资"监管的经验做法。2012 年 10 月，临川区被农业部确定为全国农村集体"三资"监管示范县。

第四章　公务消费一体化监管

2012 年，市纪委认真贯彻落实中央纪委、省纪委关于厉行节约的有关要求，将规范机关公务消费作为落实"八项规定"、降低行政成本、强化源头治腐、提振机关形象的重要举措来抓，运用"制度 + 科技"手段，依托全市统一的信息化监管平台，对公车运行、公务接待、公务用品采购、公务外出等主要公务消费行为进行一体化监管，做到真实消费、阳光运行、即时监督、全程留痕，在全省率先探索出一条具有抚州特色的规范机关公务消费一体化监管新路子。其经验和成效得到省委书记强卫、省长鹿心社、省纪委书记周泽民的充分肯定，同时还获得媒体关注和良好社会影响。

第一节　实践与探索

市委、市政府、市纪委高度重视公务消费问题，坚持把推进公务消费一体化监管工作作为全市一项重要工作来抓，通过高标准超前谋划、高规格领衔推进、高起点组织落实，全面推进公务消费一体化监管工作。根据公务用车、公务接待、公务采购等公务消费工作的特点和规律，市纪委积极探索实行“三定”（定点消费、定卡结算、定额管理）管理、坚持监督“三专”（专业监理、专项监督、专表公开）、建立三大平台（即时监管平台、银联交易平台、税控开票平台）、运用“科技＋制度”手段，推行公务消费一体化监管等举措，不断织牢公务消费“防腐环”，有效地规范公务消费行为。

一、实践

高标准超前谋划。市委、市政府高度重视规范机关公务消费工作，市委常委会进行专题研究，全市党风廉政建设大会进行全面部署，两任市委书记龚建华、肖毅，两任市长张和平、张鸿星先后深入基层，专题调研公务消费一体化监督工作，强化督导，高位推动。市委、市政府制定下发专项工作意见和工作方案，市县两级成立由市（县）长为组长，市（县）纪委书记、常务副市（县）长为副组长的公务消费一体化监督体系建设领导小组和工作机构，抽调工作人员、设立办公场所、下拨工作经费，建立健全“党政统一领导、纪委组织协调、部门各负其责”的领导体制和工作机制。

为深入探索治理公务消费的有效途径和可行方法，市纪委通过深入调研、认真研究，于2008年决定选择东乡县作为公务消费一体化监管工作的试点单位，先行先试，为全市积累经验。是年始，东乡县在市纪委的指导下，围绕公务卡制度改革，先后推行公务用车招标定点维修、公务接待定点管理刷卡消费以及机打发票报账制度，并将公车运行、公务接待、公务用品购买、会议申报等公务消费行为整合起来，实行定点管理、网络监控、刷卡消费及机打发票报账制度。至2011年，初步探索出公务消费一体化监管模式，取得良好的社会、政治、经济效果。为进一步发挥以点带面的作用，市纪委2012年决定对东乡县公务消费一体化监管工作经验进行总结提升，并在全市范围内进行推广。

高规格领衔推进。市纪委按照“先试点、后推广，先县（区）、后市直，整体规划、分步实施”的总体部署，2012年全面推进县（区）公务消费一体化监管体系建设。2013年，按照“县（区）巩固完善，市直全面铺开，全市联网监督”的要求，全面实施“公务消费一体化监督”；10月1日，市、县（区）公务消费一体化监管网络平台正式联网运行，监管内容由公务接待、公务用车维修（装饰）、公务用品采购延伸至公务外出、公务车购置及运行，实现全市所有党政机关、事业单位、人民团体、重点工程项目办公务消费一体化监管的全覆盖。在2013年召开的全市党风廉政建设大会暨市纪委三届二次全会上，市委书记龚建华对规范公务消费专项行动进行专题部署，并强调要大力弘扬“勤、俭、廉”的作风，牢固树立勒紧裤带过紧日子、勤俭办一切事情的思想。市纪委监察局成立“规范公务消费”专项行动督查组，督促指导各县（区）开展“公务消费”一体化监管体系建设。通过组织召开现场会、推进会，开展横向交流等形式，积极推广东乡县规范和治理公务消费的成功做法和经验，有效发挥试点单位示范引领作用。

高起点组织实施。市委、市政府先后印发《关于开展“规范公务消费”专项行动转变干部作风创优发展环境的意见》和《抚州市“规范公务消费”专项行动工作方案》，对推进“公务消费”专项工作的工作目标、总体安排、工作内容、实施步骤和工作职责进行明确和细化，并按照“先县（区）、后市直，整体规划、分步实施”原则，将“规范公务消费”专项工作细化为动员部署、组织实施和总结完善3个阶段共13个步骤。各地普遍建立健全各负其责、协调配合、上下联动、层层督办的工作推进机制，并采取重点督导、交叉检查、组织抽查等方式抓好工作落实。为培训工作骨干，市纪委通过以会代训、参观学习、举办业务培训班等形式，先后10多次对各地各部门“规范公务消费”专项行动分管领导和工作人员进行集中辅导，并采取发督办单、通报、约谈等形式，及时掌握全市的工作进展情况，督促工作落实。

二、探索

实行“三定”管理，规范消费行为。定点消费，变“暗箱操作”为“阳光操作”。全面实行公务消费定点服务、定点管理制度，通过公开招投标，由相关业务部门及消费单位代表分类进行综合评标打分，确定一批宾馆、饭店、商店、汽车维修（装饰）厂家等为公务消费定点服务单位，同时建立定点商家淘汰机制，防止垄断经营和违规经营。全市11个县（区）和金巢经济开发区通过公开招投标，确定定点商户1301家。定卡结算，变“现金支付”为“转账支付”。在全市各级政府及所属预算单位全面推行公务卡结算制度改革，择优选定公务卡代理银行，并统一发放公务消费卡，明确要求使用公务卡办理公务消费支出，着力解决赊账消费和现金交易的问题，强化财政动态监督。全市所有财政预算单位100%实行公务卡结算制度改革，累计发放公务卡10018张。定额管理，变“模糊预算”为“刚性预算”。为推进行政经费使用管理改革，确保公务经费实现“零增长”，各县（区）对预算单位2009—2011年的公务消费支出进行全面审核，按照“实事求是、量力而行、收支平衡”的原则，科学设定各预算单位的公务经费预算。全市11个县（区）和金巢经济开发区2012年公务经费预算较前3年平均实际支出均有所下降，平均降幅10.7%。

坚持监督“三专”，狠刹铺张浪费歪风。专业监理。面向社会公开招聘专业知识人员，担任驻厂（店、宾馆）监理员，加强对定点商家的监管。专项监督。对县（区）和市直单位的“公务用车、公务接待、会议差旅”三项费用以及大额发票报销情况进行专项检查，狠刹铺张浪费歪风。专表公开。各地各单位在财务报表中专门设立公务消费明细表，定期在本单位公开。

建立三大平台，实现科技反腐。建立即时监管平台，实现监管网络化。会同软件公司开发公务消费即时管理软件，使公务消费点单、结账等全部在管理软件系统内进行；搭建覆盖全市所有预算单位和定点商家的公务消费一体化监管网络平台，对单位公务消费所有账单进行实时监控、在线审核，发现公务消费异常行为或超出消费额度及时预警，实现公务消费第三方同步监控。2015年5月4日，市公务消费监管领导小组办公室在线监测发现，抚州市教育局某下属单位公务接待费用异常，在查清后当即予以通报批评，并取消相关商家的公务消费经营资格。建立银联交易平台，实现支付电子化。公务卡代理银行在各定点商户安装银联电子化交易系统（POS 机设备），实现银联交易系统与国库集中支付系统和即时监管平台的无缝链接；公务消费单位在定点商户的每一笔消费均实行电子化刷卡交易，资金直达定点商户，实现公务消费刷卡网上操作、公务消费资金网上流转。建立税控开票平台，实现报账规范化。全面推行税控机打发票系统，并与公务消费即时监控管理系统、银联交易系统同步使用；规定凡是财政性拨款的党政机关、事业单位和群团组织公务消费，需“三单合一”（即打印的消费清单、POS 机小票及税控机打发票缺一不可），否则国库支付中心不予报销入账，有效防止“以票谋私”现象的发生。

运用“科技＋制度”手段，推行公务消费一体化监管。实行网络监控。开发出“公务消费电子化监控管理系统”。每天，监管办公室工作人员只要登录监管系统，所有公务消费单位在什么时间在哪家备案商家消费了多少金额等，均可通过系统查看清楚。核定预算定额。每年通过部门预算核定各单位公务消费年度预算定额，统一录入公务消费一体化监管软件系统，一旦公务消费超过预算，监管系统会自动提醒预警。规范商家备案。全市所有宾馆、酒店、商店、汽车维修（装饰）等商家通过自愿报名，按照公开、公平、自愿原则，均纳入公务消费备案商家管理。

第二节　成效与影响

市纪委把规范公务消费一体化监管工作与作风建设、现代科技和行政问责相结合，大力促进规范治理与作风建设互动、与现代科技相融、与行政问责挂钩，使公务消费规范难、监督难、查处难的“三难”局面得到有效改善，有力地提升公务消费一体化监管的成效。

一、得到省委、省政府领导肯定

2013 年，全市依托统一的信息化监管软件平台，对公车运行、公务接待、公务用品采购、公务外出等公务消费行为进行监督，做到真实消费、阳光运行、即时监督、全程留痕。7 月，省委书记强卫为此作出重要批示，充分肯定抚州市公务消费一体化监管经验做法。是年 4 月，省纪委书记周泽民在抚州视察调研讲话中，对抚州在规范公务消费方面的探索给予充分肯定，并希望抚州结合贯彻落实中央八项规定，大胆创新，赋予公务消费监管工作新的内容。2015 年 6 月 3 日、7 月 14 日，强卫书记、鹿心社省长分别实地考察抚州公务消费一体化监管工作，对改革的经验和成果给予充分肯定。强卫书记并要求省直有关部门在此基础上进一步完善提升，积极向全省推广。

二、树立干部勤俭节约的良好形象

推进公务消费一体化监管工作，是厉行勤俭节约、降低行政成本的内在要求，也是转变干部作风、创优发展环境的迫切需要。市委、市政府紧紧围绕建设幸福抚州的总体目标，坚持从“勤俭办事”的要求出发，把“规范公务消费”一体化监管作为加强领导干部作风建设、密切党群干群关系的重要内容，坚决反对铺张浪费和大手大脚，大力抵制享乐主义和奢靡之风，并从预算安排、改革管理等入手，从严削减“公务”费用支出，有效预防公务消费无序无度和过多过滥，进一步纯洁党员干部队伍，树立干部勤俭节约的良好形象，得到群众的广泛好评。

三、促进监管体系科技化运行

在推进公务消费一体化监管工作中，市纪委积极利用现代科技手段，充分发挥信息技术在线运行、同步传输、全程留痕、联网运行、实时监控等功能，不断加强科技管理平台建设和软件的普及升级，重点开发并运行公务卡结算平台、税控机打发票、用车管理信息平台软件系统等，将公务消费的所有流程在公务消费一体化监管系统中固化下来，确保即时监管软件、银行 POS 机设备、国库集中支付之间实现无缝链接，有效防范权力滥用，促进监管体系科技化运行。

四、狠刹奢侈浪费歪风

全市纪检监察机关对公务接待、公务用车、公务外出三项费用以及大额发票报销等“三费一票”情况，实行一季一检查、半年一提醒、全年一通报，对出现公务消费失管失控、严重超支、铺张浪费等违纪违规行为的班子和个人，按照党风廉政建设责任制的有关规定进行问责，狠刹奢侈浪费歪风。2015 年 1 至 5 月，全市公务消费一体化监管已经覆盖全市 95% 的单位，发现存在的问题 18 个，查处违纪行为 22 起，给予党纪政纪处分 13 人，给予诫勉谈话、通报批评等组织处理 8 人。公务消费一体化监管，成为抚州落实中央八项规定常态化的一个重要抓手。同时，还把公务消费一体化监管工作推进情况，作为县（区）党政主要领导向市纪委全会述廉受评以及年度党风廉政建设责任制考核的重要内容，进行考核奖惩。

五、提升源头治腐效果和政府自身形象

通过开展公务消费一体化监管，深化国库集中支付改革和公务卡制度改革，加强公务消费事前、事中和事后全过程的实时动态监测，保障单位资金的安全运行，强化财政资金监管，全市形成严密的公务消费监管体系，有效遏制公务消费中的各种腐败行为，防止一些违纪违法现象的发生。此外，遏制个别部门、单位和党员干部铺张浪费等不正之风，促进机关作风转变，树立党政机关的良好形象。

六、降低行政运行成本

通过实行公务消费定额管理、总额控制，加强公务经费管理和对公务消费的一体化监管，实现真实消费、降低行政运行成本的目的。公务消费一体化监管工作的试点单位东乡县从 2012 年 1 月 1 日起，对党政机关和事业单位的公务接待、公务用车、公务采购等公务消费实现一体化网络监管，当年上半年公务消费与试点前同期相比减少 637.41 万元，下降 22.3%。2012 年 9 月 1 日，全市所有县（区）全部上线运行后，县（区）公务经费预算总额，较前 3 年平均数下降 10.7%。2013 年，全市纳入一体监管的预算单位 2943 个、公车 6527 辆，其中市本级预算单位 355 个、公车 1574 辆；纳入备案管理各类服务商家 2994 家，其中机关食堂 1091 家。全市公务接待费用同比下降 30.2%，因公出国出境费用同比下降 14.1%，公务用车购置和运行费用同比下降 13.3%。2014 年，通过有效监管，全市公务消费比上年减少 2.18 亿元，同比下降 27.6%。其中市本级 2014 年 1—6 月，公务接待支出比上年同期下降 60.95%，公车运行费下降 24.78%，会议培训费下降 19.47%。在公车管理领域，督促主责部门实行定人管理、定人驾驶、定点停放、定点维修，查油卡使用、查天网录像、查定点停放、查出车手续，并实行节假日公车封存制度。2015 年 1—3 月，全市公务消费支出比上年同期下降 25.6%；2015 年全市全年公务消费支出比上年下降 18.5%。

七、获得媒体关注和良好社会影响

2012 年，全市在全省率先启动对县（区）的公车运行、公务接待、公务用品采购等公务消费行为的一体化监管并全部上线运行后，实现财政节支、税收增长、源头治腐的效果。2012 年 8 月 22 日《江西日报》头版头条、2012 年 12 月 31 日《中国纪检监察报》头版、2013 年 9 月 24 日《人民日报》等先后重点报道抚州推行公务消费一体化监管的工作做法；省纪委召开现场会，刊发《赣纪办通报》，向全省推广抚州市“三公”消费工作经验。《中国纪检监察报》、《新法制报》等媒体对东乡县探索出公务消费一体化监管模式进行深入报道，吸引来自黑龙江、广西、河南、山西等省内外 37 批（次）考察团前来抚州学习、考察，产生了良好的社会影响。2013 年 12 月，省联合调研组对抚州坚持试点探索、全面推广公务消费一体化监管的做法进行调研后，认为抚州的公务消费监管工作成效明显；表示将认真总结抚州的经验做法，及时向省纪委常委会和相关厅局作好汇报，提出工作建议，在全省范围内推广。2015 年 5 月 4 日，江西广播电台记者刘崇智、王莹采写的《电子监管给公务消费套上“紧箍咒”》，报道抚州市 2012 年以来在全市范围内全面推行公务消费一体化监督，探索出一套规范公务消费新举措。

第三节　制度规范

2014 年，为深入推进全市公务消费一体化监管工作，规范公务消费行为，根据中央、省、市有关文件精神，结合工作实际，市纪委会同市公务消费监管办公室对抚州公务消费一体化监管体系八项工作制度进行修订和完善。并以文件形式发至全市各县（区）和市直各单位贯彻执行。

一、公务接待监管制度

根据中央办公厅《党政机关国内公务接待管理规定》和《抚州市财政局关于市直党政机关国内公务接待开支标准及接待经费管理有关事项的通知》的文件精神而制定。此项制度共 8 条，分别就公务消费单位公务接待应坚持的原则、公务消费单位应建立公务接待审批制度、接待对象应按照规定标准自行用餐、严格控制陪餐人数、接待对象不得超过财政部门公布的差旅住宿费标准、公务接待强制采用公务卡结算、单位公务消费报账方式、公务消费单位按照公务接待要求进行公开等 8 个方面的监管内容作出规定。

二、公务用车监管制度

为适应公务用车制度改革，切实加强公务用车管理，确保公务用车合理使用而制定。此项制度共 18 条，分别就公务用车购置监管、公务用车维修（装饰）监管、公务用车加油监管、公务用车保险及其他费用监管 4 个方面的监管内容作出规定。

三、公务外出监管制度

为进一步加强和规范公务外出经费管理，推行厉行节约反对浪费，根据《江西省因公临时出国经费管理办法》和《抚州市市直机关差旅费管理办法》等有关文件规定而制定。此项制度共12条，分别就公务外出经费管理包括公务消费单位因公组派临时代表团的出国人员出国经费和机关工作人员临时到常驻地以外地区出差所发生的差旅费及国内出差城市间交通费、住宿费、伙食补助费和市内交通补助费监管、临时出国经费监管、国内出差旅费监管3个方面的监管内容作出规定。

四、会议费监管制度

为进一步加强和规范公务消费单位会议费监管，精简会议，改进会风，提高会议效率和质量，节约会议费开支，根据《抚州市市直机关会议费管理办法》而制定。此项制度共11条，分别就各公务消费单位召开的会议实行分类管理和分级审批的办法，会议费纳入预算管理，严格控制会议规模，会议费开支范围，召开需安排食宿的会议费开支，召开不需要安排住宿或不需要安排食宿的会议费用结算报销，会议用房用餐标准，不得使用会议费开支与会议无关的其他费用，会议费由会议召开单位承担，会议费报销手续，非涉密会议的名称、主要内容、参会人数、经费开支等情况在单位内部公示等11个方面的监管内容作出规定。

五、培训费监管制度

为加强公务消费单位培训费监管，规范培训工作，节约培训经费开支，根据《抚州市市直机关培训费管理办法》有关规定而制定（县区制定培训费管理办法的按其规定执行）。此项制度共12条，分别就公务消费单位使用财政资金在境内举办的3个月以内各种培训发生的费用支出，举办培训必须编报培训计划和培训经费预算，需集中举办培训的场所，组织培训的工作人员控制，培训费开支范围，举办需要安排食宿的培训费开支实行综合定额控制，举办不需要安排住宿或不需要安排食宿的培训应在相应定额标准内按实际发生的费用结算，培训住宿、用餐及7日以内的培训不得组织考察、参观，严禁在培训费中列支与培训无关的其他费用，培训费由培训举办单位承担（除文件规定可收取培训费外），培训举办单位应当将培训项目、内容、人数、经费开支等情况，以适当方式进行公开等11个方面的监管内容作出规定。

六、公务用品采购监管制度

为加强节约型机关建设，进一步规范办公用品采购费用监管，确保办公所需，倡导勤俭节约、做到物尽其用，杜绝铺张浪费，根据抚办发〔2013〕30号关于印发《抚州市市本级开展公务消费一体化监管工作的实施意见》通知精神而制定。此项监管制度共12条，分别就办公用品、办公费用、办公设备和专用支出4大类的监管内容作出规定。

七、备案商家监管制度

为进一步规范备案商家经营行为，切实提高服务质量，根据《抚州市市本级开展公务消费一体化监管工作的实施意见》的通知精神，按照“证照齐全，依法经营，服从监管，服务至上，自愿加入”的原则而制定。此项监管制度共9条，分别就申请加入公务消费备案宾馆、酒店、餐馆、商店、超市、汽车经销、维修（装饰）厂家等商家的报名条件，报名商家应具备的资质、条件，审核合格的备案商家签订服务协议，备案商家必须建立完善内部管理制度，备案商家必须建立进销货台账，全市各公务消费单位在备案商家消费时的结账方式，公务消费单位在备案商家消费后对备案商家的服务态度、商品价格等方面进行综合评价，各级公务消费监管办对辖区内备案商家的日常管理，直接取消备案商家资格条件等9个方面的监管内容作出规定。

八、公务卡监管制度

为进一步规范公务支付行为，减少现金支付结算，提高支付透明度，强化资金安全，根据抚办发〔2013〕30号关于印发《抚州市市本级开展公务消费一体化监管工作的实施意见》通知精神而制定。该项监管制度共4条，分别就公务卡的办理、公务卡的管理、公务卡的使用、公务卡的结算等4个方面的监管内容作出规定。

第五章　“把纪律挺在前面”先行先试

2015年5月，中央纪委书记王岐山在浙江调研时强调，要唤醒党章党规意识，推进制度创新，修改好《中国共产党纪律处分条例》，把纪律和规矩挺在法律前面，挺在党风廉政建设和反腐败斗争前沿。省委、省纪委围绕贯彻落实这一重要指示，把抚州市列入全省“把纪律挺在前面”先行先试单位，市委专门成立领导小组，由市委书记、市长分别任组长、常务副组长；审定下发《关于落实“把纪律挺在前面”要求的工作意见》，围绕“抓早抓小、抓好预防”提出了18项具体措施；市纪委深刻领会中央纪委、省委、省纪委、市委精神，出台《关于“把纪律挺在前面”先行先试工作方案》，按照“纪律严要求、工作高标准”的原则，扎实推进先行先试各项工作。2015年底，试行各项工作取得初步成效。全省8个省直单位和设区市到抚州考察交流，《中国纪检监察报》、中央纪委监察部网站、《江西日报》、江西廉政网等报刊媒体多次对抚州市开展“把纪律挺在前面”先行先试工作进行宣传报道。

第一节　工作机制

一、“四早”工作机制

省委、省纪委确定抚州市为先行先试单位之后，市委结合“三严三实”专题教育开展3次理论中心组学习，观看省纪委拍摄的《反腐警示录》，剖析近年来发生的腐败案件；市纪委组织先行先试工作学习交流会、调研座谈会、工作汇报会。通过学习精神、剖析案例、查找问题、分析原因，深刻认识到把纪律挺在前面是系统工程、治本之策，必须统筹协调推进，坚持从严要求，在先行先试工作中，着力探索建立早发现、早提醒、早查纠、早防范“四早”工作机制。

早发现工作机制。通过专题调研、纪律巡查、打造“作风监督一键通”网络平台、实行“遵规守纪双月报”制度等，及时发现和揭露党员干部身上的苗头性和倾向性问题、轻微和严重违纪问题。

早提醒工作机制。通过推行廉情三预警，开设纪律讲堂，落实批评和自我批评制度等，加强对党员干部的人文关怀、亲情教育、谈心谈话，对在遵规守纪方面出现的问题早提醒、早告诫，促进党员干部健康成长。

早查纠工作机制。通过转变纪律审查方式，开展作风建设专项纠治，推行“一案三查找”等，确保有违必查、动辄则咎，防止小问题演变成大问题，苗头性、倾向性问题演变成违纪违法行为，让全体党员心有所畏、言有所戒、行有所止。

早防范工作机制。通过加强廉文化建设，深化公务消费一体化监管和农村集体“三资”监管改革，建立廉政风险防控平台，运用“制度＋科技”模式，防范廉政风险，让守纪律、讲规矩“固化于制”。

市纪委为确保“四早机制”工作机制落到实处，制定了24项配套方案和制度，做到每一项工作机制都有若干具体任务、每一项具体任务都有一个配套操作方案、每一个配套操作方案都有一个牵头单位、每一个牵头单位都有一个市纪委内设室对应联系，形成“1＋1＋N”的工作推进机制；对市直80多个单位和12个县（区）开展两批集中督查，召开先行先试工作调度会、约谈会，扎实推进，力求实效。

二、“五约谈”工作机制

市纪委坚持把纪律和规矩挺在前面，立足抓早抓小抓预防，积极探索对领导干部监督的新渠道，全面推行以“清风约谈”、“谈话函询”、“履责约谈”、“提醒约谈”、“任前廉政约谈”为载体的“五约谈”工作机制，促使广大党员干部强化纪律意识，牢牢守住纪律底线。

清风约谈。没有问题早防范，有了问题早发现，一般问题早查纠。突出问题导向，用“放大镜”和“显微镜”，治“病树”、正“歪树”。具体操作中，市委规定各级党委和纪委负责对管辖范围内党员干部，重点对工作岗位中存在较大廉政风险、干部群众意见多、民主测评群众满意率低，以及在操办婚丧喜庆事宜方面有违反廉洁自律规定苗头等9种情形的党员干部，定期或不定期开展以谈心谈话和纪律教育为主要内容的“清风约谈”活动，帮助他们剖析思想、工作和生活中存在的问题和不足。2015年，全市纪检监察机关共对91人进行清风约谈。国庆节前，临川区纪委主要领导集中约谈部分单位“一把手”，提醒他们节日期间绷紧拒腐防变之弦。

谈话函询。市纪委监察局针对信访反映的党组织、党员领导干部和行政监督对象思想、工作作风方面或有轻微违纪的问题，采取“谈话函询”制度进行约谈，并责成做出说明的方式对被反映者进行监督。2015年，全市纪检监察机关按规定约谈函询干部19人（次）。此举有效地强化了干部的教育、监督和管理。

履责约谈。市纪委对出现违纪问题的单位一把手进行“履责约谈”，做到每半年对党政主要负责人和纪委书记（纪检组长）进行一次履责约谈，督促其履行党风廉政建设主体责任和监督责任。2015年，全市纪检监察机关共对95人（次）进行履责约谈，进一步提高廉政风险防范能力，推动“两个责任”落地生根。

提醒约谈。市纪委规定全市各级纪委书记对同级党委常委会和四套班子成员在遵守廉洁从政和落实主体责任存在的情况，与该成员进行经常提醒约谈，将监督关口前移，对群众有反映、有举报，问题又不够立案查处的党员干部及出现苗头性、倾向性问题的党员干部进行及时提醒告诫，使领导干部更严格的要求自己，尽可能把问题消灭在萌芽状态，防止小错误演变成大问题，让党员干部少犯事、不犯事。2015年，全市纪检监察机关共对49人进行提醒约谈。

任前廉政约谈。市纪委围绕正确对待和使用权力、遵守政治纪律、组织纪律和工作纪律等方面对市管新任、提任的县级领导干部进行任前廉政约谈，重申廉洁自律各项规定，进行党纪政纪测试，以签订《廉洁从政承诺书》等形式，作出廉洁承诺。通过廉政约谈，对重点部门、重要岗位领导干部多咬耳朵、常扯袖子、勤打招呼，指出在执行政策、规定、遵守党纪条规等方面的不足和问题，提醒哪些能做、哪些不能做、应该怎么做，层层传导压力，真正做到“纪”在“法”前。2015 年，全市纪检监察机关共对 137 名领导干部进行任前谈话。

2015 年 9 月初，市委专门制定出台纪律建设“五约谈”的具体实施办法，以分门别类，各自成文的方式，对“五个约谈”的组织实施部门，谈话对象和情形，谈话人员组成以及谈话方式、内容、程序、要求等，逐一作出规定。明确根据不同的情况，可采取个别谈话或集体谈话的方式进行。

第二节 创新举措

市纪委围绕“把纪律挺在前面”的工作要求，立足本市、面向全省，重点采取“三强三创”新举措。

一、强化源头预防腐败

立足抓早抓小，注重源头预防，以防止国家工作人员特别是领导干部滥用权力为重点，组建预防工作部，与市纪委研究室合署办公，定期分析、研判预防腐败数据信息，及时预警，并对全市预防腐败工作进行综合指导与协调。同时，制定并组织实施预防腐败工作规划和重大项目预防腐败工作方案；检查指导有关部门、单位和行业预防腐败工作，在廉情评估或预防调查的基础上，以书面形式向存在较大廉政风险的部门或单位提出相应的预防腐败建议；组织协调全社会开展预防腐败工作；组织开展预防腐败理论研究和交流合作，健全预防腐败工作信息发布机制，宣传预防腐败法律法规，开展预防腐败咨询，普及预防腐败知识。

二、强化快查快结机制

运用现代科技手段和网络信息技术，建立纪律审查科技管控平台，将问题线索的处置以及纪律审查的每个步骤和环节进行模块化设计，全部纳入科技管控平台监管，并按照内控效率的要求设置办理时限和红黄灯警示，通过问题线索网上流转、一口受理，审查流程动态监管、实时预警，促进问题线索处置和纪律审查工作快速化、规范化和高效化，实现问题线索件件有着落、事事有回音。同时，慎用“两规”措施，缩短“两规”期限，原则上“两规”不超过一个月。各纪检监察室在纪律审查中，不片面追求案值大小、对象级别高低，着重查清主要违纪事实，涉嫌违法犯罪的问题线索及时按程序将有关犯罪线索移送司法机关处理，实现快进快出、快查快结。

三、强化纪律巡查工作

组建纪律巡查室，与市纪委信访室合署办公，着重承担纪律巡查工作的综合协调、上传下达、请示汇报、监督督办等日常工作，重点开展常规和专项巡查。常规巡查。具体由市纪工委负责，对归口监督单位执行纪律的情况进行常态化纪律巡查，一旦发现问题，即时进行审查,实现既巡又查。专项巡查。针对一个人、一件事、一个单位、一个工程项目、一笔专项经费,抽调人员组建纪律巡查队,开展短平快的专项巡查,保证巡查的准确指向和快速机动。

四、创新同级监督方式

提醒约谈方式。对市委常委会成员在遵守政治纪律、组织纪律、中央八项规定精神、省委作风建设20条和廉洁从政规定等方面有不良反映的,或分管领域、联系单位、挂点县(区)发生县级领导干部严重违纪违法、多起科级干部严重违纪违法、“四风”问题和损害群众利益案件频发、社会评价连续在全省排名靠后的,启动提醒约谈程序。廉情质询方式。通过信访举报、网络舆情、专项督查、廉政巡查、作风监督一键通、社会评价等途径,市纪委对收集到的市委常委会成员及其分管领域的有关问题和意见建议,分门别类建立问题台账,并根据问题台账适时组织市纪委委员对市委常委会成员落实主体责任和廉洁从政规定情况开展质询活动。履责报告方式。年底,市纪委提醒督促市委常委会成员将一年来落实主体责任和廉洁从政规定的情况形成书面报告,由市纪委收集汇总后向省纪委和市委报告。

五、创新派驻监督方式

充分发挥市纪工委和派驻纪检组(纪委)的监督职责,创新监督方式,推行制度廉洁性审查、项目廉洁性审查和重大事项专案审查。制度廉洁性审查。市纪工委和派驻纪检组(纪委)对监督范围内的单位起草的规范性文件制度,逐一进行廉洁性审查。重点审查是否符合党风廉政建设法规、制度和有关要求。审查结束后及时反馈被监督单位,修正后再行发布。项目廉洁性审查。由市纪工委和派驻纪检组(纪委)对监督范围内的重大项目分类建立档案,形成重大项目档案库。对档案库中的重大项目,依据项目的推进进度,逐层次开展廉洁性审查,主要审查项目实施各重点环节依法依规的推进情况。对审查中发现的问题及时上报市纪委,由市纪委常委会研究处置。重大事项专项审查。由市纪工委和派驻纪检组(纪委)对监督范围内单位的重大决策、重要干部任免和大额度资金使用等情况,实行专项审查,除参加或列席相关会议之外,还要审查相关事项是否符合党风廉政建设有关规定,事后要形成专项审查报告,向所监督单位党组(党委)反馈。

六、创新处分执行方式

主要推行两项制度:一是党纪政纪案件处分执行公示制度。对受到党纪政纪处分的人员,由受处分人所在党组织或单位在一定的时间、地点和范围内,将处分执行事项以书面形式在受处分人所在党组织或单位内的醒目位置进行公示,促进处分执行落实到位,维护党纪政纪的权威性。二是“一案三查找”制度。选择有较大警示教育意义的案件组织召开警示分析会,由纪律检查机关通报处理决定;党委(党组)主要负责人和班子分管领导查找落实主体责任方面存在的问题、个人应负的责任和下步改进的措施;纪委(纪工委、纪检组)主要负责人查找落实监督责任方面存在的问题、个人应负的责任和下步改进的措施;受处分对象查找个人受到的警示和下一步改进的措施。

第三节 初步成效

一、取得“四大突破”

面对省委、省纪委对抚州先行先试工作的期待，面对纪律建设失之于宽、失之于软、失之于松等突出问题，市纪委以敢抓敢管的担当、敢闯敢试的勇气，力求在同级监督、纪律巡查、执纪方式和教育提醒上有所突破和取得成效。

突破同级监督瓶颈。多年来，由于同级监督内容和监督方式不明确、领导干部对同级监督认识有偏差等问题，一直制约着纪委对同级党委的监督。把纪律挺在前面，首先就要把纪律挺在党委前面，要求党委必须带头遵守纪律、落实责任。市纪委从督促党委落实主体责任、解决具体问题入手，探索同级监督三种新方式。一是纪委委员评议同级党委成员。市纪委组成7个调研组，到市委、市政府领导班子成员分管领域和联系单位开展调研，分析评议市四套班子领导履行主体责任报告，了解市委、市政府领导班子成员落实主体责任工作情况、省委巡视和市纪委巡查反馈意见整改情况以及廉洁自律等情况，形成书面调研评议意见报市委审定后，由市纪委书记、副书记对市四套班子领导进行反馈、提出整改意见。二是纪委常委听取同级党委成员履责情况报告。市、县（区）召开落实党风廉政建设主体责任情况汇报会，由市、县（区）委常委、纪委常委听取市、县（区）四套班子领导落实党风廉政建设主体责任情况汇报，并对每位常委履责报告进行点评，指出不足，提出要求。通过述责和点评，加强对同级党委成员落实主体责任情况的监督。三是纪委书记提醒约谈同级党委成员。对发现的同级领导班子成员分管领域和挂点单位存在的一般性、苗头性、倾向性问题，履行主体责任存在的问题和廉洁自律方面的反映，由纪委及时进行提醒约谈，提醒同级领导班子成员落实主体责任，加强对自己分管范围内党员干部的教育、管理和监督，及时纠正苗头性、倾向性问题；提醒同级领导班子成员注重廉洁自律，做廉洁从政表率。

突破巡而不查局限。此前，全市纪检监察机关收集的问题线索主要来源于信访受理、领导交办、上级转办等，渠道单一，同时存在等腐败问题累积以后再查的现象，对党员干部存在的问题没有做到及早发现、及早解决。把纪律挺在前面，重在及时发现问题、揭露问题、查纠问题。为此，在试点工作开展前，市纪委就探索开展廉政巡查，试点工作开展以后，市纪委把廉政巡查改为纪律巡查，并把这项工作作为“抓早抓小”、发现揭露和查纠解决问题的重要措施。纪律巡查突破巡而不查局限，实现机动、快速、灵活、高效，做到三个突出：突出纪委主导。没有对巡视工作进行照搬照套，搞上下一般粗、左右一个样，而是依据纪委职能和主业，由市纪委常委会主导，在巡的基础上发挥查的功能，开展纪律巡查工作。巡查发现的重大违纪违法线索和需要进行立案审查的重大案件，向市委汇报；通过内部人员调剂的方式，不增编、不增人，设立纪律巡查室，负责日常组织协调、综合督促等工作，实现纪律巡查的常态化、制度化。同时，由市纪委根据巡查工作任务多少，灵活确定组队的个数；根据巡查的重点问题，灵活确定组成人员，坚持“一次一授权”和“三定三不定”原则，即定巡查队长、不定巡查队员，定巡查内容、不定巡查单位，定巡查原则、不定巡查方式，随机抽调工作人员、随机抽查部门单位。突出主责主业。发挥纪检监察职能优势既巡又查。采取两种巡查方式，互为补充。即常规巡查和专项巡查。开展常规巡查。在年初就对市直单位、县（区）的巡查工作作出总体部署和安排，分阶段、分步骤对单位进行“全面体检”，发现共性问题，实现全面覆盖。2014 年 8 月下旬至 9 月中旬，对干部作风问题开展 3 轮重点巡查，共发现 104 个单位 113 起干部作风等问题线索，对 86 名党员干部进行查处，对 46 名相关负责人进行廉政约谈，对 9 件典型案件进行全市通报。开展专项巡查。根据一个时期群众反映强烈的突出问题，进行“巡系统、系统查”。2015 年，先后对 11 个县（区）的社会救助资金、扶贫移民资金、教育投入资金、农业（含农业开发）资金、社保（含就业）资金、林业资金等 6 项民生资金开展专项巡查，发现问题线索 168 件。突出快查快纠。对巡查发现的问题，该整改的及时督促整改、该纪律处分的及时给予处分、该组织处理的及时作出处理、该移送司法机关的就移送。在巡查临川区环保局时，通过查账发现该局存在餐费发票造假的问题，当即约谈该局主要领导，要求作出说明。该局在认识到错误后，组织召开全体干部会议，由班子成员检讨问题；巡查发现广昌县环保局局长刘某的违纪问题后，仅用两周时间就查实该局及其局长刘某的多项严重违纪问题，并及时给予开除党籍、降为科员的处理；对巡查发现的“三资”监管问题及时向市政府提出建议，由市政府下发《关于进一步完善农村基层公共资源交易管理的通知》，较好地解决了农村“三资”项目招投标程序繁琐等问题。

突破问题信息壁垒。此前，党员干部问题信息处在零散化状态，纪检监察机关难于全面掌握本地本部门反映领导干部问题线索情况，难于精确判断“树木和森林”情况；线索处置环节存在管控漏洞，有“吃线索”和“掉线索”隐患。一方面，难于快速发现和查处信息社会下违纪现象，影响监督执纪效果；另一方面工作流程、线索处置受人为因素影响较大，不利执纪权力的内控和监督。把纪律挺在前面，要求建立健全内控措施，加强对重要岗位和关键环节的监督，做到精准执纪、高效执纪、规范执纪。为此，市纪委监察局运用“互联网 + 思维”、“大数据”思维，打造纪律审查监控、“两个责任”管理和干部作风监督三个平台，打通彼此封闭的信息壁垒，及时全面掌握和规范处置党员干部违纪问题信息。纪律审查监控平台。将问题线索处置和纪律审查的每个步骤和环节，以及所涉及的制度和要求进行固态化设计，并以网络软件模块方式纳入监控系统，实现问题线索网上录入、线索处置全程留痕、工作动态实时监控、时效流程即时预警，对纪律审查过程实行全流程监管、全覆盖运行、全口径规范。同时，按照内控效率的要求，对线索处置、案件查办、案件审理的步骤和环节设置办理时限和红黄灯警示，保障纪律审查快进快出、快查快结，确保抹不掉案子、拖不起时间、做不到手脚、错不了数据。一体化监控系统已在全市启动运行。“两个责任”管理平台。将全市所有行政单位纳入监管平台，运用“主体责任、监督责任、职能部门、预警管理、查询统计、系统管理”等 6 个监督模块，实现对“两个责任”在线管理、网上监控、实时预警、动态评价，为督促“两个责任”的落实提供依据支撑，为实施“两个责任”问责提供数据支撑，为强化责任制考核提供日常资料。管理平台在金溪县进行试点后再在全市推广运行。运用“两个责任”管理平台，对 11 个县（区）和高新区党委、纪委落实“两个责任”工作情况实行精细管理。干部作风监督平台。开发“作风监督一键通”APP 移动终端，并将“一键通”的二维码，在市、县主流媒体和超市、公园、小区等人口密集场所公开，引导党员、群众监督举报身边的“四风”问题。对群众举报的问题线索快速处置、快速查处、快速通报，2015 年 9 月 1 日上线运行后，共接受举报 36 件(次)，市纪委直接调查 12 件，处理 4 人。

突破教育提醒盲区。此前，纪律教育的对象大多是党员领导干部，教育的范围大多在机关，覆盖面不广；教育的方式大多是一锅煮，缺乏针对性，效果不好；对干部身上的苗头性、倾向性问题问得少、管得松。把纪律挺在前面，必须要加强纪律教育和提醒，唤醒全体党员党章意识、纪律意识、规矩意识和组织意识。为此，市纪委注重在纪律宣讲、提醒教育上下功夫，营造守纪律、讲规矩的浓厚氛围，深入推进四个全面：全面开设纪律讲堂。在市、县、乡、村 4 级党组织设立纪律讲堂，在市县两级设立中心讲堂，在市直单位、县直单位和乡镇设立基层讲堂，在村组设立流动讲堂，同时设立纪律在线“微讲堂”。年底，全市有 3000 多个单位开设“纪律讲堂”，开办纪律宣讲 4892 场(次)，30642 名党员在纪律讲堂接受教育。同时，精心组织“把纪律和规矩挺在前面”主题教育展，通过图文并茂、声光电展示、现场解说等手段开展党纪党规教育。共有 90 多个市直单位、12 个县(区)的 5000 余名领导干部参观展览、接受教育；编印《“把纪律挺在前面”学习资料》，对包括市委书记、市长在内的 4.8 万名党员干部进行党纪党规知识测试。通过全面开设纪律讲堂，加强纪律教育，增强全体党员纪律观念。全面推行纪律处分执行公示。针对处分干部事项遮遮掩掩不公开，执行中存在的降级不“减薪”、双开不“停薪”，直接影响执纪的权威性、严肃性、警示性等问题，在及时、严格督促办理受处分人员职务、工资、解除人事关系等事项的基础上，一个月内在受处分人员所在单位和党的基层组织中，对受处分人受处分种类、职务级别调整、工资待遇调整、年度考核等事项进行为期 5 个工作日的公示，并将处分决定材料归入受处分人员档案。1 月至 10 月，全市纪检监察机关共公示 293 件受党纪政纪处分案件，其中县级干部 7 名，科级干部 115 名。通过全面推行纪律处分执行公示，加强党员自身的纪律意识和党员之间的纪律监督。全面实行“一案三查找”。针对发挥纪律审查“后半篇”文章效应不够、警示教育和推动建章立制效果不好等问题，注重将查办结果转化为教育成果、制度成果，选择有警示教育意义的违纪违法案件，在发案单位组织召开警示分析会，由纪检机关通报处理决定，案件主办人剖析案件发生的诱因、动机、过程，找出主观、客观因素以及在案件调查过程中发现的问题、存在的漏洞和薄弱环节，提出有针对性的建议；单位党委(党组)主要负责人和班子分管领导，纪委(纪工委、纪检组)主要负责人，受处分对象等 3 方共同查找存在的问题、查明个人应负的责任、查出下步改进的措施。是年，12 个县(区)开展“一案三查找”专场警示会 12 次。通过全面实行“一案三查找”，起到用身边事教育身边人、用身边案堵漏洞和推进“两个责任”落实的警示效果。全面开展纪律建设“五约谈”。全年共对 1153 人次开展“五约谈”，其中县(处)级干部 51 人，科级干部 672 人；“五约谈”后收到主动上交的“红包”150 余万元，99 名党员干部主动向纪委交代问题。通过全面开展纪律建设“五约谈”，全市党员及党员领导干部履责意识、自律意识、守纪意识进一步增强。

二、形成“四个新常态”

先行先试工作开展后，市纪委既着眼当前解决突出问题，又立足长远注重制度建设，取得形成“四个新常态”先行先试的初步成效。

落实“两个责任”新常态。先行先试工作的推进落实、重点突破过程，实质就是“两个责任”的深入落实、压力传导过程。市委主动过问和交待工作，主动研究和解决实际问题，通过开展对“把纪律挺在前面”精神的学习、问题的调研，通过对 18 项具体措施的部署、推进、督查，通过制定和执行《抚州市党员干部行为规范》，实现履行主体责任由领导者到领导者和推动者的转变。39 名市四套班子领导按照责任分工和分管领域，深入全市 12 个县（区）和市直单位，对主体责任落实情况进行调研。按照市委统一要求，全市县级以上领导干部开展主体责任调研活动 1304 人（次），征求意见建议 4198 条，发现问题 3932 个，提出解决措施 2122 条，约谈 8719 人（次）；市纪委强化全会任务意识，强化问题导向，强化试点突破，从严监督执纪问责，2015 年 1 月至 10 月，共查处违反“八项规定”精神案件 84 件，对 118 名党员干部进行党纪政纪和组织处理，市县两级纪委对 55 件典型案例进行点名道姓公开曝光；全市各级廉政账户共收到上缴“红包”款 1910 笔 584. 68 万元、违规插手工程项目不当得利 96 笔 407. 91 万元；共立案 888 件，其中县级干部 12 件，科级干部 132 件，给予党纪政纪处分 814 人；共查处群众身边的腐败案件和“四风”问题 216 件，给予党纪政纪处分 194 人，通报典型案件 17 件；共查处落实“两个责任”不力案件 63 件，涉及 68 人（次），其中党委（党组）书记 9 人、纪委书记（纪检组长）3 人。

坚持“抓早抓小”新常态。建立“四早机制”，不是为了先行先试在短时间推行，而是着眼长远，注重制度规范。通过几个月的实践，领导干部“抓早抓小”、主动发现并报告问题的意识明显增强，实行“遵规守纪双月报”制度以后，各县（区）委书记、纪委书记和市直单位党委（党组）书记、纪委书记，主动向市委书记、市纪委书记签字上报反映县级领导干部遵规守纪问题线索 4 件、科级干部重大问题线索 86 件；党委和纪委“抓早抓小”、教育提醒的事项更有针对性，推行“廉情三预警”制度以后，全市党员领导干部对其负责的重大工程项目、亲属经商办企业、操办婚丧喜庆事宜、出国出境等情况，书面向上级纪委、组织部和所在单位党委（党组）3 方主动上报廉情预警事项 451 项，并签字背书作廉政承诺。同时，3 方对当事人发出《预警通知单》268 份，进行廉政教育和纪律提醒。“抓早抓小”的方法在坚持深化中不断完善。

注重“治病救人”新常态。监督执纪“四种形态”，体现了惩前毖后、治病救人方针，是纪律检查工作又一次深刻的思想变革。试行工作开展后，市纪委适应形势任务，进一步深入推进“三转”，在思想认识、责任担当、方法措施上紧跟中央要求，把握运用监督执纪“四种形态”。在“四种形态”没有提出之前，市委就在先行先试工作意见中，明确要“落实批评和自我批评制度”，要求“领导干部之间交心谈心每年不少于 2 次”，“在班子民主生活会上，对每一位同志至少提 2 条以上意见建议”。在 2015 年的民主生活会上，市委、市纪委严格落实该项制度；严格运用函询、党纪轻处分和重处分、组织处理和重大职务调整等措施。1 月至 10 月，全市纪检监察机关运用监督执纪“四种形态”查处党员领导干部违纪问题 1179 起，对有的单位领导违反廉洁自律规定、违反组织人事纪律、受贿贪污和收受礼金、默许亲属利用其职务影响违规承揽工程项目等问题,都采取纪律处分与免职、调整职务、降级等并用处理方式。

全市“崇廉倡廉”新常态。整个社会崇廉尚廉,党风、政风、民风良性互动,把纪律挺在前面才能有良好的社会基础。市纪委一直坚持文化反腐、教育倡廉的理念,全面系统深入推进廉文化建设,营造党风廉政建设的浓厚社会氛围。成立抚州市廉政党校,面向副县级以上党员领导干部以及重点领域和关键岗位的党员干部开展倡廉教育活动;成立以廉文化建设为主题的群众性学术团体——抚州市廉文化促进会,与清华大学廉政与治理研究院合作共建抚州市廉文化研究院,面向全社会开展廉文化的理论研究、教育传播和艺术创作;在全市中小学校普遍开设廉洁修身教育课,推动廉洁修身教育全面走进学校、走进课堂;突出“一县一品”,打造临川“孝·廉”、广昌“莲·廉”、黎川“瓷·廉”、崇仁“理·廉”、资溪“竹·廉”、南丰“桔·廉”、宜黄“红·廉”、东乡“书·廉”、南城“礼·廉”、乐安“守·廉”、金溪社区廉文化等特色廉文化品牌,推动廉文化从党政机关走进千家万户;举办抚州市廉文化节,突出群众参与,推广廉文化、传播廉精神、形成廉风尚。

第八篇 县(区)纪检监察概况

20世纪50年代初期,抚州各县(市)相继成立纪检监察机构,并开展纪检监察工作,是全区纪检监察机构及纪检监察工作的重要组成部分。“文化大革命”期间,各县(市)纪检监察机构被冲击,纪检监察工作随之停止。林彪、江青反革命集团被粉碎后,各县(市)纪检监察机构逐步得到恢复,纪检监察工作得到加强。1993年,各县(市)纪检监察机构合署办公。1995年,临川县与抚州市合并成立临川市。2000年10月,抚州撤地设市,抚州地区更名抚州市,临川市更名临川区。至2015年,抚州市纪委监察局辖临川区、南城、黎川、南丰、崇仁、乐安、宜黄、金溪、资溪、广昌、东乡县纪委监察局和抚州高新技术产业开发区纪工委监察局。本篇主要记述抚州市10县2区纪检监察概况,其中县(区)机构队伍概况包括合署前纪检机构队伍、合署前监察机构队伍、合署后纪检监察队伍概况;纪检监察工作包括宣传教育、案件查处、案件复查、办理来信来访、廉政建设、行政监察、纠风治乱等方面,以全面反映抚州市纪检监察机构及纪检监察工作的历史和现状。

第一章 临川区纪检监察概况

第一节 机构队伍

一、合署前纪检机构队伍

临川县　县委成立初期,纪律检查工作由县委组织部兼办。1951年5月,成立县委纪律检查委员会。1955年8月,县监察委员会代替县委纪律检查委员会。1956年4月,县监察委员会有委员7人。1958年12月,县监察委员会有委员9人。1959年6月,县监察委员会改称县委监察委员会。1966年后因“文化大革命”动乱,县委监察委员会被撤销。1972年11月,设立县革委会政治部纪律检查组,负责纪律检查工作。1979年9月,恢复县委纪律检查委员会,有专职干部4人。1980年7月,县委纪律检查委员会有委员6人。1984年5月,县委纪律检查委员会改称县纪律检查委员会,机构升格,增设纪委常委。12月,县纪律检查委员会有委员17人,纪委常委6人。内设纪律检查科、案件审理科、信访科和办公室。1987年9月,县纪律检查委员会有委员19人,纪委常委7人。1989年9月,县纪律检查委员会进行部分调整,有委员15人,常委6人。内设机构不变,有工作人员14

人。1990 年 4 月,县纪律检查委员会有委员 17 人,常委 6 人。1992 年 12 月,县纪律检查委员会有委员 19 人,常委 11 人。内设办公室、纪检室、信访室、案件审理室、案件检查室、宣传教育调研室、党风廉政建设室、纪检监察一室、纪检监察二室、执法监察室。

历任纪(监)委书记:李春瑞、刘树森、杨裕隆、何平、黄乾堂、何金元、徐炳坤、邹明泉、廖功亮。

抚州市　1954 年 10 月,抚州镇委纪律检查委员会成立,有专职干部 4 人。1955 年 2 月,镇委纪委改称抚州市委纪委。1955 年 9 月,抚州市委纪委改称抚州市监察委员会。1959 年 6 月,抚州市监察委员会改称抚州市委监察委员会,有专职干部 2 人。1963 年 10 月,市委监察委员会改称镇委监察委员会。"文化大革命"中机构与工作均瘫痪。1972 年 11 月,市革委会政治部设纪检组负责纪律检查工作。1979 年 9 月,恢复设立市委纪律检查委员会,有专职干部 4 人。1984 年 3 月,市委纪委升格为抚州市纪律检查委员会,内设纪律检查科、案件审查科、办公室,有专职干部 7 人。1987 年 9 月市纪律检查委员会有常委 6 人。年底,有专职干部 14 人。1990 年 5 月,市纪律检查委员会有委员 15 人,常委 7 人。1992 年 12 月,市纪律检查委员会有委员 17 人,常委 9 人。内设办公室、案件审理室、信访室、纪律检查室、党风廉政建设办公室、纪检监察一室、纪检监察二室、执法监察室、监察综合室。

历任纪(监)委书记:寇健、李斌、王九如、孙玉芳、邹文科、尹钟生、邱火明、陈平。

二、合署前监察机构队伍

临川县　1953 年 3 月,设立县人民监察委员会。1957 年 4 月,改称监察局。1959 年 9 月,撤销监察局。1961 年 12 月,设立人事监察局。1964 年 7 月,撤销人事监察局。1988 年 4 月,复设监察局,为正科级机构。

抚州市　1954 年 5 月,设立市人民监察委员会,1955 年 12 月被撤销。1961 年 10 月,设立人事监察局,合署办公。1964 年 10 月,撤销人事监察局。1988 年 4 月,复设市监察局,为正科级机构。

三、合署后纪检监察机构队伍

临川县　1993 年 1 月,临川县纪律检查委员会与县监察局合署办公,实行一套机构、两块牌子的体制。监察局长由一名纪委副书记兼任。1994 年 8 月,肖文海接任书记。

抚州市　1993 年 6 月,抚州市纪律检查委员会与市监察局合署办公,实行一套机构、两块牌子的体制。监察局长由一名纪委副书记兼任。1994 年 7 月,叶贵东接任书记。

临川市　1995 年 4 月,临川县与抚州市合并成立临川市,李云为临川市纪委书记,有常委 13 人。1997 年 11 月,陈建福接任书记。1997 年 12 月,临川市纪律检查委员会有委员 17 人,常委 9 人,书记陈建福。内设办公室、宣传教育室、案件审理室、第一纪检监察室、第二纪检监察室、执法监察室、党风廉政建设室、监察综合室。

临川区　2000 年 10 月,临川撤市设区,临川市纪律检查委员会改为临川区纪律检查委员会,内设办公室、信访室、宣传教育室、第一纪检监察室、第二纪检监察室、执法监察室、党风廉政建设室、监察综合室。2001 年 5 月,增设案件审理室。有行政编制 32 个,事业编制 6 个。在职 38 人。

2002 年 12 月,临川区纪委有常委 9 人。2003 年,区纪委书记由同级党委副书记担任。内设机构增设干部室、优化经济环境室(临川区整治经济发展环境领导小组办公室),信访室增挂举报中心牌子。有行政编制 30 个,事业编制 9 个。2006 年,区纪委书记由区委常委担任。2008 年,优化经济环境室更名为"临川区纪委监察局效能监察室"和"区政府行政投诉中心"。

2010 年,推行县乡纪检监察管理体制改革,临川区撤销 24 个区直部门单位纪检监察机构,组建 8 个纪工委、监察分局,其中 4 个面向区直单位(部门),4 个面向乡镇(街道、场)。纪工委为正科级机构,监察分局为副科级机构,纪工委、监察分局实行合署办公,核定行政编制 32 个。区纪委监察局机关内设机构由 11 个整合为 9 个,即办公室、宣教室、执法监察室、案件检查室、案件审理室、信访室(举报中心)、干部室、党风廉政建设室(临川区党风廉政建设领导组办公室)、纠风室(临川区人民政府纠正行业和部门不正之风办公室)。效能监察室职责划入区政府行政投诉中心,仍挂靠区纪委办公。核定行政编制 28 个。

2015 年,临川区纪委监察局内设机构有办公室、干部室、宣传教育室、党风政风监督室(区党风廉政建设领导小组办公室和区政府纠正部门和行业不正之风办公室)、信访室、第一纪检监察室、第二纪检监察室、干部监督室、案件审理室。撤销区政府投诉中心,组建区纪委监察局办案服务中心,隶属区纪委监察局。有行政编 55 个,工勤事业编 5 个。

临川区历任纪委书记:陈建福、刁东森、傅志雄、吴勇、章菊华。

临川区历任监察局长:朱伯崇、徐忠文、周晓福。

第二节　纪检监察工作

一、宣传教育

1950—1966 年,抚州市(镇)委纪委围绕各时期党的中心工作和政治运动,采取经常性和预防性相结合的方法,对党员进行党风党纪教育。1979—1987 年,市纪委编写了党风党纪教育材料 8 期;组织党员重点学习《关于党内政治生活的若干准则》、中央纪委的《公开信》、《关于整顿纪律的通知》、省委《关于切实端正党风的决定》、《中共中央关于经济体制改革的决定》等;在全市党员中开展坚持"四项基本原则",反对资产阶级自由化,端正党风,促进改革开放,以及党政干部为政清廉等方面的教育。1987 年,在市属各系统、单位放映党风教育电视录像片 27 场,有 80% 以上的党员观看。1992—1994 年,全市重点开展党纪政纪条规教育,提高各级领导干部拒腐防变、勤政为民意识。

临川县纪检监察机关在党风党纪教育方面也做了大量工作。

1995—2000 年,临川市纪委组织党员干部参加由中央纪委、监察部举办的"党纪政纪条规知识竞赛"活动,开展学习宣传《条例》、《准则》等 6 个法规、播放《党纪政纪条规知识讲座》等教育活动,组织党员干部观看"10・20"特大受贿案始末、《从副市长到阶下囚》等录像片,举办"廉政杯"有奖征文活动。组织《行政监察法》知识竞赛活动,全市设 67 个分赛区,参赛人数 1.19 万人。组织观看《中国共产党纪律处分条例(试行)》电视系列片,并结合座谈讨论、知识竞赛、上党课、办宣传栏等形式,使全市 1 万多名党员干部受到一次深刻的党性党风和廉政教育。结合“三讲”教育“回头看”，利用胡长青等重大典型案件，加大对党员干部的警示教育力度。同时，还与地区纪委联合编印2000年《廉政台历》1.2万册。

2001—2006年，临川区纪委精心组织学习贯彻《党章》、《条例》和《实施纲要》活动；举办《实施纲要》专家讲座12场；发送教育光盘和配套资料630多件，在乡镇、区直单位播放录像片276场，发放相关的知识竞答试卷6000多份；在区电视台开辟专门栏目，分期播放《条例》及《实施纲要》全部内容，使《党章》、《条例》等知识深入人心。在全区各条战线开展“立党为公、执政为民、当好人民的公仆”、领导干部“廉内助”以及廉政建设先进个人等评选活动，40多名先进典型脱颖而出，分别受到省、市、区表彰。将郑培民、任长霞、牛玉儒等先进事迹编辑成册，印发1000多套，供全区科级以上干部学习；播放《来自高墙内的忏悔》、《警钟》等反面典型录像片，将重大典型案例进行通报、曝光，用腐败分子的经历和结局来警示党员干部。建立党风廉政建设宣教工作联席会议制度，会同组织、宣传、党校、教育、文体广电等部门对外发送宣传稿件，大力宣传区内党风廉政建设和反腐败工作的成功经验和取得的成效。

2007—2011年，创办《临川廉风》刊物。开展“学习廉政准则，永葆清廉本色”主题教育活动，建立单位“一把手”讲廉政党课制度；以保持共产党员先进性教育为契机，举办“红心献给党”演讲比赛、评选“廉内助”等活动；组织全区党政“一把手”到南昌豫章监狱开展现场警示教育；编辑出版《临川古今孝廉故事》，在全国公开发行；创作廉政采茶小戏，多次在市、区演出；举办农村党风廉政建设成果图片展、“拒绝腐败、崇尚清廉”摄影书画展和廉政公益广告比赛。在中央、省、市、区新闻媒体发表反腐倡廉宣传报道600多篇。

2012—2013年，举办“清风正气文化年”系列教育活动。开展领导干部讲廉政党课、廉洁教育电影下乡、信念忠诚教育、党员警示日、机关效能文化宣传月、关键岗位工作人员廉政培训周等系列活动，组织200余名科级党政正职到市廉政党校接受廉政教育。全区212名纪检监察干部争当严守纪律、廉洁自律、改进作风的表率。开展“勤廉临川”廉政作品创作活动，有60多件优秀作品在全市各类比赛中获奖。其中区纪委选送的廉政小品《悔》、《彩铃声声》荣获市廉政剧目大赛特等奖和一等奖。同时，突出孝廉文化建设，打造一批有影响力的廉政文化名片，并在国家、省、市级媒体刊物发表各类文章300余篇。

2014—2015年，反腐倡廉教育亮点纷呈。成立孝廉文化促进会，打造8个孝廉文化示范点。加大开办廉政党课的力度，全区各单位主要负责人讲授廉政党课112场，举办廉政道德讲堂10期。开展廉内助警示教育、纪检监察“开放日”等倡廉活动。改版升级廉政网站，开通“勤廉临川”政务微博微信，发布信息600余条。把廉洁从政教育纳入党委中心组学习、民主生活会、“三会一课”、党校主体培训班的重要内容，举办纪律建设专修班2期。开办纪律讲堂184个，其中中心讲堂2个，科级讲堂77个，村(居)讲堂105个，开讲135场。全区近4万名党员干部征订、学习新修订的《中国共产党廉洁自律准则》和《中国共产党纪律处分条例》，并组织征文活动。组织全区68名党政“一把手”参加加强纪律建设专题访谈节目，组织副县级以上领导干部、部分科级干部参观“把纪律挺在前面”主题教育展，举办“把纪律挺在前面”知识竞答和测试活动。邀请省纪委有关领导为全区1000余名科级干部上纪律教育专题辅导课。开展王安石、汤显祖、李井泉的孝廉思想研讨活动，形成高水平研究报告4篇。拍摄的《临川孝廉文化》专题片在全市廉文化专题片中展播,并被选送到省纪委进行展播。

二、案件查处

临川县纪委自成立以来,配合党在各个时期的中心工作,查处党员各种违纪案件。1952—1953年,对“三反”运动中犯有贪污、浪费、官僚主义的16名党员干部进行查处,其中警告4人,撤销职务3人,留党察看2人,开除党籍7人。1954—1955年,重点查处55名违反党的政策及犯有贪污、浪费、官僚主义的党员干部,其中警告10人,留党察看3人,开除党籍41人,劝告1人。1956年,查处82名抵抗和破坏社会主义改造运动的党员干部。其中警告25人,党内严重警告4人,留党察看15人,开除党籍35人。1957—1959年,结合整风、肃反和反右倾等运动,查处党员干部541人。其中警告75人,严重警告129人,撤销职务29人,留党察看136人,开除党籍172人。由于受“左”的错误思想影响,在处理时扩大化,误伤了部分党员干部。1960—1962年查处面仍然很大,共查处491人。其中党内警告57人,严重警告142人,撤销职务66人,留党察看102人,开除党籍124人。1963—1964年,主要查处坚持单干和从事贪污盗窃、投机倒把,破坏国家市场、破坏计划供应的案件,受处分的党员干部196人。其中党内警告11人,严重警告30人,撤销职务10人,留党察看33人,开除党籍111人。1965年,结合社会主义教育运动组织处理工作和继续抓“五反”运动的专案工作,查处党员干部中蜕化变质、贪污盗窃、投机倒把分子和其他坏分子563人。其中党内警告126人,严重警告197人,开除党籍85人。

“文化大革命”期间,纪律检查工作中断。

1979年,临川县纪检机构恢复后,着重查处违反党纪、败坏党风的案件。至1980年,全县受处分的党员干部68人。其中党内警告6人,严重警告14人,撤销职务10人,留党察看17人,开除党籍21人。1981—1982年,重点查处以权谋私,违反财经纪律大吃大喝、请客送礼,以及经济领域中的违法违纪案件,受处分的党员干部24人。其中党内警告1人,严重警告3人,撤销职务5人,留党察看3人,开除党籍12人。1983—1988年,查处党员干部违纪建私房、违反财经纪律、以权谋私等案件,共有134名党员干部受到处分。其中党内警告32人,严重警告28人,撤销职务12人,留党察看21人,开除党籍47人,另有3人免于处分。1989—1994年,为推动反腐败斗争的深入开展,加大了违纪案件的查处力度,并把查办重点放到党政机关、司法机关、行政执法机关和经济管理部门。共立案228件,结案224件。其中涉及科级干部17件。给予党纪处分202人,政纪处分25人。其中开除党籍35人,留党察看35人,撤销党内职务9人,移送司法机关处理4人。

1954—1956年,抚州市纪委配合党的中心工作,对破坏“三大改造”(对农业、手工业和资本主义工商业的社会主义改造),违反粮食、棉花统购统销政策,以及犯有严重官僚主义的党员干部进行从严查处,共查处各种违纪案件12件。1979—1987年,市纪委查处党员违纪案件97起。其中开除党籍11人,留党察看27人,撤销党内外职务5人,党内严重警告25人,党内警告29人。1988—1994年,市纪检监察机关共立案223件,结案223件,其中涉及科级干部案件23件。给予党纪处分97人,政纪处分24人。其中开除党籍24人,留党察看15人,撤销党内职务2人,撤销行政职务3人,开除公职留用1人,移送司法机关处理 1 人。

1995 年,临川县、抚州市合并为临川市。至 1999 年,临川市纪检监察机关共立案 436 件,结案 434 件。其中涉及科级干部案件 84 件,万元以上经济大案 73 件。给予党纪处分 373 人,政纪处分 116 人。其中撤销党内职务 93 人,撤销行政职务 44 人,收缴违法违纪金额 95.2 万元。

2000 年,临川市改称临川区,全区纪检监察机关共查处各类违纪违法案件 120 件,结案 119 件。其中大案要案 28 件,涉及科级干部 21 件。给予党纪政纪处分 131 人。挽回经济损失 40.35 万元。2002 年,全区纪检监察机关立案 122 件,给予党纪政纪处分 120 人,移送司法机关处理 5 人,追缴违纪金额 127.91 万元。2003—2005 年,全区纪检监察机关共查处各类违纪违法案件 410 件,处分 441 人(免予处分 1 人,销案 1 人)。给予党纪处分 383 人,政纪处分 66 人,受党纪政纪双重处分 8 人。在受处分人员中,科级干部 44 人,其中正科级干部 16 人,副科级干部 28 人。移送司法机关处理 10 人,追缴违纪金额 255.06 万元。2006—2010 年,全区纪检监察机关共立案 476 件,处分 536 人。给予党纪处分 510 人,给予政纪处分 39 人,受党纪政纪双重处分 13 人。在受处分人员中,科级干部 62 人,其中正科级干部 22 人,副科级干部 40 人。移送司法机关处理 35 人,追缴违纪金额 733.43 万元。2011—2014 年,全区纪检监察机关共立案查处各类违纪违法案 663 件,其中大要案 114 件。处分党员干部 745 人,其中科级干部 65 人(正科 26 人,副科 39 人)。在受处分人员中,受党纪处分 673 人,受政纪处分 52 人,受党纪政纪双重处分 30 人,移送司法机关处理 64 人,追缴各类违纪违规资金 1477.47 万元。

三、案件复查

1962 年 4 月,中共中央发出《关于加速进行党员、干部甄别工作的通知》,临川县监委按照“实事求是,有错必纠”的原则,对 1958 年 7 月至 1961 年 6 月受过各种处分的党员、团员和群众 5725 人(其中党员 581 人),进行全面甄别。甄别结果,处理正确的 3093 人(其中党员 471 人),部分错的 814 人(其中党员 47 人),基本错的或完全错的 1818 人(其中党员 63 人)。是部分错的进行部分纠正,全部错的全部纠正。1979 年 11 月,复查和纠正冤假错案。对 1959 年定为右倾机会主义分子(或有严重右倾错误)受到批判和处分的 92 个案件,全面进行复查,平反改正 91 个,其中口头平反 35 个,书面平反 14 个,作材料处理 39 个,部分平反 3 个。1980 年,对“文化大革命”中遗留下的 30 个冤假错案进行全面复查,恢复党籍 12 人,撤销党内处分 13 人,减轻处分 1 人。对含冤致死的 4 名党员干部也进行平反昭雪,并销毁有关档案材料。1982 年,复查“两案”案件,按照“思想批判从严,组织处理从宽“的方针,给受审的 12 人重新作出结论,定为严重错误 1 人,犯有错误 7 人,说错话做错事 4 人。组织处分也做了更正,原为开除党籍 6 人、留党察看 1 年 1 人、严重警告 1 人、撤销职务 1 人、记大过 1 次 2 人,改为留党察看两年 1 人、警告 1 人,从而缩小了打击面,扩大了教育面。

1961 年 10 月,抚州市监委开始对在 1957 年反右派和 1959 年反“右倾”运动中错误处分的一批党员进行甄别,至 1962 年,撤销处分 4 人,部分纠正 10 人。1978 年 10 月至 1979 年 12 月,市委纪委对 1959 年定为“右倾”错误受到批判和处分的 32 件案件进行全面复查平反。其中口头平反17人,书面平反15人(受党纪处分的8人中,恢复党籍1人,撤销党内处分7人)。1980年,对"文化大革命"中的35件冤假错案进行全面复查,平反昭雪。其中平反恢复名誉4人,纠正7人,平反昭雪4人。1982年,市委纪委对全市与林彪、江青反革命集团有牵连的98件案件进行复查后,对94人作了实事求是的定性结论。

2002—2015年,临川区纪委共复查违纪案件11件,其中,维持原处分5件,撤诉1件,减轻处分5件。配合市纪委复查1件。

四、办理来信来访

纪检监察机关一贯重视群众来信来访,设有信访室专门负责这项工作,并按"分级负责,归口管理"的原则,大部分在基层进行处理,情况严重的转立案查处。

1954—1987年,抚州市纪(监)委共受理党内外群众来信来访3380件(次)。

1988—1990年,抚州市纪检监察机关共受理群众来信来访412件(次)。

1991—1995年,抚州市纪检监察机关共受理群众来信来访393件(次)。临川县纪检监察机关共受理群众来信来访435件(次)。

1996—2000年,临川市纪检监察机关共受理群众来信来访1039件(次),其中涉及科级干部336件(次),转立案37件(次)。

2001—2005年,临川区纪检监察机关共受理群众信访举报1072件(次),其中来信593件,来访265次,电话举报177次。为查办案件提供线索552条,为群众解决信访问题740个。

2006—2010年,临川区纪检监察机关共受理群众信访举报1368件(次),其中来信843件,来访324次,电话举报201次。为查办案件提供线索806条,为群众解决信访问题945个。

2011—2015年,临川区纪检监察机关不断畅通信访举报渠道,构建覆盖区、乡(镇)、村"三位一体"的信访举报网络,成立信访信息中心,建立快捷高效的信访收集、处置机制。同时,开展信访"三带一驻点"工作和"四访送清风"活动,信访工作取得明显成效。5年中共受理群众信访举报1857件(次),其中,来信1124件,来访436次,电话举报297次。为查办案件提供线索1263条,为群众解决信访问题1321个。

五、党风廉政建设

自1986年开始,临川县、抚州市纪检监察机关根据上级规定和各地实际情况,制定有关廉政规章制度,大力纠正党政部门和党员干部中的不正之风。

2002—2004年,临川区纪检监察机关下发《关于领导干部个人重大事项报告制度的实施意见》,建立党风廉政建设工作和领导干部廉洁从政情况定期报告制度。下发《关于在招商引资工作中严格遵守领导干部廉洁自律有关规定的通知》,严格规范领导干部在招商引资工作中的行为。实行干部任用考察预告、公开述职、民主测评和推荐,对拟提任领导干部公示及事先征求纪委意见等制度,防止用人上的腐败行为。建立各乡镇场、街办和区直单位党政"一把手"公开述廉制度。建立领导班子专题民主生活会制度、领导干部任前廉政谈话制度。推行会计集中核算制度,全区106个区直行政事业单位进入会计核算中心。进一步完善了政府采购制度。

2006—2009 年,区纪检监察机关先后制定下发《关于落实党风廉政建设责任制的实施办法》、《关于对部门单位领导班子领导干部执行党风廉政建设责任制情况的考核和责任追究细则》、《关于加强农村党风廉政建设的实施意见》等文件。每年区委、区政府领导都与乡镇、街办和区直部门负责人签订《党风廉政建设责任书》,年终组织有关部门对落实党风廉政建设责任制情况进行检查和考核,对不认真或不正确履行党风廉政建设责任制的单位和领导,先后有 12 个单位被取消评优评先资格,有 34 名领导干部受到责任追究。同时,将考核结果作为年终岗位目标责任考核的重要依据。加强政务信息公开制度建设,完善政务公开网站建设,开展政务公开示范点工作,不断创新政务公开的形式,强化对政务公开工作的监督。成立治理商业贿赂领导小组,并将治理商业贿赂列入纪检监察工作的重要内容。成立临川区建设工程招投标交易中心,规定辖区内的房建市政工程、交通工程、政府采购、国有资产出让等交易活动,必须在招投标交易中心完成,防止交易中的腐败现象。推行乡(镇)、村财务管理制度改革,27 个乡(镇)实行乡财区管,396 个村委会实行村财乡代理,严格乡(镇)、村级财务的管理和监督。全面推行国库集中支付制度,132 个区直行政事业单位及 87 个中小学校纳入国库集中支付范围,并启动公务卡结算制度改革。成立公共资源交易中心,各乡镇建立公共资源交易站,构建区、乡两级公共资源交易平台,成立建筑安装和房地产税费一体化征管中心。

2010—2012 年,实行党政机关、事业单位党政正职“四个不直接分管”和科级党政机关研究重大事项正职末位表态等制度,着力构建“1 + N”反腐倡廉制度体系。规范和公开权力运行机制,开展风险岗位廉能管理,推进风险防控,实行风险预警。对 194 名新任科级干部进行财产公示、廉政谈话和廉政知识考试;对 15 名区直和乡镇党政主要领导进行廉政信访约谈。推行公务消费一体化监管体系改革,将公务接待、公务用品采购、公务用车全部纳入“公务消费一体化监管平台”。把农村集体资金、资产、资源监管,作为打造廉政阳光工程、强化农村党风廉政建设、维护农村社会和谐稳定的关键环节和主要抓手,在腾桥镇、连城乡进行试点,创立“三议三审三公开”监管流程,创造了“三资监管腾桥经验”,得到省、市纪委的高度评价。

2013—2015 年,进一步加强党风廉政惩防体系建设,切实履行“一岗双责”。对廉政责任考核、作风效能预警、工程领域监管、公务消费监督、政务阳光监察、干部关爱行动项目,均明确具体实施方案和责任到人措施。对各地各部门“两个责任”落实情况进行纪实考核,严格责任追究。开展“廉洁公务建设年”活动,实施“六大保廉项目”。大力推进清廉临川建设,开展“八大清廉行动”。认真贯彻执行中共中央“八项规定”,建立巡视工作制度,派出 16 个明察暗访组开展常规、重点和专项巡查,查处 30 件违反“八项规定”行为,给予党纪政纪处分 36 人,诫勉谈话 3 人(次)。对违反“八项规定”和违反廉洁自律规定的 25 个单位,发出廉情监督预警单 27 份。深化“红包”问题专项治理,全区 1. 37 万名科级以下干部全部进行自查自纠。开展国家工作人员防止利益冲突专项治理,全区 1. 48 万名干部及时登记备案。开展领导干部违规插手干预工程项目专项治理工作,全区有 1256 名科级以上干部填报了“自查自纠表”,主动上交不当得利 78. 45 万元。组织 16 名科级党政正职向区纪委全委会述廉受评,15 名乡镇(场、街办)党委书记、5 名乡镇纪委书记和 10 名区直属单位负责人接受电视访谈。195名新任科级干部据实申报了个人财产和重大事项。开展纪律建设"五约谈"活动。在全省党风廉政建设社会评价工作中,临川区位于全省排名第6位。

六、行政监察

执法监察　1990—1994年,临川县和抚州市纪委整治行业不正之风,开展执法检查和专项治理340次,其中临川县180次,抚州市160次。

1995—1999年,临川市监察部门整治行业不正之风,开展执法检查和专项治理360次。为农民减轻负担,取消对农民不合理收费10次,查处增加农民负担的人和事54件,查处违纪金额128万元,收缴违纪款3.4万元。清理中、小学乱收费项目17个,清查违纪款780万元。对预算外资金管理进行清查,重点清查行政事业单位64个,查出违纪款1000万元,违规支出850万元。

2000年,临川区监察部门为农民减轻负担,取消对农民不合理收费2项,查处增加农民负担的人和事10件,查出违纪金额25万元,收缴违纪款1.1万元。对预算外资金管理进行清查,清查行政事业单位12个,查出违纪款200万元。

2002—2007年,主要开展农民负担、工程领域、安全生产、教育乱收费等方面的专项检查,提出监察建议;开展一些单位违规收费、违规补课及违反财政纪律等方面的单项执法监察,提出监察建议;组织参与案件调查工作,查处一些大案要案;开展信访件的调查取证工作,及时处理群众反映的热点难点问题,每年信访件调查均在15件以上;积极参与区中招体考实验操作和改卷、高考、征兵、工程领域招投标的现场监督,年终各项考评,安全生产检查等工作;参与协助国有企业改制、国有资产处理等工作;参与招商引资工作和跟踪服务工作,为客商排忧解难。

2007—2013年,主要开展违法用地、违规使用容积率、环境保护和节能减排政策落实情况、工程领域专项治理、抗洪救灾物资等方面的专项检查,提出监察建议;开展一些单位违反财经纪律、违规收费,违反工作纪律等方面的单项执法监察,提出监察建议;组织参与对教育乱收费、安全生产等方面的案件调查工作,查处一些大案要案;开展信访件的调查取证工作,及时处理群众反映的热点难点问题;启动工程建设项目信息公开和诚信体系建设,启动公共资源交易网络平台建设,将全区工程项目招投标工作全部纳入公共资源交易中心进行。2012年认真落实《临川区推进乡镇财政国库集中支付改革实施方案》,进一步完善"乡财区代管"工作。加快行政审批制度改革,抓好网上审批、电子监察和视频监察系统建设,扎实推进"公共服务平台"建设。落实强农惠农政策,严肃查处涉农乱收费、制售假冒伪劣农资等问题,切实减轻农民负担。加强治理公路"三乱",严格规范上路执法行为。加强保障性住房政策措施的监管,确保工程质量和公正分配。

2013—2015年,主要开展全区"家电下乡、家电以旧换新"政策落实情况、规范公正文明执法、加快水利改革发展政策和法律法规落实情况、保障性安居工程建设政策措施落实情况、节能减排和环境保护政策措施落实情况等方面的执法监察,提出监察建议;对违规政府采购、强农惠农政策执行、违规进行补课、违规收费、违规出让土地的情况开展单项执法监察,提出监察建议;参与对安全生产事故、违规收费、私设"小金库"、违规使用土地等方面问题的调查,对违纪人员及时进行处理;开展工程领域专业化监管工作,对全区重点工程领域建设项目进行抽查,完善工程项目招标投标网上交易平台,加强工程建设领域项目信息公开和诚信体系建设工作。

效能监察　2006年,临川区纪检监察机关围绕机关效能建设,积极开展效能监察工作。8月组成两个检查小组,对全区参评单位的政风行风建设进行督查,进一步促进机关作风建设。建立健全首问责任制、岗位责任制、服务承诺制、限时办结制、一次性告知制、公开办事制、效能告诫制等制度,逐步形成比较完善,操作性较强的效能建设体系。全年受理群众来访、来电投诉108件,为客商挽回经济损失近千万元。

2007年6月,制定和下发《2007年临川区加强政风行风建设、优化经济发展环境综合测评活动实施方案》。全年受理群众来访、来电投诉36件,为客商挽回经济损失近600万元。

2008年,积极开展"提升行政效能,建设服务型政府"主题活动。制定《临川区优化发展环境监察工作的方案》,健全监察点和监督员管理办法、监察信息报送制度。通过优化环境监察工作的开展,共梳理出影响发展环境问题6个,解决率达100%,深得广大企业好评,全区经济环境得到进一步优化。

2009年,成立"机关效能—项目建设年"活动领导小组,并以区委、区政府名义制订下发《临川区开展"机关效能—项目建设年"活动实施方案》,认真落实12项重点工作,解决影响机关效能、损害发展环境方面的突出问题。在全区开展创建最优发展环境内设机构测评活动。

2010年,推行行政审批"两集中、两到位"制度改革。区直各部门的行政许可(审批)职能向一个股室集中,行政审批股室向区行政服务中心集中,进驻区行政服务中心办公。全面建立互联互通的网上审批和电子监察系统,行政审批业务全部纳入电子监察范畴。开展行政审批事项清理工作,精简压缩行政许可项目110项,大大提高了办事效率。开展以"树正气、树新风、树形象、促发展"为主要内容的作风建设年活动,认真解决"德、能、勤、细、实、严、公、廉"8个方面的突出问题,重点搞好"八项活动",建立健全"八项制度",促进了行风政风建设。建立企业特派员制度,严肃工作纪律,严格责任追究,开展民主评议,打造一流发展环境,促进了临川的赶超发展。

2011年,围绕"评议百个机关、查找百个问题、办好百件实事、帮扶百个企业",深入开展"双千双百"增效提能活动,重点解决企业在项目建设、融资贷款、市场拓展、企业用工方面的困难和问题。

2012—2014年,把效能作风建设作为服务"三大战役"的重要切入点,开展以治散问德、治庸问能、治懒问效、治乱问责、治腐问廉等"五治五问"为主题的效能作风专项整治活动,解决领导干部作风上的"假、浮、蛮"问题,解决为政不廉的"私、奢、贪"问题,实现全区干部作风明显改进,服务质量明显提高,审批效率明显提升,政务和服务环境更加优质高效,市场和企业经营环境更加宽松透明,法治和社会环境更加公平公正,赢得了市委市政府主要领导的充分肯定。

2015年,坚持把加强作风效能建设,营造风清气正的政治生态,作为全区实施跨越发展、建设幸福临川的"突破口",猛药去疴、抓铁有痕,坚决治理"四风"问题不松劲、不停顿、不罢休。通过加强作风效能整治,全区上下发展信心明显提振,干部形象明显提升,发展环境明显优化,社会风气明显好转。

七、纠风治乱

2007—2009年,查处在教材、教辅资料订购过程中发生的商业贿赂案件10件,涉案金额5万余元。加大对教育乱收费案件的查处力度,共查处各类学校乱收费金额76万余元,查处教师有偿补课案件7件,处理违纪教师18人。查处医药购销等违纪违规案件7件,处理有关人员6人。切实抓好价格监管政策的落实,对区直单位的行政事业性收费项目和收费标准进行了认真清理,取消收费项目63个;明确4个单位、7个收费项目一律按下限标准执行。抓好强农惠农政策落实情况监督检查,坚决纠正损害农民利益的突出问题。坚决纠正和查处增加农民负担、损害农民利益的各种不正之风,共查处哄抬农资价格、制售假劣农资问题6个,涉及金额12万元。查处公路"三乱"违纪干职工5人。

2011—2013年,开展医药医务阳光行动,落实食品药品安全监管责任,切实维护人民群众身体健康和生命安全。组织质监、药监、卫生、工商等部门,先后3次深入到全区各乡镇及村组广泛开展食品药品安全宣传活动,发放宣传册1200多本,张贴公告150张,受教育人数近6万人。全区出动执法人员420余人(次),检查涉药单位152家(次),立案查处涉药违法行为12件,下达整改通知书25份,抽检药品56批(次),收缴各类涉医涉药违纪违法金额11.27万元。开展"家电下乡、家电以旧换新"政策落实情况监督检查专项行动,共查处家电经销商利用伪造信息套取国家家电下乡补贴问题10余个,涉及金额200多万元。

2013—2014年,开展卫生专项资金、新农合资金、中等职业学校助学金和免学费资金、农村劳动力培训资金、农机购置补贴资金、家电下乡补贴资金等专项资金的监督检查,共查出违规资金1849.38万元,其中截留滞留940.38万元,挤占挪用101.16万元,骗取套取96.21万元,全部进行了处理。其中立案查处14人,移送司法机关处理12人,党纪政纪处分5人,其他组织处理145人。

第二章　南城县纪检监察概况

第一节　机构队伍

一、合署前纪检机构队伍

1951年11月,中共南城县委纪律检查委员会成立,初与县委组织部合署办公。1952年11月独立办公。1955年2月,南城县委纪律检查委员会改为南城县纪律检查委员会。8月,更名为中共南城县监察委员会。1959年6月,中共南城县监察委员会改为中共南城县委监察委员会。"文化大革命"期间,县委监委处于瘫痪状态。1972年11月成立县革委政治部纪检组。1977年5月,纪检工作改由县委组织部管理。

1979年9月,恢复中共南城县委纪律检查委员会,有纪检干部6名。1983年12月,成立中共南城县纪律检查委员会,机构升格为副县级。1984年6月,县纪委内设办公室、案件审理科、纪律检查科，有专职干部7人。1990年3月，县纪委内设有办公室、纪检室、案件审理室、信访室。1991年6月增设党风党纪教育室。1992年，县纪委机关有专职干部17人；县直单位纪检机构22个，专职干部4人；乡（镇）设有17个纪委，专职干部19人；企事业单位设纪检机构1个，专职干部1人。

二、合署前监察机构队伍

1953年9月，成立南城县人民政府人民监察委员会，与县政府人事科合署办公。1955年县人民监察委员会被撤销，1956年4月，在县政府办公室设立监察秘书。1957年5月，成立南城县监察局，编制2个，与人事局合署办公。1959年撤销县监察局，监察工作由人事局接管。1961年4月人事局并入民政局，同年10月民政局分设民政局和人事监察局。1964年9月人事监察局改为人事局。1988年3月，恢复南城县监察局，内设人秘股、监察股、审理股、维护廉政举报中心。

三、合署后纪检监察机构队伍

1993年7月，县纪委和县监察局合署办公，内设机构有办公室、监察综合室、纪检监察一室、纪检监察二室、执法监察室、案件审理室、信访举报室（监察局维护廉政举报中心并入信访举报室，保留监察局维护廉政举报中心牌子）、宣教调研室、党风廉政建设室（与县党风廉政建设领导小组办公室合署办公），行政编制22个，事业编制3个，实有专职干部24人。县直单位设有纪委（纪检组）23个，有专职干部42人；乡（镇）设有纪委17个，配专职干部29人。

2003年3月，县纪委监察局有行政编制22个，工勤事业编制3个，机关实有专职干部23人。乡（镇）设纪委12个，实配纪委书记9人；县直单位设纪委14个，纪检组17个，实配纪委书记12人、纪检组长17人。

2010年12月，县级纪检监察机构改革，南城县纪委监察局内设办公（综合、宣教）室、案件检查室、党风廉政建设室、纠正部门和行业不正之风室、执法监察室、案件审理室、信访室（举报中心）、干部室，行政编制17个，后勤事业编制3个。成立7个纪工委、监察分局，纪工委为正科级，监察分局为副科级，实行合署办公，作为县纪委监察局的派出机构，有行政编制28个，后勤事业编制7个。乡镇配备12名纪委书记，县直单位配备3名纪委书记（纪检组长），条管单位配备6名纪检组长。

2015年4月，县纪委监察局内设机构调整，设办公室、干部室、宣传教育室、党风政风监督室（县党风廉政领导小组办公室、县政府纠正部门和行业不正之风办公室）、信访室、第一纪检监察室、第二纪检监察室、案件审理室。核定行政编制20个，事业编制6个，后勤事业编制3个；纪工委、监察分局机构设置和编制保持不变。县纪委监察局内设机构调整后，实有干职工54人。全县12个乡（镇）配备11名纪委书记，县直单位配备1名纪委书记、2名纪检组长，条管单位配备4名纪检组长。

历任纪监委书记：刘旭、谢富明（兼）、张玉峰、朱印绶、曹德彦、李殿忠、谢如俊、周冬祥、熊云鹏、欧文龙、卢金国、徐光华、程新飞、华和平。

历任监察局长：林德豪、庄根成、徐应祥、罗湘平、包小玉、李应林。

第二节　纪检监察工作

一、宣传教育

20世纪50年代初期,南城县纪检机关围绕土地改革、“三反”运动等党的中心工作,联系该县一些典型案件,对党员干部进行思想教育。1955年,针对资产阶级个人主义和道德堕落思想倾向,采取大会报告和典型案例等形式,组织党员干部进行讨论,开展纪律教育,制止错误进一步发展。50年代末期,以农业生产为中心,围绕春耕生产、社会主义建设、整社、粮食征(购、销)、肃反、开展增产节约运动以及整风运动等中心工作,利用红专学校、支部生活、党员训练班、党员干部会、展览等形式,开展党纪教育。结合整社、整党、社会主义教育运动等,开展支部监察工作“十好”评比竞赛。60年代初期,结合“三反”、农村整风整社和社会主义教育运动等中心工作,对党政干部开展以“三大纪律八项注意”为中心的纪律宣传教育。在整风整社中,选择17个有教育意义的典型案件,分别在党内外进行公开处理,并组织干部群众进行讨论,对教育干部群众起到良好作用。

“文化大革命”中,党风党纪教育几乎瘫痪,直至1979年9月,恢复南城县纪检机构后,党风党纪教育才逐步焕发生机。

1979—1980年,在全县党员干部中开展“实践是检验真理的唯一标准”大讨论,统一广大党员干部的思想和行动。1981—1986年,以《关于党内政治生活的若干准则》为主要教材,对党员干部进行党的优良传统和作风教育。认真贯彻中共中央《关于打击经济领域严重犯罪活动》指示精神,组织全县党员学习《关于端正党风的几个问题》等党内学习材料,观看大型纪录片《警钟》等,并结合机构改革,协同县委组织部印发党员“十不准”发给党员干部学习,增强党员干部的纪律观念。

1987—1993年,县纪委着重从建立教育基地、划分教育层次、改革教育形式、丰富教育内容四个方面下功夫,使党风廉政教育呈现点多面广、形式活、效果好的新特点。特别是1989年北京“六·四”政治风波发生后,全县开展以学习社会主义初级阶段理论和党纪党规为主要内容的教育活动,教育广大党员干部在思想、政治、行动上与党中央保持高度一致,坚决抵制资产阶级自由化思潮的侵蚀和影响。同时,在全县领导干部中开展党纪党规教育,增强全县各级领导干部拒腐防变、勤政廉政意识。

1995—1997年,组织全县党员干部参加省纪委等3家联办的“学理论学党章”答题竞赛活动和中央纪委、监察部举办的“党纪政纪条规知识竞赛”。为加强党纪党风宣传报道,在全县有关单位聘任党风廉政报道员16人,在中央、省、市新闻媒体上稿近百篇。开展以学习《中国共产党纪律处分条例》、《中国共产党党员领导干部廉洁从政若干准则(试行)》等为主要内容的“宣传月”活动,组织全县科级干部735人参加知识考试。同时,县纪委还举办典型案件报告会,在全县深入开展“反腐倡廉”思想教育活动。

1998—2000年,开展以“学好六个党政法规、唱好一首《廉政歌》、举办一次党纪政纪知识考试、举办一场廉洁自律专题报告会、组织一次廉政图片展”为主要内容的党风廉政教育“五个一”活动,组织4200名党员干部参加中央纪委、监察部举办的《行政监察法》知识考试，获抚州地区集体一等奖。下发《关于进一步改进党风廉政宣传教育工作的意见》和《关于在全县开展党纪、政纪条规再教育活动月的通知》，组织党员干部及科级以上干部配偶观看反腐败影片《生死抉择》。举办"警钟长鸣"宣讲比赛，全县37个基层纪委组队参加，300余名科级领导干部观看。县纪委、县委组织部、县委宣传部联合组织先进事迹报告团在全县巡回报告12场，听取报告的党员干部3000余人。

2001—2006年，会同组织、宣传、党校等部门对全县552名科级干部分期分批进行廉政教育培训。全县共播放党风廉政电教片110多场，党员干部观看3.6万人(次)。树立正面典型3个，公开曝光反面典型案例6件，宣传报道先进典型12人(次)。组织全县所有党员干部参加党纪政纪条规知识竞赛活动，举办领导干部廉内助培训班，举办"廉政之声"歌手大奖赛，在县主要街道设立党风廉政建设宣传栏。组织开展学习贯彻党章、推进廉政文化建设书画作品展活动，收到作品80余幅，并精选30余幅送市纪委参与巡回展览。

2007—2010年，大力开展廉政文化"五进"活动，编印《南城县加强农村基层党风廉政建设简明读本》，开通廉政短信教育平台和"南城廉政网"，创办廉洁教育刊物《清风文苑》，打造"廉政文化一条街"。举行"深化反腐倡廉建设、促进南城赶超发展"党的十七大知识竞赛，开展"卫士风采——全县纪检监察干部先进事迹电视展播"活动。开展"学准则，筑廉堤"——《廉政准则》学习宣传活动，组织全县副科级以上党员领导干部参加学习《廉政准则》网络知识测试；在县博物馆举办廉政书画和廉政公益广告比赛及展览。

2011—2013年，组织600余名党员干部参加"纪念建党90周年反腐倡廉知识竞赛"，开展纪检监察系统唱红歌活动。在盱江书院创建礼廉文化教育基地。在全县纪检监察干部中开展以"信念忠诚训练"为核心的职业道德规范大讨论活动，举办"信念忠诚训练"演讲比赛。在全县干部群众中开展"读书思廉"征文比赛和书画摄影创作比赛，组织开展"学习贯彻十八大精神，加强党风廉政建设"反腐倡廉知识测试活动。分期分批组织科级干部460余人，到盱江书院礼廉文化教育基地接受廉政教育。举办"纪检监察开放日"活动和黄福田廉政书画展。创办纪检监察内部刊物《盱江礼廉论坛》。

2014—2015年，开通"清廉南城"廉政微博，拍摄廉文化微电影《庞书记路》。编辑出版《党风廉政建设反腐败工作学习读本》、《党风廉政建设反腐败工作学习资料》。拍摄廉文化专题片《礼廉南城廉香浓》，开展"清风伴我行"廉文化文艺节目下乡活动，共演出12场，并刻录成光盘，发放到各乡镇及单位，受教育党员干部群众1万余人。开通"清廉南城"微信，开展"廉政春联红乡村"赠送活动，共送出廉政春联3万余副。

二、案件查处

1950—1953年，南城县纪检机关配合土地改革、镇压反革命、"三反"、"五反"运动，结合党组织整顿，开展案件查处工作，重点查处损害党和人民群众利益等违法违纪案件55件，结案49件，处分15人。

1954—1956年，重点查处贪污浪费、官僚主义和抵制、破坏社会主义改造运动等方面案件119件，处分党员干部58人，其中受"三大处分"33人。

1957—1962年，围绕反右、整风整社和整党运动，重点查处贪污腐败、破坏党的团结和统一、破坏集体经济等违法违纪案件454件，处分384人，其中涉及省管、地管干部36人，县管干部69人,一般党员干部70人。

1963—1966年,重点查处贪污盗窃、投机倒把,破坏国家市场、计划供应,破坏社会主义教育运动等违纪案件205件,处分92人,其中涉及省管、地管干部14人,县管干部33人,一般党员干部45人。

"文化大革命"期间,全县纪检监察工作遭到严重破坏,受处分的127名党员干部中,存在一批冤假错案。

1979—1984年,着重查处败坏党风、以权谋私、贪污贿赂等经济领域中的违法违纪案件140件,处分110人,其中科级干部25人,一般干部85人。

1985—1996年,县纪检监察机关重点查处经济领域中违法违纪案件313件,其中大要案26件,受党纪政纪处分330人,移送司法机关处理1人,挽回经济损失60余万元。

1997—2003年,县纪检监察机关把查处贪污、受贿、挪用公款、失职、渎职等案件作为重点,全县立案445件,处分447人,其中受党纪处分368人,受政纪处分116人,移送司法机关处理1人,挽回经济损失60余万元。

2004—2008年,全县纪检监察机关共立案462件,其中大要案34件,受党纪处分458人,受政纪处分23人,1人被移送司法机关处理。

2009—2013年,全县纪检监察机关共立案380件,其中大要案30件,受党纪处分383人,受政纪处分26人,开除党籍39人,开除公职9人,移送司法机关处理6人。

2014—2015年,全县纪检监察机关立案查办违纪违法案件179件,其中大要案30件,自办案件57件,自办案件全部实行处分决定公示制。涉及科级干部24人,移送司法机关处理6人。

三、案件复查

1961年11月,对1958年7月至1961年6月整风整党、反右倾运动中受纪律处分和批判的党员干部及群众进行甄别,共纠正错案52件。1979—1980年,对历史遗留问题和"文化大革命"以来的冤假错案进行复查,平反冤假错案29件。1982年,成立"两案"审理领导小组,具体负责"两案"复查工作,在20件(不包括重复信件)申诉信中,取消、减轻处分、恢复党籍2人,恢复公职1人。1983年,按照中央"从宽从缓"的方针和缩小打击面、扩大教育面的政策,对全县"两案"再次进行内部复查,共复查58人,纠错22人。1984年复查历史老案6件,其中维持原处分4人,撤销原处分、恢复党籍1人,减轻处分、恢复公职1人。

四、办理来信来访

南城县纪检监察机关非常重视群众来信来访,设有专人负责,按照"归口处理"的原则做好工作。

1950—1966年,全县纪检监察机关受理群众来信来访1008件(次),其中检举控告类879件(次),申诉类122件(次)。

"文化大革命"期间,纪检监察信访工作被破坏。

1978—1983年,由于"文化大革命"期间产生大量冤假错案,全县受理群众来信来访增至1221件(次),其中检举控告类675件(次),申诉类447件(次)。

1984—1992年,全县纪检监察机关受理群众来信来访1485件(次),其中检举控告类

1208件(次),申诉类65件(次)。

1988—1992年,全县纪检监察机关贯彻国家有关信访政策和规定,认真抓好群众来信来访工作,共受理群众来信来访875件(次),其中检举控告类671件(次),申诉类15件(次),其它类84件(次)。属监察业务范围的有770件(次)。

1993—1997年,全县纪检监察机关受理群众来信来访801件(次),其中检举控告类617件(次),申诉类11件(次),其他类173件(次)。

1998—2000年,全县纪检监察机关共受理群众信访举报476件(次),涉及副科级以上干部162件(次)。

2001年后,全县纪检监察机关在畅通"007"免费邮箱和"12388"全国统一举报电话等信访渠道的基础上,完善网络功能,新增纪委书记信箱,至2008年,共受理信访举报757件(次),其中来信606件、来访84次、电话举报67次,涉及科级以上干部236件(次)。

2009—2010年,受理信访件116件(次),其中直接受理36件(次),上级下转的32件(次),要结果件4件,向基层纪委发函43件。

2011年,创新信访机制,实行每周领导信访接待日制度,全面整合"民声通道"、"政风行风热线"等服务平台,开通"南城廉政网"网上举报,建立健全县、乡(镇)、村、组四级信访网络,有信息信访联络员1498人,全年共受理群众信访举报72件(次)。2012年,开展县纪委监察局领导干部带责督导、带队督查、带案督办、驻点接访活动,共受理群众信访举报46件(次)。2013年,受理群众信访举报64件(次),其中上级机关转来46件、直接受理18件,当年实现零赴省进京上访。

2014年,共收到群众信访举报67件(次),其中上级机关转来41件、直接受理26件;检举控告类66件(次),批评建议类1件;涉及乡(科)级干部32件,一般干部13件,其他农村人员22件,当年实现零赴京上访。

2015年1月至11月,共收到群众信访举报71件(次),其中来信56件、网络举报7次、电话举报2次、来访6次;检举控告类71件(次);涉及乡(科)级单位和个人22件、一般干部20件、其他农村人员29件。当年实现零赴京上访。

五、党风廉政建设

1953—1965年,主要围绕"三反"、肃反、整风和社会主义经济建设等中心工作,开展党纪党风教育,加强党员干部的作风建设。

"文化大革命"期间,廉政建设受到严重冲击。

"文化大革命"结束后,少数党员干部严重脱离群众,贪图享受、吃喝风滋长。为刹风整纪,县纪委按照《关于党内政治生活的若干准则》的要求,作出4项严格规定:上面来客,一不买烟,二不摆酒;党委一班人,特别是党委正副班长因公外出,一般不搞专车接送;到公社影剧院看电影看戏,一律自费开支,不搞优待券;到大队、生产队检查工作、生产,一律吃派饭,不准大队开办伙食。

1983—1990年,开展公房清退工作,39名党员干部退出多占多分公房21套、125间。开展清理党政机关干部在城镇建私房工作,退出非法多占土地920平方米,对14名违规建私房的科级以上干部进行处理。开展清收干部职工拖欠公款工作,归还欠款6.19万元。

1991—1992 年,县委出台《关于进一步加强党风和廉政建设的决定》,县纪委在全县党政部门开展严禁用公款吃喝送礼、行业不正之风、党政干部违法违纪建私房和用公款超标准装修住房等问题的专项检查,并在全县开展机关作风整顿。

1994—1996 年,对违规购买公房和集资建房进行全面清理,并开展清房"回头看",共清理出违纪违规面积 3296.06 平方米,收缴违规金额 14.94 万元,收缴违规超面积罚款 5.14 万元。对用公款安装住宅电话和配备移动电话进行清理,收缴处理移动电话 53 部,并对用公费安装的私宅电话及话费报销进行严格规范。同有关部门签订落实"八项规定"责任书,加大监督和查处力度,公款送礼、公款吃喝和党员干部婚丧喜庆大操大办之风得到有效治理。

1999—2000 年,县委就全县在"三讲"(讲学习、讲政治、讲正气)教育中查找出的有关党性党风突出问题,出台狠刹公款送礼和领导干部接收"红包"歪风、防止领导干部及其亲属插手基建、加大清房力度、选拔任用干部推行公示制等整改措施。

2001—2005 年,全面推行会计委派制和核算中心制度,对各单位新购和更换小汽车实行申报审批制。下发《关于领导干部个人重大事项报告制度的实施意见》、《关于在招商引资工作中严格遵守领导干部廉洁自律有关规定的通知》,实行党风廉政建设工作和领导干部廉洁从政情况定期报告制度。下发《关于实行县纪委负责人同下级党政主要负责人谈话制度的暂行办法》、《南城县纪委干部廉政档案管理办法(试行)》,建立各乡(镇)和县直党政"一把手"公开述廉制度。对"红包"问题进行专项治理,全县副科级以上领导干部进行自查登记,96 人(次)主动上交"红包"13.8 万元。在全县颁布"九条禁令",建立领导班子专题民主生活会制度、领导干部任前谈话制度。制定《关于实行重大案件"一案双查"制度的暂行办法》和《关于"一案双查"责任追究案件的办理办法(试行)》,对党员干部参与赌博进行集中整治。

2006—2009 年,在全县开展农村基层党风廉政建设试点工作,乡(镇)配设 1 名专职纪委副书记,村党支部配设 1 名纪检委员,村民小组聘请 1 名以上党风廉政建设监督员。对全县党政机关事业单位发放津贴、补贴等情况进行专项检查。建立农村基层党风廉政建设工作联席会议制度和县纪委常委挂点基层单位制度,推动乡(镇)、村党务政务公开和便民服务中心建设,在全市率先开展公务通讯话费货币化改革试点。出台《南城县落实党风廉政建设责任制工作定期汇报制度》、《加强党政机关和事业单位工作人员因私出国(境)管理的暂行规定》,全面推行农村基层党务、政务、村务网上公开制度,开展制止党政干部公款出国(境)旅游专项工作。出台《中共南城县纪委受理党委委员、纪委委员党内询问和质询工作实施细则(试行)》、《关于县委常委、县政府党员副县长带头落实党风廉政建设责任制的实施办法》、《进一步明确"四中心一平台"建设工作分解和责任分工的实施意见》、《南城县农村基层党风廉政建设五项监督制度》等制度。开展农村集体"三资"监管试点工作。

2010—2012 年,出台《南城县加强对科级党政正职监督的暂行规定》、《县直党政机关、事业单位党政正职"四个不直接分管"的实施办法》、《科级党政机关研究重大事项实行正职末位表态的实施办法》等制度,着力构建"1 + N"反腐倡廉制度体系。出台《关于实行新任领导干部"一训双考"制度的实施意见》。成立全县党务公开工作领导小组,下发《关于在全县党的基层组织推行党务公开的实施意见》，编印《南城县基层组织党务公开目录》。制定《关于加强农村集体资金、资产、资源监督管理的意见》，按照“一清三建”（清理核查农村集体“三资”，建立三级监管组织、建立三个监管平台、建立四项监管制度）的工作思路，全面推进农村集体“三资”监管工作。下发《南城县农村集体资金资产资源实行“三议三审三公开”监督管理的实施办法（试行）》、《南城县农村集体资金资产资源管理责任追究办法（试行）》、《关于推进全县农村集体“三资”监管网络平台建设的实施意见》，积极探索“制度＋科技”的“三资”监管工作新模式，全县150个行政村全部实现资金入笼、资产入账、决策上会、交易进站。开展县委用权监督工作，编制县委党务公开目录，出台《县委全委会工作规则》、《县委常委会工作规则》、《南城县重大决策事项社会公示制度》、《南城县重大决策事项听取意见制度》，坚持凡属县委常委会职责范围内的“三重一大”事项，都必须按照集体领导、民主集中、个别酝酿、会议决定的原则进行决策。设立“县委权力公开透明运行”百米宣传长廊，在县行政中心大厅设立“县委权力公开透明运行”电子显示屏。同时，设立县委权力公开透明运行监督电话和意见箱，开设“县委书记博客”和“县长信箱”。开展公务消费一体化监管体系改革，成立公务消费一体化监管体系建设工作领导小组，出台多个规范“三公”消费文件，对公车运行、公务接待、公务用品购买等实行定点管理、网络监控、刷卡消费及机打发票报账制度。

2013—2015年，贯彻落实中央八项规定，组织督查130余次，查处违反“八项规定”行为20起，给予党纪政纪处分16人，诫勉谈话、通报批评等处理9人。开展“违规插手工程项目”和“红包”专项治理工作，全县126个单位、834名副科以上干部全部进行了自查自纠，109人（次）主动上缴“红包”35.1万元。制定《南城县2013年“廉政责任透明化考核”保廉项目工作方案》，签订下发党委主体责任书和纪委监督责任书。组织35名党政“一把手”在县电视台谈廉政、话责任、作承诺。开展“三公一奢问题”专项治理，推行节日廉情常态化监督。开展“把纪律挺在前面”活动，开设“纪律讲堂”，实现县、乡、村全覆盖。各级“纪律讲堂”讲课196堂次，播放党纪教育片316次，7937名党员参加课堂学习。组织22位县级领导干部到基层走访调研，就党风廉政建设情况和“两个责任”落实情况征求意见建议79条，发现问题44个，提出对策措施53条，发出廉情预警179份。

六、行政监察

执法监察　1953年，县监察工作主要是配合当时的中心工作，从检查入手，发现问题，及时作出处理，从而保证党和政府的政策法令得到顺利贯彻执行。1955年，县监委对县财粮所、供销社有关干部工作失职等问题下发整改通知书，责成其限期整改。1957年，配合有关部门对棉布计划供应政策的贯彻执行、增产节约和粮食入库情况等进行9次检查，受理公民投诉案件18件，查处违法失职人员34人。1958年，围绕中心工作开展监督检查15次，受理各类案件119件，处分115人。

1988—1992年，全县监察机关重点对20个农资部门农资公开分配供应、18个单位扶贫救灾物资和资金管理使用、14个计划生育部门资金管理使用以及全县乡（镇）、村农民负担等方面问题进行100多次检查，对被查单位提出监察建议56条，帮助50个被查单位建立和完善有关规章制度。

2001—2005年,开展“四项社保资金”管理使用、国债资金管理使用、建设工程招投标、粮食直补资金发放、乡村公路改造等执法监察工作。围绕企业违法排污、安全生产、土地征用、国家机关工作人员投资入股煤矿等问题开展专项执法监察。

2006—2010年,对执行行政许可法、安全生产、上级下拨的重点建设项目资金、移民资金管理使用、市场价格调控、节能减排、房地产调控、固定资产投资、经济适用房建设等开展执法监察。对中央扩大内需促进经济增长政策措施执行情况开展监督检查。组建县招投标交易中心,在全县各乡(镇)建立公共资源交易站,实行房地产开发成本信息公示制度。开展工程建设领域、土地领域突出问题专项治理工作,对政府投资和使用国有资金的重点工程项目进行重点排查,对全县闲置土地进行摸底调查。依托电子网络信息技术,在全市率先启动工程建设项目信息公开和诚信体系建设。深入开展“小金库”专项治理,全县自查自纠“小金库”4个,违纪金额184.33万元,其他违反财政纪律单位14个,违纪金额194.03万元。

2011—2013年,启动公共资源交易网络平台建设,完成视频监控系统接入工作,与全市实现统一联网、统一监控。深入推进工程建设领域突出问题专项治理,对52个政府投资重点建设项目开展监察。开展国土资源法律法规和目标任务落实情况、“四个不直接分管”落实情况、“两违”专项整治等有关工作落实情况的监督检查。派驻廉情监督组4个,对全县33个重点项目进行监督检查,提出整改意见10余条。

2014—2015年,全县开展执法监察10项,其中专项检查5项,单项执法监察5项,查出违纪金额26万元,提出监察建议44条。

效能监察　2002年实行执法执收单位服务承诺和优化经济环境形象测评制度。2003年实行公务备案审核制度,明确规定到企业执行公务应制订计划并报备,受理投诉43件(次)。2004年建立健全对企业收费的管理制度。2005年开展集中整治投资软环境活动,县政府各部门进行公开承诺。2006年建立健全政务环境综合测评制度,完善测评方法。2008年开展“提升行政效能、建设服务型政府”效能建设主体活动,建立即时监测日梳理、月汇总、直查快办、县乡联动、监测结果通报等制度。2009年开展“机关效能——项目建设年”活动。进一步精简审批事项,行政审批事项压缩73项,投资项目审批事项压缩25项。县本级建立行政服务中心,12个乡(镇)均建立便民服务中心,150个行政村建立便民服务室。

2010年,强力推进电子政务和电子监察网络建设,网上审批和电子监察系统全面上线运行。县政府各职能部门成立行政审批股,并成建制进驻行政服务中心集中办公。2011年建立发展环境监测“六个一”工作机制,对全县33个单位网上审批和电子监察系统建设情况进行检查,网上办件业务量明显增加。2012年下发《关于加强干部作风建设进一步优化发展环境若干问题的决定》,向社会公布活动投诉电话和电子信箱,主动接受群众的投诉和举报,并组织有关部门和单位主要负责人通过新闻媒体和相关网站向社会作出公开承诺,接受监督。出台《南城县重点工业企业特派员工作实施方案》,向34个重点工业企业派驻特派员。组建“效能作风督查员”队伍,督查120余次,效能告诫25人。查处庸、懒、散方面案件12件,纪律处分9人。2013年,先后组织30名县直单位“一把手”就作风建设、优化经济发展环境和加强效能建设等方面在电视台作公开承诺,接受群众监督。下发《为民服务全程代理工作手册》4000余份，接待群众来访、咨询900多人次，受理群众申请事项418件，快办快结336件。建立作风效能预警机制，对综合排名较差的单位主要领导进行诫勉谈话和责任追究。2014年，加大治庸治懒督查力度，组织40余次督查，下发作风效能预警督办单26件，纪律处分5人，经济处罚8人。对17名科级干部违反会风会纪行为进行了全县通报，使会风得到显著改善。受理各类效能投诉18件，办结18件。联合人保局、编办、财政局对全县“吃空饷”工作进行集中整治。

七、纠风治乱

2001—2003年，深入开展民主评议行风、减轻农民和企业负担、医药市场专项整治、药品回扣专项检查、治理公路“三乱”（乱设卡、乱收费、乱罚款）和治理中小学乱收费等工作，查处了一批典型案件。对县政府各部门和单位开展政务环境评议评价工作。

2004—2006年，开展土地清理整顿、农民工工资清欠、城镇房屋拆迁、企业重组（改制、破产）“新四项”工作的纠风治理。探索建立“接报——出勤——处置——反馈”的治理公路“三乱”监督网络和查处快速反应机制。

2007—2009年，全面开通政风行风热线，实现提问方、解答方、监督方三方互动。开展强农惠农政策落实情况监督检查，开办“纠风约谈”电视节目，29家县直单位领导上线当场解答群众咨询。开展清理规范评比达标表彰活动。

2010—2012年，建立县、乡、村三级纠风网络，全县12个乡（镇）均成立纠风工作组，选聘村纠风信息员301名。出台《南城县关于对民生领域三个突出问题开展专项治理的实施方案》，开展民生领域三个突出问题专项治理。开展医药医务“阳光行动”，共查出问题39个，收缴违纪金额32万元，医务人员拒收红包54人（次），金额12880元。实行基本药物、医疗器械100%网上集中招标采购。落实强农惠农政策，纠正损害农民利益问题6个。出台《关于开展清理和规范庆典、研讨会、论坛活动工作的实施方案》，开展清理和规范庆典、研讨会、论坛活动工作。加强地产市场调控政策监督检查，纠正保障性住房建设中不正之风。开展教育乱收费治理工作，规范学校收费行为。纠正银行业金融机构乱收费、物流领域乱收费和公路“三乱”问题。

2013—2015年，开展对国家助学金和免学费资金、农村劳动力培训（人保）资金、卫生专项资金、新农合资金、农机购置补贴资金、家电下乡国家补贴资金等民生资金管理使用情况监督检查，收缴骗补资金370余万元，党纪处分6人，移送司法机关处理5人。开展农资检查，查处涉农乱收费3起。对城乡常补对象进行全面清理，清退108人。由纪委牵头对204个单位相关资金进行核查，查出违规资金2642.83万元，归还原渠道208.52万元，上缴财政2314.03万元。加强对教育收费的检查，会同教育部门，对教师乱办班补课、乱订教辅资料、有偿家教等不正之风进行巡查、暗访16次，有效地遏制了类似现象的发生。

第三章　黎川县纪检监察概况

第一节　机构队伍

一、合署前纪检机构队伍

1952年1月成立黎川县委纪律检查委员会。1955年9月改称县监察委员会,1959年6月又改为县委监委。"文化大革命"期间县委监委瘫痪。1979年5月恢复县委纪律检查委员会。1984年2月升格为中共黎川县纪律检查委员会,定为副县级单位。1987年3月,县纪委内设办公室、纪检室、审理室、信访室。1991年11月,县党风廉政建设领导小组办公室挂靠县纪委。1992年,县纪委有专职干部9人,19个乡(镇、场)纪委有专职干部19人。

二、合署前监察机构队伍

1952年11月,黎川县设立县人民监察委员会,1955年8月被撤销。1957年3月设立县监察局,1960年1月被撤销,有关业务工作归人事局。1961年9月设立人事监察局,1964年9月人事监察局改称人事局。1988年5月恢复黎川县监察局。内设办公室、监察股、信访股、审理股。1993年有专职干部9人。

三、合署后纪检监察机构队伍

1993年6月,中共黎川县纪委与县监察局合署办公,实行一套人马、两块牌子体制。内设办公室、监察综合室、第一纪检监察室、第二纪检监察室、案件审理室、执法监察室、信访室和党风廉政建设室。有专职干部20人。2000年7月增设优化环境室。定行政编24个,工勤编2个,实际在编22人。全县15个乡(镇、场)纪委共有专职纪检干部15人。至2004年12月,县纪委下辖乡(镇、场)纪委15个,县直单位纪委9个,纪检组19个。县纪委有书记1名、副书记3名;监察局有正副局长各1名;有纪委常委7名。县纪委监察局设有办公室、监察综合室、党风廉政建设室(与县党风廉政建设领导小组办公室合署办公)、执法监察室、纪检监察一室、纪检监察二室、案件审理室、信访室(举报中心)、优化环境室(与县整治和优化经济发展环境领导小组办公室合署办公)。

2006年,县纪委监察局定行政编26个,工勤编2个,实有干部24人,职工2人。县纪委书记由县委常委担任。全县共有纪检监察干部60人。2010年推行县乡纪检监察管理体制改革,撤销21个县直单位纪检组(纪委),组建纪工委、监察分局6个,其中4个面向县直单位,2个面向乡(镇、场),纪工委为正科级,监察分局为副科级,共核定行政编制20个。

2015年,成立县纪委监察局办案服务中心,隶属县纪委监察局。县纪委监察局机关内设办公室、干部室、第一纪检监察室、第二纪检监察室、案件审理室、信访室、党风政风监督室、宣教室。共有行政编制24个,事业编制7个,工勤编制2个。实有干部职工31人。

历任纪(监)委书记:任火炎(兼)、陈德宽(兼)、刘均仔、吴维屏、吴焕南(组长)、吴根水、魏继祖、金钰兴、张仕龙、丁国华、熊远定、吴勇、姚英华、王柏荣。

历任监察局长:黄柏仂(主持工作)、叶胜田、吴维屏、陈家莲(主持工作)、潘传富、余小奇、魏绮、张国彬、杨应庚、胡骁。

第二节　纪检监察工作

一、宣传教育

20世纪50年代初期，县纪检机关围绕土地改革、“三反”运动等党的中心工作，联系县内一些典型案件，采取上党课、典型通报和组织学习等形式，对全县党员干部进行遵纪守法教育。1956年，选择全县抵制破坏农业合作化、贪污盗窃、腐化堕落等违法违纪典型案件进行公开处理，加强党纪教育。1960年，针对在所谓“反瞒产斗争”中出现逼死人命的“乐安事件”，组织广大党员干部开展学习“三大纪律八项注意”，遏制类似事件蔓延。

“文化大革命”期间，党纪教育遭到严重破坏。

1979—1980年，开展“实践是检验真理的唯一标准”大讨论，统一广大党员干部的思想和行动。1983—1985年，贯彻中共中央《关于打击经济领域严重犯罪活动》指示精神，在全县组织学习《关于端正党风的几个问题》等材料，围绕群众反映强烈的在招工、招干、征兵、农转非等方面存在的不正之风，开展批评与自我批评，提高党员干部遵纪守法的自觉性。1989年，北京“六·四”政治风波发生后，在全县开展以学习社会主义初级阶段理论和党纪党规为主要内容的教育活动，教育党员干部在思想、政治、行动上与党中央保持高度一致，坚决抵制资产阶级自由化思潮的侵蚀和影响。

1993—1996年，开展党纪政纪条规教育，提高全县各级领导干部拒腐防变、勤政廉政意识。组织全县党员干部参加地区、省纪委等3家联办的“学理论学党章”答题竞赛活动和中央纪委、监察部举办的“党纪政纪条规知识竞赛”活动。

1997—1999年，开展“党纪政纪法律法规宣传教育月”活动，下发有关学习材料，播放党风廉政教育录像，举办各种知识竞赛，组织文艺演出等。在全县组织《监察法》知识竞赛，通过发通报、召开典型案例剖析会等形式，帮助广大党员干部提高拒腐防变能力。配合“三讲”教育，播放《警钟》、《枕边风》等反腐倡廉案例录像片。

2000—2006年，结合“三讲”教育“回头看”，利用胡长青、成克杰等重大典型案例，对党员干部加大警示教育力度。组织党员干部收看廉政教育专题片，树立正面典型，公开曝光反面典型案例。组织开展学习贯彻党章、推进廉政文化建设书画作品展活动，编发《反腐倡廉理论与实践》简报，举办全县领导干部廉内助培训班。全县纪检监察系统在各级新闻媒体上稿60余篇，在主要街道设立《党风廉政建设读报栏》11个。

2008—2010年，开展“建廉勤黎川，促赶超发展”党风廉政主题教育活动，组织党员干部参加党的十七大知识竞赛。开展“学准则，筑廉堤”——《廉政准则》学习宣传活动，在全县评选表彰“廉勤之星”。正式开通“黎川廉政网”。成立青少年廉文化教育基地，将《廉洁文化教育读本》发至全县中小学校。编印《黎河·廉政文化专刊》，反腐倡廉信息在市级以上网站上稿300多篇。中央电视台、《人民日报》、人民网等报刊媒体登载播发黎川县新任科级领导干部财产公示工作，愈千名网友跟帖热议。冠建社区被命名为“江西省廉政文化进家庭示范点”。

2011—2015 年,建设闽赣省委旧址廉政教育基地,在全县创建“瓷·廉”廉政文化品牌,编印《“瓷·廉”廉文化专刊》,免费发至全县领导干部手中。成立黎川县廉文化促进会,编排廉政歌曲《廉瓷颂》,获首届“青春倡廉建功抚州”原创歌曲大赛三等奖。拍摄廉政微电影《木所长》,由中国方正出版社公开发行。开展《廉洁修身教育》读书征文和演讲比赛活动,举办乡(镇)纪委书记业务知识培训班,组织观看电教片“腐蚀与反腐蚀——一场没有硝烟的战争”。

二、案件查处

1951—1953 年,全县纪检机关配合土地改革、镇压反革命、“三反”和“五反”运动,结合党组织的整顿,开展案件查处工作。按照中央“教育预防为主,惩处为辅”方针,重点查处损害党和人民群众利益等违法违纪案件 6 件,处分党员干部 6 人,其中撤销党内职务、留党察看和开除党籍(简称“三大处分”)5 人。

1954—1956 年,重点查处贪污浪费、官僚主义和抵制、破坏社会主义改造运动等方面案件 22 件,处分党员干部 22 人,其中受“三大处分”12 人。

1957—1962 年,围绕反右派、反右倾、整风整社和整党运动,重点查处贪污腐败、破坏党的团结和统一、破坏集体经济等违法违纪案件 307 件,处分党员干部 307 人,其中受“三大处分”238 人。

1963—1966 年,重点查处贪污盗窃,投机倒把,破坏国家市场、计划供应、社会主义教育运动等违纪案件 177 件,处分党员干部 177 人,其中受“三大处分”110 人。

“文化大革命”期间,全县纪检工作遭到严重干扰和破坏,在查处的 89 件各类违纪违法案件中,造成一批冤假错案。

1978—1983 年,党的纪检工作由恢复逐步走上正轨,期间着重查处败坏党风、以权谋私、贪污贿赂等经济领域中的违法违纪案件 88 件,处分党员干部 88 人,其中受“三大处分”67 人。

1984—1992 年,县纪检监察机关认真履行“保护、惩处、监督、教育”职能,重点查处经济领域中等违法违纪案件 88 件,处分党员干部 88 人,其中受“三大处分”54 人。

1993—1997 年,全县共处分各类违纪人员 168 人,其中受党纪处分 91 人,受政纪处分 77 人。

1998—1999 年,全县立案查处贪污、受贿、挪用、私分等经济案件 86 件,其中副科级以上干部要案 7 件。结案处分 96 人,其中受党纪处分 63 人,受政纪处分 33 人,有 3 人受党纪政纪双重处分,2 人移送司法机关追究刑事责任。

2000 年,把查处贪污、受贿、挪用、失职、渎职等案件作为重点,全县立案 32 件,结案 32 件,处分 32 人。其中受党纪处分 26 人,受政纪处分 6 人。县纪委监察局重点查处科级干部违纪案件 7 起,处分科级干部 7 人。

2001 年后,落实从严治党,加大办案力度,创新办案机制,建立“一案三跟进”工作机制。至 2005 年,全县纪检监察机关共立案 335 件,其中乡(科)级干部 48 件,给予党纪政纪处分 335 人,移送司法机关处理 11 人。

2006—2010 年,全县纪检监察机关共立案 258 件,其中乡(科)级干部 41 件,给予党纪政纪处分 252 人，移送司法机关处理 13 人。

2011—2015 年，全县纪检监察机关共立案 343 件，其中乡（科）级干部 51 件，给予党纪政纪处分 345 人，移送司法机关处理 15 人。

三、案件复查

1952 年 8 月，县委成立案件复查委员会，县监委负责具体工作，对 1951—1952 年在“三反”运动中因斗争面过大而受“三大处分”和刑事处理的党员干部案件 6 件，按照中央“严查宽办”方针进行复查，其中推翻结论撤销处分 3 件，减轻处分 2 件，维持原结论不变 1 件。

1961 年 11 月，黎川县成立案件甄别工作领导小组，抽调干部 7 人，对 1958 年 7 月至 1961 年 6 月在整风整社、反右倾运动中受纪律处分和批判的党员干部和群众，本着全错全纠、部分错部分纠、不错不纠的原则进行甄别，其中撤销处分 17 人，减轻处分 10 人，维持原处分 4 人。

1979—1987 年，县纪检机关按照中共中央关于加快平反“文化大革命”中冤假错案的指示精神及对已作过甄别的反右倾案件再次进行甄别，共复查案件 34 件，其中撤销处分 15 人，减轻处分 9 人，维持原处分 2 人，8 人给予彻底平反。

1988—2000 年，县纪委共复查案件 6 件，减轻处分 6 人。

2001—2015 年，根据上级机关的部署安排，县纪委共复查案件 10 件，维持处分 5 人，减轻处分 5 人。

四、办理来信来访

县纪检监察机关自成立起，非常重视群众来信来访，设有专人负责，按照“归口处理”的原则做好工作。

1951—1960 年，全县纪检机关受理群众来信来访 266 件，其中检举控告类 208 件。

1961—1966 年，全县纪检机关受理群众来信来访 422 件，其中检举控告类 350 件，申诉类 1 件。

“文化大革命”期间，纪检监察信访工作被破坏。

1978—1983 年，全县纪检机关受理群众来信来访 135 件（次），其中检举控告类 111 件（次），申诉类 24 件（次）。

1984 年，专门设立信访室。至 1992 年，县纪检机关受理群众来信来访 124（次），其中检举控告类 97 件（次），申诉类 6 件（次）。

1993—1997 年，全县纪检监察机关受理群众来信来访 206 件（次），其中检举控告类 176 件（次），申诉类 2 件（次），其他类 28 件（次）。

1998 年后，对反映有关领导干部违法违纪的问题加强查处。至 2000 年，全县共受理群众信访举报 153 件（次），其中来信 89 件，来访 42 次，电话举报 22 次。涉及副科级以上干部 76 件（次）。

2001 年后，县纪检监察机关不断拓宽信访渠道，在畅通“007”免费邮箱和“12388”全国统一举报电话等信访渠道的基础上，完善网络功能，发挥县、乡、村三级信访网络作用。至 2005 年，共受理信访举报 504 件（次），其中来信 290 件，来访 129 次，电话举报 85 次，涉及副科级以上干部 248 件，为查办案件提供线索 247 条，为群众解决信访问题 173 个。

2006—2010 年,共受理信访举报 379 件(次),其中来信 202 件,来访 101 次,电话举报 67 次,涉及副科级以上干部 181 件,为查办案件提供线索 193 条,为群众解决信访问题 127 个。

2011—2015 年,在全县大力开展“阳光信访”工作,共受理信访举报 510 件(次),其中来信 334 件,来访 63 次,电话举报 29 次,涉及副科级以上干部 187 件,为查办案件提供线索 281 条,为群众解决信访问题 247 个。

五、党风廉政建设

1993—1994 年,县委制定下发《黎川县党政机关领导干部廉洁自律的若干规定》,开展清理党政机关干部职工经商办企业、公费安装私人电话等,制止强行征订报刊,并着力抓好以清拖欠公款、清车、清房为重点的专项治理。

1995—1996 年,县纪委下发《关于黎川县科级领导干部及其基层站、所企业单位负责人廉洁自律的规定》、《科级领导干部廉政自律考核制度》、《科级领导干部重大事项报告制度》、《关于在县内公务活动中来人来客接待的若干规定》,并以县委、县政府的名义下发《关于婚丧喜庆活动中借用公车的规定》,加强廉政制度建设。同时,加强对党员干部参与赌博案件的查处。

1997—1999 年,县委、县政府下发《关于进一步加强党风廉政建设和纠风工作的意见》,组织党员干部学习《中国共产党党员领导干部廉洁自律从政若干准则(试行)》和《中国共产党纪律处分条例(试行)》,制定下发《关于重申和提出干部、职工优惠购房、集资建房和建私房的若干规定》,对清房工作进行“回头看”。狠抓“四清二刹三控制”(“四清”即清理通讯工具、清理干部职工拖欠公款、清理预算外资金和“小金库”、清理住房;“二刹”即狠刹大吃大喝挥霍浪费,狠刹领导干部婚丧喜庆大操大办、奢侈无度歪风;“三控制”即严格控制会议规模、精减会议,严格控制庆典活动,严格控制新建办公楼)。

2000—2002 年,突出抓好“三抓一落实”(抓领导干部话费限额报销,抓公款吃喝“三项制度”执行,抓小车管理;落实党风廉政建设责任制)。贯彻落实《党政领导干部选拔任用条例》,狠刹党员领导干部收受和赠送“红包“歪风。

2003—2005 年,出台《黎川县贯彻落实党风廉政建设责任制实施意见》,制定《党风廉政建设责任制考核办法》,建立健全述廉、考廉、评廉制度和规定,建立领导干部廉洁从政诫勉制度和领导干部任前谈话制度,完善领导干部廉政档案和重大事项报告制度。在述廉基础上,全县有 4600 名干部职工对本单位领导进行民主测评。出台《黎川县委、黎川县政府机关工作人员工作过错责任追究暂行办法》,共对 25 人(次)进行责任追究,其中涉及科级以上干部 5 人,受党政纪处分 5 人。全面推行乡村财务管理体制改革,并对乡镇干部“走读”现象进行治理。

2006—2009 年,举办全县“廉内助”座谈会,评选出 10 名正科级领导干部“廉内助”典型,在全县党员领导干部中进行宣传。在县属各单位、社区、行政村中,聘请 150 名老党员、老干部为党风廉政监督联络员,收集到意见线索 60 多条。对 100 名新提拔的科级干部进行任前廉政谈话。对违反党风廉政建设责任制规定的 7 名领导干部进行责任追究。

2010—2011 年,制定《进一步规范县委全委会、常委会及成员职权的意见》,编制《县委权力公开透明运行流程图》、《县委重大事项公开决策流程图》、《县委重大工程项目建设公开实施流程图》、《科级干部任免流程图》、《重大事件处置流程图》等，对县委权力进行合理配置和流程优化。制定《黎川县科级干部选拔任用提名暂行办法》，使推荐提名公开化。制定《中共黎川县委常委会决定干部任免实行票决制操作暂行办法》，实行差额投票表决制。制定《关于党委（党组）实施“三重一大”事项集体决策制度的实施办法（试行）》，将重大决策、重要干部任免、重大项目和大额资金使用纳入票决的主要范围，并推行一把手末位表态制。出台《黎川县新任科级领导干部财产申报办法（试行）》，2010 年先后 3 批共 74 名新任科级领导干部将本人及家庭的 12 项基本情况进行了申报，并在县行政中心广场公示，切实把干部监管的关口前移，此项工作得到中央、省、市纪委的充分肯定。

2012—2014 年，深入推进惩治和预防腐败体系建设，初步形成具有黎川特色的惩治和预防腐败体系。继续深化“红包”专项治理，县廉政账户收存上缴资金 59. 6 万元。开展国家工作人员防止利益冲突专项治理，全县 5455 名干部进行自查自纠。开展“一把手抓廉政”访谈活动，全县 42 个单位“一把手”在荧屏谈廉政、“晒”承诺。黎川县被定为全省两个“县委权力公开透明运行”试点县之一。

2015 年，全面落实“把纪律挺在前面”要求，成立黎川县落实“把纪律挺在前面”工作领导小组，出台《黎川县关于落实“把纪律挺在前面”要求工作意见》，制定《关于“把纪律挺在前面”工作方案》，编纂《纪律是带电的“高压线”》一书。制定《黎川县落实党风廉政建设“两个责任”清单化管理实施方案》，对“两个责任”细化，建立党政领导班子、主要负责人、其他班子成员三个层面主体责任清单和纪委监督责任清单。开展领导干部违规插手工程项目问题专项治理，收到领导干部关于工程领域方面廉情事项报告单 76 份，下发《领导干部廉情预警单》69 份。开设黎川县廉政账户，全县党员干部主动上交“红包”及其他违纪款 17. 48 万元，廉政账户累计达 75. 65 万元。

六、行政监察

执法监察　1991—1994 年，县监察局重点监督检查各项资金管理使用情况、减轻农民负担情况和检查纠正行业不正之风。

1995 年，紧紧围绕县委、县政府的中心工作和群众反映的“热点”问题开展执法监察，全年开展执法监察 18 项，参与有关单位监督检查 4 次，查出违纪金额 10. 4 万元，挽回经济损失 6 万元，收缴违纪金额 4 万元，向被查单位发出监察决定 30 份，提出监察建议 35 条，协助被查单位建章立制 3 项。

1996—1999 年，重点对减轻农民负担、中小学乱收费、公路“三乱”、救灾款物发放、清理“小金库”开展监督检查。共开展执法监察 105 项，查出单位和个人违纪金额 302. 17 万余元，向被查单位提出整改建议 278 条，协助建章立制 17 项。发现案件线索 11 件，通报批评 4 次，责成 6 人写出书面检查，通报典型 3 个。

2000—2005 年，重点围绕农村税费改革政策的落实、医药购销和医疗服务中的不正之风、土地清理整顿、加重农民及企业负担、财务管理、殡葬管理等方面开展监督检查。共开展执法监察 177 项，查出违纪金额 235. 42 万元，追缴违纪违规金额 112. 55 万元，挽回经济损失 122 万元。通过执法监察发现案件线索 9 件，提出监察建议 402 条，帮助建章立制 79 项，通报典型 1 个。

2006—2010年,重点围绕矿产资源管理、安全生产管理、教育收费、建设工程招投标、农村公路改造工程、县经营性土地使用权招拍挂出让、房地产市场秩序、政府采购、保障性住房建设、环境保护等方面的问题进行监察,共开展执法监察854项,其中专项执法监察31项,单项执法监察53项,提出监察决定、建议120条。

2011—2015年,大力推进公共资源交易中心建设,推进工程建设领域项目信息公开和诚信体系建设,依托政府网站,对接省、市工程建设领域项目信息公开和诚信体系信息平台。实行工程建设项目社会监督员制度,对政府投资重点建设项目派驻廉情监督员。重点对卫生专项、新型农村合作医疗、农村劳动力培训补贴、中职国家助学金和中职免学费补助、农机购置补贴、家电下乡补贴等民生资金进行专项检查。加强对新增中央投资项目实施情况、成品油价格改革财政补贴专项资金管理使用情况等进行监督检查。共开展执法监察52项,其中专项执法监察13项,提出监察决定、建议66条。

效能监察　2002年,黎川县成立整治经济发展环境领导小组,下设办公室,与县纪委投诉中心合署办公,加大整治经济发展环境的力度,建立执法执收单位服务承诺和形象测评制度,执法单位办事效率和工作作风得到明显改善。

2003—2004年,转发抚州市人民政府《关于损害经济环境行为行政处分的暂行规定的通知》,制定《黎川县机关效能监察工作若干意见》、《黎川县机关效能建设实施意见》,开展"转变作风破解难题年"活动。建立健全对企业的收费制度和公务备案审核制度,明确规定到企业执行公务应制订计划并报备。对擅自到企业检查、态度粗暴的责任人实行效能告诫。

2005—2006年,开展"集中整治投资软环境"活动。建立健全政务环境综合测评制度、行政执法考核制度和行政执法过错责任追究制度,对全县各执法部门在执行公务活动中的情况进行全面督查。县纪委监察局组织县、乡(镇、场)党政部门、人大代表、政协委员、工商联人士、特邀监察员共100人对49个被评部门进行问卷调查和评价打分,提高重点部门维护和优化经济发展环境意识。对破坏投资环境的有关人员进行责任追究,共查处25人(次),给予党政纪处分5人,其中科以上干部5人。开展行政审批制度改革,精简行政许可事项。推进政务公开工作,在干部提拔、人员调动、征兵、优抚救助、教育收费、政府采购、招投标、重大工程项目等方面全部做到在县有线电视台公示公开,增强政府政务的"透明度"。加强和改进行政效能投诉工作,完善首问责任制、项目审批限时制、承诺服务制等制度。

2007—2008年,制定下发《关于进一步优化经济发展环境的实施办法》,制作优化经济发展环境联系卡分发给企业,建立15个经济发展软环境监测点,聘请15名经济环境监督员。成立黎川县效能建设领导小组,开展"提升行政效能、建设服务型政府"活动。开通优化经济环境"110"热线电话,开辟网上"投诉直通车",方便企业和群众进行行政效能投诉。制定重点企业领导定点联系制度、联席会议、现场调度制度,开展全县中层干部测评和百人无记名问卷调查活动,召开全县优化经济环境座谈会,对服务企业、服务发展表现突出的单位予以表彰,对排名末尾的单位下达整改通知书。

2009—2010年,开展"机关效能——项目建设年"活动。对效能监测中发现的问题实行严格责任追究和惩诫。清理简化建设项目审批程序，健全建设项目“联审联批”制度，建设规费由县收费大厅实行一站式收费服务。开展“创业服务年”活动。建立优化发展环境监测点71个，聘请经济环境监督员71名，重点服务71个企业和重点项目。建立重大产业项目绿色通道联动服务机制、“六个一”项目协调推进机制、县四套班子、乡镇、县直单位领导挂点帮扶企业制度，对企业检查执法实行“一般错误首错免罚”、行政处罚按最低标准执行办法。出台《黎川县招商引资工作中违纪违规行为处理的暂行规定》，效能问责2起，涉及3人。

2011—2012年，开展“发展提升年”和“双千双百增效提能、双百双十增效提能五查五看”活动。对创建最优发展环境县直单位的106个内设机构进行年度测评，对重点监测对象和县级测评对象实行网络公开服务承诺。建立健全效能建设十项制度和效能投诉快速反应机制，全县38个职能单位全部进驻办事中心设立窗口，实行“一站式办公”。所有监督员及监测点均实行亮证管理。在电视台推出“书记局长谈作风效能”专题栏目，进行公开承诺。开展整治干部作风上的“庸懒散”、领导作风上的“假浮蛮”、为政不廉上的“私奢贪”等问题，通过明察暗访机关作风，上门走访重点企业，全县通报32名离、缺、怠岗人员。2011年黎川县被市委、市政府评为“全市发展提升年活动”先进单位。

2013—2015年，实施“作风效能常态化预警”，开展“两推行、两测评”创新工作，出台《黎川县规范涉企检查若干规定》，开展明察暗访21次，通报18个单位15名干部。推进“政务阳光监察”，依托行政审批和电子视频监察系统，对县行政服务中心窗口服务进行实时监控。结合党的群众路线教育实践活动，走访企业、对相关职能部门开展作风效能专项督查21次，为企业解决问题11个。落实把纪律挺在前面工作要求，进一步加强机关作风建设，开展“作风不实、守纪不严、效率不高、为政不廉”四大专项整治行动。召开全县行政审批“两集中、两到位”推进会，对103个部门和单位、107个内设机构负责人、26个窗口单位进行测评，对排名靠后的部门负责人进行问责。

七、纠风工作

1991年，县纪委成立纠正行业不正之风办公室，制定纠风工作方案，重点纠正行业不正之风和狠刹吃喝风。1992年后，重点清理纠正乱摊派，乱收费，乱罚款和吃拿卡要、弄权勒索等行业不正之风及农村财务管理混乱等问题。

2000年，认真开展民主评议行风活动，从社会各界人士中聘请32名行风评议员，对公安局等8个重点部门进行行风评议，收集意见700余条，归纳问题344个，解决问题100余个，建立健全规章制度102件。县政府成立县办证收费中心，规范收费行为。县监察局派1名干部跟班督查，发现问题及时处理。

2005—2007年，开展“转变作风年”活动，对党员干部上班时间炒股玩游戏、驾驶公车、赌博等明查暗访、突击检查，对违纪人员进行责任追究。严格规范学校收费行为，对全县中小学收费情况进行专项检查，查出违规金额6万元，并按规定作出处理。狠抓减轻农民负担和农村税费改革各项政策规定的落实，接待和处理农民来信来访28件（次），查处涉农案件2件。开展医疗服务和药品价格专项治理，取缔无证经营的医疗点、药店5户。开展药品打假工作，对假冒伪劣和过期药品进行销毁。开展公路“三乱”治理工作，查处案件

2件,通报批评3人。开展民主评议政风行风活动,全县43个被评部门、行业的主要领导和班子成员与群众“零距离”接触,征求意见,解答问题,共收集意见1500余条,解决问题207个。

2008—2010年,开展强农惠农政策落实情况监督检查,检查涉及强农惠农政策落实资金1.14亿元,进一步规范20项专项资金的审批、拨付和使用,将粮食直补和综合直补结余资金统一收缴到县财政专户。建立县、乡、村纠风网络,开展民生领域三个突出问题和行业协会、市场中介组织服务及收费行为的专项治理。

2011—2012年,开展全县医药医务“阳光行动”,全面排查医疗服务单位关键岗位廉政风险点71个,制定防控措施14条,发现并整治“大处方”146张,处理53人,主动拒收“红包”3.8万元。开展教育、商业、物流、金融、电信、涉农领域乱收费,庆典、研讨会、论坛过多过乱,食品药品安全问题的专项治理,查处添加非食用物质和滥用食品添加剂、使用地沟油等违法行为,共查处不合格食品40余种,罚没金额5.8万元。选择与群众密切相关的单位参与县广播电视台“政风行风热线”直播节目,积极宣讲有关政策,认真解答听众诉求,进一步密切党和人民群众的联系,提高政府部门执行力、公信力和人民群众满意率。

2013—2015年,加强对公务员考录和企事业单位招聘工作的监管,坚决纠正和查处违反操作规程、弄虚作假、徇私舞弊、失职渎职等行为,确保考录和招聘工作公开、公平、公正。同时,对公职人员“吃空饷”问题进行清理。出台《黎川县开展县直单位集中整治政风行风专项行动实施方案》,开展明察暗访32次、政风行风专项督查27次,发现问题68个,下发监察建议书11份,督办单41份。在县广播电视台开设《正风肃纪进行时》系列节目,对违反中央“八项规定”精神、典型“四风”问题进行曝光。通过开展政风行风整治行动,全县行政类投诉同比下降50%,部门和行业窗口服务群众满意度调查显示同比上升36%。

第四章　南丰县纪检监察概况

第一节　机构队伍

一、合署前纪检机构

1950年7月,设立中共南丰县委纪律检查委员会。1955年8月改称南丰县监察委员会。1959年6月,又改为南丰县委监察委员会。1967年2月,县委监察委员会因“文化大革命”受冲击而瘫痪。1979年7月恢复中共南丰县委纪律检查委员会。1984年2月,机构升格为副县级,并改称中共南丰县纪律检查委员会,内设办公室、纪检科、案件审理科。1986年,全县共建立基层纪委19个,纪检组13个,有纪检员22名。

1984年9月,县纪律检查委员会有委员15人。1987年,县纪委内设办公室、纪检科、案审科、信访科。1988年8月,各科分别更名为纪检室、审理室、信访室,编制17个,实有14人。1991年6月增设教育室。1992年2月,县党风廉政建设领导小组办公室由县纪委管理。

二、合署前监察机构

1987 年 3 月成立县监察局，内设人秘股、监察股、案审股，编制 10 个，实有 8 人。同年 12 月，增设举报中心，增加编制 2 个。

三、合署后纪检监察机构

1993 年 6 月，县纪委与县监察局合署办公，内设办公室、监察综合室、执法监察室、纪检监察一室和二室、案件审理室、信访室（举报中心）及党风廉政建设室。2003 年增设宣传教育室、干部室。编制 24 个，实有 19 人。各基层党委（党组）设纪检书记（组长）。

2006 年成立南丰县政府行政投诉中心，与设在县纪委监察局的县整治经济发展环境领导小组办公室（县投诉中心）合署办公。2007 年 8 月，县优化经济环境室（县整治经济发展环境领导小组办公室）与县政府行政投诉中心合署办公。2010 年，县直单位撤销纪委（纪检组）、监察室，成立 7 个纪工委监察分局。

2014 年，县纪委监察局内设办公室、干部室、宣教室、党风政风监督室、信访室、第一纪检监察室、第二纪检监察室、审理室；7 个纪工委监察分局，办案服务中心；行政编制和领导职数不变。

2015 年，县纪委监察局共核定行政编 48 个（委局机关 20 个、纪工委监察分局 28 个），事业编 5 个（办案服务中心），工勤事业编 11 个（委局机关 4 个、纪工委监察分局 7 个）。实有行政编 43 人（委局机关 19 人、纪工委监察分局 24 人），事业编 5 人，工勤事业编 3 人。

历任纪（监）委书记：张海涌（兼）、石振宗（兼）、孙竹寿（兼）、李海峰、李耀南（兼）、孔广生、赵令煌、饶绍泉、黄样生、叶建青、李南田、徐光华、卢金国、姚飞翔、吴自胜、段云来、张爱群。

历任监察局长：李润孙、罗时明、陈坚、张文贵、郑金鹏。

第二节　纪检监察工作

一、宣传教育

20 世纪 50—60 年代初期，县纪检机关围绕土地改革、“三反”运动等党的中心工作，组织学习毛泽东主席有关文章、“二十三条”和先进模范事迹，编写通俗易懂的党纪教材《党的监察工作手册》发给党员干部，县委召开党员培训班，结合县内一些典型案件，通过大会公开处理并进行通报，教育全体党员干部。

“文化大革命”期间，党纪教育遭到严重破坏。

1979—1982 年，县委纪委组织学习《关于党内政治生活的若干准则》和党章中关于党员义务和权利的规定，举办党员培训班和各类学习班，进行党规党纪教育，并就搞好党风等问题展开热烈的讨论，全县受教育党员 5000 人（次）。县委纪委重点检查各单位执行《准则》情况，对带倾向性的问题及时向县委汇报，并责成有关单位迅速纠正。

1983—1987 年，继续学习贯彻执行《准则》，教育党员干部端正党风，严肃党纪。采取坚持党支部“三会一课”制度，经常进行党风检查、通报有关问题，认真查处案件、严格执行党纪等形式，对全县党员干部进行党风党纪教育，提高党员干部的政治素质和法纪观念。

1988—1995 年,通过举办党纪条规学习班、党员培训班,组织观看典型案例录像片,举办党纪条规案例图展,开展党纪条规知识竞赛等形式,强化党员干部的遵纪守法意识。

1996—1999 年,组织全县 4200 名党员干部参加中央纪委、监察部举办的党纪政纪条规知识竞赛活动,荣获全区集体一等奖。开展以“学好六个党政法规、唱好一首《廉政歌》、举办一次党纪政纪知识考试、举办一场廉洁自律专题报告会、组织一次廉政图片展”为主要内容的党风廉政教育活动,举办以剖析反面典型案例为主题的“警钟长鸣”宣讲比赛。在县有线电视台、教育电视台设立“党风廉政教育专窗”,每月定期播放廉政教育片 2 次。

2000—2005 年,县纪委监察局组织党员干部及科级以上干部配偶观看反腐影片《生死抉择》。举办“廉政之声”故事讲述赛、“廉政之声”歌手大奖赛。与组织、宣传、党校等部门对全县 552 名科级干部分期分批进行廉政培训。利用反面典型案例及《警钟》、《深渊之路》等警示片,对党员干部进行警示教育,夯实拒腐防变的思想基础。

2006—2010 年,在县城各主要街道、居民小区及学校等地及各乡镇、各村设立党风廉政建设宣传橱窗和宣传栏,营造崇廉尚廉浓厚氛围。建立短信平台,定期向全县副科以上领导干部发送廉政提示短信,做到警钟常鸣。大力开展廉政文化“六进”活动和“勤廉兼优先进典型”评选活动。组织党员干部观看反腐倡廉教育片《女检察官》、《禁毒》、《忏悔》等。创办“桔都廉政网站”。在全市首创“权系民心——领导干部廉政电视访谈”专题节目,组织 25 名乡(镇)及县直重要部门党政“一把手”走进演播室接受采访,接受社会监督。以南丰地方特色为切入点,深入挖掘廉政文化内涵,共征创廉政文化作品 280 余篇。组织 1500 余名党员干部参观廉政教育基地,有 20 余批省、市领导及外地来宾参观南丰的廉政文化教育室。

2011—2013 年,县纪委通过“四个一”(即建一个教育基地、出一本工作书籍、办一份清廉月报、唱一首廉政歌曲)活动,抓好领导干部廉洁从政教育。举办“纪检监察开放日”活动,创办“桔都清风”电视专栏,多角度、全方位宣传南丰县党风廉政建设及“六大清廉行动”中的新举措、新动态、新成效。倾力打造“桔・廉文化”品牌,创建“桔・廉文化”展示室、“桔・廉文化”多媒体教育室、“桔・廉文化”园和“桔・廉文化”剧团,自创“桔・廉文化”精品剧目 26 个,并开展系列“桔・廉文化”活动。

2014—2015 年,在全县中小学开设“廉洁修身教育课”,抓好廉文化进社区、进企业示范点。成立“南丰廉文化促进会”,开展送廉联、送廉政剧目、送党纪条规等廉文化“十个一下基层”活动,实现倡廉教育社会化互动。拍摄廉政微电影《一幕好戏》在县电视台 1 套、2 套以及桔都广场 LED 屏黄金时间播出。以“清风工程”为活动载体,在全县范围内开展“七个一清风行动”。探索建立教育为先、预警为主、查纠为重、抓早抓小的“四早机制”,高标准建设县党风廉政建设教育中心,形成县有中心讲堂、县直单位和乡(镇)有基层讲堂,村组有流动讲堂的纪律教育新平台。县四套班子成员分别到各自分管领域讲专题党课,各乡(镇、场)和县直单位主要领导分别在本单位为党员干部讲党课。全县 136 个单位、9700 余名机关党员干部到县“党风廉政建设教育中心”接受教育,接待外县、外市到教育中心参观考察 13 批(次)。免费发放自主编写的《农村党员干部纪律教育读本》8000 余册。2015 年 10 月,全市“纪律讲堂”现场观摩会在南丰召开,南丰县在观摩会上作了经验介绍,并在全市推广。

二、案件查处

1950—1960 年,南丰县纪检监察机关紧密围绕党的各项政治运动和中心工作,抓住各个时期不同斗争重点,查处党员干部违纪案件 860 件,受纪律处分 621 人。其中撤销党内职务、留党察看和开除党籍(简称“三大处分”)184 人。

1961—1962 年,围绕反右派、反右倾、整风整社和整党运动,重点查处贪污腐败、破坏党的团结和统一、破坏集体经济等违法违纪案件 260 件,处分党员干部 290 人,其中受“三大处分”153 人。

1963—1966 年,重点查处贪污盗窃、投机倒把、破坏国家市场、破坏计划供应、破坏社会主义教育运动等违法违纪案件 220 件,处分党员 189 人,其中受“三大处分”75 人。

“文化大革命”期间,全县纪检工作遭到严重干扰和破坏。

1979—1983 年,党的纪检工作由恢复逐步走上正轨。其间,着重查处拒不执行党的路线、方针和政策、败坏党风、以权谋私、贪污贿赂等经济领域中的违法违纪案件 215 件,处分党员 191 人,其中受“三大处分”79 人。

1984—1992 年,县纪检监察机关认真履行“保护、惩处、监督、教育”职能,重点查处经济领域中违法违纪案件 178 件,处分党员 166 人,其中受“三大处分”84 人。

1993—1994 年,先后查处违法违纪案件 30 件,处分党员 33 人,收缴违纪款 21.56 万元,为国家挽回损失 21.56 万元。

1995—1996 年,围绕群众反映强烈的问题开展监督检查,共查处损害党和人民群众利益等违法违纪案件 104 件,处分党员 100 人,挽回经济损失 203.8 万元。

1997—2002 年,全县纪检监察机关共立案查处党员干部违法违纪案件 622 件,给予处分 622 人,其中给予党纪处分 469 人,政纪处分 153 人。

2003—2006 年,全县纪检监察机关共立案查处党员干部违法违纪案件 310 件,给予党纪处分 314 人,政纪处分 25 人,1 人被移送司法机关处理,其中科级干部 33 人。

2007—2011 年,全县纪检监察机关共立案查处党员干部违法违纪案件 408 件,给予党纪处分 345 人,政纪处分 27 人。其中乡(科)级干部案件 29 件。

2012—2015 年,全县纪检监察机关共立案查处党员干部违法违纪案件 293 件,给予党纪处分 293 人,政纪处分 81 人,移送司法机关处理 5 人,其中乡(科)级干部案件 61 件。

三、案件复查

20 世纪 50—60 年代,县纪检机关对一些案件进行审查和甄别。经过甄别,实事求是地纠正和平反了一批错处分、错批判的案件。

1980 年,县委纪委对原定右倾机会主义分子和右倾作为的 4 人全部作出平反改正结论,其中撤销留党察看 1 人,撤销党内严重警告处分 2 人,撤销党内职务处分 1 人。1981 年,对 8 件案件进行了复查,其中维持原处分不变的 4 件,撤销原处分的 2 人,转其他部门处理 2 人。1982 年,复查审理涉及“两案”的 58 人。其中销毁材料处理的 46 人,重新复查审理的 12 人,不给予处分的 5 人,免职回生产岗位的 1 人,说错话、办错事的 6 人,并对 6 人的材料进行销毁。1983 年复查冤假错案。“文化大革命”前因历史等问题被查处的干部案件707件,需复查的案件51件。经复查,撤销两次处理的16人,改正错定的10人,维持原结论及处理的8人,撤销判刑判管和劳动教养的21人,收回安排工作4人,恢复党籍7人,作退职退休处理23人。1985年,对原给予留党察看处分期满,要求恢复党员权利的3人进行了复查,其中不予恢复并给予开除党籍的1人,同意恢复党员身份2人。

四、办理来信来访

全县各级纪检监察机关自成立起,非常重视群众来信来访,设有专人负责,按照“归口处理”的原则做好工作。

1950—1953年,全县纪检机关受理群众来信来访254件(次)。1954—1956年,受理群众来信来访112件(次)。1957—1962年,受理群众来信来访90件(次),其中检举控告类12件(次),申诉类19件(次)。1963—1966年,受理群众来信来访312件(次),其中检举控告类217件(次),申诉类31件(次)。

“文化大革命”期间,纪检监察信访中断。

1978—1983年,全县受理群众来信来访猛增到607件(次),其中检举控告类355件(次),申诉类133件(次)。

1987年,县纪委专门设立信访科。1987—1992年,全县各级监察机关贯彻国家有关信访政策和规定,认真抓群众来信来访落实工作,共受理群众来信来访488件,其中检举控告类9件,申诉类8件,其他类471件。

1993—1997年,全县受理群众来信来访695件(次),其中检举控告类3件(次),申诉类1件,其他类691件(次)。1998年—2000年,全县受理群众来信来访610件(次)。

2003—2010年,县纪委信访室共受理信访举报989件(次)。2010—2015年,县纪委信访室共受理信访举报446件(次)。

五、党风廉政建设

1986年,为巩固纠正不正之风成果,及时转发中央纪委《关于整顿纪律的通知》、《严禁对领导干部请客送礼的通知》。下发《关于整顿纪律的规划》、《端正党风工作经验选编》等,加强党风建设。1987年制定《纪委对同级党委及其党员干部进行纪律监督的若干规定》,明确监督的实施对象、内容、重点和制度。

1988—2000年,成立落实“收支两条线”专项清理整顿小组,会同县财政、审计等部门对全县行政执收执罚单位落实“收支两条线”工作进行全面检查,规范执收执罚行为。推行“银行代收代缴制”,设立集中办事大厅,实行“一个大厅办事、一个公章审批、一个标准收费、一条龙服务”模式。制定下发《纪检机关对同级党委的监督制度》、《党员领导干部双重民主生活会制度》、《关于加强领导干部廉洁自律的暂行规定》、《关于进一步加大领导干部廉洁自律监督检查工作力度的意见》等有关党风廉政建设文件,在全县各级领导干部中实行廉洁自律情况按季度上报制度,就领导干部廉洁自律工作的重点、如何实行监督检查及对违规者的处理办法等做出明确规定,促进了领导干部廉洁自律工作的制度化、规范化。

2001—2005年,成立县会计核算中心,全县98个县直行政事业单位纳入会计核算中心管理。推行政府采购制度和政务、村务、厂务公开。组建基建项目招投标委员会和专家评审机构,规定凡投资30万元以上基建项目,一律公开招投标。制定《关于开展领导干部述职述廉活动的实施意见》、《关于实行县纪委负责人同下级党政主要负责人谈话制度的暂行办法》，将约谈制度扩展为任前谈话、诫勉谈话、定期谈话制度。推行领导干部党风廉政建设承诺制。实行专题民主生活会制度、科级以上领导干部述职述廉制度。治理党员干部收受和赠送“红包”、参与赌博、婚丧喜庆大操大办、领导干部私自驾驶公车和公车私用歪风。

2006—2008 年，进一步深化“三项改革”，严格执行“四项制度”。推行并联审批制，认真落实“收支两条线”管理规定，全面实行一把手不审批财务制度，严格实行廉政审核“一票否决”制和任前公示制。对县委拟提拔使用的 129 名干部进行廉政鉴定，对 79 个乡镇、县直单位主要领导进行经济责任审计。成立国库集中支付中心，完善国库集中支付运行、收入收缴运行、预算执行动态监控三项机制。制定《关于加强农村基层党风廉政建设工作的实施意见》，全面推进农村基层党风廉政建设，在洽湾镇洽湾村召开全市农村基层干部述职述廉、民主评议现场会，市纪委组织全市各县纪委有关领导到会学习观摩，并将此项活动在全市推广。进一步规范农民诉求中心的领导机制、工作程序和管理制度等，充分发挥农民诉求中心的积极作用。建立县纪委常委挂点督查制度，确定太和镇、洽湾镇、莱溪乡等 3 个乡（镇）及 6 个村为“双创”工程试点和示范点。

2009—2010 年，制定《关于党委（党组）实施“三重一大”事项集体决策制度的实施办法（试行）》、《南丰县党政领导干部问责暂行办法（试行）》、《南丰县加强乡科级党政正职监督的暂行办法》、《县直党政机关、事业单位党政正职“四个不直接分管”的实施意见》、《乡科级党政机关研究重大事项正职末位表态的实施办法》等文件，着力构建“1 + N”反腐倡廉制度体系。成立以县委书记为组长的腐败预警防控领导小组，制定《实施意见》，全县 70 多个单位 160 余名科级干部查找出一级风险点 835 个，二级风险点 1057 个，三级风险点 1945 个。设立一个预警中心、8 个预警信息办公室、66 个预警信息报送点、430 个预警信息采集点，聘请 484 名预警信息员和 10 名预警信息监督员（巡视员）。制定下发《南丰县惩防体系建设任务分工牵头单位和协办单位工作协调制度》、《关于对违反廉洁自律规定的四个问题开展专项治理工作的通知》等文件。积极探索农村集体“三资”监管模式，实现“三资”运行的透明化。农村集体“三资”监管工作得到市纪委领导肯定，并在南丰召开全市农村集体“三资”监管现场会。

2011—2012 年，先后制定《南丰县政府投资项目监督管理暂行办法》、《南丰县政府采购监督管理办法》等文件，对各行政执法主体的行政权力进行逐项规范。下发《全县党风廉政建设和反腐败工作目标责任书》、《2012 年全县农村党风廉政建设责任制考核方案》、《关于党员领导干部报告个人有关事项的通知》、《南丰县新任科级领导干部财产申报办法（试行）》等文件，加强“一把手”权力公开运行“六个一”（制定一套规范文件、成立一个领导小组、搭建一个公开长廊、改版一个网络平台、组建一支监督队伍、确立一个示范典型）建设，逐步建立健全决策权、执行权、监督权既相互制约又相互协调的权力结构和运行机制，积极稳妥地推进县委权力公开透明运行。全面执行领导干部个人重大事项报告、述职述廉、民主评议、诫勉谈话、民主生活会、函询和警示训诫制度，建立健全反腐倡廉的长效机制。制定《南丰县构建公务消费一体化监管体系建设实施意见》，通过定点管理、公务卡结算、机打发票报账、网络化监控,对公务用车、公务接待、公务外出等“三公”费用进行在线审核、实时监控和全程监管,提高公务消费透明度和真实性。贯彻落实《农村基层干部廉洁履职若干规定(试行)》,完善制度建设。

2013—2015 年,出台《关于重申转变干部作风、密切联系群众和廉洁自律若干规定的通知》、《关于进一步加强公务用车使用管理的意见》等文件。建立日常督查、民主测评、管理台账等制度,完善考核检查、结果运用、责任追究机制,助推党风廉政建设各项工作落到实处。推行党政主要领导、乡镇纪委书记及县直单位纪检组长落实党风廉政建设责任制工作纪实制度。制定《南丰县贯彻落实〈建立健全惩治和预防腐败体系 2013—2017 年工作规划〉实施办法》。县委常委带头做出廉政承诺,带头如实报告个人有关情况。不定期对单位“一把手”落实党风廉政建设主体责任情况进行检查监督,完善同步审计、任期审计和离任审计制度。推行新任科级领导干部重大事项报告公示制度,并对领导干部所报告的个人有关事项实行抽查核实。推行“六个一”机制,积极破解落实主体责任层层递减的难题,使党风廉政建设主体责任落到实处。

六、行政监察

执法监察　20 世纪 50—60 年代,全县监察机关围绕党的不同时期的中心工作任务和要求,针对国家行政机关及公务人员、企事业单位、农村基层组织贯彻执行国家的政策、法律、法规、命令、协议及制度等方面所存在问题,与有关部门协作进行检查,发现问题,及时纠正和处理。

“文化大革命”期间,监察工作处于停顿状态。

1988—1992 年,全县监察机关针对影响改革、发展、稳定和现代化建设中的问题及行业、部门存在的不正之风开展监督检查,查处违纪案件 96 件,处分违纪党员 88 名,其中开除党籍 47 名。

1997—1999 年,对领导干部公费配备使用移动电话和安装住宅电话全面清理,清理移动电话 132 部,清理公费安装住宅电话 1152 部。对干部职工住房中违纪违规问题进行清查,查出有问题人员 176 人,其中科级 86 人,收缴各类违规款 47 万余元。

2001—2003 年,围绕县委、县政府的重大决策的实施、重大工程项目建设以及涉及人民群众切身利益的重大事项,积极主动地开展执法监察。共开展执法监察 36 项,挽回经济损失 76 万元,避免经济损失 70 万元,提出监察建议和意见 65 条,帮助建章立制 10 项。同时,对领导干部违规配置手机和报销话费进行专项查处。

2004—2006 年,围绕土地使用权转让招标拍卖、建设工程项目公开招投标、政府采购及产权交易进入市场、专项资金管理使用情况等,共开展执法监察 76 项,下达监察建议、意见书 21 份,帮助建章立制 11 项,挽回经济损失 55.1 万元。

2007—2008 年,在全市率先开展房地产市场秩序专项清理整顿,对 64 宗经营性土地及开发建设项目进行清查,追缴土地出让金 2100 多万元,建设规费 100 多万元,补征税款 600 多万元。开展节能减排、全县农村公路建设资金使用情况、经济适用住房建设和完善廉租房制度、建筑工程项目招投标执行情况、“绿剑二号行动”等专项执法监察。在“绿剑二号行动”中,南丰县监察局被评为全省先进单位。配合价格监管部门依法加强市场价格监管。加强对社保基金、住房公积金和扶贫救灾专项资金的监督检查。开展对各乡(镇)社会抚养费征收情况的监督检查,纠正少数乡镇不规范行为。此外,还对农村公路建设、农民减负、贫困生高考入学政府资助金发放等进行监督检查。

2009—2011 年,开展土地领域突出问题的专项治理。开展行政审批事项清理工作。共开展执法监察 15 项,查出违法违纪金额 274.76 万元,挽回经济损失 45 万元,提出监察建议和意见 15 条。

2012—2015 年,建立县公共资源交易平台视频监察系统,实现视频监察系统与省市联网;推行网上招投标运行机制建设,使招投标活动公开透明。开展工程建设领域突出问题专项治理,查处非法占地案件 2 件、基层案件 10 件,给予 12 人党纪政纪处分。开展工程领域执法监察 17 项,追缴违纪金额 279.7 万元,转立案 28 件。推进工程建设领域诚信体系建设及招投标交易项目分级管理改革,强化对评标专家及代理机构的监管,确保招投标交易公平、有序。完成县行政审批、公共资源交易、阳光医药、账户资金运行管理、国库集中支付、"三公"消费一体化、农村"三资"监管 7 个监察平台建设。开展领导干部违规插手工程项目专项治理行动,"违插"专项治理上缴"红包"63 笔,金额 17.63 万元。

效能监察　2001 年成立县整治经济发展环境投诉中心,建立首问责任制和限时办结制,开展整治经济环境"下访周"和执纪执法执收单位"形象好坏客商评"活动。

2002—2004 年,成立县整治经济发展环境领导小组,下设整治经济发展环境投诉中心,专门负责受理客商投资企业及个人对经济发展环境的相关投诉。投诉中心建立健全"快速反应,立即就办"工作机制,对群众投诉做到快介入、快调查、快处理。加大整治经济环境力度,建立执法执收单位服务承诺和形象测评制度,组织部分客商代表,私营企业主、招商引资跟踪服务人员等,以无记名现场投票的方式对 26 个县直经济服务单位进行形象测评,服务单位办事效率和工作作风得到明显改善。

2005—2008 年,开展"提升行政效能,建设服务型政府"主题活动,开展形象测评和民主评议政风行风活动,共征询群众意见和建议 860 余条、现场解决问题 490 余个。开办《透明桔都——政风行风建设访谈》电视节目,组织与群众生产生活密切相关的 31 个单位的一把手走进演播室,宣传政策、接受咨询、公开承诺。建立 16 个效能建设监测点、聘请 16 名监督员,举办了优化发展环境监测工作业务培训班。同时,推行首问责任制、行政问责制、服务承诺制、限时办结制等,有力地促进全县发展环境的进一步优化。

2009—2010 年,制定下发《南丰县开展"机关效能建设年"活动实施方案》、《关于认真做好创优发展环境"公开承诺"工作的通知》,编印《南丰县"机关效能建设年"活动工作手册》、《新南丰、新机关、新形象》效能宣传小册子,开展"百千万"内设机构创建最优发展环境测评、机关效能和形象测评活动。全面启动"江西省发展环境监测网络系统"、"发展环境监测声讯台",进一步规范监测工作,提高监测效率。

2011—2012 年,结合"发展提升年"活动,组织实施"四百增效提能"与重要岗位"一述职二亮相多测评"活动,各级监测点对 135 个职能部门履行优化经济发展环境职责情况进行了 3977 次监测,平均监测满意度为 98.45%。全县各单位在"四百增效提能"活动中为群众办实事 100 多件、帮扶企业 85 家、查找问题 65 个。制定下发《关于实行挂牌上岗制度强化效能建设的通知》、《关于进一步严明工作纪律加强机关作风的通知》,全面推行挂牌上岗制度。制定《南丰县优化发展环境“六个严禁”》,对违反会风会纪、干部脱岗早退、上班期间玩游戏、炒股、打牌赌博等现象作出严肃处理。开展效能作风明查暗访和专项督查活动,完善电子监察和网上审批系统建设,加大行政投诉与优化发展环境网络监测力度。聘请70位发展环境网络监测员,通过网络发布监测信息4200余条,回复问题类反映件17件,得到较好的评价。

2013—2015年,开展行政效能网上测评,对测评不满意的单位下发效能作风预警告知函和督办单。严格落实“十推行、十严禁”要求,着力解决效能上“中梗阻”和作风上“庸懒散”现象,不断提高机关干部办事效率。建立健全党员干部岗位监督机制,在县政府门户网站设置南丰县“岗位监督预警”网页,接受网民的测评与监督。县纪委监察局每月对岗位监督对象的监测情况进行汇总,对岗位履责群众不满意的对象视情况给予履责告诫、廉政约谈、诫勉谈话或组织处理,并将岗位履职监督检测结果作为干部调整使用的重要依据。

七、纠风治乱

1995—1996年,重点治理公路“三乱”、中小学校乱收费、向农民乱摊派、乱收费等现象。查处公路“三乱”案件2件。查出教育乱收费、多收费45项,金额56.19万元。取消乱收费项目23个,收缴及罚款60万元。清退多收农民款8.5万元,取消农民不合理负担项目11个、直接向农民乱收费项目10个。查处坑农案1件,并全面推行农民负担监督卡制度。严肃处理4个单位违规使用小车问题,遏制公车私用歪风。

1997—1999年,继续对中小学校及教办乱收费、公路“三乱”及农民负担问题进行督查。对预算外资金和“小金库”进行专项清理,清理出预算外资金676.9万元,查处私设“小金库”单位7个。对企业“三乱”进行全面检查,抵制“三乱”行为22次。清理整顿136个村委会财务,查出各类违纪金额7.5万元。清理乡(镇)土管所乱收费金额13.7万元,追缴个人违纪金额8.6万元。

2000—2004年,全面实行中小学财务集中核算制,确保教育资金的合理使用。严格执行减轻农民负担各项规定,深入开展对农业用水用电、农机服务等生产性费用的乱收费治理,减轻农民负担312万元。实行药品集中采购和医药分开核算,县直医疗机构完成集中招标采购金额603万元。加强医德医风建设,严肃查处收受药品回扣或红包、开单提成等行为。检查药品生产、使用、经营单位125家,清理销毁假劣和过期药品、医疗器械总案值3.9万元。

2005—2006年,切实抓好商业贿赂治理工作,成立专门领导小组,制定具体实施方案,重点在医药卫生、建设、交通、电信、金融等部门和行业开展自查自纠,坚决纠正违反商业道德和破坏市场秩序的不当交易行为,从源头上依法打击商业贿赂行为。开展涉农负担大检查和涉农收费专项治理,严格落实减轻农民负担各项规定。实行药品集中采购和医药分开核算,纠正医疗服务和医药购销中的不正之风。严格执行中小学生收费“一费制”和“两免一补”政策,对中小学收费情况进行监督检查。出台《南丰县建设领域农民工工资保障金管理暂行规定》,有效保障了农民工利益。开展土地和建设工程开发项目清理整顿工作,规范土地和建设工程开发行为。规范出租汽车行业管理。

2007—2009 年，深入开展政风、行风综合测评工作，促进政风、行风建设。开展清理达标评比表彰活动，清理评比达标表彰活动 16 项，撤销 2 项。巩固创建“文明执法示范路”活动成果，纠正违规上路执法行为。开展食品药品安全工作监督检查，查处食品、药品安全案件 24 件。对全县医疗机构的药品实行网上集中招标采购。开展规范行业协会、市场中介组织和服务收费行为的专项治理，注销行业协会、市场中介组织 7 家。

2010—2012 年，制定《关于建立县乡(镇)村三级纠风工作网络的实施意见》，成立纠风工作领导小组，12 个乡(镇)都建立纠风工作组，配备工作人员 15 名，各村(社区)聘请 2~3 名纠风监督员。开展医药医务阳光行动，全面推行医务公开和医德医风考评机制，督促各医院建立问题台账和医德医风档案，安装阳光收费电子显示屏和医院信息管理系统，完善岗位公示栏和廉洁行医服务承诺制，执行药品网上采购和统一配送制度，改善医疗服务水平。加大对食品药品行业不正之风整治，出动执法人员 1095 人(次)，检查食品经营户累计 2654 户(次)。组织有关部门联合开展农资市场检查 4 次、专项检查 7 次，检查各类农资经营户 220 户。全县聘请教育收费义务监督员 91 名，参与教育收费治理活动。

2013—2015 年，组织有关部门开展农业(含农业开发办)资金、社会救助资金、社保就业资金、教育投入资金、扶贫移民资金、林业资金等六大民生资金使用情况的监督检查，纠正违规资金 768.44 万元，归还原渠道、上缴财政 719.26 万元。深入开展“红包”问题专项治理工作，共收到全县各级党员干部主动上缴“红包”358 笔，金额 141.418 万元。

第五章　崇仁县纪检监察概况

第一节　机构队伍

一、合署前纪检机构队伍

1951 年，成立崇仁县委纪律检查委员会，1955 年 9 月改为县监察委员会，1959 年 6 月，又改称县委监察委员会。“文化大革命”期间，纪律检查机构处于瘫痪状态。1979 年 8 月，成立中共崇仁县委纪律检查委员会。1984 年 4 月升格为副县级机构，并改称中共崇仁县纪律检查委员会。同年 10 月，各乡(镇)设立纪律检查委员会。1985 年，县纪委内设纪律检查科、案件审理科和办公室。1987 年，县纪委增设信访科。1990 年改科为室。1991 年又增设党风廉政建设办公室。1992 年，县纪委有专职干部 8 人，48 个基层纪检机构有专兼职干部 129 人。1992 年后，27 个县直单位和厂矿相继设置纪委或纪检组，设纪委书记 8 人、纪检组长 19 人。

二、合署前监察机构队伍

1988 年 3 月，县政府成立监察局，内设人秘股、信访股、监察股、审理股，有专职干部 10 人。

三、合署后纪检监察机构队伍

1993 年 6 月，县纪律检查委员会与监察局合署办公，增设执法监察室。2000 年，内设机构有办公室、案件审理室、信访室、纪检监察一室、纪检监察二室、执法监察室、宣传教育室、党风廉政建设室，在编干职工27人。2009年，崇仁县纪委监察局内设办公室、案件审理室、信访室、纪检监察一室、纪检监察二室、执法监察室、宣传教育室、党风廉政建设室、干部室、纠风室、监察综合室、效能监察室。行政编制21个，事业编制4个，机关工勤编制3个，在职28人。2010年11月，实行县乡纪检监察机构管理体制改革，组建6个纪工委监察分局，纪工委为正科级，监察分局为副科级。县纪委监察局机构设行政编制25个，工勤编制3个。撤销宣传教育室、监察综合室、效能监察室，将纪检监察一室、二室合并为案件检查室；成立县政府行政投诉中心，为正科级事业单位，挂靠纪委监察局。效能监察室职能划入县政府行政投诉中心。2012年，县纪委监察局设办公室、案件检查室、党风廉政建设室、信访室、案件审理室、执法监察室、干部室、纠风室，挂靠办公的有行政投诉中心，有6个纪工委监察分局，实有人数48人。

2015年，县纪委监察局内设办公室、第一纪检监察室、第二纪检监察室、党风政风监督室、信访室、案件审理室、干部室、宣传教育室。干部监督室挂入干部室，成立办案服务中心，撤销行政投诉中心。机关行政编制25个，工勤编制3个，事业编制4个；纪工委监察分局行政编制24个；实有在编50人。

历任纪(监)委书记：张竹泉、张子良、田永丰、杨明耀、张海云、杨怡顺、张玉振、邹明泉、邱火明、黄德洋、刘勇建、杨月兰、黄发高、王正坤、黄能兴。

历任监察局长：彭忠林、刘九江、张益华、黄泽民、陈长清。

第二节　纪检监察工作

一、宣传教育

1993—1994年，县纪委监察局开展党纪政纪条规教育，提高全县各级领导干部拒腐防变、勤政廉政意识。

1995—1996年，县纪委监察局组织党员、干部参加省纪委等3家联办的"学理论学党章"答题竞赛活动和中央纪委、监察部举办的"党纪政纪条规知识竞赛"活动。县纪委举办典型案件报告会，在全县深入开展"反腐倡廉"思想教育活动。

1997—2000年，县纪委监察局注重加强党员和干部的党纪条规教育、正面典型示范教育和反面典型警示教育。共播放电教片200余场次，观众2.1万人(次)，聘请专家授课22次，下基层授课60余次，开展党纪条规知识竞赛12次。

2001—2002年，开展警示教育活动，共播放电教片90余场(次)，6300多人(次)观看。县纪委与县委组织部在县有线电视台开辟《2002党员风采录》专栏。县党校及各类理论学习班均增设反腐倡廉教育课程，全县共举办各类培训班9期，培训720余人(次)，在培训班上讲授党风廉政教育课程27场(次)。举办新任基层纪委书记(纪检组长)业务培训班1期。

2003—2004年，开通崇仁"清风"网站，每月编发2期简讯，组织开展电教片集中播放、"廉内助"评选等活动。开展《两个条例》知识竞赛，举办科级干部廉内助学习班，组织学生观看廉政教育电教片，开展送廉政戏下乡活动。

2005—2006年，开展惩防体系《实话纲要》教育、“扬正气、守纪律、保先进”演讲比赛、征文比赛、向科级干部发送廉政短信以及清风文化进家庭、进学校、进社区、进农村、进企业等活动。开展“清风”系列教育活动、“八荣八耻”教育活动、学习贯彻党章主题教育活动等。

2007—2009年，制定下发《关于深入开展廉政文化进机关活动实施方案》，全县共有90多个党政机关制作1560余幅廉政宣传画和制度牌。开展廉政文化宣传活动，开展廉政文化成就展。举办有146名村支部书记参加的廉政教育培训班。组织在职正科级主要领导干部100余人到新建县豫章监狱开展“现身说法”警示教育。每月编发一期《崇仁清风简讯》。

2010—2012年，开展学习宣传《廉政准则》教育活动，编印学习资料和廉政读书笔记1500本，发放到全县各级党员干部手中。创建“理·廉”文化品牌，将崇仁理学的思想内核概括为“天人合一，万物同体；知行合一，诚信礼义”16个字，提炼“理·廉”观点150余条，形成理论文章30余篇，编印理廉文化专刊4期，建成“理·廉”文化宣传长廊2条，打造了六家桥乡车上村市级廉政文化示范点。

2013—2014年，开展“纪检监察开放日”活动，成立“理·廉”文化研究促进会。开展以廉政征文、读书思廉、勤廉之星评选、廉政公益展播为主要内容的“廉政宣传教育月”活动。打造5所学校、3个村委会、2个企业共10个廉文化示范点，开展“十大廉洁持家贤内助”评选活动，组织80名领导干部配偶到市纪委“清风苑”接受廉政教育。拍摄首部廉政题材的微电影《父亲的“圣旨”》，影片入选中央纪委廉政教育片，面向全国发行。

2015年，在全县纪检监察系统开展以“七个一”为主要内容的警示教育月活动，举办“青春倡廉、清廉崇仁”诗歌散文征文比赛活动、“迎七一”廉政书画摄影展，开设“清风崇仁”公众微信号，拍摄反映崇仁明代名臣吴道南清廉为官故事题材的电视专题片《白菜情》。开设县、乡、村三级“纪律讲堂”，全县“纪律讲堂”开讲213次，受教育党员干部人数1.3万人。

二、案件查处

1958年，党内的“五风”（共产风、浮夸风、命令风、瞎指挥生产风、干部特殊化风）左倾错误和“三害”（贪污、浪费、官僚主义）现象较为严重，给党和人民带来严重损失。1960年，进行整风整社运动，对犯有各种错误的党员进行查处，但在“左”的错误影响下，也伤害了一批农村党员干部。“文化大革命”期间，党风党纪遭到严重破坏。

1982年3月，县委成立打击经济领域严重犯罪活动领导小组和办公室，从县属单位抽调50余人组成办案工作组，对经济领域的犯罪案件进行严肃查处。至1984年底，共立案查处各类经济案件55件，其中投机诈骗27件，贪污盗窃21件，受贿4件，其他3件。涉及到科级以上干部8人，党员28人。其中受开除党籍处分5人，判刑19人，收缴赃款19万余元。

1985—1992年，县纪委共查处违纪案件150件，处理违纪党员干部146人，其中开除党籍27人，留党察看39人，撤销党内职务12人。

1993—2000年，全县纪检监察机关共查处违纪案件705件，处理违纪党员干部685

人,其中科级干部 91 人,挽回经济损失 860 万元。

2001—2005 年,全县纪检监察机关共查处违纪案件 512 件,处理违纪党员干部 546 人,其中科级干部 63 人。受党纪处分的党员干部 418 人,其中开除党籍 14 人,留党察看 19 人,撤销党内职务 4 人,党内严重警告 176 人,党内警告 205 人;受政纪处分党员干部 181 人,其中开除公职 9 人,开除留用 1 人,撤职 17 人,降级 69 人,记大过 9 人,记过 16 人,行政警告 60 人。

2006—2010 年,全县纪检监察机关共查处违纪案件 410 件,处理违纪党员干部 422 人,其中科级干部 50 人。受党纪处分的党员干部 389 人,其中开除党籍 16 人,留党察看 7 人,党内严重警告 142 人,党内警告 224 人;受政纪处分党员干部 47 人,其中开除公职 2 人,撤职 4 人,降级 14 人,记大过 7 人,记过 6 人,行政警告 14 人。

2011—2015 年,全县纪检监察机关共查处违纪案件 389 件,处理违纪党员干部 463 人,其中科级干部 73 人。受党纪处分的党员干部 446 人,其中开除党籍 33 人,留党察看 21 人,党内严重警告 111 人,党内警告 281 人;受政纪处分党员干部 33 人,其中开除公职 12 人,撤职 3 人,降级 2 人,记大过 2 人,记过 3 人,行政警告 11 人。挽回经济损失 341.07 万元。

三、案件复查

1962 年,根据中央的部署,对 1958 年以来受到批判与处分的党员干部进行全面甄别,解决了一些遗留问题。

党的十一届三中全会以后,对“文化大革命”期间和历史上遗留的冤假错案,实事求是地进行复查,全面认真地进行纠正。至 1984 年,共复查申诉案件 444 件,甄别 154 件。1985 年,县纪委对新中国成立以来冤假错案的甄别工作由突击性转为经常性,至 1987 年全部结束。在所复查的 25 件历史专案中,改变原处分、恢复党籍的 16 人,恢复公职的 1 人,作自动退党处理的 3 人,维持原处分的 5 人。

四、办理来信来访

县纪委监察局自成立起,非常重视群众来信来访,设有专人负责,按照“属地管理,分级负责”的原则做好工作。

1985—1990 年,全县纪检监察部门共受理群众信访举报 858 件,办结 816 件。

1991—1995 年,全县纪检监察部门共受理群众信访举报 567 件,办结 556 件。

1996—2000 年,全县纪检监察部门共受理群众信访举报 685 件,办结 685 件。

2001 年后,县纪委不断拓宽信访渠道,畅通“007”免费邮箱,设立信访信息员,充分发挥县、乡、村、组四级信访网络作用。2006 年后推行信访举报办事公开机制,提高了信访办理的质量和效果。2007 年开展纪检机关干部下访活动,密切了党群干群关系,充分发挥网络功能,新增电子举报信箱及开通网络举报平台。2008 年开通全国纪检监察系统统一举报电话“12388”。2001—2008 年,共受理群众信访举报 884 件(次),办结 884 件,办结率 100%。

2008 年后,群众反映基层村干部信访量上升幅度较大,县纪委构筑农村信访网络,关口前移,将监督触角延伸至基层,建立健全“五项制度”,做好农村信访举报工作,同时加大查处基层损害群众利益的信访案件。2009—2015 年,共受理群众信访举报 645 件(次),其中涉及村干部信访举报 170 件(次),立案审查 49 人。

五、党风廉政建设

1986—1988 年,为深入贯彻中共中央《关于进一步严肃党纪,端正党风的若干规定》,在全县开展对群众反映的突出问题的专项清理,并制定下发县委常委抓廉政建设的有关制度和规定。

1989—1990 年,先后制定印发有关廉政建设、狠刹不正之风的系列文件,纠正和处理用公款请客送礼、大吃大喝、中小学违章收费、干部以权谋私、赌博、向企业索、拿、卡、要等腐败行为,共收缴中小学违规乱收费金额 12 万元,查出违规用公款安装住宅电话 101 部,退缴安装费 4.5 万元。

1991—1992 年,先后对全县党政部门用公款吃喝送礼、党政干部违规违纪建私房、用公款超标准装修住房等问题进行了检查。

1993 年,贯彻执行中共中央和中央纪委关于领导干部廉洁自律有关规定及《领导干部报告个人重大事项的规定》、《领导干部廉洁从政若干准则(试行)》和《关于党政机关厉行节约制止奢侈浪费的若干规定》等条规,认真开好领导干部廉洁自律专题民主生活会,落实党风廉政建设责任制,对精减会议、控制新建装修办公楼、庆典活动、公款旅游和规范公务用车等方面进行专项检查。

1994 年,在全县开展清理干部、职工违纪购买公房和集资建房工作,纠正以权谋私,以房谋私不正之风,共查出科级以上干部违规购建房和集资建房 726 人,收缴建房补款 34.2 万元。

1996—1997 年,清退违规“农转非”人员 12 名,清理党政机关和企业干部拖欠公款 72 万元,清理干部职工违规配备和使用移动电话 245 部、违规安装住宅电话 452 部。

1998—1999 年,制定禁止公款旅游相关规定,整治公款吃喝风,查处并通报违规公款吃喝 22 人(次)。狠刹公款送礼和领导干部接收“红包”歪风,严禁领导干部及亲属插手基建,加大清房力度,推行选拔任用干部公示制度。建立科级干部廉政档案。

2000—2001 年,下发《关于在全县实行党风廉政建设责任制的实施意见》,推行干部任前征求纪委意见制度和干部任期经济责任审计制度。下发《关于完善“廉政资金账户制度”的补充规定》,在全县推行会计委派制和核算中心制度。对各单位新购和更换的小汽车实行购车申报审批制度,对违规小汽车进行清理,共清理小汽车 202 辆,收缴封存 38 辆,公开拍卖 27 辆。

2002—2003 年,下发《关于领导干部个人重大事项报告制度的实施意见》、《关于招商引资工作中严格遵守领导干部廉洁自律有关规定的通知》,实行党风廉政建设工作和领导干部廉洁从政情况定期报告制度。推行各乡(镇)和县直单位党政“一把手”公开述廉制度。组织全县 1205 名科级干部参与建私房自查,并成立 8 个清房核查组,清理科级干部建私房 93 户。

2004—2005 年,制定《关于转变作风严肃查处共产党员、国家机关工作人员参与赌博的规定》,在全县颁布“九条禁令”。建立领导班子专题民主生活制度和领导干部任前廉政谈话制度。开展领导干部违规接受和赠送现金、有价证券、支付凭证的专项治理工作。深入推进部门预算改革,规范转移支付制度,全面落实"收支两条线",实行国库集中支付制度,推行"村财乡管"、"乡财县管"。完善政府投资核准和备案制度,加强对政府投资活动的引导、调控和监管,建立政府投资项目公示制度。对党员干部参与赌博进行集中整治。

2006—2007 年,在全县开展农村基层党风廉政建设试点工作,乡镇配设 1 名专职纪委副书记,村党支部配设 1 名纪检委员,村民小组聘请 1 名以上党风廉政建设监督员。全县 15 个乡(镇)和 146 个行政村实行党务、政务、村务三务公开。制定《关于进一步加强农村基层党风廉政建设的意见》,同时下发《关于在全县开展"廉政示范村、人民满意基层站所创建活动的实施方案》,并确定 15 个乡(镇)各选 2 个村委会为试点。成立行政服务中心和公共资源交易中心,全面启动行政审批电子监察、电子招投标等工作。

2008—2009 年,在全省率先出台《加强党政机关和事业单位工作人员因私出国(境)管理的暂行规定》,开展制止党政干部公款出国(境)旅游专项工作。下发《崇仁县农村基层党风廉政建设五项监督制度》,切实加强对农村基层党风廉政建设的监督。推行公务消费公务卡结算制度和公务消费机打电子票据报账制度。

2010—2011 年,着力构建"1 + N"反腐倡廉制度体系,出台《关于实行新任领导干部"一训双考"制度的实施意见》,成立全县党务公开工作领导小组。石庄乡、一中、工商局、桃源乡简桥村 4 个单位被正式命名为市党务公开示范点。推行风险岗位廉能管理,全县梳理共性腐败风险 54 条,个性腐败风险 1869 条。建立农村"三资"监管、党务公开、便民服务三个网络平台。在全县推行"三资"监管工作,组织全县 15 个乡(镇)150 个行政村对集体资金、资产、资源进行清产核资、登记造册,规范管理。

2012 年,全面贯彻落实中央"八项规定",强化对违反"八项规定"行为的监督检查,查处并通报 4 人。全面推进公务消费一体化监管体系建设,全县公务消费下降 34.9%。全县"三资"监管工作步入网络化、规范化、常态化运行轨道,全县 150 个行政村全部实现资金入笼、资产入账、决策上会、交易进站。

2013 年,全县实施"廉政责任透明化考核、作风效能常态化预警、工程领域专业化监管、公务消费一体化监督、阳光政务电子化监察、民生领域突出问题系统化治理、干部廉情人性化关爱"七大保廉项目。制定下发《关于改进工作作风、密切联系群众的若干规定》,严明"六项纪律"35 条规定,出台相应的责任追究办法。全面推行节日廉情监督,做到"节前教育提醒、节日明察暗访、节后公示反馈"。开展"红包"问题专项治理,全县上交"红包"199 笔金额 34.7 万元。全县党风廉政建设社会评价工作位居全市第 2 名、全省第 7 名,并荣获"全市落实党风廉政建设责任制先进单位"称号。

2014 年,大力推进清廉崇仁建设,深入开展廉政责任项目管理、权力监督制度创新、党风政风常态监督、为民亲民阳光信访、倡廉教育社会互动、重点领域电子监察"六大清廉行动"。试行领导干部"八小时以外"监督管理办法。实行领导干部操办婚丧喜庆事宜"两报告一承诺"制度。大力推动党风廉政建设"两个责任"落地生根,推行廉政责任约谈制度,制作并播放"一把手抓廉政"电视访谈节目 16 期,查处并通报违反中央"八项规定"党员干部 15 人。继续开展"红包"问题专项治理,上交红包专户 368 笔 66.1 万元;开展"小金库"专项治理,涉及违规资金42万元，处分3人；开展厉行节约、反对浪费专项治理，制定公务消费14项规范性制度，发现和纠正问题257个，对3个单位主要领导进行廉政约谈，全县公务消费较上年下降16.4%。全县党风廉政建设社会评价工作位居全市第2名、全省第3名。

2015年，坚持“把纪律挺在前面”，紧紧围绕监督、执纪、问责，做主业抓主责。组织全县各级党组织、纪检组织等负责人150人进行落实党风廉政建设“两个责任”知识测试。全县10个党组织主要负责人集中向县纪委全委会“述责述廉”；19个单位新调整的“一把手”在电视台公开诺廉；5个单位因履行“两个责任”不力，给予15人党纪政纪处分、7人诫勉谈话；2名单位负责人因“为官不为”被责令辞职。率先在全市制定实施《崇仁县落实党风廉政建设党委主体责任和纪委监督责任工作责任追究办法（试行）》、《崇仁县纪律巡查工作实施办法（试行）》。通过运用“制度＋科技”的手段，将全县所有105个单位纳入监管平台，实现对“两个责任”在线管理、网上监控、实时预警、动态评价。在全县开展领导干部特别是县四套班子领导落实党风廉政建设主体责任调研约谈，在全县各单位、各部门有效推行执行市纪委关于县委书记、县纪委书记严格落实遵规守纪双月报制度。查处并通报违反中央“八项规定”党员干部5人。深入开展教育、医疗、殡葬、税收四个系统的“红包”问题专项治理工作，收到上交“红包”108笔计9.4万元。开展领导干部违规插手干预工程项目问题专项治理工作，全县共1100名科级以上干部参与自查自纠，主动上交廉政账户24.9万元。

六、行政监察

执法监察　2001—2008年，围绕党委、政府的中心工作及群众关心的热点、难点问题，精心组织，周密安排，充分履行监督检查职能，积极开展执法监察，提出监察建议391条，挽回经济损失1200万元，转立案29件，给予党纪政纪处分32人。

2009年，开展新增中央投资项目落实情况、房地产市场变更规划调整容积率情况、单位私设“小金库”情况、国有资产管理和处置情况、马鞍镇出让国有林场情况等执法监察16项，其中专项执法监察8项，单项执法监察8项。

2010年，开展中央扩大内需监督检查和工程建设领域突出问题专项治理，涉及全县223个项目，发现并纠正问题80个，提出整改意见128条，查处案件16件，给予科级干部党纪政纪处分2人，收缴违规资金26.8万元。开展民生领域“三个突出问题”（失地农民基本保障、农民建房收费、城乡低保资金发放）专项治理，督促整改和查处了一批违纪违规问题，并有针对性地建立了一批长效机制。

2011年，对全县71个100万元以上建设、交通、水利、国土等重点领域公共投资项目进行专项执法检查，针对发现的问题，下发督办单9份。

2012年，开展工程领域查纠专项整治，向新开工的13个政府投资重大建设项目派驻“廉情督查组”，对2011年以来政府投资500万元以上的18个项目，开展挂靠借用资质投标、违规出借资质等问题专项清理，收缴违纪违法所得119.3万元，立案查处科级干部3人。

2013年，升级完善公共资源交易中心建设，实行无缝隙、全时段视频监控和网上电子招投标。全县31个单位237项审批事项进入网上审批和电子监察系统，实现电子化监管。当年实现网上电子招投标8件。

2014 年,开展国家工作人员防止利益冲突专项治理,全县 6319 名国家工作人员进行了自查自纠。开展教育投入、社会救助、扶贫移民、社保就业、农业开发、林业等六项民生资金专项监督检查,发现问题 235 个,纠正违规资金 1.04 亿元,查处 15 人。

2015 年,开展涉农民生资金专项检查,发现问题 92 个,查出违规资金 5004.18 万元,县涉农整改办对有关单位下发整改督办单。

效能监察　2001 年,成立县整治经济发展环境工作领导小组,受理群众对投资环境方面的投诉,并首次对县内 36 家经济发展环境服务单位进行形象测评。

2002 年,在综合办证收费大厅的基础上组建县行政审批服务中心,一个窗口对外进行行政审批和收费。

2003 年,将县集中办事大厅划归县纪委环境整治室管理,全县受理业务 21996 件,及时办结 21811 件。

2005 年,开展集中整治投资软环境工作,县纪委抽调 8 名干部组成 3 个暗访组,深入 64 家企业进行明查暗访,共收集意见建议 46 条。

2006 年,聘请 10 名特邀监察员,强化对全县各级政府机关及工作人员的监督。建立被诉待岗制,开展发展环境集中整治月活动,立案 4 件,被诉待岗 3 人。

2007 年,全县各单位审批服务股进入行政服务中心集中办公,在全市率先开发网上审批电子监察软件系统,进一步减少审批环节,缩短审批时间,提高审批效率,并对审批实现即时监控。

2008 年,根据效能廉政建设存在的突出问题,在全县启动效能廉情预警机制,全年共对 39 个部门下发效能廉情督办单 120 余份。

2009 年,开展“机关效能——项目建设年”活动。推行效能廉情预警机制,实行行政效能定点电子监测,在县行政服务中心收费窗口设立评议终端,随时采集有关信息。

2010 年,开展“创业服务年”活动,在全县设立 72 个发展环境监测点,对 44 个部门和单位下发效能廉情督办单 54 份,并将效能廉情指数扣减情况在县电视台公布。

2011 年,深入开展以“为民办百件实事、帮扶百个企业”为内容的“双百提效”活动,全县有关单位和部门共为民办实事 112 件,帮助企业解决问题 96 个。

2012 年,重点整治工作作风上的“庸懒散”、领导作风上的“假浮蛮”、为政不廉上的“私奢贪”等问题,开展效能作风专项整治。

2013 年,建立健全作风效能预警机制,对全县所有单位进行百分制考核预警,围绕落实中央“八项规定”开展监督检查 65 批(次),查处效能作风问题 12 个,下发作风效能预警督办单 101 份,通报 5 次,涉及 69 个单位 141 人(次),其中科级干部 35 名。

2014 年,开展整顿企业周边环境专项行动,受理企业投诉 13 件,查纠问题 5 个,查处并通报 3 起影响发展环境的典型案件。

七、纠风治乱

1993 年始,纠正不正之风的工作贯彻“党政齐抓,部门共管,纪委督办,群众参与”的新思路,从群众反映强烈的热点、难点问题入手予以集中整治。

1994 年,治理部门和行业乱收费,对全县 171 个收费单位、280 个收费项目进行全面清理。

1995 年，治理婚丧喜庆大操大办、公车迎送风，查处违规事件 32 件。

1996 年，对各乡镇 302 个基层站、所的行业不正之风开展整治。

1997—1998 年，制定《关于坚决制止“四乱”行为，保护企业合法权益的若干规定》，对各执法部门的乱检查、乱收费、乱集资、乱摊派行为进行专项整治，共查处对企业“四乱”案件 8 件，处分 5 人。

2000 年，对公安、建设、工商、供电、教育、医药、卫生、邮政、电信、移动通信等 10 个部门进行行风评议。是年，建立集中办事大厅，以简化办事程序，提高办事效率。

2001—2008 年，全县开展对教育乱收费、公路“三乱”的整治和检查，推行医疗卫生系统阳光行动，整治医疗卫生系统行风。

2009 年，对全县 57 个单位和部门的 14 项评比达标表彰项目进行专项清理，节约资金 30 余万元。同时，对全县 11 个行业协会和市场中介组织进行了清理。

2010 年，5 家公立医疗卫生单位在医药阳光行动中，共梳理出问题 91 个，落实整改问题 89 个，完善相关制度 69 个，上交廉政账户资金 72 笔计 36941 元。

2011 年，组织各乡（镇）和有关单位对农民建房收费情况进行全面排查，责成并督促有关部门对近几年出台的涉农收费相关文件进行全面清理，共查办损害群众利益案件 12 件，责任追究 12 人，切实维护群众利益。

2013 年，对卫生、新农合、家电下乡补贴、农村劳动力培训补贴、农机购置补贴等 6 类专项资金进行检查，立案调查 3 件，党纪政纪处分科级干部 3 人、科级以下 4 人，移送司法机关处理 2 人。

2014 年，开展社会保障资金专项检查，发现问题 235 个，纠正违规资金 1.038 亿元，查处 15 人。

第六章　乐安县纪检监察概况

第一节　机构队伍

一、合署前纪检机构队伍

1950 年 8 月，成立中共乐安县委纪律检查委员会。1955 年 3 月，改名监察委员会。“文化大革命”期间，纪律检查机构处于瘫痪状态。1968 年 4 月县革委成立后，县革委政治部纪检组代行监察委员会职能。1979 年 6 月，恢复县委纪律检查委员会。1984 年 2 月，乐安县委纪委升格为乐安县纪委，为副县级单位。9 月，有县纪委委员 15 名。1987 年 9 月有县纪委委员 11 名。县纪委内设案件检查室、案件审理室、信访室、调研室和办公室，有干职工 16 人。

二、合署前监察机构队伍

1958 年 2 月成立乐安县监察局,与人事局合署办公。1959 年 8 月被撤销。1989 年恢复成立乐安县监察局,内设人秘股、信访股(举报中心)、监察股、审理股,有专职干部 11 人。

三、合署后纪检监察机构队伍

1993 年 5 月,乐安县纪委与乐安县监察局合署办公,内设办公室、监察综合室、信访室、纪检监察一室、纪检监察二室、案件审理室、执法监察室、宣传教育室、党风廉政建设室、干部室,在编干职工 27 人。

2009 年 12 月,县乡纪检监察管理体制改革。县纪委监察局内设机构调整为党风廉政建设室、纠风室、执法监察室、案件审理室、信访室(举报中心)、干部室、办公(综合、宣教)室、案件检查室、县政府行政投诉中心(挂靠县纪委)。原县直部门(单位)纪检监察机构统一组建 6 个派出纪工委(监察分局),2010 年 9 月再增设 1 个(其中 4 个面向县直单位,3 个面向乡镇)。

2015 年 2 月,县纪委监察局对内设机构进行调整,调整后的内设机构为办公室、干部室、宣传教育室、党风政风监督室、信访室、案件审理室、第一纪检监察室、第二纪检监察室。撤销县政府行政投诉中心,组建县监察局办案服务中心。纪委机关(纪工委)共核定行政编制 48 个、事业编 9 个、工勤编 3 个,实有在编 53 人。

历任纪(监)委书记:王泽、严寿清、金学志、王金芳、李宏、郑云龙、胡汉陶、龚掌富、陈桃芳、牛才智、黄金堂、刁东森、胡香兰、张国英、陈绍平、曾月兴、范为真。

历任监察局长:徐振如(主持工作)、谢武兴、龚金林、游解生、吴平安、周冰。

第二节　纪检监察工作

一、宣传教育

20 世纪 50 年代初期,对全县党员干部进行遵纪守法教育,主要是通过县委党校轮训方式进行,坚持“学习理论、联系实际、增强党性”的教学方针,提高党员干部的思想觉悟、政策水平、法纪观念,改进领导方法和工作作风。1956 年,选择全县抵制破坏农业合作化、贪污盗窃、腐化堕落等违法违纪典型案件进行公开处理,加强党纪教育。1960 年,针对在“反瞒产斗争”中出现逼死人命的“乐安事件”,组织广大党员干部开展学习“三大纪律八项注意”,遏制类似事件蔓延。

“文化大革命”期间,党风党纪教育遭到严重破坏。

1979—1980 年,开展“实践是检验真理的唯一标准”大讨论,统一广大党员、干部的思想和行动。1983—1985 年,结合《关于打击经济领域严重犯罪活动》指示精神,在整党中,组织党员干部认真学习《整党决定》、《党员必读》、《关于党内政治生活的若干准则》等党内学习材料,加深广大党员对整党的重要性和纪检干部在整党中的责任的认识。1989 年,北京“六·四”政治风波发生后,在全县开展以学习社会主义初级阶段理论和党纪党规为主要内容的教育活动,教育广大党员干部在思想、政治、行动上和党中央保持高度一致,坚决抵制资产阶级自由化思潮的侵蚀和影响。

1993年,县纪委监察局开展党纪政纪条规教育,提高全县各级领导干部拒腐防变、勤政廉政意识。1995年10月,组织全县党员干部参加“学理论、学党章”答题竞赛活动。1996年9月,组织全县党员干部参加“党纪政纪条规知识竞赛”活动。在全县聘任党风廉政报道员25人,在中央、省、地新闻媒体发表宣传勤政廉洁典型和披露违法违纪案件的通讯报道上百篇。1997年,在全县开展“党纪政纪法律法规宣传教育月”活动,下发学习材料8000余份,播放有关党风廉政教育录像片30场次,3万余人受到教育。举办各种知识竞赛23场(次),参赛人数6000人(次)。组织文艺演出20场,6000多人观看演出。举办反腐倡廉图片展览,观众5000多人。1998年,在全县组织《中华人民共和国监察法》知识竞赛,巡回播放反腐倡廉案例录像片40余场(次),观众6万余人(次)。县纪委领导作党风廉政专题报告4次。还通过发通报、召开典型案件剖析会等形式,以案示教,帮助广大党员干部提高拒腐防变能力。1999年,配合“三讲”教育,巡回播放《警钟》、《枕边风》等反腐倡廉案例录像片。2000年,结合“三讲”教育“回头看”,利用胡长青、成克杰等重大典型案例,对党员干部加大警示教育力度。

2001—2006年,全县共播放党风廉政电教片100多场次。组织党员干部收看廉政教育专题片6万人(次),树立正面典型9个,公开曝光反面典型案例5件,宣传报道先进典型6人(次)。全县各级纪检监察干部和党风廉政宣传报道员在各级各类新闻媒体上稿180篇。

2007—2010年,开通“乐安廉政网”,并在主要街道设立党风廉政建设宣传栏。举行“深化反腐倡廉建设、促进抚州赶超发展”党的十七大知识竞赛。开展“卫士风采——全县纪检监察干部先进事迹电视展播”活动。在全县开展《中国共产党党员领导干部廉洁从政若干准则》学习宣传活动。订购《廉政准则》、《学习问答》等辅导读本1000多本供党员领导干部学习。开展“廉勤之星”先进典型评选活动。征集廉政书画和廉政公益广告作品50余件。

2011—2013年,将《廉洁修身教育》列入全县各中小学校教学课程内容,开设《廉洁修身教育》课堂、举办主题班会和演讲比赛活动,培育学生勤、俭、孝、志、励、立的良好习惯。建设森林公园绿色廉政文化教育基地,设立上大街社区廉文化示范点,自编自演廉政小品小戏、开展送戏下乡活动,每月撰写反腐倡廉网络评论。组织全县党员干部参加“抚州市首届廉政文化节”10项活动,创作歌曲《抚州——我的青春梦想》获市纪委首届原创歌曲大赛评比一等奖。建立“乐安县廉政教育中心”,规定所有党员干部培训必须纳入廉政教育课程,193名中青年后备干部、426名农村(社区)党支部书记、主任及124名新近提拔的科级干部分4期在该中心接受廉政教育。

2014—2015年,县委书记在县廉政教育中心亲自为县直各部门主要负责人、乡镇党政领导上廉政党课。举办“清风苑杯”廉政诗歌、散文征文活动,拍摄微电影《不能走那条路》,在水上乐园打造“国学廉政金石园”。启动全县“纪律讲堂”工作,组织全县党员领导干部在县廉政教育中心开展把纪律和规矩挺在前面、新修订的《中国共产党廉洁自律准则》和《中国共产党纪律处分条例》等内容的教育培训活动。拍摄流坑家规家训廉文化教育专题片《清风廉气盈流坑》,开通微信公众号“清廉乐安”,巩固反腐倡廉宣传教育阵地,提升党员和党员领导干部的廉政素养。

二、案件查处

1984—1990年,全县纪检监察机关主要查处贪污腐败、经济领域各类违纪违法案件167件,结案143件,处分党员干部162人,追缴违纪款5.03万元。

1991—1995年,全县纪检监察机关查处各类违纪违法案件129件,给予党纪政纪处分135人,其中党纪处分101人,政纪处分34人。

1996—1999年,全县纪检监察机关查处各类违纪违法案件281件,结案266件,其中涉及科级干部以上要案19件。给予党纪政纪处分276人,收缴违纪款44万元。

2000—2003年,全县纪检监察机关查处各类违纪违法案件382件,结案397件,其中涉及科级干部以上要案35件。给予党纪政纪处分396人。

2004—2007年,全县纪检监察机关查处各类违纪违法案件330件,结案324件,其中涉及科级干部以上要案51件。给予党纪政纪处分371人。

2008—2012年,全县纪检监察机关查处各类违纪违法案件365件,结案367件,其中涉及科级干部以上要案47件。给予党纪政纪处分417人,移送司法机关处理6人。

2013—2015年,全县纪检监察机关查处各类违纪违法案件262件,结案262件,其中涉及科级干部以上要案46件。给予党纪政纪处分283人。党纪处分中,党内警告处分159人,党内严重警告处分46人,撤销党内职务3人,留党察看11人,开除党籍23人;政纪处分中,行政警告24人,行政记过3人,记大过1人,行政撤职3人,行政降级3人,开除公职7人。移送司法机关处理14人。

三、案件复查

1962年,县委监委对1958年7月至1961年6月受党纪处分的226人进行甄别。查明处理属于正确的160件,部分错的6件,完全错的38件,非法处理的22件。根据上级有关精神,对处理正确的维持原处分结论;对部分错的,部分改正原处分;属于全部错的则彻底纠正。

1978年11月至1982年12月,对“文化大革命”期间案件开展复查工作,对冤假错案进行平反纠正。全县复查的案件涉及117人,并全部作出结论。对“文化大革命”中非正常死亡的16名干部,除作出结论外,还给予家属抚恤和适当照顾;对被开除党籍、开除公职的10人恢复党籍和公职;定敌我矛盾的干部有11人,严重政治历史问题的有11人,政治历史问题的有59人,一般政治历史问题和其他问题的有10人,在调查研究的基础上均作出结论。对属于冤假错案的24人进行公开平反,恢复名誉;对非法所整的黑材料予以销毁;对被迫害致死的党员干部予以平反昭雪。

根据1978年中发〔1978〕55号文件,对1957年错划的48名“右派”从1979年10月1日起全部予以改正,恢复公职,并补发被停发的工资。同时恢复受株连家属子女的城镇户口和商品粮供给。

根据中发〔1979〕84号文件精神,将原批准划为资产阶级工商业者的95人(除13人是地主兼工商业或工商业兼地主)中的82人改划为劳动者。此外,落实政协委员政策20人,落实投诚起义人员政策5人。清理销毁档案材料160份,发回个人“检查”材料38份,发给投诚起义证5份。

1979年，对1959年“反右倾”斗争中的案件进行全面复查，对剩下的3件案件给予彻底改正。

1981年，对涉及“两案”（林彪、江青反革命集团案）人员进行复查。对原审查结论中的不实之词进行重新修改，坚持把事实材料和组织结论同本人见面，征得当事人同意后再签字。按照“严查宽办”的方针，善始善终地既处理好错捕错判和错开除人员的工资补发问题，又按规定手续妥善做好材料的处理工作。同年，对1960年“乐安事件”案件进行复查。根据江西省委、抚州地委的通知精神，地、县纪检部门组织联合复查组，重点对判刑和开除党籍、开除公职的进行复查。因“乐安事件”不属冤、假、错案，只是处理时面宽了一点，对基层处理重了一些。按此原则，对地委管的干部3人进行复议，报地委批准，改变了处分；对县委管的干部6人，复查后经县委批准改变了原处分。

1982年，复查申诉案件2起，其中维持原处分不变1人，撤销处分1人。1983年复查申诉案件1起，作出撤销处分决定。1988年复查申诉案件1起，作出维持原纪律处分不变，改变经济处理的决定。1993—2015年，共复查申诉案件4起，其中维持原处分不变2人，减轻处分2人。

四、办理来信来访

乐安县纪检监察机关自成立起，高度重视群众来信来访，设有专人负责，按照“归口处理”的原则做好工作。

1950—1953年，全县纪检机关受理群众来信来访113件（次）。1954—1956年，全县纪检机关受理群众来信来访68件（次）。1957—1962年，全县纪检机关受理群众来信来访325件（次）。1963—1966年，受理群众来信来访421件（次）。

1952—1965年，县监察机关遵照中华人民共和国政务院《关于处理人民来信和接见人民工作的决定》精神，对人民群众信访控告案件和提出的意见、要求等问题进行处理，共受理群众来信来访895件（次）。

“文化大革命”期间，全县纪检监察信访工作被严重破坏。

1979—1987年，县纪检机关共受理群众来信来访1527件（次）。

1988—1992年，县纪检监察机关贯彻国家有关信访政策和规定，认真抓群众来信来访落实工作。1989年8月19日监察部发布《关于有贪污贿赂行为的国家机关工作人员必须在期限内主动交待问题的通知》后，加大受理信访举报工作力度。5年间，共受理群众来信来访929件（次），属监察业务范围的有612件（次）。

1993—1997年，全县纪检监察机关共受理群众来信来访952件（次）。1998年后，对反映领导干部违法违纪问题加强查处。至2000年，全县共受理群众信访举报529件（次），其中，来信411件，来访72次，电话举报46次。

2000年后，县纪委监察机关不断拓宽信访渠道，在畅通“007”免费邮箱、“12388”全国统一举报电话等信访渠道的基础上，完善互联网举报功能，增设纪委书记信箱。至2010年，县纪委信访室共受理信访举报1894件（次），为查办案件提供线索541条，为群众解决信访问题236个。

2011—2015 年,县纪委信访室共受理信访举报 878 件(次),为查办案件提供线索 375 条,转立案 70 件。

五、党风廉政建设

1986—1990 年,要求各级党组织和广大党员带头抓好精神文明建设,纠正当前党员干部中存在的不正之风,清除一切腐败现象。

1991—1992 年,先后在全县党政部门对用公款吃喝送礼、行业不正之风、党政干部违法违纪建私房、用公款超标准装修住房等问题进行检查。

1993—1995 年,在全县进行机关作风整顿,为制止滥用公款外出旅游和安装私宅电话制定有关规定。在全县开展清理干部职工违纪购买公房和集资建房工作,纠正以权谋私、以房谋私新的不正之风。

1996—1998 年,举办典型案件报告会等形式,在全县深入开展“反腐倡廉”思想教育活动。

1999—2000 年,在“三讲”教育中查找有关党性党风突出问题,出台狠刹公款送礼和领导干部受收“红包”歪风、防止领导干部及其亲属插手基建、加大清房力度、选拔任用干部推行公示制等整改措施。

2001—2003 年,在全县范围内全面推行会计委派制和核算中心制度,向 28 个单位委派会计 28 人,强化会计监督。对各单位新购和更换小汽车,实行购车申报审批制度。开展行政审批制度改革,取消、下放行政审批项目 125 项,占审批项目总数的 54%。下发《关于领导干部个人重大事项报告制度的实施意见》、《关于在招商引资工作中严格遵守领导干部廉洁自律有关规定的通知》,实行党风廉政建设工作和领导干部廉洁从政情况定期报告制度。实行干部任用考察预告、公开述职、民主测评和推荐、对拟提任领导干部公示及事先征求纪委意见等制度,防止用人上的腐败。下发《关于实行县纪委负责人同下级党政主要负责人谈话制度的暂行办法》、《乐安县纪委干部廉政档案管理办法(试行)》,对全县副科级以上领导干部建私房问题进行全面清理。全面实行政府采购、验收、付款三权分离。改革乡镇、村财务管理体制、建立领导干部述廉制度、建立巡视工作制度。

2004—2006 年,对“红包”问题进行专项治理,全县共有 36 名县级干部、698 名科级干部进行自查登记,主动上交“红包”16.9 万元,在全县颁布“九条禁令”。建立领导班子专题民主生活会制度、领导干部任前廉政谈话制度。在全县开展农村基层党风廉政建设试点工作,乡镇配设 1 名专职纪委副书记,村党支部配设 1 名纪检委员,村民小组聘请 1 名以上党风廉政建设监督员。强化政务公开,完善政务公开网站建设。成立乐安县招投标交易中心,制定《乐安县国有资产招投标拍卖活动管理办法》,国有资产拍卖活动一并纳入中心监管。对党员干部参与赌博进行集中整治,对党员干部婚丧喜庆等事宜进行规范。成立治理商业贿赂领导小组,建立查办商业贿赂案件联席会议制度。

2007—2010 年,出台《关于加强农村基层党风廉政建设的实施意见》、《农村基层党风廉政建设工作目标及考核办法》,建立农村基层党风廉政建设工作联席会议制度和县纪委常委挂点基层单位制度,全面推行农村基层党务、政务、村务网上公开制度,推动建立乡镇便民服务中心建设。制定《关于加强农村集体资金、资产、资源监督管理的意见》,按照“一清三建”（清理核查农村集体“三资”，建立三级监管组织、建立三个监管平台、建立四项监管制度）的工作思路，全面推进农村集体“三资”监管工作。构建县、乡（镇）公共资源交易平台。实行县直党政机关、事业单位党政正职“四个不直接分管”，全面推行国库集中支付制度，全县共有164个预算单位启动公务卡结算制度改革。推行行政审批电子监察、网上审批和机打发票。

2011—2013年，制定《关于县委权利公开透明运行的意见（试行）》、《关于进一步规范县委全委会、常委会及其成员职责的意见》，进一步明晰县委书记及其他成员的职责和权限。制定《县委用权风险预警办法（试行）》和权力流程图，深入推进惩防体系基本框架构建。下发《中共乐安县委落实“三重一大”事项集体决策制定实施办法》的通知，进一步提升惩防体系建设系统化水平。下发《乐安县廉政责任透明化考核实施办法》，充分发挥党风廉政建设责任制的龙头作用，形成齐抓共管的工作格局。下发《关于新任科级领导干部实行财产申报的通知》，推行新任科级领导干部财产公示制度。下发《关于开展廉洁公务建设年活动实施六大保廉项目的意见》，开展党政领导干部违反规定接受和赠送现金、有价证券、支付凭证问题专项治理，全县共有1040余名副科以上干部进行自查自纠，并签订廉政承诺书。同时进行公务消费一体化监督、阳光政务电子化监察、工程领域专业化监管、党风廉政社会化倡廉、干部廉情人性化关爱。认真贯彻落实中央“八项规定”，从改进调查研究、密切联系群众、精简会议活动、精简文件简报、公车管理使用等方面作了详细规定，在全县推行并严格执行“同城不吃请、下乡不喝酒、接待不超标、公车不私用、调研不扰民”等“五不”措施。实行节假日公车封存机制，压减会议次数和规模，规范公务接待标准等。推进公务消费一体化监督，按照“县直巩固完善，乡镇全面铺开，全县联网监督”的要求，全面推进全县公务消费一体化监管工作。

2014—2015年，下发《中共乐安县委全委会工作规则》、《关于大力推进清廉乐安建设开展六大清廉行动的意见》、《乐安县党政机关厉行节约反对浪费的实施细则》、《乐安县党政机关国内公务接待管理办法》，进一步明确了公务消费一体化监管内容，规范报账程序，加强对备案商户的管理和公务消费一体化工作的监督检查。下发《关于实行领导班子及领导干部落实党风廉政建设责任制工作纪实制度的通知》、《乐安县开展国家工作人员防止利益冲突专项治理的实施方案》，6700名公职人员签订了承诺书。下发《关于进一步加强全县机关作风建设的实施意见》、《中共乐安县委常委会议事决策规则》、《关于领导干部操办婚丧喜庆事宜实行“两报告一承诺”的暂行规定》等文件，执行领导干部操办婚丧喜庆事宜“两报告一承诺”制度。开展公职人员参与“以钱为注”娱乐活动专项整治，全县6700名公职人员签订了承诺书。下发《关于全县开展领导干部违规插手干预工程项目问题专项治理的实施方案》，全县1009名副科以上干部填写“自查自纠登记表”、签订“个人承诺报告书”，主动上缴“违插”专项账户21笔、16.68万元。

六、行政监察

执法监察　1952—1956年，县监察机关围绕土地改革、镇压反革命、“三反”、“五反”运动，社会主义改造运动、社会主义经济建设和社会主义民主建设等中心任务和要求，针对国家行政机关及公务人员、国营企业、公私合营企业、合作社等贯彻执行国家的政策、法律、法

规、命令、协议及制度等方面所存在问题,与有关部门协作进行50次检查。其中,专项检查6次,专案检查1次,一般性检查43次,检查中发现的一些问题得到及时纠正和处理。

1957—1959年,县监察机关在“大跃进”中,围绕贯彻执行社会主建设总路线,配合整党、农村整社和机关整风运动,以增产节约为中心,对违背党的总路线和党的团结与统一,执行国民经济计划、贯彻执行党的路线方针政策决议和指示不坚决,本位主义、分散主义严重,甚至违纪失职等问题,采取“抓中心、抓主要倾向、抓薄弱环节”等办法和措施,在全县开展80次检查,查出一批有违法违纪行为的人和事。

1988—1992年,县监察机关重点对县直12个部门经费支出、46个农资部门农资公开分配供应、17个单位扶贫救灾物资和资金管理使用、11个计生部门资金管理使用以及全县乡(镇)、村委会农民负担等方面问题,进行200多次检查,对被检查单位提出监察建议51条,其中46条被政府及有关部门采纳,帮助102个被检查单位建立和完善各项规章制度。

2001—2006年,县监察机关组织“四项社保资金”管理使用、国债资金管理使用、建设工程招投标等开展执法监察。同时,开展对粮食直补资金发放、中央、省下拨的重大建设项目资金、农村乡村公路改造、企业违法排污、安全生产、土地征用、国家机关工作人员投资入股煤矿等问题开展执法监察。

2007—2009年,对全县违法用地、违法建设、推进经济适用住房建设和完善廉租住房制度情况等开展专项执法监察;对市场价格调控、节能减排、房地产调控、固定资产投资等执行情况开展执法监察;对中央扩大内需促进经济增长政策措施执行情况、节能减排和环境保护政策措施落实情况开展监督检查;启动工程建设领域突出问题专项治理工作,实行房地产开发成本信息公示制度。

2010—2011年,开展工程建设、土地领域突出问题专项治理;依托电子网络信息技术,启动工程建设项目信息公开和诚信体系建设;启动公共资源交易网络平台建设,完成视屏监控系统接入工作,实现全县统一联网、统一监控;深入开展闲置建设用地清理工作,对抗洪救灾物资进行监督检查。

2012—2015年,认真开展加快转变经济发展方式监督检查,开展提升行政效能整治活动,规范一批行政审批事项,全面开展行政审批改革。2011—2015年5年中,全县共开展执法监察300多项,提出监察建议482条。

效能监察　2002年5月,成立县整治经济发展环境发展领导小组,下设办公室(挂靠县纪委),加大整治经济环境力度,建立执法执收单位服务承诺和形象测评制度,执法单位办事效率和工作作风得到明显改善。2003年,实行公务备案审核制度,明确规定到企业执行公务应制定计划并报备。2004年,建立健全对企收费制度。2005年,开展集中整治投资软环境活动。2006年,建立健全政务环境综合测评制度,完善了测评方法。2008年6月,撤销县整治经济发展环境发展领导小组办公室,县纪委成立效能监察室,县政府成立行政投诉中心,两机构合署办公。同年,开展“提升行政效能、建设服务型政府”效能建设主题活动,首次在电视和乐安廉政网上进行公开承诺活动;开展在岗人员测评活动;全面推行政务公开,建立即时监测梳理、月汇总、直查快办、市县联动、监测结果通报等制度。2009年,开展“机关效能——项目建设年”活动,开展“千百万”内设机构测评活动,对县直

38 个部门的 81 个内设机构进行测评；健全环境监测机制，全县共设立 100 个环境监测点、选聘 100 名监督员。2010 年，县纪委内设机构改革，撤销效能监察室，只保留行政投诉中心，负责效能监察工作。同年开展“创业服务年”活动，开展“十大创业明星”和“十大服务创业明星”评选活动；实行“两集中两到位”改革，有关职能部门都成立行政审批股，并成建制进驻行政服务中心集中办公；推进行政审批制度改革，开展行政审批事项清理工作，县本级取消和调整的行政审批项目 51 项。推进电子政务和电子监察网络建设，网上审批和电子监察系统全面上线运行；参与建设“抚州市发展环境监测网络系统”，环境监测点通过该平台报送对企业服务、执纪等相关情况。2011 年，开展发展提升年活动，建立健全效能监察工作机制，围绕招商引资、项目建设和优化发展环境等，进一步提高办事效率和服务水平。2012 年，开展“效能作风整治”专项行动，加大干部队伍作风建设力度。2013—2015 年，撤销县政府行政投诉中心。围绕干部作风建设，加大了明察暗访力度，干部作风违纪通报成为常态。2002—2015 年，全县共开展内设机构测评活动 27 次，受理效能投诉 156 件，查处损害发展环境案件 28 件。

七、纠风治乱

2002 年，成立整治经济发展环境领导小组，下设投诉中心受理客商投诉。开展民主评议行风工作，抓好减轻农民负担和企业负担工作，开展整顿和规范市场秩序和医药市场专项整治、药品回扣专项检查，加大治理公路“三乱”（乱设卡、乱收费、乱罚款）和中小学校乱收费工作，查处一批典型案件。2003 年，对县政府 46 个部门和单位开展政务环境评议评价。

2004—2006 年，开展土地清理整顿、农民工工资清欠、城镇房屋拆迁、企业重组改制破产“新四项”工作的纠风治理。探索建立“接报——出勤——处置——反馈”的治理公路“三乱”监督网络和查处快速反应机制。

2007—2008 年，开通政风行风热线，实现提问方、解答方、监督方三方互动，电视、报纸、网络齐动的政风行风建设多方联动机制。开展规范出租汽车行业管理专项治理，打击处理各类非法营运出租车 28 辆，罚款 11 万余元。开展强农惠农政策落实情况的监督检查，开办《纠风约谈》电视节目，开播 24 期《政风行风热线》节目。

2009—2010 年，建立县、乡、村三级纠风网络，实现“小问题不出村（居），一般问题不出乡（镇），大问题不出县”。开展民生领域 3 个突出问题专项治理，查处涉及城乡最低生活保障的违纪违法问题 8 个，取消不符合低保对象 58 人。开展清理规范评比达标表彰活动，清理 11 项，撤销 5 项。

2011—2012 年，开展医药医务“阳光”行动，处理医疗服务、医药购销、涉医行政行为等方面问题 75 个。开展商业、物流、金融、电信、涉农 5 个领域乱收费问题专项治理，构建“阳光医药”、“阳光财政”两个电子监察系统。

2013—2015 年，开展治理教育乱收费。对全县 46 所中小学教育收费情况进行检查，退回违规向学生重复收取的医疗保险费 21.78 万元。开展民生资金管理使用情况监督检查。对 7 个部门的主要领导进行集中约谈，发现挤占挪用、骗取、套取、截留等问题 35 个，处理违规使用民生资金 1363 万余元，对 6 名党员干部给予党纪政纪处分，移送司法机关处理 3 人，对 3 个单位的主要负责人进行了诫勉谈话。

2001—2015 年,全县共组织教育乱收费检查 42 批(次),查处学校乱收费问题 38 个,涉及金额 474.3 万元,给予党纪政纪处分和组织处理 19 人;开展治理公路“三乱”检查 82 批(次),查处公路“三乱”案件 11 件,给予各种处理 5 人;开展强农惠农政策落实情况的监督检查,减轻农民负担 2538 万元。

第七章　宜黄县纪检监察概况

第一节　机构队伍

一、合署前纪检机构队伍

1950 年 7 月成立中共宜黄县委纪律检查委员会,1955 年 9 月改为中共宜黄县监察委员会,1960 年 3 月改为县委监察委员会。“文化大革命”期间,县委监察委员会瘫痪。1981 年 2 月,重新恢复县委纪律检查委员会。1984 年 2 月,县委纪律检查委员会升格为县纪律检查委员会,定为副县级单位,内设办公室、纪律检查科、案件审理科。到 1985 年底,16 个乡镇和县经委、黄柏龄垦殖场设纪委,县直 27 个局(行、社)设纪检组。1990 年 3 月,纪律检查科、案件审理科分别改称纪律检查室、案件审理室,增设来信来访接待室。1991 年 11 月增设党风党纪教育室。合署办公前,县纪委设办公室、纪检室、案件审理室、来信来访接待室、党风党纪教育室。

二、合署前监察机构队伍

1957 年 3 月宜黄县监察局成立,1961 年 12 月被撤销。1988 年 5 月,恢复成立宜黄县监察局,定为正科级单位。1992 年,县直有关单位基本上建立了监察机构,配备了监察人员。合署办公前,县监察局设人秘股、信访股、监察股、案件审理股、维护廉政举报中心,有编制 12 个,实有 11 人。

三、合署后纪检监察机构队伍

1993 年 6 月,县纪委与监察局合署办公,实行一套机构两个名称,内设办公室、第一纪检监察室、第二纪检监察室、执法监察室、案件审理室、信访室(含举报中心)、宣传教育室(含调研)、党风廉政建设室(党风廉政办)。

2003 年,县纪委监察局内设办公室、案件检查一室、案件检查二室、信访室、案件审理室、执法监察室、党风廉政建设室、宣传教育室、干部室、优化经济环境室。定行政编 21 个,后勤事业编 3 个,专项事业编 4 个,实有 26 人。

2012 年 8 月,实施县乡纪检监察机构改革,成立 6 个直属纪工委、监察分局。划转编制 27 个,其中行政编制 21 个、事业编制 3 个、工勤编制 3 个。

2015 年,县纪检监察局内设办公室、第一纪检监察室、第二纪检监察室、信访室、案件审理室、党风政风监督室、干部室、宣教室共 8 个室及 1 个下属副科级事业单位办案服务中心。核定行政编制 24 个,工勤编制 3 个。6 个纪工委、监察分局行政编制 21 个、工勤编制 3 个。办案服务中心事业编制 9 个,实有 6 人。

历任纪(监)委书记:郭凯、张景云、王泽、王九如、许安泰、曲中顺、孟昭瑞、何国器、吴保生、刘绍宽、胡忠庭、李永智、周跃飞、曾建华、颜建平。

历任监察局长:宁如尧、秦中辉、吴任伯、黄林元、许向明、仇文军、陈巧平。

第二节　纪检监察工作

一、宣传教育

20 世纪 50 年代初期,县纪检机关围绕土地改革、“三反”运动等党的中心工作,注重选择一些铺张浪费、贪污腐化、公私不分等违纪案件,结合上党课、典型通报和组织学习中南局纪委出版的刊物《纪检与教育》等形式,对全县党员、干部进行遵纪守法教育。1957 年选择 8 件严重违反党纪且有教育意义的典型案件,对全县党员干部进行宣传教育,有效制止类似案件蔓延。

1960 年,针对在所谓“反瞒产斗争”中出现逼死人命的“乐安事件”,组织广大党员、干部开展学习“三大纪律八项注意”,遏制类似事件发生。1965 年,认真学习、贯彻《农村社会主义教育运动中目前提出的一些问题》(即《二十三条》),结合“四清”运动,对党员干部进行宣传教育,保证党的方针政策和纪律得到贯彻执行。“文化大革命”期间,党纪教育遭到严重破坏。

1979—1980 年,开展“实践是检验真理的唯一标准”大讨论,统一广大党员干部的思想和行动。

1983—1985 年,在全县组织学习贯彻《关于端正党风的几个问题》等党内学习材料,观看大型纪录片《警钟》,坚持“三会一课”制度,开展批评与自我批评,端正党员干部的思想认识,提高党员干部的政治素质。

1986 年,全县党员干部运用“三对比”(即与革命先烈比、与先进人物比、与文化大革命比)、“三对照”(即同入党时誓言对照、同党章八条义务对照、同新时期总任务对照)、“三检查”(即检查自己工作做得如何、检查自己是否起到先锋模范作用、检查自己的思想根源)进行自我教育,增强党性观念。

1987—1988 年,抓县、乡两级党校轮训学习,先后办班 76 期,轮训党员占农村党员总数的 97.1%。1989 年,组织全县纪检干部开展学习《社会主义初级阶段概论》,学习党章、《准则》,并经过全县统考,获得好成绩。

1990 年,开展以党员领导干部为重点的党风党纪教育活动,448 名乡(科)级党员领导干部参加考试。1992—1994 年,在全体党员中开展“学条规、用条规、拒腐蚀、讲党性”活动,组织放映党风党纪教育录像片 75 场,2 万余人(次)收看。在省电台和《赣东报》宣传报道县水泥厂领导班子勤政廉政的先进事迹,在各级新闻媒体上稿 33 篇,其中省级 14 篇。1996 年,在全县党员干部中开展“双学”(学党章、学特色理论)以及“学习孔繁森,做党的好干部”活动,并举办各类政治理论学习班 20 期,受培训的党员干部 3000 余人(次)。同时,采取观看录像片、召开案例分析会、编发通报等方法,对党员进行警示性教育。

1997—2005 年,县纪委先后在全县各单位巡回放映《悬崖》、《新中国第一大案》、《法网》等17部党风党纪教育录像片,深化对领导干部的党风廉政教育。先后组织党纪政纪条规知识竞赛、《"三个代表"重要思想反腐倡廉理论学习纲要》知识考试、党风廉政建设理论研讨、优秀廉内助评选、唱响廉政歌、廉政文化"五进"等活动,在繁华街道设立党纪政纪法纪宣传栏、开通宜黄廉政网站、发送廉政短信和廉政贺年卡、拍摄勤政廉政典型人物电视专题片等,不断提高领导干部廉政勤政意识。

2006年,以开展廉政文化进校园为主导,深入推进廉政文化进机关、进社区、进学校、进家庭、进企业、进农村"六进"活动。联合宣传部、教育局编印《廉政文化进校园小学课外读本》5000本免费赠送至全县各小学。同时,在宜黄廉政网站及时发布最新廉政建设动态。开展廉政书画作品征集展览活动,5000多名党员干部和社会各界群众观看展出。编排"弘扬廉政文化,推进社会主义新农村建设"文艺节目,深入全县12个乡(镇)巡回演出。

2007年,先后举办"红心"廉政歌舞大型文艺晚会、"地税杯"党内法规知识竞赛,开展"警示教育月"活动。组织廉政故事征文活动,从中选取4篇参加市廉政故事演讲大赛,其中1篇入选全省廉政故事演讲大赛。

2008年,开展廉政教育进机关活动,编印县廉政文化读本和廉政简报分发到全县各机关。在全县各村设立廉政文化宣传墙、廉政阅览室,扩大农村廉政文化教育。利用短信平台、警示电教片等宣传载体,开展警示教育活动。县委、县政府领导班子集中观看警示片《忏悔》,并撰写观后感言,在市廉政网发表。开展讲廉政党课活动,把廉政党课作为科级干部轮训班的一项重要培训内容,县纪委主要领导多次到县委党校和县直单位讲廉政党课。

2009—2010年,组织全县党员干部学习《廉政准则》,组织领导干部参加廉政知识测试。开展"勤廉之星"、廉政书画、廉政诗句等评选评比活动,创编廉政戏曲,在全县范围开展"送戏下乡"活动,营造良好的廉政文化氛围。开展忆史思廉教育活动,筑牢党员干部防腐思想防线。对113名新任领导干部进行集体廉政谈话、廉政知识测试、作出廉政承诺,并将有关资料存入廉政档案。

2011—2012年,建设廉政文化示范点,扎实推进廉政文化"六进"活动。在全县开展廉政公益广告征集评选活动,选送的廉政公益广告作品《私欲的膨胀》荣获全省一等奖。组织全县副县级以上领导干部观看《落马的"县官"》等警示教育片,组织征订《反腐倡廉10个热点问题》和《腐蚀与反腐蚀——一场没有硝烟的战争》等理论通俗读物和政论片。扎实开展"清风正气文化年"活动,开展"送清廉文化、扬廉勤正气"巡回演出58场。开展廉政征文、廉政小品小戏创作等活动,廉政小戏《开证明》获全市一等奖。

2013年开始,开展"廉洁修身教育"系列活动,免费发放《廉洁修身教育》教材给全县中小学学生;开展读书思廉征文活动,全县科级以上领导干部撰写廉文800多篇,评出优秀文章26篇;开展"十大廉勤之星"评选和廉政书法、廉政公益广告、廉政楹联、廉政摄影等比赛活动,评选出各类优秀廉政作品22篇(幅);创作出一批具有较强思想性、艺术性、观赏性的廉政小品、小戏,其中2部廉政剧目参加全市廉文化艺术节演出。

2014—2015年,成立县红廉文化促进会,以"廉文化"为主题开展"清风正气文化年"专项行动。认真贯彻落实"把纪律挺在前面"工作要求,严格按照"五有"标准,设立县中心纪律讲堂1个,分讲堂186个,构建成县、乡、村三级"纪律讲堂"网络,开讲512场。开设"廉政微讲堂”专栏，联合县文化广播电视局开展“守纪律、讲规矩”下乡巡演，在官网、微信开设“以案示警”专栏。开展廉政诗歌散文朗诵比赛、宜黄历史廉政思想研究、拍摄廉政专题片《红廉·宜黄》等社会化倡廉活动。县四套班子领导和部分单位领导干部到市“把纪律挺在前面”主题教育馆接受教育，2529 名党员干部进行党纪党规考试，促进党员干部明纪在心。

二、案件查处

1950—1956 年，县委纪（监）委共查处违纪案件 74 件（县纪委 47 件，县监委 27 件），涉及党员干部 75 人，给予党纪处分 46 人，免予党纪处分 29 人。受党纪处分人员中，其中县级干部 2 人，区级干部 17 人，一般党员干部 27 人。

1957 年，全县共处分党员干部 42 人，其中开除党籍 8 人。由于反右派斗争严重扩大化，错误地处分了一些党员干部。在 1958 年“大跃进”和 1959 年“反右倾”运动中，共处分党员 214 名。其中有些党员干部受到错误处理。“文化大革命”期间，县内极少数“造反派”打击和迫害党的干部，制造了一批冤假错案，1971 年，全县共处分党员 45 人，其中开除党籍 36 人，为新中国成立后开除党员党籍最多的一年。

1986—2002 年，县纪检监察机关共立案查处各类违纪案件 608 件，处分 515 人。其中受党纪处分 431 人（乡科级干部 27 人，一般党员干部 404 人），受行政处分 84 人。

2003—2005 年，县纪检监察机关共立案 228 件，审结 216 件，给予党纪政纪处分 220 人。在党纪处分中，其中党内警告 123 人，党内严重警告 34 人，撤销党内职务 2 人，留党察看 7 人，开除党籍 17 人；在政纪处分中，其中行政警告 19 人，行政记过 4 人，行政记大过 7 人，行政降级 2 人，行政撤职 4 人，开除留用察看 1 人，4 人受党纪政纪双重处分。移送司法机关处理 12 人。为国家挽回经济损失 320 多万元。

2006—2015 年，全县纪检监察机关共立案 648 件，其中涉及科级干部 105 件。给予党纪政纪处分 591 人，其中党纪处分 545 人，政纪处分 46 人，党纪政纪双重处分 11 人。2009 年，县纪委与县检察院、县公安局等执法部门联合查处凤冈镇桥头村、河东村村干部利用职权分别挪用征地补偿款 260 万元和 220 万元案，6 人被移送司法机关处理。

三、案件复查

1962 年，对 1958 年 7 月至 1961 年 6 月在整风整社、反右倾运动中受纪律处分的党员干部 425 人进行甄别，给予减轻处分或撤销原处分 83 人。对未给处分但受重点批判的 314 人也进行甄别，其中认定全部批判错了的 151 人。1978 年后，县纪委按照“全错全纠，部分错部分纠，不错不纠的”的原则，对老案进行复查和甄别。至 1985 年底，共复查老案 41 件（其中“文化大革命”期间案件 13 件），复查后维持原处分的 5 件，撤销原处分的 26 件，减轻处分的 1 件，待查 3 件，恢复党籍 5 人。甄别 1958—1962 年上半年案件 83 件，属全错全纠的 29 件，部分纠正的 11 件，维护原处分的 42 件，转别县甄别的 1 件。1986 年，对 4 件历史老案重新进行审理，其中撤销原处分 2 人，减轻处分 2 人。1987 年复查历史老案 2 件，其中撤销原处份 1 人，减轻处分 1 人。

四、办理来信来访

全县各级纪检监察机关严格按照“归口处理”原则，设专人负责处理群众来信来访。

1954—1955 年，全县纪检机关共受理群众来信来访 171 件（次）。

1960—1962 年,全县纪检机关共受理群众来信来访 252 件(次)。

1963—1965 年,全县纪检机关共受理群众来信来访 526 件(次)。其中检举控告类 426 件(次),申诉类 100 件(次)。

“文化大革命”期间,纪检监察信访工作遭到破坏。

1978—1981 年,全县纪检机关共受理群众来信来访 718 件(次)。其中检举控告类 408 件,申诉类 310 件。

1983 年,全县纪检机关共受理群众来信来访 260 件(次)。其中检举控告类 220 件,申诉类 40 件。

1985—1987 年,,全县纪检机关共受理群众来信来访 444 件(次)。其中检举控告类 381 件,申诉类 63 件。

1988—1989 年,纪检信访工作得到进一步加强。县纪委信访点由原来 1 个乡发展到 3 个乡。县直部门和乡(镇)纪检组织有专人负责,各村党支部指派 1 名党员担任信访员,全县建立起县、乡(镇)、村三级信访接待网络。县纪检监察局制定《关于县纪委和县监察局分工协作处理信访问题的办法》和《宜黄县监察局信访工作实施细则》。共受理群众来信来访 285 件(次)。

1990—1992 年,县纪委机关受理群众来信来访 185 件(次),县监察局受理群众来信来访 482 件(次)。县纪委逐步健全《纪检信访岗位责任制》、《文明接待制度》《处理群众来信来访细则》、《检查评比制度》等规章制度,在每年的年中和年底两次组织信访达标检查评比,表彰先进,开创信访工作新局面。

1993—1997 年,建立县纪委常委接待群众来访制度、乡镇信访工作例会制度、保护举报人制度等,信访工作得到进一步加强。共受理群众来信来访 362 件(次)。

1998—2002 年,县纪委监察局共受理群众来信来访 756 件(次),其中来信 637 件,来访 86 人(次),举报电话 33 次。信访举报中,涉及科级以上干部 230 件,初信初访 569 人(次),匿名举报 331 件(次),自办件 183 件,转办件 259 件,信访转立案 119 件,向上级部门报结果 21 件。当年结案率 100%,优质率 100%。

2003—2004 年,全县纪检监察机关受理群众来信来访电话举报 306 件(次),其中来信 163 件,来访 51 次,电话举报 25 件;署名举报 132 件,占来信来访电话举报的 43.1%。

2005—2011 年,制定《宜黄县纪委监察局信访监督暂行办法》、《宜黄县纪委监察局信访举报督办工作暂行规定》,开通全国纪检监察机关“12388”统一举报电话、短信、网络举报等信访举报平台,建立县、乡、村、组四级矛盾纠纷排查调处网络,开展领导干部下访、信访公开听证、“阳光信访”、“三带一驻点”、“四访送清风”等活动,共受理群众信访举报 585 件(次)。

2012—2015 年,全县纪检监察机关共受理信访件 385 件(次),其中群众来信 132 件,来访 48 人(次),举报电话 20 次;上级转办 185 件,反映科级以上干部 136 件,署名举报 144 件。

五、党风廉政建设

1986—1987 年,贯彻落实中央纪委八次全会和省纪委三次全会精神,要求各级党组织和广大党员明确党风建设和精神文明建设、端正党风和各项改革、坚持四项基本原则和社会主义民主的关系，坚持“两手抓”方针，端正党风、纠正不正之风，坚定不移推进改革工作。下发《关于坚决刹住用公款请客送礼、吃请受礼歪风的通知》和《关于组织党员认真学习中央纪委〈关于坚决查处共产党员索贿问题的决定〉的通知》，对部分乡（镇）招待费开支情况进行调查，对县直部分单位滥发钱物进行通报，及时制止用公款请客送礼、滥发钱物的歪风，整顿了党的作风。

1988 年，县监察局开展政风状况调查，会同有关部门对各单位执行上级有关控购通知精神情况和对全县 16 个乡（镇）的罚没收入进行全面清理。成立领导小组，组建办公室，向政府提出清查“官倒”工作意见，在工商局等单位的配合下积极开展清查工作。

1989 年 4 月，全面开展清房工作，至年底，共清查出 43 户在城镇建私房，查出属违纪违法应退赔的金额 15 万元，退回土地 2559. 41 平方米，退公房 1024 平方米，清房退款 16. 8 万元，补缴多占土地罚款 8330 元，补缴建筑差价税费 5. 12 万元，没收各种非法所得 3. 14 万元，42 名违纪建私房的干部受到党纪政纪处分。

1990—2000 年，结合县内实际，制定刹住吃喝风的“九条规定”、制止党员和国家机关工作人员参与赌博的“十条规定”、纪检监察干部行为规范的“八个严禁”、在党员干部中实行“六个严禁”等相关规定和落实措施，使广大党员干部有章可循，遵纪守法，廉洁自律。同时，对全县科级干部公费配置通讯工具进行专项清理查处。在 47 个行政事业单位和企业单位试行会计委派制。

2001—2002 年，开展“红包”问题专项治理活动，共有 8 人（次）主动上交“红包”1. 8 万元，查处涉及“红包”问题科级领导干部 3 人。同时，对县直行政事业单位车辆投保、公车用油等实行政府采购。

2003—2005 年，抓好专题民主生活会、谈话和诫勉、述职述廉三项制度建设。先后责成县教育局、黄陂镇、林业局、公安局等单位就领导干部收受“红包”、森林火灾、干部作风散漫、违法违纪案件增多等问题召开专题民主生活会，制定整改措施 23 条，建立健全相关制度 51 项。出台《新任领导干部廉政谈话办法》，对 290 名提拔重用的科级干部进行任前廉政谈话，对 61 名有群众反映和存在问题但够不上处分条件的科级干部进行诫免谈话，先后在县直单位和乡（镇）439 名科级干部中开展述职述廉活动。下发《关于在县直单位实行主要领导不直接分管财务制度的通知》，指定由县会计核算中心监督该制度的执行。在全县 12 个乡（镇）全面推行村级财务代理、乡镇会计核算制度，将资金核算权与使用权分开，增强资金运行的透明度。开展“转变作风年”和执行“九条禁令”、治理乡（镇）干部走读等系列活动，狠刹领导干部收受“红包”、用公款办理驾照、驾驶公车、公款吃喝、参与赌博等歪风。在全县 603 名科级领导干部中进行“红包”专项整治自查自纠活动。

2006—2007 年，制定下发《关于进一步加强基层党风廉政建设的暂行意见》和《关于认真做好当前农村基层党风廉政建设几项重点工作的通知》。建立健全领导班子议事规则、党风廉政建设情况报告制、述职述廉制、农村民主决策制、乡镇公务接待制、农村基层财务年审制、农村基层领导离任经济责任审计制和“村财乡代理”等制度。先后组织对基层干部任前廉政谈话 68 人，诫勉谈话 12 人。在县城新区建立政务公开长廊，50 余个执法执纪部门、窗口服务单位的行政审批事项和服务承诺、收费标准、依据、程序等内容向社会全面公开。在全县推行“前台收付、后台核算”的财政资金运行改革,从源头上遏制“第二金库”的产生。

2008—2009年,下发《宜黄县落实党风廉政建设责任制工作定期汇报制度的通知》、《关于进一步推进农村基层党风廉政建设的实施意见》、《关于印发〈农村基层党风廉政建设五项监督制度〉的通知》、《建立农村基层党风、政风、行风监测点工作方案》、《关于全面推行农村基层党务、政务、村务网上公开的通知》等,建立县、乡、村三级纪检监察组织网络,在全县乡(镇)、村设立党风、政风和行风监测点36个,聘请监督员721名。在黄陂镇和圳口乡开展“双创”工程示范乡(镇)、村和“群众满意的基层站所”创建活动。

2010—2011年,基本建成惩防体系基本框架,建立146项基础性制度,在党政“一把手”、公共资源配置、执法司法等关键岗位上开展风险岗位廉能管理工作。制定《宜黄县加强对乡科级党政正职监督的暂行办法》、《乡科级党政机关研究重大事项实行正职末位表态的实施办法》、《关于党委(党组)实施“三重一大”事项集体决策制度的实施办法(试行)》等制度,按照“权属不变、便民高效、依法代理、民主理财”的原则,研究制订工程项目招投标管理、民主管理、票据管理、合同管理等有关管理制度,达到“四明五化”工作目标。进一步完善乡镇“四中心一平台”建设,推行农村基层党务、政务和村务公开。制定《宜黄县党政机关事业单位“四费”管理工作实施方案》、《“四费”公开实施办法》等工作方案和管理制度,对全县党政机关和事业单位的公务接待、公务用车、公务外出及公文会议四项费用支出,实行总额核定、四费单列、定点管理、刷卡结算、费用公开、结果考核、过错问责管理机制。

2012—2014年,制定《县委常委会议事规则》等11项规章制度,科学编制县委用权运行流程图9个,规范县委干部任免、重大工程项目建设决策等各类用权98项,编制并公开县委各部门职权目录107项,进一步完善县委权力公开透明运行体系。开展县委人权、财权和事权等三权监督专项行动,落实完善党政正职“四个不直接分管”、集体研究“三重一大”事项末位表态、个人重大事项报告、公开述廉、“一训双考”等“1+N”制度体系。开展工程领域查纠专项行动和实施专业化监管,制定公共资源交易违法违纪行为责任追究、不良行为记录和行贿行为查询制度。成立廉政责任透明化考核工作领导小组,制定下发《宜黄县2013年度廉政责任透明化考核工作方案》。在全县全面推行党风廉政建设责任制工作纪实制度,发放《纪实手册》800多册,对落实纪实制度不力的单位进行通报批评。

2015年,建立健全基层党委向县委、县纪委签字背书、报告工作、定期述职等制度。县委书记与各位县委常委和各乡(镇)党委书记、工业园区党工委书记、县直各单位“一把手”签订主体责任书,县纪委书记与各纪工委书记、乡(镇)纪委书记、派驻县直单位纪检组长(纪委书记)签订监督责任书。组织12个乡(镇)、26个县直部门单位“一把手”在县电视台作廉政公开承诺;县委书记和县纪委书记、县纪委副书记对12个乡(镇)和31个县直单位党委(党组)、纪委(纪检组)主要负责人开展专题约谈。

六、行政监察

执法监察　1997年,县纪委针对增加农民负担问题,进行多次监督检查。督促全县

151 个行政村对 1996 年的财务进行清理结算，并将收支情况全部张榜公布。对 16 个乡（镇）农民负担情况进行专项执法监察，清理不合理收费项目 12 个，超标准收费 7 个，搭车收费项目 2 个，清理违纪金额 26. 4 万元，责令退还农民 23. 7 万元，收缴违纪金额 1. 24 万元。并对涉农单位开展单项执法监察，查处违纪金额 20 万元，立案查处违纪人员 4 人，并将情况通报全县。

1999 年，县纪检监察机关对到企业乱收费、乱滩派、乱罚款现象，先后进行 6 次监督检查，检查中发现问题 14 起，取消涉及企业不合理收费项目 8 个，减轻企业负担 56 万元，办理企业收费许可证和企业交费登记卡 78 个。

1999—2000 年，先后组织 4 次 50 人（次）对全县中小学乱收费情况进行执法监察，共查处乱收费案件 6 件，涉及金额 14 万元，2 名主要责任人受到党纪政纪处分。

2001 年，开展对全县党员干部个人所得税、社会保障资金管理、民主评议土管等 7 部门、全县中小学校收费、减轻农民负担情况等专项执法监察 6 项，对县房地产综合开发公司财务情况、县物价局收费等情况单项执法监察 15 项，共查出违纪金额 315. 3 万元，为国家和集体挽回经济损失 56. 2 万元，纠正退还违纪款 67. 3 万元。

2002 年，开展全县中小学收费、国债资金管理和使用移民建镇资金管理和使用等 3 项专项执法监察和 11 项单项执法监察，立案 4 件，查出各类违纪资金 34 万元，挽回经济损失 20. 73 万元。

2003—2005 年，先后对土地征用、城镇拆迁、计生系统涉农收费等项目进行专项执法监察，查出违纪金额 135 万元，责令退还农民 71. 76 万元。

2006—2011 年，对群众反映强烈的违规用地建房、林政管理等问题开展执法监察 62 项，转立案 26 件，为群众挽回经济损失 1100 多万元。

2011—2015 年，组织对退耕还林、水利工程、民生工程等专项资金管理与使用情况，开展执法监察 29 项，提出监察建议 19 条，为国家挽回经济损失 1231. 3 万元。

效能监察　2002—2004 年，全县共受理有关经济发展环境的投诉 82 件（次），帮助客商解决问题 150 个。2005 年，开展政务环境和形象综合评议评价活动。县整治办组织 47 个被评单位主要领导进行优化环境电视公开承诺。对县直经济环境服务单位继续实行"执行公务备案审核制"，共办理涉企执行公务备案 5 件（次）。2006 年开始推行首问责任制、限时办结制、责任追究制等制度，开展"宜黄县加强政风行风建设优化经济发展环境"综合测评活动，对 100 个单位和部门进行问卷调查。2007 年，建立行政投诉中心，启动"软环境监测"工作，选择 2 家重点企业建立行政效能和发展环境监测点。2008—2010 年，开展"提升行政效能"、"项目建设年"、"创业服务年"等活动。2011 年，开展"五个一增效提能"活动，实行"一个实事项目、一个责任单位、一名负责领导、一支工作队伍、一个实施方案、一套反馈评估办法"的"六个一"工作落实机制，在全县设立 80 个监测点，聘请 12 名效能监督员。2012 年，选派 112 名优秀后备干部，进驻 74 家重点企业，提供"保姆式"服务，为企业协调解决各类问题 275 个。开展"三争一创"主题教育活动，全县成立党员服务队 148 个，全年办理群众投诉 22 件，下发督办函 21 件，开展明察暗访 33 次，对 59 名作风不实的干部进行效能告诫，通报批评 5 个单位。2013 年，共受理各类效能作风投诉 20 件，下发效能作风单项预警督办单 34 份,下发通报 13 期,责令书面检查 29 人(次),调离岗位 2 人,诫勉谈话 5 人。2014 年,对 27 名干部职工上班时间炒股、玩游戏等问题进行点名通报,责令 2 个单位主要领导作出书面检讨,诫免谈话 15 人,立案 5 件,给予党纪政纪处分 4 人,辞退 1 人。2015 年,查处违反中央“八项规定”案件 7 件,处分 6 人,辞退 1 人,其中科级干部 2 人;诫勉谈话 6 人,通报 4 个典型案例,点名通报违反工作纪律干部 55 名。

七、纠风治乱

1986 年,对党政机关经商办企业、用公款旅游、公款请客送礼、购买和更换小车、违纪建房等不正之风进行调查处理。全县共清出党政机关、党政干部及其家属子女经商办企业 5 户,脱钩转办 5 户;封存县直单位小车 4 辆;用公款请客送礼、外出旅游行为大为收敛。

1987—2000 年,县纪委监察局会同财政、物价部门每年均对教育、交通、卫生、工商、公安、检察、法院、城建、土管等执法和行政事业单位乱收费、乱摊派、乱罚款现象进行抽查和检查。共查出乱收费 145 项,并采取取消不合理收费项目、通报、退还多收金额和罚款、采用省制统一发票等方法进行治理整顿,使“三乱”行为有所收敛。

2001—2002 年,对土管、交通、公路、稽征、民政、国税、地税等 7 部门开展政风行风民主评议,参加自纠自查人员 830 人,整改问题 41 个,立案查处违纪案件 1 件,追缴违纪金额 5 万元,取消不合理收费项目 7 个。

2003—2005 年,先后会同教育、物价等部门对全县中小学开展 30 余次收费检查,查出乱收费金额 156 万元,对 8 名乱收费严重的中小学校长给予党纪政纪处分。先后查处收受药品购销回扣案 2 件,给予党纪处分 2 人,其中 1 人受到开除党籍处分。

2006—2011 年,开展对教育乱收费、医药购销和医疗服务中的不正之风、公路“三乱”、“小金库”、民生领域等突出问题的专项治理,查处教育乱收费金额 126 万元,查纠药品招标、采购、医疗服务收费等方面问题 36 个,涉及 28 人,立案查处违纪案件 5 件,给予党纪政纪处分 5 人。

2012—2015 年,继续开展教育乱收费专项治理,开展民生资金的管理使用情况监督检查,严肃查纠截留、挤占、挪用、虚报、冒领、套取资金等问题,收缴违规资金 1260 多万元,立案 10 件,给予党纪政纪处分 10 人,3 人被移送司法机关处理。同时,建立县、乡、村三级纠风网络,开展基层站所民主评议活动和开通“政风行风热线”,建立健全维护群众利益长效机制。

第八章　金溪县纪检监察概况

第一节　机构队伍

一、合署前纪检机构队伍

1950 年,成立金溪县委纪律检查委员会。1955 年 8 月改为县监察委员会,1959 年 7 月改为县委监察委员会。“文化大革命”期间,纪检机构被撤销。1979 年 11 月恢复县委纪律检查委员会。1984年10月,县委纪律检查委员会改为县纪律检查委员会,内设办公室、纪检科、案件审理科和信访科。1990年初,县纪委内设机构有办公室、纪律检查室、案件审理室、信访室。

二、合署前监察机构队伍

1952年11月,成立金溪县人民监察委员会,在县级机关、人民团体、企业、乡镇中设置人民监察通讯员,在财经部门设立监察小组。1955年,撤销县人民监察委员会。1957年成立金溪县监察局,1965年被撤销。1988年4月12日,成立金溪县监察局,内设人秘股、监察股、案件审理股、信访股。1989年3月,成立维护廉政举报中心。1993年合署办公前,金溪县监察局有专职干部10人。

三、合署后纪检监察机构队伍

1993年6月30日,县纪律检查委员会与县监察局合署办公,内设办公室、纪检监察一室、纪检监察二室、案件审理室、信访室(含举报中心)、执法监察室、宣传教育室(含调研室)、党风廉政建设室。有行政编制25个,实有25人。

2006年,县纪委监察局内设办公室、宣传教育调研室、党风廉政建设室、执法监察室、纪检监察一室、纪检监察二室、案件审理室、信访室、干部室、效能监察室和纠风室。

2010年10月,县乡纪检监察机构管理体制改革。县纪检监察局内设办公室、党风廉政建设室、干部室、案件审理室、信访室、案件检查室、纠正部门和行业不正之风管理室、执法监察室。效能监察室的职责划入县政府行政投诉中心,仍挂靠县纪委办公。组建6个纪工委、监察分局。

2015年,县纪委监察局有行政编制21个,工勤事业编制2个。撤销县政府投诉中心,组建县纪委监察局办案服务中心,隶属金溪县纪委监察局领导,核定全额拨款事业编制10个。6个纪工委、监察分局有行政编制18个。实有41人。

历任纪(监)委书记:王炳田、刘农民、刘声钲、刘占华、李高文、黄乾堂、张木清、李耕生、钟远鸣、周快荣、周安邦、胡香兰、刁东森、胡宝钦、张文勤、黄德明。

历任监察局长:张初荣、邹恒兴、喻义海、邵秋平、李凌、乐霄童、彭汉平。

第二节　纪检监察工作

一、宣传教育

20世纪50年代初期,县纪检机关围绕土地改革、“三反”运动等党的中心工作,联系一些典型案件,采取上党课、典型通报和组织学习中南局纪委出版的刊物《纪检与教育》等形式,对党员、干部进行遵纪守法教育。1960年,针对在所谓“反瞒产斗争”中出现逼死人命的“乐安事件”,组织广大党员干部开展学习“三大纪律八项注意”,遏制类似事件蔓延。“文化大革命”期间,党纪教育受到严重影响。1979—1980年,开展“实践是检验真理的唯一标准”大讨论,统一广大党员干部的思想和行动。1983—1985年,贯彻中共中央《关于打击经济领域严重犯罪活动》指示精神,组织学习《关于端正党风的几个问题》等党内学习材料,并围绕群众反映强烈的在招工、招干、征兵、农转非等方面存在的不正之风,开展批评与自我批评,提高党员和干部遵纪守法的自觉性。1989 年,北京“六·四”政治风波发生后,开展以学习社会主义初级阶段理论和党纪党规为主要内容的教育活动,教育广大党员干部在思想、政治、行动上与党中央保持高度一致,坚决抵制资产阶级自由化思潮的侵蚀和影响。1993—1997 年,县纪检配合县委开展“学党章,学理论”,“讲学习、讲政治、讲正气”为主要内容的党风党纪教育,组织党员观看党风党纪教育录像片,参加党纪法规教育活动的党员干部 4 万余人(次)。举办纪检监察工作业务培训班(或以会代训)22 期,参加培训的纪检监察干部 755 人(次)。在党风廉政宣传教育上加强了新闻报道和调研工作。5 年中,编发《纪检监察情况反映》41 期。被地级以上报刊杂志用稿 202 篇,其中国家级 18 篇,省级 63 篇。开展专题调研 42 次,被地区以上刊物和会议采用调研文章 27 篇。宣传教育工作在全区纪检监察工作目标管理考评中连续 4 年被评为先进单位。1998—2003 年,全县被地级以上报刊采用稿件 1204 篇,其中国家级 124 篇,省级 360 篇。2005—2008 年,反腐倡廉宣传教育工作多次荣获全市纪委监察宣传教育工作目标考评先进。2005 年被市级以上刊物采用稿件 75 篇,其中国家级 15 篇、省级 37 篇、市级 23 篇。2008 年被市级以上报刊和网站采用稿件 129 篇,其中省级 22 篇,市级 107 篇。2009—2011 年被市级以上报刊和网站采用稿件 531 篇,其中国家级 23 篇,省级 69 篇,市级 439 篇。2009—2011 年连续 3 年被评为全省纪检监察信息工作先进单位。2012—2015 年被市级以上报刊和网站采用稿件 588 篇,其中国家级 43 篇,省级 100 篇,市级 475 篇。其中 2012 年、2014 年获得全省纪检监察信息工作先进单位称号。

二、案件查处

1950—1951 年,县纪(监)委配合县委开展整党整风,将混进党内的阶级异己分子 3 人、蜕化变质分子 1 人和贪污盗窃、腐化堕落分子 19 人清除出党,严肃查处各种违法违纪案件 60 件。1952 年,县直机关开展“反贪污、反浪费、反官僚”运动,查处贪污分子 165 人,分别给予党纪政纪处分,有的受到法律制裁。1953—1957 年,共查处各种违法违纪案件 164 件。1958—1959 年,共查处各种违法违纪的案件 170 件,结案 169 件,受党纪处分 165 人。1960 年,围绕“三反”整风运动,受理县委“三反”整风领导小组交办的案件 24 件。

1982 年 4 月,县委成立打击经济领域犯罪活动的机构,委托县纪委代管。1982—1985 年,共查处经济案件 59 件,涉及 102 人,涉案金额 11.58 万元,退缴赃款 11.23 万元。在这些案件中,受刑事处理 33 人,其中判有期徒刑的 21 人;受政纪处分 17 人,其中开除公职 8 人;受党纪处分 12 人,其中开除党籍 8 人。

1986—1992 年,全县纪检监察机关把查处党内违纪案件作为中心环节来抓。7 年间共查办各种违纪案件 171 件,处分党员干部 156 人,其中科级干部 27 人;开除党籍 45 人,留党察看 26 人,撤销党内职务 6 人,党内严重警告 54 人,党内警告 25 人。查处的案件中,违反计划生育政策、乱搞两性关系、赌博案件比例较大。

1993 年 9 月,县委成立反腐败斗争领导小组,县委书记为组长,县纪委书记、组织部长为副组长。着重查处贪污、贿赂、挪用公款、失职渎职、腐化堕落、违反计划生育政策、违反社会主义道德等违纪违法案件,加大对案发较多、大要案较集中的建筑工程承包、土地批租出租、金融系统等领域案件的查处力度。至 1997 年底,共立案结案 224 件,其中大案要案48件,受党纪政纪处分的党员干部234人,其中开除党籍31人,受刑事处理7人。在受处分的党员干部中,科级干部43人。为国家挽回经济损失100多万元。1998—2000年,立案查处党员干部违纪违法案件233件,结案233件,办结率100%。其中大要案26件。受党纪政纪处分228人。

2001年,立案查处党员干部违法违纪案件68件,其中万元经济大案3件,科级干部违纪违法案件2件。受党纪处分45人,受政纪处分28人,受党纪政纪双重处分5人。

2002—2003年,立案查处党员干部违纪违法案件180件,其中涉及科级干部案件9件,涉及党员133人,涉及监察对象37人。给予党纪政纪处分170人,其中受党纪处分133人,受政纪处分37人,受党纪政纪双重处分3人。

2008—2010年,立案查处党员干部违纪违法案件210件,结案199件,其中大案要案46件,涉及科级干部29人,其中在职一把手12人。

2011年,立案查处党员干部违纪违法案件80件,结案76件。其中大案要案15件,移送司法机关处理4件。受党纪政纪处分党员干部75人,1人免于处分。

2012—2014年,立案查处党员干部违纪违法案件284件,其中科级干部要案58件,大案27件。给予党纪政纪处分281人,其中党内警告128人,党内严重警告37人,留党察看43人,开除党籍14人,行政警告46人,记过4人,撤职3人,移送司法机关处理20人。重点查处科级领导干部"两违"典型案件,追缴违纪金额1950万元。

2015年,立案查处党员干部违纪违法案件86件,其中大案要案21件,涉及科级干部24人。给予党纪政纪处分95人,移送司法机关处理4人,

三、案件复查

1962年4月,贯彻中共中央《关于加速进行党员干部甄别工作的通知》精神,开展对1958年以后案件的甄别工作,甄别平反72人。1979年恢复县委纪委后,对在历次政治运动中受到党纪处分的党员干部的案件进行认真的复查,按照全错全纠,部分错部分纠,不错不纠的原则,共复查了35件历史案件,其中改变原处分24件,维持原处分不变11件,恢复党籍12人,减轻或撤销原处分11人。1982年,对新中国成立初期,在全省影响比较大、牵连17名干部的"溪案件"省、地、县组织联合工作组进行复查。经调查核实,认定原结论事实有出入、定性不妥、原省委给予原中共金溪县委以部分改组其领导机关的处分不当,应予纠正。报经省委1983年5月7日批准,撤销原省委1951年12月23日《关于金溪县委所犯错误处分的决定》。同时,为该案的主要对象王××、杨××等5人撤销原处分决定,恢复名誉。其余12人中,有3人撤销刑事处分,维持其开除党籍处分,有9人维持原结论和处分。对与"两案"(林彪、江青反革命集团案)有关人员进行复查审理。通过反复查证,给原受审的13名"两案"有关人员逐个作出新的结论,其中,定性犯有严重政治错误的1人,犯有错误的8人,说错话做错事的4人。复查后,定性为犯有严重政治错误、犯有错误、说错话做错事的由原来的13人下降为8人,受党纪政纪处分的由原来的9人下降为2人。

四、办理来信来访

县纪检监察机关自成立起,非常重视群众来信来访工作,设有专人负责,按照"归口处

理”的原则做好工作。

1952—1953 年,受理群众来信 36 件,其中申诉 3 件,控诉 2 件。

1954—1956 年,受理群众来信 36 件,其中申诉 2 件,控告 6 件,检举 5 件。

“文化大革命”期间,纪检监察信访工作被破坏。

1978—1983 年,群众来信来访猛增。仅 1982 年就受理群众来信来访 349 件(次)。1984 年,县委纪委升格后,专门设立信访室。

1989—1992 年,县纪委监察局受理群众来信来访 464 件(次)。

1993 年,纪检监察机关合署办公,信访举报工作得到进一步加强。至 2000 年,全县纪检监察机关共受理来信来访和举报信访 1186 件(次),其中来信和电话举报 1006 件(次),来访 180 人(次)。1993—1995 年、1997—1999 年,县纪委监察局被评为全省纪检监察信访举报工作目标管理达标先进单位。1995 年在全省纪检监察信访工作会上作典型发言。

2001 年,全县纪检监察机关在畅通“007”免费邮箱和“12388”全国统一举报电话等信访渠道的基础上,完善网络功能,发挥县、乡、村三级信访网络作用。全年共受理群众来信来访、电话举报 192 件(次)。

2002—2008 年,全县纪检监察机关共受理群众来信、来访、来电举报 567 件(次)。

2009—2011 年,开展以“举报方式公开,畅通信访渠道;政策法规公开,引导依法信访;受理情况公开,保障合法权益;办理过程公开,强化社会监督;处理结果公开,力求息诉罢访”为主要内容的“阳光信访”活动和纪检监察部门领导“带责督导、带队督查、带案督办、驻点接访”的“三带一驻点”信访活动,全县纪检监察机关共受理群众来信、来访、来电举报 213 件(次)。

2012—2015 年,全县纪检监察机关共受理群众来信、来访、来电举报 728 件(次)。

五、党风廉政建设

1986—1992 年,县纪委全面履行保护、惩处、监督、教育四项职能,严肃查处党内违纪案件,深入开展党性党风教育,积极协助县委开展党风廉政建设。建立和健全纪委基层组织。1993 年成立金溪县反腐败斗争领导小组。1996 年县纪委书记参加县委书记办公会,进一步加强了对党风廉政建设和反腐败斗争的领导力度。1999 年,县委成立党风廉政建设领导小组,各级党委、政府把党风廉政建设纳入本单位工作目标管理。2000 年,着力抓好党风廉政建设方面的制度建设,制定执罚执收部门实行收支两条线的规定,规范政府采购行为;在全县范围内大力推行村务公开、政务公开工作,制定有关规定和监督办法。

2002 年,县纪委开展对全县各级纪检监察干部无记名投票评议活动,加强对纪检干部的监督管理。2003 年,制定并实行领导干部廉洁自律谈话制度、领导干部廉洁自律报告制度、领导干部经济责任定期审计制度及廉洁从政诫勉制度,在领导干部中开展读书思廉、自我述廉、民主评廉等活动。2006 年,将廉政档案制度延伸到基层农村党员干部。加强农村基层党风廉政建设,确定对桥、双塘为农村基层党风廉政建设试点乡(镇),全县 14 个乡(镇、场)全部配备专职纪委副书记,全县 149 个村党支部全部配备纪检委员,1285 个村小组全部聘请廉政监督员,基层纪检组织建设得到加强。对乡(镇)行政事业单位的招待费实行严格控制,针对部分乡(镇)领导干部“走读”及一些党员干部经常出入营业性娱乐场所，甚至参与赌博活动等现象，进行专项治理。2007 年，建立健全乡（镇）领导班子议事规则、农村基层干部"二谈二述一报告"制度、农村集体财务审计监督制度，完善农村基层干部选拔任用机制。全县村委会制定民主决策制度和"一事一议"制度，当年实行"一事一议"项目 18 个；实行"村财乡代理"的村 149 个，建立乡（镇）财务核算中心 13 个，建立村民主理财小组 149 个。对浒湾、陆坊两个乡（镇）实施"乡财县管"改革试点。制定农村集体资产管理制度（暂行）和集体资产租赁承包暂行办法，实行县纪委室主任以上干部挂点督促农村基层党风廉政建设制度，推动基层党风廉政建设。在全县推行"便民服务中心"和"农民诉求中心"，基层站所纳入中心统一管理。建立农村基层干部"双述双评一报告"制度，将乡（科）级领导干部述职述廉的做法延伸到村委会和基层站所。形成县、乡（镇）、村三级联动的党风廉政建设工作机制。2008 年，全面推行农村基层党务、政务、村务网上公开制度。开展建立"双创"工程示范乡（镇）工作，创建农村基层权力规范运行监督体系，创新便民利民的服务方式。2009 年，建立健全和落实农村基层党组织生活制度，以及农村基层干部任前廉政谈话、诫勉谈话、述职述廉、个人有关事项报告、任前经济责任审计等制度。完善农村集体"三资"管理制度。实行县招投标中心、行政服务中心、国库集中支付中心、行政投诉中心集中办公。推行公务卡结算制度。

2010 年，开展农村"三资"试点监管工作。推行全省统一的网上审批和电子监察系统建设，对全县各类行政许可事项及行政事业性收费项目进行再清理。2011 年，全面铺开农村"三网保廉"建设，建立县、乡、村三级监管组织。建立"一站两中心"（公共资源交易站、会计核算中心、经济合同审核中心），促使农村"三资"管理不断规范。2012 年，开展"六大专项行动"，坚持党政正职"四个不直接分管"制度和集体研究"三重一大"事项正职末位表态制，确保分权制衡。实行新任科级干部"一训双考"和财产公示制度，推行科级党政正职述职述廉和现场测评制度，严格公车使用，实行定点维修管理。2013 年，开展乡（镇、场）和县直单位"一把手"向纪委全会述廉受评制度。推行《关于实行科级领导干部廉政谈话制度的暂行办法》，开展"红包"问题专项治理，县委书记和县纪委书记针对有关问题开展廉政约谈 100 余人次。实行公车"四定四查"（定人管理、定人驾驶、定点停放、定点维修；查油卡使用、查"天网工程"录像、查定点停放、查出车手续），公车违纪立案 5 件，处理 5 人。农村党务公开、村务监督等工作基本步入常态化运行轨道。2014 年，推行《五书五表一台账》工作模式。制定《金溪县落实党风廉政建设责任制责任追究办法》。开展拒收"红包"警示教育和监督工作，廉政账户收到资金 14 笔，共 4. 5 万元。

六、行政监察

执法监察　1952—1956 年，县监察机关围绕土地改革、镇压反革命、"三反"、"五反"、社会主义改造运动以及抗美援朝、社会主义经济建设和社会主义民主建设等中心工作任务和要求，针对国家行政机关及公务人员、国营企业、公私合营企业、合作社等贯彻执行国家的政策、法律、法规、命令、协议及制度等方面存在的问题，与有关部门协作进行检查，并及时纠正和处理检查中发现的问题。1957—1959 年，县监察机关在"大跃进"中，采取"抓中心、抓主要倾向、抓薄弱环节"等办法和措施，开展检查，查出一批违法违纪的人和事。

1993—1997 年，抓住群众反映的预算外资金、基建招投标、计划生育等热点问题，有重点地开展执法监督检查。5年共立项269项,查出违法违纪金额570.7万元,纠正退还违法违规金额427.46万元,执法监察中发现违纪案件15件,18人受党纪政纪处分,向被查单位提出监察建议674条,协助建章立制35项。1998年,开展执法监察80项,查出违法违规金额196.36万元,挽回经济损失60.9万元,纠正退还违规金额135.43万元,向被查单位提出监察建议152条,通报典型案例3件。

1999—2001年,开展执法监察187项,查出违规金额623.12万元,挽回经济损失266.65万元,纠正退还违规违纪金额115.67万元,向被检查单位提出监察建议405条,协助建章立制46项。

2002年,主要查处向农民乱收费、乱摊派案件,对中小学校学期中途乱收费进行检查。2003年,对医疗购销工作,对交警、财政、物价、人事劳动等19个单位财务管理情况进行执法监察检查。2005年,开展专项执法监察4项,单项执法监察26项,查出违法违纪金额202.94万元,向被查单位提出监察建议72条。2006年,成立治理商业贿赂工作领导小组,全年受理贿赂举报21件,立案查处商业贿赂案件8件,组织处理2人。2007年,对全县14个乡(镇、场)的民政资金、退耕还林补助资金、粮食直补资金等专项资金和各中小学"二免一补"资金进行专项执法监督检查,查出问题31个,提出整改措施42条。2008年,成立金溪县国库支付中心,搭建国库集中支付网络平台。2009年,对全县扩大内需项目、节约集约用地、节能减排和环境保护、建设用地容积率管理、廉租房建设和探矿采矿权出让等6项工作开展专项执法监察,并对部分县直单位和乡(镇)开展了9次单项检查。2010年,全面开展工程建设领域突出问题专项治理工作,实行廉政(廉洁)承诺制、推行工程建设信息公开制和廉政档案备案制。2011年,对2008年1月以来所有竣工验收和在建工程建设项目进行全面排查,对2010年1月以来签订的国有土地使用权出让合同和划转决定书所涉建设项目、签订合同没有严格按照用地规划条件实施等情况进行清理。联合财政、审计等职能部门对各单位国有资产有偿使用收入以及执行收支两条线情况进行专项执法检查。对全县420个账户进行全面风险排查,查出未纳入财政管理的账户281个,将其纳入财政管理之下。对全县157个工程建设项目的招投标进行监管,其中公开招投标63个,邀请招标94个。2012年,在政府投资重点建设项目派驻廉情监督组,对投资50万元以上项目全部建档,建立政府投资重大工程项目政府采购实施台账。推进公共资源交易视频监察系统、工程建设领域项目信息公开和诚信体系建设。2013年,加强专项和单项执法监察,其中开展单项执法检查13次。开展"小金库"治理回头看,在184个行政事业单位、国有及国有控股企业、社会团体自查基础上,对涉及财政专项资金单位重点督查。2014—2015年,将工作重点转向监督检查国家行政机关及其工作人员贯彻执行党的路线、方针、政策和国家法律、法规、决定、命令的情况;监督检查国家行政机关、国家公务员和国家行政机关任命的其他人员违反行政纪律行为;加强对工程建设领域、扶贫移民专项资金的监督及违法乱纪行为的查处。

效能监察　2002年,成立整治发展环境工作机构,加大整治发展环境力度,建立执法执收单位服务承诺和形象测评制度,执法单位办事效率和工作作风得到明显改善。2003年,实行公务备案审核制度,明确规定到企业执行公务应制定计划并报备。2004年,建立健全对企业收费制度。2005 年，开展集中整治投资软环境活动，扩大测评范围，加大对破坏经济发展环境和政务环境行为的惩处力度。2006 年，组织企业客商综合测评全县党群、政府、人大、政协、司法、经济管理和社会服务部门 102 个单位。开展整治经济发展环境办案月活动，着力查处破坏经济发展环境的人和事，对各类投诉做到有诉必查，有查必果。2007 年，严格规范各职能部门的执法行为，在公安、检察院、法院、工商等执法部门建立企业投诉快速反应机制。开展“走访企业，服务园区”活动。2008 年，开展“提升行政效能，建设服务型政府”主题活动，认真受理和办理各类投诉。2009 年，开展“机关效能——项目建设年”活动。进一步精减行政审批事项，简化审批程序。对全县 39 个重点单位的 95 个内设机构进行了测评，对 105 个单位进行综合测评，测评结果在全县通报。2010 年，开展“服务效能跃升年”活动。2011 年，在全县开展“发展提升年”暨“四百增效提能”活动。严格执行“接待投诉首问责任制”和“受理投诉 24 小时负责制”，创立“四员（即联络员、跟踪服务员、公安特派员、环境监督员）派驻企业服务制度，向全县 58 家规模以上企业派驻“四员”128 人，“四员”到企业走访 500 余次，为企业解决各种实际问题和困难 200 余个，收到企业反映有关土地、排污费征收和治安案件侦破等方面的意见和建议 7 条，全部进行了督办。2012 年，全面开展“效能作风整治”专项行动，全年共开展机关作风督查 11 次，效能告诫 124 人（次），诫勉谈话 18 人（次），立案 11 件，查处 11 人。另外，40 个单位“一把手”在金溪县电视台公开服务承诺，公众满意度测评满意率 92.4%。“四员”共深入企业 7000 余人（次），为企业办证、办照、招工、水电、融资、排除纠纷等服务 130 余件。2013 年，结合“六大保廉项目”活动，开展作风效能常态化预警工作，下发单项效能预警 65 次。建立电子政务统一监察平台，与部门电子政务系统相对接，对权力运行实行在线电子监察。执行“接待投诉首问制”、受理投诉 24 小时负责制，对企业和客商来电、来信、来访“多办少转”，共承办市纪委转办投诉件 5 件，接待投诉 7 件，其中立案查处 2 件，做出书面检查 7 件，办结率 100%。2014 年，以党的群众路线教育实践活动为契机，以反“四风”为抓手，以电子监察为平台，进一步提升干部工作作风和机关服务效能上新台阶。

七、纠风治乱

1983 年，狠刹党员干部建私房的不正之风，对全县 57 名建私房的党员干部进行清理，其中对 47 人利用职权侵占、侵吞国家和集体财物作了经济退赔。对党员、干部、职工多占的 62 套住房全部退出，对超面积的住房加收房租费，对个别单位违反纪律兴建超面积、超标准住房，进行认真的查处。1986 年，县纪委对 1984 年以来干部、职工超面积住房和建私房问题进行清查。查出有问题干部、职工 30 人。对住房超面积 40 平方米以上的，作改建和重新分配；对占有两处住房的进行清退。同年，对违反规定购买小汽车，用公款游山玩水、请客吃喝、铺张浪费等 6 股严重不正之风进行治理。

1989 年 4 月，县纪委牵头组成清房工作组，对 1987 年以来在城镇营建私房的党政机关干部 132 户进行清查，全县共退出超标准占有土地面积 6812.23 平方米，退出建私房者所占公房面积 2328.23 平方米，退出少交的各种规费、侵占款项 10.82 万元（含计划退款），对 60 户征地待建户全部收回土地使用证。6 月，县纪委设立举报箱，并组织人员到基层单位和县城的宾馆、酒楼进行暗访，查处违规单位和个人。同时，狠刹滥发奖金和制发服装的不正之风。

1993年，狠刹乱收费风，清退多收款项37.66万元。1994年8月，在全县开展清理干部违规购买公房和集资建房工作。全县共查出51个产权单位的各类违规购买公房和集资建房375户，清理出超面积购买公房3525.19平方米，购房后违规扩搭建超面积2499.06平方米，各类违规违纪应补交购房款13.92万元，退出公房24套。同时，清理党政机关及其他工作人员拖欠公款8.07万元。1996年取消公路收费站、检查站3个，整顿规范4个，县内国道、省道基本无“三乱”（乱检查、乱收费、乱罚款）。1997年，治理公款请客送礼、公款安装住宅电话、公款购置摩托车、使用公车操办婚丧嫁娶、乱花钱、乱发钱物、滥发奖金以及利用楼堂馆所竣工庆典借机敛财铺张浪费等歪风，停建、缓建一批办公楼，取消、压缩一些会议、庆典和检查评比活动，严肃查处个别单位借考察为名擅自外出旅游的违纪行为，清理违规购置的移动电话21部，总价值20余万元，促进了部门、行业风气的好转。1994—1997年，清理中小学违规收费金额99.32万元，取消违规收费项目30项。会同县有关部门清理纠正农民不合理负担442.46万元，取消向农民乱摊派、乱收费项目62项，纠正不合理收费方法4种。1998年，狠刹领导干部用公款配备移动电话和借庆典活动之机敛财两股不正之风。1999年，县委成立清房工作领导小组办公室，再次全面核查全县21个乡（镇、场）和99个县直单位5036名干部、职工的住房建房问题，对违规住房的267人及违规建房的少数单位和个人作出适当处理。

2000年，对动用公车操办婚丧喜庆、公款旅游观光、领导干部擅自驾驶公车等问题进行检查，全县共查处此类问题12个。2006年，县纪委成立纠风管理室、县治理教育乱收费领导小组和县治理教育乱收费局际联席会议办公室，对教育系统实施“八项制度”和“五条禁令”，会同卫生部门，研究制定狠刹医药购销中的不正之风工作实施意见，制定卫生系统“六项制度”和医务人员“六个不准”。对教育和卫生系统开展纠风监督检查。2007年，开展民主评议政风行风活动，加强教育乱收费的治理，对有关涉农工作进行具体部署并制定相应的规章制度。建立治理公路“三乱”快速反应机制。2008年，全面开展纠风工作，开展强农惠农政策落实情况专项检查。2009年，对全县各类各项评比达标表彰活动进行集中清理，深入治理教育乱收费、医药购销和医疗服务中的不正之风。

2010年，创新三级纠风网络建设，开创纠风工作由事后查处向事前预防、事中监督转型的三级纠风网络新格局，做到不正之风即出即纠。2011年，县纪委监察局打造医药医务“阳光行动”。围绕“让‘阳光’照亮医患之路、用‘行动’奏响和谐之歌”的目标，突出“三个结合”（与民主评议政风行风相结合，与落实便民惠民措施相结合，与风险岗位廉能管理相结合）抓好“三个同步”（示范引路与全面启动同步推进，明星窗口与达标科室同步打造，专项治理与阳光运行同步到位）。省广播电台大型户外直播节目《政风行风热线》走进金溪。2012年，以县、乡、村三级纠风网络为依托，召开纠风监督员及患者家属座谈会。建立治理公路“三乱”联席会议制度，完善公路“三乱”监督网络和快速反应机制。整顿规范财政专户，纠正违法违规征地拆迁、落实保障性住房建设政策。全部取消预算外收支财政专户。同年，金溪县作为江西省唯一一个县列为全国纠风工作联系点。2013年，开展民生资金管理使用监督检查工作，将民生资金监督检查与“小金库”专项治理“回头看”工作及时对接，信息互通,建立健全联席会议制度和案(事)件协调处理联动机制。2014 年,开展国家工作人员防止利益冲突专项治理,成立 6 个明查暗访组对全县各单位专项治理情况进行重点抽查。

第九章　资溪县纪检监察概况

第一节　机构队伍

一、合署前纪检机构队伍

1950 年成立中共资溪县委纪律检查委员会。1955 年 8 月改为资溪县监察委员会。1959 年 7 月又改为中共资溪县委监察委员会。

“文化大革命”期间,纪检机构被撤销。

1979 年恢复资溪县委纪律检查委员会。1984 年 2 月机构升格为资溪县纪律检查委员会,内设办公室、纪检科、审理科,有专职干部 9 人。全县 15 个乡(镇、场)均成立纪委,共有专职干部 15 人。县直有 14 个单位成立纪检机构,有专职干部 17 人。1987 年 9 月,增设信访科。10 月,资溪县党风廉政建设领导小组办公室挂靠县纪委。1992 年底,县纪委有专职干部 11 人,乡(镇、场)纪委有专职干部 16 人,县直单位设纪委(纪检组)4 个,有专职干部 6 人。

二、合署前监察机构队伍

1957 年 5 月成立资溪县监察局。1959 年 8 月撤销县监察局,1961 年成立资溪县人事监察局。1988 年 5 月恢复资溪县监察局。1992 年底,县监察局内设办公室、信访股、监察股、审理股,有专职干部 6 人。

三、合署后纪检监察机构队伍

1993 年 6 月,县纪委和县监察局合署办公。内设办公室、纪检监察一室、纪检监察二室、审理室、执法监察室、监察综合室、党风廉政室、信访室。党风廉政领导小组办公室仍挂靠县纪委监察局,与党风廉政室合署办公。1999 年定编制 18 个,其中纪委 12 个,监察局 6 个。

2010 年,推行县乡纪检监察管理体制改革,县纪委监察局内设机构调整为办公室(监察综合室、宣教室、调研室)、党风廉政室、纠风室、执法监察室、案件审理室、信访室(举报中心)、干部室、案件检查室。组建 5 个纪工委(监察分局),其中 4 个面向县直部门(单位),1 个面向乡(镇、场)。

2015 年,县纪委监察局内设机构有党风廉政室、纠风室、执法监察室、案件审理室、信访室(举报中心)、干部室、办公室(综合宣教)、案件检查室,下辖 5 个纪工委。核定行政编制 31 个,事业编 3 个,工勤编 3 个,实有干职工 31 人。

历任纪(监)委书记:张茂座(兼)、胡风举、李玉昌、谢文彬(兼)、任赓、宁水茂、金钰兴、施恭臻、杨小梅、傅志雄、张文贵、邹建平。

历任监察局长:张金有、涂仁昌、黄旭辉、何涛清、黄初江。

第二节　纪检监察工作

一、宣传教育

20世纪50年代初期,县纪检机关围绕剿匪反霸、土地改革、"三反"运动等党的中心工作,联系当地典型案件,采取通报和组织学习等形式对党员干部进行遵纪守法教育。1950年2月,资溪县城遭到土匪攻袭,造成巨大损失。县委查出内部勾结土匪的陈宗绪(县委宣传部长警卫通讯员)后,当即给予处决,并通过这一典型案例,对党员干部进行阶级立场、革命信仰和遵纪守法教育。1956年,选择勾结土匪破坏农业合作社、贪污盗窃、腐化堕落等违法违纪案件进行公开处理,加强党纪教育。1960年,针对农村"大跃进"中虚报浮夸、强迫命令、出现逼死和饿死人命的案件,组织广大党员干部开展学习"三大纪律八项注意",遏制类似事件蔓延。

"文化大革命"期间,党纪党风教育遭到严重破坏。

1979—1980年,开展"实践是检验真理的唯一标准"大讨论,统一广大党员干部的思想和行动。1983—1985年,认真贯彻执行中共中央《关于打击经济领域严重犯罪活动》的指示精神,全县组织学习《关于端正党风的几个问题》等材料,并围绕群众反映强烈的招工、招干、征兵、农转非等方面存在的不正之风,开展批评与自我批评,提高党员干部遵纪守法的自觉性。组织党员干部观看大型纪录片《警钟》,召开民主生活会,认真进行自查,使不正之风得到遏制。

1989年北京"六·四"政治风波发生后,组织全县开展以学习社会主义初级阶段理论和党纪党规为内容的教育活动,教育党员干部在思想、政治、行动上与党中央保持高度一致,坚决抵制资产阶级自由化思潮的侵蚀和影响。建立健全局级干部学习日制度,县纪委下发文件,指定学习内容,并要求基层单位定期汇报党纪教育情况,及时将学习情况通报全县。

1991—1996年,全县各级纪检机关开展对《整党决定》精神的学习教育活动,利用典型案例进行通报,利用党校进行培训,以党纪条规为教材,对党员干部进行党的基本知识和纪律教育,组织2000人参加全国党纪政纪条规知识竞赛,提高党员干部的纪律观念和执纪意识。与县委组织部、宣传部联合下发《关于开展党员教育月活动的实施意见》,在全县开展"学理论、学党章"活动,组织全县党员参加省纪委等3家主办的"双学"答题竞赛活动。

1997—2000年,广泛开展学习贯彻《廉政准则》宣传活动,全县96个单位举办学习班75期,出宣传栏46期,126名科级干部对照《廉政准则》开展自查。开展"党纪政纪法律法规宣传教育月"活动,播映党风廉政教育录像,举办党纪政纪条规知识竞赛,组织文艺宣传演出,举办反腐倡廉图片展览等。组织《监察法》学习和知识竞赛,通过发通报剖析反面典型,以案示教,帮助党员干部提高拒腐防变能力。配合"三讲教育",组织观看反腐影片《生死抉择》,利用胡长青、成克杰等重大典型案例,对党员干部加强警示教育。

2001—2005 年，组织全县党员干部学习中央下发的《建立健全教育、制度，监督并重的惩治和预防腐败体系实施纲要》，利用广播、电视、报刊、网络等媒体进行宣传报道；将《实施纲要》的宣传图片制成展板，放在行政中心、商贸中心和集中办事大厅进行展览；举办科级干部、村党支部书记（主任）和妇女主任培训班，县纪委派人讲课，宣讲《纲要》内容。开通“资溪廉政短讯”并及时更新，每月出一期《资溪廉政简讯》，编印《领导干部廉洁从政读本》，在街中心制作廉政文化灯箱广告，组织“绿舟文艺队”到各乡镇巡回演出，举办科级领导干部配偶培训班，聘请教师为学校廉政文化宣传员，掀起廉政文化进学校、进社区、进农村、进家庭热潮。同时，把党风廉政教育融入到“保持共产党员先进性教育活动”中，开展以党纪条规为主要内容的知识竞赛活动。

2006—2009 年，县纪委监察局创新开展“六个一”（每个基层纪委配备 1 名专职纪委副书记，每个党支部配备 1 名专职或兼职纪检委员，每个村小组聘请 1 名廉政监督员，每个乡（镇、场）设立 1 块廉政公益广告牌，在政务和村务公开栏内开辟 1 块党纪条规宣传栏，每周向全县村党支部书记和村委会主任以上干部发送一条廉政短信）活动，推动农村党风廉政建设宣传见成效。印制农村基层党员廉洁从政“十不准”宣传单，下发到农村每个党员干部手中，制成 139 块宣传牌悬挂于乡（镇、场）、村基层站所宣传栏中。成立“竹・茶”廉政文化建设领导小组，以“竹・茶”廉政文化为载体，打造资溪廉政文化特色教育品牌，在全县形成以竹咏廉，以茶颂廉的浓厚氛围。

2010—2012 年，深入推进“竹・茶”廉政文化“七进”（进机关、景区、社区、家庭、学校、企业、农村）活动。开展读一本廉政书，观一部警示教育片，举行一次党纪条规知识测试，上一堂专题党课，开辟一个廉政访谈节目，打造一个特色廉政文化品牌的“六个一”活动。开展“学准则，筑廉堤”活动，举办学廉政准则征文比赛，以“资溪政务网”、“资溪廉政网”为平台，传播廉政文化，加强廉洁自律教育。开展“建党 90 周年与反腐倡廉建设理论研讨征文活动”，着力做好四项精品工程（即廉能风险预警防控、医药医务阳光行动，惩防体系基本框架构建，“双百双十增效提能”活动）。开展信念忠诚“八个一”主题教育活动，增强党员干部政治、宗旨、表率、创新和勤廉意识。以县委名义出台《关于深入推进资溪县廉政文化建设的实施意见》，将县林业局打造成为“抚州市廉政文化建设示范点”。同时，精心编排廉政小品小戏，印制《廉政准则漫画宣传册》，开辟廉文宣传栏，组织机关干部赴市“清风苑”党风廉政教育中心学习参观，组织党员干部收看警示教育片，在中小学生中开展“学廉、思廉、品廉”演讲、征文、绘画比赛活动，营造风清气正的社会氛围。

2013—2015 年，精心设计打造资溪“竹”廉教育中心，全面建成廉教楼、廉教园、廉教馆三大功能区，先后有县内 20 多个单位 1000 余人（次）在此开展集中教育活动，并接待外市外县 8 批 110 余人前来考察学习，提升了资溪反腐倡廉工作的辐射影响力。推出“资溪纪委”微博、“清廉资溪”微信新媒体，形成网站、微博、微信三位一体的网络宣传格局。开展读文思廉、党章党规理论考试等活动，编印《学思践悟》8 期和《省委作风建设 20 条》等学习读本，征集心得文章 300 余篇。组织县四套班子领导、乡（镇、场）党委书记、部分纪检干部参观全市执纪监督教育展，组织各单位党政主要负责人讲廉政党课 110 余场。拍摄以资溪古代先贤勤廉思想为主线的廉文化电视艺术片《竹官》。选取县一中、九龙湖景区等一批软硬件设施较好的单位,高标准创建文化“七进”示范点。吸纳社会各界优秀人才120名,成立资溪县“竹”廉文化促进会。组织党员干部参加抚州首届“清风苑杯”廉政诗歌、散文大赛,联合县妇联举办“家庭助廉”专修班,在全县开展好干部、贤内助、好榜样、好村官评选活动。资溪自创自编自演的廉政微电影《微信颖云》荣获全市二等奖,并被中央纪委采用并在全国发行展播。全县撰写廉文260余篇,被省、市、县各媒体刊载86篇。在全县开展了“把纪律挺在前面”的教育监督活动,认真落实纪检监察干部“十不准”行为规范。2014年,资溪县被抚州市委、市政府评为全市党风廉政建设工作先进县。

二、案件查处

1950—1953年,全县纪检机关配合党的中心工作,结合党组织的整顿,开展案件查处。按照中央“教育预防为主,惩处为辅”方针,重点查处损害党和人民群众利益的违法违纪案件。1954—1956年,重点查处贪污浪费,官僚主义和抵制破坏社会主义改造运动等方面案件,处分了一些党员干部。1957—1965年,结合整风运动、反右派斗争、“四清”运动等党的中心工作进行查处,但“反右”斗争出现扩大化,错误地批判和处分了一些党员干部。“文化大革命”期间,由于派性斗争中实行“群众专政”、“群众办案”、“群众定性”,大搞“逼、供、信”,制造了一批冤、假、错案。

1951—1983年,全县纪检机关共查处各类违纪党员干部972人,其中清除出党6人,开除党籍171人,留党察看130人,撤销党内职务465人,党内严重警告处分83人,党内警告117人。

1984—1992年,全县各级纪检机关贯彻党的基本路线,服从服务于经济建设,坚持从严治党,惩治腐败,纠正行业不正之风,认真履行“保护、惩处、监督、教育”职能,查处党员干部各种违纪案件179件,处分171人,其中科级干部34人。党纪处分中,开除党籍36人,留党察看34人,撤销党内职务4人,党内严重警告22人,党内警告26人。挽回和避免经济损失238万元。

1993—2004年,全县纪检监察机关查处各类违纪违法案件立案260件,结案255件,给予党纪政纪处分252人。

2005—2007年,县纪委监察局落实从严治党方针,加大办案力度,创新办案机制。共查处违纪案件62件,给予党纪政纪处分52人,其中党内警告16人,党内严重警告18人,留党察看2人,开除党籍9人,撤销党内职务2人,行政警告处分4人。移送司法机关处理1人。为国家挽回经济损失近300万元。

2008—2009年,县纪检监察部门共查处各类违纪案件54件,给予党内警告4人,严重警告32人,留党察看1人,开除党籍10人,行政警告3人,行政开除6人。挽回经济损失300余万元。

2010年立案29件,结案21件,其中涉及科级干部3件,给予党纪政纪处分21人。2011年立案31件,涉及科级干部3人,给予党纪处分30人。其中党内警告1人,严重警告21人,撤销党内职务1人,留党察看2人,开除党籍4人,行政警告1人。挽回经济损失200余万元。2012年立案33件,给予党纪政纪处分36人,涉及科级干部10人。为国家和集体挽回经济损失200余万元。2013年立案30件,涉及科级干部8人,党纪政纪处分26

人，移送司法机关处理1人，收缴违纪款100余万元。2014年立案35件，给予党纪政纪处分42人，其中开除党籍6人，留党察看1人，开除公职1人，移送司法机关处理1人。2015年立案43件，给予党纪政纪处分44人，其中留党察看3人，开除党籍6人，涉及科级干部9人。

三、案件复查

1961年11月，县委成立甄别领导小组，按照中央"严查宽办"方针，对50年代在"三反"运动中因斗争面过宽而受"三大处分"和刑事处理的党员干部案件进行复查甄别，对错误处理的党员干部，本着实事求是的原则，有的推翻结论，有的减轻处分。对在1961年整风整社、反右倾运动中受处分的人，本着全错全纠、部分错部分纠、不错不纠的原则进行甄别处理。1979年县委设立专门机构，为错划的右派分子摘帽平反。在反右派斗争中有30名右派分子及12名中右分子属错划，其中2人在1979年以前即甄别平反，其余的在1979年全部作出了平反、改正结论，并落实了有关政策。同时，对"文化大革命"中资溪所谓"反共救国军"一案给予复查，该案涉及近百人，系"文化大革命"期间搞派性逼打成招的假案，复查后给予彻底平反。此外，对新中国成立后至"文化大革命"前的11件历史老案进行全面复查，对6件已经做出处理的作了甄别。根据本人申述和领导批示，还复查了一些已经处理的违纪案件。至1992年底，全县共复查各类违纪案件19件，其中推翻原结论撤销处分的6件，变更处分结论的7件，维持原结论的6件。

四、办理来信来访

全县纪检监察机关自成立起，建立健全登记、汇报、处理等制度，设有专人负责，按照"归口处理"原则，贯彻国家有关信访的政策规定，认真抓好信访落实工作。

1953—1960年，共受理群众信访件85件。

"文化大革命"期间，纪检监察信访工作被破坏。

1979—1983年，县纪检机关共受理群众来信来访391件(次)，其中控告类295件(次)，申诉类62件(次)、其他类34件。

1984—1989年，全县监察机关贯彻国家有关信访政策和规定，认真抓群众来信来访落实工作。特别是1989年8月19日监察部发布《关于有贪污贿赂行为的国家机关工作人员必须在期限内主动交待问题的通知》后，县纪委监察局加大受理信访举报工作力度。5年中，共受理群众来信来访486件(次)，属监察业务范围的有312件(次)。

1990—1997年，全县纪检监察机关共受理群众来信来访664件(次)。

1998—2000年，共受理群众信访举报204件(次)，其中来信135件，来访38次，电话举报31次，涉及副科级以上干部12件。

2001年后，县纪检监察机关不断拓宽信访渠道，在畅通"007"免费邮箱和"12388"全国统一举报电话等信访渠道的基础上，完善互联网举报功能，新增纪委书记信箱，开展"阳光信访"工作，全县建立了795人的县、乡、村、组四级信访网络。至2011年，县纪委信访室共受理信访举报1486件(次)。

2012—2013年，在开展的"三带一驻点"、"四访送清风"信访活动中，委局班子成员积极带头下访。两年接待群众243人(次)，集中解决信访纠纷114件(次)，化解矛盾纠纷

107 件。县纪委监察局共受理群众来信来访和电话举报 91 件（次），其中涉及乡（科）级干部 9 件。

2014—2015 年，实施零障碍受理群众来信来访，开通纪检干部微博，在县廉政网设立投诉举报台，建立信访反映“回音壁”制度，对受理的每件信访及时录入纪检监察信访信息管理系统，全面落实信访线索集体研究、听证制度，对信访线索全程监督，对群众实名信访举报专门建立工作台账，严格按规定时限告知办理情况，答复办理结果。两年共受理群众信访举报 197 件（次），其中涉及科级干部 53 件（次）。委局班子在开展“四访送清风”活动中，接待来访群众 60 批，300 余人（次），收集意见建议 100 余条，化解了一批矛盾纠纷。

五、党风廉政建设

1988 年，县纪检监察机关结合资溪实际，开展一系列党风廉政建设活动，规范公务人员廉洁从政行为。1989 年 5 月开展狠刹公款大吃大喝风，查处公款吃喝案件 6 件，涉及党员干部 28 人，当年招待费比上年下降近 75%。

1989—1992 年，开展清房工作，清理出建私房 28 户，其中科级干部 9 户。清理出违纪金额 4.45 万元，侵占金额 1.43 万元，多占地 393.36 平方米，多占公房 88 平方米。

1993—1995 年，对党政机关干部参与经商办企业进行清理，党政干部全部与参与或经办的经济实体脱钩。对干部职工违规购房和集资建房进行清理，共清理出违规购房和集资建房 94 人，补交房款 4.72 万元，退出两处占房户 4 户。开始推行会计委派和财务结算中心制度，强化资金管理。推行干部提拔任用前公示，对 257 名干部进行任前公示，并要求新提拔的干部签订“廉政承诺书”。推行领导干部离任经济责任审计制和政府采购制。大力治理商业贿赂，共查处商业贿赂案件 6 起，涉案金额 47 万余元。

1996—1997 年，对全县党政机关实施厉行节约、制止奢侈浪费行为开展检查，全县在控制新建和装修办公楼方面节约资金 121 万元。对用公款外出旅游和安装私宅电话进行清查，清查出公款安装私宅电话 407 部和干部超标准报销话费 8778 元，全部进行相应处理。

1999—2000 年，全县领导干部在“三讲”教育中，认真查找突出的党性党风问题，并制订整改措施。下发《关于在县内公务活动中来人来客接待》的文件，坚持同城不接受吃请，遏制公款吃喝风。再次开展清房工作，共清理出违规购房、建房 230 多户，收缴违规款 26 万余元，退出两处以上占房 57 套计 143 间。

2001—2005 年，开展干部作风整顿活动，查处党员干部参与赌博和狠刹乡（镇）干部“走读风”。出台“领导干部及其亲属不得插手基建工程”文件，推行党务政务和重大工程建设项目向社会公开，接受社会和群众监督。建立领导班子专题民主生活会制度、干部提拔任用前公示制度、领导干部任前廉政谈话制度，科级干部述职制度，建立科级干部廉政档案。县委成立治理“红包”领导小组，开展“红包”治理工作。此外，还开展了清理“小金库”、清理党政干部拖欠公款工作。

2006—2009 年，开展农村基层党风廉政建设试点工作，建立农村基层党风廉政建设工作联席会议制度和县纪委班子挂点基层单位制度。构建县、乡、村三级廉政建设监督网络，组织培训村廉政监督员 28 期。全面推行农村基层党务、政务、村务网上公开制度，推进乡镇便民服务中心建设，建立各乡（镇）公共资源交易中心，开展农村集体“三资”管理工作,加快网上审批和电子监察网络建设。县四套班子领导成员向社会公开作出廉政承诺,并向全县各级领导干部发出坚决杜绝送“红包”等6项倡议。制定《党风廉政建设责任制分工》文件,将党风廉政建设责任内容分解成17个大项54个小项,层层分解到各级领导干部,层层签订党风廉政建设责任状。出台《资溪县党风廉政建设责任制考核办法》,开展对各乡(镇、场)和县直单位落实党风廉政建设责任制情况的专项检查,严格落实党风廉政建设责任制。推行“乡财县管,村账乡代理”改革,全面推行“公务卡”结算制度,实行国库集中收付制度,严肃查处各单位(部门)私设“小金库”和乱发津补贴的行为。

2010—2011年,编制《县委权力公开透明运行流程图》、《县党代会职权行使流程图》等权力运行流程图14张,制定公开目录90项,在党务公开栏进行公开,强化权力运行监管。严格执行市委关于《县直党政机关、事业单位党政正职“四个不直接分管”的实施办法》的规定,坚持凡属县委常委会职责范围内的“三重一大”事项,都必须按照集体领导、民主集中、个别酝酿、会议决定的原则进行决策。出台《资溪县开展清理和规范庆典、研讨会论坛活动工作的实施方案》,对会议及庆典活动的次数和规模进行压缩。推行党务、政务公开,将40余个服务单位的党务政务统一公开,接受群众监督。进一步完善乡、村主要领导廉政承诺制度,个人有关事项报告制度,村干部勤廉双述制度,村民询问质询和定期评议村干部的制度。

2012—2015年,对65名新任科级干部进行个人财产公示。强化对“三公”消费的监管,对“三公”消费实行公开招投标。扎实做好党风廉政建设社会评价工作,连续取得全省、全市排名前列的佳绩。组织124名科级党政“一把手”进行述职述廉,并开展“勤廉之星”评选活动。开展“红包”问题回头看专项治理,将专项治理向科级以下干部延伸,共收到上缴“红包”款24.6万元。开展“一把手抓廉政”访谈和廉政重点约谈工作,组织包括乡(镇)在内的38个重点民生单位领导在县电视台进行廉政公开承诺,接受监督。成立6支党风廉政驻点巡查队,对各单位开展巡查工作。举办“主体责任”专修班,全县320余名党组织主要负责人参加了培训,县委书记带头讲授廉政党课。实行“一岗双查”,促进“两个责任”的落实。坚决“把纪律挺在前面”,坚持全面从严治党,加大违纪违法案件查办力度,促进党风廉政建设。

六、行政监察

执法监察　1952—1956年,县监委针对县有关部门干部职工所存在问题进行专项检查。对“五反”运动中偷税漏税的32户工商业兼地主责令其补交税款和罚款。

1993年后,全县纪检监察机关对减轻农民和企业负担、预算外资金管理,教育乱收费、公路“三乱”(乱设站卡,乱罚款,乱收费)、建筑工程招投标、药品购销等方面存在的问题开展执法监察。至2001年,全县共开展执法监察110件,取消向农民乱收费项目12个,取消中小学乱收费项目5个,撤除公路站卡1个,整顿站卡3个。查出违纪金额162万元,追缴违纪金额24万元,为国家集体挽回经济损失169万元。提出监察建议177条,并协助30多个单位建立和完善各项规章制度。

2003—2005年,对全县林木收费专项资金的使用情况、建筑招标、国有企业转制、国债项目资金、城镇拆迁土地补偿、拖欠农民工工资等项目进行执法监察,涉及金额960万元,收缴违纪金额60万元,挽回国家经济损失226万元。先后对交警、统计、民政、社保、医保5个单位进行执法监察,其中重点查处县社保局和医保办违反财经纪律案,查出违纪金额40余万元,追缴违纪金额20余万元,避免经济损失近30万元。同时,加大对建筑工程招投标、招录人员、经营土地挂牌出让、国有资产产权交易、教育乱收费、医药行业收"红包"、公路"三乱"等方面的执法监察力度。

2006—2008年,重点对违法用地、违法建设、政府采购、食品药品安全开展专项执法监察,对环境、林改、土地、节能减排、各单位开设银行账户、退耕还林补助款等开展专项执法监察22项,查处金额60余万元,提出监察建议28条。其中对石峡乡政府挤占、挪用退耕还林补助款问题的执法监察中、责成该乡将20多万元上级补助款退还给村民,维护了群众利益。对全县行政事业单位开设的176个银行账户进行专项清理,清理后保留73个,收缴违纪金额7万多元。开展食品药品安全专项整治,追回乡镇卫生院药品多收款5万元,收缴不合格药品2万余元;对82家食品经营店进行食品安全检查,下达改正通知书53份。同时,参与多项工程招投标的监督,为县财政节约资金1450万元。

2009—2012年,对专项资金使用和发放情况进行专项检查,收缴违规资金6.5万元。对2007年以来政府投资和使用国有资金500万元以上的建设项目以及其他总投资3000万元以上的项目进行检查,共排查出问题5个,提出治理措施8条,补交土地出让金60余万元。对2003年以来新增建设用地进行清理,无偿收回8.68公顷闲置土地。对财政惠农补贴资金"一卡通"发放进行检查,提出整改意见23条。对全县7个乡(镇)灾后恢复重建资金物资管理情况进行监督检查,促进救灾资金物资管理使用规范化、有序化。对全县廉租住房公开摇号进行全程监督,确保公平公正原则得到体现。同时,加强网上审批系统建设、诚信体系建设和工程建设项目信息公开。

2013—2015年,建立"四系统一平台"实现网上办理审批缴费、咨询、办证、监督以及联网核查。对2011—2012年拍卖的商业用地进行全面清理,下发监察建议书。对群众反映强烈的县药监局违规收取餐馆检测费行为开展执法监察,没收违规所得25.3万元。对新农合资金进行检查,收缴违纪款50余万元。对教育、林业、农业、社保、社会救助、扶贫、移民等民生资金开展监督检查,发现违规资金924.91万元,纠正890.88万元,其中615.36万元上缴县财政。

效能监察　2002年县成立整治经济发展环境领导小组,县纪委书记兼任办公室主任,先后制定一系列优化经济发展环境的有关措施和规定,进一步规范执法执纪及经济管理部门从政行为,其中资溪县《关于进一步优化经济发展环境的若干规定(试行)》被抚州市委《信息摘要》采用并在全市推广。同时,从影响投资环境和经济发展的乱收费、乱摊派、乱罚款、乱检查,门难进、脸难看、话难听、事难办,缺服务态度、缺办事效率等"四乱四难四缺"问题入手,认真进行治理。采取对行政执法单位和经济监督部门形象测评的方法,提高全县各单位服务经济建设的意识。同时,安排大量人力、物力、财力处理企业投诉。2000—2001年,共受理经济发展环境方面投诉62件(次),出动人员317人(次),所投诉的问题全部及时得到处理。

2005—2007年,县政府组建行政效能监察中心,县纪委监察局与财政等部门两次组织有关人员赴外地学习考察效能建设工作，制定下发《关于在全县开展集中整治投资软环境活动的工作方案》等文件，建立健全纠正行业不正之风、优化经济发展环境的长效管理机制。通过到企业走访、座谈、问卷调查，收集意见建议160余条，收到客商投诉2件，反映问题7件，均及时进行答复、反馈和解决。全县确定20家重点企业为经济环境监测点，并专门印制“客商联系卡”发到客商手中。

2008—2010年，深入开展“提升行政效能，建设服务型政府”主题教育活动。成立领导小组，下发有关实施方案，公布举报电话，设立意见箱。各单位开展自查互查，对上班迟到早退人员进行批评或效能告诫。组织44个单位的主要领导和有关科室负责人现场开展民主评议政风行风征询群众意见活动，收集群众意见200多条。对44个参评单位的政风行风情况进行抽查暗访，发现问题责成其及时整改。开展“机关效能——项目建设年”活动，先后对12个乡镇干部“走读”情况暗访督查，发现问题通报批评。开展对机关干部上班时间炒股、娱乐问题的整治，发现问题公开曝光。在全县114个单位推行指纹考勤、佩证上岗，干部作风和机关效能得到提升。结合民主评议和“百千万”内设机构测评活动，对40个具有行政执法审批权的单位和服务部门开展民主测评活动。在全县选择70家重点企业作为软环境监测点，县效能办人员经常深入监测点，帮助企业解决实际困难和问题。

2011—2013年，大力推动“双百双十”增效提能活动。强化“指纹考勤，佩证上岗”为主要内容的绩效管理制度，督查85次，下发通报32期。组织10个县直单位结对帮扶10家企业，破解招工难题，开展一对一服务。县效能办与县电视台联合拍摄“领导谈效能”专题片，在市电视台播放。全县精简压缩行政审批项目105项，行政审批事项均在县行政服务中心办理，实现简捷、便民、阳光、高效的目的。对全县72个监测点开展环境监测2135次，结合全省“效能作风整治活动”契机开展明查暗访活动38次，以效能办名义发出预警督办单14份，通报批评44个单位，问责干部9人，写检查说明18份。2013年，资溪县被评为“全市效能作风整治工作先进单位”、“抚州市效能作风整治工作先进单位”。

2014—2015年，围绕优化发展环境和提升工作效能，开展督查活动12次，纠查各类违规违纪问题10个，公开曝光12人，其中对防汛期间值班无故脱岗人员及带班领导给以政纪处分，对县交通局、县卫监局、县农业局和供销社干职工在上班期间上网淘宝、炒股等问题给予严肃处理。坚持对全县72个环境监测点的走访调查，征集关于优化发展环境、改进干部作风的意见建议16条，均做好整改落实与及时回复。

七、纠风治乱

1990年后，开展纠正行业不正之风工作。2002—2006年，抓好减轻农民和企业负担工作，开展市场秩序专项治理。查处教育乱收费、医药行业收“红包”、公路“三乱”等方面的问题，对公路“三乱”（乱设卡、乱收费、乱罚款）问题进行集中整治。加大对办事大厅单位收费的监督检查，制止乱收费行为。开展治理商业贿赂专项整治行动，纠正医药购销和医疗服务中的不正之风。开展打击破坏森林资源的“绿剑行动”，维护“生态立县”战略。严肃查处3名公务人员参与木材走私案件。

2007—2008年，开展农资打假整治活动，对学校收费情况进行专项检查。治理公路“三乱”巡查23次，接到投诉6次，均进行严肃查处。开展民主评议政风行风现场征询群众意见活动,进行政风行风测评活动,开展食品、药品安全专项整治。

2009—2010年,组织对12个乡(镇、场)的中小学"一费制"的贯彻情况进行"拉网式"检查,查处违规收费1.49万元,并对相关责任人进行组织处理。开展强农惠农政策回头看,严防农民负担反弹。对医药购销和医疗服务中不正之风进行整治,规范药品集中招标采购金额723万元。对全县19个行业协会、10个中介组织进行规范整治,取缔了两家中介组织。开展"道路阳光执法"活动,向社会各界聘请62名治理公路"三乱"监督员,在国道、省道竖立公路"三乱"举报电话警示牌12块,受理投诉6件。

2011—2015年,开展纠"四风"活动,严格落实中央"八项规定"和省、市有关规定,严肃查处违反"八项规定"典型案件。开展对干部"走读"、"庸懒散"和吃空饷等问题的专项整治。成立6支党风廉政驻点巡查队,对单位开展巡查工作。对巡查中发现的问题,下发整改通知,并对相关领导进行诫勉谈话。

第十章　广昌县纪检监察概况

第一节　机构队伍

一、合署前纪检机构队伍

1950年7月成立中共广昌县委纪律检查委员会。1956年1月,改为中共广昌县委监察委员会。1966年5月,受"文化大革命"冲击而瘫痪。1967年10月,县委监察委员会被撤销。1979年7月,成立广昌县委纪检组。1980年1月,恢复广昌县委纪律检查委员会。1984年1月,升格为广昌县纪律检查委员会,定为副县级单位。内设办公室、纪律检查科、案件审理科、信访科。1992年,广昌县纪委机关有专职干部14人,全县16个乡(镇、场)纪委有专职干部13人,县直属单位有纪检专职干部16人。

二、合署前监察机构队伍

1955年9月,成立广昌县监察委员会,配备专职干部9人。在政府机关及其所属事业单位和人民团体,城市街道及农村中设置人民监察通讯员,在财经部门设立监察小组。1957年撤销广昌县监察委员会,成立广昌县监察局。1959年4月,全县各级监察机构被撤销。1988年4月,恢复监察机构,成立广昌县监察局,内设监察股、秘书股、案件审理股。有专职干部11人。1989年4月成立县监察局举报中心。1992年,广昌县监察局有专职干部7人。

三、合署后纪检监察机构队伍

1993年5月,广昌县纪委与监察局合署办公,内设办公室、监察综合室、信访室(举报中心)、纪检监察一室、纪检监察二室、案件审理室、执法监察室、宣传教育室、党风廉政建设室(县廉政办),有专职干部14人。2000年6月,定行政编15个,事业编3个,实有专职干部15人。2006年公务员制度改革后,县纪委监察局机关定行政编18个,事业编3个。实有干部19人,职工4人。全县共有纪检监察干部299人。2010年,推行县乡纪检监察管理体制改革，广昌县组建纪工委、监察分局6个，其中4个面向县直单位，2个面向乡（镇、场），纪工委为正科级，监察分局为副科级，核定行政编制24个。县纪委监察局机关内设室由10个整合为8个。2015年，成立办案服务中心，隶属县纪委监察局管理。县纪委监察局内设办公室（增挂案件监督管理室牌子）、干部室（增挂纪检监察干部监督室牌子）、信访室、案件审理室、宣传教育室、党风政风监督室、第一纪检监察室、第二纪检监察室。核定编制54个（含纪工委、监察分局），其中事业编6个，实有干部职工47人。

历任纪（监）委书记：陈国良（兼）、李子良（兼）、王子才（兼）、王德珍（兼）、潘文发、李德家、翟民泽、胡颜喜（纪检组长）、魏仁贵、曾志强、黄国新、刘义德、周希平（兼）、赖昌明、范亚平。

历任监察局长：徐振声、曲中孚、徐鸿春、杨衍煜、赖云峰、冯光、张金亮。

第二节　纪检监察工作

一、宣传教育

20世纪50年代初期，广昌县纪检机关围绕土地改革、“三反”运动等党的中心工作，联系县内一些典型案件，采取上党课、典型通报和组织学习中南局纪委出版的刊物《纪检与教育》等形式，对全县党员干部进行遵纪守法教育。1958年，选择13个典型案件在党内外公布。全县各级党组织充分利用座谈会、组织生活会、夜党校、红专学校和“四一”、“三结合”（“四一”即讲课、讨论、测验、补课；“三结合”即讨论典型案件与中心工作、与违纪倾向、与存在问题相结合）等形式，大力加强党纪教育，在县委干校开办了党纪教育培训班3期，培训学员309名。

“文化大革命”期间，党纪教育遭到严重破坏。

1979—1980年，开展“实践是检验真理的唯一标准”大讨论，举办学习《关于党内政治生活若干准则》40期，培训6000余人（次），加强对党员干部党风、党纪和党的路线、方针、政策的教育。1980年，县委纪委与县委组织部、宣传部、党校几家联合，利用县乡（镇）党校阵地，采用办班、上党课、以会代训等形式，进行党风党纪教育。

1983—1985年，贯彻中共中央《关于打击经济领域严重犯罪活动》指示精神，在全县组织学习《关于端正党风的几个问题》、《中共中央整党决定》等党内学习材料，并围绕群众反映强烈的在招干、招工、征兵、农转非等方面存在的不正之风，开展批评与自我批评，提高党员干部遵纪守法的自觉性。县纪委还每年发一、二期案例剖析的纪检通报，组织党员干部观看《悬崖》、《玩忽职守》、《一个老干部的蜕变》、《堕入深渊》等案例录像片进行警示教育。

1986—1990年，采取“一会三课”等形式对党员深入进行党性党风党纪教育。组织党员干部学习中央纪委下发的关于对“党员干部犯严重官僚主义失职错误党纪处分的暂行规定”、“对参与嫖娼，卖淫活动的共产党员及有关责任者党纪处分的暂行规定”，提高党员干部遵纪守法的自觉性。1989年，北京发生“六·四”政治风波后，在全县开展以学习社会主义初级阶段理论和党纪党规为主要内容的教育活动，教育广大党员干部在思想、政治、行动上与党中央保持高度一致，坚决抵制资产阶级自由化思潮的侵蚀和影响。

1990—2000年,认真学习宣传贯彻邓小平南巡重要讲话精神,举办党纪条规培训班24期,组织观看《血写的教训》党纪教育片18场(次),举办党史党风党纪知识竞赛和"七一"文艺晚会,深化党风党纪教育。抓好党政机关领导干部廉洁自律,对照中央纪委有关规定进行自查自纠,并作出"五个严禁"规定,即严禁领导干部在人事任免、上学、当兵、农转非和人事调动等方面为亲友"开后门",以权谋私。在全县开展"党纪政纪条规知识竞赛"活动,下发有关学习材料1万份,播放有关党风廉政教育录像26场(次),2万人受到教育。在全县开展《行政监察法》知识竞赛,编印《党风廉政法规手册》发至全县各单位供党员学习。配合"三讲"教育,举办3期全县科级干部党风廉政建设教育培训,巡回播放《警钟》、《枕边风》等反腐倡廉案例录像片,利用胡长青、成克杰等重大典型案例,对党员干部进行警示教育。

2001—2010年,县纪委共播放党风廉政电教片80多场(次),收看的党员干部达到3万余人次。举办全县科级干部"忆苦思廉"征文活动,录制《好公仆》、《好党员》典型事迹专题片2部。成立"莲乡廉政文化"研究会,举办"廉政杯"走进莲乡风情摄影大赛、廉政歌曲演唱选拔赛、"廉内助"培训班、"廉政楹联"短信每周一播、"倡新风、树形象"廉戏下乡巡演、领导干部"廉政读书月"等"七廉活动",在全县上下掀起"唱廉、看廉、学廉、守廉"的良好社会风气。开展"《廉政准则》学习月"活动,举办"移动杯"《廉政准则》网上和短信答题活动,全县2600余名党员干部参加答题。编印出版《莲花故事》,列为干部廉政教育读本。

2011—2015年,围绕莲(廉)主题,举办首届"荷风莲(廉)韵"学生朗诵大赛,689名莲乡学子参赛。开展廉政教育进校园活动,向全县初高中学生送《廉洁修身教育》读本7603本。举办赣闽两省三县(广昌、石城、建宁)"莲·廉"故事创作和演讲大赛,征集"莲·廉"故事作品218篇,106名选手参加演讲赛。创作的廉政小品《局长与小偷》获抚州市廉政小品小戏比赛一等奖,并在抚州市廉政文化节上巡回展演。注册开通广昌县纪委监察局官方微博"莲廉广昌"和官方微信"莲廉广昌"。创作拍摄全省首部"莲廉"文化微电影《莲心》,并被评为江西省十大网络人气作品。举办广昌县党风党纪警示教育大会,全县800余名副科级以上党员领导干部受教育。向全县党员干部发放学习读本9500本,构建"纪律讲堂"阵地,全县200多个单位开设了纪律讲堂,开讲场次逾700场。开展"纪律挺在前——《廉洁修身教育》教材读书征文"活动,吸引2.4万名在校中小学生参加。联合县教育局、文化局举办"清风莲韵"廉政文艺晚会暨征文比赛颁奖典礼,2000多名党员干部参加观看。

二、案件查处

1953—1957年,全县纪检监察机关重点查处贪污浪费、破坏社会主义经济类案件68件。1957—1962年,全县纪检监察机关围绕反右派、反右倾、整风整社等运动,重点查处贪污腐败、破坏经济等违法违纪案件377件。1963—1966年,重点查处贪污腐败、经济领域等违纪案件119件。1977—1983年,广昌县委成立"揭、批、查"领导小组,由县委纪检机关牵头,对"造反派、帮派人物、打砸抢分子"全面清查,共立案查处违法违纪党员干部18人,其中给予党纪处分6人,政纪处分6人,移送司法机关处理5人,戴坏分子帽子1人。1978—1983年,县委纪委共查处贪污腐败、以权谋私的违法违纪案件191件。1982年,县委成立打击经济犯罪活动领导小组，由县委纪委牵头，集中查处经济犯罪大案要案 8 件，其中贪污案 4 件、受贿案 2 件、投机倒把案 1 件、诈骗案 1 件。没收赃款（含赃物折款）25. 51 万元，9 人受到党纪国法处理，其中 3 人移送司法机关处理，6 人受到党纪政纪处分。1983 年，县委纪委联合政法机关、工商部门，查处各类（大部分为滥砍乱伐林木和投机倒把案）案件 114 件，共涉及 142 人，涉及国家工作人员 33 人，其中党员 10 人，给予党纪处分 7 人，政纪处分 26 人，追缴赃款 21. 15 万元。1984—1992 年，县纪检监察机关重点查处贪污腐败和经济领域的违法违纪案件 169 件。1993—2000 年，县纪检监察机关把查处贪污、受贿、挪用公款、赌博等案件作为重点，共立案查处各类违纪案件 382 件。其中查办万元以上大案 11 件，副科以上要案 16 件；违反党纪案件 187 件，违反政纪案件 195 件；涉及科级干部 20 人，股级干部 60 人，一般干部 90 人，农村党员干部 213 人。2001—2015 年，县纪检监察机关认真落实从严治党、反腐倡廉的要求，加大办案力度，创新办案机制，共立案查处各类违法违纪案件 939 件，其中涉及乡（科）级干部案件 84 件。给予党纪政纪处分 84 人，移送司法机关处理 20 人。挽回经济损失 1000 余万元。

三、案件复查

根据中共中央《关于加速进行党员干部甄别工作的通知》，县委监察机关成立案件甄别工作领导小组，抽调干部 35 人。在 1961 年 11 月至 1962 年 8 月全面甄别了 1959 年 7 月至 1961 年 6 月反右倾扩大化形成的案件，在受过批判和处理的党员、团员、非党干部 469 人中，作全错全纠的 17 人，部分错部分纠的 10 人。在受过重点批判的农村社员 669 人中，作全错全纠的 198 人，部分错部分纠的 70 人。由于当时条件限制等原因，此次甄别工作不够彻底。

1979—1980 年，县委纪检机关按照党的“实事求是，有错必纠”的方针，复查历史老案 93 件，其中取消原处分、给予平反的 8 人，减轻处分的 20 人。为“文化大革命”初期因群众组织要挟被开除党籍、公职的 16 名党员彻底平反，恢复名誉。1981 年复查老案 39 件，纠正错案 3 件。

四、办理来信来访

广昌县纪检监察机关自成立起，非常重视群众来信来访，设有专人负责，按照“归口处理”的原则做好工作。

1950—1966 年，全县纪检监察机关受理群众来访来信 4088 件（次），其中检举控告类 3570 件（次），申诉类 518 件（次）。

“文化大革命”期间，县纪检监察信访工作遭到破坏。

1978—1983 年，全县受理群众来信来访猛增到 1436 件（次），其中检举控告类 456 件（次），申诉类 418 件（次）。1986 年，为进一步加强信访工作，县纪委专门设立信访室。1984—1992 年，县纪委受理群众来信来访 1668 件（次），其中检举控告类 1432 件（次），申诉类 236 件（次）。1988—1992 年，县纪委贯彻国家有关信访政策和规定，认真抓群众来信来访落实工作。尤其是 1989 年 8 月 19 日监察部发布《关于有贪污贿赂行为的国家机关工作人员必须在期限内主动交代问题的通知》后，加大受理信访举报工作力度。5 年中，共受理群众来信来访 761 件（次），属纪检业务范围的有 551 件（次），其中检举控告类 488 件

(次),申诉类14件(次),其他类49件(次)。

1993—1997年,全县纪检监察机关受理群众来访来信445件(次),其中检举控告类429件(次),申诉类6件(次),其他类10件(次)。1998—2000年,对反映有关领导干部违法违纪的问题加强查处,全县共受理群众信访举报183件(次),其中来信161件(次),来访19件(次),电话举报3件(次)。涉及副科以上干部42件(次)。同时,加强基层信访接待工作,县直部门、乡(镇)纪检有专人负责,村支部有人兼管,全县建起县、乡、村三级信访接待网络。

2001年后,县纪委监察局不断拓宽信访渠道,在畅通"007"免费邮箱和"12388"全国统一举报电话等信访渠道的基础上,完善网络功能,新增纪委书记信箱,发挥县、乡、村三级信访网络作用。至2010年,县纪委监察局信访室共受理信访举报46件(次)。其中来信39件,来访4次,来电3次。

2010—2015年,在全县开展"举报方式公开,畅通信访渠道;政策法规公开,引导依法信访;受理情况公开,保障合法权益;办事过程公开,强化社会监督;处理结果公开,力求息诉罢访"为主要内容的"阳光信访"工作。县纪委监察局信访室共受理信访举报741件(次)。其中来信682件,来访37次,来电22次,为查办案件提供线索519条,为群众解决信访问题578个。

五、党风廉政建设

1980—1982年,广昌县成立清房工作组,对1979年以来704户干部职工住宅,全面丈量登记,对超过面积的196户分别采取分户、改建、加倍收费的处理方法。1983年,全县清理党员干部40人违纪建房,查处侵占国家财物折款11895元,县委纪委对超标准住宅分别作出处理。

1989—1990年,贯彻中央关于严禁党政机关经商办企业的规定,清查"官倒",撤销、剥离行政单位所属公司。清查党员干部在城镇违纪建私房,全县共清理74户,违纪建房干部退赔、补缴、罚款等计14.76万元,退出多占土地3162平方米,退出公房12套,面积566.80平方米。1994年,开展干部、职工违规购买公房和集资建房专项治理,清理违规购房和集资建房、公款装修房屋460户,超面积4089平方米。1996年,清理领导干违规配备公安警车牌号,完善小车控购手续。同时对用公款学习驾驶技术和办理驾驶执照等问题进行全面清理。在贯彻落实地区纪委《关于领导干部辞职、降职的暂行规定》工作中,对11名不信任现职的领导干部进行了免职、降职处理。

1997—1998年,对领导干部擅自用公款配备通信工具开展专项清理,全县共清理出公款配制移动电话90部,取消68部。同时,对全县117名正科单位党政一把手,独立副科单位正职住宅电话进行列名核定,并采取措施对公款配备通讯工具的范围、对象进行严格限制。1999年,全县开展干部职工违规优惠集资建房、违规购置公住房的专项整治,成立清房工作领导小组及办公室,对全县3149名干部职工住房进行清理,共清理出111户干部职工住房超建筑面积3453.22平方米,补交超面积款183.17万元。

2000—2005年,县纪委开展"红包"问题专项治理,全县643名科级干部进行自查登记,清理上交"红包"款30多万元。制定公务接待"同城不吃请、乡镇工作餐、下村吃派饭"

的硬措施。开展领导干部建私房专项治理，全县26名县级干部，700余名副科级以上干部进行建私房自查登记，并对26名科级干部违规私房进行清理，责成其补交土管规费6.69万元，城建配套规费2.07万元。印发《第一批行政审批事项取消项目的通知》，取消行政审批事项206项。推行会计委派制和核算中心制度，有96个单位实行会计委派，加强会计监督，强化专项资金管理。印发《广昌县科级领导干部述职述廉制度》、《关于实行对新任领导干部廉政谈话制度的实施意见》等文件，对新提拔的科级领导干部实行任前廉政谈话。推行建设工程招投标、经营性土地使用权出让招标拍卖、产权交易进入市场和政府采购等四项制度。

2006—2009年，印发《关于全面推行财政票据电子化管理改革意见》、《广昌县行政事业单位推行公务卡制度实施方案的通知》，推行公务卡及财政票据电子化管理，行政审批电子监察和网上审批制度。建立县公共资源交易中心和乡（镇）公共资源交易站，构建县、乡两级公共资源交易平台。推进国库集中支付制度，有126个预算单位纳入国库集中支付范围。推进“两个中心”建设，全县11个乡（镇）建立便民服务中心和群众诉求中心；129个村建立“便民服务点”和“群众诉求点”。全面推行农村基层党务、政务、村务网上公开制度。

2010—2013年，县纪委印发《关于在全县开展党政领导干部违反规定接受和赠送现金、有价证券、支付凭证问题专项治理活动的通知》，全县871名副科级以上领导干部进行自查自纠，同时查处违纪收受“红包”案件1起，收缴违纪款1.14万元。有63笔“红包”款计20万元上交到县廉政账户。印发《关于构建“三公”消费一体化监管体系建设的实施意见》，推行“三公”支出定点刷卡消费、公务会议申报管理及机打发票报账制度改革，进一步规范与控制公务消费支出，提高公务消费支出的透明度。开展行政审批事项清理工作，推进行政审批“两集中两到位”（审批单位100%进厅、审批人员100%到位、审批事项100%上线、审批系统100%运行）。

2014—2015年，印发《广昌县贯彻落实中共中央〈建立健全惩防体系2013—2017年工作规划〉和省委〈实施办法〉的实施方案》、《关于开展六大清廉行动大力推进清廉广昌建设的意见》、《关于实行领导班子及领导干部落实党风廉政建设责任制工作纪实制度的通知》等文件，深入落实“两个责任”（党委主体责任和纪委监督责任），全面推行党政正职末位表态制和不直接分管人事、财务、工程项目建设、大宗采购等规定，贯彻落实中央“八项规定”和国务院“约法三章”，成立明查暗访组，紧盯重要节假日，对违反“八项规定”的案件进行认真查处。开展国家工作人员防止利益冲突专项治理，全县5180名干部职工进行自查自纠。开展“红包”问题专项治理，党员领导干部通过自查自纠上交“红包”款39.7万元。组织11个乡（镇、场）党委书记、25个县直单位主要领导在县电视台开展“一把手抓廉政”访谈活动。成立落实“把纪律挺在前面”工作领导小组。制定主体责任专题调研、纪律巡查、执纪执法部门季度联席会、廉情三预警、廉政约谈、纪律讲堂、一案三查找、公务消费一体化监管、三资监管等18个把“纪律挺在前面”的配套方案（制度），全面落实“把纪律挺在前面”要求，抓早抓小推进源头预防腐败工作。

六、行政监察

执法监察　1957—1959年，县委监察机关围绕贯彻执行社会主义建设总路线，配合整党、农村整社和机关整风运动,开展执法检查28次,其中开展19次以增产节约为中心、农业生产为重点的专项检查工作。通过各项检查,挽回经济损失3万余元,加快水陂兴修7座。

1991年,开展农用专项资金、预算外资金和重点建设工程项目监督检查。开展计划生育罚款经费的专项检查,检查金额约1600万元。1992年,县纪检监察机关开展减轻农民负担的监督检查,共立项9件,收缴违规款1.28万元,挽回经济损失6.86万元。1993年,成立广昌县农民负担监督管理领导小组,先后废止23项农民负担项目和32项涉及农民负担的集资、基金和收费项目。1996年,对中小学乱收费问题进行监督检查,清理自立收费项目11个,超标准收费5个,查处违规金额5576元,收缴违规款1.2万元。1997—1998年,清理和压缩会议的次数和规模,全县压缩、取消会议212次,取消庆典33次,节约经费47.6万元。

2003年,围绕经营性土地使用招标、拍卖、挂牌出让,县纪检监察机关对23个在建国债项目进行了督查,涉及资金11599万元。2009年,对房地产规划变更、调整容积率、保障性住房建设等问题进行专项执法监察,从中发现9个单位的违规行为,收缴违纪款47.65万元。

2010年,印发《广昌县工程建设领域突出问题专项治理工作实施方案》,开展工程建设突出问题专项治理,自查、排查项目投资总额500万元以上的10个;对房地产领域进行专项检查,对拖欠国家593万元税费进行清收。对中央预算内投资项目进行监督检查,查出违法违纪金额210万元,挽回经济损失126万元,立案查处9人。

效能监察　2002—2006年,广昌县转发市委办、市政府办《关于为外来客商提供优质服务的六项规定》,简化办事程序、公开办事制度、缩短办事时间,解决突出问题,优化发展环境,建立健全政务环境综合测评制度,完善测评方法,将测评范围扩大到95个内设机构。

2007—2009年,在全县开展"提升行政效能,建设服务型政府"主题活动。建立健全行政投诉中心,加强对审批事项的监管,全面清理行政事业性收费。设立优化发展环境监测点70个,精减审批事项46.44%,对县直41个部门95个内设机构进行测评,开展明察暗访6次。对违纪行为给予纪律处分2人,通报批评3人。受理各类行政效能投诉36件,严肃查处案件4件。

2010—2012年,印发《广昌县客商投诉快速处理机制》、《关于推进重大产业项目招商引资和建设管理工作的实施方案》、《广昌县双千双百增效提能活动评议百个机关工作方案》等,开展"双千双百增效提能"活动,办理回复市效能办转办3件,下发督办函、整改函6份,发出督办单8份,限期整改督办函1份,通报5期。印发《广昌县"效能作风整治"专项行动工作方案》,进行效能作风专项治理,发出效能作风整治通报9期、督办函11份、效能告诫书5份,效能告诫10人,诫勉谈话5人,通报批评25个单位47名干部,立案处理10人,其中3人开除党籍,2人移送司法机关处理。印发《关于对机关干部上班打牌赌博上网炒股玩游戏进行专项整治的实施方案》,对上班时间打牌立案查处7人,其中党内警告5人,党内严重警告2人。

2013—2014年,开展效能作风预警工作,共印发效能整治通报17期,作风效能预警督办单14份,给予纪律处分19人。全县共开展内设机构测评活动10次,开展效能专项督查

32 次，受理效能投诉 321 件，查处损害发展环境案件 36 件。

七、纠风治乱

2000—2001 年，对公安、工商、教育、建设、卫生、医药、供电、电讯等部门进行民主评议，设立行风评议投诉箱及热线电话，选聘行风评议员 32 名。

2006—2012 年，开展治理公路“三乱”检查 56 批(次)，查处公路“三乱”案件 4 件。建立县、乡、村三级纠风网络机构，全县配备 235 名纠风监督员。在集中开展医药医务阳光行动中，收缴违规款 4.58 万元。

2013 年，开展卫生专项资金、新农合资金、中等职业学校助学金及免学费资金、农村劳动力培训资金、农机购置补贴资金等五项民生资金管理使用情况的监督检查，核查资金总额 92003.1 万元，涉及 21 个单位，发现截留、挪用、骗套等问题 61 个，涉及资金 4589.2 万元，纠正违规资金 1426.19 万元，其中归还原渠道 727.33 万元，上缴财政 698.86 万元；配合市纪委开展“家电下乡”政策落实监督检查，追回“家电下乡”骗补资金 180 多万元。

2001—2015 年，开展对中小学乱收费专项检查 123 批次，查处中小学校乱收费 36 起，涉及金额 217.54 万元，查处违规收费案件 2 件，涉及金额 52 万元。给予党纪政纪处分和组织处理 20 人，给予其他处理 4 人。开展强农惠农政策落实情况的监督检查，减轻农民负担 5220 万元，每年农民人均减轻负担 28.6 元。

第十一章　东乡县纪检监察概况

第一节　机构队伍

一、合署前纪检机构队伍

1952 年 1 月成立东乡县委纪律检查委员会，1954 年改称东乡县监察委员会。“文化大革命”期间，县委监察委员会被撤销。

1979 年恢复县委纪律检查委员会，1981 年 2 月有委员 7 人。1983 年 12 月，县委纪律检查委员会更名为县纪律检查委员会，定为副县级单位，不再为县委工作部门。

1984 年 10 月，县纪律检查委员会有委员 9 名、常委 5 名，书记 1 名、副书记 1 名。内设纪检科、案件审理科、信访科和办公室，行政编制 11 个，事业编制 1 个。1985 年 5 月，县直单位设立纪委 15 个、纪检组 26 个。全县 16 个乡(镇、场)均设立纪委。1992 年，县纪委内设纪检室、案件审理室、信访室和办公室。有编制 15 个，在职 15 人。

二、合署前监察机构队伍

1988 年 4 月成立东乡县监察局，内设监察股、案审股、信访股和人秘股。有编制 10 个，在职 10 人。1992 年有编制 10 个，在职 14 人，其中工勤人员 2 人。

三、合署后纪检监察机构队伍

1993 年 6 月，县纪律检查委员会与县监察局合署办公，实行一套机构、两块牌子体制，履行党的纪律检查和政府行政监察两种职能。内设办公室、监察综合室、纪检监察一室、纪检监察二室、信访室、案件审理室、执法监察室、党风廉政建设室、宣传教育室。有行政编制24个,事业编制2个,实有26人。

2004年12月,在县政府各部门、法院、检察院设立监察室,与各单位纪委(纪检组)合署办公。2010年9月,全县纪检监察机构改革,撤销29个县直单位纪委(纪检组),成立7个纪工委、监察分局。保留公安、法院、检察院、司法局、经济开发区纪委(纪检组)。县纪委监察局内设科室为办公室、信访室(举报中心)、党风廉政建设室(县党风廉政建设领导小组办公室)、执法监察室、纠风室(县人民政府纠正行业部门和行业不正之风办公室)、案件检查室、案件审理室、干部室、县政府行政投诉中心。机关行政编制26个,工勤编制3个,在职28人。

2015年,县纪委监察局内设机构调整为办公室、干部室、信访室、审理室、第一纪检监察室、第二纪检监察室、党风政风监督室、宣教室、办案服务中心,下设7个纪工委监察分局,并增设第一、第二、第三巡查组。行政编制45个,工勤编制2个,实有47人。

历任纪(监)委书记:丁碧岩(兼)、王世新(兼)、董贤(兼)、孙国庆、周龙、乐高山(兼)、陈黄钟、施恭臻、万怀德、朱章明、王兴华、李南田、丁国华、曾春、葛斌、姚英华。

历任监察局长:饶荣吉、乐细和、王平平、徐学文、韩志鹏。

第二节　纪检监察工作

一、宣传教育

县纪检监察机构成立后,围绕开展的剿匪反霸、土地改革、“三反”运动等党的中心工作,采取上党课、发通报、办专栏、学文件等形式,经常向党员干部进行遵纪守法教育。

1957—1963年,贯彻中共中央《关于整风运动的指示》,开展以反对官僚主义、宗派主义和主观主义为内容的党内整风运动。召开全县“四级”干部大会,贯彻中共中央第二次郑州会议精神,纠正“一平、二调、三收款的共产风”。开展“五反”(反对贪污盗窃、反对投机倒把、反对铺张浪费、反对分散主义、反对官僚主义)运动,提高党员干部思想、作风素养,增强党员干部遵纪守法观念。

“文化大革命”期间,党纪教育遭到严重破坏。

1979—1985年,开展“实践是检验真理的唯一标准”大讨论,统一广大党员干部的思想和行动。贯彻中共中央《关于打击经济领域严重犯罪活动》指示精神,组织广大党员干部学习《关于端正党风的几个问题》等党内学习材料,并围绕群众反映强烈的在招工、招干、征兵、农转非等方面存在的不正之风,开展批评与自我批评,提高党员干部遵纪守法的自觉性。

1989年北京“六·四”政治风波发生后,在全县开展以学习社会主义初级阶段理论和党纪党规为主要内容的教育活动,教育广大党员干部在思想上、政治上、行动上与党中央保持高度一致,坚持抵制资产阶段自由化思潮的侵蚀和影响。

1991—2000年,在全县开展党内条规学习教育月活动,重点学习宣传中央纪委《关于共产党员在经济方面违法违纪党纪处分的若干规定》等5个文件。组织开展《中华人民共和国行政监察法》知识竞赛活动。并利用胡长青等重大典型案例，对党员干部进行警示教育。

2002—2005年，组织学习《党员领导干部廉洁从政手册》，在广大党员干部中开展向汪洋湖同志学习教育活动，认真开展《中国共产党纪律处分条例（试行）》和《中国共产党党内监督条例（试行）》“两个条例”学教活动，重点举办《建立健全教育监督并重的惩治和预防腐败体系的实施纲要》为主要内容的教育培训，组织开展“激浊扬清”诗词征文比赛和送廉戏下乡进社区等活动。

2008—2010年，举行“深化反腐倡廉建设，促进东乡赶超发展”党的十七大知识竞赛，开展“学准则、筑廉堤”——《廉政准则》学习宣传活动，向全县副科级以上党员干部发送《廉政准则》和《学习问答》等辅导学习资料，并组织他们进行学习。

2011—2012年，开展党纪政纪条规教育活动，提高全县各级党员领导干部拒腐防变能力。举办廉政文化书画作品展览，开展“读《做一名纪检监察干部很光荣》文章有感”征文活动，组织参加市纪委开展的“忠诚信念”主题演讲比赛活动，获得一等奖。在市以上媒体上稿260篇，其中国家级13篇，省级29篇，市级218篇。

2013—2014年，组织1000余名党员干部观看上级纪委提供的《焦裕禄》、《忠诚与背叛》、《权威误区》、《贪无归路》等教育警示片。创建廉政短信发送平台，向县党政主要领导干部发送“三公一奢”专项治理情况及向广大党员干部发送温情短信8000余条。积极参加“抚州市首届廉文化节”比赛活动，其作品获多个奖项。组织送廉戏下乡，演出50余场，观众10万余人（次）。成立“东乡书·廉文化促进会”。举办全县领导干部家庭助廉专修班，发出亲情助廉倡议书1000余份，发挥党员领导干部亲属亲情提醒和监督作用。组织县四套班子成员和部分单位负责人到市廉政党校、豫章监狱、小平小道进行警示参观学习。拍摄廉政微电视《廉爱》、《十厘米》违纪案例，对党员干部进行警示教育。向全县领导干部赠送《廉政党课三十讲》等廉政书籍6000余册。组织编写《东乡历史人物勤廉亲民事迹选篇》，成为东乡县党的群众路线教育的乡土教材。开展读书思廉心得体会征文比赛活动，收到心得体会文章300余篇，评出优秀作品30篇。重点对上池王安石故里、王震公园、舒同博物馆、回音必集团等注入廉政文化元素，将其打造成廉政教育基地。在市以上媒体上稿320篇，其中《中国纪检监察报》10篇，《江西日报》9篇，江西廉政网28篇。

2015年，组织开展全县性廉政党课2次，举办领导干部家庭助廉专修班2期，向全县副科级以上领导干部赠送廉政书籍3000余册。节假日期间在微信平台发送温情廉政短信10000余条。送廉戏下乡55场。在全县开展“把纪律挺在前面”先行先试主题教育活动，全县开设县、乡、村《纪律讲堂》186个。县委党校开设“中心纪律讲堂”，参加培训的党员干部2600余名。组织广大党员干部重点学习新修订的《中国共产党廉洁自律准则》、《中国共产党纪律处分条例》和江西省委《关于加强作风建设营造良好从政环境的意见》及市委、市政府《抚州市党员干部行为规范》。在市级以上媒体上稿151篇。

二、案件查处

1950—1956年，全县纪检监察机关配合土地改革、镇压反革命、“三反”和“五反”运动，开展案件查处工作。按照中央“教育预防为主，惩处为辅”方针，重点查处损害党和人民群众利益等违法违纪案件122件，处分党员122人，其中撤销党内职务、留党察看和开除党籍(简称“三大处分”)47 人。

1957—1962 年,围绕反右派、反右倾、整风整社和整党运动,重点查处贪污腐败、破坏党的团结统一、破坏集体经济等违法违纪案件 524 件,处分党员 518 人,其中受“三大处分”213 人。

1963—1966 年,重点查处贪污盗窃,投机倒把,破坏社会主义教育运动等违纪案件 272 件,处分党员干部 254 人,其中受“三大处分”118 人。

1967—1977 年,“文化大革命”期间,全县共立案 253 件,处分 241 人。党纪处分中开除党籍 81 人,留党察看 52 人。政纪处分中,开除公职 19 人,开除留用 13 人,行政撤职 5 人。

1978—1983 年,查处败坏党风、以权谋私、贪污贿赂等经济领域中的违法违纪案件 171 件,处分党员 149 人,其中受“三大处分”85 人。

1984—1992 年,县纪检监察机关认真履行“保护、惩处、监督、教育”职能,重点查处经济领域中违法违纪案件 354 件,处分党员 289 人,其中受“三大处分”76 人。

1993—1997 年,全县共查处各类违纪人员 301 人,其中受党纪处分 169 人,受政纪处分 154 人,免予党纪处分 2 人,党纪政纪双重处分 24 人。其间,查处了东乡出口骗税 529. 5 万元的经济案件。

1998—1999 年,全县立案查处贪污、受贿、挪用、私分等经济案件 168 件,其中要案 28 件。结案处分 168 人,其中党纪处分 111 人,政纪处分 71 人,有 14 人受党纪政纪双重处分,移送司法机关处理 2 人。

2000 年,把查处贪污、受贿、挪用、失职、渎职等案件作为重点,全县立案 96 件,结案 96 件,处分 95 人,免予党纪处分 1 人。其中党纪处分 76 人,政纪处分 25 人,党纪政纪双重处分 6 人;涉及科级干部违纪案件 9 件,处分科级干部 9 人。

2001—2015 年,落实从严治党,加大办案力度,创新办案机制,建立“一案三跟进”工作机制。全县纪检监察机关共立案 1576 件,其中乡(科)级干部案件 216 件。给予党纪政纪处分 1400 人,移送司法机关处理 38 人。

三、案件复查

1961 年 11 月,根据中共中央《关于加速进行党员干部甄别工作的通知》精神,县监察委员会成立案件甄别工作领导小组,对 1958—1961 年在整风整社、反右倾运动中受纪律处分和批判的党员干部及群众 125 人,本着全错全纠、部分错部分纠、不错不纠的原则进行甄别,其中撤销处分 48 人,减轻处分 31 人,维护原处分 41 人,加重处分 3 人。对未给处分但受重点批判的 2 人也进行甄别,认定原批判属正确的 1 人,批判错了的 1 人。

1979 年,按照中央关于加快平反“文化大革命”中冤假错案的指示精神,县纪检机关对 1966—1976 年处理的 13 件案件进行复查,其中撤销处分 5 人,减轻处分 2 人,维持原处分 5 人,平反 1 人。对 1961—1963 年已作过甄别的反右倾案件再次进行甄别。1977—1992 年,全县共复查历史老案 13 件,其中,减轻处分 8 人,维持原处分 4 人,撤销处分 1 人。1993—2012 年,县纪检监察机构受理申诉案件 4 件,经复查后,减轻处分 1 人、维持原处分 3 人。2013—2015 年,全县共复查违纪案件 1 件,维持原处分 1 人。

四、来信来访办理

东乡纪检监察机关自1952年成立以来，重视群众来信来访工作，设有专人负责，按照“归口处理”的原则做好工作。

1952—1966年，全县纪检监察机关受理群众来信来访2773件(次)，其中检举控告类2433件(次)，申诉类340件(次)。

“文化大革命”期间，纪检监察信访工作遭到破坏。

1978—1983年，全县共受理信访件1195件(次)，其中检举控告类877件(次)，申诉类104件(次)。

1984年，县纪委升格后，进一步加强了信访工作，专门设立信访室。至1992年，全县纪检监察机关受理群众来信来访2231件(次)，其中检举控告类1998件(次)，申诉类203件(次)，其他类30件。

1993—1997年，全县纪检监察机关受理群众来信来访957件(次)，其中检举控告类937件(次)，申诉类10件(次)，其他类10件(次)。1998年后，加强对领导干部违法违纪问题的查处，至2000年，全县共受理群众信访举报708件(次)，其中来信603件，来访81次，电话举报24次，涉及副科级以上干部189件(次)。

2001年，全县纪检监察机关不断拓宽信访渠道，在畅通“007”免费邮箱和“12388”全国统一举报电话等信访渠道的基础上，发挥网络功能，新增纪委书记信箱，发挥县、乡、村三级信访网络作用。2010年，借鉴学习以“举报方式公开，畅通信访渠道；政策法规公开，引导依法信访；受理情况公开，保障合法权益；办理过程公开，强化社会监督；处理结果公开，力求息诉罢访”为主要内容的“阳光信访”工作，并建立带责督导、带队督查、带案督办、驻点接访“三带一驻点”的信访工作机制。至2015年，县纪委监察局信访室共受理信访举报3858件(次)，其中来信2163件，来访1416次，电话举报152次，其他27件(次)，涉及副科级以上干部679件(次)，为查办案件提供线索451条，为群众解决信访问题2382个。

五、党风廉政建设

根据省、市纪委有关清房工作的文件规定，1990年和1994年全县开展两次大规模清房工作，清理出党员干部违规建房和购房300余人，上缴各项违规金额29万余元，退出土地1628平方米，退出公房25套(1345平方米)。1999年和2003年，全县又开展两次清房工作，共对1026名乡(科)级干部和3953名一般干部及4971名职工的住房情况进行专项检查。清理出违规建私房、购房或多占房的科级干部110余人，其他干部职工130余人，补缴规费80余万元。

1995年，开始对党政机关利用召开会议赠送礼品和纪念品的问题进行治理。此后，又对“红包”问题进行专项治理。2000—2001年，有8名干部主动上交“红包”5.01万元，有9名领导干部主动上交礼金1.24万元。2002—2005年，县廉政账户收到主动上交“红包”金额15.83万元。

1995—2003年，对违规用公款购置移动电话、安装住宅电话、报销话费的问题进行清理。共清理出违规用公款购置移动电话202部、安装住宅电话230部、配备BP机60只、报销话费8万余元。

1999—2002 年,在全县推行"同城不吃请,乡镇工作餐,村组吃派饭"制度,逐步建立招待费审批核算制度。开展行政审批制度改革,设立财务结算中心,进一步完善政府采购。实行干部任用考察预告、公开述职、民主测评和推荐,对拟提任领导干部公示及事先征求纪委意见等制度,防止用人上的腐败。

2003—2005 年,县纪委监察局对违规购买公务用车进行清查,共清查出 47 辆。在清查的基础上实行购买公车审核审批制,加强对公车的管理,禁止公车私用。改革乡(镇)、村财务管理体制,建立领导干部述廉制度。成立东乡县招投标交易中心,重点项目建设纳入交易中心进行招投标。

2006—2008 年,县纪委监察局下发《关于切实加强全县机关作风建设的意见》,组织人员对干部作风建设进行督查。开展农村基层党风廉政建设试点工作,加强基层纪检监察组织建设。推进"乡财县管乡用"财政管理体制改革,完善村级财务委托代理服务制度,加强对农村集体资金、资产、资源的管理和监督检查。下发《农村基层党风廉政建设工作目标及考核办法》、《东乡县建立健全惩治和预防腐败体系 2008—2012 年工作的实施意见》、《东乡县落实党风廉政建设责任制工作定期汇报制度》等有关党风廉政建设的系列文件,建立农村基层党风廉政建设工作联席会议制度和县纪委常委挂点基层单位制度,对全县在职科级干部配偶子女从业情况进行登记,全面推行农村基层党务、政务、村务网上公开制度,开展行政服务中心规范化建设试点工作,在全县启动乡镇便民服务中心建设。推行行政审批电子监察和网上审批,实行公务用车定点维修。

2009—2010 年,县纪委监察局下发《关于县委常委、县政府副县长带头落实党风廉政建设责任制的实施办法》、《关于党委(党组)实施"三重一大"事项集体决策制度的实施办法(试行)》、《关于在全县推行腐败风险预警防控工作的意见》,《东乡县加强对科级党政正职监督的暂行规定》、《县直党政机关、事业单位党政正职"四个不直接分管"的实施办法》、《科级党政机关研究重大事项实行正职末位表态的实施办法》、《关于实行新任领导干部"一训双考"制度的实施意见》、《东乡县党政领导干部问责暂行办法(试行)》,贯彻落实中央惩防体系建设,加强对权力运行的监督。在全市率先全面推行公务接待定点管理刷卡消费及机打发票报账制度。进一步严格和规范因公出国(境)、外出学习考察、购买更换小汽车、公务接待活动及会务有关事项等工作。下发《关于加强农村集体资金、资产、资源监督管理的意见》,全面推行农村集体"三资"监管工作。全面推行党务公开。

2011—2013 年,县纪委监察局下发《关于开展乡科级领导班子党政正职向纪委全委会述责述廉的实施意见》,在乡(科)级领导班子党政正职中开展述责述廉活动。下发《农村集体资金资产资源实行"三议三审三公开"监督管理的实施办法》,进一步规范农村集体"三资"监管工作。下发《东乡县新任科级领导干部财产申报办法(试行)》,实行新任科级干部财产公示制度。下发《关于在全县开展农村基层党风廉政建设示范点创建活动的通知》,对全县农村党风廉政建设重点工作进行交叉督查。下发《东乡县 2013 年度廉政责任透明化考核工作方案》,以责任制为龙头,推进"责任制透明化考核"、"公务消费一体化监督"、"阳光政务电子化监察"、"工程领域专业化监管"、"党风廉政社会化倡廉"、"干部廉情人性化关爱"六大专项行动。下发《关于实行科级领导干部廉政谈话制度的暂行办法》、

《关于在全县开展党政领导干部违反规定接受和赠送现金、有价证券、支付凭证问题专项治理活动的通知》，节日期间组织开展节日廉情监督。

2014—2015 年，县纪委监察局在全县开展拒收“红包”警示教育活动，组织 57 名党政“一把手”开展“一把手抓廉政”访谈活动。狠抓党委主体责任和纪委监督责任“两个责任”的落实，开展领导干部违规插手工程项目专项治理。

六、行政监察

执法监察　1956 年，在全县农业合作社和财经单位、企业等开展“三反”、“五反”运动专项检查 13 次。

1989 年，对全县 18 个乡（镇）和 76 个县直机关招待费用情况进行全面检查。

1990 年，针对行业不正之风、干部多占公房、吃喝风回潮、小车配置与管理、机关干部养猪等问题进行专题调查。

1991 年，开展纠正行业不正之风活动，重点帮助 33 个部门单位建章立制 800 余项，查处违纪案件 11 起，挽回经济损失 4 万余元。

2002 年，开展执法监察和纠风工作，治理经济发展软环境。全年执法监察立项 70 项，其中专项 3 项，单项 67 项。立案查处 6 人，追缴违纪金额 30 余万元，纠正退还金额 50 余万元。提出监察建议 167 条，帮助建章立制 125 项。

2003 年，成立东乡县招投标工作领导小组，设立建筑工程交易中心，完善建筑工程招投标监管措施。成立政府采购工作领导小组，规范采购程序，实施集中采购总额 155.96 万元，节约采购资金 17.23 万元。

2004—2007 年，开展执法监察 78 项，对种粮直补资金发放、征用农村集体所有土地补偿费管理使用、公费医疗单位保障基金征缴、退耕还林资金管理使用等 17 项开展专项或重点执法监察，查出违纪金额 333.3 万元，提出监察建议 233 条，协助建章立制 195 项。同时，成立“东乡县招投标交易中心”，将工程建设和商品采购全部纳入招投标中心进行招投标交易。

2008—2013 年，实施执法监察 93 项，其中对工程建设领域、土地领域突出问题、廉租房等保障性住房的建设及销售分配、安全生产责任制落实等 21 项开展专项或重点执法监察。共查出违纪金额 1755.72 万元，追缴违纪金额 1581.95 万元，提出监察建议 97 条，协助建章立制 51 项。同时，配合县招投标交易中心对建设工程、土地出让、产权交易、政府采购等各类招投标项目加强监督。

2014—2015 年，在全县开展领导干部及其亲属违规插手工程建设项目专项治理。对全县行政执法情况进行专项检查，参与全县贯彻执行中央“八项规定”，严肃财经纪律和重点检查小金库专项治理工作。对东乡县物资集团公司开展执法监察，追缴违纪款 50 万元。对县重点工程联合采购进行 5 次询价监察，对县重点工程进度进行督查。

效能监察　2002 年，东乡县成立整治发展环境工作机构“经济 110”，加大整治经济环境力度，建立执法执收单位服务承诺和形象测评制度，执法单位办事效率和工作作风得到明显改善。

2003—2006 年，实行公务备案审核制度，明确规定到企业执行公务应制定计划并报备。建立健全对企业收费制度，开展集中整治投资软环境活动，建立健全政务环境综合测评制度，完善测评方法，将测评范围扩大到100个内设机构，受理投诉136件，立案26件，查处28人。

2007—2010年，成立县纪委效能室，与县政府行政投诉中心合署办公。开展"提升行政效能、建设服务型政府"效能建设主题活动，建立即时监测梳理、月汇总、直查快办、市县联动、监测结果通报等制度。在全县范围内开展"机关效能——项目建设年"活动，进一步精简审批事项30%；健全环境监测机制，全县设立环境监测点70个，选聘监督员70名；设立重点项目"绿色通道"，发放"重点项目办事直通卡"；推行重点项目"八个一"服务机制，开展"千百万"内设机构测评，对县直44个部门的110个内设机构进行测评；加大明查暗访力度，发现问题及时通报批评；推行网上投诉，受理行政效能投诉案8件。开展"创业服务年"活动，全面完成以完善投资创业服务体系为重点的5项重点工作目标任务。加强效能投诉办理力度，强力推进电子政务和电子监察网络建设。全面实行"两集中两到位"改革，全县33个职能部门成立行政审批股，并成建制进驻行政服务中心集中办公，做到行政审批事项进驻中心到位，窗口审批权限授权到位。

2011—2013年，开展"发展提升年"活动，突出项目建设服务、民生工程服务、社会公共服务、农业现代化建设服务、效能监察服务等五项重点工作，共受理办结各类行政投诉10件，向17个单位下发整改督办函20份。开展为期100天干部作风整顿活动，全县共召开征求意见座谈会120次，收集群众意见和建议429条；开展作风建设明查暗访40余次，下发通报4期。推进绩效管理试点工作，督促56个单位完成试点要求。抽调50名干部组成4个督查组，对落实中央"八项规定"在全县督查220余次，发现10个单位存在问题，分别下发了作风效能建设预警督办单。

2014—2015年，围绕优化经济发展环境，对干部作风强化监督检查。对落实中央"八项规定"，整治"四风"和上班纪律松驰等情况进行80多次明查暗访。开展为期3个月的窗口单位作风效能专项整治活动，明查暗访发现问题13个，对相关单位和个人进行了通报批评。成立党风政风监督室，开展"把纪律挺在前面"先行先试主题教育活动和领导干部违规插手干预工程项目专项治理，进行作风效能明查暗访60余次，下发作风效能预警督办单9份，受理办结投诉件5件。2002—2015年，全县共开展内设机构测评活动15次，进行效能专项督查156次，受理效能投诉216件，查处损害发展环境案件15件。

七、纠风治乱

2001年，成立县整治经济发展环境领导小组，下设投诉中心受理客商投诉。2002年在全县深入开展民主评议政风行风工作，基层站所工作作风明显改善，工作效率普遍提高。2003年，抓好减轻农民负担和企业负担工作，取消涉农不合理负担20余项，退还向农民乱收费金额10余万元。取消（暂停）涉及国有企业的收费、集资、基金项目30余个，涉及金额1500余万元。联合物价部门开展整治和规范医药购销市场秩序，对医药市场和药品回扣开展专项检查，取缔非法药品生产、经营户5家，清理销售假劣过期药品、医疗器械总案值3000余万元，追缴违纪金额20余万元；加大治理公路"三乱"（乱设卡、乱收费、乱罚款）和中小学校乱收费工作，查处了一批典型案件。2002年3月设立"经济110"热线电话,2003 年 3 月改为县纪委优化环境室,建立了客商投诉快速调处机制,对干扰和影响县域经济发展软环境的人和事进行及时查处。2004—2006 年,开展土地清理整顿、农民工工资清欠、城镇房屋拆迁、企业重组改制、乡镇会计管理核算中心、政府采购及纠正医药购销和医疗服务中不正之风等专项治理,发通报 10 多起,立案查处 3 人。探索建立"接报——出勤——处置——反馈"的治理公路"三乱"监督网络和查处快速反映机制,有效地遏制公路"三乱"蔓延。2007 年,全面开通《政风行风热线》,实现市、县两级联动,提问方、解答方、监督方三方互动,电台、电视、报纸、网络齐动的政风行风建设多方联动机制。2008 年,开展强农惠农政策落实情况的监督检查,查办案件 2 件。开办《纠风约谈》电视节目,开播 12 期《政风行风热线》节目。2009 年,开展清理规范评比达标表彰活动,清理 64 项,保留 46 项,撤销 18 项。组织开展省电台《政风行风热线》现场直播走进东乡活动和规范行业协会、市场中介组织服务、收费行为专项治理工作。2010 年,建立市、县、乡、村"四级"纠风网络,省纠风办将此经验做法在全省进行推广。开展民生领域"三个"突出问题专项治理,追缴违规建房资金 15 万余元,清退不符合规定享受城乡低保 3108 户 4349 人。2011 年,开展全县医疗卫生单位医药医务阳光行动,追缴卫生系统违规资金 36 万余元。2012 年,开展强农惠农资金监督工作专项治理,规范各项审批程序。2013 年,深入推进卫生局"阳光医药"、财政局"阳光财政"电子监察系统建设。开展家电下乡、家电以旧换新政策落实专项治理,清理商家 100 余家,追缴违规资金 450 余万元。开展学校发放助学金和减免学费专项检查,查处违规资金 8 万余元,全部退回上级财政专项资金账户。2001—2015 年,全县组织教育乱收费检查 52 批(次),查处学校乱收费问题 18 个,涉及违规金额 1252.5 万元,退回教育乱收费金额 400 余万元,给予党纪政纪处分和组织处理 37 人。全县共对公路"三乱"检查 1580 批(次),查处公路"三乱"案件 30 余件,给予各种处理 25 人。开展强农惠农政策落实情况监督检查,减轻农民负担 1.2 亿元。

第十二章　高新区纪检监察概况

第一节　机构队伍

抚州高新技术产业开发区(简称高新区)纪工委于 2006 年 4 月成立,监察局于 2007 年 4 月成立,其前身为抚州金巢经济开发区纪工委(监察局)。2014 年 1 月,抚州金巢经济开发区纪工委(监察局)更名为抚州高新技术产业园区纪工委(监察局),2015 年 12 月,更名为抚州高新技术产业开发区纪工委(监察局)。2006 年 6 月至 2015 年 12 月,徐龙标任纪工委书记。2007 年 4 月至 2013 年 4 月,戴敏任监察局局长,2013 年 5 月张林腾协助纪工委书记主持监察局工作。

高新区纪工委(监察局)内设纪检监察综合室、党风廉政建设办公室,编制 3 个。下设投资环境优化中心,为正股级全额拨款事业单位,事业编制 2 个。2015 年,高新区纪工委(监察局)共有在职人员 6 人。

第二节　纪检监察工作

一、案件查处

高新区纪工委(监察局)自成立以来,始终聚焦主业,担当主责,执纪问责,正风肃纪。2007年立案2件,给予党纪处分3人。2008年立案3件,其中大案2件,挽回经济损失12万元,给予党内警告处分1人,党内严重警告处分2人,诫勉谈话4人,通报批评3人。2009年立案4件,给予党内警告处分4人,诫勉谈话5人,通报批评3人。2010年立案8件,给予党政纪处分8人(科级干部5人),共挽回经济损失5万余元。2011年立案6件,给予党纪处分6人,收缴违纪款1.5万元,移送司法机关处理1人。2012年立案8件,给予党政纪处分8人,移送司法机关处理1人。2013年立案14件,给予党纪政纪处分14人。2014年立案29件,给予党纪政纪处分17人,其中"三大处分"2人,移送司法机关处理2人,挽回经济损失30余万元。2015年立案39件,其中科级干部7件,给予党纪政纪处分31人,其中"三大处分"9人,追缴违纪款163.4万余元,移送司法机关处理3人,网上追逃1人。

二、效能监察

抚州高新区作为全市工业的主战场、主阵地,承担着全市工业龙头昂起的责任担当,高新区纪工委(监察局)紧紧围绕中心工作,服务大局,把优化发展环境作为促进招商引资和项目建设、加快工业发展的重要举措来抓,全力打造"企业家在高新区最受尊重,不受委屈"的特色服务品牌。

2009年开展"机关效能——项目建设年"活动。制定《关于对开发区企业检查实行备案制的规定》,要求各职能部门到园区企业进行检查、收费、罚款要到区纪工委(监察局)备案,未经备案,一律视为"三乱",企业有权拒绝检查、收费、罚款,规范和优化各部门对企业实施检查、收费、罚款等行为。2010年开展"创业服务年"活动,对违规的12个单位和14名干部,给予全区通报批评和经济处罚。2011年开展"发展提升年"活动,对违规的7个单位和26名干部(其中10名科级干部)进行全区通报批评。2012年开展"效能作风整治"专项活动,下发3期通报,对1人给予行政警告处分,对4人和4个单位给予全区通报批评,对6人给予经济处罚,对8名工作不力、失职的工作人员给予书面告诫,责令6人写出深刻检讨。2013年开展"作风效能常态化预警"专项活动,共下发通报5期,对5个单位和10名工作人员给予全区通报批评,给予经济处罚10人,责令9人作出深刻检讨。2014年开展干部作风建设"四督查"活动。围绕发展抓效能,抓好效能促发展,通过一系列作风整治活动,营造风清气正的政务环境,提高行政效能和办事效率。下发通报2期,立案处理7人;给予党内警告处分4人,行政警告处分3人;给予1名正科级干部、2名副科级干部等4人全区通报批评;1人主动提出辞职;对1人予以辞退,1人给予延长党员预备期6个月的处理。2015年下发通报1期,对5人给予全区通报批评。

高新区纪工委(监察局)2008年、2010年、2013年3次设立经济发展环境监测点和聘任监督员,共聘请60个企业和60人为经济发展环境监测点和监督员。2011年、2013年先后两次编写印发《抚州金巢经济开发区客商投资办事指南》960 册，免费向企业发放，每个客商人手一本，对各单位办事条件、程序、收费标准以及投诉电话做到全公开，让客商企业明明白白办事，清清楚楚缴费。2013—2015 年，每季度开展“走百企，访百商，解百难，释百疑”企业大走访活动，征求客商企业对高新区优化发展环境、服务企业存在的问题和建议，协调解决企业生产经营面临的困难，内容涵盖出行、用工、融资、基础设施、收费、环境、争取上级项目支持等 7 大类。2013 年收集到意见和建议 60 余条，下发督办单 50 份，并实行部门限时办结制，向企业家当面反馈处理情况，由企业签署反馈意见。2014 年收集到意见和建议 32 条，下发督办单 22 份。2015 年收集到意见和建议 32 条，下发督办单 18 份。2008—2015 年，每半年开展“优化环境、服务企业”综合测评活动，2013—2014 年开展 4 次测评，由企业家、党代表和人大代表对区直属部门行政执法、效能服务、廉洁自律等进行当场测评，测评成绩计入各单位年终考评总成绩。

第九篇　人物　荣誉

抚州纪检监察机构自成立至2015年，各级纪检监察机关的领导及干部职工努力学习，勤奋工作，坚持原则，勇于创新，在加强廉政建设、端正党风方面，在同党内违纪违法现象和腐败行为的斗争中，在各自的岗位上做出了出色的成绩，一批单位和个人获得全国、省、地（市）、县（区）的奖励和表彰，本篇仅对市级纪检监察机关的书记、副书记、监察局长、县级纪（监）委书记作简要介绍，对获得地（市）委、政府、省纪委、监察厅以上奖励和表彰的单位及人员列表收录。

第一章　人　物

人物简介共152人，因限于篇幅，每个简介仅限300字左右。简介排名先按市、县（区），后按任职时间。同一人在两个以上单位任过职只记一处。少数找不到资料的列表于后。

第一节　地（市）人物简介

李子良

李子良，男，汉族，河北尧阳县人，1921年生，初中文化，1938年9月加入中国共产党。1938年10月参加本县游击队任副班长、指导员、侦察员、助理员。1941年9月到延安学习，1943年3月后任延安留守兵团政治部警卫员、管理员、会计、干事。1945年9月赴东北任沈阳市朝日区秘书、北六王屯区区长。1946年5月后任长春市安氏区区长、蛟河县青背区区委书记、延吉县工作队组长、队长。1948年10月后任延吉市市长、吉林省党校二部班主任。1949年3月任南下工作队二中队四小队指导员，7月任江西省寻邬县委书记、县大队政委。1951年9月至1953年3月任广昌县委书记兼纪委书记、县大队政委。1953年4月至1961年4月任抚州地委组织部副部长、部长、地委纪委副书记、地委副书记、地委第二书记、地委书记处书记。同年4月离职休养。

严 东

严东,男,山西临猗县人,1911年8月生,1938年9月加入中国共产党。1937年10月至1940年在八路军115师685团任战士、副班长、班长、排长。1941年至1945年8月任江苏涟东县公安局看守所长、滨海县公安局侦察股长。1945年8月至1949年2月任东北通辽县公安局侦察股长、副局长、局长。1949年5月至1956年8月任江西南昌县公安局局长、南昌专区公安处副处长、抚州专区公安处处长、抚州地委纪委委员。1956年8月至1979年7月任抚州地委副书记、地委书记处书记、地委常委、地区革委会副主任、纪检组长。1979年7月年至1980年6月任抚州地委副书记兼纪检组长。

吴鸿江

吴鸿江,男,江苏新沂县人,1926年4月生,1945年5月加入中国共产党。1944年8月至1947年2月在解放军淮海独立二团、二支队当战士、司务长。1947年3月至1951年3月在30军88师263团任指导员。1951年4月至1960年在26军76师227团任教导员。1961年至1976年10月在29军86师253团任政治处主任、团政委。1976年11月至1978年转业至抚州地区粮食局任书记、局长。1979年7月至1981年在抚州地区纪委任副书记。1982年至1983年4月任抚州地区粮食局书记、局长。1983年4月任抚州地区粮食局调研员。

白纯义

白纯义,男,河北乐亭县人,1927年11月生,1948年4月加入中国共产党。1947年7月任吉林省扶余县九区文教助理。1949年9月至1958年3月任江西婺源县城关区委书记、区长,县委委员、组织部副部长,副县长兼工交部长等职。1958年8月至1966年10月任东乡县委副书记、县长。1966年10月至1972年8月任江西省文艺界文革领导小组办公室联络员、抚州地革委政治部群运组长、912地质队革委会主任等职。1972年8月至1980年6月任东乡县革委会副主任、县委副书记,县革委会主任,抚州地委委员、组织部部长。1984年1月至1987年3月任抚州地区纪委副书记、书记。1987年3月任地区纪委调研员。

樊菊保

樊菊保,男,江西进贤县人,1928年9月生,1951年4月加入中国共产党。1950年4月至1951年4月参加临川县土改工作。1951年4月至1955年3月任临川县委政策研究室研究员、县委组织部干事、临川县五区区委书记、临川县委委员、组织部副部长等职。1955年3月至1956年6月任抚州地委纪委纪检室主任。1956年6月至1984年1月先后任临川县上渡区工委书记、抚州地委监察组办公室主任。1984年1月至1988年8月任抚州地区纪委副书记。

徐　力

徐力，男，江西临川人，1938 年 1 月生，大学学历，1956 年 10 月加入中国共产党。1954 年 8 月为河南信阳 2157 部队战士。1957 年 9 月至 1968 年 10 月为南昌市委文教审干办干部，文教部、宣传部干事。1968 年 10 月下放到新建县陶瓷厂。1970 年 1 月至 1972 年 11 月任南昌湾里区外迁指挥部干部、区城建交通局副局长。1972 年 11 月至 1987 年 3 月任南昌市委审干办负责人、南昌市东湖区委副书记（主持工作）、青云谱区委副书记、西湖区委书记。1987 年 3 月至 1990 年 9 月任抚州地区纪委书记，地委委员、纪委书记，省纪委委员。1990 年 9 月至 1998 年 4 月任江西省纪委委员、常委、副书记，江西省旅游局局长、党组书记。

邹明泉

邹明泉，男，汉族，江西崇仁县人，1952 年 7 月生，大学学历，1972 年 10 月加入中国共党。1971 年在崇仁县孙坊曙光小学任教。1972 年在崇仁县孙坊公社任会计。1974 年 9 月至 1977 年 12 月在南京航空学院读书。1977 年 12 月在景德镇昌河机械厂工作。1980 年 10 月在崇仁县纪律检查委员会工作。1984 年 11 月至 1987 年 6 月任崇仁县委常委、纪委书记，期间到北京大学学习 1 年。1987 年 7 月任临川县委常委、纪委书记。1989 年 9 月任抚州地区纪委副书记。1994 年 9 月任抚州地区纪委副书记兼地区监察局局长。2001 年 8 月任江西省建设厅党组成员、纪检组长。2010 年 7 月任江西省住房和城乡建设厅巡视员。2013 年 4 月退休。

刘有荪

刘有荪，男，江西崇仁县人，1934 年 1 月生，中师学历，1954 年 3 月加入中国共产党。1951 年 10 月为临川县八区土改干部。1952 年 4 月至 1954 年 9 月任抚州附小教师、教导主任、市一小副校长。1954 年 9 月至 1958 年 8 月任抚州专署文教科干事、专署审干肃反整风办公室专干、负责人。1958 年 8 月任抚州“经济建设”编辑室编辑、负责人，1960 年 9 月任抚州专署“三反”整风秘书科秘书，1968 年 10 月下放南城岳口公社劳动任公社秘书，1972 年 9 月至 1984 年 3 月任地区二轻局财务科长、地区农委秘书科长。1984 年 3 月至 1994 年 8 月任地区纪委委员、处长、地委核查组副组长、地区纪委副书记等职。1994 年 8 月退休，2009 年 8 月去世。

缪　兵

缪兵，男，汉族，江西余干县人，1947 年 8 月生，大学学历，1971 年 4 月加入中国共产党。1968 年 12 月在江西生产建设兵团七团锻炼。1970 年 9 月至 1981 年 7 月任余干县社庚中学教师、余干县教研室副主任。1981 年 7 月至 1983 年 10 月任余干县委办公室秘书组长、县委常委。1983 年 10 月至 1991 年 3 月任上饶地委统战部副部长、万年县委书记、上饶地委委员、纪委书记。1991 年 3 月至 1992 年 10 月任抚州地委委员、纪委书记，省纪委委员。1992

年10月至2011年2月任新余市委副书记、江西省政协党组成员、秘书长、鹰潭市市长、江西省委农工部副部长（正厅）、江西省出版集团公司（省出版总社）监事会主席。

李品行

李品行，男，江西贵溪人，1947年4月生，大学学历，1977年2月加入中国共产党。1970年8月在安徽省白湖农场锻炼。1972年1月至1982年2月任安徽省合肥市中市区委干事、江西省上饶地委办公室秘书。1983年12月至1993年5月任贵溪县委常委、副县长，鹰潭市委组织部副部长，鹰潭市委常委、组织部部长，鹰潭市委常委、宣传部部长，鹰潭市委常委、秘书长。1993年5月至2000年7月任抚州地委委员、纪委书记、第十届省纪委委员。2000年7月至2002年9月任抚州地（市）委副书记。2002年9月任抚州市政协主席。

姜高山

姜高山，男，江西临川人，1942年11月生，大学学历，1966年8月加入中国共产党。1960年7月至1982年3月，历任福州32100部队训练大队学生、雷达二大队操纵员、32102部队参谋、干事、03分队教导员等职。1982年3月至1986年3月任江西抚州检察分院检察员、副科长。1986年3月至1988年3月任抚州地委“经打办”主任。1988年4月至1993年9月任抚州地区监察局副局长、局长。1993年9月任抚州行署公安处处长、党委书记。1996年12月任抚州地区公安局党委书记。

廖功亮

廖功亮，男，江西宜黄县人，1949年10月生，大学学历，1969年11月加入中国共产党。1968年1月至1972年3月为江西省军区后勤部战士、614部队书记（排级）。1972年3月入吉林大学学习。1975年9月至1984年11月任7534部队干事、陆军362医院政治处干事、教导员、医院副政委兼政治处主任。1985年10月任南城县人武部政委。1989年9月至1994年8月任临川县委常委、纪委书记。1994年8月至2003年5月任抚州地区（市）纪委副书记、监察局长。2003年5月至2007年3月任抚州市政府党组成员、市长助理、城管局党委书记等职。2007年3月任抚州市政府办调研员。

李　云

李云，女，汉族，江西临川人，1956年8月生，研究生学历，1979年11月加入中国共产党。1974年12月在抚州市（县级）红旗公社南关大队插队任知青队队长，1980年1月任红旗公社妇女主任（转为国家干部）。1982年1月至1993年12月任洋洲公社党委委员、妇女主任，抚州市（县级）妇联副主任，城西乡党委副书记、乡长、党委书记。1993年12月至1995年4月任抚州市（县级）委常委、组织部部长。1995年4月至1998年4月任临川市委常委、纪委书记。1998年4月至2006年10月任抚州地区（市）纪委副书记、监察局长、市政府党组成员。2006年10月调任吉安市委常委、纪委书记。2014年3月任省委第二巡视组正厅级专员。

罗建华

罗建华，男，江西玉山县人，1952 年 1 月生，大学学历，1979 年 7 月加入中国共产党。1972 年 3 月为玉山县四股桥乡知青，1974 年 10 月入江西大学物理系学习。1977 年 10 月至 1984 年 2 月任玉山县半导体厂车间主任、县工交政治部干事。1984 年 2 月至 1995 年 10 月历任玉山县纪委副书记、玉山县委整党办副主任、玉山县纪委书记、广丰县委常委、纪委书记。1995 年 10 月至 2000 年 9 月任上饶地区纪委副书记、监察局长。2000 年 9 月至 2006 年 11 月先后任抚州地委委员、地区纪委书记，抚州市委常委、市纪委书记，抚州市委副书记、市纪委书记、第十一届省纪委委员。2006 年 11 月至 2011 年 9 月任抚州市人大常委会主任、党组书记。2011 年 9 月任抚州市委巡视员，2015 年 1 月退休。

陈茂龙

陈茂龙，男，汉族，江西东乡县人，1952 年 11 月生，1975 年 2 月加入中国共产党。1968 年 9 月至 1970 年 5 月为下放知青。1970 年 5 月为抚州地区汽车制造厂工人。1970 年 12 月至 1985 年 10 月在空军雷达兵第 41 团历任战士、班长、排长、宣传干事、连指导员、宣传股长、团政治处副主任、团党委常委、政治处主任。1985 年 10 月至 1994 年 9 月在空军雷达兵第 43 团，1988 年 5 月任空军第九军党委委员、团党委书记、政委。1994 年 9 月转业到抚州地区纪委监察局工作，至 2008 年 11 月，先后任地区纪委委员、监察局副局长（正团待遇）、市纪委副书记。2008 年 11 月至 2013 年 5 月任市纪委调研员。2013 年 6 月退休。

赵　钢

赵钢，男，汉族，江西南丰县人，1956 年 7 月生，大专学历，1976 年 10 月加入中国共产党。1974 年 8 月为南丰县付坊公社插队知青。1979 年 1 月至 1980 年 1 月在抚州洞口电站指挥部工作。1980 年 1 月至 1984 年 12 月任抚州地区水电设计院干部、办公室主任。1984 年 12 月至 1991 年 12 月任抚州地区纪委干部、调研室副主任。1991 年 12 月至 2001 年 2 月任抚州地区纪委副县级纪检员、审理室主任、纪委委员，抚州市纪委常委、廉政办主任。2001 年 2 月至 2003 年 5 月任抚州市纪委常委、廉政办主任、正县级纪检员。2003 年 5 月至 2013 年 12 月任抚州市纪委副书记（其中 2009 年 11 月至 2010 年 1 月主持工作）。2013 年 12 月至 2015 年 12 月任抚州市纪委调研员。

陈小平

陈小平，男，江西莲花县人，1963 年 7 月生，大学学历，1983 年 10 月加入中国共产党。1981 年 8 月至 1988 年 11 月任江西省安福县横龙公社团委副书记、安福县委组织部干部、干事。1988 年 11 月至 1997 年 11 月任安福县纪委常委、办公室主任、纪委副书记、县委办公室主任。1997 年 11 月至 2000 年 8 月任泰和县委常委、纪委书记。2000 年 8 月至 2006 年 11 月任吉安市纪委副书记、监察局局长、市政府党组成员。2006 年 11 月至 2009 年 11 月任抚州市委常委、市纪委书记，第十二届省纪委委员。2009 年 11 月至 2011 年 8 月任赣州市委常委、市纪委书记。2011 年 8 月至 2015 年 12 月任江西省纪委副书记。

徐云发

徐云发，男，江西临川人，1955 年 3 月生，研究生学历，1976 年 3 月加入中国共产党。1970 年 10 月至 1976 年 3 月任临川县化肥厂团委副书记。1976 年 3 月至 1980 年 1 月任江西大学化学系年级党支部书记。1980 年 1 月至 1992 年 10 月任抚州市委（县级）组织部干部、市科协副主席、市城乡建设环保局局长、党组书记。1992 年 10 月至 2006 年 11 月任抚州市（县级）副市长，临川市副市长，临川市委常委、副市长，临川市（区）委副书记、临川区委副书记、区长。2006 年 11 月至 2012 年 10 月任抚州市政府党组成员、市纪委副书记、市监察局长，2012 年 10 月任抚州市纪委调研员，2015 年 4 月退休。

傅志雄

傅志雄，男，汉族，江西东乡县人，1962 年 12 月生，大学学历，1986 年 4 月加入中国共产党。1983 年 7 月至 1989 年 12 月为抚州农校医务所医生、学生处副处长。1989 年 12 月至 2000 年 12 月任抚州地区监察局干部、地区（市）纪委副科级纪检员、办公室副主任。2000 年 12 月至 2002 年 12 月任资溪县委常委、纪委书记。2002 年 12 月至 2006 年 6 月任资溪县委副书记、纪委书记。2006 年 6 月至 2008 年 1 月任临川区委常委、纪委书记。2008 年 1 月至 2012 年 10 月任抚州市纪委副书记。2012 年 10 月至 2015 年 12 月任江西省抚州市民政局党组副书记、局长。

吴伟柱

吴伟柱，男，汉族，江西星子县人，1962 年 10 月生，研究生学历，1984 年 4 月加入中国共产党。1981 年 9 月至 1985 年 9 月任江西省星子县第二小学教师、副校长。1985 年 9 月至 1987 年 7 月在江西省农业大学学习。1987 年 7 月至 1990 年 10 月任星子县团县委干部、副书记。1990 年 10 月至 2000 年 1 月任九江市纪委副科级纪检员、正科级纪检员、办公室副主任、主任（期间 1995 年 2 月至 1996 年 2 月任永修县艾城青山村包村挂点工作组长）。2000 年 1 月至 2002 年 4 月任修水县委常委、县纪委书记。2002 年 4 月至 2010 年 1 月任九江市纪委副书记。2010 年 1 月至 2015 年 12 月任抚州市委常委、纪委书记（其间 2008 年 9 月至 2011 年在中央党校研究生院学习），第十三届省纪委委员。

黄发高

黄发高，男，汉族，江西金溪县人，1964 年 11 月生，研究生学历，1984 年 1 月加入中国共产党。1982 年 8 月至 1984 年 4 月为金溪县浒湾公社干部。1984 年 4 月至 1985 年 6 月任金溪县委组织部干事。1985 年 6 月至 2005 年 9 月任抚州地区老干休养所干部、抚州地区老干局干部、抚州地委老干局秘书科副科长、科长、抚州地（市）委老干局副局长、抚州市人事局党组成员、副局长。2005 年 9 月至 2009 年 6 月任崇仁县委常委、纪委书记。2009 年 6 月至 2011 年 9 月任抚州市纪委常委、秘书长、正县级纪检监察员。2011 年 9 月至

2013年8月任抚州市纪委副书记、秘书长。2013年8月至2015年12月任抚州市纪委副书记。

李茂荣

李茂荣，男，汉族，江西进贤县人，1969年1月生，研究生学历，1991年10月加入中国共产党。1990年8月任临川县鹏田乡团委书记。1994年9月至2003年1月任临川县（区）委组织部干部、副科级组织员，临川区温泉镇党委副书记、镇长。2003年1月至2006年8月任临川区副区长。2006年8月至2012年10月任抚州市政府副秘书长、政府办党组成员，抚州市城市规划局党组书记、局长，抚州市房产管理局党组书记、局长。2012年10月至2015年12月任抚州市政府党组成员，市纪委副书记、监察局长。

赵荣贵

赵荣贵，男，汉族，江西南丰县人，1966年6月生，大学学历，1986年3月加入中国共产党。1984年8月至1990年2月任南丰县桑田乡农技员、办公室主任、团委书记、乡党委委员。1990年2月至1996年1月任南丰县纪委副科级纪检员、教育室主任、办公室主任。1996年1月至1998年4月任南丰县纪委副书记。1998年4月至2003年5月任南丰县中和乡党委书记、莱溪乡党委书记。2003年5月至2010年7月任抚州市纪委廉政室主任（市廉政办主任）、市纪委常委。2010年7月至2013年12月任抚州市纪委常委、廉政室主任，正县级纪检监察员。2013年12月至2015年12月任抚州市纪委副书记。

第二节　县（区）人物简介

一、临川区人物简介

杨裕隆

杨裕隆，男，汉族，江西临川人，1930年10月生，中共党员。1950年1月参加工作，任湖南乡春光村村代表、主任。1950年10月在临川县一区土改工作队，为千分之一脱产干部。1951年7月任临川县一区游家乡乡长。1952年9月任抚州地委组织部组织员。1954年1月任临川县唱凯区委书记、区长。1956年5月任临川县委组织部副部长、部长。1958年10月任临川县委副书记、监委书记。1965年3月任临川县委常委、红雨桥区工委书记，1968年10月任临川县唱凯公社党委书记。1970年3月任临川县革委会抓促部负责人，1971年3月任江西量具厂党委书记。1973年3月至1979年3月任乐安县委副书记、书记。1979年4月任抚州地委副秘书长，1983年10月任抚州地委统战部部长。1991年退休，1993年6月去世。

黄乾堂

黄乾堂，男，汉族，江西临川人，1931年11月生，1952年5月加入中国共产党。1950

年至1953年在临川二区(唱凯)任青年干事、区委组织委员。1954年调地委组织部工作,1955年6月任临川县审干办副主任,1958年8月任临川县委监委副书记(主持工作)。1960年7月至1961年4月兼任云山公社党委书记。1966年4月任临川县监委书记,1968年5月任临川县革委会组织组长。1971年任抚州地区制药厂书记、厂长。1978年任金溪县委常委、县革委会常务副主任,1980年任金溪县委常委、纪委书记。1984年2月至1992年6月任金溪县政协主席、党组书记、调研员,直至退休。

何金元

何金元,男,汉族,江西临川人,1928年10月生,1950年3月加入中国共产党。1950年3月至1956年1月,先后任临川县唱凯区区委组织委员、区委副书记、区委书记。1961年1月任腾桥区委副书记,1962年11月任腾桥区委副书记兼青泥公社书记,1966年3月任青泥公社革委会副主任。1968年11月任湖南公社副书记,1969年2月任湖南公社书记。1973年1月任临川县革委会政治部副主任兼组织组组长,1977年1月任临川县委组织部副部长。1979年2月任县检察院检察长,1979年6月任县委常委、纪委书记,1980年7月任县政协主席,1984年4月任县政府顾问,1988年12月退休。

徐炳坤

徐炳坤,男,汉族,江西进贤县人,1931年7月出生,文化程度私塾四年,1953年9月入党。1950年10月参加工作,1951年3月任临川县第四区平湖乡政府财粮。1952年2月至1955年5月,任临川县第四区公所财粮、区助理员、副区长。1955年6月至1963年2月,先后任临川县茶园山煤矿矿长、温圳水泥厂厂长、抚州专员公署计划委员会主办科员等职。1963年3月至1970年1月,任乐安县万坊公社书记、县农业银行行长、县人事局局长、南村公社革委会主任。1970年2月至1978年12月,任临川县财税局、财政金融局革委会副主任、财政局革委会主任、局长。1979年1月任临川县委常委、宣传部部长,1980年7月任临川县委常委,纪委书记。1987年8月任抚州市第十届人大常委会主任,1990年5月退休。

肖文海

肖文海,男,汉族,江西吉安县人,1945年10月生,中共党员。1969年7月毕业于江西师范学院,同年8月分配在抚州地区革委会教育组工作。1984年4月至1990年3月任地区教育局党组成员、人事科长。1990年4月至1994年8月任地区教育局党委副书记兼纪委书记。1994年9月至1995年3月任临川县委常委、纪委书记。1995年4月至2001年1月任临川市委常委、组织部部长。2000年10月至2001年1月任临川区委常委、组织部部长。2001年2月至2005年10月任临川区委督查员。2005年11月退休。

邹文科

邹文科,男,汉族,江西临川人,1928年8月生,中共党员。1950年3月至1951年任临川县八区(温泉乡)、十二区宣传干事。1952 年任临川县委组织部干事,1954 年 3 月任抚州地委审干办干事。1961 年 1 月任抚州镇委组织部副部长。1968 年 10 月下放“五七”干校劳动。1969 年 3 月调抚州市人民银行筹建小组负责。1970 年 4 月调抚州市(县级,下同)农水局任负责人。1971 年 6 月任抚州市革委会保卫部部长、市委常委。1973 年 4 月任抚州市革委会生产指挥部第一副主任(市委常委)。1980 年 11 月任市委常委、纪委书记。1984 年 7 月任抚州市人大常务委员会主任,1987 年 8 月任市人大调研员,1990 年 1 月退休。

尹钟生

尹钟生,男,汉族,江西上犹县人,1937 年 11 月生,中共党员。1949 年 9 月在上犹县人民政府当通讯员、文书。后选调机要人员,于 1952 年参加江西省委机要干部培训班学习。1953 年学习结业后被分配到江西省农业厅机要科工作,一年后调省委机要局工作。1957 年响应上山下乡号召到德胜关垦殖场,次年调《赣东日报》社任记者、编辑、副组长。1968 年调抚州地区广播管理站任组长。1980 年任抚州市(县级,下同)委组织部副部长兼市人事局局长。1984 年任抚州市委常委、市纪委书记。1990 年任抚州市政协主席、党组书记。1997 年离休。

邱火明

邱火明,男,汉族,江西南城县人,1955 年 12 月生,研究生学历,1979 年 7 月加入中国共产党。1970 年 5 月参加工作,1977 年 3 月就读于江西大学。1979 年 9 月在抚州地委办公室工作,先后任秘书、科长(副县级)等职。1987 年 7 月任崇仁县委常委、纪委书记。1990 年 3 月任抚州市(县级)委常委、纪委书记。1992 年 10 月任崇仁县委常委、常务副县长。1996 年 4 月任临川市委副书记、常务副市长(正县级)。1997 年 11 月任资溪县委副书记、县长。2000 年 3 月任宜黄县委副书记、县长。2001 年 2 月任金溪县委书记。2006 年 5 月任抚州市政府党组成员、市长助理。2006 年 12 月任抚州市政府副市长。2008 年被免职。

叶贵东

叶贵东,男,汉族,江西东乡县人,1946 年 4 月生,中共党员。1964 年 9 月入伍在解放军 6613 部队任战士,不久转入福州军区后勤部 4841 工地任卫生员。1969 年 5 月退伍在抚州地区建筑工程局工作,1981 年转为国家干部,先后任党支部副书记、团委书记。1984 年 12 月调抚州地区纪委任副科级纪检员、信访处副处长、信访室主任等职。1994 年 7 月任抚州市(县级)委常委、纪委书记。1995 年 5 月任抚州地区建设局(环保局)副局长、党委委员,后任抚州市建设局调研员至退休。

陈建福

陈建福,男,汉族,山东沂南县人,1957 年 1 月生,大学学历,1984 年 4 月加入中国共产党。1981 年 7 月至 1983 年 4 月任宜黄县梨溪公社团委副书记、书记,1983 年 4 月至 1984 年 9 月任宜黄县政府办公室秘书。1984 年 10 月至 1990 年任抚州地委组织部干事、科长。1990 年任抚州丙纶厂厂长助理。1993 年 11 月任临川县委常委、组织部部长。1995 年 4 月任临川市委宣传部部长、纪委书记。2000 年任抚州市纪委正处级纪检员。2002 年 5 月任抚州师专纪委书记,2004 年任东华理工大学院书记,2010 年 4 月任东华理工大学期刊社副社长(正处级)。2015 年 12 月为东华理工大学期刊社编辑(正处级)。

习东森

习东森,男,汉族,江西乐安县人,1963 年 10 月生,大学学历,1986 年 3 月加入中国共产党。1981 年 7 月在乐安县人大办公室任秘书。1988 年 6 月至 1994 年 3 月,任共青团乐安县委副书记、书记。1994 年 3 月至 1995 年 4 月任乐安县航桥乡党委书记、龚坊镇党委书记。1997 年 11 月任乐安县委常委、纪委书记。2000 年 7 月任金溪县委常委、纪委书记。2001 年 5 月任临川区委常委、纪委书记,2002 年 12 月任临川区委副书记兼纪委书记。2006 年 6 月为临川区政府代区长,2007 年 4 月任临川区政府区长。2011 年 5 月被免职。

吴　勇

吴勇,男,汉族,江西进贤县人,1958 年 10 月生,大学学历,1981 年 6 月加入中国共产党。1976 年 12 月入伍为抚州军分区独立营战士。1979 年 6 月任抚州军分区司令部保密员。1980 年 6 月任宜黄县人武部干事,1982 年 6 月任金溪县人武部政工科副科长。1984 年 12 月至 1999 年 2 月任抚州军分区司令部参谋、政治协理员、司令部科长。1999 年 3 月至 2004 年 10 月任广昌、南城县委常委、人武部政委(正团级)。2004 年 10 月任南城县委常委、政法委书记。2006 年 6 月任黎川县委常委、纪委书记。2008 年 6 月任临川区委常委、纪委书记。2011 年 7 月至 2015 年 12 月任临川区人大常委会党组副书记、主任。

章菊华

章菊华,女,汉族,江西崇仁县人,1962 年 10 月生,大专学历,1993 年 3 月加入中国共产党,1981 年 9 月任江西省测绘局外业队财务会计,1985 年 4 月任抚州地区精神病院财务会计。1990 年 7 月至 2002 年 7 月任抚州地区监察局干部、地区纪委副主任科员、市纪委一室副主任。2000 年被省委、省政府评为“全省查办大案要案先进工作者”。2002 年 7 月至 2006 年 11 月任抚州市纪委执法监察室副主任、纪检监察二室主任,2004 年被省纪委评为“办案先进工作者”。2006 年 11 月至 2011 年 7 月任抚州市纪委常委、纪检监察二室、一室主任。2007 年被评为全市目标管理先进个人。2011 年 7 月至 2015 年任临川区委常委、纪委书记。

二、南城县人物简介

刘　旭

刘旭,男,北京人,1923 年生,高小文化,1939 年 5 月加入中国共产党。1938 年 9 月参加工作,1949 年 11 月至 1952 年 8 月任南城县团委书记,1952 年 9 月至 11 月任南城县委副书记兼宣传部长,1952 年 11 月至 1953 年 2 月任南城县委副书记兼纪委书记,1953 年 2 月至 4 月任南城县委书记。1953 年 4 月调任湖北省武汉市武钢基建委员会副主任。

谢富明

谢富明,男,山西万荣县人。1922 年 12 月生,1944 年 5 月加入中国共产党。1937 年参加工作,1953 年 4 月至 1958 年 12 月,由宜黄县县长调任南城县委书记,其间于 1955 年 2 月至 1955 年 8 月兼任南城县纪委书记,1958 年 12 月至 1960 年 4 月任中共南城县委书记处第一书记。1960 年 4 月调任江西省水电厅副厅长。

张玉峰

张玉峰,男,河北来源县人。1921 年 7 月生,高小文化,1938 年 8 月加入中国共产党。1946 年 7 月参加工作,1949 年 7 月至 1950 年 10 月任南城县委办公室秘书,1950 年 10 月至 1953 年 6 月任南城县总工会主席,1953 年 6 月至 1955 年 8 月任中国花纱布南城支公司经理,1955 年 8 月任南城县监察委员会书记,1956 年 4 月至 1958 年 10 月任南城县委常委、监委书记,1958 年 10 月至 1963 年 5 月任南城县委副书记兼监委书记。1963 年 6 月调抚州地区贸易公司工作。

朱印绶

朱印绶,男,江西南城县人。1933 年 7 月生,初中文化,1952 年 1 月加入中国共产党。1950 年 3 月参加工作,1956 年 6 月至 1959 年 2 月任南城县委组织部副部长,其间 1958 年 9 月至 1959 年 2 月兼任南城县委党校副校长。1959 年 7 月至 1975 年 9 月历任南城县农林垦殖局局长、珀玕区工委书记、水南公社书记、县农业技术综合管理站革委会主任、县农业局长。1975 年 9 月至 1980 年 7 月任南城县委常委,其间任抓革命促生产指挥部负责人、南城县委宣传部部长。1979 年 10 月至 1980 年 7 月任南城县委纪委书记。1980 年 7 月调任抚州地区农业生产资料公司经理。

曹德彦

曹德彦,男,辽宁绥中县人。1925 年 9 月生,初中文化,1947 年 2 月加入中国共产党。1947 年 2 月参加工作,1978 年 1 月至 1984 年 2 月任南城县委副书记,其间于 1978 年 1 月至 1980 年 7 月兼任南城县革委会副主任,1980 年 8 月至 12 月兼任南城县纪委书记,1980 年 7 月至 1984 年 6 月兼任南城县人大常委会主任,1981 年 9 月至 1984 年 2 月兼任南城县政法委书记。1984 年 7 月至 1987 年 8 月任南城县政协主席。

李殿忠

李殿忠,男,内蒙古赤峰人。1932 年 3 月生,高小文化,1949 年 1 月加入中国共产党。1948 年 6 月参加工作,1958 年 7 月任南城县商业局局长。1961 年 4 月至 1968 年 10 月历任南城县城关公社党委书记处第一书记、党委书记、南城县总工会主席。1968 年 10 月至 1979 年 1 月先后任南城县交通运输管理处革委会主任、南城县交通管理局局长、南城县总工会主席、南城县税务局革委会主任、南城县工业局革委会主任。1979 年 1 月至 1984 年 9 月任南城县委常委,其间 1979 年 1 月至 8 月任南城县检察院检察长,1979 年 8 月任南城县委组织部部长,1980 年 12 月任南城县委纪委书记。1984 年 7 月任南城县政协副主席。

谢如俊

谢如俊,男,福建泉州人。1945 年 10 月生,大学文化,1981 年 12 月加入中国共产党。1969 年 9 月参加工作,1984 年 5 月至 9 月任南城县教育局局长。1984 年 9 月至 1986 年 4 月任南城县纪委书记,其间于 1985 年 3 月任南城县委常委。1986 年 4 月至 1987 年 7 月任南城县委副书记兼县纪委书记。1987 年 7 月调福建省泉州黎明大学工作。

周冬祥

周冬祥,男,江西临川人。1954 年 11 月生,大专文化,1975 年 10 月加入中国共产党。1973 年 12 月参加工作,历任东乡县东源公社党委副书记、县委组织员、愉怡乡党委书记、长林乡党委书记。1987 年 8 月至 1989 年 9 月调任南城县委常委、县纪委书记。1989 年 9 月至 2001 年 5 月任南城县委副书记,其间于 1989 年 9 月至 12 月兼任南城县纪委书记,1996 年 3 月至 2001 年 5 月兼任南城县人大常委会主任,1998 年 1 月至 10 月兼任南城县政法委书记。2001 年 5 月至 2003 年 1 月任南城县人大常委会主任。2003 年 2 月至 2015 年 3 月任临川区人大常委会主任、党组书记,2015 年 3 月退休。

熊云鹏

熊云鹏,男,江西进贤县人。1955 年 10 月生,大学文化,1976 年 12 月加入中国共产党。1980 年 11 月参加工作,历任崇仁县东来乡团委书记、办公室主任、党委委员、党委书记。1989 年 12 月至 1990 年 3 月任南城县县委常委、县纪委书记,1990 年 3 月至 1997 年 12 月任南城县委副书记,其间于 1990 年 3 月至 1992 年 10 月兼任南城县纪委书记、1992 年 12 至 1997 年 12 月兼任南城县政法委书记。后调往南丰、资溪、抚州金巢经济开发区等地担任领导职务。2015 年 12 月任抚州市委常委、市农工部部长。

欧文龙

欧文龙,男,江西南城县人。1945 年 7 月生,中专文化,1975 年 6 月加入中国共产党。1964 年 10 月参加工作,历任南城县委办公室、县商业局、县革委、抚州地区革委会干部,珀玕公社办公室秘书,县委组织部主办干事。1979 年 5 月至 1980 年 12 月先后任南城县株良公社党委副书记(革委会副主任)、党委书记(革委会主任),1980 年 12 月任南城县委宣传部副部长,1984 年 5 月任南城县委办公室主任,1989 年 12 月任南城县委常委、宣传部部长。1992 年 10 月至 2001 年 2 月任南城县委常委、纪委书记,后任县委正县级督查员。

卢金国

卢金国，男，江西进贤县人。1956年2月生，大专文化，1976年2月加入中国共产党。1973年12月参军，历任福建省军区部队战士、文书、教导大队学员、宁德县人武部正排干事、军分区政治部副连干事、正连干事、福建省宁德县人武部副科长、抚州军分区政治部副营干事、正营干事。1989年9月任南城县人武部副政委、副书记。1990年5月任南城县人武部政委、副书记。1991年8月任南城县委常委、人武部政委、党委书记。2000年9月任南城县委常委。2001年5月任南城县委常委、纪委书记。2002年12月至2006年6月任南丰县委副书记、纪委书记。2006年6月至2015年4月任南丰县人大常委会副主任（正县级）、党组书记、主任、县委调研员等职。

徐光华

徐光华，男，江西临川人，1955年12月生，大专文化，1983年3月加入中国共产党。1973年8月参加工作，1973年8月至1981年2月，先后在黎川县宏村乡中小学、黎川中学教学。1981年2月至1990年12月在抚州团地委工作。1990年12月至1997年11月历任抚州地区纪委监察局宣教室副主任、监察综合室主任、干部室主任。1997年11月至2002年12月任南丰县委常委、纪委书记，2002年12月至2006年6月任南城县委副书记、纪委书记。2006年6月调任东乡县人大常委会党组书记、主任。2011年9月后任东乡县人大常委会党组书记、县委调研员。

程新飞

程新飞，男，浙江淳安人。1972年7月生，研究生学历，1993年10月加入中国共产党。1991年7月参加工作，1991年至1999年6月先后任南丰县洽湾乡政府办公室副主任、主任、副乡长，党委副书记。1999年6月至2002年12月先后任南丰县团县委副书记、书记。2002年12月至2006年6月任资溪县委常委、政法委书记。2006年6月至2007年6月任南城县委常委、纪委书记。2007年6月调任抚州市团市委书记，2015年12月任崇仁县县长。

华和平

华和平，男，江西崇仁县人。1964年12月生，大学文化，1991年7月加入中国共产党。1985年7月在抚州行署办公室工作，其间于1989年12月至1992年7月在乐安县龚坊乡锻炼。1992年7月至1997年12月历任抚州行署办公室副科级秘书、秘书科副科长、秘书科科长。1997年12月至2002年12月任南丰县委常委、宣传部部长。2002年12月至2006年6月任东乡县委常委、常务副县长，其间于2002年4月至7月在浙江省上虞市挂职学习。2006年6月至2007年6月任金溪县委常委、宣传部部长，2007年6月至2015年12月任南城县委常委、纪委书记。

三、黎川县人物简介

陈宽德

陈宽德，男，汉族，河北宣化县人，1927年10月生，中共党员。1949年5月南下，1949年8月至1952年5月任南城县六区区长、一区区委副书记、县青委副书记、四区区委书记。1952年6月至1954年10月任抚州地青委组织部部长、黎川县委组织部部长。1954年11月至1957年7月任黎川县委副书记、县委监委书记。1957年8月至1960年6月任崇仁县委第一副书记。1960年7月至1961年4月任抚州地区农机厂筹委会主任。1961年5月至1966年3月先后任抚州农学院党委副书记、抚州地区农业干部学校党委书记、抚州地区农业银行行长。

刘均仔

刘均仔，男，汉族，江西南丰县人，1927年2月生，1951年11月加入中国共产党。1952年任南丰县三区副区长、区长。1953年1月至1956年4月任抚州地委组织部组织员、组长、黎川县委组织部副部长。1956年4月任黎川县委常委、监委书记，1958年11月任黎川县委副书记兼监委书记，1961年2月任黎川县委副书记、县长。“文化大革命”期间遭受迫害，1970年1月恢复工作，任东乡县农业局革委会主任。1970年7月后任东乡县革委会副主任、县委副书记。1971年9月后任崇仁县委书记、县革委会主任。1979年4月至1987年1月任抚州地区行署财贸办主任、金溪县委书记、抚州地区计划委员会调研员、南丰县委调研员。1987年1月退休。

吴维屏

吴维屏，男，汉族，江西南城县人，1931年2月生，简师文化，中共党员。1950年至1958年12月先后任南城县第四区宣传干事、抚州地委组织部组织员、黎川县组织部副部长、县委审干办主任兼人事监察局局长。1958年12月至1960年6月任黎川县监委副书记。1961年2月任黎川县常务副县长。1965年7月至1965年12月任黎川县监委书记。1965年12月后任黎川县政协常委、湖坊公社革委会主任、熊村公社革委会主任、县革委会办公室负责人。1976年1月后任黎川县委常委、县革委会政治部负责人、县委组织部部长（兼县纪检领导小组副组长）、县人大常委会副主任、县政协主席、党组书记。1990年2月去世。

吴焕南

吴焕南，男，汉族，江西南城县人，1928年12月生，中共党员。1950年9月至1951年9月任南城县新丰小学教员。1951年9月至1956年12月任南城县政府科员、副科长。1956年12月至1965年6月任南城县委办公室副主任、主任。1965年6月至1966年2月任南城县庙前公社党委书记。1966年2月至1967年1月任南城县副县长、黎川县副县长。1968年5月至1975年5月任黎川县革委会副主任、县委副书记。1975年5月任抚州地委党校副校长。1977 年 12 月至 1979 年 4 月任黎川县委纪律检查领导小组组长。

吴根水

吴根水，男，汉族，江西南昌县人，1930 年 11 月生，中共党员。1951 年 11 月至 1958 年 6 月任临川县温圳供销社统计、经理、温圳区委财粮、临川县委组织部主办干事。1958 年 6 月至 1960 年 12 月任临川县河西乡党委书记、上顿渡公社党委书记、易俗公社党委书记。1960 年 12 月至 1971 年 4 月任临川县直属党委书记、县委组织部副部长、县商业局革委会主任。1971 年 4 月至 1978 年 9 月任临川县革委会抓促部负责人、临川县委政治部负责人、临川县委常委分管办公室、临川县委常委副主任。1978 年 9 月任黎川县委副书记。1979 年 5 月至 1981 年 4 月任黎川县委纪委书记。

魏继祖

魏继祖，男，汉族，江西临川人，1934 年 11 月生，中共党员。1995 年 9 月任黎川县人民银行科员，1953 年 12 月任黎川县东山区副区长。1954 年 12 月至 1961 年 6 月任黎川县检察院检察员、副检察长。1961 年 6 月至 1968 年 11 月任黎川县公安局局长。1968 年 11 月下放到宏村公社当社员。1972 年至 1981 年任黎川县革委会政治部负责人、县委常委、县公安局局长。1981 年至 1987 年任黎川县委常委、纪委书记。1987 年至 1994 年任黎川县人大常委会主任、调研员。

金钰兴

金钰兴，男，汉族，江苏无锡市人，1941 年 8 月生，大专文化，中共党员。1963 年 11 月在资溪县农林垦殖局工作。1964 年 12 月应征入伍于铁道兵 13 师 32 团，参加过抗美援越。1969 年 3 月在资溪县农林水服务处工作。1970 年 6 月后在资溪县保卫部、公安局工作，任预审科科长、秘书科科长、副指导员（副政委）等职。1984 年 2 月至 1987 年 7 月任资溪县委常委、县纪委书记。1987 年 8 月至 1992 年 9 月任黎川县委常委、县纪委书记。1992 年 10 月至 1997 年 9 月任黎川县委副书记。1997 年 10 月至 2002 年 2 月任黎川县人大常委会党组书记、主任、督察员。2002 年 3 月退休。

张仕龙

张仕龙，男，汉族，江西南城县人，1948 年 9 月生，高中文化，中共党员。1968 年 2 月参加中国人民解放军，先后任战士、副班长、文书、永新县人武部秘书、干事。1979 年 8 月后任吉安军分区政治部副营级宣传干事、正营级组织干事，宁冈县人武部副政委、党组副书记。1985 年 10 月至 1992 年 10 月任南丰县人武部政委、党组书记、县委常委，黎川县政协党组副书记、副主席（主持县政协工作）、兼县委统战部部长。1992 年 10 月至 2001 年 5 月任黎川县委常委、纪委书记。2000 年 10 月当选为抚州市第一届党代会代表和市纪委委员。2001 年 5 月后任黎川县政协主席兼党组书记、调研员。2009 年 6 月退休。

熊远定

熊远定，男，汉族，江西进贤县人，1963 年 11 月生，本科学历，中共党员。1985 年 7 月至 1985 年 10 月在团省委研究室工作。1985 年 10 月至 1986 年 9 月在金溪县一中任教。1986 年 9 月至 1997 年 2 月历任团省委干事、正科级党组秘书、组织部副部长，其间在宜黄县挂职任县委副书记。1997 年 3 月至 2000 年 11 月任团省委学工部部长。2000 年 11 月至 2007 年 3 月任黎川县委副书记（正县级），其间 2003 年 3 月至 2006 年 5 月兼任县纪委书记。2007 年 3 月任东乡县委副书记（正县级）。2010 年 8 月任抚州市体育局党组书记、局长。

王柏荣

王柏荣，男，汉族，江西临川人，1969 年 11 月生，大学学历，中共党员。1990 年 7 月在临川区腾桥镇政府工作。1993 年 6 月在资溪县高阜镇政府工作。1995 年 11 月至 2006 年 8 月，先后任高阜镇科技副镇长，党委副书记、常委副镇长，党委副书记、提名镇长候选人，党委副书记、镇长，石峡林场党委书记，乌石镇党委书记、人大主席团主席。2006 年 8 月任资溪县财政局党组副书记、局长。2009 年 10 月至 2015 年 7 月，任抚州市纪委办公室主任、干部室主任、组织部部长。2015 年 7 月至 2015 年 12 月任黎川县委常委、纪委书记。

四、南丰县人物简介

赵令煌

赵令煌，男，江西南丰县人，1942 年出生，中专学历，1972 年加入中国共产党。1960 年 2 月参加工作后为一般干部，1961 年带职下放南丰县古城公社劳动，1961 年调南丰县税务局任专管员，后担任秘书股股长。1976 年后任南丰县中和公社革委会副主任、副书记、书记，1982 年任古城公社书记。1984 年 2 月任南丰县委常委、纪委书记。1989 年至 1996 年任黎川县委副书记、县长、县委书记。1996 年后任抚州地区人大工委副主任、党组成员。2000 年任市人大常委会督导员。2003 年 4 月退休。

饶绍泉

饶绍泉，男，汉族，江西南丰县人，1940 年 3 月生，1958 年 12 月加入中国共产党。1961 年 6 月参加工作，先后任南丰县梓去公社会计、市山公社党委秘书。1966 年 8 月任县委组织员，1971 年 2 月任三溪公社革委会主任、党委书记。1974 年 1 月任南丰县委常委，1980 年 3 月任县委常委、组织部部长，1987 年 8 月任南城县委常委、副县长。1989 年 12 月任南丰县常委、纪委书记。1992 年 3 月后任南丰县人大常委会副主任、党组副书记，调研员。2000 年 12 月退休。

黄样生

黄样生，男，汉族，江西广昌县人，1946 年 9 月生，1971 年 12 月加入中国共产党。1963

年9月系江西农学院学生,1968年7月到农场锻炼。1970年1月至1984年10月任惠民机械厂保卫科干事、车间工人、组织科副科长、科长。1984年10月至1987年7月任广昌县委组织部副部长,1987年7月至1992年10月任黎川县委常委、组织部部长。1992年10月至1993年9月任南丰县委常委、纪委书记。1993年9月至1996年3月任南丰县委副书记。1996年3月至1997年11月任南丰县政协主席候选人、政协主席。1996年2月任南丰县人大常委会主任,2002年12月任南丰县人大常委会调研员。2007年4月退休。

叶建青

叶建青,男,汉族,江西南丰县人,1955年10月生,大专学历,1975年10月加入中国共产党。1972年12月入伍后系解放军32516部队战士、副班长、班长、后勤处文书。1980年4月后任南丰县医药公司政工干事、百货公司干事、销售部副经理。1981年11月至1990年3月任南丰县洽湾公社武装部副部长、武装部部长,太和乡党委副书记、乡长,洽湾乡党委书记。1990年3月任南丰县副县长。1993年9月任南丰县委常委、纪委书记。1996年7月后任临川市(县)委副书记,黎川县委副书记、县长、县委书记,南城县委书记。2005年5月后任抚州市副市长、临川区委书记,市委常委、临川区委书记。2010年1月免职待安排,2011年8月任抚州市委副巡视员。

姚飞翔

姚飞翔,男,浙江淳安人,1970年8月生,1992年12月加入中国共产党。1987年8月在黎川县龙安中学任教。1991年9月为黎川县西城乡干部。1992年10月至2001年4月任黎川县西城乡副乡长、洵口镇纪委书记、粟塘乡党委副书记、乡长、党委书记。2001年4月至2006年6月任金溪县副县长候选人、副县长(其间在江西财经大学研究生课程进修班学习两年)、县委常委、宣传部部长。2006年6月至2007年10月任南丰县委常委、纪委书记。2007年10月任抚州市招商局党组书记、局长。2011年6月至2013年7月任乐安县委副书记、代县长,县委副书记、县长。2013年7月至2015年12月任南丰县委副书记、县长。

吴自胜

吴自胜,男,汉族,江西进贤县人,1970年3月生,研究生学历,1991年10月加入中国共产党。1988年8月在黎川县洵口镇白沙村小学任教,1990年8月在黎川县中田乡政府工作。1992年10月至2003年1月,任黎川县中田乡副乡长、党委委员、纪委书记,党委副书记、乡长,党委书记。2003年1月任乐安县副县长,2006年6月任乐安县委常委、副县长。2007年11月至2010年7月任南丰县委常委、纪委书记。2010年7月至2015年12月,任临川区委常委、副区长,临川区委常委、常务副区长,临川区委副书记、区长。

段云来

段云来,男,江西永新县人,1966年4月生,研究生学历,1989年4月加入中国共产党。

1990年8月至2001年11月,任江西粮油食品进出口公司业务员、第三支部宣传委员、党委秘书、人事教育部副经理、物业管理部经理。2002年10月至2006年7月,任临川区科技副区长、副区长。2006年7月至2010年7月任南城县委常委、政法委书记,南城县委常委、副县长。2010年7月至2013年4月任南丰县委常委、纪委书记。2013年4月至2015年12月任南丰县委常委、常务副县长。

张爱群

张爱群,女,浙江淳安人,1966年7月生,1994年11月加入中国共产党。1987年7月在宜黄县一中任教。1990年9月为宜黄县委宣传部干部。1996年10月调抚州地委宣传部干部(其间在中央党校函授学院本科班学习两年)。1997年10月至2007年11月任抚州地委宣传部新闻出版科副科长、科长,市委宣传部副县级宣传员。2007年11月至2011年7月任广昌县委常委、宣传部部长(其间在江西省委党校读研究生两年)。2011年7月任南丰县委常委、副县长。2013年3月至2015年12月任南丰县委常委、纪委书记。

五、崇仁县人物简介

张竹泉

张竹泉,男,汉族,北京市通县人。1925年9月生,1945年1月加入中国共产党。1945年3月参加革命工作。1946年3月至1948年10月任北京市通县三区区委组织委员、副书记、通县县大队副政委、京郊武工队政委。1948年11月调冀热辽南下干部大队。1949年7月任崇仁县委委员、宣传部长。1952年11月任崇仁县委副书记,1953年3月主持县委工作。1954年2月任崇仁县委书记。1953年7月至1954年7月兼任崇仁县委纪委书记。1954年10至1958年3月任抚州农民报社社长、抚州地委宣传部副部长兼专员公署文教处长。1962年任抚州地委宣传部副部长。

田永丰

田永丰,男,河北平山县人,1919年4月生,初中文化。1939年9月参加革命,同年加入中国共产党。1945年秋任赴东北干部队队长。后任冀东区密云县二区区委书记、密云县县委副书记等职。1949年春任东北南下干部队队长,同年初夏任资溪县委副书记,主持县委工作。1952年,调崇仁县委工作,1953年7月任崇仁县委组织部部长。1954年4月至1958年11月任崇仁县委副书记、书记。1954年12月至1955年9月兼任崇仁县委纪委书记。1958年11月任崇仁县委书记处第一书记。1959年2月调回东北,先后任辽宁省沈阳、绥中县委第一书记、锦西县委书记、锦州专署副专员、锦州市革委会副主任等职,1984年在辽宁省锦州市人大常委会副主任任上离休。1989年5月病逝。

杨怡顺

杨怡顺,男,江西崇仁县人,1917年11月生,初中文化,1952年10月加入中国共产党。

1950年11月参加工作。1950年12月至1955年4月任崇仁县第一区民政助理、副区长。1955年5月至1956年7月任崇仁县礼陂区委副书记。1956年8月至1959年9月任崇仁县委监委副书记。1959年10月至1960年11月在省工农干校学习。1960年12月至1968年9月任崇仁县委监委书记。1968年9月任河上公社革委会主任。1971年至1981年2月先后任崇仁县工业局局长、商业局局长、卫生局副局长。1981年2月任崇仁县政协副主席,1982年退休。

张玉振

张玉振,男,汉族,山东陵县人,1929年2月生,1949年6月加入中国共产党。1947年2月在人民解放军第84师250团任战士、组织股股长至正营职。1966年3月任崇仁县委统战部副部长。1973年2月任崇仁县革委会政治部副主任。1977年7月任崇仁县宣传部部长。1979年4月至1984年6月任崇仁县纪委副书记,崇仁县委常委、纪委书记。1984年6月任崇仁县人大常委会主任。1984年11月任崇仁县人大常委会党组书记。1987年7月任崇仁县人大常委会调研员。1990年10月离休,2015年12月去世。

黄德洋

黄德洋,男,江西临川人,1945年12月生,1971年9月加入中国共产党。1963年10月在崇仁县白陂小学任教。1966年9月在抚州师范学校读书。1968年8月在崇仁县白陂中学任教。1972年6月在崇仁县团委工作。1975年7月任崇仁县委组织部主办干事。1984年2月任崇仁县委常委、组织部部长。1987年7月任南丰县委常委、副书记。1989年12月任崇仁县委常委、纪委书记,1995年1月任崇仁县委副书记,1996年2月至1996年5月任崇仁县委副书记、政协主席,1996年5月任崇仁县政协主席。2003年1月任崇仁县政协调研员,2006年7月退休。

刘勇建

刘勇建,男,汉族,黑龙江佳木斯人,1955年11月生,大学学历,1985年10月加入中国共产党。1974年11月为江西省宁都县洛口乡下放知青,1975年12月为宁都县自来水厂工人,1978年2月在江西大学学习。1982年1月任抚州地委讲师团教员、讲师,1990年5月任抚州地委政研室主任科员、副科级政研员,1991年9月任抚州地委办公室正科级秘书,1993年5月任抚州政协工委办公室副主任。1995年1月任崇仁县委常委、纪委书记。1997年11月任东乡县委常委、副县长。2001年5月任金溪县委副书记。2002年4月至2003年1月任抚州市供销社副主任、副经理、党委副书记、主任、总经理、党委书记。2003年1月免职。

杨月兰

杨月兰,女,汉族,江西临川人,1956年3月生,大学学历,1977年5月加入中国共产党。1973年9月在临川县七里岗乡万新小学任民办教师。1977年2月任临川县七里岗乡万新大队妇女主任(兼)。1978 年 2 月至 1980 年 9 月任崇仁师范学校团委书记、党支部委员、教师。1980 年 9 月至 1992 年 10 月在崇仁县团县委任干事、副书记、书记,其间在抚州党校脱产学习两年。1992 年 10 月任乐安县委常委、宣传部部长。1996 年 6 月任崇仁县委常委、宣传部部长。1997 年 11 月任崇仁县委副书记、纪委书记。2005 年 9 月任崇仁县人大常委会党组书记。2006 年 3 月任崇仁县人大常委会党组书记、主任。2011 年 9 月至 2015 年 12 月任崇仁县人大常委会党组书记、调研员。

王正坤

王正坤,男,汉族,江西东乡县人,1966 年 2 月生,大学学历,1989 年 6 月加入中国共产党。1987 年 7 月至 1995 年 11 月任东乡县马圩镇干部,虎圩乡、孝岗镇计生站站长。1995 年任孝岗镇党委委员、副镇长。1998 年 12 月任红亮垦殖场党委副书记、场长。1999 年 5 月至 2003 年 1 月先后任邓家乡党委副书记、乡长,岗上积镇党委书记,其间在中央党校函授学院本科班学习两年多。2003 年至 2006 年 6 月任东乡县副县长,崇仁县委常委、副县长。2006 年 6 月任崇仁县委常委、纪委书记。2013 年 9 月至 2015 年 12 月任崇仁县委副书记、县委党校校长。

黄能兴

黄能兴,男,江西临川人,1966 年 9 月生,大学学历,1990 年 7 月加入中国共产党。1986 年 9 月在贵溪中国有色第四建筑公司工作任技术员。1987 年 7 月在抚州轴承厂工作。1988 年 9 月在江西行政学院脱产学习。1990 年 9 月在抚州市(县级)政府办、临川市政府办、临川区政府办任工业秘书、副科级秘书、副主任。1997 年 11 月任临川区统计局局长、党组书记。2005 年 5 月任临川区建设局局长、党委副书记。2006 年 6 月至 2010 年 7 月任抚州市金巢经济开发区党工委委员、管委会副主任。2010 年 7 月任抚州市水利局党委委员、副局长。2013 年 9 月至 2015 年任崇仁县委常委、纪委书记。

六、乐安县人物简介

王　泽

王泽,男,1949 年随南下工作队赴乐安县任干部。1949 年 7 月至 1952 年 4 月,任乐安县委委员、组织部部长。1950 年 8 月至 1952 年 4 月,兼任县委纪委书记。

严寿清

严寿清,男,1949 年随南下工作队赴乐安县任干部。1949 年 7 月任乐安县委委员、县民运工作部部长。1949 年 10 月至 1950 年 9 月,任乐安县委委员兼乐安县第一区(鳌溪)委书记、县妇委会书记。1952 年 4 月任乐安县委委员、县委组织部部长。1953 年 3 月任乐安县委委员、代理书记、县人武部第一政委、组织部部长、县纪委书记(兼至 8 月)。1953 年 8 月,调任抚州地委组织部组织科科长。

王金芳

王金芳，男，1950年6月至1952年4月任乐安县第六区（太平）区长、区委代理书记。1952年11月至1954年4月，任乐安县第四区（戴坊）委副书记、主持工作，区委书记，县委委员、区委书记。1954年4月任县委委员、县供销合作社联合社主任。1955年4月任县委委员、县监委书记。1955年5月任县委委员、县委组织部部长、县监委书记。1956年5月任县委委员、常委、组织部部长、监委书记。1956年6月至1960年3月，任县委委员、常委、监委书记。

李　宏

李宏，男，1957年4月，任县委组织部部长。1958年12月，任县委委员、组织部部长。1960年6月，增补为县委委员、常委、县委书记处副书记、组织部长，兼县监委书记。1961年1月，任县委委员、常委、县委书记处副书记，兼县监委书记。1966年5月，任县监察委员会书记。“文化大革命”期间受冲击“靠边站”。1972年12月至1976年10月，任县卫生局革委会副主任兼县人民医院党支部书记。1980年12月，任县委委员、政协乐安县第四届委员会主席。1984年7月至1987年8月，任县委委员、政协乐安县委员会主席、党组书记。

胡汉陶

胡汉陶，男，汉族，江西乐安县人，1931年8月生，1955年6月加入中国共产党。1956年4月参加工作后，历任乐安县南村乡信用社营员业、会计、主任。1957年10月调乐安县人委工作。1958年10月至1968年11月，历任南村公社宣传委员、谷岗公社党委副书记、鹏州公社党委副书记、戴坊公社党委书记。1975年12月任乐安县委常委、县抓促部部长。1980年11月任乐安县委常委、县纪委书记。1984年2月后任乐安县人大常委会党组书记、主任。1991年10月退休。2004年10月去世。

龚掌富

龚掌富，男，江西乐安县人，1932年8月生，高小文化，1954年6月加入中国共产党。1952年2月至1955年10月，历任龚坊乡农会主席、第四区区委宣传干事、第四区戴坊供销社主任、县供销合作社人事副股长、第三区供销社主任。1955年11月至1971年5月，历任县委第二办公室干部、戴坊乡总支书记、戴坊公社党委副书记、鳌溪公社党委副书记、湖坪公社党委书记、增田公社党委书记、戴坊公社党委书记。1968年省授予劳动模范称号。1971年6月至1980年12月，历任县农水局党委书记、局长、湖坪公社党委书记、戴坊公社党委书记。1981年1月至1984年4月任乐安县副县长。1984年5月至1985年1月任乐安县委常委、县纪委书记。1985年2月至1993年2月任县政府顾问，1993年3月退休。

陈桃芳

陈桃芳，男，江西乐安县人，1947年1月生，抚州师范学校毕业，1974年11月加入中国共产党。1967 年 8 月在金溪县左坊中学任教。1972 年 2 月调乐安县教研室工作。1974 年 11 月调乐安县法院先后任干部、办公室主任、党组成员。1980 年 11 月至 1984 年 2 月，任乐安县公溪镇管委会副主任、公溪镇党委副书记、乐安县委常委、县委办主任。1985 年 2 月至 1987 年 7 月任乐安县纪委书记。1987 年 7 月至 1989 年 12 月，任乐安县副县长，县委常委、副县长。1992 年 10 月任崇仁县委副书记。1997 年 11 月至 1999 年 7 月任抚州地区粮食局党委副书记、副局长（正县级），党委书记、局长。

牛才智

牛才智，男，江西井冈山人，1944 年 12 月生，大学学历，1977 年 1 月加入中国共产党。1968 年在江西生产建设兵团第 25 团先后任班长、副排长。1970 年任乐安县委党校教研室主任。1984 年 8 月任乐安县委常委、宣传部部长。1987 年 8 月任乐安县委常委、县纪委书记。1991 年 9 月任乐安县委副书记，被评为“江西省优秀纪检干部”。1997 年 3 月至 2005 年 5 月任乐安县人大常委会主任、调研员，其中 1998 年获江西省政府“晋升一级工资”奖励。2005 年 5 月退休。

黄金堂

黄金堂，男，汉族，江西临川人，1948 年 12 月生，大学学历，1983 年 1 月加入中国共产党。1970 年 3 月在江西省第二建筑工程公司任连部文书、团支部书记。1975 年 7 月至 1984 年在抚州地区建筑工程公司任团委负责人、经理办公室副主任。1984 年 12 月至 1988 年 4 月在抚州地区纪委任副科级纪检员、办公室副主任。1991 年 10 月至 1997 年 11 月任乐安县委常委、县纪委书记（1995 年 5 月兼任乐安县工业开发区管委会主任）。1997 年 12 月至 2004 年 10 月任抚州地区（市）交通局党委委员、纪委书记、兼局机关党总支书记。2004 年 10 月任调研员，2010 年 1 月退休。

张国英

张国英，男，江西金溪县人。1950 年 8 月生，1969 年 6 月加入中国共产党。1968 年 2 月至 1971 年任福建省军区独立 1 师 1 团 8 连战士、副班长、师部警卫员、警卫班长。1971 年至 1982 年 7 月任陆军第 85 师警卫连排长、副指导员、指导员、工兵营副教导员。1982 年 7 月至 1984 年 7 月在解放军工程兵学院读书。1984 年 9 月任陆军第 85 师高炮营教导员。1986 年 1 月至 1998 年 9 月任金溪县人武部科长、资溪县人武部政委、崇仁县委常委、人武部政委（授上校军衔）。1998 年 9 月转业后任乐安县委常委、政法委书记。2001 年 5 月任乐安县纪委书记。2002 年 11 月至 2007 年 4 月任崇仁县政协党组书记、主席、调研员。

陈绍平

陈绍平，男，江西崇仁县人，1957 年 8 月生，大学学历，1977 年 7 月加入中国共产党。1974 年 12 月参军，1978 年 5 月至 1979 年 9 月任山东潍坊 86464 部队通信一连电台台长、副连长、空 5 师司令部通信参谋（期间参加中越自卫反击战）。1979 年 9 月至 1984 年在空军西安通信工程学院、北京空军指挥学院就读后，调济南空军政治部工作。1986 年 1 月至 2002 年 8 月，先后任崇仁县人武部办公室副主任、主任，乐安县人武部政委、党委书记、正团职人武部政委、黎川和乐安县委常委、人武部政委。2002 年 9 月至 2007 年 9 月，任乐安县委常委、县纪委书记，县委副书记。2007 年 9 月至 2015 年 12 月任乐安县人大代表、人大常委会主任、党组书记、抚州市第一、三届人大代表。

曾月兴

曾月兴，男，江西临川人，1966 年 12 月生，大学学历，1993 年 7 月加入中国共产党。1990 年 7 月在抚州地委办公室工作，1991 年 1 月到东乡县邓家乡挂职锻炼，任乡长助理、副乡长。1994 年 12 月至 2003 年 4 月任抚州地委办公室督查科副科长、正科级秘书、督查室主任。2003 年 4 月任抚州市委督查室主任（副县级）。2004 年 4 月任南丰县副县长。2006 年 6 月任乐安县委常委、宣传部部长。2008 年 4 月至 2010 年 7 月任乐安县委常委、纪委书记。2010 年 7 月任抚州市委副秘书长、市委办公室主任。2011 年 7 月至 2015 年 12 月任临川区委副书记（正县级）。

范为真

范为真，男，江西临川人，1966 年 4 月生，大学学历，1988 年 4 月加入中国共产党。1986 年 7 月至 1990 年 6 月任临川县连城乡团委书记、党政办公室主任等职。1990 年 6 月调临川县委办公室工作，1993 年 8 月任临川县委办副科级秘书。1995 年 12 月任临川市上顿渡工委办副主任。1998 年 2 月至 2003 年 8 月任临川市（区）委办公室副主任。2003 年 2 月被借调到抚州市委办工作，9 月正式调到抚州市委办工作，任综合科副科长、主任科员。2007 年 6 月任抚州市政府办公室副主任。2009 年 6 月任抚州市政府副秘书长、办公室副主任。2010 年 11 月至 2015 年 12 月任乐安县委常委、县纪委书记。

七、宜黄县人物简介

张景云

张景云，男，汉族，辽宁北栗市人，1916 年 8 月生，1939 年 12 月加入中国共产党。1939 年 8 月至 1944 年 5 月，任辽宁省民强县四区武装部副部长。1944 年 5 月至 1949 年 7 月，任辽宁省北栗县及新惠县武委会副主任。1949 年 7 月至 1954 年 3 月任江西省宜黄县人武部长、纪委书记、宣传部部长。1954 年 3 月至 1960 年 6 月，任抚州地委工业部科长。1960 年 6 月至 1961 年 11 月，任抚州地区工业技术学校党委副书记。1961 年 11 月至 1965 年 3 月任抚州公路段总段长等职。1965 年 3 月至 1975 年 12 月任抚州地区水文气象局局长。

许安泰

许安泰，男，汉族，江西临川人，1932 年 1 月生，初中学历，1952 年 2 月加入中国共产党。1949 年 9 月在宜黄县第三区工作，1950 年 4 月后，在南城县参加土改试点工作，在宜黄县第二区任宣传干部。1951 年 12 月后，任宜黄县第四区大片副组长、宜黄县第三区宣传干部。1952 年 8 月后，任宜黄县委组织部组织干事。1954 年 4 月后，任宜黄县第一区第二书记、第一书记。1955 年 6 月任宜黄县委组织部副部长，1956 年 6 月至 1957 年 12 月任宜黄县监委会书记。1958 年 1 月后，为宜黄县委会一般干部、宜黄县拖拉机站站长。1960 年 3 月至 1967 年 2 月，任宜黄县棠阴公社党委第一书记、宜黄县拖拉机站站长、宜黄县工交局局长。

孟昭瑞

孟昭瑞，男，蒙古族，内蒙古宁城人，1917 年 3 月生，初中文化，1948 年 10 月加入中国共产党。1948 年 1 月至 1949 年 10 月为热河省林西县独立团 2 营 6 连战士、2 营 2 部管理员，1949 年 11 月任抚州军分区教导队 4 队指导员。1952 年 6 月后，先后任宜黄县兵役局政工股股长、县政府工交科局长、县委组织部副部长、县鱼牙嶂（现黄柏岭）垦殖场场长。1958 年 11 月至 1970 年 10 月先后任宜黄县委常委、县监委书记、县革委会群运组副组长。1970 年 10 月后，任宜黄县卫生局卫生院院长、县革委会组长，1979 年 12 月在宜黄县直属机关党委退休，后由退休改为离休，享受正县级干部待遇。2008 年 2 月去世。

何国器

何国器，男，汉族，江西南城县人，1935 年 9 月生，高中学历，1954 年 6 月加入中国共产党。1951 年 3 月为抚州银干班学员，1951 年 6 月为乐安银行干部。1954 年 10 月至 1967 年 1 月，先后任乐安县委组织部干事、乐安县委党校副校长、乐安县委组织部副部长、乐安县招携公社第一书记、乐安县南村公社第一书记、乐安县委副书记。1967 年 2 月因“文化大革命”靠边站，1968 年 4 月任乐安县委常委政治部负责人。1971 年 10 月至 1976 年 1 月，任崇仁县委常委政治部负责人、崇仁县委副书记。1976 年 2 月任宜黄县委副书记、县革委会副主任。1981 年 1 月至 1982 年 2 月任宜黄县委副书记、县革委会副主任兼县委纪委书记。

吴保生

吴保生，男，汉族，江西宜黄县人，1935 年 12 月生，初中学历，1953 年 8 月加入中国共产党。1952 年 8 月为宜黄县新丰区工委专干，1954 年 1 月为团县委专干，1955 年 2 月任宜黄县黄陂区团工委书记，1956 年 5 月为宜黄县监委监察员，1957 年 4 月任宜黄县人委监察局副局长。1959 年 8 月任宜黄县棠阴公社社长，1962 年 1 月任宜黄县黄陂公社书记，1963 年 10 月为宜黄县监委秘书，1965 年 1 月任宜黄县圳口公社书记，1975 年 12 月任宜黄县委常委政治部负责人。1980 年 1 月任宜黄县委常委、组织部部长，1984 年 2 月至 1987 年 7 月任宜黄县委常委、县纪委书记，1987 年 8 月至 1992 年 9 月任宜黄县人大常委会副主任。

刘绍宽

刘绍宽，男，汉族，江西进贤县人，1951 年 10 月生，中专学历，1971 年 12 月加入中国共产党。1967年9月至1970年7月为进贤县钟陵龙泉小学民办老师,1971年12月至1976年12月为进贤县钟陵中学老师。1976年12月至1981年4月任进贤县革委会政治部、县纪委干事,1984年1月至1987年7月任抚州地委纪检处副处长,1987年7月至1989年12月任宜黄县纪委书记。1989年12月至1992年10月任抚州地区职业教育中心党委书记,1992年12月至2012年6月先后任南丰县委宣传部部长、县委副书记、县人大常委会主任,2012年6月退休。

胡忠庭

胡忠庭,男,汉族,江西临川人,1945年11月生,大学学历,1980年3月加入中国共产党。1970年8月至1984年2月任宜黄县精铸厂厂长,1984年2月至1987年9月任宜黄县政府副县长,1987年12月至1989年12月任宜黄县委宣传部部长,1989年12月至1997年12月任宜黄县委常委、纪委书记。1997年12月任宜黄县政协主席。2005年12月退休。

李永智

李永智,男,汉族,江西南丰县人,1952年1月生,大专学历,1984年12月加入中国共产党。1968年12月在南丰县付坊乡石矶村插队,1970年12月为东乡县磷肥厂工人,1976年11月任南丰县物流局股长,1985年9月在抚州地委党校大专班学习。1987年7月至1997年5月,先后任南丰县中和乡副乡长,南丰县东坪乡乡长、党委书记,南丰县太和镇党委书记,南丰县洽湾镇党委书记。1997年6月至1997年11月任宜黄县政府副县长。1997年11月至2002年12月任宜黄县委常委、纪委书记。2002年12月任南城县人大常委会主任。

周跃飞

周跃飞,男,汉族,江西崇仁县人,1958年7月生,研究生学历,1984年12月加入中国共产党。1976年3月至1978年3月在抚州地区革委会办公室、政治部工作。1978年4月至1983年10月先后在抚州地委办公室、抚州日报编辑部、抚州地委编史修志办公室工作。1983年10月至1985年8月在江西省委党校脱产学习两年后,调抚州地委宣传部工作,1996年10月至1997年10月在抚州地委宣传部任副县级宣传员。1997年11月至2002年10月任东乡县委常委、宣传部部长。2002年11月至2006年6月任宜黄县委副书记、县纪委书记。2006年6月调任临川区委副书记。2007年9月至2015年12月先后任抚州市水利局局长、抚州市农业局局长。

曾建华

曾建华,男,汉族,江西南丰县人,1962年3月生,研究生学历,1988年9月加入中国共产党。1980年12月至1984年7月在江西中医学院药学系任助教。1984年8月至1995年11月在江西省人大内务司法委员会办公室任科员、副主任科员、主任科员。1995年12月至1997年10月任黎川县副县长。1997年11月至2002年10月任崇仁县委常委、宣传部部长。2002 年 10 月至 2006 年 5 月任临川区委常委、宣传部部长。2006 年 6 月至 2007 年 12 月任宜黄县委常委、纪委书记。2007 年 12 月调江西省委宣传部任职。

颜建平

颜建平，男，汉族，江西萍乡人，1969 年 2 月生，研究生学历，1994 年 3 月加入中国共产党。1992 年 7 月至 1993 年 2 月在东乡县环保局工作。1993 年 2 月至 1997 年 6 月在抚州地区经贸委工作。1997 年 6 月至 2002 年 12 月任抚州地区经贸委质量管理科副科长、发展协调科科长。2002 年 12 月至 2006 年 6 月任南丰县副县长。2006 年 6 月至 2008 年 4 月任宜黄县委常委、宣传部部长。2008 年 4 月至 2015 年 12 月任宜黄县委常委、纪委书记。

八、金溪县人物简历

王炳田

王炳田，男，河北河间县人。1945 年 4 月任中共朝锦义联合县（朝阳、锦西、义县）工委副书记，10 月任绥中县政治处（县委前身）副政委兼组织部部长，1946 年 1 月兼任县支队政委、地工部部长。1948 年年底绥中解放，1949 年 1 月绥中县政治处改称绥中县委，任县委副书记，3 月加入东北南下工作团任 2 小队队长。1949 年 9 月任金溪县委书记，1950 年 1 月兼任县委纪委书记等职。1951 年 5 月调任省总工会驻抚州地区办事处主任。后由于“金溪案件”受到撤销职务和开除党籍的处分。1983 年 5 月，根据省委常委会议有关决定，撤销对其原处分。

刘农民

刘农民，男，河北定县人。曾任临川县委组织部部长。1951 年 5 月任金溪县委副书记，主持县委工作。1952 年 10 月任金溪县委书记，11 月兼任县委纪委书记。1953 年 5 月任临川县委书记。后任省农林厅副厅长，1960 年任省水产厅副厅长。

刘声钲

刘声钲，男，河北献县人，1918 年 8 月生，初小文化。1939 年 1 月加入中国共产党并担任本村党支部书记。1945 年 3 月后任本区党委组织委员、热河省北票县三区区委书记、六区区委书记、朝阳县委民运部副部长。1949 年 3 月加入东北南下工作团，9 月任金溪县委委员、县委组织部部长。1952 年 10 月任金溪县委副书记兼组织部部长，11 月兼县委纪委副书记。1953 年兼县委保密委员会主任，免兼组织部部长。1954 年 2 月任金溪县委书记，6 月兼县委纪委书记。1955 年 3 月调抚州地区中级法院。1960 年 12 月任乐安县委第一书记，1961 年兼乐安县政协主席。1964 年 6 月任抚州地委常委、组织部部长。“文化大革命”期间遭迫害，1985 年 6 月去世。

刘占华

刘占华，男，内蒙古人，1919 年 11 月生，初中文化，1947 年 2 月加入中国共产党。1946

年10月至1949年2月任内蒙古昭乌达盟克什克腾旗三区公安助理员、克腾旗三区区长。1949年5月至1954年3月，任黎川县区长、区委副书记、区委书记，黎川县副县长。1954年4月任抚州专署监察处副处长。1955年4月任金溪县委副书记。1956年4至1958年12月任金溪县委监委书记。1960年11月至1972年2月，任抚州市（县级）电厂党委书记，抚州市（县级）委副书记，黎川县委副书记、县长，抚州地区革委会总务组长等职。1972年2月至1982年任抚州地区民政局副局长。

李高文

李高文，男，河北遵化人，1931年9月生，初中文化，1948年8月加入中国共产党。1948年2月入伍。1958年12月至1963年4月任金溪县委副书记、纪委书记。1963年3月至1969年11月任抚州地委组织部干部科科长。1969年11月至1972年8月，为江西省毛泽东思想学习班学员，二、三部工作人员。1972年9月至1978年7月，为抚州地区革委会政治部组织组负责人。1978年7月至1980年4月任江西重型机床厂党委委员、副厂长。

张木清

张木清，男，江西金溪县人，1946年11月生，大学文化，1972年2月加入中国共产党。1968年7月在东乡县东源“五·七”中学任教。1970年8月借调到东乡县革委会教育组工作。1971年9月任东乡县小璜中学革委会副主任。1974年8月任东乡县二中校长。1975年12月至1983年1月任东乡县占圩公社党委委员、副主任、党委副书记，黎圩公社党委副书记。1983年2月调任金溪县沟树垦殖场党委副书记。1984年6月任金溪县秀谷镇党委书记。1984年11月任金溪县委常委、县纪委书记。1987年7月任金溪县委副书记。1989年12月后任资溪县委书记、县人武部第一书记，抚州市人大常委会副主任等职。

李耕生

李耕生，男，辽宁盘山人，1946年2月生，大专学历，1980年1月加入中国共产党。1968年12月至1969年12月在解放军6011部队农场军训，1970年1月至1973年9月在黎川县城关镇中学任教，任校团总支副书记，1973年9月至1981年9月在黎川县中学任教，任校团委书记。1981年10月至1987年7月为抚州市（县级）纪委干部、市纪委副书记。1981年7月至1992年10月任金溪县委常委、县纪委书记，县委副书记。1992年10月至1994年7月任抚州地委统战部副部长。1994年7月后任地委统战部副部长兼省工商联抚州地区办事处主任（正县级）。

钟远鸣

钟远鸣，男，江西上犹县人，1940年7月生，大学学历，1971年1月加入中国共产党。1965年7月至1975年9月在抚州农职学校、共大金溪分校、县师资训练班任教。1975年9月任金溪县教育组教育干事。1983年2月任金溪县委办公室副科级秘书。1984年1月至1993年2月，先后任金溪县委常委、组织部部长、县委办公室主任、宣传部部长、纪委书记。1993 年 3 月至 1998 年 3 月,任金溪县政协党组书记、主席;1998 年 4 月至 2000 年 12 月,任金溪县政协督查员。2001 年 1 月退休。

周快荣

周快荣,男,江西东乡县人,1947 年 9 月生,大专文化,1972 年 12 月加入中国共产党。1968 年 2 月在 6794 部队任战士、班长。1973 年 5 月至 1976 年 7 月,在江西共大总校学习。1976 年 8 月任东乡县愉怡公社党委副书记、革委会主任。1982 年 1 月任东乡县占圩公社党委书记。1984 年 2 月任东乡县委常委、组织部部长。1987 年 7 月任东乡县副县长。1992 年 10 月任金溪县委常委、纪委书记。1993 年 11 月任金溪县委副书记、县政府副县长。1997 年 3 月任金溪县人大常委会主任、党组书记。

周安邦

周安邦,男,汉族,江西南丰县人,1949 年 8 月生,大专学历,1984 年 7 月加入中国共产党,1968 年 11 月在南丰大源乡插队,1978 年 2 月至 1982 年 5 月在抚州师专任教。1982 年 6 月调南丰县委宣传部工作。1986 年 2 月至 1993 年 11 月任南丰县纪委副书记、金溪县法院院长。1993 年 11 月至 1997 年 6 月任金溪县纪委书记。1997 年 6 月至 2001 年 2 月,任金溪县委副书记、崇仁县委副书记。2001 年 2 月至 2010 年 6 月,任抚州市司法局党组书记、局长、调研员。2010 年 6 月退休。

胡香兰

胡香兰,女,江西金溪县人,1961 年 11 月生,大学学历,1985 年 10 月加入中国共产党。1981 年在金溪县合市乡中心小学任教,历任班主任、教导主任。1983 年 9 月调陆坊公社工作,1984 年 3 月至 1997 年 11 月任陆坊乡副乡长,乡党委委员、纪委书记,合市乡乡长、党委书记。1997 年 11 月任金溪县委常委、纪委书记。2000 年 5 月任乐安县委常委、纪委书记。2001 年 5 月任抚州市卫生局党委副书记、纪委书记。2003 年 2 月至 2015 年 12 月,任抚州市委副秘书长,市委、市政府信访局局长,市政府副秘书长、市人防办主任、市民防局局长,市政府副秘书长、市人防办党组书记、主任、民防局长。

胡宝钦

胡宝钦,男,江西资溪县人,1959 年 10 月生,大学学历,1982 年 4 月加入中国共产党。1980 年 8 月任黎川县坊坪公社干部、团委书记、党委办主任。1985 年 9 月调黎川县委宣传部工作,1986 年 2 月调抚州地委党校工作。1987 年 2 月任资溪县委组织部干部、县委组织员。1990 年 2 月任资溪县陈坊林场党委副书记、场长,党委书记。1997 年 11 月任南丰县委常委、组织部部长。2001 年 5 月至 2010 年 7 月,任金溪县委常委、纪委书记,金溪县委副书记、纪委书记,南城县委副书记。2010 年 7 月任抚州市旅游局党组书记、局长。2011 年 2 月任资溪县委副书记(正县级)。

张文勤

张文勤，男，江西进贤县人，1957 年 5 月生，大专学历，1978 年 3 月加入中国共产党。1974 年 12 月入伍，任福州军区司令部警卫营战士。1978 年 11 月任福州军区政治部保卫部保卫队队员。1980 年 12 月转入临川县人武部工作，历任临川县人武部政工科干事、副科长、科长。1995 年 1 月任南丰县人武部政委。1998 年 8 月任南丰县委常委、人武部政委。2001 年 10 月转业任南丰县委常委、农工委书记。2002 年 12 月至 2006 年 6 月，任金溪县委常委、政法委书记。2006 年 6 月任金溪县委常委、纪委书记、统战部长、政协党组副书记。2011 年 7 月任金溪县委调研员、统战部部长。

黄德明

黄德明，男，江西崇仁县人，1967 年 12 月生，研究生学历，1993 年 8 月加入中国共产党。1988 年 7 月在崇仁县第一中学教书。1989 年 8 月调崇仁县教育局工作。1994 年 12 月调崇仁县委组织部工作。1996 年 10 月任崇仁县委副科级组织员。1996 年 9 月至 1999 年 12 月，在南昌大学汉语言文学专业学习。2002 年 2 月至 2005 年 9 月任崇仁县委办公室主任、保密局局长。2005 年 9 月至 2008 年 6 月任崇仁县副县长。2008 年 6 月至 2011 年 7 月任临川区委常委、统战部部长。2011 年 7 月至 2015 年 12 月任金溪县委常委、纪委书记。

九、资溪县人物简介

胡风举

胡风举，男，辽宁省人，中共党员，1949 年随南下工作队赴资溪县任干部。1952 年 1 月至 1953 年 5 月任资溪县饶桥三区区委副书记，1953 年 6 月任资溪县县委委员、第三区区委书记。1956 年 5 月任资溪县县委副书记，兼县监察委员会书记、县委组织部部长。1958 年 12 月调地委工作。

李玉昌

李玉昌，男，辽宁省人，中共党员。1949 年随南下工作队赴资溪县任干部。1958 年 12 月至 1960 年 6 月，任资溪县监察委员会书记。1960 年 6 月至 1962 年 6 月任资溪县委副书记。

江映川

江映川，男，江西资溪县人，1932 年生，1950 年 12 月参加工作，1951 年加入中国共产党。1955 年 9 月任资溪县监察委员会专职副书记。1956 年 4 月任资溪县委委员、监委副书记。1958 年 12 月任资溪县委副书记。1961 年 1 月任资溪县委副书记、县长，兼县人委党组书记。1968 年 2 月任资溪县临时领导小组组长。1971 年任资溪县委书记。1977 年 11 月任抚州地委常委、临川县委书记。

谢文斌

谢文斌,男,辽宁建平人,1931 年生,中共党员。1949 年随南下工作队赴资溪县任干部。1958 年 12 月至 1966 年 5 月任资溪县委副书记,兼任资溪县县委党校校长。1960 年 6 月至 1966 年 5 月任资溪县监委书记。1967 年调抚州轻化工业局任局长。

任　庚

任庚,男,江西南昌县人,1932 年 8 月生,1949 年 12 月参加工作,1952 年 12 月加入中国共产党。1954 年 6 月任抚州市水上派出所第一所副所长。1955 年 1 月至 1956 年 8 月先后任抚州镇公安局治安股副股长、股长和政保股长。1956 年 8 月任抚州市法院副院长。1958 年 4 月至 1966 年 2 月任资溪县法院副院长、院长。1966 年 2 月至 1981 年 2 月任资溪县副县长、县委组织部部长、县委副书记。1979 年 5 月至 1981 年 2 月兼任资溪县纪委书记。2008 年 10 月病逝。

宁水茂

宁水茂,男,江西资溪县人,1932 年 6 月生,高小文化,1952 年 10 月加入中国共产党,1950 年 1 月至 1953 年任资溪县嵩市二区干部、组织干事、组织委员。1954 年至 1955 年任二区和一区(鹤城镇)区委副书记、书记。1956 年至 1958 年任资溪县农林水利局局长、高阜公社(时称红旗公社)书记。1959 年至 1981 年任资溪县委组织部部长、资溪县副县长、政府党组副书记。1981 年至 1985 年任资溪县纪委书记和人大常委会副主任、党组书记。1985 年至 1987 年任县政协副主席、党组副书记。1987 年至 1990 年任县人大常委会副主任、党组副书记(享受正县待遇)。1994 年 4 月退休。

杨小梅

杨小梅,女,汉族,江西东乡县人,1957 年 11 月生,大学学历,1985 年 11 月加入中国共产党,。1980 年 9 月至 1984 年 8 月在东乡邓家乡中心小学任教师。1984 年 8 月任东乡县邓家乡妇联主任。1987 年 6 月至 1992 年 10 月任东乡县王桥乡副乡长、乡长、党委书记。1992 年 10 月任资溪县副县长。1996 年 8 月在中央党校函授学院本科班党政专业学习。1998 年 1 月任资溪县委常委、纪委书记。2000 年 10 月任抚州市计生委主任、党组书记。2006 年 12 月至 2015 年 12 月任抚州市人大常委会党组成员、副主任。

张文贵

张文贵,男,汉族,江西南丰县人,本科学历,1992 年 6 月加入中国共产党。1999 年 7 月 2003 年 3 月,任南丰县委办副主任、机要局局长。2003 年 3 月任南丰县纪委副书记、监察局长。2006 年 6 月任资溪县委常委、县纪委书记。2011 年 3 月至 2015 年 12 月任乐安县委常委、县政府常务副县长。

邹建平

邹建平,男,汉族,江西进贤县人,1964 年 2 月生,大专学历,1984 年 12 月加入中国共产党。1986 年 7 月至 1988 年 11 月任抚州市四中教师、团委书记。1988 年 11 月任共青团抚州市委干部。1990 年 4 月调抚州市委办公室工作。1991 年 4 月调共青团抚州地委工作,至 2007 年 7 月,先后任共青团抚州地委办公室副主任、学少部部长。2007 年 7 月至 2011 年 2 月,任抚州市纪委宣教室主任、监察综合室副主任、主任、监察局副局长。2011 年 2 月至 2015 年 12 月任资溪县委常委、县纪委书记。

十、广昌县人物简历

陈国良

陈国良,基本情况不详,1949 年 9 月至 1951 年 9 月任广昌县委书记、县大队政委。1950 年 8 月至 1951 年 9 月兼任广昌县委纪委书记。

王子才

王子才,男,汉族,山东栖东县人,1926 年生,高小文化,1941 年 7 月加入中国共产党。1940 年 11 月参加工作后历任农会主任、区委书记、八路军栖东独立营教导员、北海独立团二营教导员。1945 年 11 月后历任东北地区敦化县区委书记、解放军县大队指导员、军分区教导队教导员、吉林市邮电局科长、副局长。至 1949 年 4 月后历任南下工作团分队长、江西会昌县委组织部部长、宁都县委组织部部长。1952 年 8 月后历任广昌县委组织部部长、县委副书记、县委纪委书记。1954 年 5 月后任抚州专区供销社主任、抚州地委财贸部副部长、洪门水电工程局局长。1986 年离休。

王德珍

王德珍,曾用名晏景贤,男,汉族,北京市平谷县人,1920 年 4 月生,初中文化,1940 年 3 月加入中国共产党。1942 年 6 月参加工作后历任平谷县农会主任、抗联主任,热河省滦平县农会副主任、区委书记。1949 年 4 月后历任南下大队三中队组长、临川县区委书记、抚州市委书记兼市长(县级)兼解放军抚州市大队政委、广昌县县长、县委书记,县委纪(监)委书记,县人武部第一政委。1956 年 9 月后任江西省工业干校副校长、江西工学院人事处长、办公室主任。1960 年 12 月后历任崇县委副书记、墨岗山煤矿矿长、抚州地区电影机械厂厂长、抚州地区二轻局党组书记、副局长。1981 年 11 月离休。

潘文发

潘文发,男,汉族,辽宁宽甸县人,1922 年 3 月生,初中文化,1947 年 6 月加入中国共产党。1946 年 6 月参加工作后,先后任宽甸县土改工作队队员、农会会长、南下工作队队员。1949 年 9 月后任江西省于都县银坑区、小溪区区委书记。1955 年 2 月后任广昌县委组织部副部长、县委监察委员会副书记、县委常委、县委监委书记。1964 年 4 月调任瑞金县委常委、县委监委书记。1967 年 10 月后受“文化大革命”冲击。1968 年 8 月后任瑞金县邮电局局长、瑞金县委常委、纪委书记。1981 年 10 月病故。

李德家

李德家,男,汉族,内蒙古自治区突泉县人,1928 年 5 月生,初中文化,1949 年 4 月加入中国共产党。1947 年 7 月参加中国人民解放军后为突泉县大队战士、突泉县委通讯员。1948 年 4 月任南下工作团通讯员。1949 年 9 月后,历任广昌县赤水区干部、广昌县委管理员、广昌县城关区委组织委员、广昌县长桥、头陂区委副书记、书记。1959 年 11 月至 1961 年 1 月任广昌县委监察委员会书记。1961 年 2 月后任广昌县委常委、县委组织部部长、县商业局革委会主任、县革委会政治部副主任、审干办主任。1977 年 5 月任广昌县委常、县委组织部部长。1980 年 4 月后任广昌县政协主席、调研员。2014 年 3 月病故。

翟明泽

翟明泽,男,汉族,河南长垣县人,1924 年 5 月生,高小文化,1942 年 12 月加入中国共产党。1942 年 5 月参加八路军,历任长垣县大队战士、班长、学员、中队长。1946 年 1 月后历任内蒙古自治区突泉县土改工作组组长、突泉县大队指导员、南下工作队队员。1949 年 9 月后任广昌县头陂区副区长、区长、驿前区区委书记、广昌县委宣传部副部长、广昌县邮电局局长。1956 年 9 月后任广昌县委工交部部长、县公安局教导员、县委常委、县委监委书记。1967 年 10 月后受“文化大革命”冲击。1970 年 1 月后任赣县“抓促部”副主任、赣州地区渔场主任、赣南化工厂党委书记。1984 年 12 月离休。

胡颜喜

胡颜喜,男,汉族,江西广昌县人,1933 年 8 月生,初中文化,1959 年 7 月加入中国共产党。1957 年 7 月参加工作后,任广昌县甘竹饮食店经理、广昌县菱田公社党委委员、武装部部长、甘竹公社党委委员、武装部部长。1971 年 1 月后任广昌县委常委、县委保卫部主任,县委常委、县人民法院院长,县委常委、县革委副主任。1979 年 11 月至 1981 年 12 月任广昌县委常委、县委纪委书记。1982 年后任广昌县委常委、副县长、县人大常委会副主任。1993 年 9 月退休。

魏仁贵

魏仁贵,男,汉族,江西广昌县人,1933 年 5 月生,初中文化,1953 年 11 月加入中国共产党。1953 年 3 月至 1955 年 7 月任江西宁都县赖村区政府公安员、宁都县检察院科长。1955 年 8 月任广昌县公安局副局长,1966 年 4 月任广昌县苦竹垦殖场党委书记,1970 年 6 月任广昌县知青办主任,1972 年 1 月任广昌县“抓捉部”副主任;1975 年 1 月任广昌县检察院检察长。1984 年 2 月至 1987 年 8 月任广昌县委常委、纪委书记。1987 年 9 月任广昌县政协主席。1993 年 5 月退休,2013 年病故。

曾志强

曾志强，男，汉族，浙江龙泉人，1942 年 12 月生，大专文化，1981 年 2 月加入中国共产党。1964 年 8 月任临川县荣山垦殖场技术员。1973 年 5 月至 1979 年 8 月借调到抚州地区林业局参加全国南方森林试点调查及中国林科院江西大岗山试验建局分队长、中队长。1979 年 9 月后任临川县荣山垦殖场副场长、党委委员、党委副书记，临川县林业局局长。1987 年 7 月至 1989 年 12 月任广昌县委常委、纪委书记。1989 年 12 月后任广昌县委常委、副书记，临川县人大常委会党组书记、主任，抚州地区水利局党委书记，抚州地区林业局副局长、副书记（正县）、调研员。2002 年 6 月退休。

黄国新

黄国新，女，汉族，江西临川人，1945 年 11 月生，大专文化，1979 年 8 月加入中国共产党，1965 年 9 月参加工作后，历任资溪县高阜、石陂、方垅、梅林小学教师、班主任、校负责人。1971 年 9 月后，历任泸阳（公社）镇第一小学年级组长、总辅导员、教导处副主任、副校长。1984 年 1 月任资溪县委常委、组织部部长。1987 年 7 月任广昌县副县长。1990 年 1 月至 1996 年 2 月任广昌县委常委、纪委书记。1996 年 3 月后任广昌县第十三届、第十四届人大常委会党组书记、主任。2005 年 12 月退休。

刘义德

刘义德，男，汉族，江西南城县人，1951 年 8 月生，大专学历，1978 年 11 月入党。1968 年 8 月参加工作后为广昌县林业局工人。1968 年 12 月至 1973 年 4 月任福州部队战士、副班长。1973 年 4 月至 1996 年 4 月任广昌林业局工人、场长、经理，广昌县林业公安分局局长，广昌县公安局副政委、局长。1996 年 4 月至 2003 年 1 月任广昌县委常委、纪委书记。2003 年 1 月至 2011 年 8 月任广昌县人大常委会副主任（正县级）、调研员。

周希平

周希平，男，汉族，江西南丰县人，1958 年 8 月生，本科学历，1979 年 1 月入党。1974 年 7 月为南丰县古城公社插队知青。1976 年 12 月为解放军 34575 部队战士。1980 年 12 月退伍后先后在南丰县交通局、县委纪委、县委组织部工作。1987 年 4 月至 1997 年 11 月历任南丰县洽湾乡党委副书记、县农经委副主任、县农业局副局长、琴城镇镇长、书记。1997 年 11 月后任南丰县人大常委会副主任、临川区常务副区长。2003 年 3 月至 2005 年 9 月任广昌县委副书记、纪委书记。2005 年 9 月至 2015 年 12 月历任抚州市城市管理局局长、抚州市水利局局长、党委书记、抚州市卫生局党委书记。

赖昌明

赖昌明，男，汉族，江西于都县人，1963 年 8 月生，本科学历，副教授职称，1993 年 3 月入党。1984 年 8 月至 1986 年 8 月为南方冶金学院子弟学校教师；1986 年 9 月至 1997 年

10月任南方冶金学院社科系团委副书记、书记。1997年10月至2000年10月任南方冶金学院年级办公室主任(副处级)。2000年10月至2006年7月任广昌县副县长。2006年6月至2011年6月任广昌县委常委、纪委书记。2011年7月至2015年12月任廖坊水库管理局局长。

范亚平

范亚平,男,汉族,安徽太和县人,1963年1月出生在资溪县,研究生学历,教授职称,1986年3月入党。1983年7月为资溪县二中教师;1988年8月至1995年11月任共青团资溪县委副书记、书记(其间任共青团江西省委部长助理2年)。1995年11月任资溪县欧溪乡党委书记,1997年11月任资溪县委常委、宣传部部长,2001年5月,任抚州广播电视大学党委委员、副校长,2003年3月任抚州市委党校(行政学院)副校长(副院长),2005年1月任抚州广播电视大学党委书记,抚州市人大常委会委员,2011年7月至2015年12月任广昌县委常委、纪委书记(正县级)。

十一、东乡县人物简介

周　龙

周龙,男,汉族,江苏阜宁县人,1922年7月生,高小文化,1948年6月加入中国共产党。1944年11月参加新四军任战士、班长。1947年9月在黑龙江省嫩江地区龙江县政府任警卫员,1949年5月随军南下。1949年10月至1950年4月任万年县区队长、粮食局副局长、县银行行长。1953年3月至1959年2月任东乡县银行行长,县委统战部、财贸部部长,粮食局局长,县政府副县长。1960年4月后任上饶地区铅山县永平钢铁厂副矿长、副厂长、副书记。1964年4月任东乡县监委书记。1968年10月下放劳动。1972年10月任东乡县邮电局局长、书记、县知青办主任。1979年12月任东乡县委统战部部长、县政协副主席。1990年10月病逝。

乐高山

乐高山,男,汉族,江西东乡县人,1937年10月生,中共党员。1953年至1957年先后在利群初级社、邓家乡二分社、邓家乡信用合作社任会计。1958年1月任孝岗镇财粮干事,1959年3月任县委招待所会计,1966年4月任王桥公社监委书记兼组织委员。1970年12月至1981年1月,先后任王桥公社党委书记、革委会主任、东乡县委委员、县委常委、县革委会副主任、县委副书记等职。1979年5月至1981年2月兼任县委纪委书记。1981年2月任黎川县委副书记,1985年5月任东乡县委副书记。1987年7月至1997年3月任东乡县人大常委会副主任(代理主任1年)、调研员。1998年2月退休。

陈黄钟

陈黄钟,男,汉族,江西东乡县人,1926年10月生,高小文化,1951年3月入党。1951

年4月任东乡县松湖乡主席,1951年11月任孝岗区副区长,1952年12月任瑶圩区区委书记。1954年7月任县委组织部副部长。1958年4月至1964年1月任东乡县化肥厂筹备处副主任、东乡化工厂党委副书记、东乡县化肥厂厂长。“文化大革命”期间“靠边站”。1969年2月至1969年7月任东乡化工厂采购员、车间指导员、东乡糖厂党委书记。1972年1月至1976年11月任东乡县革委会计划工业领导小组组长、东乡县革委会副主任,1981年任东乡县纪委书记。1984年1月任东乡县委顾问。1991年11月病逝。

施恭臻

施恭臻,男,汉族,福建福清市人,1946年9月生,大学文化,1973年7月加入中国共产党。1965年9月至1970年7月就读浙江大学,任班团支部书记。1970年8月至1971年11月,为福字124部队独立团军学八连战士。1971年12月至1984年9月,在东乡县共大、东乡县一中任教师、校团委书记、总务主任、教导主任、副校长、校长、书记等职。1984年10月至1987年7月任东乡县委常委、纪委书记。1987年8月至1996年2月任资溪县委常委、纪委书记,被评为江西省劳动模范。1996年3月至2007年7月任资溪县人大常委会主任、党组书记、调研员。2007年8月退休。

万怀德

万怀德,男,江西东乡县人,1943年10月生,大学文化,1970年4月加入中国共产党。1968年12月下放到江西生产建设兵团十一团一营三连(原贵溪塔桥农场)劳动锻炼,先后任连队文书、排长。1970年1月任团政治处宣传干事。1973年10月调东乡县革委会办公室工作,1977年6月至1987年6月任东乡县委宣传部副部长、县委常委、宣传部部长。1987年7月任东乡县委常委、纪委书记。1989年12月调任宜黄县县长,1992年10月任宜黄县委书记,1995年当选为中共江西省第十次代表大会代表,1997年12月调任抚州地区水电局局长。

朱章明

朱章明,男,汉族,江西临川人,1954年11月生,大学学历,1973年1月加入中国共产党。1971年8月至1977年12月,任临川县基本路线教育工作队员、红旗桥公社祝坊抽水机站会计、祝坊大队党总支书记。1977年12月至1984年4月任临川县红旗桥公社党委委员、管委会副主任、副书记、管委会主任(1980年12月转为国家干部)。1984年4月至1989年12月任临川县三桥乡党委书记、东馆乡党委书记。1989年12月至1995年12月任东乡县委常委、纪委书记、副县长。1995年12月至2005年4月任南丰县委副书记、县长、县委书记。2005年4月至2015年12月任抚州市委常委、统战部部长。

王兴华

王兴华,男,汉族,江西吉安县人,1943年7月生,大学学历,1970年加入中国共产党。1968年大学毕业后分配到江西生产建设兵团五团(朱港农场)工作,1970年8月调建设兵团独立营工作(永桥农场)。1970 年 9 月至 1983 年任永桥劳动教养管理所中学教师、校长。1983 年至 1991 年 4 月任省劳教所大队长、副政委。1991 年 4 月至 1998 年 1 月任东乡县委常委、政法委书记、纪委书记。1998 年 1 月至 2000 年 8 月,任东乡县政协主席、党组书记。在纪委书记任内,县纪委有四年被评为全区纪检工作目标管理考核第一名。

李南田

李南田,男,汉族。江西崇仁县人,1948 年 1 月生,大专文化,1979 年 1 月加入中国共产党。1968 年 3 月在崇仁县中华山煤矿工作。1973 年 5 月至 1977 年 10 月先后在崇仁县工业局、崇仁县革委会政治部宣传组、崇仁县委宣传部工作。1982 年 1 月任崇仁县沙堤公社党委委员、管委会副主任,1982 年 8 月任崇仁县委组织员。1986 年 2 月任崇仁县礼陂乡党委书记,1987 年 9 月任崇仁县委常委、宣传部部长。1996 年 7 月任南丰县委常委、纪委书记。1997 年 12 月至 2002 年 12 月任东乡县委常委、纪委书记。2003 年 1 月任崇仁县委调研员、关工委主任。

丁国华

丁国华,男,汉族,江西南城县人,1964 年 7 月生,硕士学位,1984 年 6 月入党。1985 年 7 月至 1988 年 3 月任南丰县沙岗乡团委书记、党政办主任、乡党委委员、人武部副部长(主持工作)。1988 年 3 月任南丰县委组织部组织员。1992 年 9 月至 1997 年 11 月任南丰县桥背乡党委副书记、乡长、党委书记、人大主席。1997 年 11 月至 2003 年 1 月,任黎川县委常委、组织部部长、纪委书记。2003 年 1 月至 2006 年 6 月,任东乡县委副书记、纪委书记。2006 年 6 月至 2007 年 3 月任东乡县委副书记。2007 年 3 月任抚州市人口和计生委党组书记、主任。2015 年 8 月至 2015 年 12 月任抚州市交通局局长。

曾　春

曾春,男,汉族,江西临川人,1971 年 7 月生,研究生学历,1993 年 4 月加入中国共产党。1990 年 7 月至 1997 年 8 月,任抚州地区纪委干部(1993 年 7 月至 1995 年 7 月脱产在北京大学国际政治系读书)。1997 年 8 月至 2002 年 7 月,任抚州地区纪委副科级纪检员、正科级纪检员。2002 年 7 月至 2006 年 6 月,任抚州市纪委办公室副主任(主持工作)、市纪委常委、办公室主任。2006 年 6 月至 2013 年 3 月,任东乡县委常委、纪委书记。2013 年 4 月至 2015 年 12 月,任东乡县委常委、常务副县长。

葛　斌

葛斌,男,汉族,江西于都县人,1967 年 5 月生,大学文化,1989 年 11 月加入中国共产党,。1986 年 7 月至 2002 年 3 月,先后任抚州地区柑桔研究所副科长、科长、副所长。2002 年 3 月至 2006 年 3 月,任南丰县政府党组成员、政府办主任。2006 年 3 月至 2006 年 6 月任南丰县琴城镇党委书记、人大主席。2006 年 6 月至 2010 年 7 月任东乡县副县级干部、县长助理、党组成员、经济开发区党工委书记、县委常委。2010 年 7 月至 2013 年 3 月,任东乡县委常委、县政府党组成员、副县长。2013 年 3 月至 2015 年 6 月，任东乡县委常委、县纪委书记。

姚英华

姚英华，男，汉族，江西广昌县人，1962 年 6 月生，中共党员。1984 年 7 月毕业于江西大学，1984 年 7 月至 1988 年 10 月在抚州地委党校工作，1988 年 10 月至 1992 年 10 月在抚州地区监察局工作，1992 年 10 月至 1994 年 4 月在中共抚州市纪律检查委员会工作。1994 年 4 月至 2002 年 5 月，任市纪委副科级纪检员、正科级纪检员。2002 年 5 月至 2007 年 2 月任市纪委调研室主任，2007 年 2 月至 2008 年 6 月任市纪委办公室主任。2008 年 6 月至 2015 年 7 月任黎川县委常委、纪委书记。2015 年 7 月至 2015 年 12 月，任东乡县委常委、县纪委书记。

十二、高新区人物简介

徐龙标

徐龙标，男，江西临川人，1965 年 4 月生，研究生学历，1993 年 10 月加入中国共产党。1986 年 7 月参加工作，任抚州地区林科所助理工程师。1990 年 6 月至 1997 年 5 月任抚州地区人事局科员。1997 年 6 月至 2003 年 6 月，任抚州地区(市)机关事业单位社保局副局长、局长。2003 年 7 月至 2006 年 5 月任抚州市人事局党组成员、人秘科长。2006 年 6 月至 2015 年 12 月任抚州高新技术产业开发区(抚州金巢经济开发区)党工委委员、纪工委书记。

十三、列表人物

全区(市)共有 39 名纪(监)委书记因缺乏资料，无法记入人物简介，只能将名单列表于后。

抚州地区(市)部分纪(监)委书记名录

单　位	姓　名	职　务	任职时间
抚州地委纪律检查委员会	宋　诚	书　记	1950.07—1951.05
	王　寒	副书记 书　记 副书记	1950.07—1951.05 1951.05—1952.09 1952.10—1953.05
	聂显书	副书记	1951.05—1952.09
	李毅章	书　记	1952.10—1954.09
	王敬民	书　记	1954.10—1955.12
	韩增田	副书记	1954.10—1955.09
	张　瑛	副书记	1954.10—1955.12

续表

单　位	姓　名	职　务	任职时间
抚州地方监察委员会	王敬民	书　记	1956.01—1958.08
	张　瑛	副书记	1956.01—1963.02
	韩增田	书　记	1959.06—1963.02
江西省委监察委员会驻抚州地委监察组	张　瑛	副组长	1963.03—1966.05
	张金阁	组　长	1964.01—1966.05
临川县纪(监)委	李春瑞	书　记	1956.04—不详
	刘树森	书　记	1958.12—不详
	何　平	书　记	1965.06—1966.07
抚州市(县级)纪(监)委	寇　健	书　记	1954.10—1955
	李　斌	书　记	1955.09—1960.06
	王九如	书　记	1962.07—1963.12
	孙玉芳	书　记	1963.12—1967.01
	陈　平	书　记	1992.10—1994.07
黎川县委纪委	任火炎	书　记	1952.11—1953.04
	张子良	书　记	1954.07—1954.12
	杨明耀	书　记	1955.09—1958.11
	张海云	书　记	1959.07—1960.07
南丰县纪(监)委	张海涌	书　记	1950.07—1953.07
	石振宗	书　记	1955.08—1958.12
	孙竹寿	书　记	1958.12—1960.03
	李海峰	书　记	1960.03—1979.06
	李耀南	书　记	1979.06—1980.12
	孔广生	书　记	1980.12—1984.02
崇仁县纪(监)委	张子良	书　记	1954.07—1954.02
	杨明耀	书　记	1955.09—1958.11
	张云海	书　记	1959.07—1960.07
宜黄县委纪(监)委	郭　凯	书　记	1950.07—1951.05
	王　泽	书　记	1952.10—1954.04
	王九如	书　记	1954.04—1955.09

续表

单 位	姓 名	职 务	任职时间
	曲中顺	书 记	1958.11—1960.03
乐安县纪委	金学志	书 记	1953.11—1954.02
	郑云龙	书 记	1979.06—1980.03
东乡县纪(监)委	丁碧岩	书 记	1952.01—1953
	王世新	书 记	1953—1954
	董 贤	书 记	1954—1956
	孙国庆	书 记	1956—1964.03

第二章 荣 誉

由于域内纪检监察机构成立时间较长,人员流动性大,这里仅收录到部分单位及个人获奖荣誉。获奖荣誉先按获奖单位、后按授予单位,再按获奖时间依次排列。

第一节 获奖单位

1950—2015 年全区(市)获省、部级以上奖励单位

获奖单位	荣誉称号	授予单位	获奖时间
抚州地区纪委监察局	全国纪检监察系统新闻工作先进单位	中央纪委、监察部	1996
抚州市纪委监察局	全国纪检监察信息工作先进单位	中央纪委、监察部	2009
市纪委	全国纪检监察信息工作先进单位	中央纪委、监察部	2010
市纪委	全国纪检监察信息工作先进集体	中央纪委、监察部	2011
市纪委	全国先进通联站	中国纪检监察报社	2011
市纪委	全国先进通联站	中国纪检监察报社	2012
地区纪委党支部	全省先进党支部	江西省委	1984
地区纪委监察局执法监察室	江西省办案先进单位	省委、省政府	1994
地区纪委	全省扶贫工作先进单位	省政府	1997
市纪委监察局	全省查办大案要案工作先进集体	省委、省政府	2000.11
市纪委	音乐情景剧《春风杨柳》获全省党风廉政建设文艺汇演优秀节目创作金奖、表演银奖、组织奖	江西省委	2009
市纪委	2011—2013 年度全省依法行政先进单位	省政府	2014.08
广昌县纪委监察局	2015 年江西省第十四届文明单位	省委、省政府	2016.04

1950—2015年全区(市)获省纪委监察厅和地(市)级奖励单位

获奖单位	荣誉称号	授予单位	获奖时间
地区监察局	信访举报三等奖	江西省监察厅	1989
抚州地区纪委	全省纪检监察信息工作先进单位	江西省纪委	1993.03
地区纪委办公室	全省纪检监察信息工作先进单位	省纪委	1994.10
地区纪委监察局	全省纪检监察机关办案先进集体	省纪委、监察厅	1995.03
抚州市纪委	开展"廉内助"评选活动组织奖	省纪委	2001.06
市纪委	全省党纪政纪条规知识竞赛一等奖	省纪委、监察厅	2003.11
市纪委	江西省纪检监察系统查办案件先进集体	省纪委、监察厅	2003.12
市纪委	"庐山杯"江西省学习贯彻两部《条例》知识竞赛一等奖	省纪委、监察厅	2004.06
市纪委	江西省反腐倡廉书画作品展优秀组织单位	省纪委、省委宣传部、省监察厅、省文化厅、省文学艺术界联合会	2006.02
市纪委	2004—2005年度江西省基层党校创先争优活动组织工作先进单位	省纪委、省委组织部、省委宣传部	2006.04
市纪委监察局	江西省纪检监察信息工作先进单位	省纪委、监察厅	2009
抚州市纪委	"清风颂"—江西省党风廉政建设文艺汇演进京演出优秀组织奖	省纪委、省委宣传部、省监察厅、省文化厅	2009.10
抚州市采茶歌舞剧团	"清风颂"—江西省党风廉政建设文艺汇演进京演出优秀表演奖	省纪委、省委宣传部、省监察厅、省文化厅	2009.10
市纪委《春风杨柳》(音乐情景剧)	"清风伴崛起"—全省党风廉政建设文艺汇演优秀节目金奖、优秀节目创作银奖	省纪委、省监察厅省文化厅、省广播电视局	2009.05
市纪委	"清风伴崛起"—全省党风廉政建设文艺汇演优秀组织奖	省纪委、省监察厅、省文化厅、省广播电影电视局	2009.05
市纪委	全省纪检监察信息工作先进单位	省纪委	2010
市纪委	全省学习贯彻《中国共产党党员领导干部廉洁从政若干准则》电视竞赛一等奖第一名	省纪委	2010
市纪委	全省发展提升年活动创建最优发展环境先进工作单位	省纪委	2011
市纪委机关内刊《清风苑》	江西省优秀连续性内部资料	省纪委	2011
市纪委	《私欲的"膨胀"》获全省"廉政公益广告"征集活动一等奖	省纪委	2011
市纪委	全省纪检监察信息工作先进集体	省纪委	2011
市纪委	纪念建党90周年反腐倡廉知识竞赛优秀组织奖	省纪委	2011
市纪委	江西省纪检监察系统纪念建党90周年唱红歌比赛二等奖	省纪委、监察厅	2011.06
市纪委	全省纪检监察宣传教育工作综合先进单位	省纪委、监察厅	2012
市纪委监察局	全省纪检监察信访举报工作2010—2012年度先进单位	省纪委、监察厅	2013

续表

获奖单位	荣誉称号	授予单位	获奖时间
市纪委	2013年度全省党风廉政建设责任制检查考核设区市第一名	省纪委、监察厅	2013
市纪委	抚州地区两个文明建设争先创优竞赛活动宗旨杯	抚州市委	1991
市纪委	全市目标管理考评先进单位	市委、市政府	2005.01
市纪委	市直机关目标管理考评招商引资工作先进单位第一名	市委、市政府	2005.1
市纪委	2004年度案件审理工作目标管理考评先进单位	市委、市政府	2005.02
市纪委	市城区市容环境整治路段三等奖	市委、市政府	2005.09
市纪委	2005年度市直机关目标管理综合考评先进单位	市委、市政府	2006.01
市纪委	2005年度市直机关目标管理考评招商引资工作先进单位	市委、市政府	2006.01
市纪委	抚州市第四届(2005—2006年度)文明单位	市委、市政府	2007.01
市纪委	2006年度市直机关目标管理考评招商引资工作先进单位	市委、市政府	2007.01
市纪委	2006年度市直机关目标管理综合考评先进单位	市委、市政府	2007.01
市纪委	2006年度新农村建设挂点帮扶先进市直单位	市委、市政府	2007.02
市纪委	2007年度市直机关目标管理考评招商引资工作先进团队第二名	市委、市政府	2008.02
市纪委	2007年度市直机关目标管理综合考评先进单位	市委、市政府	2008.02
市纪委	2007年度市直机关目标管理考评招商引资工作先进单位	市委、市政府	2008.02
市纪委	2008年度市直机关目标管理综合考评先进单位	市委、市政府	2009.02
市纪委	2008年度市直机关目标管理考评招商引资工作三等奖	市委、市政府	2009.02
市纪委	2008年度新农村建设先进市直挂点单位	市委、市政府	2009.2
市纪委监察局	2008年度全市经济社会发展目标管理考评市直机关综合先进单位	市委、市政府	2009.02
市纪委监察局	2008年度全市经济社会发展目标管理考评招商引资工作先进单位	市委、市政府	2009.02
市纪委	2008年度全市农业农村工作和新农村建设先进市直挂点单位	市委、市政府	2009.02
市纪委	依法行政先进单位	市政府	2010
市纪委	全市全民创业先进单位	市政府	2010
市纪委	2009年度市直机关目标管理综合考评先进单位	市委、市政府	2010.02
市纪委	2009年度市直机关目标管理考评招商引资工作二等奖	市委、市政府	2010.02

续表

获奖单位	荣誉称号	授予单位	获奖时间
市纪委	2009年度市直机关目标管理考评团队招商引资工作三等奖	市委、市政府	2010.02
市纪委	2009年度新农村建设先进市直挂点单位	市委、市政府	2010.02
市纪委	市、区直单位帮扶临川灾区恢复生产和灾后重建工作先进工作组	市委、市政府	2010.11
市纪委	2010年度市直机关目标管理考评团队招商引资工作二等奖	市委、市政府	2011.02
市纪委	2010年度市直机关目标管理考评招商引资工作一等奖	市委、市政府	2011.02
市纪委	2010年度市直机关目标管理综合考评先进单位	市委、市政府	2011.02
市纪委	2010年度新农村建设先进市直挂点单位	市委、市政府	2011.03
市纪委	2010年度全市公共机构节能先进单位	市政府	2011.05
市纪委	2011年度全市公共机构节能先进单位	市政府	2012.09
市纪委	2013年度市直机关绩效管理工作先进单位	市委、市政府	2014.02
临川区纪委	全省效能工作先进县(区)	省纪委、监察厅	2012
临川区纪委	全省纪检监察信访工作先进单位	省纪委、监察厅	2013
南城县纪委监察局	省先进纪检组织	省纪委	1991
南城县纪委监察局	省纪检监察信访举报工作目标管理达标先进单位	省纪委	1993－1995
南城县纪委监察局	省纪检监信息工作先进单位	省纪委、监察厅	2006
南城县纪委监察局	市文明单位	市委、市政府	2005－2006
黎川县纪委监察局	全省学刊用刊二等奖	省纪委、监察厅	1995、1996、1997、1998
黎川县纪委监察局	全省纪检监察信访举报工作先进单位	省纪委、监察厅	2008
黎川县纪委监察局	江西省廉政文化建设示范点	省纪委、监察厅	2010
黎川县纪委监察局	2008年开展“提升行政效能建设服务型政府”主题活动先进单位	市委、市政府	2009
黎川县纪委监察局	2010年全市创业服务年活动绩效考核先进单位	市委、市政府	2011
南丰县纪委监察局	1993—1995年度全省纪检监察信访举报工作目标考评管理达标先进单位	省纪委	1996.06
南丰县纪委监察局	1995—1996年度全省纪检监察信息工作先进单位	省纪委	1997.01
南丰县纪委监察局	全省清房工作先进单位	江西省清房工作领导小组	2000.11
南丰县纪委监察局	2002年度全省纪检监察信息工作先进单位	省纪委	2003.04
南丰县纪委监察局	2005年度全省纪检监察信息工作先进单位	省纪委	2005.03
南丰县纪委监察局	2004—2005年目标管理考评达标先进单位	省纪委	2006.02
南丰县纪委监察局	2005年度全省纪检监察信访举报工作先进单位	省纪委	2006.04
南丰县纪委监察局	2007年度全省纪检监察系统信息工作先进单位	省纪委	2008.02

续表

获奖单位	荣誉称号	授予单位	获奖时间
南丰县监察局	2007 年全省“绿剑二号行动”先进单位	省监察厅、省公安厅、省法院、省检察院	2008.01
南丰县纪委监察局	2008 年度全省纪检监察案件审理工作先进集体	省纪委	2009.07
南丰县纪委监察局	2009 年度全省纪检监察信息工作先进单位	省纪委	2010.06
南丰县纪委监察局	2012 年度全省纪检监察信息工作先进单位	省纪委	2013.03
南丰县纪委监察局	2013 年度全省纪检监察信息工作先进集体	省纪委	2014.04
南丰县纪委监察局	2014 年度全省纪检监察信息工作先进集体	省纪委	2015.04
南丰县纪委监察局	2015 年度全省纪检监察信息工作先进集体	省纪委	2016.04
南丰县纪委监察局	2010 年全市创业服务年活动建立健全投资创业服务体系工作先进单位	市委、市政府	2011.01
崇仁县纪委监察局	全省纪检信访达标工作先进单位	省纪委、监察厅	1997
崇仁县纪委监察局	全省纪检信访达标工作先进单位	省纪委、监察厅	1998
崇仁县纪委监察局	全省纪检信访达标工作先进单位	省纪委、监察厅	1999
崇仁县纪委监察局	全省信访达标先进县	省纪委、监察厅	2005
崇仁县纪委监察局	江西省廉政文化建设示范点	省纪委、监察厅	2014
崇仁县纪委监察局	全区清房工作第一名	抚州地委、行署	1997
崇仁县纪委监察局	全区清房工作第一名	地委、行署	1998
崇仁县纪委监察局	全区清房工作第一名	地委、行署	1999
崇仁县纪委监察局	2011—2012 年度文明单位	市委、市政府	2013
崇仁县纪委监察局	落实党风廉政建设责任制先进单位	市委、市政府	2014
乐安县纪委	全省纪检信访达标先进单位	省纪委	1999
乐安县纪委监察局	1997—1999 年全省纪检监察信访举报工作目标管理达标先进单位	省纪委	2000.01
乐安县纪委监察局	2003 年全省纪检监察系统查办案件先进集体	省纪委	2004.04
乐安县纪委监察局	2009 年度全省信息调研工作先进单位	省纪委	2010.02
乐安县纪委监察局	2009 年度全省纪检监察信息工作先进单位	省纪委	2010.06
乐安县纪委监察局	2011 年度全省纪检监察信息工作先进单位	省纪委	2012.02
乐安县纪委监察局	2013 年度全省纪检监察信息工作先进单位	省纪委	2014.04
乐安县纪委监察局	2014 年度全省纪检监察信息工作先进单位	省纪委	2015.04
乐安县纪委监察局	2008 年开展“提升行政效能建设服务型政府”主题活动先进单位	市委、市政府	2009.01
乐安县纪委监察局	抚州市第五届(2007—2008 年度)文明单位	市委、市政府	2009.02
乐安县纪委监察局	2010 年全市创业服务年活动深化机关作风建设工作先进单位	市委、市政府	2011.01
乐安县纪委监察局	2011 年全市发展提升年活动单项工作先进单位	市委、市政府	2012.03
乐安县纪委监察局	创先争优群众满意窗口单位	市委	2012.09

续表

获奖单位	荣誉称号	授予单位	获奖时间
宜黄县纪委监察局	1997年度《党风廉政月刊》征订发行暨学刊用刊先进单位	省纪委、监察厅	1997.06
宜黄县纪委	全省纪检信访达标先进单位	省纪委	1999
宜黄县纪委监察局	1997—1999年度全省纪检监察信访举报工作目标管理达标单位	省纪委、监察厅	2000.01
宜黄县纪委监察局	2003年度全省纪检监察信息工作先进单位	省纪委、监察厅	2004.01
宜黄县纪委监察局	2010年度全省纪检监察信息工作先进单位	省纪委、监察厅	2011.03
宜黄县纪委监察局	2013年度全省纪检监察信息工作先进单位	省纪委、监察厅	2013.12
宜黄县纪委监察局	2008年度开展“提升行政效能，建设服务型政府”主题活动先进单位	市委、市政府	2009.03
宜黄县纪委监察局	2009年度全市机关效能绩效考核先进单位	市委、市政府	2010.01
宜黄县纪委监察局	2010年全市创业服务年活动优化创业发展环境工作先进单位	市委、市政府	2011.01
金溪县纪委	全省纪检信访达标先进单位	省纪委	1999
金溪县秀谷镇纪委	全省纪检监察系统先进集体	省纪委、监察厅	2011
金溪县纪委	全省集中整治影响发展环境的干部作风突出问题活动先进单位	省纪委	2012
金溪县纪委	全省纪检信访达标先进单位	省纪委	2013
金溪县纪委	党风廉政建设社会评价工作中综合得分第一名	省纪委	2014
金溪县纪委	全市优化环境工作目标管理考评先进单位	市政府	2006
金溪县纪委	全市创业服务年活动先进单位	市政府	2010
金溪县纪委	全市发展提升年活动先进单位	市政府	2011
资溪县纪委监察局	《党风建设》征订发行先进单位	省纪委、监察厅	1993
资溪县纪委监察局	抚州市第五届(2007—2008年度)文明单位	市委、市政府	2009.02
资溪县纪委监察局	抚州市第六届(2009—2010年度)文明单位	市委、市政府	2011.01
资溪县纪委监察局	抚州市第七届(2011—2012年度)文明单位	市委、市政府	2013.01
资溪县纪委监察局	落实党风廉政建设责任制先进单位	市委、市政府	2014
广昌县纪委监察局	2011—2012年市文明单位	市委、市政府	2012
东乡县纪委监察局	1997—1999年全省纪检监察信息举报工作目标管理达标单位	省纪委、监察厅	2000.03
东乡县纪委监察局	2000年度全省《党风廉政月刊》征订发行暨学刊用刊先进单位二等奖	省纪委、监察厅	2000.05
东乡县纪委监察局	2008年度全省纪检监察信访举报工作先进单位	省纪委、监察厅	2008.10
东乡县纪委监察局	2011年度江西省纪检监察系统先进集体	省纪委、省人力资源和社会保障厅、省监察厅	2011.06
东乡县纪委监察局	全市提升行政效能建设服务型政府主题活动先进单位	市委、市政府	2009.01
东乡县纪委监察局	2011—2012年度“文明单位”	市委、市政府	2012.12

第二节 获奖个人

1950—2015 年全区(市)获省、部级以上奖励个人

单位	姓名	荣誉称号	授予单位	获奖时间
抚州地区纪委	刘有荪	全省清房先进工作者	江西省委省政府	1991
地区监察局	章友泉	全省清房先进工作者	省委、省政府	1991
地区纪委	江富生	江西省优秀共产党员	省委	1995.07
地区纪委	周信昌	全国纪检监察系统先进信息工作者	中央纪委办公厅	1998.07
抚州市纪委	廖功亮	全省查办大案要案工作先进个人	省委、省政府	2000.11
市纪委	洪明泉	全省查办大案要案工作先进个人	省委、省政府	2000.11
市纪委	章菊华	全省查办大案要案工作先进个人	省委、省政府	2000.11
市纪委	陈小华	全国纪检监察系统嘉奖	中央纪委、监察部	2011
黎川县纪委监察局	黄小诚	清房先进工作者	省委、省政府	1991
乐安县纪委监察局	牛才智	“晋升一级工资”奖励	省政府	1988
乐安县纪委监察局	李自发	嘉奖	中纪委、监察部	2002.02
宜黄县纪委监察局	谢仁康	全国优秀纪检干部	中央纪委	1990.11
宜黄县纪委监察局	仇文军	全国纪检监察系统先进工作者	中央纪委、监察部、人事部	2002.01
东乡县纪委	徐学文	全省清房工作先进者	省委、省政府	1991.01

1950—2015 年全区(市)获省纪委监察厅和地(市)级奖励个人

单位	姓名	荣誉称号	授予单位	获奖时间
抚州地区纪委	洪明泉	全省纪检监察信息工作优秀信息员	江西省纪委	1993.03
地区纪委	丁富华	全省纪检监察信息工作优秀信息员	省纪委	1993.03
地区纪委	洪明泉	全省纪检监察信息工作先进个人	省纪委	1994.10
地区纪委	江富生	全省纪检监察机关办案先进个人	省纪委、监察厅	1995
地区纪委	曾 春	全省纪检监察信息工作先进个人	省纪委、监察厅	1997.06
抚州市纪委	潘金明	全省纪念建党 80 周年反腐倡廉理论研讨会论文二等奖	省纪委、监察厅	2001.06
市纪委	陈仁祥	全省模范军转干部	省纪委	2001.06
市纪委	陈建国	全省勤廉先进典型	省纪委	2003.11
市纪委	黎桃英	全省纪检监察系统查办案件先进工作者	省纪委、监察厅	2003.12
市纪委	钱 平 徐 菁	全市目标管理工作先进个人	市委、市政府	2005.01
市纪委	华 民 肖国辉 赵 明 赵 钢 章菊华	全省查办案件先进工作者	省纪委	2006.10

续表

单位	姓名	荣誉称号	授予单位	获奖时间
市纪委	赵四鸣	2006 年度全市目标管理工作先进个人	市委、市政府	2007.02
市纪委	黎桃英	2007 年度全市目标管理工作先进个人	市委、市政府	2008.02
市纪委	韩长贤 艾恒知 饶武刚	2008 年度全市经济社会发展目标管理考评先进个人	市委、市政府	2009.02
市纪委	傅志雄	2008 年度全市经济社会发展目标管理考评市中心城区城市建设重点项目先进个人	市委、市政府	2009.02
市纪委	艾 华 华 民 罗少韬 赵四鸣 韩长贤 程胜文 游 渊 谢少华	查办“1·22”案件立功嘉奖人员	省纪委、监察厅	2009.09
市纪委	陈武光	全省纪检监察系统先进工作者	省纪委、监察厅	2011
市纪委	邹 华	全省纪检监察信访举报工作先进个人	省纪委、监察厅	2013
抚州市	熊顺福	江西省反腐倡廉书画作品展二等奖	省纪委、省委宣传部、省监察厅、省文化厅、省文学艺术界联合会	2006.02
抚州市	丁丹平 王九贵 万汉彬 周贵辉 黄韬光 吴德恒 邱左贤	江西省反腐倡廉书画作品展三等奖	省纪委、省委宣传部、省监察厅、省文化厅、省文学艺术界联合会	2006.02
临川区纪委	章菊华	全省查办大案要案先进工作者	省纪委、监察厅	2000
临川区纪委	章菊华	全省办案先进工作者	省纪委、监察厅	2004
临川区纪委	章菊华	全市目标管理考评先进个人	市委、市政府	2007
临川区纪委	乐勤光	嘉奖	省纪委、监察厅	2009.09
临川区纪委	乐勤光	嘉奖	省纪委、监察厅	2011.06
临川区纪委	乐勤光	优秀党员	抚州市委	2012.09
临川区纪委	陈满兰	全省纪检监察信息工作先进个人	省纪委、监察厅	2012
临川区纪委	陈满兰	全省纪检监察调研工作先进个人	省纪委、监察厅	2013
临川区纪委	陈满兰	全省纪检监察宣教工作先进个人	省纪委、监察厅	2015
南城县纪委	王淑铭	全省纪检监察信息工作先进个人	省纪委、监察厅	2005
南城县纪委	吴晓祥	全省纪检监察案件审理先进个人	省纪委、监察厅	2009
黎川县裘坊乡纪委	罗贤庚	全省优秀纪检干部	省纪委	1991
黎川县监察局	傅牧根	全区清房先进工作者	抚州地委、行署	1991
黎川县监察局	余小奇	全区清房先进工作者	抚州地委、行署	1991
黎川县纪委	蔡福根	全区清房先进工作者	抚州地委、行署	1991
黎川县监察局	朱小芬	全区清房先进工作者	抚州地委、行署	1991
黎川县纪委	张仕龙	全区抢险救灾生产自救先进个人	抚州地委、行署	1998

续表

单位	姓名	荣誉称号	授予单位	获奖时间
黎川县纪委	彭小慧	全省纪检监察系统演讲比赛三等奖	省纪委	2002
黎川县二轻局纪检组	胡建兆	优秀党员	抚州市委	2003
黎川县纪委	彭小慧	全省优秀办案工作者	省监察厅	2004
黎川县纪委	杨应庚	全省纪检监察系统先进工作者	省纪委、监察厅	2011
南丰县洽湾乡纪委	赵水泉	全省优秀纪检干部	省纪委	1991.11
南丰县纪委监察局	曾　平	全省纪检信访举报工作达标先进个人	省纪委	1999
南丰县纪委监察局	李淑媛	2004—2005年目标考评管理达标先进个人	省纪委	2006.02
南丰县纪委监察局	甘印泉	2005年度全省纪检监察信息工作先进个人	省纪委	2007.04
南丰县纪委监察局	郑金鹏	《强化党内监督　促进廉政建设》一文被评为纪念党的纪律检查机关恢复重建30周年征文活动三等奖	省纪委	2008.12
南丰县纪委监察局	黄帝尧	2011年度全省纪检监察调研工作先进个人	省纪委	2012.03
南丰县纪委监察局	黄帝尧	2012年度全省纪检监察信息工作先进个人	省纪委	2013.03
南丰县纪委监察局	郑金鹏	2012年全市清收处置拖欠贷款工作先进个人	抚州市政府	2013.03
南丰县纪委监察局	黄帝尧	2013年度全省纪检监察信息工作先进个人	省纪委	2014.04
南丰县纪委监察局	彭清华	2013年度全省纪检监察宣传教育工作先进个人	省纪委	2014.04
南丰县纪委监察局	黄帝尧	2014年度全省纪检监察信息工作先进个人	省纪委	2015.03
南丰县纪委监察局	黄帝尧	2015年度全省纪检监察信息工作先进个人	省纪委	2016.03
崇仁县第一纪工委	杨国华	全省纪检监察系统先进工作者	省纪委、监察厅	2011
崇仁县纪委监察局	刘　丽	2011年度全省纪检监察信息工作先进个人	省纪委、监察厅	2012.02
乐安县纪委监察局	牛才智	全省优秀纪检干部	省纪委	1991.11
乐安县纪委监察局	陈绍平	《纪检监察干部要切实履行党章规定职责永葆共产党员先进性》一文获论文优秀奖	省纪委	2007
乐安县纪委监察局	陈绍平	抚州市目标管理工作先进个人	市委、市政府	2007
乐安县纪委监察局	王　农	全省“绿剑二号行动”先进个人	省纪委	2008.01
乐安县纪委监察局	陈绍平	抚州市目标管理工作先进个人	市委、市政府	2009

续表

单位	姓名	荣誉称号	授予单位	获奖时间
乐安县纪委监察局	陈绍平	抚州市目标管理工作先进个人	市委、市政府	2010
乐安县纪委监察局	罗冬根	嘉奖	省纪委	2011.06
乐安县纪委监察局	袁　璐	2013年度全省纪检监察信息工作先进个人	省纪委	2014.04
宜黄县纪委监察局	谢仁康	全省优秀纪检干部	省纪委、监察厅	1991
宜黄县纪委监察局	仇文军	全省查办大案要案工作先进工作者	省委、省政府	2000.11
宜黄县纪委监察局	徐冬兰	全省纪检监察举报工作2004—2005年度先进个人	省纪委、监察厅	2006.03
宜黄县纪委监察局	黄葵花	全省纪检监察信访举报工作先进个人	省纪委、监察厅	2008
宜黄县纪委监察局	章国泉	全省纪检监察案件审理工作先进个人	省纪委、监察厅	2009
宜黄县纪委监察局	徐冬兰	2008年度全市提升行政效能建设服务型政府主题活动先进个人	市委、市政府	2009.02
宜黄县纪委监察局	徐冬兰	全市创业服务年活动“十佳服务创业明星”	市委、市政府	2011.01
宜黄县纪委监察局	缪丽江	嘉奖	省纪委、监察厅	2011.06
宜黄县纪委监察局	熊瑞大	2012年全省纪检监察调研工作先进个人	省纪委、监察厅	2013.03
宜黄县纪委监察局	章文魁	全省纪检监察信访举报工作先进个人	省纪委、监察厅	2013.12
宜黄县纪委监察局	吴皇文	全省纪检监察信息工作先进个人	省纪委、监察厅	2013.12
宜黄县纪委监察局	李　勇	全省纪检监察系统宣教工作先进个人	省纪委、监察厅	2014.12
金溪县纪委	黄佑弥	全省清房先进个人	省纪委	1992
金溪县纪委	黄佑弥	全省优秀纪检干部。	省纪委	1992
金溪县纪委	詹晓葵	全省县级纪检监察信访举报工作先进个人	省纪委	2004－2005
金溪县纪委	易南平	全省纪检监察信息工作先进个人	省纪委	2008
金溪县纪委	李育斌	全省纪检监察调研工作先进个人	省纪委	2012
金溪县纪委	李　钦	全省纪检监察信息工作先进个人	省纪委	2014
资溪县纪委监察局	唐华圣	全省纪检监察先进工作者	省纪委、监察厅	1989
资溪县纪委监察局	施恭臻	全省优秀纪检干部	省纪委、监察厅	1991.11
广昌县纪委监察局	曾光勇	全省监察系统先进工作者	省监察厅、省人事厅	1990
广昌县纪委监察局	邓仁跃	全区清房工作先进工作者	抚州地委、行署	2000
广昌县纪委监察局	邱义成	全省查办案件先进工作者	省纪委、监察厅	2006
广昌县纪委监察局	黎晓萍	全省纪检监察信访举报工作先进个人	省纪委	2008
广昌县纪委监察局	张华明	全省纪检监察信息工作先进个人	省纪委	2009
广昌县纪委监察局	朱　伟	全省纪检监察信息工作先进个人	省纪委	2012
东乡县纪委	刘火旺	全省优秀纪检干部	省纪委	1991.11

附　　录

一、抚州市历届纪委向市党代会所作工作报告

在中共抚州市纪律检查委员会第一次全体会议上的讲话

罗建华

（2000 年 10 月 12 日）

同志们：

金秋十月，秋高气爽，千年之交，欣逢盛事。今天上午，抚州市第一次党代会选举产生了市纪律检查委员会。刚才，市纪委第一次全体会议又选举产生了市纪委常务委员会和书记、副书记。在此，让我代表新选出的市纪委常委会，对各位委员的信任和支持，表示衷心的感谢！

我们这一届纪委班子是抚州撤地设市后的首届纪委班子，正处在世纪之交和加快抚州发展的关键时期。面临新的形势和任务，我们深感任务艰巨、责任重大。但我相信，有新的市委和上级纪委的正确领导；有一支积极进取、作风过硬的纪检监察干部队伍；有全市各级党组织和广大人民群众的鼎力相助，特别是有地区纪委打下的良好工作基础。我们有信心克服前进中的困难，承前启后，继往开来，真抓实干，开拓进取，把我市的党风廉政建设和反腐败斗争不断推向新的阶段。

开好头，起好步，是时代赋予我们这届班子的责任，是党和人民对我们的期望，是实际工作给我们的考验。我们要立足现在，放眼未来，努力做好当前工作，继续开创全市党风廉政建设和反腐败工作的新局面。

首先要认真汲取和弘扬地区纪委开展反腐败斗争八年来积累的成功经验和形成的优良作风。在地委和省纪委的领导下，八年来，地区纪委团结一致，齐心协力，按照中央和省、地的部署，紧密结合抚州的实际，紧贴地委的中心工作，大力开展党风廉政建设和反腐败斗争，充分发挥纪检监察职能，严肃党纪，维护政纪，惩治腐败，保证党令、政令畅通，为全区的改革、发展和稳定作出了重要的贡献，取得了反腐败一个又一个阶段性成果，给我

们提供了弥足珍贵的经验。主要有:自觉服务服从全党工作大局,主动为改革、发展、稳定服务;紧紧围绕反腐败三项工作格局创造性地开展工作,力求抓一件成一件;坚持标本兼治、综合治理的方针,努力从源头上治理腐败;坚持党委统一领导,纪委组织协调,依靠群众的大力支持和广泛参与,形成齐抓共管的工作格局;不断完善激励机制,精心营造积极向上的工作氛围。在多年的反腐败工作中,全区广大纪检监察干部逐步形成了“政治坚定、思想解放、忠于职守、勤奋敬业、实事求是、光明磊落、严格执纪、清正廉洁”的优良作风。这些成功的经验和好的作风,我们务必十分珍惜,认真汲取,并在今后的工作中发扬光大。

时代在前进,社会在发展,改革在深化。党风廉政建设和反腐败斗争也必将面临更加复杂的新情况和新问题。对此,全市各级纪检监察机关,特别是新当选的各位委员,务必保持清醒的头脑和良好的精神状态,进一步增强历史的责任感和使命感,殚精竭虑,做好工作,真正肩负起党和人民的重托。

要坚持以邓小平理论和党的基本路线为指导,进一步强化经济建设中心意识,不断增强为改革开放和经济建设服务的自觉性和主动性。要找准纪检监察工作为经济建设服务的结合点和切入点,按照“三个有利于”的标准判断是非,处理问题,支持改革者,鼓励探索者,帮助失误者,惩处违纪者,努力拓宽为经济建设服务的渠道和领域,为全市的改革开放和经济发展创造一个良好的环境。

要坚持从严治党的方针,坚持中央确定的反腐败三项工作格局,坚持标本兼治、综合治理的原则,按照中央和省委有关党风廉政建设和反腐败工作的统一部署,切实抓好领导干部廉洁自律工作,加强督促检查,严格考核和责任追究,大力推进领导干部廉洁自律各项工作的深入;要加大查办大案要案和纠风工作的力度,重点查处那些破坏社会生产力的发展、阻碍先进文化的前进、损害人民群众利益的消极腐败问题和违纪违法行为,做“三个代表”的忠实捍卫者;要加强对党员领导干部的监督,积极探索监督的新途径和新方法,增强监督的有效性;要加强党性党风党纪教育,筑牢党员干部的思想道德防线,提高党员干部的拒腐防变能力;要进一步从改革体制、机制、制度上着力,努力探索从源头上预防和治理腐败的新举措。

要坚持讲学习、讲政治、讲正气,切实加强班子的政治建设。理论上的成熟是政治上成熟的基础。全体市纪委委员一定要认真学习马列主义、毛泽东思想和邓小平理论,尤其是要带头学好江泽民同志关于“三个代表”的重要思想,用科学的理论武装头脑,指导工作实践。通过学习,要进一步坚定马克思主义、社会主义的政治方向和政治立场,牢固树立正确的世界观、人生观、价值观,掌握观察事物的科学方法,增强分清理论是非、政治是非的能力,提高运用党的基本理论、基本路线解决实际问题的水平。在认真学习马克思主义理论的同时,还要努力钻研纪检监察业务,钻研社会主义市场经济知识和法律知识,结合工作实践,深入研究社会主义市场经济条件下反腐败和党风廉政建设的规律和途径,从更深层次推进反腐败斗争。

团结出凝聚力、出战斗力。团结是我们事业成功的保证。市纪委常委会要象爱护自己的眼睛一样,维护班子的团结。做到襟怀坦白、光明磊落、谦虚谨慎、公道正派;认真开展批评与自我批评，有话当面讲，有意见当面提；互相信任、互相帮助、互相支持，齐心协力，共谋抚州发展的大业；坚持民主集中制原则，加强科学决策、民主决策，提高班子的决策水平。

实事求是、一切从实际出发，理论联系实际，密切联系群众是党的优良传统和作风。我们一定要深入实际，深入基层，深入反腐败斗争和党风廉政工作的第一线，不断研究新情况，解决新问题，总结新经验，牢牢把握反腐败斗争的主动权。一定要密切联系群众，时刻把党和人民的利益放在第一位，以群众满意不满意、高兴不高兴、答应不答应，作为工作的出发点和落脚点，急民之急，排民之难，解民之忧，办民之事，做群众利益的忠实代表。

随着反腐败斗争的不断深入，我们每个人都将面临腐蚀与反腐蚀的严峻挑战。市纪委全体委员一定要严格要求自己，带头廉洁自律，模范遵守国家的政策、法令、法规和党的纪律；经常注意慎权、慎欲、慎微；甘于清贫，乐于奉献，过好名利、权力、金钱、美色关；坚持原则，秉公执纪，敢于碰硬，刚正不阿，做党的忠诚卫士。在抓好自身建设的同时，各位委员一定要以自身的模范行为，影响和带动干部队伍建设。要严格教育，严格要求，严格管理，努力使纪检监察干部队伍达到江总书记提出的“政治坚强、公正廉洁、纪律严明、作风优良”的要求，以适应反腐败斗争不断深入的需要。

同志们，“居庙堂之高则忧其民，处江湖之远则忧其君”。只要我们始终把党和人民的利益摆在首位，以振兴抚州为己任，胸怀全局，情系百姓，立足本职，扎扎实实，无私无畏，团结奋斗，就一定能够为实现市委提出的“创文化名城，建经济强市”的宏伟目标作出更大的贡献，迎来“才子之乡”更加光辉灿烂的明天！

全面履行党章赋予的职责
为抚州赶超发展作出新的贡献

——中共抚州市纪律检查委员会向中共抚州市第二次代表大会的工作报告

罗建华

（2006 年 11 月 28 日）

各位代表、同志们：

我受中共抚州市纪律检查委员会的委托，向大会报告工作，请予审议。

本届工作情况回顾

市第一次党代会以来，在市委和省纪委的正确领导下，全市各级纪检监察机关坚持以邓小平理论和“三个代表”重要思想为指导，紧紧抓住“发展是执政兴国第一要务”这个主题，全面贯彻党要管党、从严治党的方针，坚持标本兼治、综合治理、惩防并举、注重预防，积极履行党章赋予的职责，求真务实，开拓创新，党风廉政建设和反腐败斗争取得新的成效，为全市的改革发展稳定作出了积极贡献。

（一）党风廉政宣传教育成效显著，反腐倡廉大宣教格局初步形成

建立了市、县（区）党风廉政宣传教育联席会议制度，市纪委在抚州日报开办了《廉政视窗》专栏，布设了“廉政宣传广告一条街”，编辑了《廉文荐读》送县级以上领导干部阅读，与组织、宣传文化等部门先后组织开展了向汪洋湖、郑培民等先进人物学习活动，开展了“立党为公，执政为民的好党员、好公仆”和“廉内助”评选及廉政文化“六进”等主题教育活动，举办了勤政廉政先进事迹巡回报告会和“清风颂”、“党旗颂”专题文艺晚会，编辑出版了《反腐倡廉理论与实施》、《抚州市推进廉政文化建设书画作品精选》和《廉文荐读（合订本）》等文集。市、县（区）普遍设立了“党风廉政读报栏”，部分县（区）还定期编印了廉政简报、不定期向各级领导干部发送廉政短信。这一系列活动的开展，在党员干部和群众中引起了很大反响，取得了显著的教育效果。我市的党风廉政宣传教育工作从2003年起连续三年被评为全省纪检监察系统宣传教育工作先进单位；2003、2004年参加全省党纪政纪及两个条例知识竞赛活动均获一等奖。

同时，认真抓好了《建立健全教育制度监督并重的惩治和预防腐败体系实施纲要》的学习宣传和贯彻落实工作。市委下发了《抚州市建立健全惩治和预防腐败体系实施意见》，市纪委专门成立了《实施纲要》宣讲组进行宣讲、辅导，营造了宣传贯彻《实施纲要》的浓厚氛围，极大地推进了我市惩防体系的建设。

（二）纠风治乱逐步深入，损害群众利益的突出问题得到有效解决

严格规范学校的收费行为，查处了学校乱收费案件159件；建立了治理公路“三乱”快速反应机制，查处公路“三乱”案件139件，巩固了境内国道、省道基本无“三乱”的成果；实行了涉农案（事）件责任追究制度，查处涉农负担案件40起；开展了医疗卫生行风及药品价格虚高的整治，全市35家县以上医疗机构全面实行了医疗器械及药品集中招标采购，总金额达1.89亿元，让利患者3339万元；深入开展了土地清理整顿，重点解决了拖欠、截留、挪用土地补偿费等侵农、损农问题，兑付拖欠农民征地补偿款3720万元；建立了保障农民工工资按时支付的长效治理机制，为农民工追回拖欠工资1051万元；严肃查处企业重组改制和破产中侵害国家、职工合法权益的案件，立案查处20人；初步开展了治理商业贿赂专项工作，查处商业贿赂案件60件。

（三）监督制约机制进一步健全，领导干部廉洁从政行为日趋规范

党风廉政建设责任制的落实取得新进展。各级党委、政府进一步加强了组织领导，完善了工作机制。各级纪检监察机关进一步加大了监督检查力度，积极主动地协助党委、政府抓好责任制的落实。市纪委出台了《关于实行重大案件“一案双查”制度的暂行办法》等制度，严格责任追究。本届，全市共查处责任追究案件654件，处分党员干部701人，其中县（处）级干部19人。

权力运行的监督制约工作取得新突破。2003年，我市在全省率先建立起巡视工作和电视、网络公开述廉工作制度，目前已巡视了11个县（区）、41个市直单位，下达整改意见书70份；参加公开述廉的领导干部达15248人次，其中参加电视述廉的厅级干部6人次，县级干部75人次。2004年建立了领导干部任前廉政谈话和领导班子专题民主生活会制

度，至今共对125名新提拔和重用的县级领导干部和2075名科级领导干部进行了任前廉政谈话；市、县（区）两级纪委先后责成有关部门召开领导班子专题民主生活会127次，制定整改措施531条。

领导干部廉洁从政专项治理工作取得新成果。狠刹了领导干部收送“红包”的歪风，建立了领导干部廉洁自律情况每月一报告、收送“红包”即时通报等多项制度，处理违规收送“红包”的领导干部45人，其中县级干部11人，通报典型案例4起；狠抓了领导干部违规建私房和拖欠公款的清理工作，查出违规建私房的领导干部510人，清理党政机关和事业单位违规购建住房2026套，查处拖欠公款的干部155人；严肃查处党员干部参与赌博案件876件，处分898人。此外，治理整顿党员干部参股煤矿企业、乡镇党员干部“走读”、公款购买商业保险和规范公务用车管理、狠刹公款吃喝风等工作都取得了新的成效。

（四）查办案件势头强劲，一批腐败分子受到严厉惩处

本届，全市各级纪检监察机关共受理群众信访举报13031件（次）；初查核实案件线索5648件；立案5625件，其中涉及县级干部案件53件；结案5528件，给予党纪处分5643人，其中，党内警告2587人，党内严重警告1330人，撤销党内职务66人，留党察看347人，开除党籍342人，19人被移送司法机关处理。全市立案数每年都保持在800件以上，是我市纪检监察机关查办案件最多的时期。市交通局原局长苏泉生、市水利局原局长丁兆祥、广昌县原县委书记周崎文等一批违纪违法案件被查处，取得了较好的社会效果，有力地震慑和惩处了腐败分子，增强了人民群众反腐败斗争的信心。

同时，严把案件质量关，认真做好案件审理、复审复议和受处分人员回访等工作，使查处的案件经得起历史的检验。

（五）整治和优化经济发展环境力度持续加大，经济发展软环境明显改善

市委、市政府出台了《关于治理“三乱”优化经济发展环境的暂行规定》、《关于损害经济环境行为行政处分的暂行规定》等文件规定，相继推行了行政问责制、首问责任制、限时办结制、责任追究制、服务承诺制、公务备案审核制和企业收费登记制。市、县（区）两级建立了集中办事大厅，将具有行政收费职能的部门和单位全部纳入集中办事大厅，进行统一管理和考评，全面实行了“一个窗口对外，一站式服务”。其中，市本级的集中办事大厅进驻了40个部门、74家单位。同时，为了进一步促进行政机关效能建设，市、县（区）每年都开展了一至两次以加强机关作风建设、优化政务和经济发展环境为主要内容的形象测评活动；市纪委组织开播了“政风行风热线”直播节目。严肃查处了破坏经济发展环境案件147件，处理违纪人员189人。我市整治和优化经济发展软环境工作得到省委领导的充分肯定。2002年5月，省委书记孟建柱视察了我市集中办事大厅，省委副书记、省纪委书记傅克诚于同年8月在我市主持召开了全省纪检监察系统优化发展环境、源头治理腐败工作座谈会，对全省纪检监察系统服务经济建设、优化发展环境和深入抓好源头治腐工作进行了相互学习交流和动员部署。

（六）改革创新不断深化，源头治腐取得新进展

财政管理体制改革向纵深推进，实行了乡镇财务收支管理、村级财务代理和农税征管“三位一体”的管理体制改革，市、县（区）两级分别成立了“会计集中核算中心”，乡（镇）、

行政村全面实行了财务代理制度；“收支两条线”规定进一步落实，行政事业性收费和罚没收入全部纳入财政预算，统一管理。建设工程招标投标、经营性土地使用权出让招标拍卖、政府采购和产权交易进入市场等四项制度逐步完善。2002 年，推行了公开招投标制度。2004 年建立了“抚州市招投标交易中心”。行政审批制度改革不断深入，精简行政审批项目 621 项。政务公开、办事公开的监督检查力度进一步加大，出台了《抚州市政务公开督查制度》和《考核细则》，推进了阳光政务、透明政府的形成。干部人事制度改革不断深化，民主测评、民主推荐、竞争上岗、任用干部票决、任前公示等制度得到较好落实。

（七）干部队伍建设常抓不懈，履行职责的能力不断增强

市纪委常委会坚持以身作则，严格执行民主集中制，认真履行廉洁自律的公开承诺，班子集体团结协作，组织有力，运转高效。同时，积极组织全市纪检监察干部参与“三个代表”、“两问三视四比”、“转变作风年”、保持共产党员先进性和“做党的忠诚卫士，当群众的贴心人”等主题教育活动，干部的思想作风、工作作风进一步好转；深入开展创建“学习型”机关活动，组织机关干部集体学习 240 余次，选送纪检监察干部参加省以上培训 745 人次，市、县（区）两级自主培训 5800 余人次，参训对象已经向乡（镇）纪委、村纪检委员普及，干部的政治理论水平和业务素质进一步提高；大力加强基层纪委班子建设的管理和指导，保证了县（区）、乡（镇）纪委班子换届工作顺利进行，纪委班子成员年龄结构、知识结构、素质结构更加优化，大部分乡（镇）纪委配备了专职副书记，乡（镇）单位党支部配备了廉政监督员，村党支部配备了专职或兼职纪检委员，基层纪委班子的战斗力进一步增强。

本届的工作实践，我们深深体会到，做好党风廉政建设和反腐败工作，必须认真贯彻落实《实施纲要》，建立健全符合本地实际的惩治和预防腐败体系，明确目标，强化责任，形成上下联动、互相促进的工作局面，才能加强权力运行的监督制约，有效遏制腐败的滋生蔓延；必须学习好、遵守好、贯彻好、维护好党章，充分履行党章赋予的职责，严格按照党章治党管党，严肃查处违背党章的违纪违法行为，才能不断推进党风廉政建设和反腐败工作的开展；必须坚持党委领导下的部门协作机制，按照“党委统一领导，党政齐抓共管，纪委组织协调，部门各负其责，依靠群众的支持和参与”的反腐败领导体制和工作机制的要求，在党委统一领导下，积极组织协调各部门和广大人民群众通力协作，才能形成反腐败斗争的整体合力，保证反腐败斗争始终健康地向前发展，并不断取得新的成效；必须把服从服务于“第一要务”作为纪检监察工作的出发点和落脚点，自觉强化参与、监督和服务意识，积极介入经济社会发展重要领域，妥善处理教育和惩治的关系，旗帜鲜明地支持改革、保护干部，坚决排除各种干扰和障碍，切实做到在参与中监督、在监督中服务，才能充分发挥工作职能优势，在经济社会发展中有所作为；必须始终坚持以改革创新的精神认真研究新形势下反腐倡廉工作的新情况、新问题，探索新规律，并及时调整工作思路、工作部署、工作方法，才能保证反腐倡廉工作与时俱进，跟上形势的发展，不断开创新局面。

但是，我们还必须看到，当前腐败现象易发多发的土壤和条件尚未消除，严重违纪违法案件时有发生，反腐败斗争形势依然严峻。少数党员干部政治纪律观念淡薄，作风不实，理想信念动摇，私欲恶性膨胀，收送“红包”和参与赌博等现象在少数地方还比较突出，且屡禁不绝。一些地方和部门的领导干部对反腐败斗争的重要性、长期性、艰巨性和复杂

性认识不足,党风廉政建设责任制落实不够,效果不明显。这些都是我们今后必须重点解决的问题。

今后五年工作建议

今后五年,是实施“十一五”发展规划、推进我市赶超发展的关键五年。全市党风廉政建设和反腐败工作的指导思想和目标任务是:坚持以邓小平理论和“三个代表”重要思想为指导,牢固树立和落实科学发展观,紧紧围绕“第一要务”,全面履行党章赋予的职责,逐步建立健全教育、制度监督并重的惩治和预防腐败体系,为抚州实现赶超发展目标提供坚强的政治保证。

(一)贯彻落实《实施纲要》,加快建立完善惩治和预防腐败体系

为加快建立完善惩治和预防腐败体系,市委下发了贯彻落实《实施纲要》的实施意见,对构建具有抚州特色的教育、制度、监督并重的惩治和预防腐败体系作出了具体部署和要求,提出了明确目标。各级党委、政府要把贯彻《实施纲要》和市委实施意见纳入议事日程,坚持和完善反腐倡廉工作领导体制和工作机制,切实担负起惩防体系建设的政治责任和领导责任。要加强组织领导,充分发挥总揽全局、协调各方的作用,把惩防体系建设与经济建设、社会发展和党的建设等各项工作一起部署、一起落实、一起检查、一起考核。要按照谁主管、谁负责的原则,惩防体系建设有关部门尤其是牵头和负责部门要尽职尽责,切实完成市委实施意见中确定的各阶段工作任务。要立足当前,着眼长远,坚持从基础工作做起、从具体工作抓起、从解决损害群众利益的突出问题着手,突出重点,循序渐进,逐项抓好落实。各级纪检监察机关要充分履行职责,协助党委建立健全惩防体系建设工作汇报、督促检查、情况通报等制度,建立完善责任机制、考评机制、奖惩机制和保障机制。要把惩防体系建设情况纳入党风廉政建设责任制检查考核的重要内容,加大监督检查力度,确保惩防体系建设领导到位、责任到位、工作到位。要加强宏观指导,认真研究解决惩防体系建设中全局性、倾向性、关键性的问题,及时总结推广成功经验和有效做法,推动惩防体系建设健康顺利发展。

(二)加强反腐倡廉教育,促进党员干部廉洁从政

充分发挥教育在反腐倡廉中的基础性作用,在广大党员干部中开展理想信念和从政道德教育、党的优良传统和作风教育、党纪条规和国家法律法规教育,在领导干部中深入开展权力观和政绩观教育,引导广大党员干部特别是党员领导干部珍惜权力、慎用权力,提高遵纪守法的自觉性;要把加强反腐倡廉教育与开展社会主义荣辱观教育紧密结合起来,深入开展先进典型和反面警示教育,促进党员干部学习党章、遵守党章、贯彻党章、维护党章,注重党性锻炼,提高道德修养,增强廉洁从政意识,筑牢拒腐防变的思想道德防线,自觉做到“明是非、知廉耻、晓荣辱”;要把反腐倡廉教育纳入公务员培训计划,使反腐倡廉宣传教育贯穿于领导干部的培养、选拔、管理、使用、培训等各个环节;要广泛开展群众性的廉政文化创建活动,继续推进廉政文化“六进”工作,努力营造“扬正气、赞清廉、斥腐恶”的社会氛围;要坚持创新反腐倡廉宣传教育机制,完善大宣教工作格局,充分发挥有关部门的职能作用,形成教育合力,增强教育实效。

要坚持从严要求,进一步规范领导干部从政行为,切实解决廉洁从政方面存在的突出

问题。各级领导干部要严格遵守“四大纪律、八项要求”，尤其要严格遵守党的政治纪律。要采取切实有效措施，认真抓好领导干部廉洁自律各项制度规定的落实，继续重点治理领导干部违反规定收送现金和有价证券、以婚丧喜庆等名义借机敛财、超标准配备公务用车、私自驾驶公务用车，在住房上以权谋私和参与赌博、公款大吃大喝、奢侈浪费等问题。在严肃执纪的同时，还要加大组织处理力度。要充分运用先进性教育的成功经验，进一步提高各级党政领导班子廉洁自律专题民主生活会质量。要结合新形势下出现的新情况、新问题，及时研究提出领导干部廉洁自律的有关要求。

（三）认真解决损害群众利益的突出问题，切实纠正部门和行业不正之风

要围绕群众反映的热点难点问题，进一步纠正部门和行业的不正之风。继续完善治理公路“三乱”监督网络和查处公路“三乱”快速反应机制，依法整顿道路收费站点；深入治理教育乱收费，严格执行普通高中招收择校生“三限”政策，严肃查处各种教育违规收费行为；深入规范医疗服务行为，完善医疗器械和药品集中采购制度，坚决查处收受“红包”、回扣、开单提成等各类违纪违规行为；认真纠正土地征用、城镇房屋拆迁、环境污染、企业重组改制和破产中损害群众利益，以及拖欠农民工工资等问题；加强对安全生产检查，严肃处理玩忽职守、失职渎职等行为。进一步规范市场经济秩序和健全社会信用体系，继续深入开展治理商业贿赂专项工作，着重解决公益性强、与人民群众利益密切相关、严重破坏市场秩序的问题，重点治理工程建设、土地出让、产权交易、医药购销、政府采购，以及资源开发和经销领域的商业贿赂行为。

（四）着力提高办案水平，严肃惩治违纪违法行为

各级党委、政府和纪检监察机关要保持查办案件工作的强劲势头，以查办发生在领导机关和领导干部中滥用权力、谋取私利的违纪违法案件为重点，严肃查处违反政治纪律的案件，贪污、受贿和挪用公款的案件，利用人事权、司法权、审批权谋取私利的案件；注重查办干扰和破坏软环境建设、严重侵害群众利益和国有资产严重流失的案件。要完善查办大案要案的组织协调机制，充分发挥各执纪执法机关的职能作用，进一步建立健全执纪执法机关之间分工负责、协同配合、相互制约的工作机制，形成查办案件的整体合力。要切实把依纪依法办案的要求贯穿于查办案件工作各个环节，严肃办案纪律，严格办案程序，完善查办案件监督制约机制。要注重研究把握新形势下违纪违法案件发生的规律和特点，创新办案思路，增强突破大案要案和复杂案件的能力。要注重发挥查办案件的综合效能，深刻剖析案件中暴露出来的苗头性、倾向性问题，及时提出源头治理的建议，充分体现查办案件的政治、经济和社会效果。要进一步健全信访工作责任制和督办制度。建立健全信访工作大格局，推动建立党政干部下访、重大事项信访建议等制度。拓宽和畅通信访渠道，提倡和鼓励实名举报。严肃查处打击报复举报人的行为，同时对诬告陷害的要追究其责任。要积极稳妥推进案件审理助（代）辩、公开审理等制度，切实保障党员干部合法权利。

各级纪检监察机关要进一步提升执纪理念，切实增强惩治腐败与保护党员干部权利并重的意识，把改革探索中出现的新问题与违法犯罪区别开来，把创新实践中产生的新事物与违纪违规区别开来，积极打造“敢想敢为谋事业、放手放胆做工作”的干事环境，不让改革创新者担惊受怕，不让违法乱纪者蒙混过关，真正把广大干部的积极性、创造性发挥

好、引导好、保护好。

(五)健全完善制约监督机制,强化领导干部从政行为的监督检查

要认真贯彻落实党风廉政建设责任制。各级党政组织要对职责范围内的党风廉政建设担负起全面领导责任,把落实党风廉政建设责任制与推进惩治和预防腐败体系建设有机结合起来。各级各部门纪委(纪检组)在协助党委(党组)加强党风廉政建设和反腐败工作中,必须做到思想上跟得上,工作中贴得紧,措施上抓得实,主动地、理直气壮地履行好组织协调的职能,发挥好牵头作用。各职能部门按照各负其责的要求,明确责任界线,规范工作程序,加强监督检查,扎扎实实抓好职责范围内的党风廉政建设和反腐败工作。要严格执行责任追究制度,用严明的纪律确保反腐倡廉各项工作任务的落实。

要深入贯彻党内监督条例,全面落实党内监督制度。严格执行《中国共产党党内监督条例》,进一步加强对领导机关、领导干部特别是各级领导班子主要负责人的管理和监督。要以决策和执行环节为重点环节,以领导干部特别是主要领导干部为重点对象,以人财物管理为重点领域,建立健全行使权力的制约机制,重点加强对领导干部个人重大事项报告、述职述廉、巡视、新任领导干部任前廉政谈话和诫勉谈话等制度执行情况的监督检查,防止权力失控、决策失误和行为失范。要前移监督关口,加强事前、事中和事后监督,坚持任中审计和离任审计相结合,充分利用好审计结果,发现问题苗头,要早提醒,做到防微杜渐。要监督民主集中制及领导班子议事规则落实情况,认真执行集体领导和个人分工负责相结合的制度。着力抓好领导干部个人重大事项报告、民主生活会、述职述廉和廉政测评、诫勉谈话等制度的落实。要不断拓宽监督渠道,充分发挥各监督主体的积极作用,把党内监督与人大依法监督、政府专门机关监督、政协民主监督、司法监督、群众监督、舆论监督等结合起来,进一步提高监督的整体效能。

要加大对落实科学发展观的监督检查力度。全市各级纪检监察机关必须始终把服务科学发展、保障科学发展、促进科学发展作为一项重要任务,不断加大监督检查力度。对有利于科学发展的,要鼓励、支持和保护;对干扰和妨碍科学发展的,要坚决克服和纠正;对违背科学发展观造成严重后果的行为,要严肃处理。重点加强对各级党组织和党员干部执行党的纪律特别是政治纪律情况的监督检查,促使各级党组织和全体党员干部不断增强贯彻落实科学发展观的自觉性和坚定性,坚决贯彻执行中央和省、市委作出的重大决策,保证政令畅通。要加强对党员干部特别是领导干部工作作风的监督检查,引导、督促广大党员干部树立大局意识和正确的政绩观,弘扬求真务实作风,切实增强纪律观念,自觉做到令行禁止,坚决克服形式主义、官僚主义和弄虚作假等违背科学发展观的行为。

(六)围绕"赶超发展战略"目标,积极创优经济发展环境

各级纪检监察机关必须围绕"主攻两区、推进三大建设,实施赶超发展"的战略目标,牢固树立发展为上、发展为先的理念,切实提高操作能力,增强服务意识,精心打造公平、公正、清廉、高效的投资环境。

要深入整治和优化经济发展环境。进一步抓好优化投资环境工作责任制特别是责任追究制的落实,认真执行检查报批、收费登记等涉企行政执法制度,推行单位"一把手"连带责任制。继续完善投诉工作的相关配套制度,实行投诉工作目标管理责任制和投诉情

况定期通报制度，建立健全办理群众投诉的长效机制，规范内部运转程序，逐步实现整治工作的规范化、制度化。切实加强对各地、各部门执行市委、市政府整治和优化经济发展环境政策情况的监督检查，积极开展明查暗访，及时解决和处理发现的问题。继续加大典型投诉案例的曝光力度，对以权谋私、"吃拿卡要"以及不作为、乱作为等行为，严肃查处，决不手软。

要创新服务方式，优化服务质量。坚持"管行业必须管行风"的原则，督促各主管部门认真履行监管职责，切实加强窗口单位和基层站所建设，着力解决办事不公、效率不高、损害群众利益等问题。进一步规范集中办事大厅的管理，真正做到"一个窗口"对外、一站式服务，着力优化服务质量。深入开展民主评议政风行风活动，重点抓好"加强政风行风建设，优化经济发展环境"综合测评活动和"政风行风热线"直播节目建设。

要切实加强行政效能监察和执法监察。建立健全行政效能监察工作机制，紧紧围绕市委、市政府确立的一系列重大决策和改革措施，开展监督检查，切实解决一些机关和部门效率低下、办事推诿、资源浪费等问题，促进行政机关和国家公务员勤政高效。大力推进行政问责制，规范行政执法行为，坚决纠正违法或不当的行政执法行为。认真开展执法监督，重点抓好土地市场秩序的治理整顿、项目建设资金和专项资金管理使用的监督检查。

（七）坚持改革创新，不断深化源头治腐工作

适应完善社会主义市场经济体制的需要，深入推进"四项改革"，完善"四项制度"，深化"三个公开"。要继续深入推进行政审批制度改革，以贯彻实施行政许可法为重点，进一步清理和精减审批事项，加强后续监管和配套制度建设，规范行政行为，促进政府职能的转变。深入推进财政管理体制改革，以落实"收支两条线"规定为重点，积极推进国库集中收付、部门预算、转移支付制度改革，逐步实行全方位的国库集中收付制度；继续规范"村财乡代理"、"乡财县管"的财务管理制度，强化监督管理。深入推进干部人事制度改革，以建立健全干部选拔任用和管理监督机制为重点，认真执行《党政领导干部选拔任用工作条例》，进一步加强对党政领导干部选拔任用的监督，建立体现科学发展观和正确政绩观要求的干部实绩考核评价体系，规范党委任用干部前征求纪委意见的工作程序，坚决预防和纠正选人用人上的不正之风。深入推进投资体制改革，以加强对公共投资项目的监督为重点，进一步健全公共投资领域的监管体系，完善政府投资核准和备案制度，加强对政府投资活动的引导、调控和监管，建立政府投资项目公示制，逐步实行政府投资决策责任制，重点加强对涉及全市经济建设和群众切身利益的公共投资项目的监督检查。要注重发挥市场在资源配置中的基础性作用，规范各类竞标活动，对各种招标投标项目实施统一管理和监督，促进工程建设招标投标、经营性土地使用权出让、产权交易和政府采购等制度的落实，从源头上有效防范腐败问题的发生。要把政务公开、厂务公开和村务公开，作为社会主义民主法制建设的重要内容，依法有序推进。同时，积极探索推行党务公开，增强党务工作的透明度。

（八）加强和改进农村基层党风廉政建设，努力推进社会主义新农村建设

要加强对农村基层党员干部思想政治教育，夯实农村基层党风廉政建设的思想基础。针对少数基层干部封建思想、宗族观念较重，法纪观念和民主管理淡薄的实际情况，加强

思想政治教育，引导广大基层党员干部进一步改进工作作风，增强法纪观念和廉洁奉公意识，提高运用政策解决实际问题的能力；加大对优秀农村基层干部的宣传力度，充分挖掘身边的典型，发挥典型引路的示范作用，激发党员积极向上的内在动力，引领乡村文明新风尚。

要加强对贯彻执行农村各项改革政策的监督检查，建立健全加强农村基层党风廉政建设的长效机制。积极推进县（区）、乡（镇）政务公开和村务公开、基层站所的办事公开等工作；加强农村财务管理，继续推行并完善“村帐民审乡代理”制度；督促指导县（区）、乡（镇）、村三级建立健全各项工作制度，形成集体议事、民主决策机制；要继续在村小组实行廉政谈话、廉政承诺、民主生活会、民主评议等制度，促进基层权力规范运行。

要认真解决损害农民群众利益的突出问题，确保党的惠农政策落到实处。严格执行农村报刊订阅限额制度，严肃查处农民务工经商等方面的乱收费行为和计划生育方面的乱罚款行为，重点解决上学难、上学贵及看病难、看病贵的问题；加强对涉农行政事业性收费项目、收费标准的审核和监督，坚决查处涉及农民负担的恶性案件、严重群体性事件和造成重大影响的涉农案件；严肃查处拒不落实农业税收减免政策，挪用、克扣粮食直补资金和村级补助资金，侵吞、挪用征地补偿安置费用等行为。切实加强对农资市场的监管，严厉打击制售假冒伪劣农药、化肥等坑农、害民行为。

（九）全面履行党章赋予的职责，大力加强纪检监察队伍建设

新形势新任务对纪检监察干部提出了新的更高要求，全市纪检监察机关要在党委的领导下，按照“政治坚强、公正清廉、纪律严明、业务精通、作风优良”的要求，努力成为“精通业务、忠于职守、自律自强、甘于奉献、求实创新、维护团结”的表率。要坚持用“三个代表”重要思想统领纪检监察工作，把学习贯彻“三个代表”重要思想作为首要的政治任务，增强政治意识、大局意识、责任意识。要认真履行党章赋予的职责，坚决执行党的章程和其它党内法规，坚决贯彻落实市委的重大决策部署，大力支持政府工作，坚决维护人民群众的根本利益，使纪检监察工作更好地服务于经济发展大局。要全面增强履行职责的本领，刻苦学习党纪条规和纪检监察业务知识，学习经济、法律、科技、管理等方面的知识，不断提高知识水平和业务能力，提高防范和查处腐败问题的能力。要始终保持开拓创新的敬业精神，按照“严肃执纪、严格监察、严谨自律”的要求，在思想观念、工作方法、工作作风上体现时代性，把握规律性，富于创造性，更加适应不断发展变化的客观实际。要建立健全规范的监督约束机制，严格管理，强化内部监督，严肃工作纪律尤其是办案纪律，自觉接受来自各方面的监督，确保我们的秉公执纪。要进一步加强对各级纪委班子的领导，积极探索对派出机构统一管理的方式方法。各级党组织要切实加强领导，积极支持纪检监察工作，从政治上、工作上、生活上关心和爱护纪检监察干部，为他们营造良好的工作环境。

同志们，今后五年是我市承前启后、继往开来的重要时期，让我们紧密团结在胡锦涛同志为总书记的党中央周围，高举邓小平理论和“三个代表”重要思想伟大旗帜，在市委和上级纪委的正确领导下，锐意进取，求真务实，不断开创全市党风廉政建设和反腐败工作新局面，为全面落实科学发展观、实现抚州赶超发展作出新的更大贡献！

深入推进反腐倡廉大力弘扬廉勤正气
为建设殷实文明和谐的幸福抚州提供坚强纪律保证

——中国共产党抚州市纪律检查委员会向中国共产党抚州市第三次代表大会的工作报告

吴伟柱

(2011年9月19日中国共产党抚州市第三次代表大会通过)

现将中共抚州市纪律检查委员会五年来工作情况及今后五年工作建议报告如下,请予审议。

一、过去五年工作的回顾

市第二次党代会以来,全市各级纪律检查机关在省纪委和市委的正确领导下,坚持标本兼治、综合治理、惩防并举、注重预防的方针,按照上级部署和要求,结合抚州实际大胆探索、努力实践,强化举措、狠抓落实,深入开展党风廉政建设和反腐败工作,全市反腐倡廉建设呈现出"重点突出、特色鲜明,整体推进、协调发展"的良好态势,为改革发展稳定提供了有力保证。

(一)服务发展大局积极有为。加强对中央、省、市重大决策部署落实情况的监督检查。对扩内需促增长、环境保护、节能减排、固定资产投资等政策落实情况,以及专项资金使用、重点项目建设和民生工程建设等方面的情况,认真开展监督检查,五年来全市共开展执法监察822项,提出监察建议3566条,督促纠正了存在的问题,维护了政令畅通。深入开展工程建设和土地领域突出问题专项治理。全市自查自纠建设项目772个,纠正存在问题的项目227个,查处工程建设领域案件55件,建立健全了工程建设领域诚信监督体系等制度;清理闲置土地66宗,追缴土地出让金3.41亿元。加强机关效能建设。先后开展"提升行政效能、建设服务型政府"、"机关效能—项目建设年"、"创业服务年"、"发展提升年"暨"双千双百增效提能"等系列活动,建立优化发展环境监测点1097个,开展内设机构测评活动104次,开展效能专项督查135次,受理效能投诉1096件,查处损害发展环境案件128件,发展环境进一步优化。

(二)惩防体系建设整体推进。将惩防体系建设贯穿反腐倡廉建设全过程,制定了惩防体系建设《工作意见》和《任务分工》,量化工作目标、细化任务分解。在市直10个重点部门建立惩防体系基本框架构建工作示范点,以点带面、整体推进。推行"3+8"构建模式,突出制度、机制、载体三维构建,从全市层面制定出台了198项反腐倡廉工作制度、建立健全了30项反腐倡廉工作机制、创新了53类反腐倡廉工作载体,市直单位制定完善反腐倡廉制度2873项,各县(区)制定完善了反腐倡廉系列制度,全市基本建成服务科学发展、权力阳光运行、权力监督制约、从严惩治腐败、维护群众利益、反腐倡廉教育、制度执行评估、体系建设保障八大体系。

（三）反腐倡廉教育扎实有效。完善“大宣教”工作格局。健全联席会议制度，组建“廉政讲师团”，将党风廉政教育纳入市委宣传教育工作的总体规划、党员干部的培训课程、市级主流媒体的宣传重点。加强反腐倡廉教育。采取知识竞赛、廉政征文、专题讲座、演讲比赛等形式，开展党风党纪教育；以“勤廉之星”和“廉内助”评选等活动为载体，开展示范教育；通过组织领导干部到监狱接受现身说法、召开案件通报会和警示教育大会等形式，开展警示教育；组织开展“防范风险、保廉提能”等系列教育活动，开展岗位廉政教育。深入推进廉政文化建设。建立廉政文化示范点，扎实开展廉政文化“六进”活动，编印《廉洁修身教育》系列教材，免费发放给全市中小学生，并作为全省中小学生德育教育推荐教材，填补了全省中小学廉洁教育教材的空白。

（四）权力运行监督不断强化。加强领导干部监督。严格执行《廉政准则》，推行领导干部个人重大事项报告、新任科级干部财产公示等制度；深入开展领导干部收受“红包”、公款出国（境）旅游、违规经商办企业等专项治理；严格落实厉行节约有关规定，深入治理“小金库”和公务用车，促进领导干部廉洁自律。强化权力运行制约。建立健全“1+N”制度体系，出台了《抚州市加强对县级党政正职监督的暂行规定》，实行市直单位党政正职“四个不直接分管”、党政班子集体研究“三重一大”事项正职末位表态、县级党政正职述廉、新任领导干部“一训双考”等制度，推行县委用权风险防控，规范权力运行。推行风险岗位廉能管理。开展各类风险教育活动1680多场（次），组织各级党员干部全面排查风险，并进行风险定级；对风险岗位实行流程再造，绘制风险防控流程图1267个，完善风险防控制度1670余项；推行单项预警—综合预警—预警公示“三位一体”的预警纠错机制，实现风险意识入脑入心、预警防控到岗到人。

（五）维护群众利益成效明显。建立健全纠风工作机制。开设“政风行风热线”、“纠风约谈”等栏目，畅通群众诉求渠道；建立市县乡村四级纠风网络，延伸纠风触角；开展民主评议政风行风和基层站所形象测评，完善纠风工作机制。切实解决损害群众利益的突出问题。加强对强农惠农政策落实情况和社保基金、住房公积金、扶贫救灾资金等专项资金使用情况的监督检查，查纠违规违纪资金1460万元；切实纠正教育乱收费、公路“三乱”、医药购销和医疗服务中的不正之风，开展教育阳光收费、公路阳光执法、医药医务阳光行动，解决上学难、看病难、行路难的问题；深入开展城乡低保、农民建房收费、失地农民基本保障民生领域三个突出问题专项治理，切实纠正了存在的问题。深入推进农村基层党风廉政建设。建立乡镇便民服务中心、村级便民服务代办点、村小组便民服务联络员三级便民服务网络，全市有11个乡镇便民服务中心被评为省级示范点；加强农村集体“三资”监管，全市所有乡镇都对农村集体资金资产资源进行了全面清查，建立了监管组织、监管平台和监管制度；积极推行基层党务公开，我市被中央纪委确定为江西省唯一的设区市党务公开工作联系点。

（六）查处违纪案件坚决有力。推行“三带一驻点”信访机制，设立专门免费举报电话和邮箱，开通举报网站，拓宽信访渠道；完善市县联合、县县交叉、下查一级等办案机制，增强办案活力；推行“陪审式”、“辩审式”和“庭审式”等公开审理模式，提高案件质量，加强申诉复查工作，保障被审查人员合法权利；推行重大案件新闻发布会、典型案件通报会等制度，扩大办案效果。2006年12月到2011年8月，全市纪检监察机关立案3484件，结案3504件（含2006年12月份之前立案未结案案件），给予纪律处分人数3746人，其中县处级干部40人，乡科级干部459人，移送司法机关处理45人，为一批党员干部澄清了事实。特别是对教育系统、工程建设领域和基层损害群众利益等一批违纪违法案件的严肃查处，在全市产生了良好的社会反响。

（七）源头治腐工作深入开展。深化行政审批制度改革。市、县（区）两级全部建立行政服务中心，网上审批和电子监察系统在全省率先上线运行，行政审批事项网上办结率在全省位居前列；加大"两集中两到位"改革力度，市、县（区）两级进驻行政服务中心单位332个，进驻项目2887项，行政许可事项压缩41.3%，投资项目审批事项压缩48.2%，平均办结期限压缩44.6%，提高了办事效率。深化财政管理体制改革。市、县（区）两级全部成立国库集中收付中心，全市共有1642个预算单位和451项专项资金纳入国库集中支付范围；推行"公务消费一体化监管"，实行公务卡结算、财政票据电子化管理、机打发票、公务用车定点维修、公务接待定点管理，强化了公共资金使用的监管。深化公共资源交易制度改革。市本级和10个县全部建立公共资源交易中心，把工程建设、土地出让、产权交易和政府采购等全部纳入交易中心统一交易，公共资源交易平台建立以来，全市进场交易项目6268个，交易总额323.78亿元。

（八）队伍自身建设得到加强。市纪委常委会高度重视自身建设，坚持把责任担在肩上、把创新抓在手中、把廉勤记在心里、把学习贯穿始终，认真执行向全委会负责和报告工作制度，贯彻落实民主集中制，完善理论中心组学习制度，实行市纪委常委挂点基层和下基层调研制度，带头执行廉洁自律各项规定，自觉接受监督。切实加强纪检监察干部思想作风建设，深入开展学习实践科学发展观、"做党的忠诚卫士、当群众的贴心人"、"作表率、创一流"和"四实四创"等主题实践活动，建立"中心讲坛"、"廉政大课堂"等学习交流平台，开展"读书讲评"活动，内强素质、外树形象。全面推行县乡纪检监察机构管理体制改革，全市11个县（区）纪委监察局内设机构由129个精简至89个，撤销256个县（区）直单位纪检组（纪委），设置纪工委监察分局71个，减少机构185个，整合了资源、强化了基层。严格纪检监察干部教育、管理和监督，加大干部轮岗、交流和培训力度，增强了纪检监察干部队伍的活力。

在肯定成绩的同时，我们也要清醒地看到，有些消极腐败现象还没有从根本上得到有效遏制，重点领域和关键环节的违纪违法案件仍然易发多发；一些损害群众利益的突出问题和不正之风仍然不同程度地存在，一些机关和公共服务单位工作人员办事不公、与民争利；少数领导干部自律意识不强、纪律观念淡薄；反腐倡廉制度执行不够有力，党风廉政建设责任制在少数地方和单位没有得到有效贯彻落实。我们必须深刻认识反腐败斗争的长期性、复杂性和艰巨性，深化改革创新，强化制度规范，抓好统筹协调，不断提高反腐倡廉建设科学化水平。

二、工作实践中的主要体会

五年来的反腐倡廉实践中，全市各级党政机关认真贯彻落实党风廉政建设责任制，市委、市政府加强领导、高位推动，市人大、市政协真诚帮助、大力支持，各地、各部门通力协作、齐抓共管,各级纪委统筹协调、攻坚克难,形成了反腐倡廉建设强大合力。

回顾五年来的工作,我们主要有以下认识和体会:

第一,思维决定作为。加强新形势下的反腐倡廉建设,必须跳出墨守陈规的思维定势,做到思维不断创新、思路与时俱进。实践中,我们明确了把握构建惩治和预防腐败体系这一条主线,突出反腐倡廉制度建设和党员干部作风建设两个重点,抓好领导机关和领导干部、重点领域和关键岗位、农村基层和城市社区三个层面,贯彻提升纪检监察工作的贡献率、提升人民群众的满意率、降低党员干部的违纪率、提升纪检监察干部的认同率“三升一降”四项基本要求的“一二三四向前进”总体思路。正是因为坚决贯彻、有效实践这一思路,全市反腐倡廉建设才紧跟了新形势、适应了新要求、实现了新作为。

第二,方向引领取向。始终坚持维护核心、服务中心、顺应民心的“三心”工作方向。正是在这一方向的引领下,把坚决维护党委领导、自觉服务发展大局、切实保障群众利益作为反腐倡廉工作取向,我们才做到了真正胸怀全局、积极推动全局、坚决维护全局;做到了服务发展毫不懈怠、治懒治庸毫不放松、问效问责毫不含糊;做到了治腐肃贪不手软、纠风治乱求实效、服务群众出新招。

第三,重点孕育亮点。坚持重点突破、整体推进的工作方法,在做好打基础、利长远工作的同时,抓好“廉政阳光工程”建设、打好“五大攻坚战”、做好“1 + 6”两篇大文章等阶段性重点工作。正是对这些重点工作精心谋划、强势推进、攻坚破难,才使全市反腐倡廉建设特色鲜明、亮点纷呈。“廉政阳光工程”建设、风险岗位廉能管理、县乡纪检监察管理体制改革、电子监察平台建设、农村集体“三资”监管、新任科级领导干部财产公示、基层党组织党务公开、四级纠风网络建设等多项工作在全省性大会上介绍经验,并被中央、省、市等多家主流新闻媒体宣传报道。

第四,创新推动创优。始终坚持把创新抓在手中,大力推行思路理念创新、方式方法创新、制度机制创新、工作载体创新,如“双千双百”丰富“发展提升年”活动内涵、“三个全覆盖”深化风险岗位廉能管理、“四个一批”抓好工程建设领域突出问题专项治理、“五统五建”推进县乡纪检监察管理体制改革、“1 + N”构建权力运行监督制度体系等。正是抓住了创新这一法宝,全市反腐倡廉建设才实现一个又一个新突破、创造一批又一批新品牌。

第五,实干成就实绩。操作是关键,实干出成效。工作中,我们推行重点工作和创新工作项目化管理,实行一个项目、一套方案、一名责任领导、一个责任室、一名责任人“五个一”工作责任机制,抓好一个试点单位、培养一个先进典型、创造一套有益经验、打造一个特色品牌、争取一项上级先进“五个一”工作促进机制,开展“十面先进红旗”、“十大创新成果”、“十大执纪模范”评选活动。正是因为我们推出了一系列抓好工作落实的具体举措,才极大地调动了全市纪检监察干部真抓实干的主观能动性,取得了组织认可、群众满意的反腐倡廉工作实效。

三、今后五年工作的建议

今后五年全市反腐倡廉建设总体要求是:以邓小平理论和“三个代表”重要思想为指导,深入贯彻落实科学发展观,全面履行党章赋予的职责,坚持标本兼治、综合治理、惩防并举、注重预防工作方针,坚持维护核心、服务中心、顺应民心工作方向,坚持“扬廉勤正气,建幸福抚州”工作主题,着力在确保政令畅通、促进干部廉洁、打造诚信机关、维护群众利益、坚决惩治腐败、加强源头预防六个方面取得新突破,为全面实现市第三次党代会提出的目标任务、建设幸福抚州提供坚强纪律保证。

(一)加强监督检查,保障政令畅通。坚决维护党的政治纪律,坚决维护党的集中统一,围绕服务和保障科学发展,切实履行监督检查职责,督促各级各部门抓好中央、省、市重大决策部署的贯彻落实,确保政令畅通。

强化对遵守政治纪律的监督检查。严肃查处不顾大局、散布不良言论、损害党和政府形象的行为,严肃查处阳奉阴违、搞上有政策下有对策的行为,在思想上、行动上与党中央保持高度一致。

强化对中央、省、市重大决策部署贯彻落实情况的监督检查。紧紧围绕落实科学发展观,对加快转变经济发展方式等重大决策部署贯彻落实情况开展监督检查,及时发现和解决存在的问题。健全监督检查制度,建立纪律保障机制,不断提高监督检查水平。

强化对干部执行力的监督检查。对干部在执行政策、落实工作、化解矛盾、服务群众等方面的情况开展监督检查。落实问责制,对决策失误、违法行政、执行不力、效能低下、失教失管等行为从严执纪,实行责任追究,坚决杜绝敷衍塞责、拖拉推诿、执行政策变形走样等不良现象。

(二)强化教育监督,促进干部廉洁。坚持社会主义核心价值体系,用马克思主义中国化的最新成果武装头脑、指导实践,立足宣传教育,筑牢思想防线;着眼监督检查,严明纪律要求;加强作风建设,夯实廉政基础,促进干部廉洁自律。

加强反腐倡廉教育。抓好以人为本、执政为民教育,引导党员干部牢固树立群众观点。抓好示范教育、警示教育和岗位廉政教育,引导党员干部讲党性、重品行、作表率。抓好廉政文化建设,完善廉政文化示范点建设,打造廉政文化精品。

加强党员干部监督。建立信息化网络监督管理平台,把领导干部从政行为纳入监督内容,实时跟踪监督,定期考核评估。建立健全廉政信息采集、分析、反馈和快速处置机制,及时发现苗头性、倾向性问题,完善预防措施,实现监督关口前移。

加强干部作风建设。大兴密切联系群众之风,大兴求真务实之风,大兴艰苦奋斗之风,大兴批评和自我批评之风,促进各级党员干部进一步转变作风,真诚倾听群众呼声,真实反映群众愿望,真情关心群众疾苦,始终保持党同人民群众的血肉联系。

(三)提升服务效能,打造诚信机关。推行办事公开、提升机关效能、建立评价机制,重点解决政策不透明、办事不公开、承诺不兑现和行政不作为、慢作为、乱作为、“中梗阻”、“下搁浅”、“小鬼难缠”等问题。

全面加强机关效能建设。深入开展效能建设活动,完善发展环境监测和内设机构形象测评机制,加大效能投诉受理和查处力度,开展网上评议和投诉工作。加强对依法行政的监督检查,严肃查处乱收费、乱摊派、乱罚款等破坏经济发展环境的行为;开展行政执法评议考核工作。

全面推行机关办事公开。凡不涉及党和国家秘密的政务信息、政务决策、办事流程、办事结果,都要依法公开。实行首问责任制、服务承诺制、限时办结制、失职追究制、否定报备制、无偿代办制、一次告知制等办事制度。定期公布向社会承诺事项兑现情况，不能兑现的事项要说明情况。

全面建立信用评价体系。制订完善以信用信息征集、管理、审查、发布和评价等为主要内容的信用评价考核体系，实行失信责任追究机制。拓宽信用监督和投诉渠道，全面受理投诉，及时曝光机关失信行为，严肃处理工作人员的推诿扯皮、效率低下、不守承诺等问题。

（四）坚持以人为本，维护群众利益。把以人为本、执政为民理念贯穿反腐倡廉建设全过程，坚持倾听民意、化解民怨、落实民权、维护民利，切实解决好人民群众最关心、最直接、最现实的利益问题。

完善群众诉求机制。畅通和规范群众诉求表达、利益协调、权益保障渠道。采取领导接访、视频对话、热线电话、网络问政、热点问题听证会等方式，搭建民生问题沟通服务平台；构建纪检、综治、信访、司法、民调"五位一体"的民生问题协调解决平台。

完善四级纠风机制。充分发挥市县乡村四级纠风网络职能作用，坚决纠正损害群众利益的不正之风，重点解决征地拆迁、住房保障、社会保障、文化教育、医疗卫生、涉法涉诉等方面损害群众利益的突出问题。

完善"三网保廉"机制。完善"三资"监管网络，实现农村集体资金资产资源网络化、程序化管理；完善基层"三务公开"网络，整体推进党务、政务、村务公开；完善三级便民服务网络，充分发挥便民服务、为民理财、帮民致富、促进和谐四大功能。认真开展《农村基层干部廉洁履行职责若干规定（试行）》落实情况的监督检查，着力规范农村基层干部的履职行为。

（五）加大办案力度，坚决惩治腐败。贯彻党要管党、从严治党的方针，进一步加大查办案件工作力度，不断创新办案理念、拓宽办案思路、改进办案方式、提高办案能力和水平。

坚持三级联动办案。实行重要信访线索上管一级，上级纪委要切实履行催办、督办职责，防止压案不查、查办不力；实行信访初核下查一级，加强市县、县乡联合办案，县区之间、乡镇之间异地交叉办案；实行责任追究上追一级，按照谁主管谁负责的原则，一级抓一级，一级对一级负责，对瞒案不报、有案不办、查案不力等失职渎职行为，严格按照党风廉政建设责任制有关规定实行责任追究。

坚持查办大案要案。严肃查办发生在领导机关和领导干部中贪污贿赂、失职渎职案件；重点领域和关键环节中的违纪违法案件；重大责任事故和群体性事件涉及的失职渎职及背后的腐败案件；基层政权组织和重点岗位以权谋私、滥用职权的案件，以案谋私、贪赃枉法等案件。

坚持科学安全办案。建立全数字监控、网络指挥交流、多媒体谈话同步示证、立体安全控制等多个平台，完善办案制度保障和技术保障，提升查办案件科技化水平；牢固树立安全办案意识，建立多层次的安全办案责任体系；建立查办案件时剖析原因跟进、建章立制跟进、警示教育跟进的"一案三跟进"机制，发挥查办案件治本功能，力求政治、法纪和社会效果三统一。

（六）拓展工作领域，加强源头预防。抓住重点领域、重要岗位和关键环节，从风险防控、制度规范、科技防腐等方面拓展从源头上防治腐败工作领域。

探索廉能风险防控新机制。突出党政“一把手”、公共资源配置、执法司法、国有资金管理使用、重点项目、公共服务等重点岗位和关键环节，深入推进风险岗位廉能管理，坚持廉能并进，做到保廉提能。大力推行县委用权风险防控工作，促进县委用权公开透明，逐步实现规范化确权、流程化管理、透明化运行、制度化防控、电子化监察、常态化预警。

探索规范权力运行新制度。立足规范权力运行、强化监督制约，建立健全重点领域和关键环节各项制度，不断完善“1＋N”制度体系。采取专项督查、效果评估、量化考核等措施，对制度执行情况进行监督检查和考核评估，确保制度落实到位。

探索构建科技防腐新平台。依托现有的行政审批电子监察平台，建立以电子监察为中心，辐射电子政务、行政审批、公共资源交易、公共资金监管、政府投资项目、廉政舆论监督等各个领域的监督网络，实现政务事务在网上公开、公共资源在网上交易、公共资金在网上运行、权力监督在网上实施。

按照反腐倡廉建设科学化的要求，切实加强纪检机关自身建设。准确把握反腐倡廉建设内在规律，大力推进反腐倡廉工作创新，不断强化反腐倡廉建设制度保障，切实加强反腐倡廉统筹协调，努力提高反腐倡廉建设科学化水平。按照统一管理、整合力量、规范运行、强化监督的原则，完善领导体制、明确职能定位、理顺工作关系，扎实推进市本级纪检监察派驻机构改革。巩固深化县乡纪检监察机构管理体制改革成果，建立健全纪工委监察分局管理制度，加强对纪工委监察分局人员培训，积极探索充分发挥其职能作用的有效途径和办法。加强对纪检监察干部的关心和培养，深化干部人事改革。深化“四实四创”活动，利用“廉政大课堂”平台，开展读书讲评活动，提升干部整体素质。认真落实中纪委《关于加强乡镇纪检组织建设的指导意见》，协调解决基层纪检组织的各类困难和问题。监督各级纪检监察干部严格遵守政治纪律、工作纪律、办案纪律、保密纪律和廉政纪律，打造一支政治坚强、公正清廉、纪律严明、业务精通、作风优良的纪检监察干部队伍，为做好新形势下的反腐倡廉工作打下坚实基础。

今后五年反腐倡廉建设，任务艰巨、使命光荣。我们一定要在市委的坚强领导下，恪尽职守、不辱使命，开拓进取、努力工作，以党风廉政建设和反腐败工作的实际成效取信于民，为全面实现市第三次党代会提出的目标任务、建设幸福抚州做出新的更大贡献！

二、2015年底抚州市纪委监察局机关工作人员名单

抚州市纪委监察局机关工作人员名单(截至2015年12月)

部　门	姓　名
市纪委监察局领导	吴伟柱　李茂荣　黄发高　赵荣贵　罗少韬　华　民　尧宇斌　李　凌　艾　华(女)　赵　钢(调研员)
办公室	艾恒知　梁四新　袁　松　邓　颖(女)　张彦杰
组织部	黎桃英(女)　郭佰生　邓增望
宣传部	汪月清　杨　茵(女)　卫　涛
研究室	周文龙
党风政风监督室	郑　军　何　辉　刘发祥　谢晓盛　余　慧(女)　王淑铭
信访室	邹　华　谢少华　黄红梅(女)
案件监督管理室	韩长贤　罗武明　谢宏劼(女)
一室	赵四鸣　赵坚锋　罗健文
二室	游　渊　朱春友　徐　菁　符小荣
三室	李　旭　谢　伟　车尚举　曹　俊
四室	钱　平　陈武光　胡安辉　肖文斌
案件审理室	程胜文　范飞明　管雨冰(女)
纪检监察干部监督室	饶建平　刘国平
机关党委	孔艳萍(女)
清风苑	郭佰生　符小荣　章维群　程彪平
退休老干部	陈茂龙　徐云发　仇惠娥(女)　姜朝孝　饶寿泉　黄益斋　常光国　陈新民　张金盛　桂福明　万富清
司机	钟财发　周克朋

编后记

新中国成立后，抚州各级纪检监察机构逐步建立，至2015年，已走过65年不平凡的历程。在这65年中，抚州各级纪检监察干部职工在同级党委、政府和上级纪检监察机关的正确领导下，与时俱进，勇于创新，忠实地履行了自己的职责使命，为维护党纪政纪，端正党风政风和推进反腐倡廉建设作出了重要贡献，为抚州的改革、发展和稳定书写了浓墨重彩的一笔。为全面真实地反映抚州纪检监察机关及其工作的历史和现状，充分发挥志书存史、资治、教化的功能，2015年11月，经抚州市纪委常委会研究，决定编写抚州有史以来的第一部《抚州纪检监察志》。同时，聘请市史志办杨忠民和金溪县广播电视台赵水泉两人共同完成这项工作，并确定市纪委监察局调研员赵钢具体指导和协助。

《抚州纪检监察志》的时间断限为1950—2015年。其篇目主要是参考《江西省纪检监察志》和有关志书篇目，结合抚州实际情况，经数次调整而制定。全志共分9篇39章126节，另设图照、凡例、概述、大事记、附录、后记。在篇目制定后，市纪委监察局各部室、各县（区）纪委监察局确定搜集资料人员，2015年11月中旬开始动员部署，以会代训，尔后全面开展资料搜集和编写工作。市纪委监察局各部室参与搜集资料（包括后面校稿）的人员有：饶建平、艾恒知、孔艳萍、杨茵、陈武光、邓颖、邓增望、曹俊、黄红梅、卫涛、张彦杰、王淑铭、谢宏劼、管雨冰等。各县（区）纪委监察局参与搜集资料的人员有：乐勤光、叶小荣、潘育林、彭明强、吴中华、黄洪涛、吴皇文、李钦、沈正华、邓仁跃、杨明、朱洪旋等。在资料搜集告一段落后，由赵水泉负责大事记、概述和1、2、4、6篇的编写，由杨忠民负责3、8、9篇和附录、后记的编写，第5、7篇由赵水泉和杨忠民共同负责编写，杨忠民负责全志的统稿，最后由市纪委常委、秘书长尧宇斌，市纪委常委汪月清，研究室副主任周文龙修改、完善、定稿。同时，将打印稿送与曾在地（市）纪委监察局工作过的老领导、老同志征求意见并召开座谈会，罗建华、陈小平、陈茂龙、徐云发、周信昌、封文元、仇惠娥等老领导、老同志为志书的修改提出了诸多宝贵的意见和建议。参与修志的全体人员本着实事求是、认真负责的态度，不辞辛苦，抢抓时间，不厌其烦地对资料进行广泛的搜集和考证，对志稿进行反复的修改、补充和完善，终于在2016年8月全面完稿，全书共计76万字。

《抚州纪检监察志》是抚州市纪检监察系统一项有益当代、惠及后人的重要文化工程。其编修工作之所以能够顺利开展并以较快速度完成，主要得益于抚州市纪委监察局领导的重视和关心，以及市纪委监察局各室（部、委、中心），各县（区）纪检监察机关的大力支持和配合。市委常委、市纪委书记吴伟柱亲自主持和领导，对重大问题亲自把关，经常过问工作进度，亲自召开会议听取汇报，对修志工作作出重要指示，后期还增派人员，充实修志力量，认真审阅志稿，提出修改意见。市纪委副书记赵荣贵负责具体组织领导，定时检查修志工作进展情况，多次召开会议解决修志工作中遇到的问题，要求各部门要通力配合，按时完成修志任务。市纪委副书记李茂龙、黄发高对修志工作十分关心，为志书编修提出诸多指导性意见。市纪委常委、秘书长尧宇斌亲自动员部署，及时协调修志日常工作。领导的重视和关心给予修志人员以极大的鼓励和鞭策。同时，市纪委监察局各室（部、委、中心）、各县（区）纪委监察局均选派得力人员参与修志，主要负责人认真审阅自身稿件，对修志工作尽心尽力。市纪委调研员赵钢带病坚持修志，对志书中的一些重要问题反复研讨并提供指导性意见，还将自己收藏的珍贵资料贡献于志书。两位聘请的老同志为搜集资料，在市档案馆苦干一个半月，查阅档案 1600 余卷，复印资料 1700 余份。机关党委书记孔艳萍为搜集资料，多次登门向离退休老同志进行调访。南城县纪委监察局组织 11 人的资料搜集编写小组，以最快的速度完成资料提供任务。市档案局、市史志办也为志书资料的搜集提供了热情周到的服务。通过各方和众人的齐心协力，使《抚州纪检监察志》仅用 10 个月时间就得以完稿。在此，谨向重视、关心、支持《抚州纪检监察志》编修工作的各位领导以及各部门、各单位，向参与修志工作并为此付出辛勤劳动的全体修志人员表示衷心谢意。

由于《抚州纪检监察志》涉及的时间较长，内容较广，一些资料不全不详，资料搜集和考证十分不易，加之编写人员较少，编纂时间仓促，尽管修志人员作了很大努力，仍难免有疏漏讹误之处，期望得到广大读者的批评指正，以便在今后的再版中进行纠正。

编　者

二〇一六年八月